田川建三 訳著

新約聖書

訳と註

3

パウロ書簡　その一

作品社

目次

パウロ書簡 その一

装幀　菊地信義
本文レイアウト　松田行正十日向麻梨子

新約聖書　訳と註

第三巻

本文の訳

テサロニケ人の教会へ、第一

第一章

1パウロとシルワノスとティモテオス。
父なる神と主イエス・キリストにあるテサロニケ人の教会へ。
恵みがあなた方にあるように、また平安も。
2我々は祈りに際してあなた方のことを思う時に、兄弟たちよ、あなた方みなのことについて、いつも神
に感謝している。3我々は絶えず思い出しているのである、あなた方の信仰の業や、愛の努力や、我らの主
イエス・キリストの希望の持続を。我らの父でもある神の前で。4神によって愛された兄弟たちよ、あなた
方の選びを我々は知っている。5すなわち我らの福音はあなた方のもとで言葉においてだけでなく、力にお
いてまた聖霊において、十分確実に、実現したのである。我々があなた方のところで、あなた方のために、
どのような者となったか、御存じのとおりである。
6またあなた方も我々を、そしてまた主を、真似る者となった。多くの患難の中にあって、聖霊の喜びを
もって、御言葉を受け入れたのである。7こうしてあなた方はマケドニアとアカヤにおいて信じるすべての

者たちにとっての模範となった。8というのも、あなた方から主の言葉がマケドニアとアカヤにおいて響き
わたったのみならず、神に対するあなた方の信仰があらゆるところで知られるようになったので、我々自身
は何も語る必要がないほどである。9すなわち彼ら自身が我々のことについて、我々がどのようにしてあな
た方のところにまで到達したのか、あなた方がどのようにして偶像から神へと向きなおり、生ける真実の神
に仕えるようになったかを、10また、神の御子が天から下って来るのを待望するようになったかを、告げ広
めているからである。御子とは、神が死人たちの中から甦らせた方、すなわち我らを来たるべき怒りから救
って下さるイエスのことである。

第二章

1兄弟たちよ、あなた方がみずから御存じのように、我々があなた方のところにまで到達したことは無駄
にはならなかった。2それどころか、御存じのように、我々はすでにフィリポイにおいて苦難にあい、屈辱
をこうむってきたけれども、我らの神において勇気づけられて、多くの競争においてあなた方に神の福音を語
ったのであった。3何故なら、我々の呼びかけはまどわしや汚れから出たものではなく、あるいは騙しごと
でもない。4我々は神によって福音を託されるにふさわしい者として検証されているのであって、だからそ
のように語るのである。人間の気に入られるようにではなく、我らの心を検証なさる神に気に入られるよう
にと。5すなわち我々は、御存じのように、へつらいの言葉を用いたりせず、口実をもうけてむさぼるよう
なこともしなかった。神がそのことの証人である。6また人間からの栄誉を求めることもしなかった。あな
た方からも、ほかの誰からも。7我々はキリストの使徒として重きをなすことができているからである。

だが、あなた方の中では幼な子のようになった。ちょうど乳母が自分自身の子どもを可愛がる時のように。
8このように我々はあなた方をいとおしく思っていたので、あなた方に神の福音だけでなく、我々自身の生
命までも喜んで与えようと思ったほどである。あなた方は我々にとって愛する者となったからである。
9だから、兄弟たちよ、我らの労苦と努力を思い出してほしい。夜も昼も働いてあなた方の誰にも負担を
かけないようにしながら、神の福音をあなた方に伝えたのであった。10あなた方がそのことの証人であり、
また神御自身が証人であるが、我々はあなた方信じる者たちに対して敬虔に、義しく、責められるところの
ないようにしていた。11あなた方も知ってのとおり、あなた方一人一人に対して父親が自分の子どもに接す
るように接し、12あなた方を御自身の国と栄光の中へと招いて下さる神にふさわしくあなた方自身が歩むよ
うにと、あなた方に呼びかけ、励まし、また誓って言ってきたのだ。
13この故に、我々もまた絶えず神に感謝している。すなわちあなた方は我々から聞いた神の言葉を受け取
って、それを人間の言葉としてではなく、神の言葉として受け入れたのであった。現にそれは神の言葉であ
る。そしてその神はあなた方信じる者たちの中で働いている。14というのも、兄弟たちよ、あなた方はユダ
ヤに存在しているキリスト・イエスにある神の諸教会を真似る者となったからだ。彼らがユダヤ人から苦難
を蒙ったのと同様に、あなた方もまた自分の同朋から同じ苦難を蒙ったのである。15ユダヤ人は主イエスを
も殺害し、預言者たちや我々を迫害し、神に喜ばれることなく、あらゆる人々に逆らい、16異邦人が救われ
るようにと我々が異邦人に語りかけるのを妨げている。こうしてユダヤ人の罪はいつも満杯状態になったの
だ。怒りは究極的に彼らに臨んだのである。
17我々の方は、兄弟たちよ、しばらくの間あなた方から離れているので、離れていると言っても、顔を見

ていないだけで心が離れているわけではないが、あなた方の顔を見たいとますます切に願うようになった。
18その故に我々はあなた方のもとに行こうと思った。それもこの私パウロが、一度ならず二度までも。しか
しサタンが我々を妨げた。19あなた方以外の誰が、我らの主イエスの来臨に際して、その御前で、我らの希
望、喜び、誇りの冠でありえようか。20あなた方こそが我らの栄光、喜びなのだ。

第三章

1そこでこれ以上我慢できず、アテーナイにとどまるのは我々だけにするのがよいと思い、2ティモテオ
スを遣わした。我らの兄弟であり、キリストの福音における同労者である。それはあなた方を強め、またあ
なた方の信仰に関してあなた方に呼びかけるためであった。3この患難の中において誰も動揺することがな
いようにと。実際、あなた方自身も知っておいでのことだが、我々はこのことのために存在しているのであ
る。4事実、あなた方のところに居た時に、我々は患難にあうことになるだろう、と前もって言っておいた
けれども、現にそれは生じたのであり、あなた方も御存じのことである。5この故に、私もこれ以上我慢す
ることができず、あなた方の信仰を知るために（ティモテオスを）遣わしたのである。試みる者があなた方
を試みて、我々の努力が無駄になることがないためである。

6今ティモテオスがあなた方のところから我々のもとに帰って来たところである。そしてあなた方の信仰
と愛とについて良い知らせを伝えてくれた。またあなた方が我々についていつも良い思い出を保っていて、
我々があなた方に会いたいと思っているのと同様にあなた方も我々に会いたいと思っている、ということも。
7この故に、兄弟たちよ、あなた方については、我々はあらゆる窮乏と患難にありながら、あなた方の信仰

によって呼びかけられた。 8あなた方が主にあって立っていれば、今や我々は生きているのであるから。
9実際我々はあなた方について、我らの神の御前であなた方の故に喜ぶ大きな喜びの故に、いかなる感謝を
神にささげたらよいのであろうか。 10夜も昼も我々は、あなた方の顔を見てあなた方の信仰の不足するとこ
ろを補いたいと、大いに願っているのである。
11我らの父でもある神御自身が、また我らの主イエスが、我々の道をあなた方のもとへとまっすぐに導い
て下さいますように。 12主があなた方を、互いに対する愛において、またすべての人々に対する愛において、
我々があなた方を愛しているのと同じように、ますます豊かにし、大きくし、 13そうして、我らの主イエス
がそのすべての聖者たちとともに来臨する時に、我らの父でもある神の前で、あなた方の心が聖性において
責められるところのないものとなるよう、あなた方の心を堅固にして下さいますように。

第四章

1なお、兄弟たちよ、主イエスにおいてあなた方に願い、また呼びかける。いかに歩み、神に喜ばれるよ
うにすべきかをあなた方は我々から受け取ったのだが、そして現にあなた方はそのように歩んでおいでだが、
ますます多くそうなさるがよい。 2すなわち、我々が主イエスによってどのような指示をあなた方に与えた
かは、あなた方が御存じのことである。 3それこそが神の御旨なのである。それはあなた方の聖化であって、
あなた方が淫行から離れているということ、 4またあなた方それぞれが、 5神を知らない異邦人などのよう
に欲望の情熱においてではなく、 4自分自身の器を聖化と尊厳において保つことができるようになることで
ある。 6また、仕事において自分の兄弟を踏みつけたり、むさぼったりしないこと。何故なら、私たちが以

前あなた方に申し上げ、証言しておいたように、主はこれら一切のことに対して報われる方なのだから。
7神が我々を招いたのは、汚れのためでなく、聖化においてなのだ。8であるから、拒絶する者は、人間を
拒絶するのではなく、あなた方の中へみずからの聖なる霊を与え給うた神を拒絶するのである。

9兄弟愛については、あなた方に書く必要はない。何故ならあなた方自身が直接神に教えられる者であっ
て、互いに愛しあうようになっているからである。10そして実際あなた方はマケドニアの全土にいるすべて
の兄弟たちに対してそのようになしておいでである。あなた方に呼びかける、兄弟たちよ、ますます多くそ
うするように、11また静穏にしていることを名誉であると思い、自分自身のことをなし、自分の手で働くよ
うに、と。それはすでにあなた方に指示しておいたとおりである。12そうすればあなた方は外に対して姿良
く歩み、誰の助けも必要としないであろう。

13兄弟たちよ、眠っている人々について無知でいてほしくない。希望を持たないほかの人々みたいに苦悩
することのないためである。14すなわち、もしもイエスが死んで復活したと我々が信じるのであれば、同
様にまた神はイエスによって眠った者たちをイエスとともに導いて下さるであろう。15事実、我々があなた
方にこのことを言うのは、主の言葉においてである。すなわち主の来臨の時まで生きて残っている我々が、
すでに眠った人たちよりも先になることはない。16すなわち、主御自身が大天使の声と神のラッパの合図と
ともに天から下って来る。そしてキリストにある死者たちがまず復活する。17それから、我々生きて残って
いる者たちが彼らとともに雲の中へと連れ去られ、空中で主と出会うことになる。こうして我々は常に主と
ともに居ることになるのである。18だからあなた方はこの言葉において互いに呼びかけあいなさい。

第五章

1その時、その時点については、兄弟たちよ、あなた方は書いてもらう必要もないだろう。2あなた方自
身、主の日は夜中の盗人のように来たるということを、正確に御存じだからである。3平穏だ、安全だ、と
人々が言っている時に、突然、破滅が彼らのところにやって来る。ちょうど妊婦に陣痛が生じる時のような
ものである。そして彼らはそこから逃れることができない。4だがあなた方は、兄弟たちよ、闇の中に居る
わけではない。だから、昼間があなた方を盗人のように襲うこともない。5あなた方はみな光の子、昼の子
なのだ。我々は夜や闇の子ではない。6であるから、ほかの人々のように眠り込むことなく、目覚めて、し
らふでいよう。7何故なら、眠る者は夜眠り、酔う者は夜酔うのである。8我々は昼の者であるから、信仰
と愛の胸当てをつけ、救いの希望の兜をかぶって、しらふでいよう。9神は我々を、怒りにではなく、我ら
の主イエス・キリストの救いの確保へと定めて下さったのであるから。10イエス・キリストは我らのために
死んだ。それは我らが目覚めていても眠っていても、彼とともに生きるためである。11従ってあなた方は、
今現にそうしているように、互いに呼びかけあい、それぞれ互いを建てるようにするがよい。

12兄弟たちよ、あなた方にお願いする。あなた方の間で努力し、主にあってあなた方の先に立ち、またあ
なた方の考えを正している者たちを重んじるように。13そして彼らの働きの故に、愛をもって彼らを非常に
高く評価なさるがよい。また自分たち自身の間では、平和でありなさい。

14兄弟たちよ、あなた方に呼びかける。無秩序な者の考えを正し、小心な者を励まし、弱い者を助け、す
べての人に対して広い心で接しなさい。15悪に対して悪を報いるような者がないよう気をつけ、お互いに対

し、またすべての人々に対して、常に善を追い求めなさい。
16常に喜び、17絶えず祈り、18すべてについて感謝しなさい。何故なら、これこそがあなた方に対する、
キリスト・イエスにおける、神の御旨であるのだから。19霊を消さず、20預言を軽んぜず、21何事も検証し、
良いものを保ち、22あらゆる種類の悪から離れていなさい。
23平和の神御自身があなた方を全体として聖くして下さるように。そして、あなた方の霊も精神も身体も、
我らの主イエス・キリストの来臨に際して責められるところのなきよう、全く保たれるように。24あなた方
を招く方（＝神）は信実であるから、そのようになして下さるであろう。25兄弟たちよ、我々のことについ
ても祈ってほしい。
26兄弟たち皆に聖なる口づけをもって挨拶されたし。27主に誓ってあなた方に申し上げる、この手紙がす
べての兄弟たちに読まれるように。
28我らの主イエス・キリストの恵みがあなた方とともにあるように。

ガラティアの諸教会へ

第一章

1パウロ、使徒。人からではなく、人によってでもなく、イエス・キリストと彼を死人のうちから甦らせ
た父なる神による（使徒）。2および私とともにいるすべての兄弟たち。
ガラティアの諸教会へ。
3我らの父なる神及び主なるイエス・キリストから恵みがあなた方にあるように、また平安も。4イエ
ス・キリストは、我らの父でもある神の意志に従って、現在の悪の世から我らを引き出すために、我らの罪
のために自らを与えたのである。5神に、世々から世々にわたって、栄光があるように。アーメン。
6私はあきれている。キリストの恵みにおいてあなた方を招いて下さった方（＝神）から、あなた方がこ
んなにも早く異なった福音へと移って行くとは。7それはもう一つ別の福音などというものではなく、単に
あなた方を混乱させ、キリストの福音を曲げようとする者が何人かいる、というだけのことである。8我々
があなた方に伝えたことに反することを福音としてあなた方に伝えたりする者がいれば、それが我々であろ
うと天からの御使であろうと、呪われよ。9我々が述べたばかりのことを、今また私は言う。あなた方が受

け取ったものに反することを誰かがあなた方に福音として伝えるならば、呪われよ。
10つまり、今私は人間を説得しようとしているのか、それとも神か。人間に気に入られることを私は求め
ているのか。もしも私がなお人間の気に入られようとしているのであったなら、私はキリストの僕ではなか
ろう。11何故なら兄弟たちよ、あなた方に知らしめる。私が伝えた福音は人間によるものではない。12また
私は人間からその福音を受け取ったわけでもなく、教わったわけでもないのだ。イエス・キリストの啓示に
よるのである。13すなわち、かつてユダヤ教のうちに居た時の私の行動については、あなた方は聞いていよ
う。私は度を越えて神の教会を弾圧し、荒しまわっていた。14そして私の同族の中にあって、同世代の多く
の者たちを越えて、ユダヤ教に関して先に進んでおり、先祖たちの伝承について極めて熱心な者であった。
15だが、母の胎内にいた時から私を選び分け、恵みによって私を招き給うた方が、16御子を福音として異邦
人の間で宣べ伝えるようにと、私のうちに御子を啓示して下さった時、私はすぐに血肉に相談することはせ
ず、17エルサレムにのぼって私以前から使徒であった者たちのところに赴くこともしなかった。アラビアへ
と向い、そこからまたダマスコスにもどったのである。

18それから三年後、私はケパのことを調べるためにエルサレムに上り、彼のもとに十五日間滞在した。
19ほかの使徒には、主の兄弟ヤコブ以外には誰にも会っていない。20このことをあなた方に書くが、見よ、
神の御前にあって私は嘘をついていないのだ。21それから私はシリアとキリキアの地方に来た。22キリスト
にあるユダヤの諸教会には私は顔を知られていなかった。23ただ彼らは噂で、かつて自分たちを弾圧してい
た者が今や、まさにかつてみずから荒しまわっていたその信仰を福音として宣べ伝えている、ということを
聞いたのである。24そして彼らは私のことで神に栄光を帰した。

第二章

1それから十四年後に私はまたバルナバとともに、ティトスをともなって、エルサレムに上った。2上っ
たのは、啓示によってである。そして彼らに、私が異邦人の間で伝えている福音を提示したのである。（偉
い人と）みなされている人たちには個人的に示した。今私が走っているのが、また以前に走ったことが、無
駄だったというのか、と。3しかし私とともに居たティトスもまた、ギリシャ人なのであるが、割礼を受け
ることを強制されなかった。4忍び込んで来た偽兄弟の故に――彼らは我々がキリスト・イエスにおいて持
っている自由をつけねらって、我々を奴隷化するために、はいり込んで来たのである。5我々は一時といえ
ども彼らに屈従して譲歩することをしなかった。福音の真理があなた方のもとにとどまり続けるためである。
6何者かであるとみなされている人たちからは――彼らが何者であったとしても、私にはどうでもいい。
神は人間を顔によって区別しないのだ。――すなわちこの人たちは私には何も加えることをしなかった。
7むしろ逆に、ペテロには割礼の福音が託されているのと同様に私には無割礼の福音が託されているのだ、
と認識し、――8というのは、ペテロに働いて割礼の使徒職へと赴かせた方（＝神）が私に働いて異邦人へ
と赴かせたのである――9また私に与えられた恵みを知って、ヤコブとケパとヨハネは、つまり柱とみなさ
れている者たちであるが、私とバルナバとに交りの右手をさしだした。我々は異邦人へ、彼らは割礼へと行
くことになったのである。10ただ、貧しい者たちのことをかえりみるように、ということだった。まさにこ
のことをもまた私は努力してきた。
11さてケパがアンティオキアに来た時、私は面とむかって対立した。彼が間違っているとされたからだ。

12すなわち、ヤコブから送られてきた何人かの者たちが来る前までは、彼は異邦人とともに食事をしていた。
しかしその者たちがやって来ると、引っ込んで、別れてしまった。割礼からの者たちを恐れたのである。
13そしてほかのユダヤ人も彼のこの偽善に同調した。バルナバまでも彼らの偽善へと連れ去られた。14彼ら
が福音の真理へとむかって正しく歩んでいないのを見た時、私は、すべての人の前でケパに言った、「あな
た自身ユダヤ人であって、しかも異邦人的に生きユダヤ人的に生きていないのであれば、どうして異邦人に
ユダヤ人化することを強いるのか」と。
15我々は生れにおいてはユダヤ人であって、異邦人出身の罪人ではない。16だが、人間はイエス・キリス
トの信によるのでなければ、律法の業績からでは義とされない、ということを知って、我々もまたキリス
ト・イエスを信じたのである。キリストの信から義とされるためである。律法の業績からではない。律法の
業績からでは、いかなる肉も義とされない。17キリストにあって義とされることを求めている我々自身もま
た罪人であるのなら、キリストは罪の仕え手なのか。まさか。18何故なら、私が壊したものをまた自分で建
てるのであれば、私は自分で自分を違反者であると証明することになってしまう。19すなわち私は律法によ
って、律法に対しては、死んだのである。神に対して生きるためである。キリストとともに私は十字架につ
けられたのだ。20もはや生きているのは私ではない。私の中にキリストが生きている。私が今肉において生
きているところのものは、信において、すなわち私を愛し私のためにみずからを引き渡して下さった神の子
の信において、生きているのである。21私は神の恵みを無にはしない。もしも律法によって義があるという
のなら、キリストは無駄に死んだことになる。

第三章

1ああ、間抜けなガラティア人よ。誰があなた方をまどわしたのか。あなた方の眼の前に十字架につけら
れたイエス・キリストが描き出されたのに。2少なくとも次のことはあなた方から聞いておきたい。あなた
方が霊を受けたのは律法の業績からか、それとも信について聞いたからか。3あなた方はかくも間抜けであ
って、霊においてはじめたのに、今や肉において仕上げようというのか。4あれほどのことを経験したのは
無駄だったのか。いや、本当に無駄だったとしても……。5では、あなたがたに霊を提供し、あなた方の中
に力ある業を働き給うた方（神）は、……。律法の業績からだったのか、それとも信について聞くことから
か。

6「アブラハムは神を信じた、そのことが彼に対して義として算入された」ように。7だから、信からの
者がアブラハムの子である、と知るがよい。8書物は、神は異邦人を信から義とする、ということを前もっ
て予見して、アブラハムに対して、「すべての異邦人があなたにおいて祝福されるであろう」という福音を
予告したのである。9だから信からの者たちは、信実なアブラハムとともに、祝福されるのである。
10すなわち律法の業績からの者はみな、呪いのもとにある。すなわち「律法の書に行なわれるべきだと書
いてあるすべてのことに固執しない者は、みな呪われている」と書かれている。11律法においては誰も神に
よって義とされないということは、明らかである。何故なら、「義人は信から生きる」のである。12律法は
信から出て来るわけではない。「律法の条項を行なう者はその条項において生きる」のである。13キリスト
は我らのためにみずから呪いとなることによって、我らを律法の呪いから贖い出して下さった。「木にかけ

られる者は皆呪われる」と記されているとおりである。14それはアブラハムの祝福がキリスト・イエスにあ
って異邦人へと及ぶためである。我々が、信によって、霊の約束を受け取るためなのである。
15兄弟たちよ、人間的な仕方で言おう。人間の契約もまた、いったん発効したら、誰もこれを無効にした
り、つけ加えたりはできない。16それならば、（まして）アブラハムに対して約束が語られたのである。ま
た彼の子孫（単数）に対して。子孫たちに、と多数の子孫のこととして言っているのではなく、一人の子孫
について、「そして汝の子孫に対して」と言っているのである。つまりキリストのことである。17私が言お
うとしているのは、神によって前もって確立された契約を、その四百三十年後に作られた律法が破棄して、
その約束を無効にするようなことはない、ということである。18何故なら、もしも相続が律法によってなさ
れるのなら、それは決して約束によるものではない。しかしアブラハムに対しては神は約束によって恵みを
賜ったのである。

19では律法はどうなのか。律法は違反のために後から作られたのだ。それは約束されている子孫（＝キリ
スト）が来る時までのものである。律法は仲介者の手に、天使たちによって制定されたのだ。20仲介者は一
者のものではないけれども、神は一者である。21では律法は神の約束に反するものであるか。まさか。もし
も生命を生み出すことができるような律法が与えられていたら、実際に律法から義が生じていたことであろ
う。22しかしイエス・キリストの信から、信じる者へと約束が与えられるようにと、書物は一切を罪のもと
に閉じ込めたのである。

23信が来る前までは、我々は律法によって保護下に置かれ、信が啓示されるにいたるまで閉じ込められて
いた。24つまり律法は我々をキリストへと導く養育係となった。我々が信から義とされるためである。25信

がすでに来たった今となっては、我々はもはや養育係のもとにはいない。26何故ならあなた方は皆、信によ
って、キリスト・イエスにおいて、神の子なのであるから。27つまりキリストへといたる洗礼を受けたあな
た方はみな、キリストを着たのだ。28もはやユダヤ人もギリシャ人もいない。奴隷も自由人もいない。男と
女ということもない。何故ならあなた方はみなキリスト・イエスにあって一つだからである。29あなた方が
キリストのものであるなら、アブラハムの子孫である。約束に従って相続者なのである。

第四章

1言っておくが、相続者がまだ子どもである限りは、一切の所有主であったとしても、奴隷と変るところ
はない。2父親の定めた時までは、後見人ないし管財人のもとに居る。3同様に我々もまた、子どもであっ
た時には、宇宙の諸元素のもとに従属せしめられていた。4しかし時の満ちることが実現した時に、神はそ
の子を派遣した。御子は女から生れ、律法のもとに生れた。5それは律法のもとにある者たちを贖い出すた
めであって、その結果我々は養子たる資格を得たのである。6あなた方は子であるのだから、神はその御子
の霊を我々の心の中に送り込んで下さったのである。「アバ、父よ」と呼ぶ霊である。7だからあなたはも
はや奴隷ではなく、子なのである。子であるのなら、神によって相続人である。
8しかしかつてあなた方は、神を知らなかった時は、本質からすれば神ではない神々に隷属していた。
9だが今や神を知ったのに、いや神によって知られたのに、どうしてあなた方は再び弱く貧弱な諸元素へと
舞いもどるのか。もう一度諸元素に仕えようとするのか。10あなた方は日を守り、また月や、時や、年を守
っている。11私はあなた方のために無駄に苦労したことになるのではないかとおそれる。

12私のようになりなさい。私もまたあなた方のようになったのだから。兄弟たちよ、お願いである。あな
た方は私に対しては何も損害を与えなかったではないか。13御存じのとおり、あなた方に私が最初に福音を
伝えたのは、肉体の弱さの故であった。14そして私の肉体にはあなた方にとって試練となるものがあったの
に、あなた方はそれを蔑むことなく、唾棄すべきこととも思わず、私が神の使であるかのように受け入れて
くれた。私自身がキリスト・イエスであるかのように。15あなた方の祝福はどこにいってしまったのか。現
に、あなた方に対して証言するけれども、あなた方はできることなら自分の眼をくりぬいて私に与えたいと
思ったほどなのだ。16結局、私があなた方に真実を語ったので、私はあなた方の敵となったということか。
17彼らはあなた方に対して熱心であるが、それはよろしからぬ仕方であって、実は、あなた方のほうが彼ら
に対して熱心になるようにと、あなた方を引き離しにかかっているのである。18良いことに関して常に熱心
に求められるのは、良いことである。それは私があなた方のもとに居た時だけのことではない。19わが子ら
よ。キリストがあなた方の中で形をなすまでは、私は再びあなた方を産む産みの苦しみを味わっている。
20今あなた方のところに居ることができ、声の調子を変えて（話すことができたら）と思う。あなた方のこ
とで私は困惑しているのだから。

21あなた方律法のもとに居たいと思っている者たちよ、言ってほしい。あなた方は律法に耳を傾けないの
か。22すなわちそこに記されていることだが、アブラハムには二人の息子があった。一人は奴隷の女から生
れた子で、もう一人は自由の女から生れた。23しかし、奴隷の女から生れた子は、肉に応じて生れたのであ
る。それに対して、自由の女から生れた子は、約束によって生れた。24これをアレゴリーとして説明すると、
女たちは二つの契約である。一つはシナイ山からはじまって、従属へと産むものである。ハガルのことであ

る。25すなわちその山はアラビアにある。現在のエルサレムに対応する。すなわち、彼女はその子どもたち
と共に、奴隷となっている。26しかし、上なるエルサレムは自由であって、これが私たちの母なのである。
27すなわち、こう書かれている、「喜べ、産むことのない石女よ、欣喜して叫べ、産みの苦しみを知らぬ女
よ。独り身の女には子が多く、夫を持つ女よりも子が多い」。
28だから兄弟たちよ、あなた方はイサクに応じて、約束の子なのである。29だが、当時肉によって生れた
者が霊によって生れた者を弾圧したのと同様に、今もまたそうである。30しかし書物は何と言っているか。
「奴隷女とその息子を追い出せ。奴隷女の息子は自由な女の息子といっしょに相続者となることはできない
からである」と。31この故に、兄弟たちよ、我々は奴隷女の子であるのではなく、自由な女の子なのである。

第五章

1キリストは我らを自由のために自由にしたのである。だからしっかりと立って、再び隷属のくびきに繫
がれることがないようにしなさい。2見よ、私パウロがみずからあなた方に言う、もしもあなた方が割礼を
受けるなら、キリストはあなた方にとって役に立たないということになろう。3私自身もう一度証言するが、
割礼を受けた者は皆、律法をすべて行なう義務がある。4律法において義とされるというあなた方は、キリ
ストから無縁にされたのだ。恵みから抜け落ちたのである。5何故なら我々は、霊によって、信から、義の
希望を待ち望んでいるのだから。6すなわちキリスト・イエスにあっては、割礼が何かの意味を持つことは
なく、無割礼もまた意味を持たない。愛によって働く信が意味を持つ。
7あなた方はよく走っていた。誰があなた方の邪魔をして、真理に従わないようにさせたのか。8そのよ

うな勧誘はあなた方を招き給うた方（神）から出たものではない。9僅かなパン種がパン粉全体をふくらま
せる。10この私は、主にあってあなた方のことを確信している、あなた方がほかのことを考えるはずがない、
と。あなた方を煩わせる者は、誰であろうと、裁きを負うことになろう。11兄弟たちよ、もしも私が今もな
お割礼を宣教しているのであれば、どうして今もなお迫害されることがあろうか。そうだとすれば、十字架
の躓きは無効にされたことになろう。12あなた方をかき乱す者たちは、みずから去勢してしまえばよろしい。
13つまり、あなた方が招かれたのは、自由のためなのだ、兄弟たちよ。ただこの自由を、肉に利用させる
ようなことをせず、愛によって互いに仕えるがよい。14何故なら、全律法が一つの言葉に満たされている。
すなわち「おのれの如く、汝の隣人を愛せ」という言葉に。15もしもあなた方が互いに嚙みつき、食らいあ
うなら、互いに消耗しつくすことにならないよう気をつけるがよい。

16私は言う、霊において歩むがよい。そうすれば肉の欲を完遂することはなくなるだろう。17何故なら、
肉は霊にさからって欲し、霊は肉にさからって欲するからである。すなわちこの両者は互いに対立している。
その結果あなた方は、もしも自分で欲するとしても、それを実行しない、ということになる。18あなた方が
霊によって導かれるのであれば、律法のもとにはいないのである。19肉の業は明白である。すなわち、淫
行、汚れ、放蕩、20偶像礼拝、魔術、敵対、争い、やっかみ、腹立ち、利己心、分裂、分派、21ねたみ、泥
酔、ばか騒ぎ、ほか類似の事柄。以前にも言ったように、これらのことを行なう者は神の国を受け継ぐこと
ができない、と予告しておこう。22霊の果実は愛と喜びと平和、寛容とやさしさと善性、信と23柔和と節制。
律法にはこれらに反対するものはない。24キリスト・イエスの者たちは、情熱や欲望とともに肉を十字架に
つけてしまったのである。25もしも我々が霊に生きるのであれば、また霊の側に並ぼうではないか。26互い

に挑発したり、ねたみあったりして、空威張りするのはやめよう。

第六章

1兄弟たちよ、もしも誰かが何かの過ちに陥ったとしても、霊の人であるあなた方自身が柔和な霊をもっ
てその人をもとにもどし、あなた自身も誘惑に陥ることがないよう気をつけなさい。2互いの重荷を負いな
さい。そうすればキリストの律法を全うするであろう。3すなわちもしも誰かが、実際はそうでないのに、
何者かであるとみなされているとしたら、その人は自分自身を欺いているのである。4それぞれが自分自身
の業を自分で検証すべきである。その時には、誇れるのは自分に対してだけであって、他に対しては誇るこ
とはできないだろう。5それぞれが自分の荷を負うことになるのだから。

6御言葉を教えられる者は、教えてくれる人と、良いものをすべて共にしなさい。7間違ってはいけない。
神が軽んじられるようなことはない。つまり、人が何かを蒔くとしたら、自分で刈り取るべきである。8自
分自身の肉へと蒔く者は、肉から滅びを刈り取り、霊へと蒔く者は、霊から永遠の生命を刈り取る。9我々
は、善をなすにあたって、さぼらないようにしよう。厭きてしまわずにいれば、然るべき時に刈り入れるこ
とができるからだ。10だから、我々はまだ時があるのであるから、すべての人に対して良いことをなそうで
はないか。特に信の家族に対して。

11見よ、どんなに大きな字であなた方に私自身の手で書いたことか。12肉において格好をつけようとする
者があなた方に強いて割礼を受けさせようとしているのである。その目的はただ、キリストの十字架の故に
弾圧されたくない、ということである。13というのも、割礼を受けている者たち自身律法を守ってはいない

ので、単にあなた方に割礼を受けさせたいだけであり、あなた方の肉を誇りたいというだけのことである。
14私にはもちろん誇るなどということはない。我らの主イエス・キリストの十字架だけを誇る。キリストの
十字架によって此の世は私に対して十字架につけられ、私も此の世に対して十字架につけられたのである。
15何故なら、割礼は何ものでもなく、無割礼も何ものでもない。ただ新しい創造のみ。16そして、この基準
の側に並ぶ者すべてに平安が、また憐れみがあるように。そして神のイスラエルにも。
17なお、誰も私に迷惑をかけてはならない。この私は、自分のからだにイエスのしるしを帯びているのだ
から。
18我らの主イエス・キリストの恵みが、兄弟たちよ、あなた方の霊とともにあるように。アメーン。

コリントスにある神の教会へ、第一

第一章

1パウロ、使徒。神の御旨によりキリスト・イエスに招かれた（使徒）。および兄弟ソーステネース。
2コリントスにある神の教会と、キリスト・イエスにある聖化された人々、招かれた聖者たちへ、またあ
らゆる場所で我らの主イエス・キリストの名を呼ぶすべての人々へ。イエス・キリストは我らの主であると
ともに、彼らの主でもある。
3恵みがあなた方にあるように、また我らの父なる神と主なるイエス・キリストから平安が。
4あなた方について、キリスト・イエスにあってあなた方に与えられた神の恵みを、私はいつも私の神に
感謝している。5すなわちあなた方がキリストにあって、一切のことにおいて、すべての言葉とすべての知
識において、豊かにされているということを。6それはキリストの証しがあなた方のもとで確実になった、
ということである。7こうしてあなた方はいかなる恵みの賜物にも欠けるところがなく、我らの主イエス・
キリストの顕現を待望している。8主は、我らの主イエス・キリストの日においてあなた方が責められるこ
とのない者となれるように、あなた方を最後まで堅く支えて下さるであろう。9神は信実である。神によっ

てあなた方は神の御子たる我らの主イエス・キリストの交りへと招かれたのだ。
10兄弟たちよ、我らの主イエス・キリストの名によって、あなた方に呼びかける、あなた方みなが同じこ
とを語り、あなた方の間に分争がなくなり、同じ思い、同じ認識へと回復されるように、と。11というのも、
我が兄弟たちよ、あなた方のことがクロエーの家の者たちによって明かされたのだが、あなた方の間に争い
があるとのことである。12あなた方それぞれが、私はパウロにつくとか、いや私はアポロだ、私はケパだ、
私はキリストだ、などと言っているという件である。13キリストは分裂してしまったのか。パウロがあなた
方のために十字架につけられたとでもいうのか。あなた方はパウロの名へと洗礼を受けたのか。14クリスポ
スとガイオス以外は、あなた方のところで私は誰にも洗礼を授けなかったが、これはむしろ感謝せねばなる
まい。15だから、あなた方は私の名へと洗礼を受けたのだ、などと言い出す者もいないだろう。16いやステ
ファナスの家の者たちにも私は洗礼を授けたが、ほかの人に洗礼を授けたことはないと思う。17何故なら、
キリストが私を遣わしたのは、洗礼を授けるためではなく、福音を伝えるためである。それも知恵の言葉に
よってではない。知恵の言葉によってでは、キリストの十字架が無になってしまう。
18すなわち、十字架の言葉は滅びる者にとっては愚かであるが、救われる我らにとっては神の力である。
19すなわち、「我は知者の知恵を滅ぼし、賢い者の賢さを廃棄するだろう」と書いてある。20どこに知者が
いるか。どこに律法学者がいるか。どこに此の世の論者がいるか。神が此の世の知恵を愚かにしたのではな
かったのか。21すなわち此の世は神の知恵の中で神を知恵によって認識できなかったので、神は宣教の愚か
さによって信じる者を救うのがよいとされたのである。22ユダヤ人は徴を求め、ギリシャ人は知恵を求める
が、23我々は十字架につけられたキリストを宣べ伝える。それはユダヤ人にとっては躓き、異邦人にとって

は愚かであるが、24招かれた者にとっては、ユダヤ人であれギリシャ人であれ、神の力、神の知恵であるキ
リストなのである。25何故なら、神の愚かさは人間よりも知恵があり、神の弱さは人間よりも強いからで
ある。
26すなわち、兄弟たちよ、あなた方が招かれた（時の）ことを見てみるがいい。肉による知者は多くはい
なかった。権力ある者も、生れの良い者も多くはいなかった。27むしろ神は知者をはずかしめるために此の
世の愚かを選び、強きをはずかしめるために此の世の弱きを選び給うた。28また此の世の生れのないもの、
蔑まれているものを神は選び給うたのだ。存在するものを無効にするために、存在しないものを選び給うた
のである。29それは、いかなる肉も神の前で誇ることがないためである。30あなた方がキリスト・イエスに
あるのは、神のおかげである。キリストは神の側から、我々にとっての知恵となった。また義、聖化、贖い
となった。31それは、書かれてあるように、「誇る者は主において誇るがよい」という（ことが実現する）
ためである。

第二章

1私もまたあなた方のもとに行った時に、兄弟たちよ、神の秘義をあなた方に伝えるのに言葉や知恵の卓
越によることはしなかった。2すなわち私は、あなた方のところでイエス・キリスト以外のことは何も知る
まい、と決めていたからだ。それも、十字架にかけられたイエス・キリスト以外は。3その私は、あなた方
のもとに行った時、衰弱していて、非常な恐れと不安があった。4私の言葉も私の宣教も知恵の説得力ある
言葉にはよらず、霊と力の示すところによった。5それは、あなた方の信仰が人間の知恵によらず、神の力

によるためであった。
6完全な者たちの間では、我々は知恵を語る。それは此の世の知恵、此の世の無力な支配者たちの知恵で
はない。7秘義の中に隠された神の知恵である。神はその知恵を此の世（の創造）以前から我らの栄光のた
めに定めておかれたのである。8此の世の支配者は誰もそれを認識しなかった。もしも認識していたならば、
栄光の主を十字架につけたりしなかっただろう。9しかし書かれてあるように、「眼が見ず、耳が聞かなか
ったこと、人間の心に浮かばなかったことを神は神を愛する者たちのために準備された」のである。
10我々には神は霊を通じて啓示して下さった。霊は一切を、神の深みをも探るからである。11人間につい
ては、人間の中にある人間の霊以外の誰が人間のことを知りえようか。それと同じことで、神のことについ
ては、神の霊以外には誰も認識しえなかったのである。12我々は此の世の霊を受けたのではなく、神から出
た霊を受けたのだ。それは、神から我々に恵みとして与えられたものを我々が認識するためである。13その
恵みについてもまた我々は、人間的な知恵が教える言葉によって語るのではなく、霊の教える言葉によって
語る。霊的な言葉によって霊的な事柄を判断しつつ。14（自然的）生命の人間は神の霊の事柄を受けること
ができない。それは人間にとっては愚かなものであるので、霊的に判断さるべきものだということが人間に
はわからないからである。15霊の人は一切を判断する。しかし自分自身は誰によっても判断されることはな
い。16つまり、「誰が主の叡智を知って、主を教えることができるか」ということだ。我々はキリストの叡
智を持っているのだ。

第三章

1 兄弟たちよ、私もまたあなた方に霊の人に対するように話すことはできなかった。肉の人として、キリ
ストにおける乳飲み子として、話しかけたのである。2 あなた方には乳を飲ませたので、食べ物を食べさせ
たわけではない。あなた方はまだ食べることができなかったのだ。今もまだあなた方はできずにいる。3 あ
なた方はまだ肉の人だからだ。すなわち、あなた方の間に妬みや争いがある限り、あなた方は肉の人であっ
て、人間的な仕方で歩んでいるのではないのか。4 誰かが、私はパウロにつく、と言い、また他の誰かが、
私はアポロだ、などと言っている限り、あなた方は人間でしかなかろう。

5 アポロとは何だ。パウロとは何だ。この者たちを通じてあなた方が信じるにいたった仕え手であろう。
しかもそれぞれ、主（＝神）が与えるままに。6 私は植えた。アポロは水を注いだ。しかし神が育て給う
たのだ。7 だから植える者も水注ぐ者も別に何でもないので、育てる神だけ（が重要なの）だ。8 植える者
も水注ぐ者も、一つである。それぞれがそれぞれの労苦に応じて報酬を得るだろうけれども。9 我々は神の
同労者なのだ。あなた方は神の畑であり、神の建物である。

10 私に与えられた神の恵みによって、私は知恵ある建築家として土台を据えた。ほかの者がその上に建物
を建てる。それぞれがどのように上に建物を建てるかは、自分で気をつけるべきである。11 すでに置かれて
いる土台以外に誰も土台を据えることはできない。その土台はイエス・キリストである。12 その土台の上に
建物を金で、あるいは銀で、宝石で、木で、草で、藁で建てるとして、13 そのそれぞれの仕事（の何たる
か）は明らかになるであろう。すなわちそれは、かの日が明らかにするのである。その日は、火をもって顕

れるからである。そして、それぞれの仕事がどういうものであるかを、まさにその火が検証することになる
であろう。14誰かが上に建てた仕事が（火の検証を越えて）残るなら、その人は報いを得るであろう。15誰
かの仕事が焼けてしまうなら、その人は罰を蒙ったということなのだ。もっとも、その人自身は救われるで
あろう。火の中を通ってきた者としてであるが。
16あなた方は神の宮であり、神の霊があなた方の中に住んでいる、ということを知らないのか。17誰かが
神の宮を壊すなら、神がその者を壊すであろう。神の宮は神聖だからである。そしてあなた方がそうなのだ。
18誰も自分自身をあざむいてはならない。もしもあなた方の中で誰かが、自分は此の世で知者であると思
うなら、むしろ愚か者となるがよい。そうすれば知者になれるであろう。19此の世の知恵は神のもとでは愚
かだからである。何故なら「（神は）知者たちをその狡猾さにおいて捕らえる者である」と書いてある。
20また「主は知者たちの考えが空しいものであると知っておられる」とも。21だから誰も人間を誇ってはな
らない。何故なら一切はあなた方のものであって、22パウロだろうとアポロだろうとケパだろうと世界であ
ろうと、生命であろうと死であろうと、現在あるものであろうと未来に生じることであろうと、一切はあな
た方のものであるのだが、23そのあなた方自身はキリストのもの、キリストは神のものであるのだから。

第四章

1であるから、人は我々をキリストの従者、神の秘義の管財人とみなすべきである。2なおここでは、管
財人に関しては、信実であることが求められている。3私は、あなた方によって批判されようと、あるいは
人間の法廷によって批判されようと、どうでもよろしい。私は自分自身を批判することもしない。4私は何

のやましいこともない。しかしだからとて、それで義とされたというわけでもない。私を批判する者は、主
である。5だから、主の到来の時までは、あなた方は何かを先走りして裁いたりしてはならない。主は闇に
隠れた事柄を明るみに出し、心の企てを顕わにし給うであろう。そしてその時、それぞれの者に神から賞賛
が与えられよう。

6兄弟たちよ、これらのことを私は、あなた方の故に、私自身とアポロへと形を変えた。それは、あなた
方が我々において、書かれてあること以上ではない、ということを学んでくれるため、またあなた方のそれ
ぞれが、ある者に賛成し他の者に反対したりしてふくれ上がらないためである。7というのも、誰があなた
を特別視するのか。あなたは受け取ったもの以外に何を持っているというのか。受け取ったのであるとすれ
ば、どうして受け取ったのではないかのように（最初から自分で持っているような顔をして）誇るのか。
8あなた方はすでに満腹している。すでに富んでいるのである。我々ぬきであなた方は王になったのだ。い
や、実際に王になってくれればよかったのに。そうすれば、あなた方と一緒に我々が王になったであろうか
ら。9つまり私が思うに、神は我々使徒をいわば死に定められた者のように最後に（競技場に）登場させた
のだ。我々はこの世界に対して、天使たちに対しても人間たちに対しても、見せ物となったのだ。10我々は
キリストの故に愚か者となり、あなた方はキリストにおいて賢い者となった。我々は弱く、あなた方は強く
なった。あなた方は栄光のうちにある者となり、我々は名誉なき者となった。11今の時にいたるまで、我々
は飢え、渇き、裸であり、打たれ、宿るところなく、12自分の手で苦労して働いている。嘲けられつつ祝福
し、迫害されても忍耐し、13辱められても呼びかけている。我々はこの世界のごみみたいになったのだ。今
にいたるまで、あらゆるものの塵芥に。

14私はあなた方に敬意を表するためにこういうことを書いているのではない。愛すべき我が子らとして、
考えを正すために書いているのである。15すなわち、もしもあなた方がキリストにあって無数の教育係を持
っていたとしても、父が大勢いるわけではない。キリスト・イエスにあって、福音によって、私があなた方
を生んだのだ。
16あなた方に呼びかける、私を真似る者となりなさい。17この故に、あなた方のところにティモテオスを
遣わした。彼は私の愛する子であり、主にあって信実な者である。あなた方にキリスト・イエスにおける私
の道を思い出させてくれるだろう。私があらゆるところで、あらゆる教会で、どのように教えているかを。
18私があなた方のところに行かないので、何人かの者たちがふくれ上がってしまったということか。19主が
欲し給うならば、すぐにあなた方のところに行くことにしよう。そしてふくれ上がっている者たちの、言葉
ではなく、力を見せていただこうか。20何故なら神の国は言葉にあるのではなく、力にあるからである。
21あなた方はどちらを欲しているのか。私が鞭の棒を持って行くことか、それとも愛と柔和の霊をもって行
くことか。

第五章

1そもそもあなた方の間には淫行があると言われている。それも異邦人にさえ見られないような淫行で、
父親の妻と一緒になったというのである。2しかもあなた方はふくれ上がってしまっていた。むしろあなた
方は悲しんで、こういうことをした者をあなた方の中から追い出すべきではなかったのか。3実際私はとい
えば、身体では離れていても霊では（あなた方のもとに）居て、その場に居る者として、そういうことをし

でかした者をすでに裁いてしまった。 4我らの主イエスの名においてあなた方は集って、そこに私の霊も臨
席し、我らの主イエスの力も共に（あって）、 5その者の肉体が滅びるようサタンに引き渡したのである。
それは、その者の霊が主の日には救われるためである。
6あなた方が誇るのはよろしくない。僅かのパン種がパンの粉をふくらますということを、あなた方は知
らないのか。 7あなた方が新しいパンの粉でいられるように、古いパン種を除き清めなさい。現にあなた方
は種入れぬパンなのだから。そしてまさにキリストが我らの過越しの犠牲としてほふられたのである。 8だ
から我々は古いパン種、悪と邪悪のパン種なしで、純粋と真理のパンでもって祭を祝うのである。
9あなた方に私は手紙で、淫行の者とつきあうな、と書いたが、それは、 10此の世界の淫行者、貪欲で略
奪する者、偶像礼拝者などとまったくつきあうな、ということではない。そうだとすると、あなた方は此の
世界から外に出て行かないといけなくなる。 11だから今度は書く、つきあってはならないのは、兄弟と呼ば
れている者であってしかも淫行の者、ないし貪欲な者、偶像礼拝者、誹謗する者、酔っ払い、略奪者、など
といった者である場合であって、その者とともに食事をしてはならぬ、と。 12私には、外の者を裁くことな
ど、関係はない。あなた方は内の者を裁いていないとでもいうのか。 13外の者を裁くのは、神である。あな
た方自身の間から悪人を取り除け。

第六章

1あなた方のうち誰かが他の人に対してもめごとがあるとして、それを聖者たちのところで裁いてもらお
うとせず、敢えて不義なる者たちのところで裁いてもらったりするだろうか。 2それとも聖者こそが此の世

界を裁く、ということをあなた方は知らないのか。もしもあなた方において世が裁かれるのであれば、もっ
と僅かなことについてあなた方に裁判能力がないなどということはないだろう。3我々が天使をも裁くのだ、
ということを知らないのか。それならば、まして、日常的なことなぞ。4日常的なことについての裁判沙汰
がある場合、あなた方は、教会では蔑まれている者たちをば（裁き手の座に）据えるのか。5これはあなた
方に敬意を表して言っているのである。実際、あなた方の中には、兄弟の間を裁くことができるような知者
は一人も居ないのか。6それなのに、兄弟が兄弟と裁判沙汰を起こし、しかもそれを非信者に裁いてもらお
うというのか。
7自分たちの間で係争があるということ自体、すでに、あなた方にとって負けである。どうして損害を受
けたままでいないのか。どうして奪われたままでいないのか。8それなのに、あなた方のほうが損害を与え、
奪っている。それも兄弟たちに対してである。
9それともあなた方は、不義の者が神の国を受け継ぐことはない、ということを知らないのか。間違って
はいけない。淫行の者も、偶像礼拝者も、姦通者も、柔弱な者も、男色をなす者も、10泥棒も、貪欲な者も、
酔っ払いも、誹謗する者も、略奪者も、神の国を受け継ぐことはないのだ。11あなた方のうちには、そうい
う者も居た。しかしあなた方は主イエス・キリストの名と我らの神の霊とにおいて洗われ、聖化され、義と
されたのである。
12何でも私に許されている。しかし何でも役に立つというわけではない。何でも私に許されている。しか
し私が何かの権威のもとに服することはない。13食物は腹のため、腹は食物のためにある。だが神は腹も食
物も無効にすることだろう。身体は淫行のためではなく、主のためにある。そして主も身体のためにある。

14神は主（キリスト）を甦らせた。そして我らをもその力によって甦らせて下さるだろう。15あなた方は、
自分の身体がキリストの肢体であることを知らないのか。私がそのキリストの肢体をとって、売春婦の肢体
にするだろうか。とんでもない。16それともあなた方は、売春婦といっしょになる者は一つの身体になる、
ということを知らないのか。「二人が一つの肉になるであろう」と言われているではないか。17しかし主と
いっしょになる者は、一つの霊になるのである。18淫行を避けよ。人が罪過を犯す場合、それはすべて身体
の外の事柄であるのだが、淫行をなす者の場合は、自分の身体の内部に対して罪を犯すのである。19それと
もあなた方は、自分の身体があなた方のうちにある聖霊の宮である、ということを知らないのか。その聖霊
を、あなた方は神から受けているのだ。あなた方は自分自身のものではないのである。20何故なら、あなた
方は代価を払って買い取られたのだ。だからあなた方の身体において神を反映するがよい。

第七章

1あなた方が書いてきたことについて。
人間にとっては、女に触れない方がよい。2しかし淫行（を避ける）ために、それぞれ自分の妻を持つが
よい。また女もそれぞれ自分の夫を持つがよい。3妻に対して夫は義務を果すがよい。妻もまた夫に対して
そうすべきである。4妻は、自分の身体に対して、自分で権限を持っているのではなく、夫が持っている。
同様に、夫もまた自分に対して自分が権限を持っているのではなく、妻が持っているのである。5互いに相
手を拒んではならない。ただ合意のもとに一定期間ひかえるのは別である。それはその間祈りに専心した後
に、またいっしょになるためである。そうすれば、あなた方の自制力のなさの故にサタンがあなた方を誘惑

することもないであろう。6以上は譲歩して言っているのであって、命じているわけではない。7私が欲す
るのは、すべての人が私のようになることである。しかしそれぞれが神から独自の賜物を与えられているの
であって、それぞれがそれぞれなのである。

8結婚していない人および寡婦に対しては、私のように（結婚せずに）いるのがよい、と言っておこう。
9もしも我慢できなければ、結婚するがよい。燃えさかるよりは、結婚する方がましだからである。10すで
に結婚している人たちには、私は指示する。いや私ではなく主が指示しているのであるが、妻は夫から別れ
てはならない。11もしも別れるのであれば、（以後）結婚せずにいるか、あるいは夫と和解するがよい。ま
た夫は妻を離縁してはならない。

12以下の点については、私が言うのであって、主が言っているわけではないが、もしもある兄弟が非信者
の妻を持っていて、その妻が彼とともに住むのがよいと思っているのであれば、離縁してはならない。13ま
た誰か女が非信者の夫を持っていて、その夫が彼女とともに一緒に住むのがよいと思っているのであれば、
離縁してはならない。14その非信者の男は妻によって聖められているのである。また非信者の妻も兄弟によ
って聖められている。さもなければ、あなた方の子どもは汚れていることになるが、実際には聖いではない
か。15もしも非信者が別れるなら、別れさせよ。兄弟姉妹は、こういう場合、束縛されているわけではない。
神があなた方を招いたのは平和においてである。16女よ、自分が夫を救えるかなどと、どうして考えるのか。
男よ、自分が妻を救えるかなどと、どうして考えるのか。

17もしもそうでないなら、それぞれに主が与え給うた分に応じて、つまり神がそれぞれを招き給うた時の
まま、そのままに歩むべきである。すべての教会で私はそのように命じている。18割礼を受けた状態で招か

れたのなら、（その割礼のあとを）消したりすることはない。割礼を受けていない状態で招かれたのなら、
割礼を受けることはない。19割礼などどうでもよく、無割礼でもどうでもよろしい。神の掟を守ることが
（重要である）。20それぞれが、自分が招かれた時の状態にとどまるべきである。21招かれた時に奴隷であっ
たとしても、気にすることはない。たとえ自由になることが可能であっても、むしろ用いるがよい。22何故
なら、主において招かれた奴隷は、主の解放された者なのだ。同様に、招かれた時に自由人であった者は、
キリストの奴隷である。23あなた方は、代価を払って買い取られたのだ。だから人間の奴隷になるな。24兄
弟たちよ、それぞれが招かれたままに、神の前では、その状態にとどまっているべきである。

25童貞の者については、私は主の命令を持っていない。しかし主に恵まれて信実であるようにされた者と
して、自分の意見を言おう。26現在の逼迫した状態の故にこれは良いことだと思う。すなわち、人間にとっ
てそのようにあるのは良いことだと思う。27もしも女に縛られているのなら、それを解こうとするな。もし
も女から解放されているのなら、女を求めるな。28しかしすでに結婚しているとしても、それは罪を犯した
ことにはならない。また童貞者が結婚したとしても、罪を犯したことにはならない。だがそれらの人々は肉
体に苦悩を持つことになろう。私はあなた方に遠慮してあげているのである。

29兄弟たちよ、このことを私が言うのは、時が縮まっているからである。なお、女を持つ者は持たない者
のように、30泣く者は泣かない者のように、喜ぶ者は喜ばない者のように、買う者は所有しない者のように、
31此の世を利用する者は利用しない者のようにあるがよい。何故なら、此の世の形は過ぎ去るからである。
32あなた方が気遣いなしでいることを期待する。結婚していない者は、いかにして主に喜んでいただこう
かと、主のことを気遣う。33結婚した者は、いかにして妻に喜んでもらおうかと、此の世のことを気遣い、

34分裂してしまう。また結婚していない処女は主のことを気遣って、身体においても霊においても聖くあろ
うとするが、結婚した女は、いかにして夫に喜んでもらおうかと、此の世のことを気遣う。35このことを言
うのはあなた方の役に立つためであって、あなた方を束縛しようなんぞというつもりではなく、あなた方が
ひたすら主に対して良い姿を取り、良く思われるようになるためである。
36もしも誰かが自分の処女に対してさまにならないことをしていると思うのなら、彼女がすでに十分に成
熟しており、かつそうするべきであるのならば、その欲することをなすがよい。それは罪を犯すことにはな
らない。結婚するがよい。37しかし、自分の心の中で無理せずにしっかりと立っており、自分の意志を自分
で支配することができる者が心の中で自分の処女を守っておこうと判断したのであれば、それは結構なこと
であろう。38だから、自分の処女と結婚する者はそれでよろしいのだが、結婚しない者はもっとよろしいの
である。
39女は、夫が生きている限りは、拘束されている。しかし夫が亡くなったら、自分の欲する男と結婚する
自由がある。ただし主にあって。40しかし、私の認識するところでは、そのままにとどまっている女性の方
が恵まれている。私もまた神の霊を持っていると思う。

第八章

1偶像に供えられた肉については、我々誰もが知識を持っていると思う。だが知識はふくれ上がらせる。
愛が建てるのである。2もしも誰かが何かを知っていると思っているなら、その人はまだ知るべき仕方で知
ってはいない、ということだ。3もしも誰かが神を愛するなら、その者は神によって知られているのである。

4偶像に供えられた肉を食べることについては、世の中に偶像などというものは存在せず、唯一の神以外に
神は存在しない、ということを我々は知っている。5天にであろうと地にであろうと神々と呼ばれるものが
あるけれども、現に多くの神々、多くの主が存在してはいるが、6我々にとっては神は唯一、父のみ。その
神から一切が生じ、我々はその神へとむかって存在している。また主も唯一、イエス・キリストのみ。キリ
ストによって一切があり、我々もまたキリストによって存在する。
7しかしすべての人に知識があるわけではない。ある者たちは、偶像に供えられた肉を食べる時に、今ま
で偶像に関して持っていた習慣のせいで、意識が弱いものだから、汚されるのである。8食べ物が我々を神
のもとに連れて行ってくれるわけではない。食べないからといって何かに欠けるわけではなく、食べたから
とて何かが増すわけでもない。9しかしあなた方のその力が弱い人にとって障害とならないように気をつけ
るがよい。10もしも誰かが、知識を持っているあなたが偶像の神殿で（食べるために）座っているのを見た
ら、弱い人間であるその者の意識が偶像に供えられた肉を食べるようにと作り上げられることにならないだ
ろうか。11その弱い者があなたのその知識によって滅びることになる。だがキリストはその兄弟のために死
んだのだ。12このように、兄弟に対して罪を犯し、その弱い意識に打撃を与えるのは、キリストに対して罪
を犯すことである。13だから、もしも食べ物が私の兄弟をつまずかせるのであれば、私は以後ずっと肉を食
べない。私の兄弟をつまずかせないためである。

第九章

1私は自由人ではないのか。私は使徒ではないのか。私が我らの主イエスを見なかったとでもいうのか。

あなた方は、主にあって、私の業績ではないのか。 2 もしもほかの人たちに対して私が使徒ではないとして
も、あなた方に対しては使徒なのだ。すなわちあなた方は、主にあって、私が使徒たることの印章なのだ。
3 私を批判する人たちに対する私の弁明は、以下のとおりである。
4 我々は食べたり飲んだりする権利を持っていないのだろうか。 5 我々はほかの使徒たちや主の兄弟たち
やケパのように姉妹を妻として連れて歩く権利がないのだろうか。 6 あるいは私とバルナバだけが働かずに
いる権利がないのだろうか。 7 自分で自分の賃金を支払って兵隊になったりする者がいるだろうか。葡萄畑
に葡萄の木を植えて、自分でその実を食べない者がいるだろうか。あるいは羊の群を飼っていて、その乳を
飲まない者がいるだろうか。
8 私は単に人間的に言っているだけなのだろうか。律法もまた同じことを言ってはいないのか。 9 すなわ
ちモーセの律法には書いてある、「脱穀をしている牛に口籠をはめてはならぬ」と。神は牛のことを気にか
けておられるのか、 10 それとも一般的に我々のために言っておられるのではないのか。「耕す者は希望をも
って耕すべきである。また脱穀する者は（その穀物に）あずかる希望をもって」と書かれているのは、我々
のためである。 11 我々があなた方に霊的なものを蒔いたとすれば、あなた方の肉的なものを刈り取るのは行
き過ぎなのだろうか。 12 もしもほかの者があなた方のこの権利にあずかるのであれば、まして我々にその
権利はあるだろう。しかし我々はこの権利を利用することはせず、一切黙っていた。キリストの福音に対す
る妨げにならないためである。 13 あなた方は、神殿の仕事をしている者が神殿から食を得ており、祭壇に仕
える者が祭壇（の捧げ物）にあずかっている、ということを知らないのか。 14 同様に主は、福音を伝える者
が福音によって生きるようにと命じ給うたのである。

15しかし私はこれらのことを何も利用しなかった。私がこのことを書いたのは、自分がそうなりたいから
ではない。私にとっては死ぬ方が……。誰かが私の誇りを無にすることはありえない。16何故なら、私が福
音を宣べ伝えるとしても、それは私にとって誇りにはならない。私はそうせざるをえない、ということなの
だ。もしも私が福音を宣べ伝えないようなことがあれば、私に禍いあれ。17何故なら、もしも私がみずから
進んでそのことをなしているのであれば、報酬を受けるであろう。だが、みずから進んでではないとすれば、
それは摂理を託されているということである。18ならば、私の報酬はどうなるのか。福音を無償で宣べ伝え
て、福音における私の権利を利用しないようにして福音を提供するためには……。

19すなわち私はいかなる人からも自由であるが、みずからすべての人の奴隷となった。より多くの人をか
ち得るためである。20ユダヤ人に対してはユダヤ人のようになった。ユダヤ人をかち得るためである。律法
のもとに居る者たちに対しては、律法のもとに居る者のようになったのだ。私自身は律法のもとに居るわけ
ではないけれども。それは、律法のもとに居る者をかち得るためである。21律法のない者たちに対しては、
律法なき者のようになった。私自身は神の律法のない者ではなく、キリストの律法の中に居るのであるが。
それは、律法のない者をかち得るためである。22弱い者に対しては、弱い者となった。弱い者をかち得るた
めである。すべての者に対して、何にでもなった。ともかく何人かでも救うためである。23福音の故に、私
は何でもしている。私が福音の共同者になるためである。

24競技場で走る者はみな走るが、賞を得るのは一人だけだ、ということを御存じないのか。あなた方も、
賞を得るように走りなさい。25競技をする者はみなあらゆることに節制する。だが、競技者は朽ちる冠を得
るためであるが、我々は朽ちぬ冠を得るためなのだ。26だから私は曖昧ではない仕方で走る。空を打たない

ような拳闘をする。27自分の身体に的確にパンチをくらわして、従わせる。他人に対して宣教しながら、自
分自身が失格者とならないためである。

第一〇章

1何となれば兄弟たちよ、知らずにいてほしくない、我らの先祖はみな雲のもとにあった。みな海を通り
ぬけた。2みな雲と海の中でモーセへと洗礼を受けた。3そしてみなが霊の食べ物を食べ、4みなが霊の飲
み物を飲んだ。すなわち、彼らについてきた霊の岩から飲んでいたのである。この岩はキリストであった。
5しかしながら神は彼らの大部分をよくは思わなかった。彼らは沙漠で滅ぼされたのであるから。
6これらのことは我々の型となった。彼らが欲したのと同じような仕方で我々が悪を欲する者とならない
ためである。7また、彼らの一部がそうであったように、偶像礼拝者となってはならない。「民は座して食
し、飲み、立ってたわむれた」と書いてあるとおりである。8また彼らの一部がそうであったように、我々
は淫行に走らないようにしよう。彼らは淫行をなし、一日に二万三千人も倒れた。9また彼らの一部がそう
であったように、我々はキリストを試みないようにしよう。彼らは試みた結果、蛇に滅ぼされた。10また彼
らの一部がそうであったように、つぶやいてはならない。彼らはつぶやいて、滅ぼす者に滅ぼされた。11こ
れらの事が彼らに生じたのは、類型論的なことである。すなわちそれは我々の考えを正すために書かれたの
である。我々には世の終りがさしせまっているのだ。12だから、立っていると思う者は倒れないように気を
つけるがよい。13あなた方をおそった試練で人間的でないものはない。神は信実であって、あなた方が耐え
られないような試練をあなた方に容認することはない。試練とともに、それを耐えることができるような出

口を用意して下さるであろう。
14この故に、我が愛する者たちよ、偶像礼拝を避けよ。15私はあなた方に、理解力のある者に対するよう
に語りかけているのである。私が言うことを、あなた方は自分で判断するがよい。16我々が祝福する祝福の
杯は、キリストの血との交りではないのか。我々が割くパンは、キリストの身体との交りではないのか。
17パンは一つであるから、我々大勢の者が一つの身体なのである。何故なら、我々皆が一つのパンにあずか
っているからである。18肉によるイスラエルを見よ。犠牲（の獣）を食べる者は、その犠牲の捧げられた祭
壇と交っているのではないのか。19では何と言おうか。偶像に供えられた肉は何なのか。あるいは偶像とは
何なのか。20彼らが犠牲を捧げているのは、悪霊に捧げているのであって、神にではない。私は、あなた方
が悪霊と交る者になることを望まない。21主の杯と悪霊の杯を（両方とも）飲むことはできないのだ。主の
食卓にあずかり、かつ悪霊の食卓にあずかることはできない。22それとも主を嫉妬させようとでもいうのか。
我々が主よりも強いとでもいうのか。
　23何でも許されている。しかし何でも役に立つわけではない。何でも許されている。しかし何でも建設的
であるわけではない。24誰もが、自分のことを求めないで、他者のことを求めるべきである。25市場で売ら
れているものはすべて、いちいち意識に照らして判断しないで食べるがよい。26地と、地に満ちているもの
は、主（＝神）のものだからである。27非信者に招かれ、その招きに応じようという場合は、いちいち意識
に照らして判断しないで、提供されたものを食べるがよい。28もしも、これは神殿に捧げられた肉ですよ、
と言う者が居たら、そのことを伝えてくれた者の故に、また意識の故に、食べない方がいい。29意識という
のは、自分の意識のことではなく、他者の意識のことである。実際、どうして私の自由が他人の意識によっ

て裁かれることがあろう。30感謝をもって私が（食事に）あずかるのなら、私が感謝したそのものに関して、
どうしてつべこべ言われることがあろうか。
31食べるにせよ、飲むにせよ、何かをなすにせよ、一切を神の栄光へとなすがよい。32ユダヤ人に対して
も、またギリシャ人に対しても、神の教会に対しても、躓きとならぬがよい。33私が一切をすべての人の気
に入るようになしているのと同じように。私は自分の利益を求めることをせず、多くの人の利益を求めてい
る。彼らが救われるためである。1私を真似る者となるがよい。私がキリストを真似る者であるように。

第一一章

2あなた方があらゆる点で私を覚えていることを誉めておこう。私があなた方に伝承を伝えたとおりにあ
なた方は保っている。
3それならあなた方は知るがよい、すべての男の頭はキリストであり、男が女の頭であり、神がキリスト
の頭である、ということを。4祈ったり預言したりする時に頭に何かをつける男はすべて、自分の頭を辱め
るのである。5祈ったり預言したりする時に頭に覆いをつけない女はすべて、自分の頭を辱めるのである。
すなわちそれは頭を剃っている女とまったく同じことである。6実際もしも女が（頭を）覆っていなければ、
その女の髪を切ってしまえ。もしも女にとって髪を切ったり剃ったりするのが恥であるのなら、頭に覆いを
つけているべきである。
7何故なら男は神の形であり、神の反映であるのだから、頭を覆うべきではないのだが、女は男の反映な
のである。8すなわち、男が女から出て来たのではなく、女が男から出て来たからであり、9また男が女の

ために造られたのではなく、女が男のために造られたのであるから。10この故に女は頭の上に権威をのせる
べきであって、それは天使の故である。11もっとも、主にあっては、女は男なしではなく、男も女なしでは
ない。12というのは、女が男から出て来たのと同じように、男は女のためにある。そして一切が神から出て
来たのである。
13あなた方は自分自身で判断するがよい。女が覆いをつけないで神に祈るのがふさわしいことであるかど
うか。14あるいはまた、男が髪を長くするのは恥ずかしいことであり、15女が髪を長くするなら栄光あるこ
とだと、14自然そのものがあなた方に教えているではないか。15長い髪は覆いの代りとして女に与えられた
ものだからである。16この点について争いたいと思う人がいるかもしれないが、そういう慣習を我々は持っ
ていないし、神の諸教会も持っていない。
17このことを指示するけれども、あなた方が集る時に、良い方へと向わないで、悪い方へと向っているの
は誉めるわけにはいかない。18第一に、あなた方が教会に集る時に分争が存在すると聞いている。その噂は
何ほどかは信用に価しよう。19実際、あなた方の中で誰が合格者であるかが明らかになるためには、分派争
いも必要であろう。20だがそれでは、あなた方が一つの場所に集っても、主の晩餐を食べることにはならな
い。21すなわちそれぞれが食べる時に自分の晩餐をとっている。だから、腹がへっている者がいるかと思う
と、酔っている者もいる。22あなた方は食べたり飲んだりする家がないのか。それとも神の教会を軽んじ、
持っていない者を辱めるのか。あなた方に何と申し上げようか。誉めてさしあげようか。まあこの点で誉め
るわけにはいくまい。
23何故なら、私があなた方に伝えたことは、私自身主から受け取ったことだからである。すなわち、主イ

エスは、引き渡される夜に、パンを取り、24感謝して割き、言った、「これはあなた方のための私の身体で
ある。私の思い出のために、これをなすがよい」。25杯についても同様に、食事の後に言った、「この杯は私
の血における新しい契約である。あなた方は飲むたびに、私の思い出のために、これをなすがよい」。26す
なわち、このパンを食べ、この杯を飲むたびに、主の到来の時まであなた方は主の死を宣べ伝えているので
ある。
27だからふさわしくない仕方で主のパンを食し、主の杯を飲む者は、主の身体と血に関して責任がある。
28人はそれぞれ自分を検証すべきであって、その上でパンを食し、杯を飲むものである。29何故なら、食べ
たり飲んだりする者は、もしも身体を判別しないとすれば、自分自身に対する裁きを食べたり飲んだりする
ことになる。30この故にあなた方の中では多くの者が弱く、病気になり、またかなりな人数の者が亡くなっ
たりしているのである。31もしも我々が自分自身を判別していれば、裁かれることはなかっただろうに。
32我々が裁かれているのは、主によって教育されて、此の世とともに断罪されないためである。
33だから、我が兄弟たちよ、食べるために集る時には、お互いを待っているがよい。34すでに空腹の者が
いたら、その者は家で食べて来るがよい。裁き（を受ける）ために集ることのないように。ほかのことは、
私が行った時に命じることにしよう。

第一二章

1霊の賜物については、兄弟たちよ、あなた方が知らずにいてほしくない。2あなた方がまだ異邦人であ
った時、もの言わぬ偶像のところに、連れて行かれるような具合に引き寄せられていた、ということを知っ

ておいでだろう。3だからあなた方に知らしめる、神の霊において語る者は誰も「イエスは呪われよ」など
と言うことはない。また、聖霊において語るのでなければ、誰も「イエスは主なり」と言うことはできない。
4恵みの賜物には、さまざまなものがある。しかし霊は同一である。5また奉仕の仕事には、さまざまな
ものがある。しかし主は同一である。6また力の作用には、さまざまなものがある。しかし、一切を一切に
おいて働かせ給う神は、同一である。7それぞれに霊の顕れが与えられているのだが、それは役に立つため
である。8すなわちある者には霊によって知恵の言葉が与えられている。他の者には同じ霊に応じて知識の
言葉が、9またほかの者には同じ霊において信が、他の者には同一の霊において治癒をなす恵みの賜物が、
10また他の者には力の作用が、他の者には預言が、他の者には霊の判別が、ほかの者にはさまざまな舌（の
発声）が、他の者には舌（の発声）の解釈が与えられているのである。11これら一切を同一の霊が、思うが
ままに、それぞれ一人一人の者に分ち与えて、働かせているのである。

12すなわち身体は一つであっても多くの肢体を持っているように、ないし、身体の肢体はすべて数は多い
が、身体は一つであるのと同様に、キリストもまたそうである。13というのは、一つの霊において我々はみ
な一つの身体になるために洗礼を受けたのである。ユダヤ人もギリシャ人も、奴隷も自由人も、皆、一つの
霊を飲ませてもらったのだ。

14まさに身体は一つの肢体ではなく、多くの肢体である。15もしも足が、私は手ではないから身体の一部
ではない、と言っても、それによって足が身体の一部でなくなるだろうか。16もしも耳が、私は眼ではない
から身体の一部ではない、と言っても、それによって耳が身体の一部でなくなるだろうか。17身体のすべて
が眼であったら、どこで聞くのか。すべてが聞くことであったら、どこで臭いをかぐのか。18だが神は肢体

の一つ一つを、そのお考えに従って、身体の中に置き給うた。19全部が一つの肢体であったとすれば、どこ
に身体があるのか。20だから、肢体は多いが、身体は一つなのである。21眼は手に対して、私はあなたを必
要としない、などと言うことはできない。あるいはまた頭も足に対して、私はあなた方を必要としない、な
どと言えない。22むしろ逆に、身体の中のより弱いと思われている肢体こそ、必要な肢体なのである。23ま
た身体の中の無価値と思えるところに、我々はむしろますます価値を付与する。そして我々の中の格好悪い
部分が実はより良い姿を持っている。24格好の良い部分は、わざわざそうする必要はない。神はより劣って
いる部分に価値を与えて、身体を一体化させたのである。25それは、身体の中で分裂が生じたりせず、肢体
がそれぞれお互いのために同じように配慮するためである。26また一つの肢体が苦しめば、すべての肢体が
共に苦しみ、一つの肢体に栄光が与えられると、すべての肢体が共に喜ぶのである。
27あなた方はキリストの身体である。そしてそれぞれがその肢体なのだ。28そして神は教会の中である者
たちをまず使徒となし、第二に預言者となし、第三に教師となし、それから力ある業、治癒の賜物、援助、
舵取り、さまざまな舌（の発声）となした。29みんなが使徒であろうか。みんなが預言者であろうか。みん
なが教師であろうか。みんなが力ある業であろうか。30みんなが治癒の賜物を持っていようか。みんなが舌
で語るだろうか。みんなが解釈するだろうか。31より大きい賜物を熱心に求めなさい。

第一三章

31そして更にずっとすぐれた道をあなた方に示そう。

1もしも人間の舌で私が語ろうとも、あるいは天使の舌で語ろうとも、愛を持っていなければ、鳴る鉢か

騒がしいシンバルになってしまったのである。 2もしもまた私が預言を持ち、あらゆる秘義とあらゆる知識
を知っており、また山をも移すほどの信仰をすべて持っていたとしても、愛を持っていなければ、私は何で
もない。 3あるいは自分の全財産を人に食べさせるために提供し、あるいは自分の身体を焼かれるためにわ
たそうとも、愛を持っていなければ、私は何の役にも立たない。
4愛は気が大きい。善良である、愛は。ねたまず、大言壮語せず、ふくれ上がらない。 5さまにならない
ことをせず、自分自身のことを求めず、すぐに怒ることをせず、悪を数え上げない。 6不正を喜ばず、真実
をともに喜ぶ。 7すべて我慢し、すべて信じ、すべて望み、すべてゆずる。
8愛は決して倒れない。預言はといえば、止むだろう。舌（の発声）はといえば、停止するだろう。知識
はといえば、止むだろう。 9我々が認識するのは部分的なことでしかなく、我々が預言するのも部分的なこ
とでしかない。 10完全なものが来たる時には、部分的なものは止む。 11幼児であった時には我々は幼児のよ
うに話し、幼児のように思い、幼児のように考えていた。だが私はすでに大人となったのだから、幼児のよ
うなやり方を止めたのである。 12すなわち今私たちは鏡をとおして、謎のようにものを見ている。しかしそ
の時には、顔と顔を直接あわす仕方で見るであろう。今私は部分的にしか認識しないが、その時には自分が
（神によって）確かに認識されているのと同じような仕方で、私も確かに認識するようになるであろう。
13さて、信と希望と愛と、この三つが残る。これらのうち最も大きいのが愛である。

第一四章

1愛を追い求めよ。また霊の賜物を熱心に求めるのもいいが、それはむしろ、預言するために求めるがよ

い。2何故なら、舌で語る者は人間に対して語るのでなく、神に対して語っているのである。つまり誰もそ
れを聞く人はおらず、彼はただ霊に対して、秘義を語っている。3それに対し預言する者は人間に対して建
設的なことを、呼びかけを、また励ましを語る。4舌で語る者は自分自身を建てるのだが、預言する者は教
会を建てる。5あなた方みなが舌で語ることもしてほしいが、しかしむしろ預言するがよい。預言する者の
方が舌で語る者よりも大きい。舌で語る者は、その建設を教会が受けられるように誰かが解釈してくれる場
合のみ大きい。

6今、兄弟たちよ、もしも私があなた方のところに行って舌で語ったとしても、私が何の役に立つだろう
か。啓示か知識か預言か教えでもって語るのでなければ、役に立たない。7笛や竪琴のように生命のないも
のであっても、音に区別を与えるのでなければ、どうして吹かれたり弾かれたりしている音色を識別できる
だろうか。8あるいはまさに、ラッパがはっきりしない音を出しても、誰が戦闘態勢に入るだろうか。9そ
れと同様にあなた方もまた舌によってはっきりした言葉を述べないのであれば、語られていることがどうし
て認識されよう。となると、あなた方は空にむけて語っていることになる。10世界にはずい分たくさんの言
語があるけれども、音韻のないものはない。11もしも私にその言語の意味がわからないならば、それを語っ
ている人にとっては私は野蛮人であり、私にとってもその人は野蛮人である。12このようにあなた方もまた
霊に関して熱心であるのなら、教会を建てることを目的として（霊の賜物を）求めるべきである。そうすれ
ばあなた方はより豊かになろう。

13この故に、舌で語る者は、自分で解説できるよう祈るがよい。14すなわちもしも私が舌で祈るならば、
私の霊は祈っているのだが、私の理性は実を結ばない。15ではどうすればよいか。私は霊で祈る時には、同

時にまた理性で祈り、霊で歌う時には同時にまた理性で歌うことにしよう。16もしもあなたが霊で祝福する
ならば、素人の位置にいる者はあなたの感謝に対してどうしてアメーンと言うことができるだろうか。あな
たの言っていることが理解できないのだから。17実際、あなたが立派に感謝の言葉を述べるとしても、他の
者が建てられることはないのである。18神に感謝するが、私はあなた方の多くの者たちよりも舌でもってう
まく語ることができる。19しかし教会では私は舌で一万語を語るよりも自分の理性で五つの語を語ることを
好む。そうすれば他の人々を教えることができよう。

20兄弟たちよ、考えることについては子どもになってはいけない。悪事については幼児のようになるのが
よいが、考えることについては完全な者となれ。21律法には、「私は、異なった舌の者たちによって、異な
った者たちの唇でもって、この民に語りかけるが、そのようにしても彼らは私に耳を傾けない、と主は言い
給う」と書いてある。22だから、舌（の発声）は信者のためではなく、非信者のために徴となるのである。
それに対し預言は非信者のためではなく、信者のための徴である。23もしも教会全体が一つの場所に集って、
皆が舌で語るならば、素人ないし非信者がはいって来たら、あなた方は気が狂ったのだと言うだろう。24も
しも皆が預言するならば、そこに誰か非信者ないし素人がはいって来ると、その者は皆によって糾され、批
判され、25その者の心のうちに隠されたものが明らかになり、かくしてその者はひれふして神を拝し、「ま
ことに神はあなた方の中にいます」と告げるのである。

26ではどうすればよいか、兄弟たちよ。あなた方は集る時、それぞれが讃美歌を持ち、教えを持ち、啓示
を持ち、舌を持ち、解釈を持っている。だがそれら一切は、建設のためになされるべきである。27もしも舌
で語るのであれば、二人かせいぜい三人にして、かつ交代交代に誰か一人が解釈するがよい。28もしも解釈

者がいなければ、教会では黙っていて、自分一人で自分と神に対して語るがよい。29預言する者もまた、二
人か三人話すだけにし、他の者たちはそれを判断すべきである。30もしも座っているほかの者が啓示を受け
たなら、最初の者は黙るがよい。31あなた方はそれぞれみんな預言することができるのだから。そしてそれ
はみんなが学び、みんなが呼びかけられるためである。32また、預言者の霊は預言者に服従するものである。
33神は無秩序の神ではなく、平安の神だからである。聖者たちのすべての教会でそうであるように。
34女は教会では黙っているがよい。女には語ることは許されていない。女は従属しているべきなのだ。そ
れはまた律法も言っていることである。35もしも学びたいことがあるならば、家で自分の夫にたずねればよ
い。女が教会で語ったりするのは、恥ずべきことである。36それともあなた方から神の言葉が出て来たとで
も言うのか。あるいは神の言葉はあなた方だけに来たのか。
37もしも自分は預言者であり、あるいは霊の人であると思っている者がいるなら、その者は、私があなた
方に書いたことは主の掟であると認めるべきである。38それを無視する者は、無視される。39だから兄弟た
ちよ、預言することを求め、また舌（で語ること）を妨げてはいけない。40しかし一切が形よく、秩序に応
じてなされるべきである。

第一五章

1兄弟たちよ、あなた方に福音を知らしめる。すでにあなた方に福音として伝えた福音を。あなた方がす
でに受け取った福音を。その中にあなた方も立っていた福音を。2またそれによってあなた方が救われるこ
とになる福音を。私がいかなる言葉によってあなた方に福音を伝えたことか。もしもあなた方が覚えている

ならば。もしもあなた方が無駄に信じたのでなかったとすれば。3第一に私は、私自身が受け取ったことを
あなた方に伝えたのである。すなわちキリストは書物に従って我らの罪のために死んだこと、4そして葬ら
れたこと、書物に従って三日目に甦らされたこと、5そしてケパに現れ、次いで十二人に現れたことを。
6それから五百人以上の兄弟たちに同時に現れた。その中の多くの者は今日もまだ生きている。何人か亡く
なった人もいるけれども。7それからヤコブに現れ、次いですべての使徒たちに現れた。8すべての最後に、
生れそこないのような私に対しても現れた。

9私は使徒たちの中で最も小さい者であって、使徒と呼ばれるに十分ではない者である。神の教会を弾圧
したのであるから。10神の恵みによって私は、今日の私たるを得ている。そして私に注がれた神の恵みは無
駄ではなかった。彼らの誰よりも私は努力したのである。いや、私が努力したのではなく、私とともにある
神の恵みが努力して下さったのである。11だから、私であろうと彼らであろうと、そのように私たちは宣べ
伝えているのであり、あなた方はそのように信じたのである。

12キリストが死人のうちより甦らされた、と宣べ伝えられているのに、あなた方のうちに死人の復活など
ないと言う人がいるのは、どういうことか。13死人からの復活がないとすれば、キリストも甦らされなかっ
たことになる。14キリストが甦らされなかったのならば、我々の宣教も無駄であり、あなた方の信仰も無駄
である。15それならまた我々は神の偽証者ということになろう。死人が甦らされないというのに、神が甦ら
せなかったキリストを神は甦らせたのだと神に反して証言したことになるからである。16死人が甦らされな
いとすれば、キリストもまた甦らされなかったのである。17キリストが甦らされなかったのであれば、あな
た方の信仰は空しく、あなた方はまだ自分の罪の中にとどまっていることになる。18とすると、キリストに

あって亡くなった者もまた滅んだことになる。19我々が此の（世の）生においてキリストに希望を託したと
いうだけの話なら、我々はいかなる人よりも哀れである。
20だが、キリストは亡くなった者の初穂として死人の中から甦らされたのである。21一人の人間によって
死が生じたように、一人の人間によって死人たちの復活が生じた。22すなわちアダムにおいてすべての人が
死ぬのと同様に、キリストにおいてまたすべての人が生かされるであろう。23それぞれが自分の順に応じて。
初穂がキリスト、次いでキリストの者たちがキリストの来臨の時に。24次いで終末。その時キリストは、あ
らゆる支配、あらゆる権力と力を無効にして、支配権を父なる神に引きわたす。25すべての敵を彼の足元に
置くまでは、キリストが支配せねばならないのである。26最後の敵として、死が無効にされる。27すなわち
「一切を彼の足元に服せしめた」のである。一切が服せしめられた、と言う時、一切を彼に服せしめた方
（＝神）がその中にはいらないのは明瞭である。28一切を彼に服せしめた時、御子自身もまた一切を御子に
服せしめた方に服するであろう。神が一切において一切となるためである。
29だとすると、死者のために洗礼を受ける者は、いったい何をしていることになるのか。そもそも死者が
甦らされないのならば、何故彼らのために洗礼を受けるのか。30我々もまた、何故あらゆる時に危険を冒し
ているのか。31兄弟たちよ、我らの主なるキリスト・イエスにおいて私があなた方について持っている誇り
にかけて言うが、私は日々死んでいるのである。32エフェソスで私が獣と闘ったのが人間的なことであるの
なら、それが私にとって何の役に立つのか。もしも死人が甦らされないのであれば、我々は明日には死ぬの
だから、食べたり飲んだりしようではないか。33間違ってはいけない。悪しきつきあいは良き習わしを駄目
にする。34正しく正気であれ。罪を犯してはならない。実際、神について無知な者が何人かおいでになる。

これを言うのは、あなた方に敬意を表するためである。
35だが、どのようにして死人が甦らされるのか、どういう身体をもって彼らはやって来るのか、と問う者
もいるだろうか。36無考えな人だ。あなたが蒔く種は、死ぬのでなければ、生かしめることができない。
37また、あなたが蒔くのは、やがて成るべき身体を蒔くのではなく、麦の種であろうとほかの何かの種であ
ろうと、裸の種を蒔く。38神がその種に、欲し給うたままに、身体を与えるのである。それもそれぞれの種
に独自の身体を。39すべての肉が同じというわけではない。人間の肉と、家畜の肉と、鳥の肉と、魚の肉と、
それぞれが異なるのである。40また、天上の身体があり、地上の身体がある。だが天上のものの輝きと、地
上のものの輝きは異なる。41太陽の輝きと、月の輝きと、星の輝きはそれぞれ異なる。星はそれぞれの星の
輝きにおいて異なるのである。

42死人たちの復活もまた同様である。朽ちるもので蒔かれ、朽ちないもので甦らされる。43尊厳のないも
ので蒔かれ、輝きにおいて甦らされる。弱さにおいて蒔かれ、力において甦らされる。44（自然的）生命の
身体として蒔かれ、霊的身体として甦らされる。（自然的）生命の身体があるのであれば、霊的身体もある
のだ。45また、「最初の人アダムは生きる（自然的）生命となった」と書かれてある。最後のアダムは生か
す霊となったのだ。46しかし、まず霊的なものというのではなく、（自然的）生命のものがあって、それか
ら霊的なものがあるのである。47最初の人は大地から出て来た者であって、土的である。第二の人は天から
である。48土的な者と同様、土的な者たちもそうなのである。天上の者と同様、天上の者たちもそうなので
ある。49そして、我々は土的な者の似姿を持っていたのと同様に、天上の者の似姿をも持つようになる。
50兄弟たちよ、このことを申し上げるのは、肉と血は神の国を受け継ぐことができないからである。朽ちる

ものが朽ちぬものを受け継ぐことはないのだ。
51見よ、秘義をあなた方に申し上げよう。我々みんなが死ぬわけではない。しかしみんなが変えられるで
あろう。52瞬時に、またたく間に、最後のラッパが鳴る時に。すなわちラッパが響くと、死者たちが朽ちぬ
者として甦らされ、我々の方は朽ちぬ者に変えられる。53というのは、この朽ちるものが朽ちぬものを着る
ことになるからである。この死すべきものが不死を着るのである。54この朽ちるものが朽ちぬものを着、こ
の死すべきものが不死を着る時、書かれてある言葉が実現する、「死は勝利へと呑み込まれた。55死よ、汝
の勝利はどこにあるか。死よ、汝の刺はどこにあるか」。
56死の刺は罪である。そして罪の力は律法である。57我らの主イエス・キリストによって我らに勝利を与
えて下さる神に感謝。58だから、我が愛する兄弟たちよ、しっかりとしなさい。動かされてはならない。あ
なた方の労苦は主にあって空しいものではないと知って、常に主の業に増進するがよい。

第一六章

1聖者たちに対する募金については、ガラティアの諸教会に命じておいたのと同様にあなた方もまたなす
がよい。2週のはじめの日ごとにあなた方それぞれが自分のところで、自分にうまくいくだけのものを蓄え
なさい。私が来た時になってはじめて募金がなされるなどということがないように。3そちらに着いたら、
あなた方が保証する人たちに手紙をつけて送り出し、エルサレムにあなた方の恵みを持って行ってもらうこ
とにしよう。4私も行くのがよければ、彼らは私と一緒に行くことになろう。
5マケドニアを通った後で、あなた方のところに行くことにしよう。つまりマケドニアは通るだけで、

6多分あなた方のところで滞在することになろう。あるいは冬を越すかもしれない。そうすれば、私がどこ
に行くにせよ、あなた方に送り出してもらうことになる。7というのは、あなた方に今、途中で会うことは
したくない。主が許し給うならば、あなた方のところで一定期間滞在したいと思っている。8ペンテコステ
まではエフェソスにとどまる予定である。9何故なら、大きな、かつ力強い扉が私には開いているからであ
る。敵対する者も多いが。

10ティモテオスが行ったら、あなた方のもとで心配なくいられるよう、配慮しなさい。彼もまた私と同様
に主の仕事をなしているのである。11彼を軽んじたりする者がいないように。彼が私のところにもどって来
れるよう、平安のうちに送り出しなさい。私は兄弟たちと共に彼を待っている。12兄弟アポロについては、
兄弟たちと共にあなた方のもとに行くようにと、ずい分声をかけてみた。しかし今行くつもりはまったくな
かった。機会があれば、行くだろう。

13目覚めていよ。信仰に立て。男らしくあれ。力強くあれ。14あなた方の一切のことが愛において生じる
ように。

15兄弟たちよ、あなた方に呼びかける。ステファナスの家を御存じであろう。彼らはアカヤの初穂である。
そして、聖者たちに仕える仕事を引き受けてくれた。16あなた方もまたこういう人たちに仕えるがよい。ま
た共に働き、労苦しているすべての人に。17ステファナスとフォルトゥナトスとアカイコスが居ることを私
は喜んでいる。この人たちはあなた方の欠けたところを満たしてくれたのであるから。18すなわち彼らは私
の霊を安んじさせてくれた。またあなた方の霊をも。こういう人たちをこそよく評価するがよい。

19あなた方に、アシアの諸教会が挨拶している。アキラとプリスカが、彼らの家の教会とともに、主にあ

って、あなた方に大いに挨拶している。 20すべての兄弟たちがあなた方に挨拶している。聖なるくちづけを
もって、あなた方は互いに挨拶せよ。
21パウロが自分の手で挨拶を記す。 22主を愛さない者がいるなら、呪われよ。マラナタ。 23主イエスの恵
みがあなた方とともにあるように。 24私の愛が、キリスト・イエスにあって、あなた方みなとともにあるよ
うに。

コリントスにある神の教会へ、第二

第一章

1パウロ、神の御旨によるキリスト・イエスの使徒。および兄弟ティモテオス。
コリントスにある神の教会へ。またアカヤ全土にいるすべての聖者たちへ。
2恵みがあなた方にあるように、また我らの父なる神と主イエス・キリストから平安が。
3ほむべきかな、我らの主イエス・キリストの父でもある神、慈悲深き父、呼びかけに満ちた神。4神は
あらゆる患難の中で呼びかけて下さる。だから我々もあらゆる患難の中にいる人々に、我々自身が神によっ
て呼びかけられたその同じ呼びかけによって呼びかけることができるのである。5それは、キリストの苦難
が我らに対して満ちあふれるのと同様に、キリストによって我々の呼びかけもまた満ちあふれるからである。
6我々が患難にあうとしても、それはあなた方への呼びかけと救いのためであり、我々が呼びかけられると
しても、それはあなた方への呼びかけのためである。その呼びかけは、我々がこうむったのと同じ苦難をあ
なた方が耐えることにおいて、働くのである。7あなた方に対する我々の希望は揺るがない。あなた方が苦
難にともにあずかる者であるのと同様に、呼びかけにもともにあずかる者であるとわかっているからである。

8兄弟たちよ、アシアで生じた我々の患難について知らずにいてほしくない。我々は極度に、力をこえて
圧迫されて、我々自身では生きる力もないほど消耗しきってしまい、9自分には死の判決が下されていると
自分で思うほどだった。もはや自分自身を頼ることができず、死人を甦らす神を信じるだけだった。10だが
神はこのような死から我々を救い出して下さった。また救って下さる。我々はその神が更に救って下さるで
あろうと希望し続けてきたのだ。11あなた方もまた祈りにおいて我々に協力してくれるがよい。そうすれば、
我々に与えられたこの恵みの出来事について、多くの人々から、多くの祈りによって、我々のために感謝が
よせられることになろう。

12我々の誇りは、また我々の良識の証しでもあるが、それは我々が此の世で神の聖さと純粋において、す
なわち肉的な知恵によってではなく神の恵みにおいて、振舞ってきたということである。あなた方に対して
はますますそうであった。13我々があなた方に書いていることは、まさにあなた方が読み、かつ理解してい
ること以外の何ものでもない。あなた方が最後まで理解してくれることを希望する。14あなた方が我々をと
りあえず何ほどか理解してくれているように、我らの主イエスの日においてあなた方が我々の誇りであるの
と同様に、我々はあなた方の誇りなのである。

15この確信の故に、私はまずあなた方のところに行こうと欲したのだ。あなた方が二度目の恵みを持った
めに。16そしてあなた方のところを通ってマケドニアに行き、マケドニアからまたあなた方のところに来て、
あなた方によってユダヤへと送り出してもらおうと思った。17こういうことを欲したのは、軽率な行動だっ
たというのか。それとも私が計画したことは肉に従って計画したとでもいうのか。私に関して「然り」が
「然り」となり、「否」が「否」となるようにしたということが。18神は信実であって、あなた方に対する

我々の言葉が「然りかつ否」などというわけにはいかない。19何故なら神の子イエス・キリスト、あなた方
のところで我々によって宣べ伝えられたイエス・キリスト、すなわち私とシルワノスとティモテオスが宣べ
伝えたのであるが、このイエス・キリストは「然りかつ否」だったのではないのだ。彼において「然り」が
成立したのである。20その「然り」は、神の約束に関する限りすべて、キリストのうちにあって「然り」な
のだ。この故にキリストによってまた、我々が神に対して栄光を帰するために唱えているアメーン（＝然
り）も成立しているのである。21我々をあなた方とともにキリストへと堅く立て、我々に油注ぎ給うた神は、
22また、我々に証印を押し、我々の心に霊の手付金を与え給うた神なのである。
23私は自分の生命にかけて神を証人として言うが、私がその後コリントスに行かなかったのはあなた方に
対して遠慮してさしあげたからである。24それは、我々があなた方の信仰を支配しているなどということで
はない。むしろ我々はあなた方の喜びの同労者なのだ。あなた方は信仰に立っているのだから。

第二章

1私は、再びあなた方のところに苦痛をもって行くことはすまい、とみずから決断した。2もしも私があ
なた方に苦痛を与えるとしても、私によって苦痛を与えられるその人以外に誰が私を喜ばすことができよう。
3そして私がこのことを書いたのは、まさに、私がそちらに行く時に、本来私が喜びを得るはずの人々から
苦痛を与えられることのないためである。私の喜びはあなた方皆の喜びであるということを、私はあなた方
皆について確信している。4何故なら、私は大きな患難と心の憂いから、多くの涙をもって、あなた方に
（手紙を）書いたのだ。それはあなた方が苦痛を受けるためでなく、私があなた方に対してあふれるばかり

に抱いている愛を知ってもらうためであった。
5もしも誰かが苦痛を与えたとしても、私に対して与えたわけではない。いや、何ほどかは私に対しても
苦痛を与えたけれども、それは、あなた方みんなに負担をかけないためであった。6その人については、大
多数の人々によって与えられた罰で十分であろう。7むしろ逆にあなた方は赦し、呼びかけてあげるがよい。
さもないとその人はもっと大きな苦痛に呑み込まれてしまうだろう。8この故に私は、その人に対してあな
た方が愛を発効するようにと呼びかける。9そのためにこそまた私は書いたのだ。それは、あなた方があら
ゆることについて従順であるかどうか、あなた方の証拠を知るためであった。10あなた方が何かについて赦
す者に対しては、私もまた赦す。すなわち、もしも私が何かを赦したとするならば、私が赦したのだからそ
れはあなた方のためにキリストの前で赦したことになるのである。11それは我々がサタンによって騙されな
いためである。我々はサタンの思いを知らないわけではないのだ。
12キリストの福音のためにトロアスまで来た時、主にあって私には扉が開かれていたのだが、13私の兄弟
ティトスに会えなかったので、霊に安らぎを得なかった。それで彼らに別れて、マケドニアに出て行った。
14神に感謝。神はキリストにあって我々を常に凱旋行進に引き連れ、また我々をとおしてキリストを知る
知識の匂いをいたるところで明らかになさる。15我々は、救われる人々の間でも滅びる人々の間でも、神に
対してはキリストの香りであるからだ。16滅びる人々に対しては死から死へといたる匂い、救われる人々に
対しては生から生へといたる匂いである。そしてこのことにふさわしいのは誰か。17我々は神の言葉を売り
物にしている多くの者たちと同じではない。すなわち我々は純粋さから語る。我々は神から、神の前で、キ
リストにおいて語っているのだ。

第三章

1我々はまた自己推薦をはじめているのだろうか。それとも我々はある者たちのようにあなた方への推薦
状を必要とするとでもいうのか。それともあなた方からか。2我々の推薦状はあなた方自身である。それは
我々の心の中に書きつけられていて、すべての人々に知られ、読まれている。3明らかにあなた方は我々が
たずさわったキリストの手紙であって、墨で書かれたわけではないが、生ける神の霊によって書かれ、石の
板ではなく、肉体の心の板に書き込まれている。

4こうした確信を我々はキリストのおかげで神に対して持っている。5我々自身が、あたかもみずから発
したかのように、何かを考察するにふさわしい存在だというわけではない。我々のふさわしさは、神から発
していることである。6神が我々を新しい契約の仕え手たるにふさわしくして下さったのだ。それは文字の
契約ではなく、霊の契約である。文字は殺し、霊は生かす。7もしも石の文字に記入された死の務めでさ
えも栄光において生じ、イスラエルの子らはモーセの顔の栄光の故にその顔を直視できなかったのであれ
ば――それは消滅すべき栄光であったが――8まして霊の務めが栄光の中にないなどということがありえよ
うか。9何故なら、断罪の務めに栄光があるのであれば、ましてや義の務めにはますます多く栄光があるの
である。10すでに栄光を与えられたものも、この場合は、それよりはるかにまさった栄光のせいで、栄光を
与えられなかった（に等しい）ことになる。11すなわちもしも消滅すべきものが栄光によっていたのなら、
ましてや、持続するものは栄光の中にあるのである。

12こういう希望を持っているので、我々ははっきりした鮮明さを得ている。13だからモーセのように、イ

スラエルの子らが消滅すべき栄光の最後を直視することがないようにと、自分の顔に覆いをかけたりするよ
うなことはしない。
14彼らの思いは硬くされたのだ。実際今日の日にいたるまで、彼らが旧い契約を読む時
に、その上に同じ覆いが取り除けられずに残っている。その覆いはキリストにおいて（はじめて）消滅すべ
きものだからである。
15だが今日にいたるまで、モーセが読まれる時には、彼らの心には覆いがかぶされた
ままである。
16しかしモーセが主の方に向く時には、覆いは取り除けられる。
17主は霊であるからだ。主の
霊のあるところ、自由がある。
18我々はみな顔をあらわにして、主の栄光を鏡で見るようにして見ているの
だが、主と同じ姿に、栄光から栄光へと変えられていく。それはあたかも主の霊から生じることのようで
ある。

第四章

1この故に、我々は憐れみを受けてこの務めをなしているので、さぼることはしない。
2恥の隠れを避け、
狡猾に歩むことをせず、神の言葉を曲げず、真理を明らかにすることによって、神の前で、人々のすべての
意識に対してみずからを推薦するのである。
3またもしも我々の福音が隠されていたのなら、それは滅びる
者たちのところで隠されていたのである。
4滅びる者たちのところでは、此の世の神が不信者の思いを盲目
にして、神の姿であるキリストの栄光の福音の輝きを見えないようにした、ということなのだ。
5すなわち
我々は自分自身ではなく、主なるイエス・キリストを宣べ伝えているのであり、我々自身をイエスによるあ
なた方の僕として宣べ伝えているのである。
6何故なら「闇から光が照るように」と言い給うた神は、我々
の心の中を照らして、イエス・キリストの顔において神の栄光の知識が輝くようにして下さったのである

から。
7我々は陶器の器にこの宝を持っている。力のあふれは神のものであって、我々から出て来ているわけで
はない（ということがわかる）ためである。8あらゆる仕方で我々は患難を受けているが、窮しない。困憊
するが、困憊しきることはない。9迫害されるが、見捨てられない。倒されても、滅びない。10いつもイエ
スの死を身体に負って歩いている。イエスの生もまた我々の身体に現れるためである。11何故なら、我々生
きている者はイエスの故に常に死へと引き渡されている。イエスの生命もまた我々の死すべき肉の中に現れ
るためである。12こうして死が我々のうちに働き、生があなた方のうちに働いているのである。13「私は信
じた。その故に語った」と書いてあることに対応する同じ信仰の霊を持っているので、我々もまた信じ、だ
からまた語るのである。14主イエスを甦らせた方はまた我々をもイエスとともに甦らせて下さるのであり、
我々をあなた方とともにみもとに立たせて下さる、と知っているからである。15何故なら、一切はあなた方
のためであるが、それは、より多くの人々によって恵みが増えていき、その恵みが、感謝を増やして神の栄
光へといたるためなのである。
16だから我々はさぼることをしない。外なる人は朽ちても、我々の内なる人は日々新たにされている。
17すなわち、現在の軽い患難が働いて、栄光という永遠の重みを満ちあふれるばかりに圧倒的に我々に得さ
せてくれるのである。18我々は見えるものではなく、見えないものを目指しているのであるから。見えるも
のは一時的だが、見えないものは永遠なのだ。

第五章

1我々は知っているのだ、我々の地上の天幕の家はこわれるとしても、神からの建物を我々は持っている
ということを。それは手で作ったものではない、天にある永遠の家である。2すなわちまた我々はこの（地
上の天幕の）中でうめきつつ、天から来る我らの住居を上に着ようと切望しているのである。3実際もしも
着たのであれば、裸ではいないことになる。4まさに我々はこの天幕の中に居て、重荷を負ってうめいてい
る。それを脱ごうと願うからではなく、その上に着たいと願うからだ。そうすれば死すべきものが生命によ
って呑み込まれることになる。5我々をそのことへと整えて下さったのは神であって、その神が我々に霊の
手付金を与え給うたのである。

6そこで我々は常に安心しており、身体の中に住所がある限り主から離れて寄留者の状態であるというこ
とを知っているので――7何故なら我々は直接見える仕方でなく、信によって歩んでいるので――8我々は
安心しており、また、むしろこの身体の住所から離れて、主のもとに住まうのが好ましいと思っている。
9だから、ここに住所があろうと離れていようと、主に喜ばれる者となることが我々にとっては名誉なので
ある。10何故なら我々は皆キリストの裁きの座の前で顕わにされ、それぞれが身体によってなしたことを、
良いことであれ悪いことであれ、なしたことに応じて報いを受けねばならないからである。

11我々は主の恐れを知っているから人間たちを説得しているのであって、神に対しては我々はすでにはっ
きり顕わされている。あなた方の意識の中でも我々がはっきり顕れていることを望む。12我々はまたあなた
方に対して自分を推薦しているわけではなく、あなた方に我々のことを誇る機会を与えようとしているので

ある。そうすればあなた方は表面を誇って心を誇らない者たちに対して（言い分を）持つことができよう。
13もしも我々が正気でなかったのなら、神に対してであり、正気であるのなら、あなた方に対してである。
14すなわちキリストの愛が我々をしっかりとつかまえているので、我々は次のことを判断できる。一人の者
がすべての者のために死んだということは、すなわちすべての者が死んだので、15またすべての者のために
彼が死んだのは、生きる者たちがもはや自分で生きるのではなく、その者たちのために死んで甦らされた方
にて生きるためなのだ、と。
16だから我々は、今から後は、誰をも肉によって知ることはしない。もしも（以前は）キリストを肉によ
って知ったとしても、今はもはやそのように知ることはしない。17だから、誰かがキリストにあるならば、
その者は新しい被造物である。古いものは過ぎ去った。見よ、新しいものが生じたのだ。18一切は、神から
生じる。神はキリストによって我々を神御自身と和解せしめ、我々に和解の務めを与えた。19神はキリスト
において世をみずからと和解せしめた、ということなのだ。彼らの過ちを数え上げることをせず、我々の中
に和解の言葉を置き給うたのである。
20神が我々をとおして（人々に）呼びかけるがままに、我々はキリストの代りの使者として働いている。
だから我々はキリストに代って願う、あなた方は神と和解しなさい。21罪を知らなかった方（＝キリスト）
を、神は我々のために罪に定めた。我々が彼にあって神の義となるためである。

第六章

1我々は（神と）共に働く者であるから、また、あなた方が神の恵みをいたずらに受けることがないよう

にと呼びかける。2神は言っているのだ、「ふさわしい時にあなたに耳を傾けた。救いの日にあなたを助け
た」と。見よ、今は良くふさわしい時、見よ今は救いの日である。3いかなる人にもいかなる点でも、我々
は躓きを与えない。（我々の）務めが馬鹿にされることがないためである。4我々はあらゆることにおいて
自分自身を神に仕える者として推薦している。多くの忍耐において、患難において、困窮において、行き詰
まりにおいて、5鞭打ちにおいて、監禁において、騒乱において、労苦において、不眠において、空腹にお
いて、6純真において、知識において、寛容において、善良において、聖霊において、偽りのない愛におい
て、7真理の言葉において、神の力において。左右の義の武器によって、8栄光と不名誉によって、不評と
好評によって。嘘つきとして、かつ真実な者として、9知られざる者として、かつ認められた者として。死
ぬ者として、だが見よ、我々は生きている。懲罰を受ける者として、かつ殺されはせず、10苦しんでいる者
として、しかし常に喜んでおり、貧しい者として、しかし多くの人々を富ませ、何も持っていない者として、
かつ一切を所有している者として。

11コリントス人よ、我々の口はあなた方に向って開かれている。我々の心は広く開かれているのだ。12あ
なた方は我々のところで狭くなっているのではない。あなた方自身の心の中で狭くなっているのである。
13同じ対応を、——子どもに対するように申し上げるが、あなた方も開かれなさい。

14つりあわない軛を不信者と共に担う者となるな。義と不法の間にどういう共通性があるか。光は闇に対
してどういう交りがあるか。15キリストはベリアルに対してどういう調和があるか。信者は不信者とどうい
う関わりがあるか。16神の宮は偶像とどういう一致があるか。我々は生ける神の宮であるのだ。神が言った
とおりである。すなわち、「我は彼らの中に住み、彼らの中を歩きまわろう。我は彼らの神となり、彼らは

我が民となろう。17この故に、汝らは彼らの中から出て行き、彼らから離れよ、と主は言われる。そして汚
れたものに触れるな。そうすれば我もまた汝らを受け入れよう。18我は汝らに対して父となり、汝らもまた
我に対して息子、娘となろう、と全能の主は言われる」と。
1愛する者たちよ、こういう約束を持っているのだから、肉と霊の一切の汚染からみずからを清め、神の
恐れにおいて聖性を完成しようではないか。

第七章

2もっと広く我々を受け入れなさい。我々は誰にも損害を与えず、誰をも壊さず、誰からもむさぼり取っ
たことはない。3（あなた方を）断罪するためにこう言っているのではない。実際、前にも言ったが、あな
た方は我々の心の中にいて、共に死に共に生きるのである。4あなた方に対する私の率直さは大きく、また
あなた方に関する私の誇りは大きい。私は呼びかけに満ち、我々のあらゆる患難に際しても喜びに満ちあふ
れている。
5そしてまさに、マケドニアに着いた時、我々の肉体はいささかの休みもなく、あらゆる患難に直面して
いた。外には闘いがあり、内には恐れがあった。6しかし低き者に呼びかけ給う方、すなわち神が、ティト
スの到着によって我々に呼びかけて下さった。7彼の到着によってだけでなく、彼があなた方に関して呼び
かけられたその呼びかけによって。すなわち彼は我々に、あなた方の熱き思い、あなた方の嘆き、あなた方
の私に対する熱心を伝えてくれたのである。その結果私は喜ぶことができた。
8というのは、もしもあの手紙であなた方に苦痛を与えたとしても、私は気にしない。もしも気になった

としても——事実あの手紙が一時的にせよあなた方に苦痛を与えたということは確かに知っている——9今
は喜んでいる。あなた方が苦痛を与えられたからというのではなく、苦痛を与えられた結果あなた方が悔い
改めたからである。すなわちあなた方が苦痛を与えられたのは、神の御旨によるのである。だからいかなる
点においてもあなた方は我々から損失をこうむってはいない。10何故なら、神の御旨による苦痛は救いへと
いたる悔改め、後悔することなどありえない悔改めをもたらすからである。この世の苦痛は、死をもたらす。
11見よ、神の御旨によって苦しんだことが、まさに、あなた方にどれほどの熱意をもたらしたことか。しか
しまた弁明を、また不快を、また恐れを、また熱き思いを、また熱心を、また処罰を。その事件に関しては、
あなた方はすべての点についてみずからを純潔な者として自己推薦したのである。12つまり、もしも私があ
なた方に（そういう手紙を）書いたとしても、それは損害を与えた人のためでも損害を受けた人のためでも
ない。我々に対するあなた方の熱意が神の前で、あなた方のもとで、明らかになるためだったのだ。13この
故に我々は（神によって）呼びかけられたのである。

　我々へのこの呼びかけに加えて、ティトスの霊があなた方みなによって安らぎを与えられたという、彼の
その喜びが加わって、我々はますます喜んだ。14というのも、彼に対しあなた方のことを私は少し誇ったの
であるが、恥をかかずにすんだ。あなた方には一切のことを真実に語ったのであるが、それと同様、ティト
スに対して我々が誇ったことも真実となったのである。15そしてあなた方みんなが彼を畏れ、おののきをも
って受け入れてくれた、その従順を思い出して、彼の気持はますますあなた方の方に向いている。16私は、
一切のことにつき、あなた方について安心できるので、喜んでいる。

第八章

1兄弟たちよ、マケドニアの諸教会で与えられた神の恵みのことを、あなた方に知らしめる。2すなわち、
患難という大いなる検証の中で、彼らの満ちあふれる喜びと、彼らの深刻な貧困とが、満ちあふれて彼らの
豊かな純真へといたったのである。3力に応じて、いや私は証言するが、力以上に、みずから進んでのこと
であった。4彼らは何度も（我々に）声をかけ、聖者たちに対する恵みと奉仕の交りを申し出た。5それも
我々が期待したのと違っていた。神の御旨に従って、まず自らを主と我々とに捧げたのである。6そこで
我々はティトスに、すでにこのようにはじめたのだから、あなた方のところでその恵みを完成するように、
と声をかけたのである。

7だが、あなた方はあらゆることについて満ちあふれているのだから、すなわち信仰においても言葉にお
いても知識においても、さまざまな熱意においても、あなた方における我々の愛においても、満ちあふれて
いるのだから、この恵み（の行為）に関しても満ちあふれるがよい。8これは命令としてではなく、ほかの
人たちの熱意の故に言っているのである。また、あなた方の愛が本物かどうかを検証しているのである。
9あなた方は我らの主イエス・キリストの恵みを知っているではないか。主は富んでおられたのに、あなた
方のために貧しくなった。それはあなた方が主の貧しさにおいて豊かになるためである。

10このことについて、意見を述べよう。これはあなた方の役に立つことである。あなた方は実行するだけ
でなく、それを願うことも、すでに昨年以来はじめていたからだ。11だから今、その実行を完成しなさい。
そうしようと願う意志に、持っていることに応じて完成する行為が対応するように。12もしもそういう意志

が前にあったのなら、持っているに応じて（なすことが）神に受け入れられるのであって、持っていないこ
とに応じることはない。13それは、他の人々が楽になり、あなた方が苦労する、ということではない。平等
のためである。14今の時には、あなた方の余剰が彼らの不足へともたらされる。彼らの余剰があなた方の不
足にもたらされる時も来よう。こうして平等になる。15「多く持つ者も余ることはなく、少なく持つ者も足
りないことはない」と書かれているとおりである。

16ティトスの心にあなた方に対する同じ熱意を与えて下さった神に感謝。17彼は私の呼びかけを受け入れ
てくれただけでなく、もっと熱心になって、みずから進んであなた方のもとに赴いたのであった。18また
我々は、一人の兄弟を彼とともに送り出した。この兄弟は福音に関してすべての教会を通じて賞賛されてい
る。19それだけでなくこの人物は、諸教会から選ばれて、主御自身の栄光と我々の意欲のために我々が務め
たこの恵みを持って我々とともに出かける旅行の一員となったのである。20我々がこういう準備をしたのは、
我々が務めたこの豊富なものについて、誰も我々を馬鹿にしたりしないためである。21我々は良きことを主
の前で配慮するだけでなく、人間たちの前でも配慮するからである。22彼らとともに、我らの一人の兄弟を
送り出した。彼が多くのことについてしばしば熱心であったことを我々は検証したのである。そして今彼は
あなた方を非常に信頼して、ますます熱心になっている。23ティトスについてなら、私の仲間、あなた方の
ための同労者である。我らの兄弟たちはといえば、諸教会の使徒であり、キリストの反映である。24だから、
あなた方の愛とあなた方に関する我々の誇りとの証しを彼らに対して、諸教会の前で、示してほしい。

第九章

1聖者たちに対する奉仕については、まさに、これであなた方には十分に書いたことになる。2あなた方
の意欲を私は知っているからだ。マケドニア人に対して私は、アカヤは昨年からすでに準備していると言っ
て、あなた方のこの意欲を誇ったのである。あなた方のこの熱心が多くの人々を刺激した。3兄弟たちを送
ったのは、あなた方に関する我々の誇りがこの点に関して無にならず、私の言ったようにあなた方が準備し
てくれるためである。4さもないと、マケドニア人が私と一緒に来て、あなた方が準備ができていないのを
見たら、この事柄に関して恥をかくのは我々である。あなた方が恥をかくかどうかは敢えて言わぬことにす
るが。5そこで私は兄弟たちに、あなた方のところに先に行き、あなた方が約束した祝福を前もって準備し
ておくようにと声をかけた。これが祝福として準備され、貪欲などとみなされることがないように。
6いわば、けちけちとしか蒔かない者は、けちけちとしか収穫できない。祝福して蒔く者は、祝福して収
穫するのである。7それぞれ自分の心で決めたようにするがよい。苦痛や強制をともなってではなく。神は、
喜んで与える者を愛し給うのである。8神はあなた方にあらゆる恵みを豊かに与えることができる。だから
あなた方はあらゆる点で、いつも、あらゆる充足を得て、あらゆる良き業へと向って豊かになることができ
る。9「彼は困窮する者たちのためにまき散らし、与えた。彼の義は永遠に残る」と書かれてあるとおりで
ある。10種蒔く者に種と、食べるためのパンを提供して下さる方（＝神）は、あなた方の種を提供し、増や
して下さって、あなた方の義の果実を増やして下さるのである。11（こうして）あなた方はあらゆることに
豊かになり、あらゆる純真さへと至る。その純真さは、我々が働いて、神への感謝となる。12何故なら、こ

の奉仕の務めは単に聖者たちの不足を補うだけのものではなく、神への多くの感謝によって満ちあふれるも
のになるのである。13この務めの検証によって彼らは、あなた方がキリストの福音を告白した従順さや、彼
らに対する、また他の多くの人々に対するあなた方の交りの純真さの故に、14あなた方のための彼らの祈り
によって、13神に栄光を帰するのである。14彼らは、あなた方に対する神のきわめて豊かな恵みの故に、あ
なた方のことを熱く思うのである。15言いつくせない賜物の故に、神に感謝。

第一〇章

1私、パウロ自身が、キリストのおだやかさ、まっとうさをもって、あなた方に呼びかける。あなた方の
ところで直接会っている時には謙虚だが、離れているとあなた方に対して強気になるというこの私が。2そ
ちらに行っても私が強気にならなくてもすむように、と祈る。強気になるのは、確信の故である。その確信
の故に私は、我々が肉に従って歩んでいるなどと決めつけている一部の者たちに対しては、敢えて強気にな
ろうと思っている。3確かに我々は肉において歩んでいるが、肉に従って闘っているわけではない。4我々
の闘いの武器は肉の武器ではなく、神による、要塞を破壊するような力のある武器である。我々はさまざま
な議論と、5神の知識に対してさからって立つあらゆる高ぶりとを破壊し、あらゆる思いを捕虜にしてキリ
ストに聞き従わせ、6また、あなた方の服従が十分になった時には、あらゆる不服従を罰する用意がある。
7正面からものを見るがよい。もし誰かが自分はキリストの者だと確信しているなら、その者がキリス
トの者であるのと同様、我々もまたそうなのだということを自分でよく考察してみるがよい。8実際もし
も、あなた方を建てるために主が我々に与え給うた権威を——それはあなた方を滅ぼすためのものではない

が——私が何ほどか多く誇るとしても、それは恥ずべきことではない。**9**（私がこういうことを言うのは）、
あなた方に手紙で圧力をかけていると思われたくないからだ。**10**「（私の）手紙は重々しく力があるが、身
体は見たところ弱く、言葉は無に等しい」などと言う者がいる。**11**そういうことを言う者は知っておくがよ
い、我々が離れている時に手紙の言葉で表現しているのと同じことを直接そちらに行っても実際に遂行する
であろう、と。
12すなわち我々は、自己推薦するような人たちと敢えて我々自身を同列に置いたり、比較したりするよう
なことはしない。そういう者たちは自分たちの中で自分たちを測り、自分たちどうしで互いに比較しあって
いて、愚かなことである。**13**我々は測りを越えたところまで誇ったりしない。神が我々を測って下さった測
りの尺度に応じて誇るのである。だから我々はあなた方のところまで到達したのだ。**14**あなた方のところに
到達してもいないくせに無理にそこまで手をのばす、というようなことではない。現に我々はキリストの福
音をもってあなた方のところまでも来たのだ。**15**我々は、ほかの人たちの労苦したところでまで、測りを越
えて誇ったりしない。もっとも、あなた方の信仰があなた方のところで成長してくれれば、我々の尺度に応
じて、より広いところにまで広がって行きたいという希望は持っている。**16**すなわちあなた方を越えたとこ
ろまで福音宣教をなすことである。それは他の者の尺度で、すでにできていることを誇ったりするのとは違
う。**17**誇る者は、主にあって誇るべきなのだ。**18**自己推薦する者ではなく、主が推薦し給う者こそが合格者
なのである。

第一一章

1私の多少の愚かさをあなた方は我慢してくれるがよい。いや、我慢しなさい。2私は神の嫉妬をもって、
あなた方を嫉妬しているのだ。何故なら私はあなた方を一人の男性に婚約させた。純潔な乙女としてキリス
トに提供したのだ。3蛇がエヴァを姦略をもって誘惑したのと同様に、あなた方の思いがキリストへの純真、
純潔から離れ落ちてしまうのではないかと、私はおそれている。4すなわち、もしも来る者が（来て）、
我々が宣べ伝えたのとは違うキリストを宣べ伝え、すでに受けた霊とは異なる霊をあなた方が受け、すでに
教えられた福音とは異なる福音を受けるとすれば、あなた方はそれを平気で我慢するのだろうか。5何故な
ら、我々はそのお偉い使徒たちと比べていかなる点でも劣るところはない、と思うからだ。6たとえ私が言
葉においては素人であるとしても、知識においてはそうではない。我々は、あらゆる点において、あらゆる
人のところで、あなた方に対し、明らかにしてきた。

7私は自分を低め、あなた方を高くして、神の福音をあなた方に無料で伝えた。それは私が自分を罪ある
者と定めたことになるのか。8そして、ほかの教会を強奪して私は俸給を得、あなた方に仕えたのだ。9あ
なた方のもとに居た時には困窮していたのに、誰にも迷惑をかけていない。私の欠乏はマケドニアから来た
兄弟たちが補ってくれたからだ。そしてあらゆる点であなた方に対し私が重荷にならないようにしてきた。
これからもするだろう。10キリストの真理は私のうちにある。だから、アカヤ地方においてこの誇りが私に
とって封殺されることはないだろう。11何故か。私があなた方を愛していないからか。神が御存じである。
12私は自分のなしていることを、これからもなすだろう。それは、機会を欲している者たちの機会を切り

捨てるためである。そしてまた、彼らが誇っている点において、彼らが我々と同じようになるためである。
13何故なら、そういう者は偽使徒、人を騙す働き人であって、キリストの使徒に偽装しているのである。
14しかしそれは驚くにあたらない。サタンでさえも光の天使に偽装するのだから。15だからサタンに仕える
者が義に仕える者のように偽装したとしても、別にたいしたことではない。彼らの最期は、彼らの業に対応
したものになろう。

16もう一度言う、誰も私を愚か者であるなどと思ってはならない。あるいは、そうでなければ、私を愚か
者と思えばいい。そうすれば私も多少誇ることができよう。17次に私が言うことは、主によって言うのでは
なく、愚かさにおいて、この種の誇りに関してものを言うのである。18多くの者が肉によって誇っているか
ら、私もまた誇ろう。19あなた方は賢い人なんだから、愚か者を喜んで我慢してくれよう。20何故ならあな
た方は、もしも誰かがあなた方を奴隷にしたり、食い物にしたり、奪ったり、威張ったり、顔をなぐったり
しても、我慢なさる。21恥ずかしいが言う。我々は弱かったのだ。

もしも人が敢えてなすのであれば、愚かにも言うが、私もまた敢えてなそう。22彼らはヘブライ人か。私
もそうだ。彼らはイスラエル人か。私もそうだ。彼らはアブラハムの裔か。私もそうだ。23彼らはキリスト
に仕える者か。狂ったように言う、私はますますそうだ。苦労もずっと多く、投獄されたこともずっと多く、
打たれたこともはるかに多く、しばしば死の危険にいた。24ユダヤ人から四十に一つ足りない鞭打ちを受け
たことが五回、25棒で打たれたことが三回、石打ちにあったことが一回、難破したことが三回、海難で一昼
夜過ごしたことが一回。26しばしば旅行をし、川の難、盗賊の難、同胞からの難、異邦人からの難、都市で
の難、荒野での難、海での難、偽兄弟の難、27労苦、骨折り、しばしば眠れぬ夜、飢え、かわき、しばしば

食べるものがなく、寒さや着るものがないこともあった。28ほかにもいろいろあったが、私には日々憂慮が
あり、あらゆる教会のことについての心配があった。29誰が弱って、私が弱らないことがあろう。誰がつま
づいて、私が燃えずにいられよう。
30もしも誇るべきなら、私の弱い点を誇ろう。31主イエスの父でもある神は——神は永遠に誉むべきか
な——私が嘘をついていないということを知っておられる。32ダマスコスでは、アレタス王の族長が私をと
らえようとして、ダマスコス人の町を監視したことがあった。33私は窓から籠でもって城壁を吊り下ろされ
て、彼の手から逃れたのであった。

第一二章

1誇らざるをえない。役には立たないが、主の幻視と啓示について語ることにしよう。2私はキリストに
おける或る人物を十四年前に知っている。それが身体のままなのか、身体の外に出てのことなのかは、私は
知らない。神が御存じである。ともかくこのような人物が第三の天にまで連れ去られた。3そして私はこの
ような人物を知っている。身体のままなのか身体なしなのかは、私は知らない。神が御存じである。4彼は
パラダイスに連れ去られ、言い表わしえない言葉、人間には語ることが許されない言葉を聞いたのである。
5このような者のことなら私は誇ろう。私自身については、弱さ以外は誇らない。
6何故なら、もしも私が誇る気になったとしても、真実を語るのであるから、愚か者にはなるまい。しか
し、人が実際に私を見たり聞いたりする以上に私のことを高く見積もったりするといけないから、やめてお
こう。7また、啓示の過剰の故に、その故に、私が思い上がらないために、私の肉体には刺が与えられた。

それはサタンの使であって、私が思い上がらないために、私を痛めつけるものである。8これについて私は
主に三度、これが私から離れるようにして下さい、と声をかけた。9しかし主は私に言った、「我が恵みは
汝に十分足りている。力は弱さにおいて完成するのだ」と。そこで私は、キリストの力が私に宿るように、
むしろ大いに喜んで私の弱さを誇ろう。10だから、弱さと、侮辱と、窮乏と、迫害と、隘路とを、キリスト
のために、喜ぼう。弱い時に、私は力があるからだ。

11私は愚か者になった。あなた方が強いたからだ。本当はあなた方から推薦されるべきだった。私はつま
らぬ者であるとしても、お偉い使徒たちに何ら劣るところはない。12使徒たることの徴はあなた方の間で、
あらゆる持続において、また徴と奇跡と力において、実現されたではないか。13あなた方は他の教会と比べ
ていかなる点で劣っているか。私自身があなた方に迷惑をかけなかった、という点を別とすれば。この不義
については私を許していただこうか。

14見よ、今私は三度目にあなた方のところに行く準備をしている。別にあなた方に迷惑をかけたりはしな
い。私が求めているのはあなた方の物ではなく、あなた方自身である。子どもが親のために財産を蓄える必
要はないので、親が子どものために蓄えるべきなのだ。15あなた方の生命のためならば、私の方が大いに喜
んで支出しよう。私自身を支出しつくそう。私があなた方を愛すれば愛するほど、ますます私の方は愛され
なくなるのだろうか。16ともかく、私はあなた方に重荷を負わせなかった。だが、私は狡猾であって、あな
た方から騙し取ったと？　17しかし私があなた方のもとに遣わした者を通じて、あなた方からむさぼり取る
ようなことがあっただろうか。18私はティトスに頼んだ。そしてその兄弟に一緒に行ってもらった。まさか
ティトスがあなた方からむさぼり取ったとでもいうのか。我々は同じ霊において歩いたではないか。同じ足

取りで歩いたではないか。
19以前からあなた方は、我々があなた方に対して自己弁明をしていると思っている。だが神の前で、キリ
ストにあって、我々は語っているのだ。愛する人々よ、一切はあなた方を建てるためである。20というのも、
そちらに行った時、あなた方を私の欲していないような者として見出すのではなかろうか、また私もあなた
方の欲していない者として思われるのではなかろうか、と危惧している。争い、妬み、腹立ち、利己心、悪
口、ささやき、ふくれ上がり、不穏などがないかと。21再びそちらに行った時に、わが神は私をあなた方の
前でおとしめられるのではなかろうか。以前罪を犯し、自分たちが犯した汚れ、淫行、放蕩について悔い改
めることをしなかった多くの者たちのことを嘆くことになりはしないか。

第一三章

1今私は三度目にあなた方のところに行く。すべての事柄は二人の、ないし三人の証人の口によって確定
されるのだ。2前に罪を犯した人たちに、またほかの人たちにも、二度目にそちらに居た時にすでに言って
おいたし、今は離れているが前もって言っておくと、次にそちらに行く時には遠慮しない。3何故ならあな
た方はキリストが私にあって語っているということの証拠を求めているからである。キリストはあなた方に
対して弱くはなく、あなた方の中で力強い。4キリストは弱さから十字架につけられたが、神の力から生き
ている。すなわちまた我々もキリストにあって弱いが、あなた方に対してはキリストとともに神の力をもっ
て生きるであろう。
5自分自身を検査しなさい。自分が信仰の中にあるのかどうかを。また、自分自身を検証しなさい。それ

ともあなた方は自分自身のことがわからないのか。イエス・キリストはあなた方の中におられるということ
が。ただし、あなた方が失格者だというのなら別だが。**6**我々は失格者ではないということをあなた方が認
識するよう希望する。**7**神があなた方をいかなる悪にも定めないようにと、我々は神に祈っている。それは
我々が合格者だと思われたいということではなく、あなた方が善をなしてくれるためである。たとえ我々が
失格者となろうとも。**8**何故なら、我々は真理に逆らっては何もできないが、真理のためならばできる。
9つまり我々は自分が弱くても、あなた方が強ければ、それで喜ぶ。我々はこのことを、つまりあなた方の
回復を、祈っているのだ。**10**この故に、離れている今、このことを書いておく。そちらに行った時に、主が
私に与え給うた権威に従って厳しく対処しなくてもすむためである。この権威は建てるためのものであって、
破壊のためではない。

11あとは、兄弟たちよ、健康で、回復され、呼びかけられ、同じことを思い、平和でありなさい。そうす
れば愛と平和の神はあなた方とともにいますであろう。**12**互いに聖なる口づけをもって挨拶せよ。すべての
聖者たちがあなた方に挨拶している。

13主イエス・キリストの恵みと神の愛と聖霊の交りがあなた方すべてとともにあるように。

本文への註

テサロニケ人の教会へ、第一

註で直接言及している註解書は左記のとおり。

P. W. Schmiedel, *Die Briefe an die Thessalonicher und an die Korinther*, Hand-Commentar zNT, 2. Aufl. 1893, Freiburg i. B.（シュミーデル）
J. E. Frame, *Epistles of St Paul to the Thessalonians*, ICC, 1912, Edinburgh
L.-M. Dewailly et B. Rigaux, *Les Epîtres de Saint Paul aux Thessaloniciens*, la Bible de Jérusalem, 3ᵉ éd., 1969, Cerf, Paris（リゴ、エルサレム聖書）
T. Holtz, *Der erste Brief an die Thessalonicher*, EKK, 3. Aufl. 1998（1. Aufl. 1986), Zürich und Düsseldorf（ホルツ）

表題

新約聖書の各文書には、古代の文書一般がそうであるように、本来は表題はついていない。特に書簡の場合は、実際に送られた書簡であるから、原文には当然ながら表題などついていなかった。パウロ書簡の場合は、二世紀半ばになってパウロ書簡集が結集されると、相互に区別するために表題をつける必要が生じた。それで、諸写本では各書簡に表題がつけられているが、写本によって表現はまちまちである。古い、重要な写本（ℵＢＤΨなど）は「テサロニケ人へ、第一」としているから、これが最も古いものであろう。やや後の写本になると、これにつけ足して、「テサロニケ人へ、第一、アテーナイから書かれた」「テサロニケ人へ、第一、コリントスから、パウロとシルワノスとティモテオスによって書かれた」等というのが出て来る。なお写本では、書簡の場合にはこれは「表題」として冒頭に記されているわけではなく、各文書の最後に置かれているから、通称 subscriptio（後書）と呼ばれている。

そうすると、我々としてはどういう表題をつけるかだが、このように写本についている表題とて、それぞれの時代の写本家が便宜上つけたものだから、それをそのまま真似しても仕方がない。宗教改革以降の翻訳者は、それぞれが読者にとってわかり易いだろうと思われる仕方の題をそれぞれなりに考えてつけた。ルターは「パウロのテサロニケ人への第一の手紙」（Der erste Brief des Paulus an die Thessalonicher）、欽定訳は「使徒パウロのテサロニケ人への第一の書簡」（The First Epistle of Paul the Apostle to the Thessalonians）とした、等々。日本語訳では文語訳が「テサロニケ前書」「テサロニケ後書」等々とした。これは名訳である。日本語の発音上の特色をよく知っていて、非常に言い易い。私は日本語としてはこの伝統を守るのがよいとずっと思っていた。ところが口語訳聖書がこれを「テサロニケ人への第一の手紙」としてしまった。これはもちろんRSVの英語を訳したものである（The First Letter of Paul to the Thessalonians）。口語訳聖書はともかくやたらとRSVの真似ばかりしている。

なお英語の世界では、RSVを中心として、パウロ書簡は実際に書かれた手紙なのだから、epistle（聖なる正典的書簡）などとドグマ的な呼び方をせず、letter（通常の手紙）と呼ぼう、などとかしがましく議論された。しかし epistle という語にこういうドグマ的な意味をこめたのは英語だけのお話である。だいたいラテン語の epistula はごく普通の意味の「手紙」である。日本語にしても、「書簡」という語は別に御大層なドグマ的な意味の語ではないから、これを避けねばならない理由はない。従って通称としては「第一テサロニケ書簡」と呼んでおけばよろしい。

しかし、パウロ自身は「表題」ではないけれども、はっきりと宛先を記しているのであるから、こだわるのであるとすれば、その宛先をそのまま表題にすればよろしい。従って我々は、パウロが書いているとおりに、「テサロニケ人の教会へ」とすることにした（他の書簡の場合は、宛先の表記がかなり長いから、それぞれ多少縮めた)。パウロ自身は「第一」とか「第二」とか記しているわけではないが、これはまあ区別する必要上つけざるをえない。このようにパウロ自身の言葉遣いをそのまま表題につければ、それぞれの書簡に固有の色彩もはっきり見える。この場合のように「教会」をつけることもあれば、つけないこともある。相手を「聖者」と呼んだり呼ばなかったりする。その土地の人々あてにする場合もあれば（「テサロニケ人の教会へ」など）、地方名だけを記す場合もある（「ガラティアの諸教会へ」）。その他いろいろ。パウロは後の手紙になればなるほど自分の感情や思惑を宛先の表現にこめるようになる。

以上を考えれば、新共同訳がパウロのすべての手紙の表題に「テサロニケの信徒への手紙」といった具合に必ず「信徒」とつけ加えているのは、無知の部類である。世界のさまざまな聖書の訳でこんな表題をつけたのは新共同訳だけだろう。「テサロニケ人」を単に「テサロニケ」としたのもパウロの言葉遣いを無視しているし、「信徒」という日本語も気に入らないが（日本的キリスト教の業界用語で、牧師さんなど「聖職者」を自称する方々と差別して一般の信者を指す独得の表現）、それはともかくとして、右に指摘したように、パウロはそれぞれの手紙の宛名書きをいちいち気を遣って変化させている。それを一律に「信徒」あてという表題に統一してはいけない。

第一章

1　シルワノス（Silwanos）　使徒行伝（一五・二二、四〇ほか）ではシラス（Silas）という名前で呼ばれている人物。パウロ書簡では二度しか出て来ないが（ここと第二コリントス一・一九）、どちらも「シルワノス」。いわゆる第二回伝道旅行でパウロと同行した人物。どうして同じ人物が「シルワノス」と呼ばれたり「シラス」と呼ばれたりするかについては、定説がない。同じアラム語名（Sh^{e}ʾila とか Silwanah とか）がラテン語化されて Silwanus になり、ギリシャ語化されて Silas になったという説（Blaß-Debrunner, §125, 6)、あるいはこの二つは音は似ているが本来は違う名前だとする説（同一人物が二つの名前を持つのはよくあること）、などあるが、確かなことはわからない。

ティモテオス（Timotheos）　こちらはよくあるギリシャ語系の名前。伝統的な日本語聖書の片仮名表記では「テモテ」であるし、この種のすでに定着した片仮名表記はなるべく変えない方がいいと思うが、ギリシャ人の名前でよく出て来るものであるから、聖書だけ違う表記にするのもなんなので、綴りどおりに片仮名化することにした。パウロの弟子で、その伝道旅行（第二回以降）にずっとついて歩いている（使徒行伝一六・一以下、二〇・四ほか）。

テサロニケ（Thessalonikē）　マケドニアの中心都市。古代においてもマケドニア海岸の最大の港町であったが、現代においてはエーゲ海全域の最大の港町と言ってよい。ヘレニズム王朝の時に作られた町だが、ローマ帝国がここを属州マケドニアの中心都市として定め、徹底的にローマ化した。

恵みがあなた方にあるように。また平安も　普通の訳のように「恵みと平安があなた方にあるように」と訳したって一向にかまわないのだが、一応原文の語順に律義に忠実に訳しておいた。つまりこれは、まず「恵みがあなた方に（あるように）」と言っておいて、その後に「また平安も」とつけ加える言い方である。もっとも、だからとて、「恵み」が重要な概念であって「平安」はつけ足しにすぎない、とかいうようなことではなく、単に語呂の問題だろう。

平安　あるいは「平和」と訳すか。両方の意味を含んだ概念。

3

絶えず　この語は昔は二節の方にかけて訳していた（「我々は祈りに際して絶えずあなた方のことを思う時に」）。それで十六世紀に節の数字をつけた時には、この語を二節の方に入れている。しかし近代になってからは、三節の「我々は思い出している」の方にかける案が支持されるようになった。どちらでも同じようなものだが。

あなた方の信仰の業や……　のっけからパウロ特有の悪文がはじまる。あらゆる名詞（特に抽象名詞）をただ属格で次から次へと並べていく言い方である。この悪文は、現存の最初の書簡であるこの第一テサロニケ書簡から、最後の時期のものであるローマ書簡、フィリポイ（ピリピ）書簡にいたるまで変らないから、この人の身にしみついた悪文なのだろう。従って、それぞれの属格がどこにどうかかり、正確なところどういう意味か、などと議論しても無駄である。少なくとも、わかったような顔をして、これはこういう意味です、などと断定的な解釈など押しつけない方がいい。まして新共同訳のように、その種の解釈を翻訳にまで持ち込むのは許されない。

すなわちまず、「信仰の業」「愛の努力」「希望の持続」と属格で名詞をつなげる表現が三つ続く。その最初に「あなた方の」というもう一つ属格がついているが、これはこの三連の概念全体にかかるのだろう。「あなた方の」は最初の「信仰の業」にだけかかる、という説もあるが、まあ無理だろう。

信仰の業　「信仰」が生み出すさまざまな「行為」を考えているのか、それとも説明的属格で「信仰という業」という趣旨か。どちらとも決め難い。多分後者だろう。いずれにせよ新共同訳のように「あなたがたが信仰によって働き」などと勝手な解釈を混入させるのは、訳とは言えない。「信仰の」という属格を「信仰によって」などと解するのはまったく不可能。なお、周知のように、パウロにおいては「信仰」（ないし「信」と訳すか）と「業」（ないし「行為」と訳すか）は対立概念になっている（ガラティア二・一六、ローマ三・二八、ほか多数）。その場合は「業、行為」は律法の規定を律義に遵守し、実行することを指すので、それと「キリストの信」が対置されている。それに対しこの書簡ではまだこの二概念が対立概念として扱われてはいない。その結果「信仰の業」というような、いわば「信仰」と「業」とを同一視する表現が可能になる。というよりも、この段階のパウロはまだ後のパウロのようにその種の問題を丁寧に考えつめていなかった、ということだろうか。従ってまた、この場合の「業」とは厳密なところ何を指すか、などと議論しても無駄というものである。

我らの主イエス・キリストの希望の持続　こうなるともはやパウロの属格趣味も度はずれて、文章になっていない、と申し上げるより仕方がないだろう。まず「我らの主イエス・キリストの」であるが、文法的常識的にはこれは「希望」（ないし「希望の持続」）にかかる。また内容的にもそう解するのが素直である。しかしこれを「信仰の業」「愛の努力」「希望の持続」の三つすべてにかけようという案もある（ホルツ。この人、全体としてどうも水準が低い）。文法的に不可能とは言わないが、やや無理をしているし、「信仰の業」や「愛の努力」は信者が展開するものであるから、内容的にも無理だろう。リゴも同意見だが、これを「イエス・キリストのおかげで（成り立つ）」と訳している。あなた方が「信仰」や「愛」や「希望」を持つことができるのも、みんなみんなイエス・キリスト様のおかげです、という結構な宗教心の表現だが、それはリゴさん自身の宗教心ではあっても、「の」という属格をそこまで「訳」すのは、文法的にとても無理である。

「イエス・キリストの」を「希望」だけにかけるとすれば、「イエス・キリストを希望する希望」という対格的属格の意味に解される。また、「希望」という語からして（パウロ書簡においては「希望」は原則として厳密な意味で終末論的概念である）、ほかの意味は考えられない。とすればこれは、終末の時にイエス・キリストが再臨する、それを忍耐して待ち、希望を持ち続ける、という意味である。この書簡全体の基調（一・一〇、四・一三―一八ほか）ともぴったり一致する（シュミーデル、フレイムほか）。まあ、そうとるのが素直だろう。

希望の持続　「持続」と訳した語（hypomonē）は「忍耐」とも訳しうる。「忍耐」とは、じっと我慢して持続することであり、「持続」とは「忍耐」しつづけることであるから、どちらに訳しても同じことだが、ここはおそらく、テサロニケの信者が、やがて終末が来てイエス・キリストが再臨し、自分たちが救われるであろう、という「希望」を、キリスト信者になった当初から今にいたるまでずっと保ち続けている、という意味であろう。新共同訳はこれを「希望をもって忍耐している」とさかさまに訳しているが、これは属格のかかり方からして絶対にありえない。「希望を持続している」という意味である。

我らの父でもある神　「我らの父なる神」と訳したって一向にかまわないようなものだが、一応、原文の微妙なニュアンスを考慮しておいた。すなわちここでは一・一の単なる「父なる神」とちがって、まず「神」と言っておいて、「そして我らの父」と続けている。この「そして」はいわゆる説明的な「そして」である（「すなわち」と訳す）。つまり、世間では「神」という名前をいろいろな信仰対象にたてまつっているが、我々は「我らの父」（つまりユダヤ教伝来の）である「神」を信仰しているのだ、という説明的な趣旨。パウロのこの表現については第一コリントス八・五―六参照。

我らの父でもある神の前で　この句がどこにどうかかるかとなると、もはや、どうにもならない。パウロという人はひとりよがりの自己合点ばかりを言い立てるから、自分の悪文がいかにわかりにくいかも、自分では気がつかなかったのだろうか。多くの訳者（新共同訳も）はこれを最初の「我々は絶えず思い出している」にかけて、「我々は我らの父である神の前で絶えず思い出している」と訳している。そう訳せば、意味のつながりとしてはわかり易いが、原文をお読みになればすぐにお気づきのように、「我らの父でもある神の前で」はこの節の最後に置かれていて、文頭の「我々は絶えず思い出している」とはずい分離れているし、間にいろいろ入っている語句の文法的なかかり方からしても、これを跳んで文頭にかけるというのは、まあ無理な飛躍というもの。一番素直な説明は、主イエス・キリストの再臨は我らの父である神の前で実現するものであるから、それを待つ希望も神の前でなされる、というもの（フレイム）。まあそんなところだろう。

4　あなた方の選び　これも相変わらず「の」だけでつなげる悪い癖。しかしここはその中身を続く五節で解説しているから、パウロが言いたいことははっきりしている。すなわち、あなた方がどういう仕方で神によって「選ばれた」（キリスト信者になった）かを我々はよく知っている、ということ。単に「あなた方が選ばれたという事実を知っている」というだけの文ではない（口語訳＝新共同訳はそう訳している）。

5　力において　「力」という語は普通は奇跡を意味するのに用いる。単に「言葉において」キリスト教を伝えただけでなく、何らかの奇跡的行為を実施したではないか、ということ（第二コリントス一二・一二参照）。もっともパウロは、彼の考える意味での「聖霊」の顕現も「力」の現れだと思っているようだから、ここは単に、聖霊に憑かれたと称してわけのわからないことを叫ぶ現象を指しているだけなのかもしれない（第一コリントス一四・二ほか参照）。「言葉」（ないし知的な議論）と対照させて「力」と「聖霊」を強調するパウロの傾向は、たとえば第一コリントス二・四、四・一九にも出て来る（及びその註参照）。

十分確実に　この語（plērophoria）、新約以前の文献には出て来ない。新約以後も、その言葉遣いに影響されたキリスト教文献に出て来るだけである。ただし単語の意味ははっきりしている。すなわち「十分」という語（plēros）に「持って行く、もたらす」という動詞（phoreō）をつけて、それを名詞化したもの。従って十分に実現する、といった感じ。新約でもここと、あとコロサイ二・二、ヘブライ書六・一一、一〇・二二に出て来るだけである。動詞（plērophoreō）の方は名詞よりも多く用いられ（新約全体で六回）、キリスト教文献以外でも多少散見する。そのうちローマ四・二一はどちらかというと「実現する」の意味だが、同一四・五は受身形で「確信している」と解するのが良いみたいである。とすると、我々の個所は「十分確実に」と訳すか、それとも

「十分に確信して」と訳すか、微妙なところだが、この動詞のキリスト教外の用法では、たとえば、借金を完済してもらった、といった意味で用いるから（VGTに引用されているロンドン・パピルスの例）、基本はやはり「完遂、実現」といった意味だろうか。（この項やや不正確。正しくはローマ四・二一、一四・五の註参照）。

我々があなた方のところで、あなた方のために、どのような者となったか　これが直訳である。意味は続く六節にあるように、「我々」があなた方に模範を示した、それをあなた方が真似した、ということであるから、口語訳のように「わたしたちが……どんなことをしたか」と訳しても間違いではないが、いささかずれる感じではある。新共同訳の「どのようにあなたがたのために働いたか」は、すでに、ほとんど誤訳に近い。

6　我々を、そしてまた主を　この「我々」は実質的にはもちろんパウロ個人を指している。パウロは、信者たちはパウロのことを真似る者となるべきだ、と考えている（第一コリントス四・一六）。一見気がつきにくいが、ここでパウロがまず「我々」と言い、その後にとってつけたように「主（キリスト）」とつけ加えている点にこの人の思い上がった自意識がよく示されている。ここではそれでも、「我々を真似る者」と言っておいて、それだけでは気がさしたのか、「また主を」と書き添えてくれたが、右の第一コリントスの個所になると「私」だけになる（更に同一一・一参照）。

多くの患難　たとえば使徒行伝一七・五―九参照。

7　アカヤ（Achaia）　本来からすれば、ペロポンネソス半島の北部（コリントス湾に接するあたり）の比較的狭い地域を呼ぶ呼称だったのが、だんだん広い地域を含めてこの名で呼ぶようになり、ペロポンネソス半島の全体にまで拡張され、ペロポンネソス半島のつけ根にあるコリントスまで含めてアカヤと呼ばれるようになった。ローマ帝国の時代になると、ギリシャ南部全体が属州アカヤと呼ばれるようになる。パウロが厳密なところどの範囲を考えているのか定かでないが、実際にはパウロの知っている「アカヤ」はコリントスの町を中心としているので、ここではせいぜいのところコリントスとその周辺のことしか考えていないだろう。なお新共同訳と岩波訳が「マケドニア州」「アカヤ州」などと「州」をつけているのは単純な誤訳。原文に「州」などという語がないだけでなく、パウロは地方名を考える時にローマ帝国の属州名（とその行政領域）を基準にして考えているわけではない。昔は一応そういう説をとなえる者もいたが、今時まともな学者でそんなことを考える人はいない。詳しくは『概論』のガラティア書の項目参照。

9　すなわち　前節で「というのも」と訳したのと同じ語（gar）だが、日本語ではこれを常に同じに訳すと奇妙だから、言い換えてみた。これはパウロの文体の特色の一つで、この語そのものは前の文の理由を述べる趣旨の軽い接続小辞であるけれども（ほぼドイツ語の denn にあたる）、パウロはこの語を通常用いられるよりもはるかに大量に用いている。この書簡ではまだこれで二度目だが、以下ではかなり多く、更に後の書簡になるともっと多くなる。ギリシャ語では文と文をつなぐには原則として必ず何らかの接続小辞を入れないといけないので、gar もその一つだから、現代語と比べてある程度多くても当然だが、パウロの文は当時のほかの人々のギリシャ語と比べても、際立って gar が多い。この人がやたらと理屈ばって、何を言うにも「何となれば」と前文の理由づけをしたがる癖があるところから生じる文体の特色である。そして、あまりに多く用いすぎるから、実際には前文の理由を述べるわけではない、軽く文と文をつなぐ場合にすら、この語を用いている。多分、その理屈ばった文体がすでに口癖になってしまっていて、ともかく次の文に移る時は何でもかんでも gar ではじめないと気がすまない、無意識の癖なのだろうけれども、この人の文章や人柄の一つの特色だから、以下すべての書簡にわたって、いささかくどいけれども、なるべくすべてこの語を訳出することにする（日本語としては、口語訳のように、この語を無視する方がいい場合もあるが）。ただし毎回同じ訳語にすると、さすがに日本語としては奇妙になるから、そのつど適当な訳語にして（「すなわち」「つまり」「というのも」「実際」「……のだ」「何故なら」「からである」等々）、なるべく註をつけてある（ただしあまりに多すぎるから、とてもいちいち註をつけ切れない。第一テサロニケ書簡以外ではたまに気が向いた時に註をつけているだけである）。

パウロにおける gar の多用について　数字は雄弁である。新約の著者たちのうちでパウロと同様にギリシャ語を第一言語とする著者と比べてみよう。以下の数字は gar の回数、全単語数、gar の全単語数に対する比率。パウロは真正な七書簡全部で三九九回、二三九九三単語、一・六六％。パウロと同様にユダヤ人ディアスポラ出身の著者によるエフェソス書が一一回、二四二五単語、〇・四五％。いわゆる異邦人出身の著者ルカの使徒行伝が八〇回、一八三七四単語、〇・四四％。同じくコロサイ書は六回、一五七七単語、〇・三八％。この数字からしてパウロの gar 好みは歴然としている。この種の数字は〇・二～〇・三％ぐらいも違えば、すでにずい分と大きな違いである。それが何と一％以上も違うのだから、何と申しますか。

あるいはギリシャ語として最も普通の接続小辞 de と比べてみる。以下、de の回数、gar の de に対する比率。パウロ七書簡で五三五回、七四・六％（この数字はいかにも大きい）。エフェソス書は二〇回、五五％、使徒行伝は五五八回で、一四・三％（これがギリシャ語としてほぼ標準的な数字）、コロサイ書のみ de が極端に少なく五回。しかしこれはむしろコロサイ書の特殊な文体のせいだろう。以上の数字は R. Morgenthaler, *Statistik des neutestamentlichen Wortschatzes*, 1958, Zürich-Stuttgart による。この種の数字は写本の読みによってある程度変ってくるから、ネストレ新版（一九七九年）の本文によって数えれば多少の相違はあろうが、基本的な違いはない。

我々のことについて　写本によっては「あなた方のことについて」としているものもある。数は少なく、そのほとんどは小文字写本だが、B写本もその読みを提供しているから、無視できない。こちらが原文である可能性がないとは言えないだろう。しかし、文章としてはここは「あなた方」とする方が素直だから（文全体の流れとしては、他の土地の人々までテサロニケの信者のことを誉めそやす噂を流している、という趣旨であるから、当然ここは「あなた方」とならねばならない）、いわゆる lectio difficilior の規則（巻末の解説五六一頁以下参照）に従って考えれば、原文が「我々」とあったのを、B写本の写本家（ないし彼が写した元の写本）が、それでは不自然だからとて、「あなた方」に修正した、ということだろう。しかし逆に言えば、こういう時に「我々」と言ってしまうところに、パウロという人の、何を言うにも自分の「私」ばかりを中心にものを言う嫌味な癖が露骨に現れている。パウロとしてはここは、主語はあくまでも「我々」なのだ（こういう場合の「我々」はほぼ一人称単数の言い換えである）。「あなた方」テサロニケの信者がいかにしてキリスト信者になったか、という客観的事実よりも、「我々」があなた方のところに苦労して出かけて行って、あなた方を信者にしてやったのだ、ということばかりが頭にある。

到達した　原文は「（あなた方の）中へと入ることを得た」という文だが、そこまで直訳することもあるまい。いずれにせよこれは普通用いられる表現ではないから（「入ること」も「得る」もごく普通の単語だが、この二つを組み合せてこういう表現にすることはない）、かなり強調した言い方であるのは確かである。従ってこれを単に「あなた方のところに行った」と訳すと（たとえば口語訳「あなたがたの所にはいって行った」）、この文の強調した雰囲気が伝わらないだろう。つまりこれは、その背景として、パウロとしては非常な苦労と決断をもってギリシャ本土（マケドニアを含む）へとわたった（使徒行伝一六・六―一〇ほか参照）、ということへの思い入れがある。従ってこれを新共同訳のように「あなたがたのところで迎えられた」などと「訳」すのは、まるで見当ちがい（こんなところまで新共同訳は原文を訳さずに、悪名高き改竄的翻訳であるＴＥＶを訳している、how you received us）。もちろん原文には「迎え入れる」などとは書いてないし、これではパウロの言いたいことの力点をまるで見当はずれに見ている。パウロが言っているのは、俺たちは苦労を重ねてやっとあなた方のところに到達したのだぞ、と恩に着せているのである。

どのようにして偶像から神へと向きなおり……　以下一〇節の終りまで、パウロが宣教していたキリスト教の基本趣旨の要約である。この時期のパウロがどういうキリスト教を考えていたかがよくわかる。「異教」の神（偶像）からユダヤ教伝来の神への改宗、神の子の復活、その神の子の終末時における来臨、最後の審判（怒り）、信者がキリストのおかげでそこから救われる、という。ここに出て来るキリストは、かつてガリラヤの地で生きていたあのイエスという男とはまったく関係がない。パウロが自分で出会ったという「復活」のキリスト、終末時に来臨するはずのキリスト、というだけのことである。そして最大の力点はあくまでも終末時の救済にある。なお、後のパウロが非常に力点を置いていた「キリストの信による罪の贖い」という考えは、ここではまだ、裏には隠れているかもしれないが、はっきりした形では言明されていない。

10　**天から下って来るのを**　うるさく言えば原文には「下って来る」とは書いてない。単に「御子を天から待望する」。しかし「天から」というのだから、実質的には「天から下って来るのを」という趣旨だろうと解して、ほぼすべての訳が「下って来るのを」を補って訳している。

御子とは……　関係代名詞で前の文とつながっている。日本語における西洋語翻訳の中学文法的手法として、こういう関係代名詞はひっくりかえして訳すことになっているが（口語訳ほか）、それでは長い文が錯綜するし、西洋語の関係代名詞というのは言語の発想としては頭から順に読み進む構文であるから、なるべくならばひっくり返して訳さない方がいい。ここでは直前に言及した「神の子」という語について、当時の世界ではいろいろな「神の子」が信じられていたから、それに対して、自分が言っているのはそんじょそこらの「神の子」ではなく、「神が死人の中から甦らせた……イエス」のことだよ、と註をつけたのである。

神が死人たちの中から甦らせた方　口語訳は「死人の中からよみがえった神の御子」。これはまずい。これではキリストがみずからの力で復活した、という趣旨になってしまう。もちろん新約聖書の中でも、その後のキリスト教でも、キリストの復活については、キリストがみずから復活した、という言い方が多く普及しているけれども、パウロは決してそういう言い方をしない。あくまでも神が復活させたのである。パウロの神学理念を知るためには、この点は重要な相違である。更に第一コリントス一五・四の註参照。

第二章

1　**兄弟たちよ**　たとえばRSVの改訂版たるNRSV（一九八九年）はこれを brothers and sisters なんぞと「訳」している。こういうのを改竄という。翻訳というのは、原文に書いてあることが気に入ろうと入るまいと、そのまま正確に訳さなければいけない、という初歩さえ御存じでない。そりゃまあ、一九七〇年代以降の「女性差別撤廃」の流れからすれば、男女からなる集団を単に「兄弟たち」と呼ぶのは、男に偏した言葉遣いだから、よくない。しかしそれは現代人がはじめて言い出したことであって、パウロさんまでそういうことを考えていたとみなすなど、時代錯誤もはなはだしい。時代錯誤どころか、パウロという人は古代人の間でもぬきん出て女性差別的である（第一コリントス一一・三ほか多数の個所参照）。パウロがはっきりと「兄弟たちよ」と、「姉妹」

をつけずに言っているのだから、正直にそのまま訳せばいいではないか。それがパウロという人のものの言い方の実態なのだから。もっとも「兄弟」に話を限れば、これはパウロ個人の特色でも何でもなく、古代からずっと、二十世紀半ば過ぎまでの人類の多数の言語でそうだった。総じて、NRSVはRSVの改善どころか、改悪になっている点が多い。この「兄弟たちよ」という呼びかけはパウロ書簡に非常に多く出て来るが、以後はいちいち註をつけることはしない。

到達したこと　一・九と同じ語。

無駄にはならなかった　パウロがマケドニアでの、特にテサロニケでの伝道活動の成果について誇る言い方としては、いささか消極的な表現だが、この人はともかく二重否定的な言い方がお好きである。ある種のひねくれた性質がよく現れている。

2　**フィリポイ**　伝統的日本語聖書の表記では「ピリピ」。その方が語呂がいいし、それで定着しているので、そのままにしようと思ったが、これはマケドニアの王フィリポスにちなんだ地名であるから、やはりギリシャ語の綴り（Philippoi）に忠実に片仮名化することにした。今日では遺跡が残っているだけだが、当時においてはテサロニケと並ぶマケドニアの最重要都市。特にオクタヴィアヌスが皇帝になってから、この町を重要視し、徹底的にローマ化した。テサロニケより約一六〇キロ東方で、多少内陸に入ったところ。

フィリポイにおいて苦難……屈辱　使徒行伝一六・一六―四〇参照

我らの神において　普通なら「我らの神によって」と書くところ。パウロは、ふつうのギリシャ語の用法と比べて、ほかの前置詞よりもen（「において」「の中で」）を極めて多く用いる。これはおそらく、主として、パウロ自身が育った環境（ユダヤ人ディアスポラの中で用いられていた非常に旧約聖書的な表現に影響されたギリシャ語）のせいであろうけれども、ディアスポラ出身のユダヤ人のギリシャ語の中でもパウロの場合は際立ってenの多用が目立つ。そしてその分だけ、意味が曖昧である。この場合なら多分「神によって」と言うのと同じことだろうから、はっきりそう言えばいいのに、わざわざ「神において」という言い方をする。しかしもしかするとここは、パウロのつもりとしては、単なる口癖としてのenではないので、字義通り「の中で」の意味、つまり単に「神によって」（受身の行為者）というだけの意味ではなく、神という壮大な場において、という趣旨も同時に含むのかもしれないから（四節ではちゃんと「神によって」と記している。従ってこの二つの表現を区別しているつもりだろうか）、以下パウロ書簡全体にわたって、この種の en は、直訳したのでは意味が通じないとしても、なるべく直訳しておくことにする。

多くの競争において　「競争」と訳した語（agōn）は、優勝を目指して競うスポーツ競技などを指す。比喩的に解するなら「おおいに努力して」と訳すのも一案だが（しかし口語訳＝新共同訳の「激しい苦闘」は行き過ぎ）、パウロはこの語が好きだから、直訳する方がいいだろうか。第二テモテ四・七の註参照。

3　**呼びかけ**　これはパウロの好む語の一つで、この場合のように名詞形（paraklēsis）でも動詞形（呼びかける parakaleō）でもよく用いられる。パウロはこの語をごく普通の意味で、単に「呼びかける」という趣旨で用いている。しかし「呼びかける」にはいろいろな場合があるので、相手を慰める趣旨もあるし、訓戒を与えようと呼びかける場合もある。その他いろいろ。用法の幅の広い語である。従ってパウロ書簡の場合には前後関係に応じてそれぞれ「慰める」「励ます」「頼む」「訓戒を与える」「説教する」等々と訳し分ける訳者が多いが、それでは同じ語をパウロが好んでくり返し用いているということが見えなくなってしまう。それに、それぞれの場合の意味合いを敢えて強調すれば「慰める」「戒める」等々であるにせよ、それはそれぞれそういう目的をもって「呼びかける」ということであって、基本の意味はあくまでも「呼びかける」であるから、やはりこのようにそのつどまったく違う訳語で訳し分けるのは好ましくない。従って我々は、日本語としては多少ぎこちない場合も、一貫して「呼びかける」と訳すことにする。この個所では口語訳（＝新共同訳）はこれを「宣教」と訳しているが、そこまで変えたら明瞭に行き過ぎである。確かにここでは「福音」を人々に呼びかけるという趣旨だから、煎じつめれば「宣教」には違いないが、何でも煎じつめれば同じことにしてしまうと、原文の多彩な言葉遣いをブルドーザーでならすような無粋な翻訳になってしまう。

まどわし　相手を誤らせること。口語訳（＝新共同訳）の「迷い」は能動受動の関係をさかさまに読み間違っている。そう訳すと、自分が迷うという意味に受け取られてしまう。

4　検証されている　日本語としてこれではさまにならないので、どうしようかとだいぶ迷ったのだが（ここだけなら「証明されている」と訳せばすむ）、パウロのコリントス騒動、ひいてはパウロという人物自身を理解する要の概念であり、かつ頻出するので（すぐ続けてこの節の後半にも出てくる。そちらは能動だから「検証する」でさまになる）、なるべく同じ訳語を保ちたかったから、ここも敢えてこうしておいた。ただし同じ語幹の語（ここは dokimazō という動詞。ほかに dokimos という名詞、それに否定辞をつけて adokimos、更に dokimē という名詞）が多用されるので、そのすべてにわたって訳語を完全に統一するのは難しい（更に第二コリントス二・九の註ほか参照）。

この動詞は、よく検査し、本物であるかどうかを検証し、本物であるというお墨付きを与える、という趣旨の語。ここはその受身形。パウロのつもりでは、福音（の宣教）を託されるのは神によって選ばれ、「検証された「使徒」だけであって、自分はその「使徒」なのだ、ということ。こういうところでこういう意味のきつい語を用いること自体、自分はそういう特別の資格を神によって認定されているのだ、という思い上がった自意識の表現である。パウロのこの自意識を主観的に支えているのは、自分は復活のキリストに直接出会ったのだ、単に出会っただけでなく、そのキリストから福音宣教を託されたのだ、という経験（ないし幻想）である（ガラティア一・一五―一六、また使徒行伝九・一―一九参照）。ところが、パウロのこの自意識が、逆に、ほかの信者たちの批判の対象となる。かつて生きていたイエスのことを知らない者が、どうして直接キリストから委託を受けたなどと証明されるのか、という批判である。コリントス教会の信者たちがパウロに突きつけた批判である（第二コリントス一三・三ほか多数。詳しくは第二コリントス書簡の『概論』参照）。パウロがあまりに、自分は特別に神によって「検証」されているのだ、などと言いつのるものだから、それならその検証の「証拠」（dokimē）を見せてみろ、ということになってしまったのだろう。従ってこの動詞（及びそこから派生する名詞）は、パウロの言動を理解する上での一つの要となる語であるから、できる限り直訳し、かつパウロ書簡全体を通じてなるべく同じ訳語で訳さないといけない。これを口語訳のように「神の信任を受けて」などと訳してしまったら、自分は神によって検証されて特別に「合格した者」（dokimos）なのだ、という自己主張が消えてしまう。新共同訳の「わたしたちは神に認められ」も何だかよくわからない。

5　口実をもうけてむさぼる　口語訳の真似をさせていただいた。直訳は「むさぼりの口実において」。ここも名詞を属格でつなげるだけの省略表現。

7　我々は……重きをなすことができているからである　口語訳はこの句を六節に入れ、「……重きをなすことができたはずだが、しかし栄誉を求めることはしなかった」という趣旨で訳している。このようにこの句を六節に入れるのは英語訳の伝統である。口語訳は何が何でも英語訳に追随する。これは英訳ジュネーヴ聖書から欽定訳に入り、欽定訳の「権威」のせいで、その後の英語諸訳でもそのまま継承されたものである。多分ジュネーヴ聖書は単なる不注意でそうしたものだろうが、英語の人たちの伝統主義はそういうものまでそのまま持続してしまう。RSVまでそのままだが、最近ではようやくNRSVになって修正している。

なお、節の切り方としては、十六世紀に節の切り方が固定して以来、これを七節に置くことになっているが、七節に置いても、翻訳上はこれを六節にかけて読むのが多くの訳者たちの伝統と化している。しかもその場合に、「……重きをなしているにもかかわらず」と譲歩の意味に訳すのが通例である。しかしこれは、ルターの訳をそのまま継承しているものであって、ここのギリシャ語としては、これを譲歩に訳すのはかなり苦しい。これは単なる現在分詞であるが、ギリシャ語の場合、単なる現在分詞を譲歩の意味に訳すのは例外の部類に属する（たとえばガラティア四・一「一切の所有主であったとしても」など多少は出て来るが）。それにここは、意味からしても、我々は立派にキリストの使徒なんだから、人間的栄誉を求める必要はないのだよ、と順接的理由の意味にとる方がはるかに素直である。無理に逆接的譲歩の意味に解する必要はまったくない。それが分詞の最も素直な理解である。なお、新共同訳はこの逆接的譲歩の意味を更に極端に拡大して、「わたしたちは、キリストの使徒として権威を主張することができたのです。しかし……」と訳している。そういう権威があるのだが、しかしそうはしなかった、という趣旨である。しかしだいたい「重きをなす」を「権威を主張する」などと訳すのが間違っているが（「主張する」が原文にない持ち込み。ここでも新共同訳は原文を訳さず、TEVの英語を訳している、we could have made demands on you）、また「しかし」も原文にない。ここまで原文にない要素を拡大して持ち込んではいけない。また「できている」(現在分詞)は、現に事実として我々はそうなのだ、という意味であって、やる気になれば本当はできたはずですが、などという仮定法の意味ではない。

重きをなすことができている　直訳は「重さの中にいる」。口語訳は「重んじられることができた」と受身で訳している。右の新共同訳と同じで、あなた方からそれだけの栄誉を与えられる権利はあったのだが……、という趣旨に理解した結果、そう訳したのであろう。しかし、原文は受身ではない。我々は事実として使徒たるの重みのある存在なのだ、というだけの意味の文。

あなた方の中では幼な子のようになった　これだけ読めばそれなりに素直に通じる文みたいだが、直後の文に続けるには、論理的にまったく通じない。直後の文では、私は乳母が幼児を可愛がるようにしてあなた方に接した、と言っているのだから、「幼児」にたとえられているのは「あなた方」であって、パウロ自身は大人としてその「幼児」に対して配慮してやる保護者のつもりなのである(更に、すぐ続く一節でパウロは、自分は父親としてテサロニケの信者たちを子どものように思って接した、とはっきり言っている)。この比喩の仕方自体、自分を相手よりもはるかに偉い存在だと思い上がるパウロらしさがいかにも露骨ににじみ出ている文であるが、それを言うのに、まず最初に、私は本当は偉いのだが、しかし幼な子のようになった、と宣言しても、いったいどっちなんだと言われよう。

それで、これでは論理的に通じないと思った写本家がこの「幼な子」という単語(nēpioi, 複数形)を ēpioi(やさしい、おだやかな、という意味の形容詞)と書き変えた。ほんの一字 n の字を削っただけだが、上手な書き変えである。もっとも、意図的に書き変えたというよりは、むしろ、自然にそう誤読してしまったのだろう。そうでないと意味が通じないから。そして現代の印刷されたテクストでも、ネストレ旧版はその読みを採用している(その結果、たとえば口語訳「やさしくふるまった」)。しかしこの読みは後世の、数は多いが質は悪い写本群にしか見られないものであって(ただし中世後半から近代初期にかけては、これが新約聖書のギリシャ語の標準テクストとみなされていた)、とても原文の読みではありえない。lectio difficilior の原則からしてもそうである。ネストレ新版は nēpioi の読みを採用している。

しかし、パウロはどういうつもりでこういう矛盾する表現を選んだのであろうか、などと問うても、無駄である。何せこの人は、自分の文章に自己矛盾がいくら多く存在しようと平気のへいざ、その瞬間瞬間に好き勝手なことを言いつのり、次の瞬間にはそれとまったく矛盾することを言うのもまったく平気な人なのだから。好意的に解釈すれば、ここは、「自分は幼な子に対するように振舞った」と言うべきところを、慌てて「自分自身が幼な子のようになった」と書いてしまったのか（この程度の書き誤りは誰にでもあることだが）、あるいは、単に、謙虚な者として振舞った、とだけ言いたかったのか。ところがそれを単に「謙虚に振舞った」とのみ表現すればよかったのに、「幼な子のようになった」などと自分で言ってしまったので、今度は、いや、幼な子はあなた方であって、私はあなた方に対して乳母のように振舞ったのだ、と慌ててつけ足したのか。

乳母が自分自身の子どもを可愛がる時のように　口語訳（新共同訳もほぼ同じ）は「母がその子どもを育てるように」。そんなこと、原文には書いてありませんよ。「乳母」と「母」は違う。ここは「自分自身の」という語にみそがある。言わんとしていることは、乳母は仕事として他人の子に乳をふくませるのであるが、それは仕事であって、やはり自分自身の子となると可愛いから、おのずと可愛がるのである、という趣旨。そういった気持で私はあなた方テサロニケの信者たちに接してあげたのだよ、ということ。テサロニケの信者たちがこのように幼児扱いされて嬉しかったか嬉しくなかったかは、私は知らぬ。

9　パウロは、宣教先の土地の教会で自分の生活を信者たちに支えてもらうことをせず、自分の手で生活費を稼いでいた、ということをやたらと自慢したがる（第一コリントス九・一五、第二コリントス一一・七以下ほか参照）。

10　**ようにしていた**　口語訳はこれを「生活をした」と訳しているが、いささか訳しすぎである。原文に「生活する」などという語はない。

12　**呼びかけ**　三節の註参照。

誓って言う　「呼びかけ、励まし、誓って言う」の三つの動詞（ここは現在分詞）を、いずれも「あなた方が……歩むようにと」という目的句にかけているので、訳すといささか奇妙なことになるが（「誓って言う」mar tyromai は「呼びかけ、励まし」と並べるには無理がある）、ここもパウロ流の省略表現であろう。marty-romai は「証言する」という意味の動詞だが、ここではそれでは日本語にならないから、「誓って言う」にしておいた。この動詞のこの意味については、シュミーデル（beschwören）、リゴ（adjurer）など。エフェソス四・一七にこの動詞の同じ用い方が見られる（いわゆる『エフェソス書』は擬似パウロ文書だが、パウロと同様の言語環境にある）。

13　この故に　「これ」という代名詞（touto）は、古典ギリシャ語とちがって、この時代になると用い方が曖昧で（古典ギリシャ語でもけっこう曖昧だが）、直前に述べたことを指すことも、以下で述べることを指すこともありうる。しかし文法的には、どちらかと言えば、直前に述べたことを指すと解するのが普通である。しかしこの場合直前に述べているのは、パウロがテサロニケの信者たちに対して父親のように接してやった、と恩を着せているだけの文であるから、そのことの故に神に感謝する、というのは、いくらなんでも通じない。それでこれは跳んで一―四節を受けるのだとか（フレイム。しかしそれでは遠すぎるし、一―四節も同様にパウロが自分の活動を自慢しているだけの文であるから、神に感謝する理由としてはいささか無理がある）、更に遠くさかのぼって一・六―一〇を受けるのだとか（それなら意味は通じるが、「この故に」という表現で指すには、いくらなんでも遠すぎる）、いろいろ意見が提出されたが、説得力はない。内容的には、続く「すなわち」以下の文を受けると解する方が通じやすいようである（シュミーデル）。あなた方が我々の宣教の言葉を神の言葉として受け入れてくれたことを我々は神に感謝する、というのである。しかし、本当のところは、そこまで厳密に議論する必要もないのだろう。パウロは、ちょっと一呼吸入れてから次の文に移る時に、「この故に」という言い方をする癖がある（ざっと数えただけでもパウロの真正な七書簡全部で一五回、第一テサロニケ二・一三、三・五、七、第一コリントス四・一七、一一・一〇、三〇、第二コリントス四・一、七・一三、一三・一〇、ローマ一・二六、四・一六、五・一二、一三・六、一五・九、フィレモン一五）。やたらと理屈ばりたがる人だから、こういった表現が口癖になってしまっていて、不必要なところまで文のはじめに「この故に」とか言いたがる、というだけのことなのだろう。

我々から聞いた神の言葉を受け取って　「受け取る」(paralambanō) は伝承に関する術語で、伝承の言葉や教えを「受け取る」という意味。パウロはここでは自分が直接神の言葉を伝えているつもりであって、それを「伝承」としてほかの信者たちに伝えてやった、というおつもりである。いずれにせよこれはそういう意味の単語だから、口語訳 (=新共同訳) のようにこの単語を無視して訳してはいけない。

そしてその神は……働いている　「神は」と訳したのは原文では単に関係代名詞男性単数。直前の語は「神の言葉」で、「神」も「言葉」もどちらも男性単数だから、単純文法からすれば、この関係代名詞は「神」を受けることも「言葉」を受けることもできる。けれども大多数の訳者、註解者が (私の知る限り例外なく皆)、当然のようにこれを「言葉」を受けることにして訳している (「その言葉はあなた方の中で働いている」となる)。しかし文法的には可能性が五分五分なのだから、何の理由もあげずに、これが当然、というわけにはいかない。そう解するべき積極的な理由を上げているのは、シュミーデルぐらいか (及びそれを孫引きしている人たち)。すなわちシュミーデルに言わせれば、「働く」という動詞は能動相でも中動相でも用いられるが、パウロの語法としては、「神」を主語とする時は必ず能動相である (ガラティア二・八、三・五、第一コリントス一二・六、フィリポイ二・一三)。それに対し中動相の時はものごとが主語である (ガラティア五・六、第二コリントス一・六、四・一二、ローマ七・五)。従って、ここも中動相だから、「神」が主語ではなく、「言葉」が主語なのだ、と。

しかしこの動詞、当然ながら能動相の時は他動詞に用い、中動相の時は自動詞に用いる。上記の例では、神が主語の場合はたまたますべて他動詞であって、ものごとが主語の場合はたまたますべて自動詞である、というにすぎない。能動相であるか中動相であるかは主語によって決まるのではなく、その文の意味によって決まる。ほかで神を主語とする場合はすべて能動相だというのは、偶然の一致にすぎない。更に、フィリポイ二・一三には「神があなた方の中で働いて、欲することと働くことの両方をなさしめている」という文が出て来る。この場合の「神があなた方の中で働く」という発想は我々の個所と同じである。我々の個所の方は目的語のない言い方だから自動詞になっているにすぎない (フィリポイ書の方は「欲することと働くこと」という二つの不定詞が目的語)。従って、私としては、主語は「神」であるという方が説得力があると思うが、どのみちどちらかに決定できるものではないから、あまり確信ありげに決めつけないのがよろしい。

14 というのも　上述の gar（一・九の註参照）。

キリスト・イエスにある　ここも「にある」（ないし「における」）はパウロの好みの en という前置詞である（二節の註参照）。そして特に「キリストにある」（ないしこの場合のように丁寧に「キリスト・イエスにある」）という表現はパウロの非常に好む言い方である（真正な七書簡で五五回。第一テサロニケ三回、ガラティア六回、第一コリントス一三回、第二コリントス七回、ローマ一三回、フィリポイ一〇回、フィレモン三回。この種の統計は写本の読みによって多少数字が異なってくる。また今回は私は急いでざっと数えただけだから、多少は異なるかもしれないが、これより少ないということはない。どちらかというと後の時期になるほど多くなるが、しかし、全体としてよく用いられている。これとまったく同義の「主にある」を加えれば、もっとずっと多くなる。すなわち第一テサロニケ四回、ガラティア一回、第一コリントス一〇回、第二コリントス二回、ローマ八回、フィリポイ九回。合計で三六回。「キリストにある」とあわせると何と九一回）。他の著者は絶対に用いないとは言わないが（しかしそのほとんどはパウロ系の著者が意識してパウロを真似する場合であって、それ以外の著者はこの表現を用いることはしない）、この表現が出て来たら、我々はほとんど条件反射的に、「お、これはパウロの文」と思うぐらいのものである。そのように非常に個性的な表現でありながら、いかにもパウロ的に意味曖昧で、意味の幅がやたらと広く、しかししばしば独得の深みのある表現である。

　ここでは表現そのものの意味は一応、教会というものはキリスト・イエスの中に存在している、という趣旨であるが、この表現はしばしば、今日ならば「キリスト教」と言う場合に用いられる。つまり「キリストにある教会」とは、キリスト教の教会のこと。この時期のキリスト教ではまだ「キリスト教的」「クリスチャン」といった意味の形容詞（christianos）や名詞は一般には用いられていなかった。使徒行伝一一・二六によれば、この語はアンティオキアの教会ではじめて用いられるようになったそうだが、それがいつのことであるかは指摘しておらず、実際には新約聖書の中でこの語は同じ使徒行伝にあと一度二六・二八に出て来る以外は、第一ペテロ四・一六に出て来るだけである。従ってパウロの時期ではまだこの語は用いられていなかったとみなすのが妥当であろう。そうすると、言葉遣いとしては、今日なら「キリスト教の」とか「キリスト教的」といったやや意味の広い形容詞を用いて言うことができる場合に、彼らの時代にはまだそれにあたる単語が存在しないから、いろいろ工夫して言わねばならない。パウロの場合はそれを「キリストにある」という前置詞句で言っている。個々の場合には、狭義広義いろいろ考えられるから、そのつど考察する必要があるが（文字通り「キリストという巨大な存在の中において」といった感じの場合、何となく「キリストのおかげで」といった雰囲気、その他いろいろ）、ほとんどの場合は、今日の言語なら「キリスト教的」「キリスト教の」と言い換えてさしつかえないものである。「キリストにある兄弟」は今日なら単に「クリスチャン」、この個所の「キリストにある教会」は今日なら「キリスト教の教会」と言うところ、等々。しかし、そのつどの微妙な意味合いはそのつどの前後関係によって判断さるべきだし、どのみちだだっ広い概念だから、正確に意味を規定して「意訳」しよう、などと試みるのは、蛮勇の部類である。そのつどそのまま「キリストにおいて（おける）」と訳しておいて、どう理解するかは読者におまかせするのがよろしい。

何故こういうことを長く記したかというと、新共同訳聖書がこの表現が出て来るたびにむきになって、執拗に、「キリストに結ばれている」と「訳」しつづけているからである。もちろん原文には「結ばれている」などという語は用いられていないし、「キリストの中にある」を「キリストと結ばれている」と「訳」すなど、まるで論外である（もしも字義通りにとるとすれば、宇宙をも超える巨大な存在である「キリスト」の中に我々はいるのだ、という意味であるから、それを、新郎新婦はかたく結ばれてとかいった調子でやにさがって訳されたんじゃね）。これは新共同訳という聖書翻訳の、一方ではなかなかすぐれた点が多くありながらも、ともかく非常に質の低さを感じさせてしまう最大の欠点の一つである。質が低いというか、幼稚で恥ずかしいというか。どうしてこういうことをなさったかというと、ここでもまたこの訳者たちは原文を訳さず、悪名高き改竄「訳」であるTEVを真似しているからである。おまけに、そのTEVでさえもやや遠慮して、たまにこの表現を in union with Christ Jesus としているだけであるが（ローマ六・二三ほか。第一テサロニケのこの個所では belong to Christ Jesus としている。しかし belong to もひどい）、新共同訳となると、むきになって、この表現が出て来るほとんどすべての個所で判で押したように「結ばれて」という語を導入している。アメリカのファンダメンタリストが、安っぽくにやついて、きざにこちゃこちゃくっついたキリスト教をどう宣伝しようと御勝手であるが、日本語の新約聖書の翻訳にまでそれを真似して持ち込むことはない。

キリスト・イエス　何故「イエス・キリスト」ではないか。パウロではこの二つの語順がそれぞれ多く出て来る。これまで多くの学者が、この二つにどういう意味の相違があるのか、いろいろ議論してきたけれども、結局、納得のいく結論は得られなかった。むしろ、意味の相違よりも、形式文法的な理由から説明する方が説得力がある。すなわち、ふつうには「イエス・キリスト」(Iēsous Christos) であるが、属格 (Christou Iēsou) や特に与格 (Christōi Iēsou) の時は、「キリスト・イエス」の語順になることが多い、という説明である。「イエス」という語は本来ギリシャ語の単語ではないから、活用も不完全で、属格、与格ともに Iēsou である。従っていきなり Iēsou と言われても、どちらか判断はつかない。「キリスト」ならはっきり格変化するから、一言 Christou と言えば属格、Christōi と言えば与格であることがすぐにわかる。特に en のような与格支配の前置詞の場合はその直後に Iēsou と続けると、あまり与格みたいな形ではないから、気分的にすっきりしない。それを en Christōi Iēsou と言えば、en からはっきりと与格らしい語につながって、気分がいい(現にパウロ書簡で en の後に置かれる時は必ず「キリスト・イエス」であって、「イエス・キリスト」は出て来ない)。パウロはギリシャ語で生れ育った人間だから、こういうところはギリシャ語の語感を尊重するのだろう。

この説明が正しいことは数字の上からも裏づけられる。すなわちパウロ書簡では「キリスト・イエス」とする語順は全部で一応約五一回出て来るが(ただし特にこの場合は正確な統計をとるのは不可能である。この語順については非常に異読が多く、「イエス・キリスト」とするもの、「イエス」か「キリスト」のどちらか一方を欠くものなど、さまざまであって、どれが原文であるか定め難い場合が非常に多いからである。以下の数字はあくまでもおよそのもの)、そのうちほとんどは与格(三〇回)と属格(一三回)である。対格は六回出て来るが、そのうち正文批判上確かなのはガラティア四・一四だけであって(ほかにガラティア二・一六、第二コリントス四・五、ローマ六・三、八・一一、一五・五。いずれも多分「キリスト・イエス」ではなく単に「キリスト」ないし

「イエス・キリスト」とする読みが原文である可能性の方が高い)、主格の例は第二コリントス一・一九とローマ八・三四に見られるが、これまたほぼ確実に「キリスト・イエス」とするのは後の写本の修正で、「イエス・キリスト」ないし単に「キリスト」とするものが原文だろう。更に、このひっくり返した言い方はパウロ及びパウロ系文書以外では出て来ない(他ではすべて「イエス・キリスト」)という事実もこのことを立証する。これはギリシャ語の語呂を気にしたパウロ独得の言い方なのである。パウロ系文書でも、コロサイ書などではよく出て来るが、ルカ文書では福音書にはなく、使徒行伝で六回だけ出て来るが、使徒行伝の場合はどうやらパウロが何故このひっくり返した言い方をするのかがわからなかったようで、対格五回主格一回のみである。使徒行伝の著者は何となく気分的に時々パウロの言い方を真似してみた、ということか。

従って、「イエス・キリスト」と書こうと「キリスト・イエス」と書こうと、意味上はまったく違いはなく、ギリシャ語の語呂の問題だけだから、日本語に訳す時はすべて「イエス・キリスト」としておけばいいようなものだが、万が一パウロにほかの意図もあるといけないから、我々の訳では(他の諸訳でもふつうは)、念のため、原文で「キリスト・イエス」とあるところはすべてその語順で訳してある。

15 **預言者たちや我々を迫害し**　この「預言者」は直前の「主イエス」の方につなげて訳すこともできる(「主イエスや預言者たちを殺害し、我々を迫害した」)。現に大多数の訳はそうしている。しかし文法的な可能性は五分五分。

16 **いつも満杯状態になったのだ**　口語訳の「絶えず自分の罪を満たしている」が一応は直訳だが、日本語でこう訳すといささか弱すぎる。つまりここの「満たす」は、罪の分量がある程度までは許容されても、もはや許容されない限度というものがある、という発想に立っている。その限度まで満杯にしてしまった、ということ。問題は「いつも」という副詞と、「満たす」がアオリスト分詞であること。文法的には「いつも」をアオリスト分詞と組み合わすのはほぼ不可能。つまり、いつでもその状態だ、というのであれば、分詞はアオリストではなく、現在分詞の方がすっきりする。それに対しここでアオリスト形を用いているのは、彼らの過去の行為を指すつもりなのだろうか。どう訳してもすっきりしないが。

怒りは究極的に彼らに臨んだ　新共同訳「神の怒りは余すところなく彼らの上に臨みます」はよろしくない。はっきりと「臨んだ」と過去の事実の意味で書かれているものを（この動詞 phthanō のアオリスト形は、この時代のギリシャ語では、単に「到達した」「来た」というだけの意味に用いられるという事実については、ルカ一一・二〇＝マタイ一二・二八の有名な言葉に関連してすでにさんざん指摘されてきたことであって、新約聖書を扱う者にとっては常識の部類）、誤魔化して未来的な意味の現在形なんぞに訳してはいけない。ここを未来的現在に訳したりする訳は、ほかではとても見当たらない。さしものＴＥＶですら、has come down と訳している。確かに、意味からすれば、「究極的な怒り」とはふつうは終末時における最後の審判を指すから、それがすでに到来した、などと言うわけにはいかないだろう（現にヴルガータの一部の写本はこの句が理解しがたいと思ったのであろう。この句を削除している）。しかし、パウロがそう書いている以上、そう訳すより仕方がないのだ。変える方が意味の通りがいいから変えて訳そう、などというのは、「訳」とは言えない。

　ではパウロがここで「究極的な怒り」ということで何を考えているのかは、聖書学者たちによっていろいろ議論されてきたが、本当のところわからない、というのが正解だろう。もしかすると、ユダヤ人がキリスト教の救いを受け入れなかったことを指すのかもしれず（それなら過去の事実である。そしてパウロの考えからすれば、それは究極の滅びに通じる）、もしかすると、そうでないかもしれない。

17　離れている　口語訳「引き離されていた」。そのようにきつく訳す方が正しいかもしれない。この動詞（apor-phanizō）は「孤児」（orphanos）という語に接頭語をつけて動詞化したものだが（孤児にする、受身形で、孤児になる）、そう滅多に用いられる動詞ではない。新約ではむろんここだけ。たとえばアイスキュロスの「供養する女たち」（Choephoroi, 249）などに出て来る。多分パウロの学校教育的教養の現れ？　いずれにせよこういう場合は、ちょっとものの言い方を借りた、というようなことだから、厳密な意味ではなく、軽く「離れている」といった程度の意味だろう。受身形だが、強く受身の意味であるよりも、自動詞的な感じ。しかし、パウロがテサロニケを離れたのは、暴力的な状況になったからやむをえず離れたので（使徒行伝一七・五―一〇）、それを考えれば口語訳のように強く訳すのが正しいか。

顔を見ていないだけで心が……　原文は単に「心ではなく顔で（離れている）」。

18 **それもこの私パウロが**　口語訳（新共同訳もほぼ同様）は「ことに、このパウロは」。微妙な違いだが、だいぶ違う。つまり口語訳の訳し方だと、「我々はみんなそう思っていたのだが、ことにこのパウロは……」という意味になる。しかしこういう場合の「我々」はいわゆる著者の一人称複数であって、実質的には「私」と言っているに等しい。つまりここではパウロは「我々の中の私以外の者たち」と比べて「特に私は」と言っているわけではない。単に、私はそうしたいと思った、と言っているだけ。そして、それに一言つけ加えた、「そう思ったのは、ほかならぬこのパウロ様だぞ」と。この人の自意識過剰がここでも露出する。自意識過剰というか、思い上がりというか。

サタンが我々を妨げた　どういう事実を指すのか、残念ながらわからない。何か自分ではままならない外的な要因を指すのは確かだが、病気のせいか、それともユダヤ人の騒ぎを恐れたか、旅行費が捻出できなかったか、ほかの何かか。しかし御本人がはっきり言っていない以上、想像しても仕方がない。

19 **来臨**　単語（parousia）の意味は「来臨」だが、実質的には、かつてこの地上にやって来た神の子キリストが終末の時に再び来臨する、というキリスト教の特殊な信仰の表現だから、伝統的には「再臨」と訳されてきた。それで正しいと思うが、最近は単語そのものの語義に忠実に「来臨」と訳そう、というのが流行になった。まあ我々もつきあって、そういうことにしておこう。

誇りの冠（＝口語訳）　これが直訳。例によって名詞と名詞を単に属格でつなげるパウロ的省略表現。しかしここは意味がはっきりしている。テサロニケの信者たちは「我々の誇り」、つまりパウロが神の前で誇ることができる成果だ、と言っている。宣教師パウロが、最後の審判に際して、キリストの前で、自分はこれだけの成果をあげたのだぞ、と誇ることができる、その証拠物件だというのである。何と申しますか、これぞ宣教師魂というか、宣教師の自己満足というか。次節の「栄光」もその意味である。

第三章

2　同労者　ネストレは旧版以来、今でも、「同労者」に「神の」をつけて「神の同労者」とする読みを採用している。これは近代の正文批判がはじまって以来かなり古くからある意見であるが、ネストレがずっと続けて採用しているせいもあって、今日すべての聖書学者がこれに従っている。よく考えもせずに、全員一致がまかり通る好例。つまり「神の」がついている読みはD写本の第一写記以外は、小文字写本の33と古ラテン訳のb写本、及びAmbrosiaster の註解に見られるだけである。ほかの大文字写本の支えがまったくないとなると、写本の支持として極度に弱い。通常は西方系の読みであればDだけでなくFやGにも見られるはずだが、ここはDだけである（FGについては後述）。せめて古ラテン訳が全体としてこの読みを支持しているのなら、西方系の読みとして認定できるが、古ラテン訳はb以外のいかなる写本も支持していない。となるとこれは西方系の読みとさえ言えない。従ってこれはD写本単独の異読である（33やbはD写本ないしその系統の流れの影響だろう）。普通は西方系単独の読みでも採用することはまずありえないのに、西方系の他の諸写本によってさえ支持されないD単独の読みとなると、常識的には、その読みを採用するなどどうかと思われる（何なら、お暇な読者がおいでになったら、現在の正文批判家たちが新約聖書全体でD写本単独の読みを採用している例をお調べになるがよろしい。まずめったに見つかるまい。この巻の範囲内で探すと、採用する可能性があるのはガラティア二・五ぐらいである。そこのDとbだけの読みは、ネストレも我々も採用してはいないが、採用してもよいぐらいに重要である。しかしそこでは、写本としてはDとbだけであっても、エイレナイオス、テルトゥリアヌスなどの重要な教父の引用がそれを支持しているし、おまけにテルトゥリアヌス自身がその正文批判について意見を述べているので、かなり重きをなす。それに対してここでは本当にDとbと33だけである）。

それにもかかわらず、何故現代の学者たちはここでこの読みを支持するのか。「神の同労者」などという表現はおこがましいから、ほかの諸写本がそのおこがましい表現を何とか緩和しようとして「神の」を削ったのだろう、と推測するせいである（もっとも、単に「同労者」とするのはB写本だけである。後述）。いわゆる lectio difficilior の原則を適用したもの。しかしこれは本当に lectio difficilior であろうか。たとえばリゴなどはこれを「ショックを与えるような表現」などと大袈裟に形容し、フレイムも「大胆な言い方」などと呼んでいるが、「神の同労者」という言い方など、パウロの表現としては、何ら驚くべき表現ではない。確かにしばしば用いられる表現ではないが、非常に重要かつ印象的な個所でパウロはこの表現を用いている（第一コリントス三・九）。自分たちキリスト教の宣教師は「神の同労者」だ、というのだ。しかもそこではパウロだけでなく、いわばパウロと対抗的な位置にある宣教師のアポロも含めてそう呼んでいるのだから、パウロとしては、そもそもキリスト教の宣教師なるものは「神の同労者」だと考えていたことになる。それなら第一テサロニケのこの個所で、ティモテオスのことを「宣教師」と呼ぶ代りに「神の同労者」と呼んだとしても、まったく不思議ではない。第一コリントス三・九はまことに有名な個所であるから、パウロ書簡の写本を書こうという者たちがこの表現を知らないわけはない。とすれば、もしももともと原文で「神の同労者」とあったのなら、写本家たちは誰もそれを修正しようなどとは考えなかっただろう。現に第一コリントス三・九ではいかなる写本家もこれを修正してはいない。

それに対しこの個所の場合、パウロ書簡の場合最も重要な写本であるB写本の読みは単に「同労者」である。これはいかにも舌足らずな言い方で、「我々の同労者」とか「神の同労者」とか言うのであれば、それぞれなりに理解できる表現だが、単に「同労者」と言われると、だいぶ省略した表現だと言わざるをえない（誰と一緒に同労しているのかわからない）。とすれば、こちらの方がはるかに lectio difficilior である。この読みなら、他の写本家たちがこれを写す時に、もう少し単語を補おうという気を起こしたとしても不思議ではない。現にBと同じアレクサンドリア系のℵAPΨや古代ラテン訳の多くの写本は、ここに単語を補って「同労者、かつ神の仕え手」としている。多分Dの写本家は、これを見て、それならむしろ端的に「神の同労者」と言う方がパウロ的言い方だと思って、そう修正したのか、あるいは単に「同労者」というだけの読みを見て、語を補って「神の同労者」としたのであろう。ほかの異読は、この二つの異読をつなげるところから説明できる。すなわち「神の仕え手、かつ我らの同労者」とするもの（Dの第二修正、また後世のあまり重要でない多数の写本）、「神の仕え手かつ同労者」とするもの（FGほか）。FGはDと同様に西方系写本であるが、ここは多分、Dに見られる「神の同労者」という読みを見て、それを他の系統の読みと比べ、このように補ったのであろうか。あるいは「同労者、かつ神の仕え手」という読みを見て、それをひっくり返して「神の仕え手かつ同労者」としたか。以上、B写本を出発点とすれば、他の異読はすべてうまく説明できる。それに対し、もしもDの読みが原本であったのなら、Bの写本家が何故その「神の」を削って単に「同労者」にしてしまったのか、まったく説明がつかない。

更に、パウロ書簡の写本の場合は、共観福音書の場合よりもはるかに、Bの読みが重要である。その点からしても、ここは原文は単に「同労者」であったと推定せざるをえない。

以上ここではやや詳しく書いたが、何せ新約聖書の写本はうなるほど大量にあり、異読の数もやたらと多い（一節につき数個所の異読があるのが普通）。そして、このように聖書学者が全員一致で同じ結論を採用している場合でさえ、本当のところ、丁寧に検討すれば、いくらでも問題点が出て来る。何せ古代の書物である。以下我々は必ずしもこのように丁寧に記すことはしないが、新約聖書の原文なぞ、そうそう自信を持って確定できるものではない、ということを頭に置いておいていただければ幸いである。

もっともこの個所は正文批判としては重要であっても、意味からすれば、単に「同労者」としか書いてなかったとしても、「神の同労者」の意味以外には考えられないから、どちらにしても同じことである。パウロは自分の好む概念を省略表現にするのが好きだから、ここもその手だろう。第二コリントス八・二三にも「神の」のつかない「同労者」が出て来るが、そちらもほぼ確実に「神の同労者」の意味。この概念については更に「共に働く」という動詞の現在分詞を同じ意味に用いている例参照（第一コリントス一六・一六、そして特に第二コリントス六・一とその註）。

3　動揺する　sainō という動詞の受身形だが、原意（能動の場合）は「しっぽを振る」である。日本語でもそうであるように、これは「へつらう」の意味にもなる。そこから「へつらってごまかす」という意味にもなるから、受身形の場合は「ごまかされる」と訳すべきだ、という意見も強い（VGTほか参照）。多くの用例からすれば、そうだろう。しかしもしも「しっぽを振る」を意味を拡大して単に「振る」の意味に用いるとすれば、受身形は「振られる」つまり「動揺する」の意味になる。ヴルガータはそう訳した（moveatur）。実はこの意味はほかでは知られていないし、新約ではこの語はこの個所でしか用いられていないから、本当のところ確かでないが、伝統的な諸訳はヴルガータを継承してそう訳すことにしている。実際、その方が意味の通りはいいだろう。しかしどのみち確かなところはわからない。

実際　毎度おなじみの gar（一・九の註参照）。

我々はこのことのために存在している　「このこと」が何を指すか。まずはすべての註解者が「患難にあうこと」を指す、と解説している。しかし、註解書の著者が自分の註釈の中でどう説明なさるかは御自由だが、口語訳（新共同訳も同様）のようにそれを本文に組み込んで「わたしたちは患難に会うように定められている」などと訳すのは、行き過ぎである（岩波訳もそうしている。岩波訳のパウロ書簡の巻の担当者は、ちょっと難しいところはすべて口語訳をそのまま真似している）。確かに、「このこと」が「患難にあうこと」を意味するというのは、有力な解釈にはちがいない。すなわち、直前の文で「患難の中に」いると言われているのは「あなた方」である。そして、その「患難」はかつてパウロたちも受けた患難であった（二・二参照）。従って、「あなた方」も含めて「我々」みんなが患難にあうように定められているのだ、とパウロは言いたいのかもしれない。しかしそれはあくまでも一つの解釈にすぎないし、よく考えてみると、あまり説得力がない。

すなわちこの文では、形式的に読めば、「あなた方」とパウロの「我々」とは区別されている。従ってこの「我々」は「あなた方」ではなくパウロ宣教団のことだけを説明する句でなければならない。かつ「このこと」という語は常識的には直前の文を受けるのが普通である（二・一三の註参照）。我々の訳では、日本語らしくするために途中で切って訳したから、原文のつながりが見えにくいが、原文を文法的に素直に読めば、三節後半の「このこと」は二節の「あなた方に呼びかける」を受ける。つまり、我々がティモテオスを通じてあなた方の信仰の強化を呼びかけている、ということを指す。「我々はこのことのために、すなわち宣教師としてあなた方の信仰を強化するために、存在しているのである」という趣旨。なお、この「……ために存在する（keimai eis ...）」という言い方は、あまり多く用いられる言い方ではないが、パウロはほかでも一度用いている（フィリポイ一・一六）。そこではパウロが自分自身のことについて、「自分は福音の弁明のために存在しているのだ」と言っている。従ってここも同趣旨と受け取る方が素直だろう。keimai eis という表現は、何か積極的な目的のために存在するという趣旨であるから（ほかにルカ二・三四参照）、「患難にあうため」と解するのは表現上やはり無理を感じる。

しかしながら、どのみちパウロの文はこのように省略表現が多く、何を言っているのか確かには定め難い点が多いので、少なくとも訳文に解釈を持ち込むのは避けないといけない。
4　実際　毎度おなじみの gar（一・九の註参照）。
事実　これまた gar である。毎回訳語を変えないと、日本語としてはとてもさまにならない。
5　この故に　パウロの口癖。続く七節にも出て来る。二・一三の註参照。
試みる者　註解書の著者たちはこぞって、マタイ四・三でサタンが「試みる者」と呼ばれており、またこの個所の少し前（二・一八）でもサタンに言及されているからというので、ここの「試みる者」も「サタン」を指す、と当然のように解説している。しかしマタイ四章はまったく違う水準の話だし（神話的に此の世を離れた世界のお話）、二・一八のサタンは「試みる者」ではない。たとえばホルツは、当時のユダヤ教文献ではサタンが「試みる者」と呼ばれることはなく、サタンの活動について「試みる」という動詞が適用されることはない、とわざわざ指摘しながら、しかしパウロの場合はそうだ、と結論づけている。それじゃ論理的に通用しないよ。けれども、第一コリントス七・五では「サタンが試みる」という表現が出て来るから、やはりここもサタンを考えているのだろうか。しかし第一コリントスのその個所では性的な誘惑に陥るということを指しているので、それに対しこちらでは信仰がゆらぐという意味だから、やはり違うかもしれない。
6　良い知らせを伝えてくれた　一語の動詞（euangelizomai）。新約聖書ではこの動詞はふつうキリスト教の「福音」を伝えるという意味で用いられるが、原意はこの場合のように単に「良い知らせを伝える」である。
7　あなた方については　口語訳も新共同訳も「あなた方については」を省略している。これはよくない。またこれは「は」を入れて訳すかどうか微妙なところだが、多分、ほかの件についてはいろいろ困難に直面して苦労しているけれども、ことあなた方に関する限りは嬉しい思いでいられる、という趣旨だろうから、やはり「は」の字を入れて訳す方がいいだろう。

窮乏　新共同訳は「困難」。「窮乏」ではきつすぎるし、「困難」では広すぎる。うまい訳語が見つからなかった。すみません。「必然」という意味の語（anankē）を、せっぱつまった状態の意味に用いる。

8　**主にあって**　二・一四の「キリスト・イエスにある」の註参照。新共同訳はこの個所まで「主にしっかりと結ばれて」。いくらなんでもね。もうよしてよ。

立っている　口語訳は「堅く立ってくれる」と原文にない「堅く」を補って訳している。もっとも、「立っている」というのは、ころばずにしっかりと立っている、という趣旨だろうから、そう補うのがわかりやすくていいだろうか。

我々は生きている　パウロという人は「生きる」という動詞をこのように軽く（ないし大袈裟に？）用いる癖がある。ここでは多分、宣教師としての自分の仕事の成果が確実なものとなったから、神の前で自分は本当に生きる者として認められる、といった趣旨であろう。

9　**実際**　三節参照。

神の前で喜ぶ大きな喜び　慌ててこれだけ読めば、パウロは単にテサロニケの信者たちがしっかり信仰を確立してくれたから嬉しい、とだけ言っているように見える。しかし丁寧に読めば、単にそういう問題ではないことがすぐにわかる。まずこれは「神の前」での喜びである。つまり最後の審判に際して（ないし終末に際して）神の前に出る時に、神によって認められる存在となれるから喜ぶ、というのである。かつ、ここで「喜ぶ」のは「我々」（実質的にはパウロ）である。つまり宣教師パウロがその功績を神によって評価される、ということである。二・一九の「誇りの冠」と共通する発想。

10　**補う**　この語については第一コリントス一・一〇の註（回復される）参照。ここでは「補修する」といった感じ。

11　**我らの父でもある神御自身**　「我らの父なる神」と訳したってかまわないのだが、一応原文に細かく忠実に直訳した。一・三の註参照。

道を……まっすぐに導いて下さる　直訳は単に「道をまっすぐにする」だが、それでは日本語としてぴんとこないので、こう訳してみた。いずれにせよ、口語訳（＝新共同訳）の「道を開く」はややずれる。道のないところに道を開く、という趣旨ではなく、紆余曲折まわり道ではなく端的にまっすぐ行けるように、という趣旨。

13　我らの主イエスがそのすべての聖者たちとともに　新共同訳「御自身に属するすべての聖なる者たちと共に」。こういうところで「属する」などと補うと、だいぶ趣旨が違ってくる。新共同訳は単なる「の」を「属する」にしたがる悪い傾向がある。

聖性において責められるところのないもの　口語訳はこの「聖性において」を前の文の「堅固にする」及びこの文の「責められるところのない」と並列させて、「強め、清く、責められるところのない者」と訳している。そもそも「聖性において」を「清く」などと訳されては困るが、それはともかくとして、ここでは「聖性において」は「責められるところのない」にかかる副詞句である。「聖性において」は今流に言えば「宗教的に」ということ。宗教的な水準で責められるところなきものとなる、ということ。また「堅固にする」は「あなた方の心」を目的語にしており、他方「責められるところのない」は「あなた方の心」を形容する同格の形容詞。従ってこの三つの語を並列的に並べるなど文法的に論外。他方新共同訳は「聖なる、非のうちどころのない者としてくださるように」としている。「聖性において」を単なる「聖なる」という形容詞にしてしまって、「非のうちどころのない」と並列させた点において口語訳の間違いを引きずっているが、「責められるところのない」を「非のうちどころのない」と訳すのは日本語の無知。形式的な意味は同じでも、「責められるところのない」と言えばどちらかというと消極的な意味で、文句をつけられるほどの欠点はない、という程度のことだが、「非のうちどころのない」は極めて強い意味で、完全無欠を意味する。それとこれとを混同してはいけない。

下さいますように　日本語の都合で一番最後にこうつけたが（及び一一節の最後）、原文では一一節の「まっすぐに導き」と一二節末の「豊かにし、大きくし」が希求法である（一三節の「あなた方の心を堅固にし」は結果を意味する不定詞句）。ギリシャ語としては何の変哲もないが、いわゆるコイネーのギリシャ語となると、このような仕方で希求法を用いるのはめったにないことである。ここは構文も希求法を用いるにしてはいささかぎこちなく、パウロが無理をして下手な擬古文を書いている感じ。従って訳の方も擬古文的に格好をつけて「……あれかし」とでも訳そうかと思ったが、そうすると全文を擬古文調に整えねばならなくなって、みっともないから、やめておいた。それで仕方がないから、この段落だけ「ですます」調にした。不揃いですみません。

多くの重要な写本が一三節の最後に「アメーン」という語を加えている。BDFΨほか（及びℵとDの第二修正が多分Bほかにならって同じ語を加えている）。しかしこれは、一一―一三節が内容的には祈りの言葉であるので、写本家が後世の教会の祈りの習慣に応じて「アメーン」の語をつけ足したものであろう。

第四章

1 **なお**　「残り」という語を副詞にして用いている。以上の論述を終えて、言い残したことを多少つけ足す場合に用いる語だが、パウロの場合は、そう思って少しだけ補足をつけ足すつもりで書きはじめても、一度言いはじめると、次々と長くなってしまって、どちらが本論だかわからなくなるくらいである。まあ、おしゃべりの人によくあること。この場合も、補足的に道徳的な教条を二つ三つ列挙するつもりで書きはじめたのだろうが（三節以下）、九節で「兄弟愛」についてふれたのがすでに長くなり（九―一二節）、その後、すでに亡くなった人の件になると、もはやただのつけ足しではなく、新しい主題を大きく展開してしまう（四・一三―五・一一）。この語については、第一コリントス四・二、第二コリントス一三・一一の訳註参照。

受け取った　日本語としては口語訳のように「学んだ」とするのがわかり易くてよい。しかしこれは言葉の伝承に関する術語であって、伝承（ないし定まった教え）を「受け取る」という意味の語であるから（二・一三の註参照）、訳語の統一上、直訳しておいた。

ますます多くそうなさるがよい　口語訳は（新共同訳もほぼ同じ）「ますます歩き続けなさい」としている。これは直前の「現にあなた方はそのように歩んでおいでだが」という句を受ける。パウロとしては、自分があなた方に伝えたように（「いかに歩むかを我々から受け取ったように」）、そのように歩みなさい、と言いたかったのだろうが、多分、そう言いかけて、現にあなた方は立派にそのように歩んでいるという事実に気がついた。それで「現にあなた方はそのように歩んでおいでだが、そのように」とつけ加えた。しかしそうなると、「現にそうであるように、そうでありなさい」となってしまって、勧告としてさまにならない。それで話をせり上げることにして、「現にそうである以上にもっともっと」と強調するせりふにしたのである。この動詞（perisseuō）、直訳は「増加する、増大する」である。従ってこれを単に「ますます歩き続ける」（同じことをやり続ける）などと訳したら、パウロがわざわざせり上げた趣旨が伝わらない。

しかしこのようにわかり難い文であるから、「現にあなた方が歩んでいるように」という句をまるごと削る写本が出て来る（Bの第一写記およびいくつかの小文字写本）。これはもちろん、いかにB写本だからとて、他の大文字写本の支えがないし、lectio difficilior の原則からしても、写本家の修正だろう。しかし修正したくなった気持はよくわかる。

2　主イエスによって　こちらは「主（イエス）において」（前節、また二・一四参照）とは違って、はっきりと限定的な意味。自分が信者たちに指示を与えるのは、ほかならぬ主イエスによって委託と権限を受けているからだ、という胸をはった（威張った？）せりふ。この段階ではパウロはまだ素朴に図々しく、自分の言うことはキリスト自身の言葉だ、と自信満々に思い込んでいた。自分は復活のキリストに会い、福音の宣教を委託されたのだ、だから自分こそが此の世でキリストの代理人なのだ、と。しかしパウロ以前にキリスト信者になった者、特にイエスのことを直接間接知っていた者たちから、あなたはイエスのことなどまったく知らないし、知ろうともしないではないか、そのくせどうして自分の言葉こそキリストの言葉だ、などと主張できるのか、という批判は当然出て来る。だがこの段階では、パウロはともかくギリシャ半島でようやく伝道活動をはじめたばかりだし、信者になった人たちもパウロ以外のキリスト教をまだ知っていないので、パウロ自身もまだ、いずれ後になって出て来るであろうその批判に気がついていない。

しかしいつまでもこの調子ですむわけがない。次の第三回伝道旅行の時になると、その問題があからさまに露出してくる。コリントス紛争である。我々が直接持っている資料は二つのコリントス書簡だけだから、他処のことはわからないが、コリントス紛争の様子からして、他処でも同じ批判は口にされていただろう。コリントスの教会に対してはパウロは、第一コリントス書簡の段階になって、このことをひどく気にして、自分の「指示」がイエスの言葉の伝承を伝えるものなのか、それとも自分個人の意見なのかを区別しようとしはじめる。それも奇妙に恩着せがましいものの言い方で、うるさく言われるから敢えて区別してやるよ、という調子である（七・一二、二五、一一・二三。これらの個所でも「指示する」という動詞、あるいは伝承の授受を意味する「受け取る」という動詞を用いている点に注目されたし）。第一テサロニケ書簡はいわゆる第二回伝道旅行の時、すなわちパウロがマケドニアとギリシャに最初にキリスト教を伝えた時期のものであるが、第一コリントス書簡は第三回伝道旅行の時期である。この二つの書簡の間の時期に、パウロ系の信者たちもパウロ以外のキリスト教についていろいろ知識を持つにいたったのであろう。

それはまあ、この個所にしたところで、いかにもパウロ的に極端な性的禁欲主義をとなえて、「汚れ」を避けよ、「淫行から離れていなさい」、とのみ言い立てるのだから、これこそがキリスト教倫理の中心であって、「主イエスの指示」だ、などと言われたら、多少なりともイエスの言葉の伝承を知っている者なら、これはだいぶ違うぞ、というくらいのことはすぐに気がついただろう。それで第一コリントス書簡では、信者たちから出た疑問に対応しようとして、パウロは何とか自分の主張とイエス自身の発言を区別して説明しようと試みはじめる（それらの個所の註参照）。しかし、そもそもパウロはイエスの発言など極端に僅かしか知らないのだから、それを区別しはじめたら、自分の言っていることは、あれもこれも何でも、イエスの発言ではありません、イエスとは関係のない私の意見です、と言わねばならなくなってしまう。だからパウロはすぐにその努力が嫌になって、第二コリントス書簡になると逆に居直り、自分はかつて生きていたイエスのことなどもう相手にする気はない、と宣言してしまうのである（五・一六）。自分は、かつて生きていたイエスではなく、直接自分に顕現してくれた（パウロが幻想の中で出会ったと思い込んだ）復活のキリスト以外は知ろうとは思わない。自分はそのキリストを此の世で代表しているのだから、自分の言うことこそキリストの言葉そのものなのだ、と元に舞いもどって居直ってしまう。

そういった以後のパウロ批判の流れを知る手掛かりがこの「主イエスによって」という言い方にひそんでいるのである。

指示（parangelia）　この語の名詞形はパウロ書簡ではここだけだが、動詞形（parangellō）はパウロは三度ほど用いている（四・一一、第一コリントス七・一〇、一一・一七）。いずれも倫理的な指示で、イエスの教えとの区別が問題になる個所である。なお口語訳は名詞の方を「教え」、動詞を「命じる」と訳し分けているが、パウロは同じ概念を一貫して同じような問題の個所で用いているのだから、訳語を統一しないといけない。新共同訳はさすがに統一して「命令」「命じる」としているが、この語を「命令」「命じる」などと訳すのはきつすぎる。どうもこの訳者たちはすぐに威張って、命じるのどうのと言い過ぎる。

3　それこそ　文法的にはこの指示代名詞は直前に述べたことを受ける（三・二の註参照）。つまり前節で指摘した「主イエスによって与えた指示」。パウロは以前すでにそのことをテサロニケの信者たちに説明したのだが、ここでは、それこそが神の御旨だ、と言っている。ただし、この時代のギリシャ語となると指示代名詞の文法がずい分と曖昧になっているから、直前に指摘した事柄ではなく、以下の事柄を指す可能性もある。とすれば、以下で言うところの「あなた方の聖化」こそ「神の御旨」だ、という文になる。「次のことが神の御旨である。すなわちあなた方の聖化、あなた方が淫行から離れていることが」と訳す。こちらの訳を採用するのはリゴ、口語訳（新共同訳もほぼ同じ）など。それに対し前者の訳はシュミーデル、フレイム、ホルツなど。後者の訳を採用するとすれば、この三節は前節を直接受けるわけではないので、ここから新しい段落をはじめようという感じになる（ネストレ新版など）。前者の訳を取るなら、ここで段落を切るわけにはいかない。以上、どちらの可能性もあるが、いかに「コイネーのギリシャ語」とて、古典文法に従っておいて特に不都合でない限りは、なるべく古典文法どおりに解するのが素直というものだろう。ここはそう解してすっきり意味が通じる。また五・一三にこことまったく同じ構文で同じ表現が出て来る。そちらでは「これ」は明白に直前の文を指す。

あなた方の聖化　例によってパウロの「の」はわかり難いが、ここは「聖化」という神学用語の意味からして（神が人間を聖くしてくれること）、「あなた方」が対格的属格であることは明白。現にすべての註解書がそう説明している。唯一口語訳（新共同訳もほぼ同じ）だけが「あなたがたが清くなること」と、「あなたがたの」を主格的属格とみなして訳しているが、それは無理。このように自動詞的に訳すと、あなた方が自分の力で聖くなる、という意味になってしまう。ここは、あなた方が淫行から離れていれば、神様があなた方を聖なる存在にして下さるだろう、ということ。

淫行（porneia）　語源的には「売春婦」を意味する語（pornē）から派生した抽象名詞だが、単に狭義の買春だけでなく、さまざまな性的淫行を指すのに用いられる。ただし口語訳のように「不品行」と訳したら、いささか意味を拡大しすぎ。もっともパウロは極端な性的禁欲主義者だから、何でもかんでも「淫行」だとみなすきらいがある（第一コリントス五・一参照）。

4　自分自身の器　これは自分自身のことないし自分の身体を指すとする解釈（シュミーデル、リゴ、口語訳「自分のからだ」）と、自分の妻を指すという解釈（フレイム、新共同訳「妻と生活する」）がある。すでに古代の教父たちの間でこの二つの意見がそれぞれ支持されていた（フレイム）。もっとも、いかに古代からある解釈の一つとて、どちらの説を採るにせよ、そういうことはせいぜい註に記すものであって、訳文そのものに持ち込んではいけない。新共同訳はここでもTEV（to live with his wife）の直訳（ともかくギリシャ語本文をお訳しになるのがお嫌いで、英語からの重訳ばかりなさる）。おまけに「器」を「妻」と解するだけでなく、原文にない「生活する」などという語を持ち込むところまでTEVの真似をなさっている。

妻（女）を「器」と呼ぶ用例は、初期キリスト教の文献では第一ペテロ三・七以外には知られていない。ラビ文献には多く見られる（ビラーベック三巻六三二—六三三）。しかし第一ペテロの個所では、妻を「自分の器」と呼んでいるのではなく、単に、男と比べて女は「弱い器」だと言っているだけである。そこでは前後関係からして男女とも「器」にたとえているので、女はそのうち「弱い方の器」だというのである。従ってこれはとても我々の個所の用例とは言えない。我々の個所のように何の前後関係もなしにいきなり「器」という語が出て来る場合まで「妻」の意味だと解するのは暴論の類。他方ラビ文献の諸用例はいずれも極めて女性に対して差別的な視点から、妻は男の道具だ、という意味で「器」という語を用いているのであって、それをこの個所にあてはめるのもまったく無理。いかにパウロとて、この個所の場合に女はしょせん男の道具にすぎないなどという考えを主張していると解するわけにはいかない。

従ってここはごく自然に、「自分自身という器」の意味に解するか（同格的属格）、あるいは「器」を「身体」

の意味に解して「自分自身の身体」の意味に解するか、どちらかであろう。どちらでも大差ないが。なおパウロ自身、「自分」ないし「個々の人間」ないし「人間の身体」を「器」と呼んでいるのであるから（ローマ九・二二、第二コリントス四・七。またパウロに近い著者では使徒行伝九・一五がパウロのことを「選びの器」と呼んでいる）、この個所も当然その意味に解するべきである。またパウロのものの考え方からしても（買春は自分の身体を汚すことである！　第一コリントス六・一五以下）、ここは、自分自身（ないし自分の身体）を買春や同性愛によって「汚れ」させることのないよう、「聖化と尊厳」の中に保つべきだ、という趣旨だろう。パウロのそういう考え方が気に入るか入らないかは別問題である。ここはパウロの文を訳しているのだから、パウロの文として訳さないといけない。

保つ　普通は「得る」という意味に用いられる動詞（ktaomai）。前項の「器」を「妻」と解する解釈を支持する唯一の要素は、この動詞である。「妻を得る」なら話はわかるが、「自分自身（ないし自分の身体）を得る」ではやや表現としておかしい、と彼らは言う。しかしこの動詞、たとえばルカ二一・一九でははっきりと「確保する」の意味で用いられている。つまり「得る」と言っても単に「手に入れる」ではなく、手に入れて「保つ」ということ。ここは特に「聖化と尊厳において」という副詞句がついているから、そういう状態に保つ、という趣旨。

6　仕事において　口語訳は「このようなことで」と訳している（新共同訳も同様）。そうするとこれは、前述のような性道徳の問題において、という意味になる。この語（pragma）は単に「事」という意味にもなるから、しかしそ定冠詞を強く訳せば「この事」となるので、口語訳のように訳すのも絶対に不可能だとは言わないが、しかしそれでは「兄弟を踏みつけたり、むさぼったり」というのは意味が通じない。性道徳に関して同じ信者の男どうしで「むさぼる」（相手を出し抜いて儲ける）というのは、よほど想像力たくましく解釈するのでない限り、まあ無理である。だいたい定冠詞をそこまで強く解するものではない。この語、「行なう」という動詞（prassō）に対応する名詞である。つまり「事柄」というよりはむしろ「行為」。かつしばしばこれ一語で「（職業上の）仕事、商売」を意味する。実際、すでにヴルガータ以来（近代訳ではルター以来）、こう訳すことになっている。それに対し口語訳は相変わらずRSVの直訳（in this matter）。また一一節で「自分自身のことをなし」と言っているのも（こちらは prassō という動詞）、自分の仕事に励み、という意味だから、それと対応する（口語訳はそちらは正しく「自分の仕事に身をいれ」と訳している）。口語訳のようにこれを性道徳の意味に解そうとする人は、続く七節の「汚れ」と「聖化」は性道徳の問題だから、という理屈なのだろうが、この二つの概念（特に「聖化」）は性道徳に限られるような狭い概念ではない。

兄弟　こういうところで「兄弟」と言うのがいかにもパウロである。この人の言葉遣いでは「兄弟」は同じキリスト教の信者のことしか意味しない。倫理的人間関係を考える時に、この社会一般での人と人の関係を考えることなく、信者どうしのことしか考えない。宗教家の視野の狭さというものである。

むさぼる　相手から騙してまきあげる、という趣旨の語。

申し上げ、証言しておいた　口語訳（新共同訳も同様）は二つの動詞を一つにくっつけて「きびしく警告しておいた」としている。一つにくっつけた点はまあまあとしても、「証言する」という動詞（diamartyromai）を「きびしく警告する」などと訳すのはよくない。確かにこれは「証言する」という動詞に強めの接頭語 dia をつけたものだから、単に「証言する」ではなく、「強く宣言する」といった感じになるけれども（VGT参照）、しかしどのみち「警告する」という意味はこの語にはない。すぐに何でも「警告する」だの何だのと威張りたがるのは、この訳者の悪い癖。もっともここもRSVの英語からの訳（we solemnly forewarned）。

7　**汚れのため**　「ため」は epi という前置詞（本来「の上で」の意味）。ここもパウロの文の悪い癖で、前置詞句を曖昧な仕方で用いている。従って、「汚れに基づいて」とも「汚れという仕方で」とも訳せる（フレイム参照）。まあ、パウロさんの前置詞の使い方の厳密な意味なぞ穿鑿しても、時間の無駄というものだろう。

聖化において　こちらは「において」（en）。こちらはますます意味曖昧（パウロの en の多用については、二・二の註参照）。直前の epi とどう違うか、などと議論しても無駄だろう。もしかすると単に文の単調さを避けるために、本当は意味は同じなのだが、違う前置詞にしてみただけかもしれないし（西洋人は、古代でも現代でも、同じ語を反復するのをお嫌いになる）、あるいはもしかすると、微妙な意味の違いをこめているおつもりなのかもしれない。後者だとしても、「聖化という仕方において」といった程度の意味だろう。

8　**であるから**　ここは毎度おなじみの gar ではなく、その gar の前後に toi という小辞（軽い呼びかけの語）と oun という小辞（「では」といった感じの軽い語）をくっつけて、toigaroun とした語。いかにもパウロ好みの語のように見えるが、そうではなく、古代ギリシャ語ではこの種の小辞をくっつけて強調するのはよくあること。しかし toigaroun は新約ではここと ヘブライ書一二・一にしか出て来ない。

拒絶する　口語訳（新共同訳もほぼ同じ）は「これらの警告を拒む」。口語訳が原文にない「警告」などというおそろしげな単語を補ったのは、六節で無理にそういう訳語を用いてしまったせいである。なお、ここは原文には目的語はついていない。つまり、何となく以上のことを、といった程度の意味。

あなた方の中へ……与え　日本語としてはやや奇妙だが、単に「あなた方に与える」ではなく、「の中へと」という前置詞（eis）がついている。つまり「霊」というのは、その人の中へと入ってくるものである。これを口語訳は「あなたがたの心に賜わる」と訳しているが、何でも「心」にするのはよくない。新共同訳はこのあたりは正確にかつわかり易く訳してくれている。

9　**兄弟愛**（philadelphia）　この adelph- という語幹は兄弟（adelphos）と姉妹（adelphē）の両方にあてはまるので、本当は「兄弟愛」と訳すのは正確ではない。やや長くなりすぎるが「兄弟姉妹愛」とすべきだったか。しかしパウロの場合は、実際には、信者たちに呼びかける時は単に「兄弟たちよ」と言っているし（二・一ほか多数の個所）、更にはこの直後の一〇節でも単に「兄弟たち」と記しているから、ここもやはり「兄弟愛」と訳しておくのが妥当だろう。

直接神に教えられる者　多少口語訳の真似をさせていただいた。つまりここは新共同訳が訳しているような「神から教えられている」という単純な文ではなく、「あなた方は theodidaktoi である」という言い方。これは「神」（theos）と「教わる者」（didaktos）を組み合せた単語だが、そういう立場の人間、ないしそういう資質を持った人間、という意味。つまり誰かほかの人間に教わらなくても、おのずと神の教えをみずからの内に持っている者、ということ。それで口語訳の真似をして「直接」という語を補って訳してみた。

互いに愛しあうようになっている　単に「互いに愛しあうよう（教えられている）」ではなく、結果の意味の目的句。あなた方は theodidaktoi であるから、その結果おのずとそういうことになる、という趣旨。

10 **実際**　毎度おなじみの gar（一・九の註参照）。

マケドニアの全土　「全土」と言っても、この時点ではまだテサロニケ以外はフィリポイとベロイアに信者がいただけだから、「全土」はいささか大袈裟すぎる。相変わらずこの人のもの言いはひどく大袈裟である。なお新共同訳がここでも「マケドニア」に「州」をつけているのは無知から生じる間違い（一・七の註参照）。

11 **静穏にしている**　口語訳（=新共同訳）は「落ち着いた生活をし」。どうも口語訳=新共同訳は何でも「生活」にしてしまう癖がある。確かにここは生活の仕方も含むかもしれないが、もっと基本的に、そもそも人間としての姿勢そのものを指す。

名誉であると思い　口語訳は単に「つとめて」にしてしまった（新共同訳はそもそもこの語を削除した）。しかしこれは、「名誉」という名詞に「好む」という接頭語をつけて動詞化したいささか御大層な単語であるから（philotimeomai）、きっちり訳さないといけない。

自分自身のことをなし　「なす」という動詞からして、ここは「自分自身の仕事をなし」の意味だろう。六節の註参照。

自分の手で　「自分自身の手で」と「自身の」をつけ足している写本がある。ネストレ新版はこちらの読みを採用しているが（旧版は「自身の」のない読み）、その理由がわからない。「自身の」を入れている写本は、重要な大文字写本では ℵ とAだけだから、こちらを元来の読みと判断するのはかなり無理。

指示した　parangellō という動詞。二節の註参照。口語訳（=新共同訳）のように「命じる」などといばりくさって訳してはいけない。これは、なすべきことを告げる、といった程度の、もう少し穏やかな語。

12 **姿良く**　これが直訳。「姿、形」という語（schēma）に「良い」を意味する接頭語（eu）をつけて、副詞にしたもの。まあ日本語的に言えば口語訳のように「品位を保ち」になろうか。

13 **眠っている人々**　亡くなった人のこと。ただしここは現在分詞。もしもすでに死んだ人のことを意味するのであれば、ふつうはアオリスト分詞を用いる（すぐ続く一四節、一五節、第一コリントス一五・一八、また使徒的教父の多くの個所）。ということはここでは必ずしも、しばしば註解書などで言われるようにテサロニケ教会の信者の中ですでに亡くなった人がいる、ということは意味しない。単に一般的に、もしも信者が死んだらどうなるのだ、という問いに対して答えている。以下の文で明らかなように、パウロは、自分たちの大部分がまだ生きている間に終末が来て、自分たち信者は生きながらにして天に昇り、永遠の存在へと変えられる、と信じ込んでおり、信者たちにもそのように教えていた。そうすると、当然のことながら、では、それ以前に死んでしまった運の悪い信者はどうなるのだ、という疑問が生じる。パウロはここでその疑問に答えているのである。ただし、テサロニケの信者からそういう質問が来たのか、それとも単にパウロがそういう問いを予測して、先まわりしてこのように述べているのか、どちらであるかはわからない。

無知でいてほしくない　新共同訳「ぜひ次のことを知っておいてほしい」。まあ、裏返して言えばそういうことになるのだろうが、パウロという人は、そのように率直にものを言うことをせず、「無知でいてほしくない」というような屈折した言い方（これも二重否定）が好きな人であるから、そのまま直訳する方がいい。新共同訳の大きな欠点の一つが二重否定を単なる肯定文にしてしまうことである。二重否定などという屈折した表現は頭の悪い読者には理解できないだろうから、単なる肯定文にしてあげないといけません、というアメリカ聖書協会の一部のしょうがない者たちの押しつけに従ったもの（TEVはその方針の「訳」）。まあずい分と読者に対して失礼な態度だが（頭の悪いのはどっちだ！）、新共同訳が全体として何となく平板で文章がちゃちな理由はたとえばこういうところにある。ただし新共同訳はそれでも、その種の欠点を大量にはらんだ旧共同訳を大幅に訂正して下さっているので（御苦労様でした）、こういった欠点はいわば旧共同訳の後遺症としてほんの少し残っているにすぎないのだが、それでも時々目につく。

苦悩する　ローマ二・二七の「苦痛」の註参照。

希望　もちろん、終末時に救済されて永遠の存在になる、という「希望」。一・三の註参照。

14 **すなわち**　毎度おなじみの gar（一・九の註参照）。

復活した　これはパウロの言葉遣いとしては異例である。実は「復活する」を意味する動詞は二つある。一つはこの場合のように anistēmi（起きる、立つ）を自動詞として用いるもので、もう一つは egeirō（目覚めさせる）を受身で用いるものである。この二つの語は、本来の意味の場合でも、混用される。日本語でも「朝おきる」の「おきる」は「寝ていた者、横たわっていた者、が起きあがる」の意味にも、「眠っていた者の目が覚める」の意味にも用いられるのと同様、古代ギリシャ語でもこの二つは多くの場合混用される。マルコなど、「床に横たわっていた者が起きあがる」の意味の時に anistēmi ではなく egeirō を用いている（二・一一、一二ほか）。従ってそれを比喩的に「復活」の意味に用いる時も、両者が同義で用いられるのだが、パウロだけはその点を非常に細かく気にして、「復活」の場合は egeirō しか用いない。しかもそれを自動詞化することはなく、必ず「神が甦らせる」と他動詞にするか、「（神によって）甦らされる」と受身にするかのどちらかである。ところがそのパウロが、この個所に限り、anistēmi を用いて「復活する」と言っている。これは言葉遣いの癖として非常に顕著な特色である。つまり、現存のパウロ書簡の中では第一テサロニケのみがだいぶ早い時期に書かれた（いわゆる第二回伝道旅行の最中）。それに対し、残りの六書簡はすべて第三回伝道旅行ないしそれ以後である。つまり第二回伝道旅行の時期のパウロはまだ、この種の言葉遣いについても自分なりのものの言い方を精密に確立することはしていなかった、ということである。単にこの語の用い方についてだけでなく、宗教思想についても（いわゆる信仰義認のドグマほか）、第一テサロニケ書簡と他の書簡の間に同様の差異が多く見出されるので、この観察は重要である。

他方面白いことに、名詞の「復活」はパウロも新約の他の著者たちも egeirō の名詞形（egersis）を用いることはしない（唯一の例外はマタイ二七・五三）。パウロも anistēmi の名詞形である anastasis を用いている（第一コリントス一五・一二ほか）。これはおそらく単に語呂の問題だろうか（egersis というと、文字通り単に「睡眠から覚める」というだけの意味の感じが強い、ほか）。しかしまた、何故かパウロは「復活」という名詞形は人間（ないし信者）一般の復活についてしか用いない（ないしキリストの復活もその中に含めて言う場合。ローマ一・四の微妙な場合もあるが）。キリストの復活については動詞表現しか用いないのである。もしかするとそれもこのことの理由であるのかもしれない。

なお、新約聖書のパウロ以外の著者たちはこの二つの語を復活にあてはめる時はほぼ区別なしに用いているので、両者をともに「復活する」と訳してもかまわないようなものであるが、パウロの使い分けを考慮して、我々は新約全体にわたって、egeirō は「甦らせる」、anistēmi は「復活する」と訳すことにする。

もしも……我々が信じるのであれば……導いて下さるであろう　この文、論理的にはいささか奇妙である。すなわち、字義どおりに読めば、もしも我々が信じるならば、神はすでに亡くなった信者を復活させてくれる、というのだから、亡くなった信者が復活させてもらえる条件は我々の信仰である、ということになる。パウロは「我々の信仰」にそのような神通力があると思っていたのか。しかし多分これは省略文で、帰結文の方にも「と我々は信じることができる」と補うものだろう（シュミーデル）。イエスの復活を信じられるのなら、信者の復活も信じられるだろう、という文。これを口語訳はごまかして、「わたしたちが信じているように、イエスが死んで復活されたからには……」と訳した。その方が文としては通じやすいが、条件文の「もしも」を「ように」と訳すわけにはいかないし、これでは「イエスが死んで復活したのであるから亡くなった信者たちも復活するであろう」という意味になる。確かにパウロはほかではそういうことを言っている（第一コリントス一五・一二以下ほか参照）。しかしこの個所では書かれている文の意味はそうではない。パウロがいかに極端に省略文を書くかということが読者に伝わるためにも、こういうところは直訳しておく方がいい。

他方新共同訳はもっと大幅にごまかした。まず「もしも」を削除して、「わたしたちは信じています」と言い切った。更に「神は同じように（信者の死者を）導き出してくださいます」とした。しかし原文に含意されているこの「同様にまた」は「我々が信じる」に対応しないといけない。「もしも一方を信じられるのなら、他方もまた同様に信じられるだろう」ということ。

イエスによって眠った　口語訳はいみじくも「イエスにあって眠っている」と訳している。結論からすれば、そう訳すのが正しかろう。しかしここは、毎度おなじみの「イエスにおいて（en）」という表現ではない。それなら、要するに「キリスト信者として」というのと同義である（キリスト信者であってすでに亡くなった者）。二・一四の註参照。しかしここではパウロは前置詞を取り替えて、「イエスによって（dia）」としている。字義どおりに取れば、その人はイエスのせいで死んでしまった、という意味になってしまう。しかしここはどう考えても、口語訳がそう解したように（ほかの諸訳諸註解書もそう解している）、「イエスにおいて」と同義だとしか考えられない。パウロがどうしてここだけ dia という前置詞にしたのか、理由はわからない。一六節では同じ意味のことを「キリストにおける（en）死者」と表現している。ともかく、この人の前置詞の用い方がかなり杜撰であることだけは確かである。新共同訳はこれを「イエスを信じて眠りについた人たち」なんぞと「訳」している。ここまで変えたらいけない。新共同訳はここでも相変わらずギリシャ語を訳さず、悪名高き改竄訳たるTEVの英語を直訳している（those who have died believing in him）。

15　新共同訳はこの節から新しい段落をはじめている。もちろん新共同訳のことだから、アメリカ版のテクストの段落の切り方に絶対服従なさったもの（ガラティア一・一〇の註参照）。さすがにネストレはこんなところで段落を切るような真似はしていない。ここは明瞭に話が続いている。

事実　毎度おなじみ gar（一・九の註参照）。

主の言葉において　ここも毎度おなじみの en という前置詞。パウロは何でもかんでも en にしてしまう（二・二の註参照）。従って意味不明だが、多分「主の言葉に基づいて」といったことだろうか。

主の言葉　こうはっきり言うからには、パウロはイエスの死と復活について、イエス自身がそのように予言した言葉を知っているぞ、と言いたいのだろう。確かにマルコ八・三一、九・三一、一〇・三二―三四のような伝承ではイエスが自分の死と復活を予告したことになっている。しかしここでもまた、マルコの伝えるそれらの伝承とパウロの描く図では大幅に異なっている。ここでもパウロは「主の言葉」と言いながら、自分の言いたいことを言っているだけの話である。

すなわち　紛らわしくて申し訳ないが、この「すなわち」は例の gar ではなく、直前の「このこと」と同格であることを示す接続詞（hoti）。

16　**すなわち**　これも前節の「すなわち」と同じ。

主御自身が大天使の声と……　以下次節の終りまで、パウロがキリスト信者の救済とはこういうことであると真面目に信じていたことの内容である。いかにもちゃちな古代人の神話的信仰。しかしもちろん、古代人がすべてこのようにちゃちであったわけではない。まあ、漫画的に楽しいのはそれなりに結構なことであるが。しかしパウロ自身はこういうことを本気になって信じ込んでおり、こういうことを「福音」として人々に語り聞かせていた、ということを頭に置いていないと、パウロの思想は理解できない。ただしこれだけでは爆発的な人気をかちうることはできなかっただろう。こういう神話的終末論の救済信仰をめぐって、更にどういう理屈づけをするかにパウロの宗教宣伝家としての力量があった。けれども、そうであっても、これがパウロの信仰の一番の根本であるにはちがいない。この人を理解する上で重要なのは、本文で御覧のように、まだ自分が生きているうちに、自分だけでなく大多数の信者が生きているうちに、終末が来て、自分たちは死を味わうことなく、生きたまま救済される、という点である。自分たちはこの肉体の死を死ぬことはないのだ、とむきになって信じ込んでいる。

これではいかにも古代人の幼稚な神話的信仰ではないか、これでは現代キリスト教の「深い」宗教的真理の看板であるはずのパウロ様らしくないではないか、というので、何とかしてこれはパウロの本音ではないと説明しようとする神学者が多い。例、佐竹明『使徒パウロ』(NHKブックス、一九八一年)、「終末到来の時期の問題は、彼にとって本質的に重要なことではなかった」、「パウロはこういうことは「他では強調していない」(一九二―一九三頁)。だからこれはパウロの本音ではない、と言わんばかりである。まさか。これだけむきになって、これこそが重大な真理だと言い立てていることがパウロの本音ではないなどと宣言できるとは、神学者というのは、平気で露骨な嘘をつける人種だと言われても仕方がないだろう。確かにこれは単に「終末到来の時期」の問題だけではない。パウロ自身まさにこの個所で、厳密な時期がいつであるかは問題ではない、と言っている、五・一以下。しかしそれは何月何日何時と正確な時点がわかっているわけではないというだけのことで、話の要は、自分たちの大部分がまだ生きているうちに終末が来るのだから、自分たちは死ぬことがない、とむきになって言い立てている点である。佐竹は、これは第一テサロニケ書簡でのみ記していることで、以後はパウロはこういうことは言っていない、などとしているが、これまた真っ赤な嘘。第一コリントス一五・五二でもはっきりそう言っている(佐竹はこの個所にも言及しながら、ここでは「発言は極めて自然になされて」いるから、パウロにとっては主眼点ではなかったのだ、とおっしゃる。まさかね。極めて自然に言うというのは、議論する必要もないくらいに自信満々だった、という以外のことは意味しない。そんな珍妙な論理でごまかしなさるな）。解説者は書いてあることを正直に、ごまかさずに読んで解説しないといけない。

ただし、これは古代人的に幼稚にはちがいないが、そういうものとして正直に読めば、かえってパウロという人の、ある意味ではまことに素直な思いが、十分に伝わってくる。何が何でもともかく、自分が死んで朽ちはて滅んでしまう、という恐ろしさからまぬかれたい、という願望が。まあねえ、その気持、理解できないわけではないけれども。

18　この言葉において　以上の終末神話を互いに語りあうことによって、信仰を強く保て、ということだろう。しかし文としてわかりにくいから（「この言葉」が何を指すのか、必ずしも定かでない）、ごく一部の、それも小文字写本であるが、「霊の」という語を補っている。「霊の言葉において互いに呼びかけあう」なら、信者たる者、普通の言葉ではなく、「霊の言葉」を語りあうのだ、ということになる。もちろん、文のわかり難さを解消しようとした写本家の試みの一つ。

呼びかける　二・三の註参照。

第五章

1　あなた方は書いてもらう必要もないだろう　口語訳（ほかの日本語諸訳もほぼ同様）は「（あなた方に）書きおくる必要はない」としている。こう訳すと、主語は「私」になり、私としてはそんな必要はないと思う、という意味になってしまう。しかし原文は「あなた方はそういう必要はない」という文である。加えて「書く」は受身である（私によってあなた方に書かれる必要は、あなた方にはない）。日本語としてはこういう言い方はしないから、口語訳のように訳したくなった気持はわかるが、しかしここは、「あなた方」を主語にしないと微妙に話が違ってくる。なお、似ている表現だが、四・九の「書く」は能動である。

2　夜中の盗人のように　「突然に」という意味の比喩。

4　**昼間があなた方を……襲うこともない**　新共同訳は「昼間」ではなく「主の日が」としている。これは掛け言葉。「昼間」という語は同時に「日」を意味する。夜の暗闇の中なら突然襲われることがあっても、昼間ならそういうことは起こらない、という意味と、「その日」（主の日）があなた方を突然襲うことはない、という意味が掛けられている。掛け言葉の両方を訳すことはできないから、一応「昼間」にしておいた。

5　**……なのだ**　毎度おなじみ gar（一・九の註参照）。

6　**眠り込む**　四・一三の「眠る」（koimanō）とは別の動詞（katheudō）。どちらも普通に「眠る」という意味に用いるので、意味を区別し難いが、ここではパウロは前者を「死ぬ」の同義語に、後者を「眠り込む」の意味に使い分けている。

目覚めて、しらふでいよう　口語訳は「目をさまして慎んでいよう」。二つ目の動詞（nēphō）は、「酔っていない」「しらふである」という意味の動詞。従って「しゃきっとしている、すっきりと冴えている」といった比喩的意味にも用いられる。従ってこれを「慎んでいる」と訳すと、いささかずれる感じ。ヘブライ語（及びそれに影響されたユダヤ人のギリシャ語）では、同義語を反復するのが基本の文体だから、ここは「目覚めている」という意味の語を二つ並べているだけ。どうも口語訳は「慎み深くありなさい」といったお説教がお好き。しかしそこまでは我慢するとしても、新共同訳の「身を慎んでいましょう」となると、行き過ぎ。新共同訳はしばしば原語の意味を確かめることをせず、口語訳の文をそれに輪をかけた仕方で言い換えることで「訳文」になさっている。

7　**何故なら**　毎度おなじみ gar（一・九の註参照）。

9　**怒り**　最後の審判のこと。

救いの確保　口語訳は「救を得るように」。それで日本語の表現としてはさまになっているが、「確保」と訳した語（peripoiēsis）は、単に「得る」よりはずっと意味が強い。「まわりを囲む」という趣旨の動詞から作られた名詞だが、実際には「(しっかりとまわりを囲んで）確保する」という意味に用いる。借金の担保などで、「確かな保証」といった趣旨で用いる語である（エフェソス一・一四では我々は同じ語を「保証」と訳している）。

新共同訳は「救いにあずからせるように」。原文の個々の語句を丁寧に訳そうとせず、何でもかんでもこの種の歯の浮くような表現にしてしまうのはよくない。

10 生きる　未来形。つまり終末の救済後の永遠の生命を考えている。

11 互いを建てる　口語訳は「相互の徳を高めなさい」。口語訳の大きな欠点としてよく知られていることだが、「建てる」という意味の広い動詞を一貫して安物道徳的に「徳を高める」と訳している。ここで「徳」という概念を補う必要はまったくない。他方、新共同訳は「お互いの向上に心がけなさい」としてしまった。まあね。

12 努力し……、先に立ち、……考えを正している者たち　久しぶりに岩波訳に一言ふれておくと、「苦労している者たち、……指導者たち、訓戒する人たち」と並べている。しかしこれは同じ人物が「努力し先に立ち考えを正している」のであって、岩波訳のようにその都度「者たち」をつけると、それぞれが別の人物であることになってしまう。しかも、そうすると「苦労している者たち」は何となく一般的に苦労している人たちの意味になってしまうが、ここはもちろん教会の指導のために努力している人たちを指す。これは、岩波訳が定冠詞を見落としたせいである（一つの定冠詞がこの三つの分詞全体の前に置かれている以上、この三つは同一の人々である）。文法の初歩。口語訳、新共同訳はこういうところを間違えたりはしない。だいぶ水準が違う。総じて岩波訳はこの手の不注意が多すぎる。まあ訳者の御名誉のために「不注意」ということにしておくが。

主にあって　新共同訳は相変わらず「主に結ばれた者として」。この訳の「結ばれ」趣味は（二・一四の註参照）、ここまで来ると、もういい加減にしてくれ、という水準を越えて、極度な嫌悪感におそわれる。おまけにここは、原文は「主にある者として」でさえなく、「主にあって」は「先に立ち」にかかる副詞句（「主にあって先に立つ者」）。つまりキリスト教信仰の事柄に関して信者たちの先頭に立っているということ（二・一四と三・八の註参照）。

先に立ち　これが字義どおりの直訳（proistēmi という動詞）。口語訳等のように「指導し」と訳しても間違いとは言わないが、パウロが敢えて「指導する」という趣旨の語を避けてこの動詞を使っている以上、訳語にも何らかの工夫は必要だろう。つまり、パウロにとって教会の指導者とはパウロ自身に限られる（ないしせいぜい広げても使徒たち、宣教師たち）。教会員がどんなに指導的な立場にあっても、パウロはその人を自分と同列の指導者とはみなさず、使徒によって指導される者の中では一番先頭に立っている者たち、としかみなさない（いわば生徒の中の首席者といったところ）。ローマ一二・八参照。

考えを正す　これは訳しにくい。口語訳「訓戒する」。口語訳は何でもこの種のお説教用語にしてしまうから仕方がないが（ギリシャ語を訳したというよりは、希英辞典にのっている admonish という訳語を訳したものだろう）、これは「知性、考え」という語（nous）に、「置く」という動詞をつけたもの（noutheteō）。実質的には、相手の考えを正す、という趣旨だから、「訓戒する」でも間違いではないが、どうもね。新共同訳の「戒める」も見当はずれ。単に「諭す」とするのがよかったか。第一コリントス四・一四、コロサイ一・二八ほか参照。

重んじ（＝口語訳）　これまた訳しにくい。原文は鮮明な文なのだが、日本語になりにくい。つまり「知る、認識する」という動詞。しかし、相手を指導的な立場の人として認識するとは、すなわち「重んじる」ことであるから、ここは口語訳を真似させていただいた。

13 **非常に高く**　原語は「大いに」という語（perissou）に更に hyper という接頭語をつけてやたらと強調している。

14 **呼びかける**　二・三の註参照。

無秩序な者　口語訳（新共同訳もほぼ同じ）は「怠惰な者」。口語訳はここでも原文を訳さず、ＲＳＶの英語（idlers）を訳している。この語（ataktos）は本来は軍隊用語で、きちっと隊列の中に入っていない者を指す（「隊列」「命令」などを意味する語に否定の接頭語をつけたもの）。つまり秩序を乱す者、言うことをきかないでちょこまかしている者。それと「怠惰」は全然違う概念。

小心な者（＝口語訳）　これが字義どおりの直訳。新共同訳は「気落ちしている者」としているが、だいぶ見当はずれ。日本語で「気落ちしている」と言うと、何かが生じた結果として、がっくりと気落ちしている、ということになる。つまり一時的な状態（それが長続きすることがあるとしても）。それに対して「小心な者」とは、そもそも何かをやる前から気が小さくて縮んでいる者だから、その人の基本的な性質。このギリシャ語の単語を訳そうとしたら、普通なら「気落ちしている」などという訳語を思いつくことはありえない。新共同訳は多分NEBの faint-hearted をお訳しになった？

18 **何故なら**　毎度おなじみの gar（一・九の註参照）。

20 **預言**　日本語は「予言」と「預言」があって紛らわしいが、旧約の「預言」は、基本的には、「予め前もって予言する」という意味ではなく、「神から託された言葉、神から預かった言葉」という意味である。しかし、「神の言葉」はしばしば将来のことを予言するものであるから、「預言」は実質的には「予言」であることが多い。従って、訳語としても混乱せざるをえない。更にギリシャ語となると（prophēteia）、接頭語の pro- は「前」を意味するから、「前もって言う」であるが、同時にこの接頭語は「のために、の代りに」の意味もはらむから、「神の代りに言う」という趣旨にもなりうるので、旧約の「預言」の訳語としてギリシャ語旧約聖書ではこの語が用いられた。新約聖書ではその語法を継承しているから、「預言」「予言」の両方の意味を同時にはらむことが多い。しかしパウロの場合は、ほぼ明瞭に、神の霊を受けて、神から託された言葉を語る、という趣旨である（第一コリントス一二・一〇参照）。ある意味では、自分では神の霊を受けたのだと信じ込んでものを言うのであるから、熱狂的に舞い上がった発言である。

軽んじる　第一コリントス一六・一一の註参照。

21 **検証する**　この動詞については、二・四参照。

23 **あなた方を全体として聖く**　日本語が下手ですみません。一人ももれることなくみんな、という意味ではなく、あなた方それぞれがそれぞれ全く、という趣旨。なおこの「全く」は質的な意味（完全無欠）であるか、量的な意味（一部ではなく全部）か、という議論があるが、ここは文意、前後関係からしても、単に量的な意味であろう。

霊も精神も身体も……全く保たれるように　こちらの「全く」は直前の「全体として」とは別の単語だが、いかなる部分も欠けることなく全く、という趣旨の語（新共同訳「何一つ欠けたところのないもの」）。なおこれは「霊、精神、身体」の三つ全体にかかる。岩波訳はあわてたのか、これを最初の「霊」にだけかけ、「霊が全きものとして、そして心とからだが、責められるところのない仕方で」なんぞと訳している。これは初級文法を間違った誤訳。口語訳、新共同訳はこういうところを間違えることはない。すなわち、「全く」という形容詞は中性単数形だから、慌てると最初の「霊」（中性単数名詞）にだけかかるように見えるかもしれないが、ギリシャ語文法ではこのように並列したいくつかの語に形容詞をかける時は、最初の語にのみ性数格を一致させるものである。こんなところを間違えてはいけない。この訳者、ちょっと語学力がねえ。加えて、「責められるところのなきよう」は副詞だから、形容詞の「全く」と並列させるわけにはいかない。

精神　口語訳等では「心」。日本語の「心」は独自の意味領域を持っているので（「心」だけでなく、「精神」「霊」「魂」いずれもそうだが）、この種の単語をギリシャ語から日本語に正確に訳すのは絶対に不可能である。この語の場合は（psychē という語）、生命をつかさどるもの、ないし生命そのもの、肉体に生命を吹き込む息、などを意味する語。普通は端的に「生命」と訳すべき語。ただし永遠の「生命」と言う時の「生命」（zōē）ではなく、この肉体の自然的生命。しかしここでは「霊」「身体」と並べられているので、人間の一つの機能もしくは側面と考えられるから、ごまかして「精神」としておいた。日本語で「心」と言うと情をつかさどるところになってしまうので、誤解を生む。もっとも「精神」と訳しても、不正確であるのは同等だが。

24 **信実である**　第一コリントス一・九の註参照。

27 **誓って申し上げる**　これはこういう言い方なのだが、口語訳（＝新共同訳）は「（強く）命じる」としている。どうもこの二つの翻訳はやたらと「命令」がお好きだから、困ったことである。ここは、是非そうしてほしい、といった程度の意味。もっとも、それだけのことを言うのに「主に誓う」のだから、何とも大袈裟だが、パウロという人は、この種の宗教儀礼的なもの言いが大嫌いだったイエス（「一切誓うな」と言い切った、等）とは正反対で、ちょっとものを言うにもすぐに「誓う」だの何だのと大袈裟に騒ぎすぎる癖がある。

28　末尾に「**アメーン**」という語をつけ加えている写本が多い。אやAのように重要な写本も含まれるが、これは祈りのせりふであるから、後の教会の慣習に従って写本家が「アメーン」をつけ加えたものであろう。

ガラティアの諸教会へ

註で直接言及している註解書は左記のとおり。

R. A. Lipsius, *Die Briefe an die Galater, Römer, Philipper*, Hand-Commentar zum NT, 2. Aufl., Freiburg, 1893（リプシウス）

M.-J. Lagrange, *Epître aux Galates*, EB, 2e éd., 1925（1ère éd., 1918）, Gabalda, Paris（ラグランジュ）

Hans Lietzmann, *An die Galater*, Handbuch zNT, 4. Aufl., 1971（1. Aufl., 1932）, Tübingen（リーツマン）

Albrecht Oepke, *Der Brief des Paulus an die Galater*, ThHKzNT, 3. Aufl., bearb. von Joachim Rohde, 1973, Berlin（1. Aufl., 1937）（エプケ）

Heinrich Schlier, *Der Brief an die Galater*, KEK, 5. Aufl., 1971（1. Aufl. 1949）, Göttingen（シュリーア）

Pierre Bonnard, *L'épître de Saint Paul aux Galates*, Commentaire du Nouveau Testament, 2e éd., 1972, Delachaux et Niestlé（ボナール）

Franz Mußner, *Der Galaterbrief*, Herder, 1974, Freiburg（ムスナー）

佐竹明『ガラテア人への手紙』、一九七四年、現代新約注解全書、新教出版社（佐竹）

表題

主な諸写本は「ガラティア人へ」としている。なおほかのパウロ書簡の場合も同じだが、比較的古い時代の写本ではまだ新約聖書全体を一冊にした写本など存在せず、四福音書、パウロ書簡、使徒書（使徒行伝、公同書簡）のそれぞれが単独の写本として作られた。従ってパウロ書簡集の場合は、全体がパウロ書簡のみであるから、個々の書簡にいちいち「パウロの手紙」という表題をつける必要がなかったので、単に「ガラティア人へ」としておけばすんだのである。中世もだいぶたってから、「ガラティア人への使徒パウロの手紙」といった表題がつけられるようになった。ほかに、「ガラティア人へ、ローマから書かれた」、「ガラティア人へ、パウロと兄弟たちによってローマから書かれた」など。もちろんこの書簡がローマで書かれた可能性はない。中世の写本家がどうしてそういうことを思いついたかは、わからない。

第一章

1　**人から、人によって**　註解書などではいろいろ複雑な解説があるところだが、常識的に理解すれば、人から伝えられたことによって使徒となったのではなく、また人によって使徒に任命されたわけでもない、ということ。新共同訳が後者を「人を通してでもなく」と訳しているのは、よろしくない。これは続く「キリストと神とによって」と同じ前置詞であるところに意味があるのだから、どちらも同じに訳さないといけない。なお、「人から」の「人」は複数、「人によって」の「人」は単数であるが、日本語の名詞には原則として単数複数の区別はないので、ここで前者だけを「人々から」などと訳すとかえって奇妙である。後者が単数なのは、続く「キリスト」が単数であるのにそろえただけのことで、格別な意味はないだろう。

2　**ガラティア**（Galatia）　小アジア内陸の高原地帯の地方名。アンキュラ（Ankyra, 今日のアンカラ）を中心とした地方。前三世紀前半にガリア（今日のフランス）からずっと、ギリシャ北部をぬけて、ここまで民族移動してきたケルト人がここに定着した。つまり小アジアの中でも新参者の民族であり、最も内陸の高原地帯であるから、小アジアでも文化的に遅れた人々とみなされてきた。パウロの彼らに対するある種の傲岸に見下したものの言い方は、そのことを抜きにして考えることはできない。詳しくは『概論』参照。

3　**我らの父なる神及び主なるイエス・キリスト**（ℵAPΨほか、ネストレ）　写本によっては「父なる神及び我らの主なるイエス・キリスト」と「我らの」の位置をずらしているものもある（$\mathfrak{P}^{46}$BDFGHなど）。写本の重要性からすれば、こちらが原文である可能性も大いにある。しかしパウロは手紙の最初の「恵みと平安があるように」という挨拶の時には「我らの父なる神」という言い方を好むから（第二コリントス一・二、ローマ一・七、フィリポイ一・二）、やはりここも「我らの父なる神」という読みを採るべきであろうか。

また平安も　この語順については第一テサロニケ一・一の註参照。

我らの父でもある神　このやや変った言い方については第一テサロニケ一・三の註参照。

4

引き出す（exairein）　これが直訳。口語訳（＝新共同訳）の「救い出す」はやや紛らわしい。この語は新約ではほかにマタイに二回（「えぐり出す」五・二九、一八・九）、使徒行伝に五回（七・一〇、三四、一二・一一、二三・二七、二六・一七）出て来るだけである。パウロではここだけ。行伝の最初の三つの個所は「救い出す」でも間違いではないし、「困難から引き出す」という時には日本語でも「救い出す」と言うから、それでさしつかえないのだが、新約では宗教的な意味で「救う」（sōzein）という動詞が別に存在するから、それと混同されかねない。ここは違う動詞だよ、ということを示すために、直訳して「引き出す」とする方がいいだろう。

我らの罪のために　これを「我らの罪に関して」としている写本が相当数ある。写本の重要性からして、どちらの読みを取るべきか、可能性は五分五分であろう。文の意味からすれば「関して」（peri）の方がわかりやすい。「ために」（hyper）と言われても、よくわからない。実はこれはキリストの贖罪死に関してよく用いられる前置詞である。日本語の「ために」は非常に多くの意味があるから、こう訳しても曖昧であるが、hyper は「（その人に、ないしその事柄に）資するために」の意味である。しかしそうするとこの文は、罪に貢献するためにイエスが死んだ、という意味になってしまう。これは奇妙である。もしかするとこれは単語を省略した表現であって、言いたいのは本当は「罪のために」ではなく、「我らの罪を贖うために」ということであろうか。それを縮めて言ったので、ひどく論理的に奇妙な言い方になったとか。もっともパウロはともかくこの種の省略表現がやたらと好きであるが。

しかしパウロは（だけでなく新約の他の著者も）、キリストの死の意義を説明する時には、普通は、「罪のために」などという縮めた言い方をしない。hyper を救済に関して用いる時は、救うべき相手の人間を目的語に置くものである（「キリストは我らのために死んだ」ローマ五・八、キリストは「私のためにみずからを（死へと）

引き渡した」ガラティア二・二〇、ほかいろいろ)。それなら論理的にすっきりと通じる。それに対し「我々の罪のためにキリストが死んだ」という言い方は、この個所のほかにあと第一コリントス一五・三に出て来るだけである。そしてこちらはパウロ自身の言葉づかいではなく、古い伝承の引用である。おそらくアラム語の伝承で言われていたものを、アラム語とギリシャ語の前置詞の意味の幅の相違を無視して直訳したものであろうか。とすると、ガラティア書のこの個所でもパウロはその古い伝承を半ば引用しているのかもしれない。なおここでは「罪」という語をパウロにしてはめずらしく複数形で用いている。これもパウロでは第一コリントス一五・三とこの個所のみである。その点からも、ここは半ば伝承の言葉づかいの引用だろうと推論される。

では「に関して」の読みの方はどうだろうか。パウロが「罪に関して」という言い方をこういう場合に用いる例はほかにもある(「神はみずからの子を……罪に関して遣わし、肉において罪を断罪した」ローマ八・三)。従ってガラティア書のこの個所が「に関して」である可能性も十分にある。しかし「のために」ではよくわからないから、写本家が「に関して」に変えた、という可能性の方が大きいだろうか。

6　私はあきれている　日本語の都合上「私は」を文頭に出したが、この「私は」はそんなに強調されてはいない。むしろ「私は」をぬきにして単に「あきれたものだ」とでも訳す方がよいが、本訳の方針としてできる限り逐語訳にすることにしたので、一人称単数動詞だから、「私はあきれている」にしておいた。なおこの動詞(thaumazō)の基本の意味は「驚く」であるが、良いことにも悪いことにも用いる。前者なら「驚嘆する」「賛嘆する」、後者なら「あきれる」。

移って行く　口語訳の「落ちていく」は価値評価を入れすぎ。新共同訳の「乗り換えようとしている」は正確だが、ちょっとね。また「ようとしている」と意志的未来に訳したのは間違い。

8　天からの御使　「御使」と訳した語(angelos)は原意は単に「使者」。しかし新約ではほぼ常に「天から遣わされる神の使者」であるから、日本語では「天使」という言い方が普及しているので、我々も「天使」と訳すことにしている。しかしここは「天からの天使」ではさまにならないから、「天からの御使」にしておいた。

9　述べたばかりのこと(現在完了形)　二通りの意味にとれる。第一の可能性は、たった今述べたばかりのこと、つまり直前の八節で述べたこと。それを、くどいようだがもう一度くり返すよ、ということ。その場合、「今述べたばかりのこと」の主語が「我々」で、「またくり返す」の主語が「私」であるのは、前者が単にレトリック上のものの言い方で（実際には単数の「私」なのに、代りに「我々」と言う）、後者は、本当に私は本気だよ、と強調するために単数にしたのだろうか（単数の方が言い方としてはきつい）。

第二の可能性。「述べたばかりのこと」とは、この手紙を出す前にガラティアの諸教会を訪ねた時に口頭で述べたこと。それをこの手紙でもう一度くり返すよ、という意味。この場合は、「我々が前に言ったことを、私は今ここでまた言う」と訳すことになる（口語訳、新共同訳はその趣旨で訳している）。一応どちらの可能性もあるが、第二の可能性の場合には現在完了形が落着かない。やはり第一の可能性の方が正しいか（シュリーア参照）。

10　**あなた方が受け取った**　「受けいれた」（口語訳等）と訳すのは間違い。これは伝承の授受に関して用いる術語であるから、正確に「受け取った」と訳さないといけない。「いれ」が余計。

我々はネストレに従ってここから新しい段落をはじめた。それに対し新共同訳は一応一〇節でも改行しているが、その後大きく行アキを入れ、わざわざ新しい表題までつけて、一一節から新しい段落をはじめている（アメリカ版テクストに従った）。

段落の切り方について

この場合はどこで段落を切ろうとたいした違いはないが、一つの典型的な事例であるので、段落の切り方について一言しておく。もちろんパウロ自身の原文の段落の切り方なぞ、今更わかるものではない。そもそも古代の写本は現代の印刷本のように鮮明に段落を切っているわけではない。ほとんど段落なぞ切らないで、ずらずらと書き連ねている。多少の切れ目を表示する時は、現代のように改行して段落を変えたりせずに、文と文の間にやや大きな空白を入れて目立つように表示している。しかもそれらの切れ目の表示は写本によりかなりまちまちである。ネストレもそれをいちいちていねいに註記して紹介してくれているわけではない。

ネストレはじめ現代の印刷本は、基本的には、編集者自身の意見で段落を切っているだけである。ネストレの場合は諸写本の伝統などもかなり考慮に入れているようだが、しかし一般的には、句読点と段落の切り方はそれぞれ現代の編集者が入れたもの、と考えてよい。

この個所の場合は、文章の流れからすれば、一〇節は九節に、一一節は一〇節にそれぞれつながっているので、多分いちばんいいのは、古代の写本みたいに、段落を切らずにそのまま続けることであろう。しかしそれだと六節から一七節まで続いてしまって、長くなりすぎるので、どこか途中でちょっと切るとしたら、このあたりに入れるのがいい、という程度のことである。しかし問題はアメリカ版テクストで、単に改行するだけでなく、一行あけて大きな切れ目を入れ、かつ段落全体に余計な表題を英語でつけている（一一―二四節全体に「パウロはどのようにして使徒となったか」という表題）。もちろん原文には各段落ごとに表題などついていない。これはアメリカ版の編集者が勝手な思い込みでつけたものである。しかもその表題がいちいちあまりうまく内容に対応しないので（しばしば内容に反することもある。中身に対する表題というよりも、アメリカ的ファンダメンタリストの「信仰心」の表現）、まことに困ったものである。おまけに新共同訳はそれをそのまま真似して、アメリカ版の表題がいかにも原文であるかの如く大部分そのまま訳している。そこまでアメリカさんにしっぽを振らなくてもいいのにね。

なお、一一節から新しい段落をはじめるのはティンダル以来の英語訳の伝統（ただし欽定訳は周知のように段落をいっさい切らず、節ごとにいちいち改行している）、一〇節で切るのは以前からのネストレの伝統。RSVは両方に顔を立て、一〇節と一一節の両方で改行している（従って何でもRSV追随の口語訳も）。しかしRSVは段落に表題をつけるような安っぽいことはしていない。諸種日本語訳は、どうせ英語万能主義というのなら、せめてRSVの真似をしてくれないかしらんねえ。

つまり　パウロお好みの例の gar（第一テサロニケ一・九の註参照）。以下一三節まで各節のはじめに gar を置いている（我々はそのつど「何故なら」とか、文末にまわして「……のだ」とか、「すなわち」とか訳し分けたけれども）。パウロはいったんこの接続小辞を使いはじめると、以下数文にわたってほとんど無意味に使い続ける悪い癖がある。

11　知らしめる　どうもこれは訳語に非常に苦労させられた。単語そのもの（gnōrizō）は意味のはっきりした、よく用いられる単語で、「知らせる」といった意味だが、この語義からして、普通の人はこの動詞を一人称単数で「あなた方に」という語を伴って用いることなぞしない。たいていは三人称の主語で、誰かが誰かに何かを知らせる、という場合。最も多いのが受身で、「知られる」「知られるにいたる」といった用法。それを「私」を主語にして、しかも「あなた方」に対して、「私はあなた方に知らしめる」などというのは、ずい分と横柄なものの言い方である。いろいろ調べてみたが、キリスト教文献だけでなく、ほかの文献でも、パウロ以外にこういう横柄な言い方をする人はなかなか見つからない（ほかに、ヨハネ福音書で神格化されたイエスが弟子たちに「私はあなた方に知らせておいた」という言い方が出て来る、一五・一五。また同じ意味で「私は彼らに知らせた」、一七・二六。しかしこれは実際の人と人の間の会話や手紙などの文ではなく、神の子が人間たちに知らしめた、ということを言っているのだから、話は別である）。普通はこういう場合、せいぜいのところ、「あなた方に言う、申し上げる」といった言葉遣いになるものである（それなら福音書にもパウロにも多い）。「私があなた方に知らしめる」というのでは、何としても横柄である。

実はこの言い方は、さすがのパウロも、ガラティア書のこの個所と、第一コリントス一二・三、一五・一、及び第二コリントス八・一（こちらは実質的には「私」を意味する一人称複数）にしか出て来ない。つまり相手をみくびって軽蔑的な調子で書いている文書（ガラティア書）、あるいは喧嘩の手紙でかっかときている文書（二つのコリントス書簡）にのみ出て来るのである。まあそうだろう。そういう場合でないと、いくらパウロでも、こんな言い方はできない。口語訳は「はっきり言っておく」としている（新共同訳も同様）。これも、そのきつい調子を何とか表現しようと努力したもので、なかなか良い訳だが、「言う」では普通の「言う」という動詞を使っているかと思われるので、動詞の原義である「知らせる、知らしめる」を何とか訳語に含ませたい。かといって、「お知らせ申し上げます」などと下手に出る言い方ではなく、威張りくさった調子を表現しないといけない。それで、下手くそな文語調で申し訳ないが、「知らしめる」にしておいた。

人間による　一節の「人によって」と紛らわしいが、一節の方は英語なら by にあたる。こちらは according to。どうも、日本語でうまく訳し分けられなかったので、どちらも「よる」にしてしまった。恐縮。

12　啓示による　こちらの「よる」は by。

13　ユダヤ教のうちに居た　これが直訳（＝佐竹）。口語訳は「ユダヤ教を信じていた」と原文にない「信じる」という語を補っているが、何でも「信仰」の問題にしてしまってはいけない。それよりは新共同訳の「かつてユダヤ教徒として」の方がすっきりしていて、よい。しかし、「うちに居る」という独得のニュアンスを消す必要はあるまい。ユダヤ教の内部で、ユダヤ教徒として生きていた、ということ。

荒しまわっていた（＝口語訳）　バウアーがこの個所に zu vertilgen suchen などという訳をつけたものだから（これはまったく根拠がない。バウアーも困ったものである）、最近はその真似をして「滅ぼそうとしていた」（新共同訳）などと訳す訳書が増えてきたが（新共同訳が直接バウアーの影響を受けたというわけではないだろうけれども。むしろ一つの流行になっていて、それが新共同訳にも及んだということか）、これは二つの点でよくない。第一に、ここは単なる未完了過去だから、「しようとしていた」などと訳してはいけない。単なる未完了過去をいわゆる conative（意志的未来）に訳すのは、よほどの例外的な場合でない限り、やめた方がいい（詳しくはマルコ一・二一の「教えるのであった」の註参照）。この場合は特に、直前の「弾圧し」も同様に単なる未完了過去で、そちらは明瞭に過去のその時点での反復する行為を意味しているだけだから、それと並べている以上、「荒す」の方も単なる過去の反復する行為とみなすべきである。これを「荒そうとしていた」などと訳すべき理由はまったくない。第二に、これは「荒す」という意味の動詞で（porthō がなまった portheō という動詞。攻略した敵の町などを荒す、略奪する）、基本的には「滅ぼす」などという意味はない。相手が人物である場合だけは、「荒す」と訳したのではさまにならないから、「やっつける」などと訳すこともできるが、その場合でも「滅ぼす」ではきつすぎる。それを「滅ぼす」とか vertilgen（根絶する）などと訳すからいけないので、そうすると、パウロがキリスト教会全体を根絶したわけではないから、「根絶しようとした」と意志的未来に訳したくなるのである。無理な訳語にしたから、動詞の時制まで誤魔化さざるをえなくなった実例。ここは口語訳のように素直に「荒しまわっていた」と訳しておけばよろしい。

14

同族　学者によってはこれは「私の故郷」を意味するとか、「仲間」つまりパリサイ派を意味するとか、いろいろ解釈しているが、単語（genos）の意味としては、やはり、同じユダヤ人の間では、ということである。もっとも、実質的には、自分は若い頃ユダヤ教に関して優秀だったのだと自慢しているのだから、パリサイ派律法学者の学校では自分は優等生だったのだぞ、ということだろう。

先に進んでおり　これが直訳。佐竹「進歩しつづけ」。しかし日本語としては「ユダヤ教において進歩する」という言い方はあるまい。それにこれは、自分自身のあり方として「より先に進む」（進歩する）という意味ではなく、他人と比べて（「同世代の多くの者たちを越えて」）自分の方が先に進んでいた（優秀だった）、と言っている。「先に進んでおり」があまりに直訳だとおっしゃるなら、はっきり「優秀であり」と訳しておけばよい。ただし岩波訳の「卓越しており」は、日本語の無知。学校の成績が人よりすぐれている程度のことで「卓越する」とは言わない。口語訳はこの動詞を「精進し」なんぞと「訳」してしまった。滅茶苦茶。まさか仏教のような修行をしていたというわけではない。新共同訳はもっとずれて、「徹しようとしていた」とした。これは原文とはまるで無関係に、口語訳をどう言い換えるか、という意識だけで書いている。

先祖たちの伝承　律法に関する律法学者たちの解釈の伝承。佐竹は「伝承」の一語で律法そのものと、解釈の伝承の両方を指す、としているが、むしろパウロは、この文の前半（ユダヤ教に関して……）で律法そのもののことを述べ、後半（先祖たちの伝承について……）で律法解釈の伝承についても自分は優等生だったのだよ、と言っている。新共同訳は「先祖からの伝承を守るのに」としているが、「守る」などという語は原文にはない。口語訳にしろ新共同訳にしろ、原文そっちのけで、ユダヤ教と言えば「律法を守る」だの「修行、精進する」だのと頭から決めつけておいでだが、ここではパウロはそんな類のことはまったく言っていない。ここでは単に「律法と伝承」について自分は人よりもよく勉強して、すぐれて知っていたのだぞ、と自慢しているだけ。

パウロのこの手紙の大きな目的は、パウロが第二回伝道旅行の時にガラティア地方を去ったあと、ユダヤ人ないしユダヤ教をよく知っていると称する者（たち）がやって来て、ガラティアの信者たちにユダヤ教のことを、ないしユダヤ教的な傾きの強いキリスト教を教えた、ガラティアの信者たちがそれになびいたので、パウロが怒ってそれを批判する、というところにある。従ってここは、ユダヤ教の律法やその解釈の伝統については、自分はユダヤ人の中でも際立ってよく学んだ優秀な人間なんだから、その私をさしおいて、そんじょそこらのユダヤ人なんぞが下手なことを言ったとて、そんなつまらぬ宣伝にたぶらかされるなんて私に対して失礼だよ、と、いわば見栄を切っているところである。だから、そのことが通じるように訳さないといけない。

15 選び分け（＝新共同訳）細かいようだが、口語訳の「聖別し」は「聖」の字が余計である。

招き給うた方　多くの写本で「招き給うた神」と「神」の語が挿入されている。ネストレ旧版は「神」なしの読みを採用していたが、新版は「神」を入れている。しかしここは「神」なしの読みの方が可能性が大きい（B写本と$\mathfrak{P}^{46}$の一致、ほか）。もっとも、意味上は「神」があってもなくても同じことである。

啓示して下さった　直訳は「啓示するのが良いと思った」。しかし日本語でこう訳すと、「思った」に重点が移ってしまう。原文は現に「啓示した」という意味。「良いと思った」はせいぜい日本語の「下さった」といった程度の敬語。

16 御子を福音として宣べ伝える　ここではパウロは「福音」という語を名詞（euangelion）で用いてはいない。動詞（euangelizomai「福音として……を宣べ伝える」）を用いている。この語は一般の用法では動詞表現と名詞表現ではかなりニュアンスが異なる。しかしパウロの場合は動詞表現も名詞の「福音」とまったく共通する意味で用いている。従って新共同訳「その福音を告げ知らせる」のように何らかの仕方で「福音」という語を訳語の中に入れた方がいい。口語訳（＝佐竹）のように「福音」という概念をまったく削除し、単に「宣べ伝えさせるために」とするのはよくない。動詞であっても、やはり「福音」という概念は含まれている。また、岩波訳は「福音」という概念を省き、その代りに「［救い主として］告げ知らせる」などと勝手に単語を補っているが、こういう不正確な補い方をするのはよろしくない。原文には「救い主」などという語はない。訳者個人の「信仰」なるものを翻訳に持ち込んではいけない。幼稚。だいたい「救い主」（sōtēr）という語はパウロは一番最後の時期を除いて、ただの一度も用いていないのだから、パウロの文章にこういう語を補うのはものを知らない証拠。一番最後の時期というのは、フィリポイ書三・二〇で一度出て来るだけである。この時期になると、パウロだけでなく、キリスト教会全体においてキリストのことを「救い主」と呼ぶ言い方がようやく普及しはじめた、ということだろう。しかしこんな程度のことは新約聖書を扱う人間にとっては初歩的な知識の部類だから、「訳者」がこういう幼稚な補い方をしてはいけない。

私のうちに　「うちに」(en) という前置詞は、新約のギリシャ語ではたまに単なる与格の代りに用いられる。従ってこの場合もおそらく単に「御子を私に啓示して下さった」の意味だろう(エプケ、佐竹ほか)。「うちに」を強い意味にとって、パウロの内面的体験である、等と解説するのはあまり説得力がない。

17　**アラビアへと向い**　新共同訳は「アラビアに退く」。しかしこの動詞に「退く」という意味はない。新共同訳のこの訳は「アラビアなんぞという辺鄙な土地に」といったニュアンスが感じられ、よくない。

18　**ケパ**　「岩、石」を意味するアラム語の単語。ギリシャ語の音写では kēphas と語尾に活用語尾の -s をつけるのが普通。イエスの直弟子シモン・ペテロのあだ名(マルコ三・一六参照)。ペテロ (petros) はそのギリシャ語訳。パウロがここで「ペテロ」と書かずに「ケパ」と書いているのは、ギリシャ語の諸教会でもアラム語名の「ケパ」で呼ばれていた、ということだろうか。もっとも「ケパ」という言い方は新約ではヨハネ一・四三以外はパウロ書簡にしか出てこないから(ヨハネのその個所では「訳せばペテロ」と添え書きがついていて、以後はヨハネ福音書では一貫して「ペテロ」)、もしかすると、ギリシャ語の諸教会の中でパウロだけがむきになってギリシャ語訳の「ペテロ」を避けて「ケパ」と言い続けていたのかもしれない(二・七参照)。

調べるために　口語訳「たずねて」、新共同訳「知り合いになろうとして」。ずい分違う訳語ではないかとおっしゃるかもしれないが、私訳が直訳。口語訳は論外。新共同訳は近頃の通説に従ったものだが、実はこの通説はまったく根拠がない。原文は historein という動詞。この動詞はすぐおわかりになるように、後世のヨーロッパ語で「歴史」を意味するようになった単語のもとにある動詞である。古典ギリシャ語の段階ですでに名詞の historia は「歴史」の意味も持っている。しかしそれは派生的な意味で、動詞の基本は「(物事を)調べる、探究する」という意味。そこから派生して、「探究して学んだことを物語る、物語として書く」の意味になる。それで名詞の historia が「物語」「出来事や歴史の記述」の意味になった。しかし動詞はふつうは「調べる」という基本の意味で用いられる。そうすると、この動詞が何故「知り合いになる」などと訳されるのか、読者は不思議に思われるであろう。

まず最初の犯人はヴルガータである。多分、そのまま直訳したのでは意味が通じないと思ったのか（パウロのような聖者が今更わざわざペテロのことを調べるなどということは考えられないと想像した？　それとも逆にペテロのような聖者のことを「調べる」なんぞ失礼だと思ったか）、適当にごまかして videre Petrum と訳してしまった（ペテロに会うために）。訳というよりも、こう書いておけば無難だろう、という態度。ドイツ語（ルター、um Petrum zu schauen）と英語（ティンダル＝欽定訳、to see Peter）はこのラテン語をそのまま訳しただけである。今でも怠慢な英訳などではそう訳しているものが多い（to see ないし to visit）。口語訳「ケパをたずねて」は相変わらずＲＳＶの直訳（to visit Cephas, 原文と口語訳の間にはラテン語訳と英訳がはいっているのだから、重訳どころか重々訳である）。

それに対し仏訳ではいつの頃からか（正確に調べてなくて恐縮。遅くもルイ・スゴン改訂版、一九一〇年。多分もっとずっと古くさかのぼるだろう）、faire connaissance de Céphas と訳されるようになった（ケパと知り合いになるために）。この訳がドイツ語では比較的最近の訳や辞書にはいりこむ。現代版チューリッヒ聖書、現代版ルター等（um Kephas kennenzulernen）。バウアーの辞書はこれと「訪問する」をくっつけて「知己になるために訪問する（besuchen zum Zweck des Kennenlernens）とした。佐竹訳「ケパと近づきになるために」、新共同訳「ケファと知り合いになろうとして」等は、バウアーの辞書（ないし新共同訳はその英訳？）をそのまま写しただけである。辞書の訳語はしばしば、月並な辞書はたいていの場合、しかしバウアーのようなすぐれた辞書でさえ結構しばしば、その単語の言語的な意味を正確に記すのではなく、伝統的にこう訳すことになっていますという訳語を並べるだけのことがあるから、気をつけた方がいい（辞書を引いてみたら既存の翻訳の訳語と同じだった、やはり既存の翻訳が正しいのだ、などと喜んではいけない。話は逆で、怠慢な辞書は単語の意味を正確に探求することをせずに、既存の翻訳の訳語を右から左に書き写しているだけである。こういう「辞書」は楽に作ることができる)。

問題は、この単語が新約ではこの個所に一度出て来るだけで、しかもほかには「知り合いになる」などという用例は一つも知られていない、というところにある。現在のバウアーの辞書はこの語についてはシュリーアの註解書に依存しているが(ドイツのこの種の研究は歴史が長いから、バウアーの以前の版がシュリーアに影響し、そのシュリーアが更にバウアーの次の版に影響を与える)、両者ともこの訳語にわざわざ註をつけて、キルパトリックの論文参照、としている(G. D. Kilpatrick, Galatians 1 : 18 *historēsai Kēphan*, in: A. J. B. Higgins, ed., *New Testament Essays. Studies in Memory of T. W. Manson*, Manchester, 1959, 144-149)。古典ギリシャ語とは違ってヘレニズム期以降のギリシャ語ではこの動詞に人間の対格をつけると「知り合いになる」という意味になるのだ、というのである。しかしこれはキルパトリックに対して失礼であろう。彼はまるで反対のことを言っているのだから。すなわち彼は、ガラティア書のこの個所についてこういう訳語が出まわっているが、それは無理だ、ということを論証したのである。それを、わざわざキルパトリックを参考文献としてあげながら(辞書の項目でわざわざ参考文献をあげるのは滅多にあることではない。それなのに)、キルパトリックの意図とさかさまのことを言う根拠としてキルパトリックの名前をあげるのだから、これは失礼である。

彼はヘレニズム期以降のギリシャ語の文献でこの動詞がこの意味に用いられているとこれまで指摘されてきた用例を検討し直して、そこからこういう意味を導き出すのはとても無理だ、とていねいに論証してくれている。すぐれた論文である。

私もまた、バウアーやシュリーアなどが「知り合いになる」という意味の用例として列挙している個所を全部あたってみた。しかしそのどの一つとして「知り合いになる」などという意味ではありえない。たとえばOGIS(Dittenberger, hrsg. von, *Orientis Graeci inscriptiones selectae*, Vol. II, 1905, Leipzig, 432)にのっている例(六九四番)であるが、アマセウスという人物が笛について調べていた。「ほかの笛を見て彼は驚いたが、メムノン(が作った)笛を historein して、更に驚いた」。バウアー達はこれを「知り合いになった(知るにいたった）」という意味の例としてあげているのだから、どうかと思われる。そう「訳」してもそれなりに意味が通じる、ということと、その語に本当にそういう意味があるかどうかということは、まったく別の問題である。つまり、誰かが最初に勘違いして、この個所をそういう意味の実例としてあげた。以後の学者は、自分で原文を読むことなしに、historein が「知り合いになる」の意味の実例は OGIS 694 である、と順に数字だけ孫引きを続けた、ということだろう。これはもちろん、古典期以来のギリシャ語のごくふつうの意味、つまり「メムノンの笛を調べてみて」の意味以外にありえない。あるいは誰でも知っているヨセフス『古代史』の例（I, 203）。ロトの妻が柱になったという創世記一九・二六の話を焼き直して語った後、ヨセフスは言う、「私もまたこの柱を historein した。今にいたるまで残っているのである」。これも「直接見て調べた」という意味以外に考えられない。ほか、学者たちがあげる例を全部あたってみたが、いずれも同等である。唯一「知り合いになる」と訳したくなるような個所は、同じヨセフスの『ユダヤ戦記』VI, 81 で、「私が historein したビテュニア出身の兵たちの中に、ユリアノスという百卒長がいた。彼は平凡な人物ではなく、武器の経験においても、身体の能力についても、精神の持ち方についても、皆の中で最高の人物だった」とある。これは「私が知り合いになった兵たち」とも「訳」せるが、これまたしかし、そう「訳」しても意味が通じるというだけの話で、この語にそういう意味があるということの保証にはならない。この語の本来の意味に訳して（私が調べた兵たちの中で……）、十分に意味が通じるからだ。ヨセフスは、兵たちの中で優秀な者を見いだそうとして、調べてみた。それで、ユリアノスという百卒長を見いだした、ということ。

ほかに Plutarchos の著作のうち、Theseus 30, 3; Pompeius 40, 2; Lucullus 2, 9; Moralia 516C; また Epiktetus 2, 14, 28 ; 3, 7, 1; また Sb（F. Preisigke u. a., ed, *Sammelbuch griechischer Urkunden aus Ägypten*）, 1004, 及びパピルスでは P. Lond. 854, 5。

以上のうち、たとえばプルタルコスのモラリアの個所は、ソクラテスのことを聞いたある男が興味を持って、「（ソクラテスの）人物と言葉と哲学を historein した」という。これはもちろん、「それについて（知識を得るために）調べた」という意味。そのためにはソクラテスに直接会うこともしたかもしれないが、だからといって単に「訪問する」だの「知り合いになる」だのという意味ではない。ロンドン・パピルス（P. Lond）の例、「手で作った作品をhistoreinするために」という句。もちろんこれもごく普通の意味で、「調べる」。Sbの例は上エジプトのテーバイの王墓の壁にあったたった一言の落書きで、「私、千卒長ユリアノス・デメトリオスが調べて（historēsas）驚いた」。この「調べる」は「自分で現場で直接調べてみて」の意味。あとはいちいち記さないが、いずれもごく普通に「調べる」の意味であって、どれ一つとて、「訪問する」だの「知り合いになる」だのという意味の用例にはならない。これだけの個所をそういう用例として列挙するのだから、バウアーの辞書もたいした神経だと言わざるをえないが、孫引きに孫引きを重ねているうちに（バウアーは実際には引用せずに、単に個所の数字を列挙しているだけ）、こういうことになったのであろう。

　要するに、この語がヘレニズム期以降「知り合いになる」という意味で用いられる用例がある、と言われている例は、一つとしてあてにならないのである。いずれも、古典期以来のこの動詞の本来の意味（調べる）で用いられている。

　ここまではキルパトリックも我々と同意見である。けれども彼はせっかくここまで確認しながら、結論だけは奇妙な方向に行ってしまった。言語的な結論からすれば、ここは「パウロがペテロのことを調べに行った」という以外の結論は考えられないのに、最初から、そういうことは考えられないと一言で退けたのである。もしもパウロがわざわざペテロに会って「調べた」とすれば、それはペテロ自身のことではなく、イエス様のことにきまっている、というのだ（about Jesus' teaching and ministry）。しかしこのように神学者が思い込みで「きまっている」と言う場合が、一番間違いに陥りやすい。右の「笛」や「百卒長ユリアノス」の例を考えれば、ここは「ペテロのことを調べる」という意味に解するのが最も自然である。というよりも、ほかの意味は考えられない。「調べる」という他動詞の直接目的語として「ペテロ（ケパ）」という語が置かれているからである。

要するにパウロは、キリスト教徒になって三年たってから、ペテロというのはどういう人物か、彼のキリスト教はいったいどういうものかを調べるためにエルサレムに行った、ということである。もちろん実際問題としては、ペテロ個人のことだけでなく、ほかの使徒たちのことも、そしてキルパトリックが期待するように、ペテロが知っているイエスという人物のことも調べただろうけれども（もっとも、パウロさんに関心があったのは復活のキリストのみである。パウロはペテロに、イエスの復活の話を聞きたかった、ということはあろう。第一コリントス一五・三以下の復活についての伝承はおそらくこの時に聞いたのだろう）。しかし、言語的にはこの文は「ペテロのことを調べる」以外の意味はない。

語学的にこれ以外の結論はありえないのだが、パウロ信奉者の神学者たちはこの結論を受け入れたがらない。聖者パウロが今更ペテロに教えを乞う必要などなかった、というのだ。しかしパウロがそこまで狭隘な人物だったとは考えられないし（せっかく先輩ペテロに会ったのに何も教わろうともしなかった!・）、いかにパウロが自分の「福音」は「人間から」教わったものではなく、神から直接受け取ったものだ、と主張するからとて、そのことは他人から最初期のキリスト教についてものを教わることを妨げるものではあるまい。それにそもそもここは「教えを乞う」ではなく、「調べる」である。確かに彼にとってそれは、いわば参考資料程度のものにすぎなかっただろう。根本はすでに彼が直接受けた「神の啓示」によって確立している（と彼は考えている）。しかし、だからとて参考資料を学ぶにやぶさかではなかっただろう。いかなパウロとて、それさえ拒絶したのでは、ほかのキリスト教徒と共通基盤が持てなくなってしまう。まあ議論は別として、翻訳はなるべく語学的に正確に訳しておけばよろしい。

22　キリストにある　この表現については第一テサロニケ二・一四の註参照。新共同訳はここでも頑固に「キリストに結ばれている」と「訳」し続けている。もうよしてよ。

23　荒しまわっていた　一三節参照。こちらは一三節とちがって「信仰」が目的語であるから、「荒しまわる」と訳すと日本語としては奇妙だが（それで口語訳はこちらでは「撲滅する」とした。その結果バウアーと同様に意志的未来にする必要にせまられ、「撲滅しようとしていた」としてしまった）、この場合の「信仰」は内面的な宗教心の意味ではなく、キリスト教という宗教ないしその機関（教会）のことを指すから、やはり一三節と同様に「荒す」の意味である。

第二章

1　バルナバ（Barnabas）使徒行伝四・三六参照。また同一一―一四章によればエルサレム教会とアンティオキア教会の間をつなぐ役割を果し、パウロのお目付役としていわゆる第一回伝道旅行に同行している。本名はヨセフ。bar は「子」を意味するアラム語の語だから、「バルナバ」は「ナバの子」。残念ながら「ナバ」がアラム語でどういう綴りであるかは、わからない（A. Deißmann, *Grammatik des jüdisch-palästinischen Aramäisch*, S. 78, Anm. 4 はこれを「Nebo の子」と説明しているが、一つの想像にすぎない）。-s はギリシャ語活用語尾だから、片仮名化する時にはつけないのが普通。多分、ヨセフという名の人はいくらでもいるから、他のヨセフと区別するために、通常は「バルナバ」と呼ばれていたのだろう。

2　（偉い人と）みなされている人たち　原文は単に「みなされている人たち」。奇妙な言い方だが、一種の省略表現で、何らかの重要人物を指す。その意味での用例は多い。しかし日本語で単に「みなされている人たち」と訳すわけにもいくまい。口語訳（＝新共同訳）のように「重だった人たち」と意訳しておけば、この個所としてはそれで通じる。しかしパウロはこの語が語義としては「みなされている人」という意味であることにこだわって、続く六節と九節ではそれを皮肉の意味で用いている。従ってこの個所も日本語としては奇妙だが原義通りに訳しておく方がよかろう。口語訳もそのことを気にしたのか「重だった人たち」にわざわざ鉤括弧をつけ、パウロ自身はそうは思っていないけれども、という気分を表現しようとしているが、やはり六節、九節とうまく対応するように訳す必要がある。パウロとしては、ほかの人々にはそう「みなされている」かもしれないが、自分は知らないよ、という皮肉な感じなのである。神学者の多くは、聖パウロが聖ペテロたちに対して皮肉を言うわけがない、などと反対するが、この個所だけならそう言えるかもしれないとしても、六節と九節は明瞭に皮肉である。それに、二・一一以下でふれられている事件を考えれば、パウロがペテロに対して皮肉の一つも言いたくなったのは、十分に理解できる。

無駄だったというのか、と　口語訳「むだにならないためである」。新共同訳は「自分は無駄に走っているのではないか、……と意見を求めました」。「意見を求めました」などとは原文のどこにも書いてない。このように「訳」と称して勝手な創作をやってはいけない。どうしてこういう違った訳文が出て来るかというと、「私は無駄に今走り、以前走った」という句の頭に mē pōs という接続詞がついているからである。これは「いかに」という接続詞（pōs）に否定辞（mē）をつけたもの。口語訳は伝統的な訳に従って、これを否定目的（……しないために）ととって訳している。語義からすればこれが一番素直なのだが、その場合は以下に続く動詞が接続法にならないといけない。しかしここの「走った」は直説法である。

最近はこの伝統的な訳に反対する意見が多い。その根拠の一つは、パウロは自分のキリスト教は神様から直接与えられたものであって、エルサレムのお偉いさんに依存しているわけではない、と自負している。そのパウロが、エルサレムのお偉いさんに認めてもらえなければ自分の努力が無駄になる、などと考えるはずがないというのである。しかし、この手の配慮を翻訳に持ち込むのはよろしくない。翻訳は、解釈者の描くパウロ像に応じて文章を作り変えていいものではなく、逆に、文法的、語義的に正確な翻訳に基づいてパウロ像を描かないといけない。パウロという人はやたらと自己矛盾の多い人だから、たとえ自己矛盾のように見えても、字義どおり正確に訳さないといけないのだ。おまけにこの場合は自己矛盾とさえ言えない。いかに自分のキリスト教が独自な、自立したものだと自覚していたとて、エルサレムのキリスト教と協調しようという姿勢をとってもいいではないか。現に彼は、自分の生命の危険を冒してまで、エルサレム教会のために集めた献金を持ってわざわざエルサレムまで出かけて行っている。従ってこれらの神学者たちの意見に組するわけにはいかないが、しかし、右に指摘した接続法の問題はかなりひっかかるので、「無駄にならないためである」という訳を受け入れるのは躊躇する（ただし接続法に関してはパウロが文法どおりきっちり書くという保証はないから、気にすることはないのかもしれない）。

右の神学者的配慮を気にする人たちの一部は、これは目的句ではなく、心配、憂慮を表わす、などと解釈している。しかしそれでは五十歩百歩だし、接続法の問題は除かれない。

というわけで出て来たのが、これを直接疑問文ととる解釈である。つまりこの句はパウロが彼らに対して直接口にしたせりふの引用だ、と。もしも mē だけならば、その可能性は大いにある。パウロは彼らに対して「まさか私が無駄に走ったとでもいうのか」と言った。そのせりふをそのままここに記した、というのである。最近はこの意見の人が多い。最近といってもすでにラグランジュ以来だから、二十世紀はじめごろからの意見である（ほかにエプケ、ムスナーほか）。新共同訳はこの意見を採用したもの（しかし新共同訳の「意見を求めました」は文字通りの蛇足。もしもこれが直接疑問であるなら、かなりきつく詰問している感じであって（「あんたら、まさか俺が間違ってたなんぞと言うんじゃねえだろうな」）、「私は一応こう思いますが、ご意見をお聞かせ下さい」、などという遠慮した質問ではない。我々も一応これを直接疑問文とみなして訳したが、その場合の難点は、mē だけならともかく、pōs がついている点である。この文脈ではこの語を直接疑問に解するのはややきつい（ただし「果して」ぐらいの意味に解するなら、不可能ではない）。シュリーアはその理由で反対している。pōs については私はその種の用例を知らない。エプケほかも他の用例はあげていない。従って直接疑問文として訳そうという案も一つの推測的試みという程度のもの。伝統的な訳もまだまだ十分に権利を持っている。

4　偽兄弟の故に——　パウロの文はしばしばこのように文法的に完結しない。多分、口述筆記のせいであろうか。主文のはじめの単語をいくつか並べた後、その単語に関係代名詞をつけて説明句を入れ（ここでは、続く「彼らは……」がそれにあたる）、更にその関係句に目的句をつけ加え（ここでは「奴隷化するために」）、等々と引き伸ばしているうちに、主文の方を完結するのを忘れてしまうのである。これは我々も話している時にはよくやることである。だから、ここでは「偽兄弟の故に」に続くべき内容は記されていない。まあおそらく、偽兄弟の故に割礼が強制されそうになったのだが、結局そういうことにはならなかった、と言いたかったということか。しかし原文にそこまではっきり書いてあるわけではないのだから、新共同訳のように「……偽の兄弟たちがいたのに、強制されなかったのです」とまで書いたら訳としては行き過ぎである。しかしこれならまあ当らずといえども遠からずだろうが、岩波訳の「……偽兄弟たちをとおして［すら、強要されなかった］」は想像力も論理的分析力も文の流れを理解する能力も欠けている。続く文からすれば、「偽兄弟たち」が割礼の強制を主張したのはほぼ明白。しかしさすがにペテロたちは敢えてそこまで強制することはしなかった、といったようなことであろう。あるいはペテロたちまでつべこべ言ったけれども、パウロ一行が頑張ってそれを断ったか。ただし続く五節の読み方で話はだいぶ変ってくる。しかしいずれにせよ、原文に書いてないことを想像で補って「訳」を創作してはいけない。

キリスト・イエスにおいて持っている自由　新共同訳はともかく「において」がお嫌いなようで、ここも「キリスト・イエスによって得ている」としているが、「において」に「によって」などという意味はない。

5　我々は一時といえども彼らに屈従して譲歩することをしなかった　ここは写本によっては正反対の意味になる。すなわち、否定辞を入れていない写本がある。そうすると「我々は一時彼らに屈従して譲歩した」となる。否定辞を抜かしているのは大文字写本ではD写本のみ、古ラテン訳でもb写本のみ。Dと古ラテン訳のほぼすべての写本が一致すれば、その読みは西方系写本の原本までさかのぼる、と考えられるが、この場合は古ラテン訳ではb写本のみだから、あまりはっきりしない。従ってこれだけでは証言として弱いが、古代の教父の中でエイレナイオス、テルトゥリアヌス（またいぶ後だがアンブロシアステル）が否定辞のない読みを提供しているので、証言として非常に強くなる。テルトゥリアヌスは西方系写本に依存している可能性が大きいが、エイレナイオスがどの系統の写本によっていたかはわからない。従ってこの読みは二世紀にはかなり普及していたことになる。加えて、テルトゥリアヌスの言っていることが面白い。すなわち『マルキオン駁論』（Adv. Marcionem V, 3, 3）で彼はマルキオンがこの句に否定辞をつけて読んでいるのを批判し、マルキオンは何でもパウロをユダヤ教から引き離すために原文を改竄する、と文句をつけている。「我々はこの意味そのものと、その理由とに眼を向けよう。そうすれば彼が聖書を改竄したことが明らかになろう」というのだ。その「理由」とは、パウロは「ユダヤ人に対してはユダヤ人になる」という方針なのだから（第一コリントス九・二〇）、相手がユダヤ人である時には妥協して割礼を受け入れたのだ、と。現にパウロはティモテオス（テモテ）に割礼を受けさせているではないか（使徒行伝一六・三）、と。

そうすると、マルキオンが勝手に原文に否定辞を挿入したのが後の諸写本に流布してしまった、ということになる。その場合は原文は「ティトスは……割礼を受けることを強制されなかった。しかし、忍び込んで来た偽兄弟の故に、……、我々は一時屈従して譲歩しただけである。それは福音の真理があなた方のもとにとどまり続けるためである」と訳すことになる。

我々の訳文では一応伝統的な読みに従って否定辞を入れて訳しておいたが、否定辞を入れない読みが原本である可能性も大きい。まあ、もちろん、現存の大文字写本（四、五世紀以降）はD以外は全部一致して否定辞を入れているから、断言することはできないが、パウロ書簡集を最初に結集したのがマルキオン（二世紀半ば）であるのはほぼ確実だから、彼の挿入した否定辞が一般に広まってしまったという可能性は大いにある。

6　何者かであるとみなされている人たち　これで直訳。二節の註参照。今度はパウロは「みなされている人たち」に「何者か」という単語をつけ加えている。こうなると、どうしても皮肉になる（「自分が何様だと思っておいでだ?」といった感じ）。口語訳は二節と同様単に「重だった人たち」と訳し、それに鉤括弧をつけることによって、その皮肉を表現しようとしているが、これでは二節に対してここで少し皮肉がせり上がっていることが通じない。もう少し直訳的に露骨に訳す方がいい。新共同訳は鉤括弧をつけずに単に「おもだった人たち」としているが、それでは皮肉の意味が出ない。二節とこの個所の違いは「何者かであると」がついているかいないかという点にある。「みなされている者」だけなら、上述のように当時流布していた言い方で、単に「重要人物」の意味だが、「何者かであると」とつけ加えられれば、明瞭に皮肉である。加えてパウロはこれとまったく同じ表現を六・三で用いている。そちらを見れば、こちらが皮肉だということぐらいは誰にでもわかる。

……人たちからは――　これも四節と同じことで、主文のはじめの句だけ述べて、文法的に完結していない。いったん「……人たちからは」と言いはじめておいて中断し、「彼らが何者であったとしても……」と挿入句を入れたのだが、それが長くなりすぎて主文の方を続けられなくなったので、「すなわち」と言い直して、今度は「この人たち」を主語にして文を作り直している。これなぞ、典型的に口述筆記の特色であろうか。もっとも、自分で直接書いていても、古代人は消しゴムがなかったから、このぐらいのことは容易に起こりうる。

顔によって区別しない　直訳は「顔を取らない」。これと類似の表現（「顔の中を見る」）との微妙な相違については、マルコ一二・一四の註参照。

7　ペテロ　ほかではこの人物のことを常に「ケパ」と呼んでいるパウロが（一・一八の註参照）、どうしてこの個所（と次節）のみ「ペテロ」にしたのか、理由はわからない。推測でもったいをつけた「学説」はいろいろあるが、この種のことは所詮御本人にたずねてみない限りわからないものである。もっとも、パウロにしたところで、ギリシャ語の教会ではみんながギリシャ語化した言い方で「ペテロ」と呼んでいるのに、自分だけは意地を張ってアラム語名に固執して、ギリシャ語で書く時も「ケパ」と言い続けることにしたのだが、ここではついうっかり、周囲の人々のふだんの言い方にあわせて「ペテロ」と書いてしまった、という程度のことだろう。一人だけ意地を張るからこういうちゃんぽんを犯すことになる。

割礼の福音　これで直訳。口語訳その他は「割礼の者への福音」と「者」を補っているが、そういう解釈は導入しない方がいい。単に「割礼の福音」と言う方がずっと意味が広い。すなわちペテロもまた無割礼の者に福音を伝えることはするだろう。しかしそれは「割礼の福音」である。つまり、ペテロの福音を受け入れたら、異邦人もユダヤ人になって割礼を受けることになる、あるいは少なくとも、割礼の者と同様に律法を守ることが求められる、という。本当にペテロがそのように考えていたかどうかは別として（パウロのこの種の悪口が相手の意見を正確に反映しているかどうかはわからない）、パウロのつもりではそうであった。以下九節まで口語訳その他がくり返し「割礼の者」「無割礼の者」と訳しているのは、原文ではすべて単に「割礼」「無割礼」である。九節の「彼らは割礼へと行くことになった」などというのは、かなりひどい嫌味である。現代語なら、割礼至上主義の方向へと向った、とでもいったところ。つまりこれは、よく水準の低い解説書で言われているような、ペテロたちはユダヤ人（割礼の者）に、パウロたちは異邦人（無割礼の者）にキリスト教を伝えることにしよう、と宣教活動の縄張りを区別して喧嘩を避けた、などという話ではない。ペテロたちは割礼なるものを重要視するキリスト教、自分たちはそんなものは無意味だとするキリスト教の道へと向う、ということである。ただしもう一度言うが、これはパウロがそう思ったということであって、ペテロたちが本当にそうであったかどうかは別問題である。

9 **ヤコブ**　このヤコブはイエスの弟ヤコブである。普通はペテロ、ヤコブ、ヨハネと三人並べば、そのヤコブはゼベダイの子ヤコブである。けれどもここでは「ヤコブ、ケパ（ペテロ）、ヨハネ」という奇妙な並べ方をしている。それにそもそもこの時の訪問はいわゆる使徒会議の時である。すなわち四八年ないし四九年。その時点ではゼベダイの子ヤコブはすでに殉教の死をとげており、イエスの弟ヤコブが実質的にエルサレム教会の最高指導者として権力をにぎっていた（使徒行伝一五・一三以下参照）。

交りの右手　これで直訳。こういう楽しい表現は直訳しないといけない。新共同訳「一致のしるしとして右手を」は誤訳。「交り」と「一致」は全然違う概念である。この「交り」は、意見が一致しなくても仲好くしましょう、と言っている。近ごろの日本のキリスト教右翼は自分たちの意見と「一致」しない相手は何でも排除しようとするから、「交り」と「一致」の区別もつかないらしい。

10 **かえりみるように**　ここは間接話法ととるか直接話法ととるかで、訳が違ってくる。「我々は貧しい者たちをかえりみる」という句の頭に hina（ために）という接続詞がついている。実は前節最後の「我々は異邦人へ、彼らは割礼へと行くことになったのである」で「ことになった」としたのも、原文では単に hina の一語である。つまり会議の結論としてそういうことになった、ということ。そうすると、一〇節の方も、会議の結論として「我々は貧しい者たちのことをかえりみる、ということになった」という意味になろう。問題はこの「我々」が直接話法ならば、ペテロたちがパウロたちに対して「我々みんなでそうしよう」と言ったことになるが、間接話法ならば、「パウロたち（我々）は貧しい者たちをかえりみなければならない」とペテロたちがパウロたちに要求した、ということになる、という違いである。この文だけからすれば、前者の意味にとりたくなるが、九節の「我々」はペテロたちと区別してパウロたちだけを指しているし、その後のパウロの行動からしても、これはやはり、会議の結論としてパウロたち異邦人伝道を目指す人たちに唯一そういう条件がつけられた、という意味だろうか。またhinaという接続詞もそう解する方がすっきりする。

なお、これは会議の結論としてつけられた条件ではない、などと言い張る神学者が時々いるが、愚論である。

そう書いてある以上、そう読む以外にない。

貧しい者たち　これまたこの文だけ読めば、一般に貧しい人たちを指す、と解したくなる。そうするとこれを直接話法ととって、「我々（エルサレムの信者たちもパウロたち異邦人伝道者もクリスチャンはみんな）貧しい人々のことをかえりみることにしましょう」というまことに立派な決議と解するのがよいみたいである。けれども、後のパウロの行動からすると、ともかくむきになってエルサレム教会に送るための多額の献金集めに努力している。これは、この時の会議の結論としてそういう義務を課せられたのをパウロが律儀に守った、としか考えられない。とすると、この「貧しい者」はエルサレム教会の信者たちを指すほとんど固有名詞的な言い方である、ということになる。現にエルサレム教会の信者たちが自分たちを「貧しい者」（経済的な意味であるよりは、むしろ「神に対して敬虔な者」の意味）と呼んでいたと解される間接的証拠は多々ある（詳しくは『概論』参照。今日ほぼすべての学者がそう読んでいる。ローマ一五・二六の微妙な言い方参照）。そうすると、ペテロ（むしろペテロの背後で実権をふるっていたヤコブ）がパウロたちに対して、我々はあなた方に割礼を実践することを強いたりはしないが、少なくとも一つ、エルサレム教会支援のための献金を集めて送るように、と指示したことになる。

私は努力してきた　これは微妙である。新共同訳の「これは、ちょうどわたしも心がけてきた点です」は、もしも節の前半を直接話法と解するなら、良い訳である。つまり、その会議で言われなくても、そんなことはすでに自分でちゃんと心がけてきたよ、ということ。しかし新共同訳は節前半を間接話法とみなして訳している。とすれば、パウロがエルサレム会議以前からエルサレム教会のための献金を集める努力をしたなどという痕跡はまったく見当たらないので、この訳は成り立たない。ここはやはり素直に読んで、この会議の結論をそれ以後私はきっちりと努力して実践してきましたよ、という意味に読むものだろう。

11　**アンティオキア**　今日ではトルコ領になっているが（Antakya）、当時はローマ帝国の属州シリアの首都。もともとヘレニズム王朝（セレウコス朝）の都としてつくられ、発展した町だが、ローマ時代になると、帝国の東方経営の中心拠点として重要視された。ギリシャ語綴りは **Antiocheia** だから、本当は片仮名でもアンティオケイアと書くのがよろしいと思うが、日本語西洋史の伝統ではラテン語綴りの Antiochia を片仮名化して「アンティオキア」と書くことになっているから、それに従うことにする。

間違っているとされた　口語訳（＝新共同訳）「非難すべきことがあった」、佐竹「責められるべきであった」。しかし「べき」は余計。「非難さるべき」ではなく、「現に非難された」のである。ここに「べき」のニュアンスを補ったのはヴルガータが最初で（reprehensibilis erat）、ルターはその真似をせずギリシャ語を直訳しているが（es war Klage über ihn kommen）、ティンダル（was worthy to be blamed）、英訳ジュネーヴ聖書（was to be condemned）以来「べき」を入れる伝統が主として英語の世界に定着した。仏訳も同様。しかし英語ではすでにRV＝RSV（stood condemned）の段階で直訳にもどしている（仏訳もTOB、エルサレム聖書など同様）。つまり口語訳はやや古い訳だから仕方がないとしても、佐竹や新共同訳は不勉強。原語は kataginōskō という動詞の受身形。ふつうは「有罪判決を下す」といった趣旨の裁判用語。従って直訳は「断罪された」。しかしここは裁判ではないから、もう少し穏やかに「間違っているとされた」ぐらいだろうか。誰がペテロをそのように断罪したのかは書いてないが、口語訳や佐竹のように「べき」を入れて訳すと、パウロ自身の個人的な意見という意味になってしまう。しかし単なる受身形を「私によってそのように判断された」の意味に用いることはありえない。とすると、ルターのように、まわりの人々がこれは間違っていると言い出した、と解するのが正しいだろう。

12 **割礼からの者たち**　これで直訳。口語訳は「割礼の者ども」としているが、こういう具合に原文にない軽蔑語を訳でつけ加える悪趣味は別としても、ここの「から」は微妙である。「割礼主義者（ヤコブ等）から派遣された者たち」の意かもしれないし、「割礼に根拠を置く（「から」はそう解せる）者たち、すなわち割礼主義者」の意かもしれないし……。少なくとも単なる「の」はよくない。まして新共同訳の「割礼を受けている者たち」は間違い。ここは御本人が割礼を受けているかどうかの問題ではなく（それならパウロだって受けていた）、割礼主義者が問題となっている。

14 節後半の鉤括弧。「私は言った」という導入句がついているのだから、ここは鉤括弧に入れるのが正しい（ロ語訳ほか)。しかし問題は、一四節末でこの鉤括弧を閉じるのではなく、一五―二一節も全部同じ引用の続きだ、という意見が強い(佐竹ほか)ことである。そうすると二一節末で鉤括弧を閉じることになる。しかし確かにパウロはその時にペテロに対して一五―二一節の趣旨のことも言ったかもしれないが、一五―二一節に書いていることそのものはその会議の客観的報告なんぞではなく、直接ガラティア人に対して語りかけているのであるから、やはり口語訳のように鉤括弧は一四節で閉じておくのが正しいだろう。

15　異邦人出身の　新共同訳「異邦人のような」は間違い。ここははっきり「異邦人の出の」と言っている。異邦人の出であることは、即、罪人である、という意味。パウロにしてはひどいことを言うね、と思われるかもしれないが、この人、ペテロたちを口をきわめて非難するわりには、自分自身ユダヤ人至上主義を捨ててはいない。

16　信　このように漢字一文字で書いたのでは日本語としてまことに曖昧だが、それを承知でこう書くことにした。「信実」にしようとも思ったが、相当数の場合はそれでぴったりであるにせよ、必ずしもそうでない場合もあるので、むしろ単なる符号として「信」としておく(「しん」とお読み下さっても「まこと」とお読み下さっても御自由に)。周知のようにこれはパウロの言葉遣いの中でも最も重要な単語の一つであるから、そのつど前後関係にあわせて訳語を変えるのはかんばしくない。それに、しばしばパウロ自身非常に曖昧な仕方で(よく言えば広汎な意味で)用いているから、そのつどの意味を厳密にとらえることもできない。従って、そのつど前後関係によって訳し分けるのは必ずしも好ましいことではない。訳者の推定による解釈が当たっていない場合も多いのだから。

ギリシャ語の pistis の訳語。マルティン・ルター以来伝統的に「信仰」(Glaube, 人間が神ないしキリストに対して持つ信仰)と訳すことになっているが、この個所を含めて、人間の持つ「信仰」の意味とは限らないので(むしろその方が少ない)、口語訳や新共同訳のようにいつでも判で押したように「信仰」と訳していると、かなり原意からずれることになる。この個所の場合なら口語訳は「キリスト・イエスを信じる信仰」(しかし「を信じる」などという語は原文にはない)、新共同訳は「イエス・キリストへの信仰」(しかし「の」という属格を「への」と訳すのはとても無理)。

この単語そのものの意味はむしろ「信頼」「誠実」「信実」といった意味である。すなわちこれは「誠実である」「信頼に価する」「信実である」といった意味の形容詞 pistos の名詞化。そのことがはっきりわかるのは、「神の pistis」という表現。これはパウロが好んで口にする「神は pistos（誠実、信実）である」という言い方（第一テサロニケ五・二四、第一コリントス一・九、一〇・一三、第二コリントス一・一八）を名詞化したものである。神は誠実であって、偽ることがない、常に信頼に価する、裏切ることはしない、という趣旨。名詞化した言い方は一度しか出て来ないが（ローマ三・三）、もちろん「神が誠実であること」「神の信実」「神には偽りがないこと」の意味である（この場合は我々も「神の信実」と訳すことにした）。pistis とあれば条件反射的に「信仰」と訳さねば気がすまない新共同訳も、さすがにここは「神を信じる信仰」なんぞと訳すわけにはいかなかった。ちゃんと「神の誠実」と訳しておいでである。ただし口語訳の「神の真実」は間違い。「真実」というと「本当のこと」「偽物ではないこと」の意味になるが、ここは、ここもまた、「誠実であること」の意味である。これに対応するのが、パウロ自身が pistos である、という言い方（第一コリントス七・二五、また第一コリントス四・二の「管財人」について）。神の意思を此の世で代表する宣教師は、神と同等の質である pistis を身につけているのだ、という考え。ずい分と宣教師的に思い上がったものだが、パウロのこの語の使い方がよくわかって面白い。

さて、相手に対して信頼を保つとすれば、この語は、「相手を信じること」という意味にもなる。従ってその場合には「信じること」と訳すこともできるし、それが宗教信仰的な意味であるとすれば「信仰」と訳すこともできる。しかし、場合によってはそう訳すこともできる、というだけのことであって、以上の意味範囲をお考えいただければ、この語を「信仰」などと訳せる場合はそう多くはない、ということがおわかりいただけよう。

イエス・キリスト　写本によっては「キリスト・イエス」としている（BA33）。そちらが原文かもしれない。ネストレ旧版はそちらを採用しているから、口語訳も「キリスト・イエス」としている。この語順については第一テサロニケ二・一四の註参照。

イエス・キリストの信　もしも右の「神の信」が「神が信実、誠実であること」という意味以外に考えられないとしたら（現にローマ三・三のその個所は、すべての翻訳、註解書がそういう意味にとっている）、当然ながら、「キリストの信」は「キリストが、信実誠実であること」の意味以外に考えられない。パウロにとっては、キリストは神の側の位置にいるのであるから。従って「神の pistis」も「キリストの pistis」も同じに訳さないといけない。ところが、右に指摘したマルチン・ルター以来の伝統で、「キリストの信」に限り、聖書翻訳者の過半数は「キリストを信じる信仰」と訳すのが当然だと思い込んでいる。これは珍妙である。

いや、西洋語（日本語でもそうだが）の属格は主格的な属格と対格的な属格があるのだから、主格的な属格とればこれは「キリストが信実であること」の意味になるが、対格的な属格ととれば「キリストを信じる信仰」の意味になるのだ、とおっしゃるかもしれない。しかしそれなら何故右の「神のピスティス」を「神を信じる信仰」とお訳しにならないのだ？　前後関係からしてそれはとても無理であるだけでなく、言語の語感として、とてもそんな訳はつけられない、ということを誰でも知っているからである。

その語感をもう少し説明しておこう。実は、名詞の属格が対格的属格になりうるのは、その属格がかかっているもう一つの名詞の方が他動詞に由来する名詞でないといけないのである（この点も西洋語でも日本語でも同じことである）。たとえば「観察」ならば、「観察する」は他動詞だから、これに属格の名詞をつければ、主格的な意味にもなるし、対格的な意味にもなる。「私の観察」なら、普通は「私がなした観察」であるし、「自然の観察」なら、普通は「自然を観察すること」になる。

しかしその名詞が自動詞に由来するなら、属格の方は絶対に対格的属格にはなりえない。当然のことである。たとえば「息子の成長」とあれば、「息子が成長すること」であって、それ以外の意味はありえない。「息子」を「成長する」の目的語とみなすなど、語義上不可能だからである。こんなことはあまりに当り前であって、わざわざ考える必要もない。そして、日本語に訳すとわかり難いが（日本語では「信じる」は他動詞だから）、ギリシャ語では、「信じる」は自動詞である。誰それに対して信頼する、信頼の態度を保つ、という意味。「に対して」は対格の目的語ではなく、与格で言う（あるいは前置詞をつける）。与格支配の動詞は他動詞ではない！従って、それと対応する名詞「信」につけられた属格は、対格的属格ではありえない。これは文法的必然である。

つまり「キリストの信」は、文法的には、「キリストが信実であること」以外を意味することはないので、「キリストを信じること」の意味にはなり難い。

現に、あまりに当然のことだが、「キリスト（ないし神）を信じる」という表現の場合に「キリスト」をいきなり対格で「信じる」という動詞にくっつけるような例は一つも見当たらない。やや古い言い方なら、単に与格をつける（ローマ四・三「神を信じる」）。これは当然、宗教信仰の対象として神の存在を信じる、という意味ではなく――神の存在などということは、彼らにとっては信じる以前の当然であった――その神を信頼する、あるいはその神に対して誠実な態度を保つ、という意味である）。そしてヘレニズム・ローマ期のギリシャ語では単なる与格よりも前置詞を多用するようになったから、新約でも、「信じる」という動詞には epi（の上に）とか eis（の中へと）という前置詞をつけて用いるようになった。ローマ四・二四「我らの主イエスを死人の中から甦らせた方（＝神）を信じる」（epi を用いている。その神の上に信頼を置く、といった感じ）、フィリポイ一・二九「キリストに対して信じる」（eis を用いている。キリストに対して信頼の態度を持つ、といった感じ）。ほか多数。そして我々の個所の直後の「我々もまたキリスト・イエスを信じたのである」も eis がついている。「キリスト・イエスを信頼することにした」という趣旨。

従ってまた、これまたあまりに当然のことだが、名詞表現で「キリストに対する信仰」という意味の場合にもちゃんと同様の前置詞をつけるものである。単に「キリストの pistis」というだけの言い方ではその意味はありえない。使徒行伝二〇・二一「主イエスに対する（eis）信仰」。あるいはコロサイ一・四「キリスト・イエスにおける（en）汝らの信仰」（こういう時の en は曖昧だが、そこに根拠を置く、という意味か、あるいは eis とほとんど同義か）、等々。

以上、文法的な知識のどこをつついても、また実際の用例からしても、「キリストの信」を「キリストを信じる信仰」という意味に解する理由はまったくない。それは言語的な無理というものである。それにもかかわらずこういう訳が普及してしまったのは、一つにはルターの影響があまりに大きかったせいである。何せルターにとってはこれは宗教改革の要の理念であった（いわゆる「信仰のみ」という看板）。カトリック教会に対する献金によってではなく、信仰によって救われるのだ、と言い続けることによって、宗教改革を推進しようとした。その影響が現代にまで続いている。けれども現代の神学者たちがこう訳したがる理由はそれだけでなく、現代のキリスト教にとってもその方が都合がいい、ということがあろう。何せ現代の宣教師や牧師さんたちは、イエス・キリストに対する「信仰」をお持ちなさい、そしてキリスト教信者におなりなさい、と説き続けているのだから。

更に念には念を入れておくと、パウロが pistis という語を用いる場合、「キリストの pistis」以外の場合はすべて、当然ながら主格的属格である。すでにふれた「神の信」だけでなく、たとえば「アブラハムの信」（ローマ四・一二、これを「アブラハムを信じる信仰」などと訳すすっとんきょうはいない）、「あなた方の信」（第一コリントス二・五ほか多数。もちろん「あなた方が信じる信仰、ないしあなた方が信頼していること」）。

もう一つ、「キリストの信」（ないし「イエスの」「主イエスの」等々）という言い方は、実は、新約聖書全体の中で、一個所の例外を除き（ヤコブ二・一）、真正なパウロ書簡にしか出て来ない。つまりこれはギリシャ語の言い方としていささか舌足らずな言い方だからである。

更にもう一つ、極めて顕著な事実がある。もしも「キリストの信」が「キリストを信じること」という意味でないとすれば、パウロは「キリストを信じる」という意味のことをどのように表現しているのであろうか。動詞表現で丁寧に「信じる」という動詞を用いて言っているのであろうか。そう思って調べてみると、直ちに顕著な事実に行き着く。パウロは動詞表現でも、たった二つの例外を除いて、「キリストを信じる」ということは言っていないのである。一つはすでに引用したフィリポイ一・二九「キリストに対して信じる」。もう一つが我々の個所にすぐ続く「我々もまたキリスト・イエスを信じたのである」。しかし後者は単に宗教信仰の対象として「イエス・キリストを信じましょう」なんぞという意味ではない。明瞭に、イエス・キリストを信頼した、の意味である。この言い方のみそは「もまた」という語にある（後述の註参照）。フィリポイ書の方も「キリストに対して、その救済行為を、信頼する」という意味であろうが、しかしここではすでに何ほどかはキリスト教信仰を持つ、という意味になっている。つまり後世のキリスト教における「イエス・キリストを信じる」というのとほぼ同義であるかもしれないのは、フィリポイ書のこの個所だけである。これは、パウロも晩年の時期になると、すでに「キリスト教」という宗教宗派が確立されてきているから、パウロ自身もまわりの者たちも、いわば標語的に、キリスト教の信者になる、ということをこの言い方で表現するようになってきた、ということだろう。しかしフィリポイ書を除くと、ただの一度もパウロはその意味で「キリストを信じる」などということは言っていないのだから、「キリストの信」の方も「キリストを信じる信仰」の意味だ、なんぞというわけにはいかない。パウロにとっては、「信じる、信頼する」対象、内容は、丁寧に言えば、あくまでも「我らの主イエスを死人の中から甦らせた方（＝神）を信じる」（右に指摘したローマ四・二四）ということである。神がイエス・キリストを死人の中から甦らせた。そのことによって、我々に永遠の生命の保証を与えた。その神の救済意志を信頼する、というのである。

　では結論として「キリストの信」とはどういう意味か。困ったことに、これが「キリストを信じる信仰」という意味でないことだけは確かだが、ではどういう意味かとなると、定かでない。文法的には「キリストが信実であること、誠実であること」という意味以外は考えられないのだが、パウロは、形容詞表現では「キリストは pistos である」という言い方は一度もしていない（上述のように、神については、「神は pistos である」「神の pistis」のどちらも出て来る）。とすると、「キリストが信実であること」ないし「キリストの持っている信実」の意味に解するにはいささか躊躇がある。

　私見では、多分「キリストの信」はパウロ独得の省略表現であって（だから新約のほかの著者たちはそういう言い方をしない、ということなのだろう）、「神がキリストを通じて示した信実」といったことを一言で「キリストの信」と標語的に言っているのであろうか。そのことはまた、「キリストの信」という表現がパウロ書簡においても実はいわゆる「信仰義認」（正確には「信による義」）を論じた個所にしか出て来ない、という事情からもわかる（この個所で二度続けて出て来る以外は、同じくガラティア二・二〇、三・二二、ローマ三・二二、二六、フィリポイ三・九のみ）。もしもこれが単に「キリストを信仰しましょう＝キリスト信者になりましょう」ぐらいの意味であったなら、ほかでも出て来てもよさそうな表現である。しかし「信による義」に関する議論の中でしか出て来ない、ということは、この表現がこの問題に関する特別な術語であるということを示す。

つまりパウロは、旧約の「律法の業績による義」に対して、「キリストの信」を対置させている。その中身は、もう少し詳しく言えば、人間がどんなに頑張って律法を実践しても、みずからの実力で「義人」となることは不可能である。その限りでは、すべての人間が罪人であって、滅びに定められている。それにもかかわらず、神の方からキリストを「罪の贖い」として遣わしてくれて、それによって人間を救おうとしてくれた。これが「神の信実」である……。これはローマ一・一八―三・二四で展開されている論述、すなわちパウロの「福音」なるものを詳しく述べた、いわばパウロの根本思想である。そしてその論述の最後をパウロは「イエス・キリストの信による……神の義」という句でしめくくっている（同三・二二）。つまり、神がキリストによってこのように人間を救済してやろうという「信実」を示してくれた、ということを一言で標語的に縮めて表現したのが「キリストの信」である、ということだろうか。いかにもパウロ的に言葉を縮める省略表現である。まあ、パウロの場合は「キリスト」はそれ自体としての独自の存在ではなく、神が人間たちに働きかける場合のいわば道具みたいなものであるから、このように理解するのがパウロ思想の理解としては最も素直なところだろう。そのことはまた、パウロがしばしば同じ「信による義」に関する議論の中で、「キリストの信」という表現を更に縮めた表現として単に定冠詞つきで「信」という一単語を用いていることからもわかる。「信から」（ローマ四・一六以下多数）、「信によって」（ローマ三・三一ほか）、「信の義によって」（ローマ四・一三）など。いずれも、「律法の業績からではなく、神がキリストを通じて示してくれた信実によって」の意味である。このようにこれがかなり詳しい内容の事柄を看板的に一言で指し示す省略表現であるなら、翻訳としては、通じようと通じまいと、そのまま直訳しておくのがよろしい。逆に、もしもそういう看板的省略表現でないとすれば、ますます正確な意味はわからないのだから、訳者はおとなしくそのまま直訳しておかないといけない。

このように省略表現と解するのがどうしてもお嫌なら、文法的に単純に「キリスト自身が誠実であること」と解する以外にない。

なお、誤解のないようにつけ加えておくと、人は必ずしも文法に忠実に言葉を語るとは限らない。特に集団の身内言葉や業界用語の場合は、非常に省略表現的に文法を無視した短い言い方が看板的なせりふとして用いられることが多い。「キリストの信」についても、やや後になると、キリスト教信仰そのものを表現するのに用いられるようになった(と言っても、どのぐらい普及したかはわからない)。新約聖書の中では唯一の例だが、ヤコブ書二・一で「我らの主、栄光のイエス・キリストの信を、人を差別する仕方で持ってはならない」という言い方が出てくる。これはもしかすると「イエス・キリストを信じる信仰」の意味かもしれないが、実質的な内容はキリスト教の礼拝を指している(だから「持つ」という動詞)。いずれにせよこの表現となると、表現としての厳密な意味とかいうことではなく、「キリスト教徒が集まる場合には」ということをこういう看板的な言い方で言っている。

キリストの信から　この「から」は、それ自体としては、意味が通じない。「信」の語義をどう解そうと、「キリストの信によって義とされる」なら話はわかるが、「キリストの信から義とされる」では論理的にさまにならない。しかし同じ一六節の中で「信から」と「信による」の二つの表現が出て来て、少なくともこの節の中では両者まったく同じ意味のようである(ローマ三・三〇でも同様に一文の中にこの二つの表現が多分まったく同じ意味で用いられている)。多分パウロは、西洋人にはよくある同じ表現を連続して用いるのを避けるという目的のためだけに、本当は同義なのだが、前置詞を取り替えてみた、というだけのことだろうか。従って口語訳、新共同訳が両方とも「による(によって)」とそろえて訳したのは、理解の上では間違いではないだろう。しかし、翻訳というのは単に意味内容が正確に伝わればいいというものではないので、パウロの文体は同じ意味のことを平気で違う前置詞に入れ替えて言う、ということも読者に伝わる方がいいから(それに、本当に同じ意味なのか、微妙に違うのか、パウロさんに聞いてみないと、わからない)、直訳しておくのがよかろう。

実はパウロはこの表現について、ローマ書では三・二二からはじまって四・一三まで、右の三・三〇を例外として、ずっと連続して「信によって」という表現を続けている(全六回)。ところが四・一六でそれを「信から」と言い換えたとたんに、「信によって」はやめてしまって、以後ずっと一貫して「信から」と言い続ける(一四・二三まで合計八回)。これは誰にでもある言語現象で、同じことを言うにもいろいろ言い方がある場合に、うち一つの言い方をすると、以後当分の間はその言い方を続けて、何かの拍子に違う言い方をすると、以後また当分の間はそちらの言い方を続ける、という現象である。そういうものであるから、この二つの言い方の間に違いはない、とみなすのが正しかろう。

どうせ同じなら、意味として正確な「信によって」という言い方で一貫すればいいのに、と思うが、パウロが「信から」という言い方をするのは二つ理由があるだろう。一つには、パウロはこの議論の下敷きとして常に例のハバクク二・四の「義人は信から生きる」という言い方を頭に置いている（三・一一、またローマ一・一七）。この引用句は七十人訳がヘブライ語の文（「において」ないし「によって」）を何故か「から」と訳してしまったのをパウロがそのまま暗記して引用しているものであるが、しかしパウロの頭の中にはこういう句として暗記されているから、それでほかの時にもしばしば「信から」という言い方をしてしまうのであろう。もう一つは、これは「律法の業績から」との対句である。律法の個条を実践する業績の場合には「その業績を根拠として（義とされる）」という意味で「業績から」という表現は素直に通じる。それとの対比があるから、それに語呂だけそろえて「信から」という言い方になってしまったのだろう。

我々もまたキリスト・イエスを信じた　佐竹はこれを、クリスチャンになって洗礼を受けたということだ、と説明している。こういうのを矮小化という。「キリスト・イエスを信じた」というのは、単に洗礼を受けるなんぞという宗教儀礼の話ではなく、本気になってイエス・キリストのことを信頼したのである。なおここの「キリスト・イエス」という語順については（ここでは eis「へと」という前置詞＋対格）、第一テサロニケ二・一四の註参照。ただしここもまた「キリスト・イエス」とするのはℵACDFGほか、「イエス・キリスト」は$\mathfrak{P}^{46}$BHほかだから、どちらが原文の読みかはとても定め難い。

もまた　この句で重要なのはこの語。多くの註解者はこれを一五節につなげて「異邦人だけでなく我々ユダヤ人もまた」という意味に解している。しかしそれだと、「異邦人」が信じるのは当り前だが、我々ユダヤ人もまた信じたのだ、という意味になってしまって、パウロ思想としてはいかにも奇妙である。そういうことが言いたいのなら、パウロだったら逆さまに「我々だけでなく異邦人もまた」と言っただろう。だいたいこういう語は直前の表現に対して「もまた」と言うものである。つまり「イエス・キリストの信によって」（神がイエス・キリストを通じて我々に対して信実を示して下さった）に対応させて、それなら我々もまたそれに対応して、その「信」に対して「信」をもって対応し、神のキリストによるその救済意志を信頼しようではないか、と言っているのである。この「神の信から我々の信へ」という対応の仕方は、まさにパウロ思想の根本であって、ローマ一・一七で「福音」の基本として宣言されているものである（この個所もまた口語訳、新共同訳のように大幅に改竄したりしないで、直訳しないといけない、「神の義は信から信へと啓示される」。詳しくはその個所の註参照）。

いかなる肉　「肉」という語を「人間」と同義語に用いるのは、聖書のギリシャ語ではよく見られる（ヘブライ語の影響）。特に「すべての肉（いかなる肉）」というのは、「すべての人」というのと同じである（マルコ一三・二〇参照）。だから口語訳は「だれひとり」と訳した。もちろん訳としてはそれで正しいが、パウロの場合は話は微妙である。つまり、パウロは「肉」という語を否定的な意味に用いることが多い（特に「肉による」という言い方の場合、ローマ八・四ほか多数）。従ってここは、肉なる存在としての人間ということを特に強調する意味で単に「肉」と言ったのかもしれない。肉的存在である限り、人間は自分でどんなに努力しても救われないのだよ、という意識。

17　**求めている**　これが直訳。新共同訳は「努める」。求めると努めるではだいぶ違いますよ。パウロは口をすっぱくして、人間が自分で努力しても救いを得ることはできない、と言っているのです。

罪人であるのなら　これが直訳。口語訳「罪人であるとされる」。されるかどうかという問題ではなく、現に事実として罪人であると言っている。英語に直訳すれば be found（RSVは we ourselves were found to be sinners）。

18　**証明する**（＝新共同訳）　第二コリントス書簡でしばしば議論の種になっている単語（dokimazō、第二コリントス二・九の「あなた方の証拠」の註、また第一テサロニケ二・四の註参照。詳しくは第二コリントス書簡の『概論』参照）。ほかの個所では我々は「検証する」と訳した。訳語が一定せずに恐縮。この場合は、検証した結果として、事実を証明する、という趣旨。口語訳は「表明する」としているが、これは単純に間違い。そもそも語義が理解できていないと言われても仕方があるまい。

19 **律法に対して、神に対して**（＝新共同訳）　どちらも単なる与格（前置詞なし）。パウロの単なる与格の使い方もひどくわかり難いが、ここは多分いわゆる関係の与格。むしろ「罪に関しては」「神に関しては」と訳すか。更にローマ六・一一の註参照。

十字架につけられたのだ　佐竹「……つけられている」（＝新共同訳）。ここは現在完了だから、佐竹のように訳すのはよくない。佐竹が現在に訳したのは、現在完了というのは結果が現在に及んでいることを示す時制だから、というのだが、もしそうだとしても、結果が現在に及ぶというのは単なる現在と同じではない。

20 **引き渡す**　これが直訳。これは司法に関する術語で、罪人として引き渡される、自分自身を逮捕、処刑されるために引き渡す、という意味。こういう術語は正確に訳さないといけない。口語訳（新共同訳も同様）の「ご自身をささげられた」はいくらなんでも。

神の子の信　一六節の長い註参照。しかしここは、神（の子）が、みずからを十字架につけるために引き渡すほどに人間たちに対して信実を貫いて下さった、そのおかげで我々は生きているのである、という意味としか考えられない。従って単純に「神の子の信実」と訳せばすむところ。口語訳のように「神の子を信じる信仰」と訳すのはまるで根拠がないし、それでは意味が通じない。ただし従来の大部分の翻訳はそう訳している。

私が今肉において生きているところのものは　これで直訳。つまり、もはや「私」という人間が生きているわけではなく、キリストが私の中に生きているのだ、などと大袈裟な宣言をしてしまったので、パウロとしては直ちに論理的に行きづまる。そんなことを言ったとて、現にあなた自身が「肉において」、つまり死すべき肉体の生を生きているではないか、と反論されてしまう。それでパウロは、そう問われる前に自分でその問いに気がついて、言い訳して、では現に「肉において」生きているところのものは何なのか、と説明にかかっているのである。なおこの表現については更にローマ六・一〇の註参照。

私が今肉において生きているところのものは……神の子の信において生きているのである　新共同訳「わたしが今、肉において生きているのは、……神の子に対する信仰によるものです」。「神の子の信」を「神の子に対する信仰」としてしまった問題についてはすでにさんざん指摘したから（一六節の註）、ここではくり返さない。他方、「において」（単なる与格）を「による」（手段道具の与格）と解するのはそれ自体としては可能である。ここはその方がいいかもしれない。しかし「生きているのは……よるのである」と書いたら、我々が今此の世の生を生きることができているのは（まだ死なずにすんでいるのは）、信仰のおかげです、ってなことになってしまう。そうなったら安物ファンダメンタリズムにしかならない。この文が言っているのはそういうこととまったく関係がない。パウロの論理では、「肉において生きている」というのは、本当は死んでいるのと同じことである。その死んだに等しい私が、それにもかかわらず、キリストの信のおかげで生きているのだ、ないし生きる希望（永遠の生命を与えられる希望）を持っているのだ、というのである。まあ、ここまで文を省略して書くパウロの方も悪いけれども。

信において……神の子の信において　いったん「信において」と言っておいて、それをもう一度「神の子の信において」と説明し直している。この言い方からしても、この場合の「信」は信者が持つ「信仰」の意味ではなく、神がキリストを通して示してくれた「信実」の意味であることは明白。

第三章

1　間抜けな　ものを知らない、理解力がない、という趣旨の形容詞だが、ひどく相手を馬鹿にした失礼な表現。「馬鹿」とか「阿呆」とか訳すのがぴったりだが、「馬鹿」と言うと大阪人が嫌がるし、「阿呆」と言えば東京人が嫌がるから、「間抜け」にしておいた。しかしガラティア人とてこう言われたらもちろん腹を立てただろう。

2　信について聞いたから　二・一六からすれば、キリストが我々人間に対して信を持って下さった（ないし神がキリストを通じて信を示して下さった）という話を我々は聞いた、それに感激して心を動かされた（霊を受けた）ということ。新共同訳「福音を聞いて信じたからか」は、いくらなんでも変えすぎている。「福音」というのはパウロにとって根本的に重要な概念であるから、パウロがその単語を使っていないところまで勝手に挿入してはいけない。加えて、「聞いて信じた」（その点は口語訳も同じ）のではなく、「信について聞いた」のである。

これは鮮明に誤訳。もしもこの「信」を人間がキリストに対して持つ「信仰」の意味に取るとしても、「信仰というものについてパウロから話を聞いた」の意味である（佐竹「信仰の説教に基づいて」）。しかしここはやはり、神が我々を信頼して救うことにして下さった、その神の信実について話を聞いた、という意味。

なお、「キリストの信」と同様に、「キリストの」なしで単に「信」とのみ言う場合も（定冠詞つき）、パウロの場合、ほぼすべて律法の業績（からの義認）の問題に関する前後関係にしか出て来ない、という事実に注目しておく必要がある。単に定冠詞つきで「信」と言うのは、「キリストの信」を省略した表現であろう。

4　**本当に無駄だったとしても……**　この文もまた言葉を省略しすぎている。あなた方の経験が本当に無駄だったとしても、霊は神から与えられた霊なのだから、霊そのものは生きている、とでも言いたいのか。それとも一種の捨てぜりふで、本当に無駄だったとしても俺は知らねえよ、といったようなことか。ともかくパウロは言葉を省略しすぎる。しかし少なくとも、口語訳（新共同訳もほぼ同じ）のように「まさか、むだではあるまい」と正反対に「訳」すのだけは無理。

5　ここまで言葉を省略されると、どうにもならない。むろん、神自身が「信について聞くことから」出て来るわけはない。「……方（神）は」でパウロはいったん文を中断し、その続きを記さず、違う文に移ってしまったのである。ないし、口述筆記で何度も言い直したのを筆記者が間違えたか。口語訳、新共同訳はそれぞれこれを何とか通じる文にしようと、だいぶ言葉づかいを変え、余計な単語を補って、かえって奇妙な論理の文にしてしまっている。そうなったら、もはや訳ではなく創作である。

6　**ように**　これもどこにどうかかるのかわからない。新共同訳のようにこの文を前の五節の文にかけて、「……と言われているとおりです」と訳すのも一法である。あるいは佐竹、「［聖書に記されている］ようにアブラハムは神を信じ……。」

引用符の中は、創世記一五・六の七十人訳の引用。

算入された　これは一種の簿記用語。貸し方ないし借り方に算入する、ということ。こういうところで簿記用語を使うということ自体、一方でパウロ自身がやかましく主張している「業績からの義ではなくキリストの信からの義」とはまったく発想が異なり、人間のやることの一つ一つが神の前で貸し方（義）に数えられるか、借り方（罪）に数えられるか、という業績積み重ねの発想となっている。こういうところにもパウロの典型的な自己矛盾の例が見られる。この語については特にローマ四章（四節以下多数）参照。

7　信から　一七三頁以下参照

8　書物　パウロの場合（パウロだけではないが）、定冠詞つき単数で「書物」と言えば、旧約の全体を絶対的な正典とみなす言い方である。

異邦人　この節に二度出て来る。「民族」という語（ethnos）の複数形。直訳は「諸民族」。ユダヤ教や新約の多くの著者のギリシャ語では「諸民族」という語は実質的には「異邦人」を指す。ユダヤ人は自分たちのことをethnos（民族）とは呼ばず、laos（民）と呼ぶからである。しかし、訳としては単に「諸民族」と訳すか、意味をとって「異邦人」とすべきか、迷う個所が多い。けれどもこの個所の場合は、創世記の原文の意味は別として、パウロのつもりとしては、「異邦人」と訳すべきところだろう。いずれにせよ、口語訳のように同じ節の中で同じ語を一つは「異邦人」と訳し、もう一つを「国民」と訳すのはよくない（どのみち「国民」ではなく「諸民族」であるが）。両方ともそろえて訳すべし。

福音を予告した（＝新共同訳）　原文は「福音」という名詞と「予告する」という動詞が並んでいるのではなく、まとめて一つの動詞であるが（euangelizomai という動詞に pro- という接頭語をつけた）、その中に「福音」という概念がはいっているのだから、佐竹のように単に「あらかじめ伝えた」はよくない（一・一六の註参照）。

引用文は七十人訳の創世記一二・三と一八・一八の合成。

9　信実な　「信」（pistis）の形容詞 pistos（二・一六の長い訳註参照）。「(神を)信頼し、かつ（神に対し）忠実である」という意味。本当は「(神に対して）誠実な」とか「忠実な」などと訳せばいいのだが、それだと「信頼」「信じる」と同根の形容詞であることが見えなくなるから、「信実」にしておいた。

10　すなわち　同じ節の中で gar が連続している。一・一〇の註参照。

律法の業績からの者　律法の業績に基づいて、そこから生きようとする者（二・一六の長い註の最後のところ参照）。新共同訳「律法の実行に頼る者」は変えすぎ。ともかくこの「訳」は好き勝手に変えすぎる。

固執する　口語訳は「守る」とした。そりゃまあ、律法の書に書かれてあることにいちいちすべて固執するのであれば、煎じ詰めれば「守る」ことにもなろうから、訳として間違いとは言わないが、口語訳は律法とあれば原文にどんな動詞が出て来てもすべて「守る」にしてしまうのだから、訳としていささか無神経である。この動詞（emmenō）、「そこにとどまる」という意味だが、きつい意味の語で、まさに「固執する」といった感じ。確かに、法については「遵守する」という意味にもなるけれども。新共同訳はこれを「絶えず守る」と「訳」した。emmenō は古い訳（ルター以来）では単に「とどまる」と訳しているから、「とどまる」のなら「絶えず」だろうと想像なさったのだろうが、それでは大部ずれる。

行なわれるべきだと書いてあること　口語訳は「書いてある……ことを守らず、これを行わない」とした。「行なうべき」のかけ方を異なって解したものである。つまりこれは不定詞句だが、「書いてあること」の内容を指すと解すれば我々の訳になるし（＝佐竹）、「固執する」（口語訳の「守る」）の目的句と解すれば、「固執した結果として、これを行なう」の意味になるから、口語訳のように訳すことになる。どちらも可能。実質的にはどちらにせよ同じことである。他方、新共同訳はこの「これを行なう」を削除してしまった。意味は変わらないから、何でも縮めてしまえ？

引用文は申命記二七・二六の七十人訳からの引用。「固執する」が申命記では未来、パウロは多分現在。ただしギリシャ語ではこの語の未来と現在は同じ綴りで、アクセントによってのみ区別されるから、まだアクセント記号が存在しなかった古代の写本では、どちらとも区別がつかなかっただろう。もう一つ「すべてのことに」の前に申命記は「において」という前置詞を入れている（パウロの写本にも後世のものには多くはいりこんでいる）。これはどちらでも意味は同じ。

11　**義人は信から生きる**　ハバクク二・四の引用文。ただしヘブライ語原文には「義人はその信によって生きる」と「その」（「その義人自身の」の意味）がついており、七十人訳は「私（＝神）の信」（これは神の語った言葉という体裁）と「私の」がついている。この前後、パウロは七十人訳に従って引用しているから、ここも「義人は神の信によって生きる」と言うつもりなのだろう（「から」については二・一六の註参照）。しかしもしかすると意図的に「私の」を削除したか。そうすると単に「信」だから、両側、つまり神が人間に対して信実の態度を取り続けたということと、人間がそれに応答して神を信頼するということの両方を意味するつもりなのかもしれない。しかしまあ多分七十人訳と同じ意味であろう。

この文の訳し方は有名な議論のあるところ。すなわち「信から」を「義人」にかかる形容詞句と解して、「信からの義人は生きる」と訳す訳もありうる。文法的にはどちらかというと「義人は信から生きる」と訳す方が正しいが（「信から」が「義人」にかかる形容詞句であるなら、定冠詞がつかないといけないが、この文では定冠詞がついていない）、この種の文法についてはこの時代のギリシャ語は杜撰であったから、文法だけで決めるわけにはいかない。まあ六分四分というところ。他方、パウロ思想の流れからすれば形容詞句と取るほうがどちらかというとパウロらしい。本当に生きるのは「信からの義人」だけだ、という意味。それに対し「義人は信から生きる」と言うと、「義人以外の者は、ほかの何かに依存して生きる」という意味をはらみかねない。なお新共同訳の「正しい者は信仰によって生きる」は、私の訳と基本的には同じであるが（「信」と訳すか「信仰」と訳すかは別として）、しかし、日本語というのは微妙なもので、こう書かれると、「信仰によって生きようとしない奴は正しくない」というニュアンスをはらんでしまって、ちょっと不愉快である。名詞で「義人」と言うか、形容詞に「者」をつけて「正しい者」とするかによって生じる微妙な違い。日本語というのはややこしいものである。

12 引用文はレヴィ記一八・五の七十人訳。ただし、原文では関係句であるものをパウロは独立文にして引用しているから、多少言葉づかいは異なっている。

条項 節のはじめの「律法」は単数形だが、引用文では「それら」と複数代名詞になっている（佐竹「それらを行なうものはそれらにおいて……」）。これは引用の原文で複数代名詞が用いられているのをそのまま記したものである。複数であれば、律法の全体を意味するのではなく、その個々の条項を意味するので、「条項」と補ってみた。

その条項において生きる　これで直訳。口語訳は「……律法によって生きる」。「において」と「によって」ではだいぶ趣旨が異なる。ここで「において」というのは、「に依存して」ではなく、「律法という場において」の意味である。

13 我らのために　佐竹「わたしたちの代りに」。hyper という前置詞は英語の for と同じで「ために」という意味だが、「代りに」という意味にもなる。しかし「ために」が原義であるし、その方が意味が広いから、差し支えない限り「ために」と訳しておくのがよい。この前置詞については一・四の註参照。

引用は申命記二一・二三。ただしヘブライ語原文とも七十人訳とも多少異なっている。多分記憶による引用。

14 信によって　我々が霊の約束を受け取ることができるのは、神が我々に対して信頼を失わずに、その子を十字架にかけて我らを救ってくれた、その「信」のおかげで、ということであろう。「によって」はそういう意味である。我々の「信仰」なるものを業績として評価して、御褒美に神が霊を与えて下さる、という意味（新共同訳など）ではない。「信」については二・一六の長い註参照。またこの章の二六節。

霊の約束　佐竹は「霊という約束」と、属格を同格的属格に解している。それが正しかろう。

15 人間的な仕方で（＝佐竹）　もっと直訳すれば「人間に応じて」。この前置詞は英語の according to にあたる。つまり、上記までは神の事柄を解説してきたのであるが、それを、人間社会の事柄と比べて説明しましょう、ということ。このように直訳したのでは通じないと思ったのだろうか（余計なお世話）、口語訳は「世のならわしを例にとって」と言い換えた。それではややずれる。しかし新共同訳の「分かりやすく説明しましょう」となるとまるで見当はずれ。いずれにせよここは、パウロが「人間的」ということをどのように「神」との対比においてとらえているかがわかる個所なので、訳においても「人間」という語は残しておかないといけない。

契約　多くの学者が、ここは単語（diathēkē）の原義に従って「遺言」と訳すべきだと言っている。後のキリスト教ギリシャ語では「契約」の意味になったが、新約聖書のギリシャ語ではまだその意味は持っていなかった、というのである。けれども、その意見は優勢であるが、必ずしも説得力はない。すでにパウロ自身他の個所ではこの語を「契約」という意味に用いているし（第一コリントス一一・二五「新しい契約」）、この個所だけ見ても、すぐ続く一七節で同じ単語が出て来る。口語訳等のように、そちらを「契約」と訳しておいて、こちらを「遺言」と訳すのはよくない。ここはパウロが両者を同じ単語で通しているのだから、訳もまた同じ単語にそろえないといけない。とすると、一七節の方はまさか神様が死ぬ時に遺言を残した、などというわけにはいかないから、「契約」と訳さざるをえないので、一五節も「契約」と訳すのがいい、ということになる。

もまた（homōs）この語は強い反語的な比較であるという意見に従って、「人間の契約（遺言）でさえ」（口語訳ほか）と訳す訳が多い。しかし、この語はもっと軽く、単に「同様に」の意味であることも多い。もっとも、この場合はどちらにしても同じことである。次節で、ましてや神の契約の場合は、と強調した言い方で話を続けているのだから。

発効したら　法律用語。法的に確立されること（詳しくはO. Eger, Rechtswörter und Rechtsbilder in den paulinischen Briefen, *ZNW* 18, 1917-18, 84-108（88-92）参照。この人、ローマ法の専門家）。従って新共同訳の「法律的に有効となったら」が正しい（いささか説明的にすぎるが）。口語訳の「作成されたら」は間違い。単に作成するだけでは法的に有効となるとは限らない。

無効にする　第一コリントス一・二八の註参照。

16　**それならば**　de という接続小辞で、ふつうは軽い語だからいちいち訳さないが、時には強く対照の意味を表現することもあるので、こう訳してみた。人間社会の実例でさえそうなのだから、「ましてこの場合はほかならぬアブラハムに対して約束が語られたのだ」ということ。

そして汝の子孫に対して　創世記一三・一五、一七・八、二四・七の三個所に同じ表現で出て来る。ただし創世記の場合は単数形でも集合名詞的な意味で、「すべての子孫たちに」という意味である。それに対しパウロのこの文の「子孫」は単数形でキリストのみを指す。

17　**四百三十年**　この数字がどこから出て来たのか、わからない。出エジプト記一二・四〇―四一では、イスラエル民族がエジプトに居た期間が「四三五年」とされている。しかし同七十人訳（B写本）では、「エジプトとカナン」に居た期間になっている。他方創世記一五・一三はエジプトの期間をおよそ四〇〇年としている。使徒行伝七・六はそれを引用して同じく「四〇〇年」としている。しかしそれらはいずれも厳密には「アブラハムからモーセまで」ではない。かつ「四三〇年」とするものは見られない。多分パウロは適当にうろ覚えの暗記で書いているのか。

19　違反のために　これで直訳。問題はこの「ために」（charin）をどういう意味に解するかである。すなわち日本語と同様に「ために」は原因と目的の両方を意味しうる。「違反がある故に」の意味にもとれるし、「違反に資するために」の意味にもとれる。charin は「恵み」という語の対格だが、それを前置詞的に用いている。従って原義は目的を表わす意味だが（ドイツ語の zu Gunsten js., 英語の in favour of someone にあたる）、実際には「の故に」の意味に用いられることも多い。しかし神学者の多くはこの個所を「の故に」と解するのに反対である。「違反を促すため」などと訳している（口語訳。佐竹も似ている）。律法が定められた結果としてかえって律法違反が多く生じた、ということ。その論拠は、ローマ書ではそういうことが言われているから、ガラティア書のこの個所でも同じ趣旨だろう、というのである。例証としてローマ四・一五、五・一三、二〇、七・一三があげられる。けれどもこれらの個所ではいずれも charin という語は用いられていないし、おまけにそれぞれ言っていることが異なっている。四・一五は単に「律法がなければ罪は罪として認められることがない」と言っているだけで、五・一三は「律法がなくても罪は存在したが、罪として認識されなかった」と認識の問題に話を限っている。五・二〇だけが「律法のせいで罪が増し加わった」と言っている。右の神学者たちの説は、ガラティア書のこの個所もその意味に解そうとするものである。ローマ七・一三はそれ自体としてまことに曖昧でさまざまに解しうる（その個所の註参照）。

従ってガラティア書のこの個所はローマ書と同じことを言っている、といっても、ローマ書のどの個所と同じか、と言われたら困るだろう。そもそもパウロのこの種の律法論は全体として論理的にまことに混乱しているので、同じことを言っているといっても、その言っていること自体が混乱しているのだから、どうにもならない。また、ガラティア書はローマ書と同じことを言っているはずだ、という前提自体も必ずしも説得力はなく、微妙な問題である（『概論』参照）。

しかし、パウロが「罪」という概念を人間の犯す個々の罪過の意味だけでなく、むしろたいていの場合は神話的な意味で用いている、ということを考えると、これを「資するために」と訳すのも結構意味が通じて面白い。つまり「罪」は超越的、神話的な力、ほとんど「サタン」と言い換えてもいいくらいな超人間的力を意味する。そういう力が人間を支配している。また「律法」の方もこれまた自分たちを支配する力である。しかも律法はその裁きによって我々に死をもたらす。罪もまた我々に死をもたらす力である。そうとすれば、律法は罪の仲間、罪の側の力であって、罪の力が働いて我々に死をもたらすのに協力している、ということになる。その意味でここは「律法は違反に資するために存在する」と訳す方がいいかもしれない。ただし、パウロが常に一貫して律法をそのように位置づけているわけではない。一方でそれに類することを言いながら、他方では「律法は神聖なのだ」と言い張る（ローマ七・一二参照。また七・七）。どのみちこの人の律法談義は自己矛盾に満ちあふれていて、論理的に正確に理解できるような種類のものではないけれども。

しかしもちろんここは「違反の故に」と訳しても十分に意味の通じるところである。世の中にいろいろ悪いことをする奴がいるから、それで律法が定められたのだ、という平凡な意味。平凡な方が正しい、ということはよくあることである。私はやはりこう解するのが正しいと思う。

仲介者　モーセのこと（ただし次節参照）。

仲介者の手に　ふつうは「の手に」という表現はヘブライ語の言い方の直訳で、単に「によって」という意味だ、と説明される。しかし、そうするとここは、「仲介者によって、天使たちによって」と「によって」が重複する。そしてその場合は「仲介者」と「天使たち」の関係がややこしい。仲介者＝天使たち、ということか？しかし「仲介者」は単数形、「天使たち」は複数形である。それにユダヤ教の伝統的考え方からしても仲介者はモーセである（ただし次節では、仲介者＝天使たち、の可能性が強い）。とするとやはり、神は律法を天使たちを通してモーセの手に与えた、と読めばいいだろうか。そのモーセが更に「仲介者」となってイスラエルの民に律法を与えたのだ、と。

天使たちによって　神が直接与えたのではない、ということ。旧約では律法は神が直接モーセに与えたことになっている（出エジプト記一九―二〇章ほか）。けれども後のユダヤ教では、何せ神が直接人間に現れるなどということはタブーにふれるから、間に天使が介在したとする伝承がいろいろ作られた、と学者たちは説明してくれている。神が直接モーセに手わたしたのではなく、天使がモーセのところに律法の書いてある石板を運んできたのだ、と。しかし、それもあまり確かではない。シュリーアが大量の例を上げているが、いずれもぴったりした例とは言えない。つまり、ユダヤ教の伝承には、神が律法をモーセに与えた時に、大勢の天使たちが神のかたわらに居た、と言っている個所は多いけれども、いずれも単に、天使が大勢いた、と言っているだけで、「神が天使たちを通してモーセに与えた」とはっきり言っている個所は見当たらない。唯一それらしいのは、ヨセフス『ユダヤ古代史』一五・一三六だが、ここも「我々は（律法を）天使によって学んだ」と言っているだけである。それに対して、パウロの流れに属するキリスト教文書では、「天使たちによって」律法が与えられた、とはっきり述べる個所がいくつも見られる（使徒行伝七・三八、五三、ヘブライ書二・二）。とすると、この考え方はパウロがはじめて考えついたという可能性も捨て切れない。しかし、使徒行伝もヘブライ書も、天使によって与えられたのだから律法は聖なる言葉なのだ、と主張しているのに対し、パウロのこの個所は、だから律法の価値は低い、と反対のことを言っているので、両者がつながっているとも考えにくい。やはり使徒行伝やヘブライ書はパウロと関係なしにこの考え方をギリシャ語のユダヤ教から知ったのか。更にヘブライ書二・二の註参照。

20　何を言っているのか、よくわからないので有名な個所。冗談まじりではあるが、この個所には四百もの異なった解釈がある、などと言われる。冗談は別としても、パウロは時々一人よがりの論理を奇妙にひねくって、おまけにそれをていねいに説明せずに、ひどく言葉を省略して思わせぶりに短く言うくせがある。従って、本来が悪文であるのだから、これはどういう意味か、などと議論してもはじまらないが、一応、代表的な解釈は二つある。一つは、天使は大勢なのだから（それでパウロは前節で意図的に天使を複数形にした）、仲介者は複数である。つまり、律法というのは絶対的なものではなく、いろいろあるさ、ということ。もう一つの解釈は、仲介者というのはあっち側とこっち側を仲介するのだから、一方だけに依存しているわけではない、という解釈。もしも後者の解釈が正しいのならば、新共同訳の思い切った作文（こうなると訳とは言えない。勝手な作文）「仲介者というものは、一人で事を行う場合には要りません。約束の場合、神はひとりで事を運ばれたのです」は、なかなか良い解説だということになる。しかし、前者の解釈の方が支持者が多いし（やはりパウロがわざわざ複数形の天使を強調したのは、その意図があったからだろう）、ほかにもいろいろ解釈があるところだから、こんなところは、通じようと通じまいと、直訳しないといけない。通じないのはパウロが悪いんだから。

21　神の約束　「神の」をつけず単に「約束」としている写本がある。数は少いが、重要な写本である（𝔓46とB、また古ラテン訳のd写本と、四世紀末にパウロ書簡の註解を書いたAmbrosiaster）。もっとも、「神が」がついていなくてもどのみちパウロが「約束」と言う時には神の与える約束の意味だから、同じことだが、正文批判としては結構重要なところ。

律法から義が生じていた　これで直訳。直訳して十分に意味が通じるのだから、新共同訳のように「人は律法によって義とされたでしょう」などと無理に改竄する必要はない。

22　イエス・キリストの信から　二・一六の長い註参照。これも「信から信へ」という文である。神がキリストを通して信を貫いた。その信から、（神とキリストに対する）信の態度を取った人間たちへと、約束が与えられるのである（この「信から信へ」というパウロ的発想についてはローマ一・一七参照。また二・一六の「もまた」の註）。だからこの「から」は「から」と直訳しないといけない。口語訳（＝新共同訳）「信じる人々に……信仰によって与えられる」はこれを「によって」と訳したから、文のバランスが崩れてしまった。どのみち出発点を意味する「から」を「によって」と訳すのは無理だし、人間が持つ「信仰」が人間に「約束」を与えるなどというのは、パウロの思想とはまったく無縁である（パウロにとっては「約束」は神が与えてくれるものである）。

書物　三・八の註参照。ここは「聖書」の全体というよりは、律法を指す。

23　信が来る前まで　この表現となると、口語訳等のように「信」を一貫して「信仰」（人間が神に対して持つ宗教心）と訳してきた翻訳では、困ってしまうことになる。「信仰が来る前まで」では意味をなさない。信仰とは人間が主体的に持つものであるから、むこうから勝手にやってくるわけにはいかない。これは神の信（神の人間に対する信頼）がイエス・キリストを通して人間のところに来る、ということ。パウロは「信」を何ほどか擬人化して書いている。「信」＝イエス・キリストの到来、と思っているから、そういう文が可能なのである。「信が啓示される」も同じこと。

保護下に置く　この動詞（phroureō）は、日本語の「保護」も似たようなものだが、二通りの意味がある。幼児を保護するという意味と、刑事裁判上の措置として「拘置する」という意味である。それで佐竹は「拘置されていた」と訳した。ここだけ見ればそれで十分に意味が通じるように思えるが、それではどうして続く文で律法が「養育係」とされるのかわからないことになる。幼児はわけがわからず表にとび出すとあぶないから、養育係の保護下に置く、ということ。口語訳（＝新共同訳）の「監視され」はまあまあだが、それでも「勾留」のニュアンスが響く。

25　**すでに来たった今となっては**　「すでに」と「今」の語は原文にはない。しかしアオリスト分詞は主文の一つ前の時を示すから、このように言葉を補って訳してみた。

26　**信によって、キリスト・イエスにおいて、神の子なのである**　「キリスト・イエスにおいて」を「信」にかかる形容句とみなして、「キリスト・イエスにおける信によって」と訳す可能性もないわけではない（口語訳はそうしている、「キリスト・イエスにある信仰によって、神の子なのである」）。しかしパウロには「キリスト・イエスにおける信」という言い方はほかでは出て来ないし、「キリスト・イエスにおいて」は普通は副詞句だから、「神の子なのである」にかかるとみなす方がいい（その点は新共同訳も同じ）。あなた方が「神の子」であるということは、「キリスト・イエスにおいて」生じたことである、という意味。

信によって　ここを口語訳（＝新共同訳）のように「信仰によって」と訳すと、奇妙なことになる。そうすると、人間が自分で「信仰」なるものを持てば「神の子」になれる、と言っていることになってしまう。もちろんここは、例によって、何度も出てきた標語的な「信によって」であるから（一七三頁以下参照）、神が人間を見捨てず、人間に対して信実を貫いて下さった、その信実によって、ということ。それに、右のように訳せば、「信によって」とは言い換えれば「キリスト・イエスにおいて」ということだ、というのであるから、この「信」

はますます、神がキリスト・イエスにおいて「信」をもってなし給うたこと、という意味以外ではありえない。

キリスト・イエスにおいて　この漠然と意味の広い表現については、第一テサロニケ二・一四の註参照。また「キリスト・イエス」とする語順についても同じ個所の註参照。そちらでも記したが、新共同訳はこの個所でもまだ「キリスト・イエスに結ばれて」なんぞと書いている。「結ばれて」などと原文とまったく無関係の概念を導入するのは、この個所になると、もはや無茶苦茶としか言いようがない。いい加減にそのいやったらしい「結ばれ」趣味をやめてくれないかしらん。なお「信によって、キリスト・イエスにおいて」ではなく単に「キリストの信によって」としている写本がある（$\mathfrak{P}^{46}$など）。少数だが重要な読みである。

27　**キリストへといたる洗礼**　これが直訳。人間は洗礼を通してキリストのところに到達する、ということ。口語訳は「キリストに合うバプテスマ」としているが、「へと」(eis) という前置詞に「に合う」などという意味はない。他方新共同訳は相変わらず「洗礼を受けてキリストに結ばれた」。すでにくり返し指摘してきたように、新共同訳が「キリストにおいて」を必ず「キリストに結ばれて」と訳すことに決めているのは、まことに珍妙で、この訳の最大の欠点の一つだが（欠点という以前に、幼稚すぎて恥ずかしい）、この個所の場合に限り（ここの原文の前置詞は「において」ではない）、解釈としては一応成り立つ（キリストへと到達すれば、結ばれることにもなる?）。ただしこう書くと、何ほどか神秘主義的結合の臭いがしてくる。パウロ自身時には神秘主義的結合に近い考えを示すこともあるから、ここもそうだと言えばそれまでだが、ガラティア書ではそういうニュアンスの個所はほかには見当たらない。多分パウロ自身は神秘主義的結合の感じを避けるために、続く句では「キリストと合一する」ではなく、「キリストを着る」と言ったのであろう。「着る」のであれば、「結ばれる」のとはだいぶ違う。やはりどのみち新共同訳みたいに原文にない概念を次から次へと持ち込むのは翻訳とは言えない。

28　**もはやユダヤ人もギリシャ人もいない**　もしもパウロがここで本当にいかなる民族の違いもありえないと言っているのなら、こういう言い方はしなかっただろう。単にはっきりと「神は人を民族によって区別しない」と言えばすんだのだから。パウロの頭の中にはユダヤ人以外には、このヘレニズム世界の支配民族であるギリシャ人しか存在していないという証拠である。ある種の日本人にとって、世の中には日本人とアメリカ人しか存在しないのと同等の発想である。ここではパウロは「ギリシャ人」を相手に書いているのだから、などという言い訳は通用しない。ガラティア人はまさにギリシャ人ではないし、ギリシャ文化に十分に同化していない「野蛮人」として軽蔑されていた。あるいはまた、パウロはここで「ギリシャ人」という語を「異邦人」の同義語として用いているのだ、だからこれは全世界の諸民族の意味だ、などという言い訳も通用しない。「ギリシャ人」という語を「異邦人」(=非ユダヤ人)と同義、ましてや全世界の諸民族と同義に用いるなどという語法は、当時のギリシャ語にはないし、パウロ自身の語法にもない。そもそも語義からしてありえない話である。パウロが時々「ギリシャ人」という語と「異邦人」という語を一見同義語として用いているように見えるのは(たとえば第一コリントス一・二二―二四ほか)、もちろんこの場合と同じで、この人の頭の中にはユダヤ人以外はギリシャ人しか存在しないから、本当なら「異邦人」と言わねばならない時までついうっかり「ギリシャ人」と書いてしまった、というにすぎない。そのくせ他方では「ギリシャ人」をはっきりと「野蛮人」と区別している(ローマ一・一四ほか参照)。なおコロサイ書(擬似パウロ書簡の一つ)の著者はパウロのこの言い方の欠点に気がついて、是正している(三・一一)。

男と女ということもない　はじめの二つの句でははっきりと「……も……もいない」と言っておいて、三つ目の句だけは「男と女」と間を「と(kai)」でつないだのは何故か。単なるレトリック上の変化か(同じ言い方を三度もくり返すのは野暮だから、ちょっと変えてみただけで、意味は同じようなもの)。それとも「男と女」だけはちょっと違う論理で考えているのか。多分後者だろう。

$\mathfrak{P}^{46}$はここも「キリスト・イエスにあって一つ」ではなく、単に「キリストのもの」としている。

第四章

2　**後見人ないし管財人**　口語訳は「管理人や後見人」としているが、これは順序が逆さま。前者が法律的な意味での未成年に対する後見人で、後者は、家政をとりしきる召使の長。

3　**諸元素**　単語そのもの(stoicheion の複数形)の意味は「諸要素」。「列」という語(stoichos)から派生した語で、本来は、列の中に並んでいる個々の要素を指す。列の中には小さいもの（要素）がずらっと並んでいる、というところから、転化して、列と関係なしに単に「個々の要素」を意味するようになった。しかしこの語はすでに非常に古い時代から一種の学術用語として用いられるようになり、物質の構成要素を分割していって、これ以上分割できない最小単位の要素を指すようになる（御存じエンペドクレスの「四元素」など）。従って現代科学の用語を用いるのであればむしろ原子とか分子とか呼ぶ方がよろしかったか。しかしこの時代になるとこの語はもう一つ転化して、宇宙に漂う、人間にはよくわからない不可思議な元素などを指すのに用いられることが多くなった。星辰はそういう元素だと思われた。古代のことだから、空に輝く星などは何だかわけのわからない存在であって、下界に生きる人間たちにさまざまな不可思議な力を及ぼすと考えられていた。それもたいていは悪い影響である。不可思議な「元素」が不可思議な力を下界に照射する、といった感じ。従って実質的には霊的な力とよく似ている（「霊」もまた、空中に漂う眼に見えない不思議な存在と考えられていた）。従ってこれを口語訳のように「霊力」と訳すのは、実際に指しているものからすれば正しいが、まあ直訳する方が古代人の宇宙観、物質観がわかって面白かろう。しかしこれを新共同訳のように「諸霊」と訳してしまうと、すでに誤訳の部類である。単に「霊」というと、宇宙の星辰よりは人間にとってずっと身近な存在である（なお、この語と同根の動詞 stoicheō は、これとはまた違って、独得の意味を持つ。五・二五の「霊の側に並ぶ」の註参照）。

宇宙の諸元素のもとに従属せしめられていた　まあ「宇宙」でなく「世界」と訳してもかまわないが、ここは現代語で言う宇宙のこと。口語訳「いわゆるこの世のもろもろの霊力の下に、縛られていた」。「いわゆる」が余計。「この世」もおかしい。また「縛られていた」は奇妙。単に奴隷として従属していた、というだけのこと。新共同訳の「世を支配する諸霊」もかんばしくない。「宇宙の」は「宇宙の中にいる」ぐらいの意味であるから、その一単語を「世を支配する」と言い換えてしまうと、だいぶ違ってくる。何せ新共同訳は原文にない「支配」だの「命令」だのを持ち込むのがお好き。

5　**養子たる資格**　つまり神の子にしてもらうこと。

6　**……子であるのだから**　大多数の訳はこう訳している（接続詞 hoti を理由の意味に取る）。ほかに考えようもないが、新共同訳は「あなたがたが子であることは……霊を……送ってくださった事実から分かります」としている。これはギリシャ語を訳したわけではなく、NEB、TEV（To show that you are his sons, God sent the Spirit ...）などの英訳の英語をもじったものである。これらの水準の低すぎる改竄訳の真似をしてはいけない。hoti 一語を to show that と「訳」すんだから、最低（目的句の意味にとったおつもりなんだろうが、単独の hoti にその種の目的句の意味なんぞない。ましてや to show なんぞ無茶苦茶）。

神はその御子の　「神は」が欠けている写本、「御子の」が欠けている写本がそれぞれあるが、おそらく原文はどちらもはいっていた？

我々の心　「あなた方は」と言いながら「我々の心」と言うのはおかしいから、「あなた方の心」と修正している写本が多数あるが、これはすべて後世の写本であるので、原文はやはり「我々」であっただろう。パウロはこのあたり頭の中で「あなた方」と「我々」がちゃんぽんになっている。

アバ　アラム語で「父よ」「お父さん」といった意味の語（abba）。つまりアラム語で言っておいて、ギリシャ語の訳語を添えたのである。

7 **あなたは**　今度は「あなた」と二人称単数にしてしまった。口語訳が「あなたがたは」とした気持はわかるが、原文には「あなた」と単数で書いてあるのだから、勝手に書き直してはいけない。パウロのこの種の代名詞の使い方がいかに混乱しているかを読者に伝えるためにも。

神によって相続人　「神による相続人」と訳したいところだが（口語訳、佐竹など）、ここは「神によって相続人と定められたのである」という文を、相変わらずパウロ流に縮めて言ったものであろうから、舌足らずでも「神によって相続人」としておいた方がいい。

9 **諸元素**　三節の註参照。

10 **守っている**　「守っているのか」と疑問文に解することもできる（佐竹）。同じようなものだが。

12 **損害を与えなかった**　経済用語。第一コリントス六・七、八、第二コリントス七・一二参照。

13 この一文から想像されることは、パウロが第二回伝道旅行の時にガラティア地方に滞在したのは（使徒行伝一六・六)、病気のせいだったということである。病気でなければこの地方は通過するだけで、もっと早くギリシャに行きたかった、ということだろう。ガラティア地方は標高千メートルを超す高原である。涼しい。それに対し小アジア南部や西部の海に近い、標高の低いところは、夏は四十度を超す猛暑である。衰弱したパウロはこの高原でしばらく病気の癒えるのを待ち、その間についでにガラティア人にもキリスト教を伝えることにした、ということか。

14　私の肉体にはあなた方にとって試練となるものがあったのに（＝口語訳）　この節は（特に前半）、口語訳がい い訳なので、そのまま使わせていただいた。逐語訳は「私の肉体の中にあるあなた方の試練を」。

佐竹は一三節の「御存じのとおり」を一四節にまでかけて、一四節の最後に「（あなた方は）……ことを知っている」と記しているが、そこまでかける必要はないだろう。

蔑む　第一コリントス一・二八の註参照。

唾棄すべきこととも思わず　$\mathfrak{P}^{46}$（のみ）にはこの句が欠けている。この動詞はこれが直訳だが、おそらくややきつすぎる（ないし品がない、「唾を吐く」という動詞）と思ったから削除したのか。

神の使　訳語の一貫性からすれば「神の天使」と訳すべきところだが（第一コリントス一一・一〇の註参照）、ここはそれでは日本語としてさまにならないので、原義どおり「使」にしておいた。

15　あなた方の祝福　ふつうは「あなた方は自分が幸運だと思ってみずからを祝福した」という意味に解する（バウアー、ラグランジュほか多数）。そこから「あなたがたが味わった幸福」（佐竹、新共同訳）といった訳が生れる。しかし「幸福」というよりは「幸運」と訳すべきか。いずれにせよ、口語訳の「感激」はだいぶずれる。

現に　毎度おなじみの gar（第一テサロニケ一・九の註参照）。

眼をくりぬいて　ということは、パウロはこの時視力が衰退していた、ということであろう。彼は、キリスト教に改宗するきっかけになった事件の時に（使徒行伝九・三以下）、おそらくは道中の酷暑による日射病でひっくりかえり、その後三日間も眼が見えなかった（同九・九）。それと同じ症状がこの時も起こったということか。もっとも、日射病か、それとも暑さのせいでほかの持病が出たのかはわからないが。

17 **引き離しに**　どこから引き離すのかは、書いてない。それで口語訳は「わたしから引き離そうとしている」と補い、佐竹は「キリストの教会からしめ出す」と補っている。佐竹は何でも「キリストの教会」にしたがる悪いくせがある。訳としては、何も補わない新共同訳が正しい。教会からかもしれないし、我々からかもしれないし、キリストとの交りからかもしれないし、いろいろあるだろう。

18　この節は原文に大量の問題があるところである。まず、「熱心に求められる（こと）」という不定詞の代りに「（あなた方は）熱心になれ」と中動相の二人称命令にしている写本がある（ℵBほかギリシャ語写本の少数と古ラテン訳写本のかなり多く）。これは写本の重要性からして、原文である可能性がないわけではない。この場合、最初の「良いこと」は動詞の目的語になる（あなた方は良いことに対して、良い仕方で、常に熱心になれ）。ヴルガータは、古ラテン訳の多くの写本と同様、この読みを訳した（bonum autem aemulamini in bono semper）。

次に、もし不定詞の読みを取るとすると（宗教改革期以降の学者たちはギリシャ語のテクストとしては不定詞の読みを採用している。現在のネストレもそうである）、この不定詞は文法的には中動相とも受動相とも取れる（両者同じ形）。そうすると、ヴルガータがこれを中動相に理解しているものだから、宗教改革期の学者も中動相に訳した。たとえばルター（Eifern ist gut, wenn es immerdar geschieht um das Gute、熱心になることは、それが良いことについてならば、良い）。またティンダル等。けれども近代になると、受動の意味に取る意見が強くなった。理由は、同じ動詞がすぐ前の節で「熱心になる」と能動相で言われている。この動詞はこの場合は中動相でも能動と意味は同じはずである。とすると、同じ動詞の同じ意味で、すぐ続く文で能動から中動に引越すのは、同じ著者の単語の使い方として、まずはありえないと考えられる。加えてこの動詞をこういう意味で中動相に用いる例は実はほかには知られていない。従ってこれはやはり受動である。

そうすると、「熱心に求められることは、良いことについてであれば、いつも良い」と訳すことになる（日本語では「熱心である」を受身で言うのは難しいから、「熱心に求められる」とした）。彼らがあなた方に対して熱心なのは、良い仕方ではないから困るが、一般論としては、もしも良いことについてならば、あなた方が熱心に求められるのは良いことである、というのだ。つまりパウロは、自分は単なるひがみ根性で言っているのではないよ、という言い訳を一般論としてつけ足した、ということであろう。パウロは自分の伝道地にほかの宣教師が来て影響を及ぼすことに対し、ひどくひがみっぽく反撥する（コリントス一〇・一二以下ほかいろいろ）。それだけに、自分はひがんで言っているわけではないよ、と言い訳したくなったのだろう。かの宣教師が「悪いこと」を宣伝するなら許せないが、「良い仕方で」宣教するなら結構ですよ、と。

訳としてはこれで非常にうまく話が通じるのだが、もう一つ、節の後半が問題になる。「私があなた方のもとに居た時だけでなく」。そうすると、その時にあなた方に対して熱心であったのはパウロ自身だから、節前半の受身の不定詞にも、そこではっきりとは言われていないが、受身の行為者として「私＝パウロ」を補って読もう、という意見が出て来る。「あなた方が私によって熱心に求められたのは、良いことについてであるから、私があなた方のもとに居た時だけでなく、いつであろうと（今手紙を書いている時も）、良いことである」と訳すことになる。この解釈を取る学者は現在多い（ラグランジュ、エプケなど）。ただしこれらの学者も註解でそう記しているだけで、訳文としては余計な言葉を補わないで、単に「良いことについて熱心に求められるのは、いつも良いことである」とのみ訳している。

それに対し、日本語訳ではいつのまにかこの受身をさかさまに（主語と行為者を）解する伝統ができてしまった。「パウロがガラティア人によって熱心に求められるのは」と解したのである。口語訳「（私があなた方に）いつも、良いことについて熱心に慕われるのは、良いことである」、新共同訳「わたしが……いつでも、善意から熱心に慕われるのは、よいことです」。「良いことについて」を「善意から」にしたのもだいぶひどいが、いくらパウロでも、ここまで露骨に「私」をひけらかすとしたら、幼稚に思い上がっていると言われても仕方があるまい。しかし原文にそんなことは書いてない。

この解釈はドイツ語の学者の一部に出まわっているものである。たとえば佐竹明。彼は訳文では慎重に「いつも熱心に求められるのは、よいことである」としているが、解説の中で、「（私パウロがガラティア人に）熱心に求められるのは」と説明している。佐竹はドイツ神学絶対主義者だから、ここではリーツマンやシュリーアの解説に従っているのである（佐竹はエプケの名前もあげているが、エプケにはそうは書いてない。佐竹の誤読）。

以上の影響がまとまって岩波訳となった、「私が良い［思い］において［あなたがたから］熱心に求められるのは、よいことである」。どうせこれだけ多く［ ］を導入するなら、一番肝心の「私が」を［ ］に入れないといけないが、いずれにせよ訳文にこんなに多く解釈を導入してはいけない。

結論。前節では「熱心に求められている」のはガラティア人である。彼らはユダヤ主義者から「良からぬ仕方」で求められている。その文に続けて「良い仕方で熱心に求められるのは良いことだ」、と言うのだから、ここはガラティア人を受身の主語に考える以外にあるまい。加えて、「パウロ」を主語にすれば「あなた方によって」と補わなければならなくなるが、そのように次から次へと想像で語を補うのは訳者として落第である。原文には誰によって求められるのか書かれていないのだから、単なる一般論である。一般に、誰であろうと、良い目的でガラティア人を獲得しようとするのならば、それは良いことである、と言っている。その「誰であろうと」の中にパウロ自身を含めて考えるか、あるいは主としてパウロを考えるかは、解釈の問題であって、翻訳の問題ではない。

従って文章のつながりからすれば、佐竹の解釈はとても無理である。加えて、ここで「熱心に求める」というのは、前後関係からして、「信者を獲得しようとして熱心になる」という意味である。ガラティア人がパウロを自分たちの信者にしようとして熱心になるのはいいことだ、などとパウロが言うわけがないだろう。そもそもこの種のプロテスタント神学者ないし正典主義者は、ともかく「熱心に求める」という単語が出て来れば、それは信者が信仰を（信仰の基準たる聖書を、聖書中の聖書たるパウロを）求めることに決まっている、と信じ込んでおいでになる。だからほかの可能性を考えられないのである。困ったことです。

要するに、こういう議論のある個所は、余計な解釈を訳文に導入したりせずに、素直に直訳しておけばよろしい。

19 **子ら**　口語訳「幼な子たち」。単語そのものには「幼な子」という意味はない。

21 **律法に耳を傾けないのか**　ややきざに訳したが、直訳は「律法を聞かないのか」。律法は書かれてある書物であるから、「聞く」はおかしいだろうというので、「読む」と書き変えた写本がある（ＤＦＧ＝西方型）。西方写本はこのようにしばしば、いささか単純すぎる理屈を持ち込んで文章を修正する悪い癖がある。我々は面倒だから、その種の異読はなるべく紹介しないようにしているが。

24 **従属**　直訳は「奴隷たること」。

25 **すなわちその山はアラビアにある**　これは三つの訳の可能性がある。まず写本の読みの違いがある。第一は我々が採用した読みで（$\mathfrak{P}^{46}$ ℵ C など）、第二はネストレが採用している読み（B A D等）である（「ハガル」と「シナイ」という二つの固有名詞を加えた）。こちらの読みは、それ自体二通りに訳せる。すなわち「そのハガルはアラビアではシナイ山のことである」と訳すのと、「そのハガルは、アラビアにあるシナイ山のことである」と訳すのとである。しかし後者の訳は、一応可能であっても、まあありえないだろう。そうすると、第一の読みと、第二の読みの第一の訳が残る。

第一の読みは第二の読みに対して「ハガル」と「シナイ」の語を欠くが、その代りに「すなわち」の語がはいる。写本の重要性からして、こちらの読みが原文である可能性が大である（フランス語の諸訳や註解書は、たいていこの読みを採用している）。しかし第二の読みも五分五分に近い程度の可能性がある。まあ、多少第一の読みの方に傾くかな、という程度。

第一の読みに反対する人たちの根拠は、「すなわちその山はアラビアにある」という文では、この前後関係の中でそんなことをわざわざ言う必要はないから、無駄である、というのである。聖パウロがそんな無駄な文を書くはずがない、という（佐竹）。珍妙な議論。パウロという人は、我々の眼から見てわざわざ言う必要のないように思えることなどいくらでも書いている。しかもこの場合は、シナイ山はアラビアにあるんだから、別に聖なる山というわけにはいくまい、といった意味を強調しているのであろうから、十分に意味のある文である。

第二の読みの欠点は、その場合は、「ハガル」という女性の名前に中性定冠詞がつくことになるという点である。これはかなり決定的な問題であって、これだけで第二の読みを捨てて第一の読みを採用する十分な理由たりうる。もう一つ第二の読みに対する反対意見として、アラビアでシナイ山がハガルと呼ばれていたなどというのは根拠がない、ということがあげられる。ただしこの反対意見は無意味である。確かに、そういう事実はほかの文献資料からは立証できない。そうすると、これが事実であると主張する学者たちは、その説明として、当時の人々はシナイ山をアラビア語で単に「岩」と呼んだのだ、などと想定する。そしてその「岩」という単語の音は何ほどか「ハガル」と似ている、というのである。けれどもこの説明は二重に想像をめぐらしていて、とても説得力がない。音がちょっと似ている程度では同じ単語とは言えないし、アラビア語で「シナイ山」を単に「岩」と呼んだというのも証明されない。けれどもここで問うべきは、それが事実かどうかという問題ではない。パウロがどう思っていたか、というだけの問題である。もしもこれが原文であったとすれば、それが正確な地理的ないし言語的説明であろうとなかろうと、パウロは素人言語学的にそう思ったということだろう。従って、これは事実ではないからこの読みは受け入れられない、という理屈は成り立たない。従ってこの反対意見は無意味である。

しかし中性定冠詞の件は私には決定的な反証に思われる。従ってやはり第一の読みが原文である可能性の方がよほど大きい。なお「アラビアでは」を「アラビア語では」と訳す人がいるが（佐竹）、これは無理である。

彼女は……奴隷となっている　新共同訳はこの文の主語を「エルサレム」と取って、「今のエルサレムは、その子供たちと共に奴隷となっている」と訳している。内容的にはこの訳が一番通じやすいかのように見えるが、ふつうのギリシャ語ではこういうところで主語が交代することはありえない（すぐ前の「対応する」とこの「奴隷となっている」の二つの動詞の主語が同じでなければならない）。いかに当時のギリシャ語がひどくくずれているからとて、そこまで初歩の文法を無視することは、少なくともギリシャ語を第一言語とする人の場合は、ありえないことである。しかしもしも、パウロという人は何が何でも文法を無視したギリシャ語を書く人だと言い張りたいのであれば、新共同訳の訳がいいということになろうか。そんなことを言われたら、パウロさん、怒るだろうなあ。まあともかく新共同訳の訳者は、パウロはおよそ文法を知らない人だと思っておいでのようである。

27　引用文はイザヤ五四・一の七十人訳とぴったり一致。もっともヘブライ語原文から訳しても意味が変るところはないけれども。イザヤ書の原文では「産むことのない石女」はイスラエルを指し、捕囚期の苦労をこの語によって比喩している。今まで「夫を持って子を産む女」のような繁栄の幸せを持てなかったイスラエル民族が、今や、幸せに暮らしてきた異民族よりも「多くの子」を産んで（つまり繁栄して）幸せになるよ、ということ。とすると、パウロのこの個所の前後関係とはまるで理屈が合わない。多くの註解者たちは、パウロはここでアブラハムの妻サラが老齢にいたるまで子どもを産まなかった「石女」であることの比喩としてこのイザヤの句を引用しているのであろう、と解説しているが（事実パウロのつもりとしては、そうであろう）、サラはずっとアブラハムの正妻であったのだから、イザヤ書のこの言葉（「夫を持たない女」）にあてはめるのは無理である。パウロの旧約引用がいかに無茶苦茶であるかを示す典型的な実例のようであるが、実はこの時代のユダヤ人の旧約引用の仕方は皆さん似たりよったりで、特にパウロだけの特色ではない。

石女（うまずめ）　近ごろの「聖書」の翻訳では「石女」というのは子どもを産めない女に対する差別語であるからとて、使わないことになっている。しかし、古代においては（古代地中海世界やオリエントだけでなく、近代にいたるまで多くの社会においても同様だが）、子どもを産めない女に対する差別は強かったので、言葉遣いだけを誤魔化して「聖書」には「差別」がなかったかの如く見せかけるのはよくない。正直に、彼らはこういう言葉遣いをしていた、という事実を訳してお目にかけるのがよい。そういう差別をどのように克服するかは、我々現代社会の問題である。この単語（steira）そのものは「硬い」という語から派生した語であるから、まさに日本語の「石女」に対応する。

28　**イサクに応じて**　イサク的な仕方で、ということ。新共同訳「イサクの場合のように」が良い訳。口語訳「イサクのように」や佐竹「イサクと同じように」は微妙に異なる。佐竹はこの前置詞（kata）には「同じように」という意味があるとして、バウアーの辞書のその項目のII 5 b αを見よ、としているが、辞書に書いてあるからこの単語にはこういう意味がある、などというわけにはいかない。kata に「同じように」という意味があるなど、とても無理である。辞書はしばしば伝統的な訳語をそのままのせているだけである。そういう訳語が正しいかどうかを検討するのが学者の仕事だろう。ここは諸註解書のように「イサク的な仕方に対応して」、つまりイサクが神の約束によって生れた子であるのと同じ仕方で、という意味。それなら「同様に」と訳しても同じではないか、と思われるかもしれないが、単に「同様」というのではなく、イサクを原形として、それに応じて、という意味である。

29 二九節と三〇節前半だけを読むと、「奴隷女」であるハガルとその息子が追い出されたのだから、「弾圧」されたのはハガルとその息子であって、弾圧したのが正妻サラとその息子、という意味だと誰でも思うだろう。ハガルの息子は「異邦人」の先祖であって、それをイスラエル人の先祖であるサラの息子が抑圧したのだ、と。ユダヤ人がアブラハムの子孫であるのは「肉によって生れた」、つまり日本語で言うところの血がつながっている、というだけの話であって、異邦人は肉によってアブラハムとつながっているわけではないけれども、「霊によって」、つまり神の側から霊をつかわすことによって、神との正しい関係にはいることができたのだ、と。「肉によって生れた者」であるユダヤ人が「霊によって生れた」異邦人キリスト教徒を弾圧したのだ、と。

現在の、人類の歴史上でも最もおぞましい他民族抑圧、殺戮国家であるイスラエルのやっていることを考えれば、ついこのように読みたくもなろう。しかしもちろんパウロは現代の歴史を知らないだけでなく、そもそも露骨なユダヤ人優越意識の持ち主なのだから、そんなことを考えるわけもない。三〇節後半では、「奴隷女の息子は継承者となることはできない」のであって、追い出されて当然なのである。なお三〇節の引用は創世記二一・一〇の七十人訳そのままの引用である。ただし「自由な女の息子」は七十人訳では（ヘブライ語原文でも）「わが息子イサク」となっている。これまたパウロ的改竄引用。

そうすると、パウロの言わんとすることはまるで辻つまが合わないことになる。創世記の物語ではハガルとその子を弾圧したのは正妻とその息子なのに、パウロはそれを逆さまにして、ハガルとその息子が正妻の息子を弾圧したことにしている。我々の感覚からすればまるで滅茶苦茶だが、ごりごりのユダヤ主義者からすれば（パウロもこういう時にはごりごりのユダヤ主義者の感性をさらけ出す）、それで当然なのである。悪いのは常に異邦人なのだ！　創世記のこの個所では、奴隷女ハガルの産んだ子が正妻サラの子であるイサクと一緒に遊んでいたのを見て（九節）、サラがひがみ、奴隷女の産んだ子どもなんぞが我が子と同等に遺産の相続者とされてはかなわないから、追い出してくれ、と騒ぎ立てた、と言っているだけである。正妻の単なるひがみにすぎない。それはそれで、父権的家族制度の中ではよくある問題であるが、幼児が一緒に遊んでいただけで、ひがんで追い出した、というのではあまりにひどい。古代のユダヤ教ラビたちがこの時のサラの行為を何とか正当化しようと努力し、実は奴隷女ハガルの息子はイサクと単に一緒に遊んだだけではなく、何か悪さをしたのだ、という解釈をいろいろ打ち出している。そうすると、パウロもおそらくその手のラビ的解釈を知っていて、この時実はハガルの息子（と言っても、まだ小さい子どもである）が幼児イサクを「弾圧」したのだ、と思い込んだのであろうか。得手勝手な解釈もここまでくればひどいものだが、何かこういう解釈でもでっちあげないと、この時にハガルとその息子が追い出されたことを正当化できないと思ったのだろう。しかしそういう解釈をでっちあげたラビたちはまだ自分で、それが解釈にすぎないと知っているはずだが、パウロとなると、それが事実であり、旧約聖書に本当にそう書いてあると信じ込んでいる。

なお、創世記そのものの翻訳であるが、二一・九の「ハガルの子が……イサクと遊んでいた（ないし、戯れていた）」（学問的に信用できる翻訳はほぼすべてそう訳している）を旧約の新共同訳は「からかっていた」と訳している。この訳の方がパウロ的精神と合致するが、創世記そのものはそのようにパウロ的精神でもって書かれているわけではない。創世記の原文を訳すのにこういう解釈を持ち込むのはよろしくない。

第五章

1　自由のために自由にした　口語訳は「自由を得させるために……解放して下さった」。「自由」という名詞と動詞は「自由」とも「解放」とも訳せるが、この個所のように同じ文の中でこの名詞と動詞が両方出て来る場合は、著者は両方を同じ概念として扱っているのだから、口語訳のように一方を「自由」と訳し、他方を「解放」と訳すのはよくない。

自由のために　原語は「自由」という語の単なる与格（前置詞なし）。それで多数の訳が単に「ために」と訳している（たとえば RSV : for freedom）。それに対し佐竹は「自由へと……自由にした」と訳している。この与格は「到着先の与格」なるものだから、とおっしゃるのである。けれども、「到着先の与格」などという奇妙なものは存在しない。Blaß-Debrunner の文法書は与格の用法を十六もの異なった項目に分類し、そのそれぞれを更に三つ、四つの小項目に分類しているから、全部で五、六十の与格の異なった用法があることになるが、そのうちどこにも「到着先の与格」なるものなど出て来ない。万が一「到着先の与格」なるものを想定するとしても、その場合は与格の名詞は場所を意味する名詞でなければならず、そこにつけられる動詞は場所の移動に関する動詞でなければならぬ（その場合でも普通は単に与格ではなく、「へと」といった前置詞をつけるものである）。この場合のように「自由」という抽象名詞で、動詞も「自由にする」という他動詞であれば、それはとても無理というものである。そういうことを言いたいのなら、前置詞をつけないといけない（eis ないし pros など）。何も前置詞なしで与格のみで、「自由へといたるために」の意味に取るのは極めて苦しい。なお、五・一三では epi＋与格で「自由へとむかって招かれた」と言っているのだから、ここも同じ意味だ、というのが佐竹ほかの意見だが、むしろ逆に、同じ意味ならどうしてこちらも epi＋与格にしないのか、と問うべきだろう。それに五・一三の方は動詞は「招かれる」であるし、そこの epi＋与格にしたところで「到着先」の意味とは言えない（そちらの註参照）。

通常のギリシャ語なら、こういう構文の時は、手段、道具の与格の意味にとって、「自由によって」と訳したくなる。伝統的な、及び現在のほぼすべての翻訳がそう訳さないのは、それでは意味が通じないと思うからである。しかし、「キリストは自由なるものによって我らを自由にして下さった」と訳しても、それなりに十分に意味が通じる。しかしまあ無理に「によって」と意味を限定することもあるまい。

単なる与格というのは意味が曖昧で、さまざまな意味を何となくはらむものである（すぐ後の五節の「霊によって」の註参照）。様態の与格なら、「自由という仕方で」ということになるし、関係（ないし利害関係）の与格なら、「自由に関し」ないし「自由のために」となる。ここはその両者（及び与格のほかのさまざまの用法）の意味を何となく含んだ感じ。キリストが我らを自由にしたのは、自由という仕方で自由にしたのであって、ないし、自由という事柄のために自由にしたのであって、ないし、本当の自由でもって自由にしてくれたのであって、いずれにせよともかく、再び隷従につながれるためではない、という趣旨。

なお、どこから持って来たのか知らないが、新共同訳と岩波訳のみ「この自由」と、「自由」に「この」をつけている。この個所は正文批判上面倒な問題が多い個所であるだけに、こういう紛らわしい訳にするのはよろしくない。私の知る限り、現在流布している学問的に評価されているすべての訳が（とても評価に価しないＴＥＶでさえも）、ここの「自由」に「この」という限定語をつけたりしてはいない。ここで「自由」につけられた定冠詞は、一般論の定冠詞である（「自由なるもの」）。

正文批判上の問題というのは、定冠詞の代りに関係詞を置いている写本がある（ＦＧ）。そうすると、前節で自由について述べた「その自由によって」（ないし「その自由のために」）という限定された意味になる。新共同訳と岩波訳はあたかもこの関係詞の読みを採用したかのように見える。けれどもその読みは写本の重要さから言っても、他の読みとの比較からしても、とても原文ではありえない。

もう一つ、「自由」という語の後に関係詞をつけて、「キリストが我らを自由にした、その自由においてしっかりと立つように」、としている写本もある（Ｄおよび後世の多数の小文字写本。中世後半に多く流布していたのはこの読みであり、ヴルガータもそれを訳し、ルターやティンダルもその読みの写本に準じて訳している）。この場合なら「自由」の与格は場所、位置の与格（その自由というところにおいて）。これなら意味からしても、文法的にも、最もわかりやすいが、残念ながら、写本の重要性からして、とても原文ではありえない。多分、原文が何を言っているのかよくわからないから、後の写本家（古代末期）が意味が通じるようにと、このように訂正してくれたものであろうか。

2　私パウロがみずから　わざわざこういうことを強調しているのは、おそらく、ここでパウロは口述筆記を中断して、自分で筆を取ってこの文だけ自分の字で記した（三節まで？　四節まで？　ないし以後ずっと？）、ということか。そうとでも解さないと、この文のパウロはずい分威張りくさっていることになる。もっとも、どのみちこの人はひどく威張りくさっているけれども（第一テサロニケ二・一八の註参照）。

3　証言する　口語訳は「言っておく」としているが、だいぶずれる。なおこれも一人称単数で、前節の強調された「私」を受けるのだから、そうとわかるように訳さないといけない。

割礼を受けた者　口語訳は「割礼を受けようとするすべての人たち」（新共同訳もほぼ同様）。これは現在分詞である。従って文法的には口語訳のように未来的な意味に解することも絶対に不可能とは言わないが、六・一三に出て来る同じ表現と同じ意味であるし、また内容的にも、「割礼を（現に）受けている」（佐竹）という意味に解するのが正しいだろう（佐竹に詳しい解説あり）。ここは一般論として、人間はユダヤ教の割礼を受けたなら、ユダヤ人として律法をすべて守る義務がある、と言っているのであって、「あなた方ガラティア人のうちで、これから割礼を受けようとしている人」という限定された意味ではない。なお、ついでに言っておくが、日本語のこういう場合の完了の助動詞「た」は、西洋語の現在完了（現在の時点ですでに事が終了している）と同じではない。単なる完了である（時点を特定していない）。だから日本語の「た」はしばしば仮定の意味に用いることができる。「割礼を受けたりした者は、皆……」ということ。

4　義とされるという　こちらは定動詞の現在形。これまた、現在形は未来ないし意志の意味にも用いうるから、「義とされようとするあなたがた」（口語訳）と訳しても絶対に間違いだとは言えまい。しかしここも、形式的には二人称であるが、一般論的なものの言い方であるから（西洋語では一般論を二人称複数で言うのはよくあること）、「あなた方は律法によって義とされようと欲しているが」の意味であるよりは、むしろ、「あなた方は、人間は律法によって義とされる、とお考えのようだが」という文を省略したものと解する方がいいだろう。

無縁にされた　この動詞、本来は「無効にする」（ここはその受身）といった意味だが（第一コリントス一・二八参照）、キリストから離されて「無効にされた」では日本語としてさまにならないし、「無縁の者とされる」という趣旨でもよく用いられる語であるから（ローマ七・二「法の効力からはずれる」参照）、こう訳しておいた。ここは実質的には妻が夫により「離縁される」という意味。

恵みから抜け落ちた　佐竹は「落ちるのだ」と現在に訳しているが、ここは原文のアオリスト形を尊重して「落ちた」と訳すべきである（＝口語訳等）。つまり、律法によって義とされる、などと主張しただけですでに、キリストの恵みとは無縁になってしまったのだ、ということ。他方、新共同訳は「いただいた恵みも失います」としている。日本語がちゃちなのは我慢するとしても、原文のどこにも「いただく」などという語はない。「恵み」というのは、人類全体に救い、福祉を与える神の行為であり、終末論的な展望（永遠の様相）もはらむ単語であるから、「一人一人のクリスチャンが信仰の御褒美としていただいているもの」などというちゃちな話ではない。また、すでに持っているものを「失う」のではなく、そういう人間は「恵み」という広大、無辺の場から墜落したことになるよ、ということ。

5　霊によって　前置詞なしで「霊」という語を何の修飾語もなしで単に与格に置いている。パウロにはこの言い方が時々出て来るが、いかにもパウロらしく曖昧な言い方である。古代ギリシャ語、ラテン語ではこういった与格の言い方は何となく意味が曖昧なことが多いのだが、それに輪をかけてパウロ的に曖昧といったところ。文法用語でいわゆる手段道具の与格（「霊によって」。ローマ八・一三「霊によって身体の行ないを殺す」）、様態の与格（「霊的な仕方で」。第一コリントス五・三「身体では離れていても、霊では臨場する」、多分同一四・一五「霊で祈る、霊で歌う」、あるいはこれは手段道具の与格とも言える、「霊でもって祈り、霊でもって歌う」。ガラティア三・三「霊においてはじめ、肉において仕上げる」）。関係の与格（ローマ一二・一一「霊に関しては燃え」）。またこの章の一六節一八節二五節では連続してこの表現を用いている（うち一八節は受身の動詞とともに用いられているから、受身の行為者の与格「霊によって導かれる」。もっともこれも手段道具の与格と解しても同じことだし、様態の与格と解しても本質的には同じことである、「霊という仕方で導かれる」）。ほかに「神の霊」や「同一の霊」を単なる与格で用いるのも、これと同じ言い方（第二コリントス三・三「生ける神の霊によって書かれた」＝手段の与格、一二・一八「同じ霊にて歩む」＝様態の与格）、なおこれは定冠詞がつく時と（他の書簡ではローマ八・一三以外はすべて）、無冠詞の時とあるが（ローマ八・一三及びガラティア書のすべての個所）、意味上区別あるまい。ガラティア書の段階では無冠詞の言い方が口癖になっていたということだろう。また文法では一応右のように用法を仕分けして考えるが、本当のところ、御本人はいちいちそのように仕分けして言っているわけではないので、それらの用法の間の区別はつき難い。「同じ霊にて歩む」は「同じ霊によって歩む」でもあり、「同じ霊という仕方で歩む」でもあろう。いずれにせよこの言い方は、第二コリントス三・三の例からわかるように、形容語なしの「霊」も明白に「神の霊」の意味である。

では我々の個所をはじめガラティア書の諸例はどう訳すべきか、と言っても、右に指摘したように、本当のとところこれらの用法は互いに区別し難いので、どう訳したって同じようなものだが、ここは手段道具の与格ないし様態の与格（「霊によって待ち望む、霊的な仕方で待ち望む」）といったところか。もっとも、右に指摘したように、厳密に意味を規定できるような表現ではないので、何となくそういった趣旨、ということに解しておけばよろしかろう。

信から　相変わらずパウロのこの表現は不鮮明（二・一六の註参照）。神が我々に対して信頼の態度を取って下さったおかげで？　それともここはむしろ、我々は神を信頼することによって希望を保つ、の意味？

義の希望を待ち望んでいる　新共同訳「義とされた者の希望が実現することを……待ち望んでいる」。これは誤訳。直訳が嫌で、どうしても多少敷衍したいのならば、口語訳のように「義とされる望み」とするがよい。ここで言う「義」は、現在の我々の状態において本格的に実現しうるものではないので、終末の時にはじめて実現するものである。だからそれは、我らが「希望」するところのものである。パウロにおいて「希望」とは、あくまでも終末論的概念である。それを新共同訳は、「義」という名詞を「義とされた者」などと「者」をつけて訳すだけでもいい加減なのに、「義とされた」などと過去の事実として訳したのだから、いい加減も度が過ぎる。確かにパウロの「義」は両義的で、キリストの死によって我らは義とされた、というような言い方の場合には、十字架の出来事をふりかえっているので、過去形で言う。しかしそれ以外の時は（特に名詞形の「義」）、そもそも我らは自らの力で本格的に「義人」となったわけではないのだから、本物の義が実現するのは終末における最終的な救済の時においてである。それにそもそも「希望」に属格の名詞がつけば、「義という希望」「義が実現するであろう希望」の意味以外は考えられない。以上、新共同訳の改竄はいささか幼稚にすぎる。ふだんから、「私たちは義とされた者なのです、ハレルヤ」なんぞと言って独善をふりまわしておいでだから、翻訳にまでなりふりかまわずこういう意識を持ち込んでしまうのである。

6　**キリスト・イエスにあって**　新共同訳は「キリスト・イエスに結ばれていれば」。「結ばれている」などとは、原文のどこにも書いてない。相変わらずの珍訳。第一テサロニケ二・一四の註参照。

愛によって働く信　新共同訳「愛の実践を伴う信仰」。それじゃさかさまだよ。ここでパウロが言いたいのは、

「信」は「愛」によって働くということである（神は人類を愛して下さった。だから人類を信頼して、御子キリストを遣わし給うた。あるいは、人間に関してなら、人間が神を信じることができるのは、あるいは人間が人間どうし信頼しあうことができるのは、愛が基礎にあるからである、愛によって信を持つことができる）。新共同訳はそれを逆さまにして、彼らの言う「信仰」なるものを持ったら、次いで「愛の実践」をともなわなければいけませんよ、という説教にしてしまった。相変わらずちゃちね。なおここではパウロは「信」の一語によってどちらかというと人間が持つ「信」の態度を考えている。すぐ続けて（五節の「信から」とこの個所）同じ単語をだいぶ違う意味の広がりで用いるのもパウロ的レトリックの悪い癖。

8　勧誘　うまく同じ訳語にそろえられなかったが、前節の「従う」という動詞と同じ語幹の語。パウロはここでも語呂合わせをやっている。「従う」と訳した動詞は「説得する」（peithō）の受身（説得されてある）。こちらは「説得的活動」という趣旨の名詞（peismos）だから、「勧誘」にしておいた。更に一〇節。

10　確信している　今度は右の peithō という動詞の完了受動形をこの意味で用いている。

12　みずから去勢する（＝新共同訳）　口語訳「自ら不具になる」。新共同訳がこれを修正して「去勢」としたのは、単に「不具」という身障者差別用語を避けたかったというだけではない。原文は明瞭に「（みずから）去勢する」という動詞であって、パウロは、割礼（陰茎の包皮を切る）を主張するのなら、いっそのこと、去勢（陰茎の機能そのものを切り去る）するがいい、と皮肉を言っているのである。

13　招かれたのは、自由のため　佐竹はこれを「自由へとむかって招かれた」と解している（五・一の註参照）。しかしこの「自由」は epi＋与格だから、そう訳すのは無理である。「そちらへと向って」の意味なら、epi＋対格でなければならない。ここは epi＋与格のごく普通の意味で、「自由のため」と訳しておけばよろしい。もっとも、訳語としては微妙に違っても、実質的には同じことである。

肉に利用させる　直訳は「肉にとっての機会とはせず」。岩波訳「肉へと向かう機会のために用いず」は、「肉にとって」という与格の意味を間違えた。だいたい単独の与格に「へと向う」などという意味はない（一節の「自由のために」の註参照）。ここはもちろん、自分が肉へと向うという意味ではなく、肉に働く機会を提供する、

という こと。佐竹「この自由を、肉に［働く］機会を［与える］ために［用い］ず」が、文法的に正確な単語の補い方。新共同訳「肉に罪を犯させる機会とせずに」は、「肉に」としたのは正しいが、余計な単語を補っている。原文にはどこにも「罪を犯させる」とは書いてない。新共同訳のように何でも「罪を犯してはいけません」という説教にしてしまうのなら、翻訳なんぞ必要がない。確かに一九―二〇節を見れば、そのように補いたくなる気持も理解できないわけではないが、それではこの個所の論理的なつながりが途切れてしまう。

つまりパウロはこの句ではまだ、突如として今まで議論していた割礼の問題を離れて、「肉的な罪を犯してはいけない」という倫理的な説教に移行した、というわけではない。すなわちこれまでの議論では、「肉」に割礼を施すことは律法的な義務を背負いこむことだ、つまり「自由」を放棄することになる、という話の関連で「自由」という語が用いられていた。それに対するありうる反論として、もしもキリストのおかげで「自由」になったというのなら、割礼を受けようと受けまいと、それもまた自由ではないか、という議論が成り立つ。しかしパウロに言わせれば、それはせっかくの自由を「肉」に提供し、肉的論理、肉的な力が働く機会を作ってしまうことになるではないか、というのである。ここで言う「肉」とは、岩波訳がちゃちに勘違いしたような意味（クリスチャンになったら身を慎んで、肉的欲望へと向かわないように気をつけましょうね！）なんぞではなく、神話的に大きな概念であって、人間を超えた力で、人間を支配しようとする悪魔的力である（一七節参照）。

14 引用句はレヴィ記一九・一八。パウロがここで、ルカ一〇・二五以下でイエスに議論を売った律法学者とまったく同じ意見を表明しているのは、象徴的である。

16 **私は言う**　どうも下手な訳で恐縮。これで直訳。この「私」は強調されていないので、単に「言う」と訳した方がいいが、それでは日本語にならないものだから、下手に直訳してしまった。口語訳の「命じる」はきつすぎる。新共同訳の「わたしが言いたいのは、こういうことです」はゆるすぎる。両者の中間ぐらいが適当。佐竹は単に「つまり」としているが、多分それが正解。

霊において歩む　「霊に」という与格については五節の註参照。そこにパウロがこの表現を用いているすべての例を列挙しておいたが、それらの例との類推からして、ここは様態の与格といったところか（「霊という仕方で」、「霊的に」）。ここは第二コリントス一二・一八と同じ意味（どちらも「歩む」という動詞との組合せ）。また二五節の「霊に生きる」「霊の側に並ぶ」参照。口語訳は「御霊によって歩く」としている。手段道具の与格と解したものだが、「歩む」という動詞との組合せからして、もう一つしっくりしない。この「歩む」は二五節の「生きる」とほぼ同義。しかしそこまではありうるとしても、新共同訳の「霊の導きに従って」だの、佐竹の「霊の指導下に歩む」だのはまるで行き過ぎ。こんなところで「導き」だの「指導」などと原文にない余計な単語を補ってはいけない。すぐ続く一八節で「霊によって導かれる」という表現が出て来るから、それに影響されたのだろうが、それとこれとは違う表現である。パウロは一見似ているが少しずつ意味の違う表現を次々と並べて楽しむ人だから、違う表現をまとめて同じに訳してしまえ、というのはよくない。

完遂する　これが直訳。新共同訳「肉の欲望を満足させる」は、この動詞の語源を考えれば（「十分に満たす」）これで正しいが、こう言うと現代日本語では違う意味にとられかねない。単にお腹が空いたから食べよう、という程度の行為も「肉の欲望を満足させる」ことのうちにはいる。そうするとこの文は、いかなる肉的欲望も満足させてはいけないという意味になり、パウロはものを食べることにさえ反対している、ということになりかねない。しかしパウロがここで言っているのはそういうことではなく、肉の欲望をとことんまで完遂することはするな、というだけのことである。

20　**魔術**（pharmakeia）　現代西洋語で「薬局」「薬学」などを意味する語の語源。本来、薬物を使うことを意味する語。従って当然、良い意味も悪い意味も両方あった。しかし新約聖書のギリシャ語では、うさんくさい薬物で何かをやろうとする、悪い意味に限られる。

利己心（＝新共同訳）　口語訳は「党派心」。同じ語（eritheia）にどうしてこれだけ異なる訳語があてられるかというと、古代から宗教改革を通ってずっと長い間、聖書学者たちはこの語の正確な意味を知らなかったからである。従って、適当なあてずっぽうで「訳」していた。その一つが「党派心」である。

その前にまず、伝統的には、「争いを好む」と訳されつづけてきた。ヴルガータがこれを ex contentione（争い的な）などと訳したものだから、ルターがその真似をして zenckisch とし（現代版ルター streitsüchtig）、英語訳ジュネーヴ聖書（＝欽定訳）はヴルガータのまま contentious とし、以後現代までこの訳語が継承された。しかしこれは間違った素人語源学に基づくものである。すなわちこの語は eris（争い）から派生した語だと思ったものだから、こういう訳語をあててしまった。本当はまったく関係がないのに、ちょっと音が似ているだけで同根の語だと思いなす素人語源学がよくやる失敗である。しかしもちろん、この語をこのような意味に解するのは聖書翻訳の「伝統」以外では見出されない。ティンダルはこれを rebellious などと訳しているが、これは政治的反抗を極度に嫌うティンダル個人の好みを持ち込んだもの（「争いを好む」を更に強調してこう訳した）。なお新共同訳はこの個所では正しく「利己心」と訳しているが、ローマ二・八では「反抗心」なんぞと「訳」してしまった。ティンダルの訳語が現代にまで残って、いくつかの英語の文献が採用しているのを真似したもの。ルターの訳語でさえ問題外なのに、それをもじったティンダルの「訳語」を今時復活させるなど、不見識もはなはだしい。それに、同じパウロ書簡で同じ語がまったく同じ意味で用いられているのに、この不統一はよろしくない。多分ローマ書とガラティア書では訳の担当者が違ったことから生じた不統一だろうが、「共同」訳なんだから、もうちょっと共同しなさいな。

さて、これが訳として無理だということは、近代になって皆さん気がついたのだが、それなら丁寧に調べればいいのに、それぞれが勝手な想像で適当な訳語をでっちあげたりするようになった。その中でも普及してしまったのが、口語訳が採用している「党派心」という訳語である。口語訳は相も変らずＲＳＶ（factious）の真似（ただしＲＳＶもガラティア書のこの個所では正しく selfishness としている。ローマ二・八で factious としたのを、口語訳はローマ書のその個所だけでなく、他の個所にまで適用したもの）。しかしＲＳＶ以外でも英語圏では（多少それ以外でも）かなり普及している。英語の factious そのものもやや曖昧だが、この場合は「党派的」の意味。しかしこれは「争いを好む」よりももっと根拠がない。この「訳語」を主張する人たちは、パウロ先生は「党派心」をお嫌いになるから（第一コリントス一・一〇以下ほか）、この場合もそういう意味だろう、と勝手に想像したものである。しかし第一コリントス書簡のその個所その他「分派」の問題を扱っている個所では、一度も eritheia という語は用いられていない。単語の意味はわからないが、ともかくパウロ先生は「党派心」がお嫌いなのだから、そういう意味にしておけ、というのでは、いくらなんでもひどすぎる。その点はすでに ThWzNT II, 657f のこの語の項目（F. Büchsel）でもＶＧＴでもはっきり指摘されているのだから（どちらも口語訳よりもだいぶ前）、口語訳は怠慢だと言われても仕方があるまい。

どうしてこういう混乱が生じるかというと、この語、もともとは erithos（賃金労働者）という語から派生した語である。erithos から派生して、eritheuomai は「賃金をもらって働く」という動詞、eritheia は抽象名詞で、「賃金労働」の意味。そうすると、ここはパウロお好みの悪徳の表であるから、どうして「賃金労働」が「淫行、汚れ……やっかみ、腹立ち」などと並列されることになるのか、まったく理解できないことになる。しかし、この語を同様の悪口の意味に用いる例がアリストテレスの Politica の中で二個所見つかった。同じ話の続きで、二度くり返してこの語を用いている（1302b4=V, II, 3 ; 1303a14=V, II, 9）。国政（politeia）を歪める要素を順に列挙して論じている個所だが、その一つとして eritheia をあげている。この場合は前後関係からして、選挙に際しての不正を指摘している個所であるから、賄賂その他私腹を肥やすために国政を利用する行為を指していることは明白である。

「賃金労働者」という語が、何故こういう悪口に用いられるようになったのか。アリストテレスのこの個所は政治腐敗についてのみ論じていて、賃金労働とはまったく関係がない。多分、賃金労働者は公共のためではなく自分個人の利益のためにだけ働く、という悪口がまずあって、やがてその悪口の単語が賃金労働に関係のないところにも用いられるようになった、ということだろうか。それにしても「賃金労働者的」と言ったら、公共の利益に反して私腹を肥やすことだ、などというのは、賃金労働者に対するひどい偏見であるけれども（おまけに選挙その他で賄賂を取って国政を曲げるのは、非常な金持どものやることであって、まともに働いている賃金労働者の正反対の極にある）、古今東西、金持の支配者たちが作り出した言語は、この種の労働者に対する偏見に満ちた単語を作り出すものである。もっとも、この語をこういう悪口に用いるのは、はっきり知られているのはアリストテレスのこの個所だけである。従って広く広まっていた用法とも思われないが、しかし、アリストテレスはまったく説明なしに、誰でも知っている語法であるかのように用いているから、やはりかなり普及していたものであろうか。

実は、erithos という語は多く用いられる語だが（ふつうの「賃金労働者」という意味で）、そこから派生した動詞（eritheuomai）や形容詞（eritheutos）は、ごく僅かしか用例が見つからない。従って、動詞や形容詞の意味についても議論のあるところだが、「利己心」の意味で用いられる例が一つ二つ指摘されている。そのうち一番はっきりしている（?-）のは Dittenberger, ed., *Sylloge inscriptionum Graecarum*, 177, 45 にのっている例であるが（前三〇三年の碑文）、「立法者は［　］的でなければならない」という文。碑文であるから欠落が多く、［　］の部分は欠落していて読めない。それを、現代のこの碑文の編集者が、アリストテレスの上記の個所を頭に置いて、多分［aneritheut］ous だろう、と補ったものである。実際に碑文で読めるのは -ous という語尾（形容詞男性複数語尾）だけである。形容詞語尾だという以外は何もわからない語を、これは aneritheutous だと想像するのだから、たいした語学力だと言わざるをえないが、古代ギリシャ語の碑文やパピルスなどを読む専門家の語学力はたいしたものだから、意外と当たっているかもしれない。そうだとすればこれは上記の eritheu-tos に否定の接頭語の a- をつけたものだから、「利己的でない」ないし「私腹を肥やしたりしない」という意味であろう。ただし、あくまでも現代の学者の想像による復元だから、これをもってはっきりした用例とみなすのは、まあ無理というものだろう。

しかしパウロのこの個所は（この個所に限らずパウロのこの語の用法はすべて、ローマ二・八、第二コリントス一二・二〇、フィリポイ一・一七、二・三）、悪徳の表ないしそれに類似した言い方だから、単純な悪口の意味しか考えられない。また賃金労働とはまったく関係がない。従って、まあ多分アリストテレスと同じ意味で用いているのだろうというのが、穏当な結論だろう。従って「利己心」と訳す。ただしアリストテレスと同じなら、「利己心」よりは「私腹を肥やす」とか「賄賂」とか訳す方がいいのかもしれない。

念のため蛇足をつけ加えておくと、バウアーの辞書はこの項目の説明を間違って、eritheia は eritheuomai という動詞に由来する、などと記している（本当はどちらも erithos に由来する）。かつ、その本来の意味は「自分自身の利益のために働く」ということだ、としているが、これは上述からおわかりのように、まったくの間違い。本来の意味（及びその用例のほとんど）は、単に「賃金労働者」である。

分派　hairesis の複数形。ここから後のキリスト教用語の「異端」（hérétique ほか）という語が作られる。

21 **ねたみ**　これが前節の「やっかみ」とどう違うか、と言われても、ここではパウロは正確な概念規定なんぞを考えて書いているわけではなく、類義語の悪口を思いつく限り適当に列挙しているだけだから、正確な意味なんぞを考えても時間の無駄である。

泥酔　語（methē）の意味は単に「酒に酔うこと」で、「泥酔」と言えるほどのひどい状態を指すとは限らない。従ってこことローマ一三・一三は単に「酔っ払い」と訳すのがよい。しかしルカ二一・三四はこの語を「二日酔い」と並べて用いているので、その場合は「ひどく酔い過ぎること」を指すのであろうから、それにあわせてここも「泥酔」にすることにした。しかしパウロの場合は「酔っ払い」程度の訳語にしておくのが正しいか。

ばか騒ぎ（kōmos）　この語は本来は単に「村祭」を意味する。しかし、祭などのにぎやかな騒ぎが嫌いなパウロは、この語を「祭」とは無関係にただの「ばか騒ぎ」の意味に用いる。必ずしもパウロ独得の語法ではないが、パウロはこの単語が単にそういう意味だと思い込んでいる。新共同訳は「酒宴」としているが、そう訳すのであれば、前の単語をそう訳すべき。こちらは必ずしも酒がはいっているかどうかには関係がない（バウアーは本来バッコスの祭を指すと説明しているが、バッコスの祭とは限らない）。

以上、パウロもずい分並べたね、と思われるかもしれないが、こういう悪徳の表はユダヤ教の伝統がキリスト教にもはいってきただけであって、マルコ七・二一—二二にも出て来る。しかしパウロは他のどの著者よりもぬきんでて悪徳の表を好んでいる（ローマ一・二九以下、第二コリントス一二・二〇—二一ほか多数）。彼の特色をよく示していると言えようか。

神の国　もしかするとどうでもいいことかもしれず、もしかすると重要かもしれないが、ここの「神の国」には定冠詞がついていない。ふつうは定冠詞がつくものである。

22 **善性**　口語訳（＝新共同訳）は「善意」と訳しているが、「善い」を抽象名詞にしただけであるから、「意」は余計。つまり善い状態という実態を意味しているので、「善い意思を持つ」という意味ではない。

信　ここは前後関係からして人間関係に関してであるから、神の人間に対する「信」とか人間の神に対する「信仰」ではなく、人間どうしが信頼しあい、誠実に接すること。しかし同じ「信」という単語であるから、新共同訳のようにここだけ「誠実」と訳すと、単語の一貫性がわからなくなる。これはパウロの最重要の単語であるから、なるべく同じ訳語で一貫するのがよい。

二二節から二三節にかけて、ネストレのテクストは概念を三つずつ三つの組に分けてくくっている。それに対し新共同訳は九つの概念を一つずつ全部読点で区切って羅列している。こちらはアメリカ版テクストの真似。このようにネストレとアメリカ版は、本文はまったく同じですという看板にもかかわらず、句読点ほかはずい分と異なっている。

23　**律法にはこれらに反対するものはない**　佐竹「律法はこのようなものに反対ではない」（岩波訳も似ている）。それに対し口語訳は「これらを否定する律法はない」、新共同訳「これらを禁じる掟はありません」。ここは、口語訳や新共同訳がよい。「律法」が文の主語ではあるが、定冠詞がついていない。つまり英語に訳せば、the Law is not against ... ではなく、there is no law against ... ということ。

24　**キリスト・イエス**　「イエス」を略して単に「キリスト」とする写本も多い（$\mathfrak{P}^{46}$ D F G ほか多数、$\mathfrak{P}^{46}$ 以外は西方系といわゆるビザンチン系）。「イエス」がついているのは ℵ A B C P Ψ ほか。つまりアレクサンドリア系。写本の重要性からすれば、ここは六分四分ぐらいで「イエス」つきが優勢か。しかしかなり微妙。

情熱　佐竹は「興奮」としているが、これは日本語の趣味の問題。新共同訳の「欲情」では狭すぎるが（パウロはこの文では性的な欲情だけを考えているわけではない、というのは多くの学者の意見である）、口語訳の「情」が一番いいか。

25　**霊に生きる**　この「霊に」という前置詞なしの与格については五節の註参照。ここは鮮明に様態の与格（「霊的な仕方で」）。

霊の側に並ぶ　「並ぶ」と訳した動詞（stoicheō）は訳しにくい。新約聖書の翻訳の伝統では、この動詞は「歩む」と訳されてきた。ヴルガータ（spiritu ambulemus）、ルター（im Geist wandeln）以来の伝統である。

口語訳の「進もう」や新共同訳の「前進しましょう」もその流れ。それで、新約聖書ギリシャ語辞典の類などでも「歩む」という「訳語」をのせているものもある（さすがにバウアーはそうではなく、正確な訳語をのせているが）。たとえば ThWzNT のこの語の項目（VII, 666-669, G. Delling）など、はじめからこの語の意味は「歩む」だと前提して、その上に立って「神学的」解説をほどこしていらっしゃる。

しかしこの語自体には「歩む」という意味はない。もしかするとパウロがこの動詞を本来の語義からずれて「歩む」という意味に用いているのかもしれないということで有名な個所はローマ四・一二であるが、そこは「足跡に」という語がついているから、「足跡に従って歩む」と訳したくなる、というだけの話で、語そのものの意味からすれば、バウアーがその個所についてのせている訳のように（in den Spuren jmds. bleiben）「誰それの足跡にとどまる」といった意味である。この動詞と同根のもう一つ別の動詞（steichō）が「歩む、赴く」の意味であるので、ヴルガータがそれにさそわれて、「歩む」にしておけばうまく話が通じるだろうとて、ambulo と訳したのであろうか。

すなわちこの語は「列」という意味の名詞（stoichos）を動詞にしたもので、「列につく」「列に並ぶ」という意味（それに対し steichō は「列を作って行進する」という意味が弱くなって、単に「歩む」「赴く」の意味になった）。しかし stoicheō の方も多くの場合与格の語をともなって、比喩的軽い意味に用いられる。「何々に対してふさわしい、ふさわしくある」といった意味。従ってこの場合も「霊にふさわしくある」と訳すこともできる。佐竹はここもまた「霊の指導下に歩む」なんぞと「訳」しておいでだが、「霊」という与格の一語を「霊の指導下」と訳したのもひどいけれども、そもそもこの動詞が与格を伴って普通どういう意味で用いられるのかをご存じない。

第六章

1　**霊の人**　新共同訳は「霊に導かれて生きている」。こういう勝手な解釈を持ち込んではいけない。この語は、あなた方自身がすでに霊的存在である、と言っているので、「霊」なるものによって外から手を引いてもらって生きている、というのではだいぶ話が違う。これは第一コリントス三・一に出て来る「霊の人」と同じ単語なので（新共同訳もそちらでは「霊の人」と訳している）、こういう概念は常に同じに訳さないといけない。確かに、第一コリントス書簡ではパウロはコリントスの信者たちを、あなた方はまだ「霊の人」ではない、と決めつけている。それに対しここではパウロは、一方ではみずから「間抜け」呼ばわりして軽蔑しているガラティア人に対して、「あなた方はすでに霊の人なのだ」と持ち上げている。ずい分と矛盾する態度ではないか、と言われようが、パウロという人はこのように平気でいくらでも自己矛盾に走る人なのだから、仕方がない。ここではパウロは「霊の人」という語を「クリスチャン」と同義語に用い、あなた方はすでにクリスチャンになっているのだから、と言っているだけ。それに対し第一コリントス書簡では、パウロはコリントスの信者たちに批判されたことに腹を立て、お前らこそまだとても「霊の人」になっておらず、何もわからないくせに、つべこべ言うんじゃないよ、と切り返した。このようにパウロという人は好き勝手に筆が走って言いつのる人なのである。

もとにもどし　第一コリントス一・一〇で「回復する」と訳した動詞（katartizō）。その個所の註参照。本来の然るべき状態にもどす、という趣旨の語。新共同訳は「正しい道に立ち帰らせなさい」。趣旨としてはそういうことだが、訳としてちょっと行き過ぎ。少なくとも「道」という概念は当時においては重要な宗教概念の一つだから、その語が用いられていないところにまで不用意に導入してはいけない。

あなた自身　節の前半は「あなた方」と複数、後半で突然「あなた」と単数になる。パウロの文体のこの手の不統一は毎度のことだから、どうということはない。

誘惑に陥ることがないよう気をつけなさい　口語訳「自分自身も誘惑に陥ることがありはしないかと、反省しなさい」は、だいぶずれる。「気をつける」と「反省する」では意味が違う。口語訳はすぐに安物道徳的に「反省しろ」のどうのと言い過ぎる。他方新共同訳の「あなた自身も誘惑されないように」は、それ自体正しい訳であるが、この文脈でそう書かれると、あなたが矯正してやろうとしたその相手の人物によって誘惑されないよう、という意味に読まれかねない。日本語の助詞「も」と受身形のもたらすあやである。

3　**何者かであるとみなされている**　二・六に出て来るのと同じ表現。パウロは当然二・六の自分のせりふが頭にあるだろう。

4　検証する　第一テサロニケ二・四の註参照。

5　それぞれが自分の荷を負うことになるのだから　「負う」という動詞は単なる未来。しかし単なる未来は命令的な意味にもなるから、多くの訳書が「負うべきである」という趣旨で訳している（リーツマン、口語訳、新共同訳等）。しかしそうすると明瞭に二節と矛盾する。二節では、互いに助けあって互いの荷を負いあうようにしなさい、と言っている。それに対しすぐ続いてここでは、自分自身の荷は自分で負わないといけません、と説教していることになる。まあパウロのことだから、すぐ続けてまるで矛盾することを言ったとしても不思議ではないが、ここはどうだろうか。この文は明瞭に前節の理由を述べている（gar）。前節自体何を言いたいのか曖昧だが、「誇る」は最後の審判で神の前で誇るの趣旨である可能性が高い。そうだとすれば、ここの「それぞれが自分の荷を負う」は、最後の審判においては自分の責任は自分で負うことになるのだから、という意味になる（TOB）。それなら二節とも矛盾しないし（二節の方は現在此の世での生活を考えている）、未来形の訳としても自然だし、全体の話の流れも理解できる。従ってここはやはり普通に未来の意味に訳すべきだろう。

6　良いものをすべて共にし　現代フランス語（les biens）やドイツ語（Güter）と同じで、「良いもの」という語は「財産」を意味しうる。もっとも、意味しうるということは、必ずそういう意味だということではない。佐竹「あらゆる所有物を分け与えなさい」、新共同訳「持ち物をすべて分かち合いなさい」は、従って、行き過ぎの訳である。何かのお祝いに山羊一匹手に入れてつぶしたら、その肉を多少おすそわけしてあげるとか、収穫が終ってオリーヴ油が取れたら、その一部を持って行ってあげる、とか。それを新共同訳みたいに訳したら、自分の上着も下着も、日常の食器も、住んでいる小さな家も、みんな教会の指導者と共有物になる、という感じになってしまう。せめて「財産」と訳せばいいのに、「持ち物」などと訳すからいけないのである。佐竹の方が多少ましだが、どっちこっちである。

ただし、ここは財産の共有を意味するという理解は、かなり古くからある。この動詞（koinōneō）を新共同訳のように（口語訳もほぼ同様）「分ちあう」などと訳すと意味曖昧だが、これははっきり「共にする」という意味の動詞である（この語の意味については更に第一コリントス一〇・一六の註参照）。従ってこれは「良いもの」という語の解し方によっては、財産共有の意味に解することも十分に可能だからである。それでルターはこの句にひっかかった（エプケによる紹介）。そんなことを言ったら、教会の聖職者（当時にしてみれば封建社会の経済的社会的権力者である）が信者（一般庶民）の財産をいくらでも没収することができるようになってしまう！　もしもこれが財産の共有を意味するとしたら、字義どおりに読めば、これは共同体の全構成員が互いに全財産を共有するという素朴な共産主義の話ではなく、宗教的権力者（カトリック教会のヒエラルキー）は信者の財産をすべて自分のものにできる、という意味になってしまうからである。これではルターたる者、反対せざるをえない。もちろんそれは自分の生きている時代の社会構造を読み込むからいけないのであるが、少なくともこの句に財産の共有という意味を読む理解はルターの時代には強かったということがわかる。それでルターはこの句の解釈に難渋した。けれども、ここでパウロが突如として（全書簡の中でここだけ、かつガラティア書のこの前後関係の中でもまったく突如としてこの節だけ）いきなり無条件で全財産の共有を主張しはじめた、ということは考えられない。確かにユダヤ教の伝統においては、そしてそれは初期キリスト教においても理念的には多少継承されているが、小さな共同体において互いに全財産を共有するという小共産主義とでも呼ぶべきものが存在した。しかしそれは全構成員相互の共産主義であって、指導者と個々の信者の間にだけ成立する財産の共有などというものはほかでは知られていない。従ってこの文をその意味に読むのは所詮無理である。パウロがほかでも多くくり返し言っていることからして、ここは単に、宗教指導者は信者たちによってある程度経済的に支えてもらう権利がある、という程度のことを言っているにすぎまい。

なおもちろん、単に「良いもの」とあるのを必ず物質的な物の意味に読まねばならぬ、などという規則はどこにもない。逆に多くの学者はこれを精神的な意味で良いものの意味だ、と解する（教えられる者は、善を教えてくれた者とその善を共有すべきである）。しかし「良いもの」という概念を無理にそのどちらかに限定する必要もあるまい。

いずれにせよ、六節だけ切り離さず、少なくとも以下の数節（特に一〇節の「良いこと」。日本語の都合で一方を「もの」と訳し、他方を「こと」と訳したが、同じ単語）とつながりのある意味を考えるべきである。

9　**さぼる**　第二コリントス四・一の註参照。

10　**我々はまだ時がある**　たぶんパウロは、終末の時までまだ何ほどかの時間の余裕がある、と考えている。

信の家族　ここは「信仰の家族」と訳してさしつかえないところだろう。しかし、もしかすると、神の信のおかげで生きている私たち、という意味かもしれないので、一応幅を持たせて単に「信」としておいた。いずれにせよ「家族」と直訳する方がよい。口語訳の「信仰の仲間」は曖昧。

11　**書いた**　口語訳、新共同訳は現在形で「書いている」としている。これはアオリスト形であるから、常識的には過去の行為を指す。とすれば、以上の手紙を私がどんなに大きな文字で書いたか、という意味になる（その場合、ここまでの手紙の一部を口述筆記にし、一部は自分で書いた、ということか。一・九や五・二の註参照。あるいは全部自分で書いたということか）。それに対し、最近の学者はほぼ一致して、これは「手紙のアオリスト」だ、という。とすればこれは実質的には現在の意味で、「今私がこの文字を書いている」の意味になる（それで口語訳等の訳）。その場合は、今、この一一節の文から私が筆をとって書きはじめている、という意味になろう。しかし本当のところ「手紙のアオリスト」なるものはあまり確かな話ではないから、よほどの場合以外は、どこにでもかしこにでも押しつけるべきものではない。従ってやはりこれは単純に過去の意味に解するのが素直というものだろう。そう解して何ら問題はないのだから。確かに、これを普通の過去の意味に解する意見は近頃ではほとんど見かけない。しかし古くはそう訳すことの方が多かった（ルター、ich hab euch geschrieben）。十九世紀の学者ではたとえばEd. Reuß, Th. Zahnなど（ボナールによる）。十九世紀でもリプシウスはすでに手紙のアオリスト説を採用しているが、その頃はまだ小数意見だった。

手紙のアオリストなるものについて

これは手紙を書く時の特殊な書き方で、動詞の「時」を、著者が現在書いている時を基準としてではなく、相手がその手紙を読む時を基準とするもの。とすれば、著者としては現在のことを書いていても、相手が読む時にはすでに過去の事柄となっているから、相手の立場に立って過去を意味する時制で書こう、というもの（ギリシャ語ならアオリスト形、ラテン語なら現在完了形）。しかし初歩の参考書などではアオリストの用法の一つとして「手紙のアオリスト」がある、などとわかったような顔をして書かれているものが多いけれども、実際には、「手紙のアオリスト」などというものはそんなにしばしば用いられるものではない。それがどの程度普及していたかは、かなり疑問である。私自身は丁寧に調べたわけではないが、学者たちが実例としてあげるものは僅かな分量でしかない。キケロほかほんの数例そういう実例があるよ、と言っているだけである。

少なくともパウロが「私は書いた」というアオリスト形の表現をその意味で用いているかもしれないと一応考えられる例は、ほかにはフィレモン書一九節、二一節の二個所だけである。しかしその二個所とも手紙の末尾の句であるから、この短い手紙の全体を「私が書いた」という普通のアオリストの意味に解する方が素直である。パウロは「書く」という動詞を一人称単数複数で全部で一五回用いている。そのうちアオリストは一〇回あるが、「手紙のアオリスト」かもしれないと考えられる可能性があるのは、この三個所だけである（それに対したとえば第一コリントス五・九など鮮明に過去の事実の意味で「書いた」と言っている。同一一節の現在形の「書く」と対照している）。他方、現在形の場合は、全五個所とも現在この手紙で書いているという意味である（ガラティア一・二〇、第一コリントス四・六、一四・三七、第二コリントス一・一三、一三・一〇。これらの個所のうち口語訳は第二コリントス一三・一〇を「書いた」と訳しているが、これは不注意の間違い）。これら五個所からして、パウロは自分が今この手紙で書いていることについては、「手紙のアオリスト」なるものを用いないことがわかる（特に第二コリントス一三・一〇は我々の個所と同様に手紙の末尾である）。ほかにもしかすると「手紙のアオリスト」かもしれないという説があるのは、第二コリントス八・一七の「赴く」という動詞、九・三の「派遣する（送る）」という動詞、及びフィリポイ二・二八の同じ動詞についてであるが、私はそのいずれの個所も「手紙のアオリスト」だとは思わない。その個所の註参照。

以上従って、「手紙のアオリスト」という説は必ずしも説得力がないのである。現在の「学者」がみんなそろって合唱するからとて、真理とは限らない。お互いに真似をしているにすぎないからだ。「手紙のアオリスト」などと解釈するのは、前後関係からして絶対確実にそうである場合を除き、やめた方がいい。

12 **キリストの十字架** 「キリスト・イエスの十字架」とする写本もある（𝔓46 B ほか少数）。ネストレ旧版はこちら。どちらとも決め難い。

14 **十字架につけられた** 口語訳は「死んだ」。それでも意味は同じだが、せっかく本文が語呂合せをしているのだから（節前半の「キリストの十字架」と後半の「十字架につけられる」という動詞）、そのまま直訳すればいいではないか。

十字架 なおこの際蛇足の註をつけておくと、通常「十字架」と訳される語（stauros）は、単語そのものの意味は単に「棒くい」である。けれども、ローマ帝国の磔の刑に用いる木はこの語一語で呼ばれるのが普通なので、それで新約聖書にこの語が出て来れば、「十字架」と訳されることになっている。ラテン語訳（crux）以来の伝統である。実際に十字の形をしていたかどうかについては必ずしも定かではないが（ローマ帝国の磔の場合、形が決まっていたわけではない。単なる縦棒の場合もあるし、T字の場合もあるし、十字の場合もある。そのいずれも stauros という語一語で呼ばれている）、イエスの場合は両手を釘で打ちつけたというのだから（ヨハネ二〇・二五）、十字かT字のどちらかであっただろう。アメリカの無知なファンダメンタリストが、イエスの場合は単なる縦棒だった、などと知ったような顔をして言い立てているのは、何の根拠もない。単に、素人言語学で、stauros は語源的には「棒くい」を意味するということを聞きかじってきて、騒いでいるだけ。

16 **基準**（＝佐竹）新共同訳の「原理」でも間違っているとは言わないが、まあなるべく直訳して「基準」としておくのがよかろう。原意は、ものをはかるのに使う尺度、物差し。この単語（kanōn）が後にキリスト教用語においては「正典」の意味に用いられるようになった。口語訳の「法則」はまるで見当はずれ。

基準の側に並ぶ 「基準」という語の与格を「側に」と訳す点、及び「並ぶ」という動詞については、五・二五の「霊の側に並ぶ」の註参照。

この基準の側に並ぶ者すべてに……、そして神のイスラエルにも　佐竹（と新共同訳）は「つまり神のイスラエルに」と訳している。「基準の側に並ぶ者」とはすなわち「神のイスラエル」のことだ、というのである。これは「そして」という接続詞（kai）を「すなわち」の意味に解した結果である。佐竹はこの kai は「説明の kai」であると説明しているが、この個所の kai にそういう文法的範疇を持ち込むのは無理。

「説明の kai」（kai-epexegeticum）なるものについては、Blaß-Debrunner, §442, 6a 参照。要するに「そして」という語を付加的説明をつけ加えるのに用いるものである。A and B という句を「Aであるが、同時にまたB」という意味で用いるもの。西洋語ではどの言語でも時たま見られる。しかしデブルンナーは新約聖書の中の実例としてヨハネ一・一六しかあげていない。「我々はみなその満ちているものから受けた。そして恵みに恵みを」という句である。この「そして」を「すなわち」と訳そうという。しかしこの例は曖昧である。いろいろ解釈の可能性がある。用例としてはむしろ第一テサロニケ一・三の「神、そして我らの父」をあげるのがよかろう。これも決して単純に「神」と「父」が同じものだと言っているのではなく、単に「神」と言ったのでは、世の中でいろいろな神が信仰されているから、それと混同されるといけないので、付加的に説明を加えて、「それはまた我らの父でもある」と言っている（その個所の註参照）。この「それはまた」といった感じが「説明の kai」と呼ばれるものである。

そうするとこの場合は、もしもこれが「説明の kai」だとすれば、「この基準の側に並ぶ者すべて」は言い換えればすなわち「神のイスラエル」のことだ、という意味になる。しかしここではそれは無理である。「説明の kai」というのは、kai ならば何でもかんでもその意味に解しうる、などというものではなく、そうめったには出て来ない。そして出て来る場合には、構文、前後関係からして、すぐにそれとわかる。そうでない場合にまで無理をしてこれは「説明の kai」だ、などとひねくって解釈するのは、文法の生かじりというものだ。加えて、これが「説明の kai」であるためには、順が逆である。つまり「神のイスラエル」という表現だけではわかりにくいから、付加的説明をつけて、「それは基準の側に並ぶすべての者」のことだ、というのなら話はわかるが、逆に「基準の側に並ぶすべての者」という表現だけではわかりにくいから、「それはつまり神のイスラエルのことだ」と説明した、などというわけにはいかない。そうだとすれば、「神のイスラエル」という表現はよく知られた表現でないといけないが、実はこの表現、新約全体でこの個所にしか出て来ない変った表現なのである。

ここは文脈からして、「神のイスラエル」は明瞭に「この基準の側に並ぶすべての者」とは区別された、別の概念である。従ってこの kai はごく普通の意味（「並列の kai」、A kai B はAとBという二つの異なるものを単に並列して並べているだけ）に解すべきである。現に、佐竹以外のほぼすべての最近の註解者がそう解している（昔、二十世紀初頭ぐらいまでは、佐竹のように解する学者もいたが）。なお新共同訳が「つまり」と訳したのは佐竹を真似したのかもしれないが、多分RSVに影響されたのだろうか。すなわちRSVは and を省略してあたかも同格の句であるかのように訳している。しかしこれは kai の語をそのように解したというよりは、意識的に改竄したものである。RSV以外は諸英訳もそういうことはしていない。

なおこの kai を「説明の kai」と解するのに反対する決定的な根拠がもう一つある。「説明の kai」ならば、A kai Bと、Aの後に直ちに kai Bをつけ加えるものである。それに対し、ここの原文では「この基準の側に並ぶ者」の後いろいろ別の句が入って、その後だいぶ離れてやっと「そして神のイスラエルにも」とつけ加えられているのだから、構文上これが「説明の kai」になることはありえない。

ではこの「神のイスラエル」とはどういう意味か。素直にこれはユダヤ民族を指すと解すればそれですむのに、神学的註解者たちはそれに抵抗する。それではパウロがユダヤ民族優越主義を表明していることになってしまうからだ。従って彼らは、これはユダヤ民族を指すのではなく、キリスト教会を指す表現だ、とおっしゃる。佐竹の解説もその仲間だが、さすがにほかの神学者たちは佐竹ほど露骨に文意を誤魔化す勇気はないから、「基準の側に並ぶ者たち」と「神のイスラエル」が違う者たちを指す、という点までは認めている。しかしその上で「神のイスラエル」とはキリスト教会のことだ、と言い張ろうとするには、今度は「基準の側に並ぶ者たち」の方を誤魔化さざるをえなくなる。つまりこちらは「ガラティアの信者たち」に限定された意味だ、というのである。それならこの文は、「ガラティアの信者だけでなく、世界のすべてのキリスト信者」という意味になって、すっきりと意味が通じる！　しかしもちろん、「この基準の側に並ぶ者」という表現をガラティア地方の信者に限るなどというのは、まるで滅茶苦茶である。そこまで無理を犯してパウロ大先生を護教しようなど、恥ずかしくないのかしらん。まあ、宗教護教論者と官僚の屁理屈はいつの時代も変らないけれども。

もっと重要なのは、パウロがユダヤ人以外を「イスラエル」と呼ぶことはない、という事実である。パウロがキリスト教会を「神のイスラエル」と呼んでいる証拠としてローマ九・六などが引き合いに出されるが（ラグランジュ）、「イスラエルから出た者が皆イスラエルであるわけではない」と言っているだけのこの句をそういう意味に解するのはとても無理である。パウロには（パウロ以外の新約の諸文書にも）、キリスト教会を「神のイスラエル」と呼ぶような言葉遣いは出て来ない（言葉遣いとしてではなく、単なる発想としてだけなら、マタイ福音書の著者はキリスト教徒こそが「真のイスラエル」だと考えていた、と言われる。しかしはっきりとした言葉遣いとしては「真のイスラエル」という言い方も出て来ないし、まして「神のイスラエル」は出て来ない）。

むしろパウロとしては、現在キリスト信者である者たちだけでなく、キリスト信者になっていないユダヤ人にも神の憐れみと平安が与えられるように、と祈りたかったということだろう。それがまた、右の九・六も含めて、ローマ書九―一一章全体の趣旨でもある。確かにユダヤ人の多くは自分たちの「割礼」を盾に、ユダヤ民族でありさえすれば神によって嘉せられる、と思い上がっている。しかし彼らの中には「神のイスラエル」が存在するのだ。キリスト教が異邦人に向ったからとて、ユダヤ人が見捨てられることはない。むしろ彼らこそ神の救いに最初に与るべき本流中の本流なのだ、とパウロは考えている。その思いから、ここに「そして神のイスラエルにも」とつけ加えたくなったということだろう（ムスナー）。立派な民族愛というか、どこまでもユダヤ人を特別扱いしないと気がすまない民族的思い上がりというか。

17　なお　この単語は軽い意味で、手紙の最後などについでに一言つけ足す時に用いる。その場合は、ほとんど日本語の「追伸」に対応する。その意味で「最後に」と訳されることが多いが、しかし手紙の最後とは限らない。「以上いろいろ述べてきたけれども、あと一つ言い忘れたのでつけ加えるが」とでもいった意味（第一テサロニケ四・一の註参照）。この単語そのものに「最後に」などという意味があるわけではない。他方、この個所の場合、「今後は」と訳そうという案がある（シュリーア、口語訳など）。その方がこの前後関係にはよく合うからだが、この語を「今後は」などという意味に用いる例は新約ではただの一度も出てこないし、そもそもの語義からしても無理である。原文を無視して、そう「訳」しておけばうまく意味が通じる（うまく意味を創作できる）、などというのでは、翻訳にならない。

コリントスにある神の教会へ、第一

註で直接言及している註解書は左記のとおり。

Hans Lietzmann, *An die Korinther I・II*, Handbuch zum N. T., 4. Aufl., 1949（1. Aufl. 1909）, Tübingen（リーツマン）

A. Robertson and A. Plummer, *The First Epistle of St Paul to the Corinthians*, ICC, Edinburgh, 1911（ロバートソン）

E. Osty（trad. par）, *Les épîtres de saint Paul aux Corinthiens*（la Bible de Jérusalem）, 4e éd., 1964, Paris, Cerf（オスティ、エルサレム聖書）

C. K. Barrett, *The First Epistle to the Corinthians*, Black's New Testament Commentary, Hendrickson（London）, 1968（バレット）

H. Conzelmann, *Der erste Brief an die Korinther*, KEK, Göttingen, 1969（コンツェルマン）

表題

古い主な写本は「コリントス人へ、第一」としている。ほかに「コリントス人へ、第一、エフェソスから書かれた」、「コリントス人へ、第一、フィリポイから、ステファナス、フォルトゥナトス、アカイコス、ティモテオスを通じて書かれた」、など。もちろんこの手紙がフィリポイで書かれた可能性はなく、またステファナス等がこの手紙の筆記者である可能性もほとんどない。筆記者はソステネスであろう（一・一）。

第一章

1 **キリスト・イエスに招かれた使徒**　直訳は「キリスト・イエスの、招かれた使徒」。つまり、キリスト・イエスの使徒であるが、それはキリスト・イエスによって招かれてそうなった、という二重の意味。岩波訳で「キリスト・イエス」が欠けているのは、単なる不注意だろう。しかし冒頭から不注意じゃちょっとね。

ソーステネース（Sōsthenēs）　使徒行伝一八・一七にも同じ名前の人物が出て来る。多分同一人物だろうと思われるが、そうでないかもしれない。ギリシャ語系の名前だが、使徒行伝に出て来る人物はユダヤ教の会堂司である。しかしこの時代、ユダヤ人でギリシャ語系の名前を持っている人物は多い。その人物がキリスト教に改宗した？

2 **……神の教会と……聖化された人々**　新共同訳（口語訳もほぼ同じ）は「……神の教会へ、すなわち、……聖なる者とされた人々へ」としている。「と」を入れて並列にとるか、「すなわち」と補って同格ととるかの違い。原文では「神の教会」の後に「と（そして）」を意味する接続詞がはいらず、すぐに「キリスト・イエスにある聖化された人々」と並べられているから、それで口語訳等は並列と取らずに同格と取ったのであろう。どちらでも意味上は同じようなものだから、気にする必要はないのかもしれないが、「と（そして）」を意味する接続詞がはいっていないのは、続いて三番目に「あらゆる場所で……呼ぶすべての人々」と並べられ、こちらに「また」(syn、直訳は「と共に」）という前置詞がついているから、省略したのであろう。英語の単語に置き換えて説明すれば、A, B and C の代りに A, B with C という言い方。

また……すべての人々へ　直訳は「……すべての人々とともに」（右の with C にあたる）。日本語で「ともに」と直訳したのでは何だかわからないから、意味の通じるように訳した。この原文は、これ以外に意味の取りようもない（A, B, C を単に並列している）。こう訳せば、この書簡ははじめから単にコリントスの教会にあてられただけでなく、世の中のすべてのクリスチャンに読んでもらうために書かれた、ということになる。特定の読者を想定した私信であるとともに、不特定多数の読者にむけた公開の文書のつもりであろう。パウロはこれからコリントスのクリスチャンたちに文句をつける手紙を書こうとしている。しかし彼のつもりとしては、それは内輪のこそこそ話ではない。全世界のクリスチャンよ、照覧あれ、といった意気込みなのだ。それではあまりに「カトリック的」(カトリック＝普遍的)だからというので、二節の後半を全部削除する乱暴なプロテスタントの学説も出現した(J. Weiß ほか)。しかし、すべての写本にこの句は記されているし、これがパウロの原文にはなかったなどと言い張る理由はまったくない。最近はプロテスタントの学者も多くは、素直に、この文をこういう意味のものとして読んでいる。

ただし異説としては、「……ともに」を少し前の「招かれた」にかけて訳そうという意見もある(オスティ。口語訳、新共同訳は慎重にどちらに取られてもいいようにうまく訳している。その分だけ、何を言っているのか曖昧だが)。そうするとこれは、「あなた方コリントスの信者たちがキリスト・イエスに招かれたのは、全世界のクリスチャンたちが招かれたのと一緒である」という意味になる。しかしこの訳は無理である。「招かれた」と訳した語は形容詞であって、「……ともに」という前置詞句が間にはさまった名詞をとばして前の形容詞にかかるなどということはありえない。

従って、岩波訳の註のように、この「……ともに」がどこにかかっているのか確かではない、などというのは、よろしくない。別にパウロがカトリック的だからとて、事実がそうならそうでしかないので(おまけに、それ自体としては結構なことである)、誤魔化すことはない。

そもそもこれと同じ言い方は第二コリントス書簡の宛先の表現にも出て来て、そちらの方はすべての訳者が単なる並列の意味に解している。すなわちそちらでは原文は「コリントスにある神の教会へ」と並べて「全アカヤにいるすべての聖者たちとともに」となっているが、すべての訳者がこの「ともに」を「ならびに」とか「そして」とか訳している。ほかに解しようがない。とすれば、第一コリントスのこちらの個所も、ごたごた言わずに素直に単なる並列の意味に解さないといけない。訳す時には、せめて、同じパウロの同じ表現は同じに訳せばよろしいので、一方だけ中身が気に入らないからとて、ごたごたもめるのはよろしくない。

キリストの名を呼ぶ　口語訳(＝新共同訳)は「呼び求める」としているが、これはほとんど誤訳。日本語の「呼び求める」は、現在見つかっていないもの、どこかに行ってしまって居ない者、等を呼ぶ場合に用いる語である。それに対しこの場合は、パウロのつもりでは、現にクリスチャンたちは信仰において見ているキリストを(見失っているのではない)呼んでいるのだから、単に「呼ぶ」が正しい。実際上は、礼拝などの信者の集りで声をそろえてキリストの名を呼ぶ行為が頭にある。

我らの主であるとともに、彼らの主　直訳は「我らのだけでなく、彼らの」。つまりパウロは直前で「我らの主」と言ったのが自分で気になって、イエス・キリストは「我ら(コリントスの信者とパウロ一行)」だけの主ではなく、「彼ら(全世界のクリスチャン)」の主でもある、と補ったのである。異説としては、「我らの」をこのように「主」にかけないで「場所」にかけ、「我らの場所においてだけでなく、彼らの場所においても」と訳す説もある。純粋形式文法だけからなら、その可能性もあるが、意味上はまあありえない。

ところが岩波訳はこれを「主」にもかけず、「場所」にもかけず、「(キリストの)名」にかけた。「この名は彼らのものであり、そして私たちのものである」。これは文法的にも、意味上も、とても無理。総じて第一コリントス書簡の岩波訳は、同じ訳者のガラティア書と比べても非常に杜撰であるから、以下では、その問題をいちいち指摘しない。杜撰とつきあうのは時間の無駄である。

3　恵みがあなた方にあるように、また……平安が　この語順については、第一テサロニケ一・一の訳註参照。

4　キリスト・イエス　この語順(「イエス・キリスト」ではなく)については、第一テサロニケ二・一四の註参照。

私の神　「私の」のついていない写本がある。ℵの第一写記とBだけだが、この二つはパウロ書簡に関しては最重要の写本だから、こちらが原文かもしれない(ネストレ旧版)。しかし、ここで「私の神」などという言い方をするのはいかにも傲慢だから、ℵとBのもとになった写本の写本家が、それはいくらなんでもおこがましいよ、と思って削除したのかもしれない。それならやはり「私の」つきが原文(ネストレ新版)。ここは「あなた方に与えられた恵みを神に感謝する」という文であるから、まっとうな神経の持ち主なら、単に「神に感謝する」あるいは「我らの神に感謝する」と言うところだろう(現に小文字写本の一つである 491 が「我らの神」としている)。それを「私の神」と言うとしたら、いくらなんでも自意識過剰でおこがましい。同じ表現はローマ一・八にも出て来る。他方第一テサロニケ一・二ではまだ、同様の文で、単に「神に感謝する」と言っている。つまりパウロのこの種の威張りくさった自意識過剰は後期の書簡になるほど強く出て来ることがわかる。ローマ書は第三回伝道旅行の最後の時期、第一テサロニケは第二回伝道旅行の比較的最初の時期。第二回伝道旅行の頃のパウロはまだだいぶ謙虚だったのに、第三回伝道旅行の頃になるとすっかりパウロ教教祖として舞い上がって、この種の言い方が増えていく。第一コリントス書簡は時期的にはローマ書の方に近いから（第三回伝道旅行の比較的終り近く）、やはりこちらも「私の」が入っている読みを採るべきだろう。

5　口語訳は（新共同訳も）、五節を四節と切り離して訳しているが、五節は四節の「感謝」の理由を述べる文節であって、四節の「神の恵み」の中身を具体的に記すものである。

6　**キリストの証し**　口語訳「キリストのためのあかし」、新共同訳「キリストについての証し」。どちらも解釈しすぎ。確かにこの「キリストの」という属格は、諸学者の間では、対格的属格に取る意見が大勢をしめている（あなた方がキリストのことを証しする、その証し）。そうすると、あなた方が他の人々の前で、ないし自分たちどうしの間で、キリストの証しをなす、その証しは今やパウロの眼から見れば、立派に、しっかりしたキリスト教信仰の表現となっている、という意味になる。けれども、いかに優勢とて、それは一つの解釈にすぎないのだから、翻訳としては直訳して「キリストの証し」としておく方がよい。キリスト御自身がたてて下さった証しがあなた方の間でも確立している、という意味であるのかもしれないのだから。

なお異読として「神の証し」とする写本がある（BFGほか少数）。おおかたの学者は「キリストの証し」という読みを採用しているが、「神の証し」の読みを提供するのも重要な写本であるから（他の諸写本に反してBとFGだけが一致するというのはめずらしい現象。Bはアレクサンドリア系の代表格。FとGはDに次いで西方系の代表。Dに反してFとGだけがBに一致するというのはめずらしい）。こちらの方が本来の読みであった可能性もかなり大きい。その場合ならますます「神の与える証し」の意味であろう。

7　**恵みの賜物**（＝口語訳）charisma という単語。新共同訳は単に「賜物」と訳している。それで間違いではないが、この語は charis「恵み」という語の中性名詞化であるから、伝統的な日本語訳の訳語を保存する方がよかろう。一二・四の註参照。

顕現　ふつう「啓示」ないし「黙示」と訳される語（apokalypsis）である。（神的な）真理が「現れる」ことであるから、「啓示」と訳す。しかしここはイエスという人物が現れるので、日本語としては「啓示」と訳すわけにもいくまい。このように同じ単語を訳し分ける必要が生じるのは不便だが、いたしかたない。ともかく、終末に際してのイエス・キリストの顕現を意味する。

8　**主は**　原文は単に関係代名詞だが、直前の「主イエス・キリスト」を受ける。しかし、「主は」とはっきり訳してしまうと、直後の「我らの主イエス・キリストの」との重複が目立つ。これは単に日本語訳だけの問題ではない。ギリシャ語としてももちろん、そこでもう一度「我らの主イエス・キリストの」などとくり返すのは、無駄な重複の悪文。主語の人物を受けるのなら、単に「彼の」と言えばよろしい。逆に言えば、パウロの頭の中ではこの文の主語の関係代名詞はいつの間にか「神」に置き換えられているのだろうか。さもないと、続く文でわざわざ「神は信実である」と強調する理由がわからない。あるいはパウロとしては主語はあくまでも「主キリスト」であるつもりなのかもしれない。その場合は、多分、「我らの主イエス・キリストの日」というのは最後の審判を意味する決まった表現となっていたから、パウロとしては文法を無視しても「彼の日」という縮めた言い方は避けたかった、ということか。しかしそうすると、「主イエス・キリストの日」とは主キリストが最後の審判をなす日であるから、裁判官はキリストである。その裁判に際してキリストがあなた方を支えてくれるというのだから、裁判官がいつの間にか弁護士になってしまっている。しかしパウロという人はその種の論理矛盾には一向におかまいなしの平気な人ではあるけれど。

9　**信実**（pistos）　むしろわかり易く「誠実」と訳す方がよかったか。「神の信（pistis）」という言い方が出て来るが（ローマ三・三）、その形容詞化。というよりも、「神の信」は「神は信実である」という言い方の名詞化である。これは、人間のように不誠実（結局どこかで神を裏切っている）なのと違って、神は常に誠実である、という意味である（口語訳、新共同訳の「神は真実なかたである」は誤解されやすい。これでは、神は偽物ではなく本物だよ、という意味に受け取られてしまう）。ガラティア二・一六の「信」の註参照。

招かれた　口語訳は「はいらせていただいた」（新共同訳「招き入れられた」）。似たようなものだが、「入れられ」は余計。こう書くと、すでにキリストとの交りの中へと入っていることになるが、ここで言う「キリストとの交り」は、彼岸の救済における最終的なキリストとの交りに力点があるのだから、厳密には、信者はまだ招かれただけであって、そこに「入れられた」わけではない。

10　呼びかける　口語訳は「勧める」。この語については第一テサロニケ二・三の註参照。いろいろ異なった意味合いに用いられる語だから、この場合は「勧める」でも当らずといえども遠からずだろうが、単語そのものに「勧める」という意味があるわけではないから、原義通りに「呼びかける」にしておくのがよいだろう。他方、新共同訳の「勧告する」は口語訳をもじったものだが、威張りくさった言い方にすぎる。この語にそんな意味はない。パウロ自身しばしば嫌らしく威張りくさったものの言い方をする人にはちがいないが、新共同訳はそれにやたらと輪をかけて横柄な言い方をしすぎる。この文ではパウロはまだ丁寧なもの言いをしている。

同じ思い、同じ認識　口語訳（新共同訳も似ている）「同じ心、同じ思い」。前者は「心」でも「思い」でも大差ないが、後者は「グノーシス」という語であるから、「思い」ではなく「認識」（ないし「知識」）が正しい。もちろんここでは一般的な認識の話ではなく、宗教的な「認識」であるけれども。

回復されるように　口語訳（新共同訳も同様）「堅く結び合っていてほしい」（これはギリシャ語を訳したというよりはＲＳＶの be united を訳したものだろう）。そんなことは原文のどこにも書いてない。この動詞（katartizō の受身）は意味の取り方が難しく、諸説あるところだが、古典ギリシャ語の本来の意味は「修繕する、（もとの状態に）もどす、整える」である。バウアーの辞書は「完成されてある vollendet sein」などと訳しているが、いささか訳し過ぎ（「もとの完全な状態にもどす」というつもりか。しかし、それを「完成されてある」と言ったのでは、だいぶずれる。これは実はヴルガータの真似である、sitis perfecti）。他方独訳では「堅く一致しているように（daß ihr fest geschlossen seid）」（たとえばコンツェルマン）などとするものが多いが、その由来はルターにある（haltet fest aneinander）。ルターがどうしてこのように思い切って意味を変えて訳す気になったのか知らないが、「堅く」という語を補う伝統はここから来ている。しかし「修繕する」すなわち「(もとの一致した状態を) 回復する」と訳して十分に意味の通じるところだから、何も妙にひねくる必要はあるまい。なおこの動詞は第一テサロニケ三・一〇にも出て来る(こちらは能動態)。こちらはふつう「(足らざるところを) 補う」と訳す(またガラティア六・一、こちらは口語訳は「正す」としている。同じ単語だと思わなかったのかしらんね)。同じパウロの文なのだから、ほぼ同じような訳語にするのがよい。つまりここでパウロが言いたいのは、単に、今まで分派争いしていたとしても、また一致へと回復しなさい、ということ。

11　クロエーの家の者たち　直訳は「クロエーの者たち」。通説では、クロエーの奴隷を指す。しかし奴隷とは限るまい。召使(召使はふつう奴隷であったとしても)、仕事の上の雇われ人、等々。従って「家の」を補うのも本当は正しいかどうかわからない。なおクロエー(Chloē)は女性の名前(コリントスからエフェソスまで、多分商用か何かで、自分の家の者を遣わすのだから、ある程度裕福な商業階級の人物だっただろう)。もう一つだけ岩波訳の杜撰さを指摘しておくと、「クロエスの［家の］人々」としている。もちろん「クロエス」でなく「クロエー」が正しい。これは女性の名前で、他にも多く見られる。この綴りで「クロエス」とする男性名は知られていない。ともかくこの訳者、水準が低すぎる。

明かされた　これが直訳(dēloō という動詞の受身)。ニュアンスとしては、本来あなた方信者たち(ないし信者を代表してパウロに手紙を書いている者たち)から直接聞かされてもいいはずなのに、信者ではないクロエーの家の者たち(クロエー自身は信者であっただろうが、家の人たちが信者であったかどうかはわからない。特に奴隷であれば。いずれにせよ教会を代表する位置にはいない)から告げ口されて事実を知らされた、という感じ。口語訳の「実は……聞かされている」は、そういった趣旨をうまく意訳している。このあたりから、パウロがコリントスの信者たちをなじる雰囲気がじわりじわりと表現されはじめる。もっとも、コリントスの信者たちからすれば、そんな無責任な告げ口を(しかも当事者である我々に確かめることもせずに)根拠にして、我々に対して文句をつけるのはおよしよ、と言いたくなっただろう。パウロ自身これがどこまであてになる告げ口なのか、自分でも自信がなくなって、手紙の後の方になると同じ件を「そういう噂を聞いている」という言い方でごまかしている(一一・一八)。どうもほんとうに事実なのかどうか自信がなくなったということだろう。しかしそうだとすれば、ここで一章から三章まで大上段にふりかぶって、お前たちは分派争いをしてけしからん、と言いつのったのだから、後になって自信がなくなったのならば、どうも、事実かどうかわからない噂に基づいてあそこまで悪口を言いつのって申し訳ありませんでした、ぐらいのことは言えばいいのにね。

12 **アポロ**（Apollōs）　使徒行伝一八・二四、一九・一に登場する人物。ただし一九・一以下はまことに奇妙な記述で、パウロ的正統主義の下位に他の宣教師を位置づけようとするこの著者の偏向した傾向が露骨に現れている。

ケパ　ガラティア一・一八の註参照。

14 **クリスポス**（Krispos）　使徒行伝一八・八に出て来る人物。この人も会堂司であった。

ガイオス（Gaios）　ラテン系の名前だが（Gaius）、ギリシャ語の名前としてもよく出て来る。同一九・二九で、マケドニアでパウロと知り合って、パウロとともにコリントスにも居た人物として紹介されている。同二〇・四の「デルベ人ガイオス」ももしかするとこれと同一人物。ほかにローマ一六・二三にも出て来るが、ガイオスという名前はよくある名前だから、同一人物かどうかはわからない。第三ヨハネ一節のガイオスは、まあ別人物だろう。

むしろ感謝せねばなるまい　「むしろ」と「ねばなるまい」の二つの語は翻訳上私が補った。原文は単に「……私は誰にも洗礼を授けなかったことを感謝する」。西洋語はこの種のニュアンスを単語としてあまり明示しない言語であるが、日本語はそれを明示しないと非常にわかりにくくなるから、補った。

感謝する　ネストレ新版は「神に感謝する」と「神に」という語を入れている（従って新共同訳）。それに対し旧版はこの語を入れていない（従って口語訳）。ここは重要な写本が割れているから、どちらとも決め難いところだが、どちらかと言えば、「神に」のない読みを示す写本は数は少ないがℵとBが一致しているから、こちらの方が有力だろうか。福音書の場合とちがって、パウロの場合は、ℵとBの一致は重い。もっともここは「神に」がついていなくても、意味は同じことである。

15 **だから……などと言い出す者もいないだろう**　口語訳は「それは……だれにも言われることのないためである」と訳している。一見この方が直訳みたいに見える。しかし日本語は難しい。ギリシャ語に限らず西洋語の

「ため」という接続詞（この場合は hina）をいつでも「ため」と訳していれば正確な直訳になるというものではない。西洋語の「ため」は目的ではなく結果を意味することが多いからだ。この場合にこのように「ため」と訳すと、著者が自分でそのように意図して実行した、ということになってしまう。しかしここは、「（神に）感謝する」という句が示しているように、パウロとしては意図してそうしたわけではなく、結果としてうまくいった、ということ。

16　**名へと**　一三節も同じ。こう訳すべきことについてはマタイ二八・一九の註参照。

ステファナス（Stephanas）　ギリシャ語としてはよくある名前。本来ステファノス（Stephanos）と同じ名前だが（使徒行伝六、七章に登場する有名な殉教者もこの名前）、-as という語尾がどこから生じたかについては議論がある。更に一六・一五、一七で言及されている。

17　**何故なら**（gar）　この個所で「何故なら」とするのは論理的にいささか無理だが、パウロという人はともかくこの語がお好きである（第一テサロニケ一・九の「すなわち」の註参照）。

無になってしまう　口語訳「無力なものに」。「無」と「無力」では全然違う。

……よってでは……なってしまう　ここも一五節と同様に hina の「結果」を意味する用法。

18　**すなわち**　これも gar（第一テサロニケ一・九の註参照）。この後更に一九節、二一節とこの gar が連続する。この人のひどく癖のある文体。

救われる我ら　「我ら」の語を抜かしている写本がある（F G it。Dが入っていないが、西方系の読みと言っていいだろう。単に「救われる者」となる）。多分、「救われる」人間は大勢いるので、パウロ一派（＝我ら）だけではないよ、という配慮から、写本家がこの語を削除したのであろう。

19　**賢さ**　他では「理性」（マルコ一二・三三、コロサイ二・二）、「理解」（エフェソス三・四）などと訳した語（synesis）。訳語が定まらなくて恐縮。ここは「賢い（者）」という形容詞と対になっているから、「賢さ」にしておいた。

引用文はイザヤ二九・一四。最後の単語（廃棄する）以外は七十人訳と一致。七十人訳は最後の単語を「隠すだろう」としている。七十人訳の方がパウロよりヘブライ語原文（「この民の賢い者の知恵は滅び、悟き者の悟りは隠れる」）に近い。七十人訳は「この民」という語を除いて話を一般化し、パウロは「隠す」を「廃棄する」に変えて、意味を強めた。

20　律法学者　この単語はほかで出て来る時には必ずこう訳される（ユダヤ教の律法学者）。もちろん単語そのもの（grammateus）としては「文字の人」「書物の人」という意味だから、単に「学者」と訳してもよろしいのだが（口語訳、新共同訳）、それでは読者にこれは他で「律法学者」と訳されているのと同じ単語だということが伝わらない。本当のところ、パウロがここで学者一般を考えているのか、特にユダヤ教の律法学者を考えているのか、定かではないが、多分「知者」という語でギリシャ世界の学者を考え、「（律法）学者」という語でユダヤ教の学者を考えているのだろうから、まあ「律法学者」としておく方が無難だろう。

21　神の知恵の中で　例によって、パウロのこの種の前置詞句（en）は意味不鮮明である。この en の曖昧さについては、第一テサロニケ二・二（また二・一四）の註参照。さまざまに異なった解釈がありうる。従って良心的な諸訳は、訳文には解釈を入れないで、通じようと通じまいと逐語訳し、解釈は読者におまかせする（あるいは註解の議論の中で展開する）という態度を取っている。解釈の中で有力なのは、「神の知恵」＝世界の創造、と解するものである。世界（自然世界）の創造は神の知恵の表現である。だから創造の秩序を見れば当然神を認識できるはずなのに、此の世は神を認識しなかった。そこで、そういう理性による認識の可能性をあきらめて、神は「宣教の愚かさ」を選ぶことにした、というのである。この考え方はローマ書一・一九―二二にはっきり出て来るものであるから、第一コリントスのこの個所もその意味に解するのが普通だろう。

もう一つある解釈は、「において」を時間的な意味に解する解釈である。すなわち「神の知恵」の期間というものがあって（アダムの堕罪以前？　キリスト教以前？）、その期間において此の世が神を認識しなかったから、その後、神は「宣教の愚かさ」を選んだ、というのである。この解釈もまったく不可能とは言わないが、この場合に en を時間的な意味だとするのはひどく無理。かつ「神の知恵の期間」などという考え方は知られていない。

これを口語訳はひどく意味を作り変えて、「それは、神の知恵にかなっている」と訳している（新共同訳もそれに追随)。しかしこれはまるで無理な解釈である(en を「にかなっている」と解するなど、論外)。TEVも同じ解釈をとっている(ただしTEVの方が口語訳より後である。口語訳は多分ロバートソンに従ったのだろう)。RSVはこんな無理な解釈はせずに、ティンダル＝欽定訳の伝統を守って、解釈を入れずに直訳している(in the wisdom of God)。

26　すなわち　ここもおなじみの gar(一七、一八節参照)。いくらなんでもここで gar は論理的にちょっときついから、西方写本(DFG)は oun(では)に書き換えている。その気持、わかる。

招かれた(時の)こと　原文は「招き」という名詞。キリスト信者になることを、彼らは「(神によって)招かれた」と言う。

肉による　口語訳(新共同訳もほぼ同じ)は「人間的には」。パウロは(だけでなく、ヘブライ語の語法の影響がある場合には)、「肉」という語を単に「人間」という意味に用いることが多い。従ってここも「人間的には」と訳して間違いではないが、しかし、パウロは他方では人間存在の特定の側面(この場合は「霊的」の反対語として「此の世的」の意味)だけを指して「肉」と呼ぶことがふつうなので、やはり直訳する方がいい。「肉」はパウロの思想の基本概念の一つなのだから。

生れの良い者　これが直訳。「貴族」ないし貴族に匹敵する上流階級を指す。

この節を引き合いに出して、コリントス教会は身分の低い者、貧しい者の集りだった、などと主張する学者がいるが、それは逆の極端。上流階級以外はすべて食うや食わずの貧民しか存在しない、などという理屈は通らない。圧倒的多数の人口はその両者の間に存在しているのである。それに、「多くはいなかった」というのだから、多少は居たのだろう。パウロ自身もここで自分を「生れの良い者」の中に入れて考えていないのは明白である。パウロのように比較的裕福な、ローマ市民権を持っているほどの都市市民もその中に入れていないのだから、ここで言う「生れの良い者」とは非常な上層階級に限られる。ここでパウロが言いたいのは、コリントスのクリスチャンの中には「肉による知者」、つまり著名なギリシャ哲学者やユダヤ教律法学者もおらず、「生れの良い者」、つまりローマ帝国やその傀儡政権の権力者、貴族もいなかった、というだけの話である。なお、パウロ自身の主観からすれば、コリントスの信者たちは経済的にかなり余裕のある人たちである（第二コリントス八・一四参照）。

27 前節では男性複数形（人間を指す）で「知者、権力ある者、等」と言っていたのに、この節になると突然、「知者」以外はすべて中性複数形（ふつうは物、事柄を指す）となる。それで「者」とせずに「もの」としたのだが、言わんとすることは男性複数形と変らないのだから、口語訳のように全部「者」と訳していっこうにかまわない。その方が日本語としては良い訳だろう。まあ、敢えてパウロの微妙な（こういうのを微妙と言うべきかどうかわからないが）言葉づかいを紹介するために、単純直訳にした。何故パウロがここで突然中性複数形に変ったかというと、男性形を用いると露骨に差別的な用語の響きがあるから、敢えて避けたのだろうか（リーツマンの説明）。（第三刷での補註）しかしヨハネ六・二七の註参照。

世の愚か　新共同訳の「無学な者」はよくない。「愚かな」と「無学な」はまったく違う概念である。

28 **生れのないもの**　ちょっと日本語としてはこれではまずいか。あまりに直訳。つまり貴族、良い家柄の出身者を「良い生れの者」と呼ぶのに対して、庶民を「生れのない者」と呼んでいるのである。名のるほどの立派な「生れ」はない、と言っている。口語訳の「身分の低い者」は意味をせばめすぎ。新共同訳の「身分の卑しい者」は行き過ぎ。

蔑まれているもの　口語訳「軽んじられている者」もよい。直訳は「無に等しいとされたもの」。受身の分詞を形容詞にして用いているのだが（exouthenēmenon）、受身的な意味を抜いて単なる形容詞とみなせば（そういう用法も多い）、「無力なもの」と訳してもいい（第二コリントス一〇・一〇の註参照、また第一コリントス六・四、一六・一一ほか）。

存在するもの、存在しないもの　これも直訳。これを口語訳のように「有力な者」「無きに等しい者」と訳すのは、いささか訳しすぎ。まして新共同訳の「地位のある者、無力な者」は行き過ぎ。これはこういう言い方なので、存在しないものが存在するわけがないではないか、などと理屈を言っても仕方がない。

無効にする　「仕事」（ergon）という名詞に否定の接頭語（a-）をつけ、その前に更に「下へ」を意味する接頭語をつけて他動詞にした（katargeō）。すなわち「働かない状態にする」という意味で、土地などを遊ばせておく場合に用いられる。あるいは人間については、受身形を自動詞に用いて「怠慢である、何も働かないでいる」の意味になる。あまり多く用いられる語ではないが、パウロは何故かこの語がお好きで、真正な七書簡全部で二二回も用いている（特に二つのコリントス書簡とローマ書で多い。それぞれ九回、四回、六回）。誰しもそうだが、この種のやや特殊な単語を自己流に比喩的に用いると、癖になって、その後何度もくり返したくなる類。しかしパウロはこの語をほぼ字義通りの意味に用いているのだが、現代の「聖書翻訳者」の悪い癖で、語の正確な意味をとらえることをせず、辞書に書いてある「語義」を右から左に写すものだから、いつの間にかこの語は「滅ぼす」という意味だと思い込まれるようになってしまった。ルターから、英訳ではティンダル、欽定訳、更に現代のRSVにいたるまでは、基本の語義をふまえながらその都度の前後関係にあわせて適当にうまく翻訳していたのが、たとえば註解書ではすでにコンツェルマンになると、判で押したように「滅ぼす」と訳すようになる（もっともドイツ語の「滅ぼす」は vernichten だから、語源的には「無にする」である）。それが英語に入ると abolish という訳語がつけられ、それが辞書にものるようになる。世俗のギリシャ語では「活用しない」「無効にする」等の意味だが、パウロでは「滅ぼす」の意味です、などと書かれてしまう（バウアー、vernichten, vertilgen, beseitigen）。しかしもちろんこれは、この語にそういう語義があるわけではなく、何となくパウロ書簡の場合そう「訳」すと前後関係にうまく合うような気がするものだから、「滅ぼす」と訳すのが慣例になり、それが辞書に転載されただけの話である。辞書にのっている「語義」がほんとうにその語の語義かどうか、疑ってかかる必要のある典型的な実例。実際、パウロ書簡の場合もすべて原義通り「無効にする」「無力にする」「働かせない」と訳して十分に、ぴったり、意味が通じるのだから、我々は一貫してそのように訳すことにする（この語について神学者が書いた説明では、*ThWzNT* I, 453ff の G. Delling の文が正確である）。

29 **肉**　ここも口語訳は「人間」と訳しているが、よくない。

30 **キリスト・イエスにある**　第一テサロニケ二・一四の註参照。ここでも新共同訳は「キリスト・イエスに結ばれ」などと「訳」している。いやね。

神のおかげである　これは誤魔化した訳。原文は単に「神から」。ていねいに言うと、「あなた方がキリスト・

イエスにあることができているのは、神から生じたことである」という意味。

キリストは神の側から、我々にとっての知恵となった　つまり、我々にとっての知恵と言っても、肉的な知恵（此の世的な尺度、領域での知恵）ではなく、神の側から与えられる知恵。これを口語訳のように「キリストは神に立てられてわたしたちの知恵となり」と訳すのは、何だかもう一つ。他方、新共同訳は「神の側から知恵となった」を縮めて「神の知恵となり」にした。わからないものは縮めてしまえ？

聖化　口語訳、新共同訳は「聖」。これは「聖とすること」の意味だから、単に「聖」ではちょっとまずい。

贖い（apolytrōsis）『キリスト教思想への招待』一九九頁以下参照。

31　主において誇る　これはややこしい。「誇る」という動詞（kauchaomai）は自動詞であるから（例外的に他動詞としても用いられる、第二コリントス一一・三〇「弱点を誇る」）、普通は誇る対象を与格に置くか、あるいは何か前置詞をつけねばならない。簡便な新約聖書ギリシャ語辞典なんぞでは、この動詞に en（において）という前置詞をつけて、「～を誇る」の意味だ、などとしているが、話はそう簡単ではない。あらゆる類の言い方がある。パウロの場合ならば、en 以外に、epi（の上に、ローマ五・二ほか）、hyper（について、第二コリントス九・二）、eis（に対して、同一〇・一六ほか）、peri（について、同一〇・八ほか）。つまりそれぞれの前置詞に応じて微妙に意味の違いを使い分けている。en ならば、一応、そのことを根拠として誇る、といった感じ。ただしこういう場合の前置詞の意味は非常に弱くなっているから（特に en の場合）、実際にはほとんど意味は変らないと言ってよい。従って kauchaomai en は「～を誇る」と訳してかまわないのだが、「主」の場合だけはいささか微妙である。つまり「主において」という表現はパウロのお好みの表現であるから（第一テサロニケ二・一四の「キリスト・イエスにある」の註参照。広い意味で何となくキリスト教の基本的姿勢を表現する言い方）、この場合もそうである可能性は高い。つまり「誇る」という行為を「主において」なす、ということ。それで、既存の多くの訳書はここを「主を誇る」と訳しているけれども、「主において誇る」とするものもある（Osty : qu'il se glorifie dans le Seigneur; Conzelmann : im Herrn rühmen、等）。本当のところこの場合どちらの訳がよいかは、決め難い。

なお引用文は一応エレミヤ九・二二、二三をふまえているが（欽定訳以来の英語訳とそれに従順に従う口語訳のみ九・二三、二四。これはヘブライ語テクストの節番号によらずに、ヴルガータの節番号によったもの。このような国際的決まりを英語の人たちだけは無視するから、困ったことです。さすがに新共同訳は正しく数字をつけている。今後この種のことはいちいち註記しない）、そのままの引用ではない。パウロの頭の中でこのように短い句に縮められて覚えられていたものであろう。パウロはこのせりふがお好きである（第二コリントス一〇・一七にも出て来る。またガラティア六・四）。自分はあらゆることを自慢しまくるくせに、他人がパウロのことを少しでも批判すると、かっかときてしまって、このせりふを相手にぶつけて、自分のことを誇ってはならない、と言いつのるのである。実際にはパウロほど自分のことをやたらと自慢したがる人はめずらしい。自分は誇らないぞ、誇らないぞ、と呪文のように前ふりをくり返しながら、やたらと誇る（第二コリントス一一・一八―一二・一〇、また一〇・八。「誇る」という語を用いていない個所でもいろいろ眼につく。眼というか、鼻につくというか。ガラティア一・一四―一五、第二コリントス一〇・一八、一二・一二、一七、フィリポイ三・三―六ほか多数）。

第二章

1　秘義（mystērion）　あるいは「神秘」と訳すか。しかし「神の神秘」では「神」の字が重なるから、まあ「秘義」にしておく。語義は単に「秘密」。新共同訳「秘められた計画」は「計画」が余計。口語訳「あかし」は写本の異読によったもの。実際、ネストレ旧版はそちらの読みを採用していた。どちらが原本の読みであるか、可能性は五分五分というところ。

言葉（ロゴス）　この場合単に「言葉」と訳していいものかどうか、あまり自信はない。諸訳、諸註解書がそう訳しているので従ったが、「ロゴス」という概念は周知のようにいろいろ幅が広い。少なくとも「理性」の要素はこの場合かなり強いだろう。しかし四節の「私の言葉（ロゴス）も私の宣教も」は「言葉」と訳すのが最適だから、そうすると一節もやはりそうか。

2　それも、十字架にかけられたイエス・キリスト以外は　「イエス・キリスト以外は」と強く強調した上で、更に「それも、十字架にかけられた」とより狭く限定している。つまり、イエスについては十字架の死（と復活）以外は知る必要はない、生前のイエスの活動なんぞどうでもいい、と宣言している。実際、パウロにとっての「キリスト」は、十字架の「贖罪」によって自分を救ってくれたという救済信仰のドグマの対象と、かつ、そのキリストが復活して自分に現れてくれたという経験（幻覚）とに限られる。かつて生きていたイエスの思い出を大切にするとなれば、イエスを直接知っていた人たち、自分の先輩信者たちに耳を傾けねばならないのだが、パウロはそれを嫌った（ガラティア一・一、一一―一二ほか参照）。その結果、コリントスの信者たちから、パウロの「キリスト」はどこまで本物なんだ、という疑問にさらされることになる（第二コリントス一三・三ほか、及び『概論』参照）。パウロがひきおこしたコリントス騒動の焦点である。

3　衰弱していて（＝新共同訳）　つまり、その時は病気だったということ。口語訳「弱く」は、単に性格的に弱い人間だという広い意味に受け取られる可能性があるから、正確な訳とは言えない。パウロは第二回伝道旅行の最初、ガラティアの高原に行った時に病気であった（ガラティア四・一三参照）。その後、マケドニア経由でコリントスまで来たのだが、まだ病後の衰弱を引きずっていた、ということだろう。

4　説得力ある言葉　日本語でこう訳すと、それで十分に通じるが、原文の形容詞 peithos はほかでは見られない単語なので、写本家たちはいろいろ書き変え、その結果大量の異読が生じている。しかし逆に言えば（いわゆる lectio difficilior）、peithos が元の読みであろう。ほかでは用いられないと言っても、この形容詞の形が見られないというだけで、同じ語幹の語（peithō という動詞、ほか）は基本語彙の部類で、非常に多く用いられるから、意味ははっきりしている。

力　こういう場合に「力」という語を用いれば（「霊」などと並べられれば特に）、まず確実に奇跡行為の意味である。言葉で説明しただけでなく、奇跡行為をもって示した、ということ。とすると、それと並ぶ「霊」は、霊につかれたなどと称して、わけのわからぬことを叫んだりする行為（一四章参照）。パウロの宣教活動が単に言葉によるだけでなく、いろいろ奇跡を行なってみせたり、「霊」に憑かれているなどと自慢してみせたりしたことについては、第二コリントス一二・一二参照。

示すところ　口語訳(=新共同訳)は「証明」。それでも間違いではないが、日本語で「証明」というと独得な狭い意味になるから、まあ避けた方がいい。神の霊がパウロにこう話しなさいと示してくれるがままに話した、という意味。

6　完全な者たち　これは近頃よくグノーシス主義の用語だなどと言われるが(そもそも「グノーシス主義」と言われるもの自体、あまりあてにならない概念である。『概論』参照)、もっとはるかに広く、古代哲学の伝統(プラトン以降いろいろ)、ヘレニズム神秘思想(R. Reitzenstein, *Die hellenistischen Mysterienreligionen*, 3. Aufl., 1927, 338-340 参照)、アレクサンドリアのフィロン、死海写本などあらゆるところでそれぞれの仕方で用いられている概念である。いわゆるグノーシス思想に近い例としては、Corpus Hermeticum IV, 4「そこで、宣教を聞いて叡知(nous)に浸された者たちは、知識(gnosis)に与り、完全な者となった。それは彼らが叡知を受けたからである」(柴田有訳『ヘルメス文書』一二六頁、ただし訳語は多少変えた)。パウロはこの語を三・一の「霊の人」と同じ意味で用いている。

要するに、それぞれの思想の流れの中で最もすぐれた水準に到達した人を「完全な者」と呼んでいたので、パウロもその概念をもらい受け、自分流に用いている。つまりパウロにとっては「完全な者」とは「信者の中のより高い水準の者」(コンツェルマン)を意味するだけのことである。従ってこれを新共同訳のように「信仰に成熟した人」と訳しても間違いではないが、それでは訳というよりは解説の部類である。かつ、それではこの語は上述のように広く哲学・宗教思想の世界で用いられていた一種の流行の語だ、ということが読者に通じなくなってしまう(加えて、マタイ五・四八の「完全な人」と同じ単語だということも)。口語訳の「円熟している者」も同様(多少ましだが)。

これが「グノーシス的」な概念だというので、そうすると、こともあろうにパウロ様の文章にそんな「異端的」な単語が出て来ては困る、と現代の神学者は考える。それで、これはパウロ自身の考えではなく、パウロは自分の「敵対者」の考えをここでは皮肉に引用しているのだ、などという珍妙な「学説」が出て来る。そう説明しておけば、これはパウロ様の意見ではないということになって、ほっとできるというわけだ（たとえば岩波訳はこの語を鉤括弧に入れ、パウロはこういう単語を留保なしに用いているのではなく、そういうことを言いたがる人に対する批判として言及しているのだ、などと註で解説している）。現代のパウロ護教論者たち（パウロを護教しているのか、自分の陳腐な「信仰」をパウロの中に読み込みたがっているのか、どちらかわからないが）にとっては、自分たちの気に入らない「グノーシス的」な用語を聖者パウロが用いるなど、あってはならないことなのだ。だから彼らは、この種の表現や文章をパウロ書簡に見出すたびに、これはパウロ自身の意見ではなく、「敵対者」の意見を引用しているだけだ、くわばらくわばら、と大慌てで鉤括弧に入れて厄介ばらいする。しかし、この個所には（だけでなく他の多くの個所でも）、パウロが他人の意見に言及して批判している、などというニュアンスはまったく見られない。パウロ自身がはっきりと自分の意見として言っているんだから、これはパウロの考えだと思うよりしょうがないだろう。気に入らなけりゃ、パウロ自身に文句を言いなよ。

　もっともこの個所のパウロの論述にはほかにも「グノーシス的」な概念がいろいろ出て来る。「知恵（ソフィア）」（六節ほか）、「秘義」（一、七節）、「認識する」（八節。この動詞と同根の名詞が「グノーシス（認識、知識）」という単語である）、九節の引用、など。しかしこれらをもってパウロがここで「グノーシス的」な思想を展開しているとか、ましてや神学者たちの言うように、パウロはここで自分では賛成しないグノーシス的な思想に批判的に言及しているのだとかいうのは、当らない。これらの概念はこの時代の地中海世界全体の思想界の共有財産であって、いわゆるグノーシス主義（そういうものを厳密に定義できるかどうかは別として）もまたそれらの概念を利用しながら自分たちの思想を展開していった、というにすぎない。

無力な　直訳は「無効にされた」「働かないようにされた」。一・二八の「無効にする」の註参照。

支配者　八節にも同じ語が出て来る。最近の学者の間では、これは此の世を支配している悪霊的な力、超人間的・宇宙的な諸力を意味する、ととるのが「常識」になっている（コンツェルマン）。それは、この前後のパウロの記述がいわゆる「グノーシス的」な発想に立っているから、というのが理由である。しかしその理由自体が上述のように必ずしもあてにならない。従ってこの「支配者」は単に此の世の政治的、軍事・経済的支配者の意味かもしれない。更に、「支配者」と訳していいのかどうかも、わからない。むしろ「指導者」と訳すのがいいかもしれない（つまり単に政治的支配者だけでなく、学者、宗教家などの精神的指導者）。その方がこの前後関係の論述に合う。

7　此の世（の創造）以前から　意味していることは、一応、神の子たるキリストは此の世の創造以前から存在していたのであり、従って、そのキリストの救済行為によって人々が救われるということもまた創造以前から神が設定していた「知恵」である、ということ。

9　眼が見ず……　パウロ自身がこれは引用文だと言っている以上、そうなのだろうが、しかし、似たような句はあちこちに見られるが、ぴったり一致するものは、今日知られている文献の中にはない。オリゲネス（二世紀末から三世紀はじめのアレクサンドリアの学者、『マタイ福音書註解』二七・九＝*Die griechischen christlichen Schriftsteller der ersten 3 Jahrh.*, B. 11, 250, 5f）によれば、「エリヤの秘義」なる文書からの引用。この文書はおそらくはユダヤ教偽典であろうが、その後失われてしまっていて、オリゲネスのこの言及以外には何の痕跡もない。オリゲネスはたった一言、「眼が見ず耳が聞かなかったこと」という句は正典（旧約）には見出されず、「預言者エリヤの秘義」にしか見出されない、と言っているだけ。しかしオリゲネスほどの学者が言うのだから、事実だろう。旧約では、イザヤ五二・一五、六四・三、六五・一六、エレミヤ三・一六などに多少似た句があるが、言葉づかいが多少似ているというだけである。トマス福音書一七にも似た言葉がある、「私はあなたがたに、目がまだ見ず、耳がまだ聞かず、手がまだ触れず、人の心に思い浮かびもしなかったことを与えるであろう」（荒井献訳。「まだ」は荒井の付加。「心」と訳された語も、「心」なのか「思い」なのか私は知らない）。我々の個所の前半はこれとほぼ同じだが、後半はまったく違う。パウロがトマス福音書と似た「グノーシス」文書を知っていて、それをここで引用した、という説もあるが、話は逆だろう（トマス福音書は後二世紀）。つまり、トマス福音書の著者ないしその前段階の何らかの著者がパウロのこの書簡を知っていて、それをもじったのであろう。問題は、パウロのものの言い方として、「書かれているように」と言う時には旧約正典からの引用であるのが常であるので、この場合どうしてパウロは「エリヤの秘義」を正典とみなしたか、ということになる。しかし、むしろこれまた話は逆で、パウロは「書かれているように」という表現を必ずしも正典の引用の場合に限るつもりはなかった、と言う方が正しかろう。あるいは、パウロ自身はこれを「エリヤの秘義」から引用しているわけではなく、何となくうろ覚えのせりふが頭に入っていただけで、それが旧約聖書のどこかにのっていると思い込んでいただけか。

10 **我々には**　この「は」は de という接続小辞。最も軽い接続小辞で、一応は対照の意味だが、非常に軽いから、多くの場合まず訳すことはしない。しかしここは gar とする異読がある。主な写本では$\mathfrak{P}^{46}$とBだけだが、この二つの一致は重要だから、もしかするとここは gar と読むのが原文だったか。とすれば、前文を受けて、「すなわち……我々は」となる。パウロの例の口癖の gar である（第一テサロニケ一・九の註参照）。多分、すぐ続けてこの節の後半でもう一度 gar が出て来るから（「からである」と訳した）、写本家たちがこれはくどいと思って、節のはじめの方を de に変えたか。

探る　口語訳（＝新共同訳）は「きわめる」。ここはどちらかというと「探る」が直訳。

11 **人間のこと、神のこと**（新共同訳もほぼ同じ）　口語訳は「人間の思い、神の思い」。「思い」などと補ったら、意味がひどく狭まってしまう。

知りえようか……認識しえなかった　原文はこの二つについてそれぞれ違う動詞を用いている。前者は oida、後者は gignōskō の現在完了形。両者の間に多少の意味の違いもあるが（後者は神のことについてであるから、単に「知る」よりもやや重い意味の動詞を使っただけのことであろうか）、重要なのは時制の違いである。口語訳（＝新共同訳）はどちらも現在に訳している（ここもRSVの真似。しかしリーツマン、オスティも同様）。確かに oida という動詞は形は現在完了だが、それで現在の意味を表わす。しかし、gignōskō の方は明瞭に現在完了形にしているので（こちらの現在完了形は単に現在完了しか意味しない）、やはりパウロは意図的に両者の時制を変えたとしか考えられない。すなわち後者は単に一般論ではなく、現に今まで神を認識した人間は居なかった、と言っている（コンツェルマン、Welcher Mensch kennt … So hat auch niemand … erkannt）。その神を「我々」（こういうところの「我々」はいわゆる著者の「我々」。実質的にはパウロ個人）は神の霊を受けて認識したのだぞ、という（次節）。すごい自信と言いますか、思い上がりと言いますか。

12 **認識するため**（新共同訳もほぼ同じ）口語訳「悟る」はいささか意味がずれる。

13 **判断しつつ**（synkrinō）次節の「判断する」（anakrinō）と接頭語が異なるだけで、同じ語。こちらはあることを他のことと比べて判断するという趣旨だから、「ともに」という接頭語を必要とする。それで、接頭語の重複を避けるために、ana- をつけなかったのだろう。なお anakrinō は一貫して「批判する」と訳すのがよろしいのだが（一四・二四の註参照）、残念ながら日本語では「批判する」という語に「正確な判断を下す」という意味を含んで用いる人が少ないので（西洋語では critiquer, criticise 等はギリシャ語の同じ単語のもともとの意味と同じで、正確に区別、識別する、正確に判断するという意味。「批判」とはそもそもそういう行為である）、この個所では仕方がないから「判断する」にしておいた。

14 **（自然的）生命の人間**　直訳は単に「生命的な人」。つまり「生れながらの人」（口語訳）。新共同訳の「自然の人」も良い訳。パウロの人間論は、おおざっぱに言えば三種類あって、肉的な人、自然的生命の人、霊的な人である。「肉的な人」は、パウロにとっては否定的な、良くないあり方をしている人間、「肉」という原理によって支配されている人間である。その反対が「霊的な人」。それに対し「自然的生命の人」は、どちらかというと中立的であって、単に生れてそのままの、自然的生命を生きているだけの人間。

16 **叡智**（nous）「思い」（口語訳、新共同訳）と訳す例が多いが（西洋語の諸訳、註解書も Sinn, pensée などと訳している）、しかし日本語で「思い」というと、心の中で思ってみたこと、といった程度の軽い意味になってしまう。この前後関係はいわゆる「グノーシス的」な概念が多いところだから、この語も「叡智」と訳すのがいいだろう（六節の註のヘルメス文書の引用参照）。西洋語でも最近の訳は工夫している（ドイツ語共同訳聖書は Geist）。しかし我々は一四・一四では同じ語を「理性」と訳した。人間に関しては「理性」の方がいいだろう。とするとこちらも「理性」とすべきだったか。

　引用はイザヤ四〇・一三（七十人訳）。原文には「主の叡智を知って」の後に「主の相談役となり」という句があるが、パウロは省略している。また最後の「教える」が七十人訳は現在形、パウロは未来形。それ以外はまったく同じ。

この章ではパウロはこの書簡の以下の議論、また第二書簡にも続く議論のための伏線を張っている。つまりパウロはこれからコリントスの信者たちがパウロに対してぶつけてきた批判に答えようとしている。答えるというか、対処するというか。それは普通に丁寧にものを考えれば、当然出て来るような批判である。だからパウロとしては反論しようもない。とするとパウロにできることは、居丈高に居直って、お前ら、余計な批判なんぞしないで、おとなしく俺の言うことを聞け、と宣言する以外にない。そこで、自分こそは神の権威を背負っているのだ、とのみ言いつのる。そもそも「此の世の知恵」なんぞに基づいてものを考えて俺のことを批判するなぞ、失礼だよ。私は「完全な者」なのであって、「神の知恵」を語っているのだ（六、七節）。神を認識した人間なぞこれまで一人も居なかったが、私パウロは今や神の霊を受けて、神を認識したのだ（一一、一二節）。私があなた方に対して語っているのは「神の霊の言葉」なのだ！　私は「霊の人」なのだから、一切を正しく判断できるが、あなた方は正しく判断などできないのだ。そして「霊の人」のことをほかの人間は（コリントスの信者たちも）批判したりすることはできない（一五節）。「神の叡智を知って神を教えることのできる人間など居ない」（一六節）。この言葉をパウロは、もちろん、神様の叡智に対して人間は敬虔に頭を下げなさい、という一般論として言っているわけではない。この俺様こそが「キリストの叡智」を持っているのだ！　だからあなた方は、このパウロ様に対して一切批判がましいことを言ったりしてはいけないのであって、おとなしく私の言葉を神の言葉として謙虚に受け入れなさい……。まあ、何と申しますか。

第三章

1　**私もまた**　何に対して「もまた」なのか、よくわからない。神の眼から見ればそうなのだが、私の眼からみてもまたそう見える、ということ？　前節の続きとして読めば、そうなる。とすれば、パウロは自分を神と同列に並べているので、ずい分と思い上がっていることになるが、この種のことについては、この人はいつもそうである。何せ自分が此の世では神を代行する存在だと思い込んでいるのだから。

霊の人　「霊的な者」という意味だが、それでは訳語としてやや硬いから、伝統的な訳語の「霊の人」にした。この語については更にガラティア六・一参照。

肉の人　通常パウロは「肉の」という形容詞は sarkikos を用いる。それに対しここは sarkinos（ほかに第二コリントス三・三、ローマ七・一四）。子音のkとnを取り替えただけで、両者にはっきりした意味の区別があるとも思えないが、どちらかというと sarkikos の方が否定的な意味で用いられ（すぐ後の三・三）、sarkinos は中立的な意味で単に自然的な、生れながらの人間（宗教的水準に達していない人間）、ないし此の世で生きている人間の意味。ただし、あるかないかの程度の微妙な違いにすぎない。sarkikos も後者とまったく同じ意味のことも多い（九・一一ほか）。

2　**食べ物**　口語訳「堅い食物」（新共同訳「固い食物」）は、うるさく理屈を言うとすれば、誤訳。固かろうと柔らかかろうと、ともかく歯でかむ食べ物のこと。ここは、「食べ物」は与えず飲み物しか与えなかった、という意味。新共同訳は自分で自分の訳語に影響されて、すぐ続く文で「まだ固い物を口にすることができなかった」などと原文にない「固い物」という語を補っているが、そうなったらはっきり誤訳。

3　**妬みや争い**　これに加えて「また分裂」とつけ加えている写本が多い。𝔓46も含まれるから無視できないが、他の重要な諸写本はすべて（西方系以外は）この語を欠くから、やはりこの語を含まないのが原文であろう。

人間的な仕方　口語訳「普通の人間のように」（新共同訳「ただの人」）。これは完全に誤訳。パウロは「人間的」とそれを超えたもの（神的ないし霊的）を区別しているのであって、「普通の人間」と「特別にすぐれた人間」を区別しているわけではない。もっとも口語訳はここでも原典を訳したのではなく、RSV（ordinary men）を訳しただけである。

4　**人間でしかない**　ここも口語訳は「普通の人間」としている。しかしここは、口語訳がそう書き変えたくなった気分も十分に理解できる。字義どおりに読めば、「人間でしかない」のがけしからんと言うのなら、人間以上のものになれと言っているに等しいことになる。そんな無茶な、と口語訳は思って、このように書き変えたのであろう（こう直せば、普通の人間の水準ではなく、もっと立派になりなさい、というだけの平凡な意味になる)。つまりパウロ自身よりも口語訳の方がずっと常識的である。しかし、翻訳である以上、気に入ろうと入るまいと、原文を正確に訳さないといけない。ただし、口語訳どころか古代、中世の写本家たちがすでにこれをそのまま書き写す気にはならなかったのだろう。比較的後の写本になればなるほど、「人間」という語を「肉の人」という語に置き替えている。

5　この者たちを通じてあなた方が信じるにいたった仕え手　口語訳「あなたがたを信仰に導いた人」(新共同訳は少しましだが、ほぼ同じ)。どうしてこういうところを素直に直訳してくれないのだろう。「あなたがたを導いた」などと言われたら、何だかお偉いさんが下々の者をお導き下さっている、という雰囲気になってしまう。ここではパウロもそこまでは思い上っていない。むしろここの趣旨は、自分たち宣教師は単なる道具にすぎず、その道具を介在させてあなた方がみずから信じるにいたった、と言っている。パウロがせっかくめずらしく謙虚にものを言おうとしているのに、威張りくさったものの言い方に訳すことはない。西洋諸語の訳もここは直訳している(RSV : servants through whom you believed)。

8　だろうけれども　この節の力点は前半にある。それぞれの得る報酬は違うだろうが、基本的には一つなのだ、という文(後半の冒頭の de に含まれるニュアンス)。それを口語訳、新共同訳のように譲歩の意味を抜いて単に「それぞれ……報酬を得るであろう」と言い切って訳したら、力点が後半に行ってしまう。

10　神の恵み　𝔓[46]ほかごく少数の写本は「神の」を入れていない。しかしここは、「神の」があってもなくても意味は同じ。多分、前節から「神の」が何度も続くから、くどいと思って写本家が削っただけだろう。

知恵ある建築家　これが直訳。口語訳(=新共同訳)「熟練した建築師(家)」。知恵があるかどうかということと、熟練しているかどうかということは、同じではない。加えて、すでに何度も言及されてきた「知恵」の問題がここでも続いているということを読者が知るためにも、直訳しないといけない。

11　すでに置かれている土台以外に　あきれるべき排他的なパウロ教宣言。ほかの宣教師たちはパウロが据えた土台の上に建てることだけが許されるが、土台を据えるのはパウロだけだ、などと言い張るようでは、ほかの宣教師たち(特に先輩宣教師たち)とうまく協調できなかったのもやむをえない。

13 **かの日**　終末の審判の日。

まさにその火が　「まさに」という強調語が入っていない写本も多い。ネストレは［　］つきで採用しているが、ここはどちらとも決め難い。もっとも意味は大差ない。

検証する　この動詞（dokimazō）については第一テサロニケ二・四の註参照。第二コリントス書簡によれば、コリントスの信者たちはパウロが言いつのっている「キリスト」（パウロが幻想の中で出会ったという復活のキリスト）が本物のキリストであるのかどうかとパウロに批判を突きつけていた（第二コリントス一三・三参照）。本物であることを検証できるだけの証拠（dokimē）を見せてくれ、と。第一書簡の段階でもパウロはすでに、ある程度は、自分がそういう批判にさらされているという自覚があっただろう。だから彼はこの dokim- という語幹の語を要所要所でむきになって用いている。ここでは、あなた方は私のキリストが検証に耐えるものかどうかなどとおっしゃるが、本当の検証は最後の審判の「火」でもってなされるのだぞ、と切り返した。そして、その火の検証にさらされるのはあなた方自身であって、私ではないのだ、と。問われていることには答えず、単に同じ単語を用いて相手をなじる、非常に嫌ったらしい切り返し方である。もっとも、もしかすると第一コリントス書簡の段階ではパウロはまだ自分がそういう批判にさらされているということを正確には把握しておらず、何となく漠然と感じとっていた、という程度かもしれない。それにどのみちこの問題がなくても、パウロは相手に対して、お前らは神からの検証にさらされるぞ、と脅すのが好きである（第一テサロニケ二・四、ガラティア六・四）。あまりにそういうことを言われたものだから、コリントスの信者たちが逆に、それならあなたのキリストは検証に耐えうる本物なんですかい、と切り返したのかもしれない。

15 **罰を蒙った**　この動詞のこの場合の意味は二説あって、一つは「罰を蒙る」であるが（バウアーによる）、もう一つは口語訳（新共同訳もほぼ同じ）のように「損失を被る」と訳すものである。すなわち、せっかく建てた建物が駄目になってしまったら、それは損失を被ったことになる、という。どちらの説が正しいか、一概には決められない。この動詞（zēmioō）には本来この二つの意味がある。しかし、それなりの罰を蒙るという方が、ここでは話の筋が通るだろうか。しかし第二コリントス七・九の同じ語の用法からすれば、「損失を被る」がいいかもしれない。

17　そうなのだ　直訳は「それなのだ」。普通は、「それ」は「神の宮」を受ける、と解されている。あなた方は聖なる神の宮なのだ、ということ。しかし「それ」が複数形なので（この文脈では「神の宮」は常に単数）、ちょっと迷うところだが、この複数形は主語の「あなた方」に引かれて複数になっただけのものであろうか。ギリシャ語ではよくある現象。

19　引用はヨブ五・一三より。しかし七十人訳とはかなり異なる。七十人訳はほぼヘブライ語原文に対応する。従ってここはパウロが勝手にヨブ記の文を作り変えたのかもしれない。「捕らえる」という語で何を意味しているのかも定かでないが（七十人訳は同義語だが違う動詞）、多分、悪い奴をつかまえるという趣旨だろうか。

20　こちらは明瞭に七十人訳の詩九三（九四）・一一の引用。ただし七十人訳では「知者たち」ではなく「人間たち」になっている（ヘブライ語原文も同じ）。多分パウロが、この前後関係の論理にあわせるために自分で勝手に「人間」を「知者」に変えて引用したのであろう。

21〜23　何故なら……のだから　毎度おなじみの gar であるが（第一テサロニケ一・九の註参照）、ここははっきりと前文の理由を述べる趣旨だから、やや丁寧に訳した。しかし問題はその「理由」がどこまでにかかるか、という点。二一節後半の文だけにかけて、「何故なら一切はあなた方のものだからである」と訳すか（西洋語はこういう点は曖昧だが、RSV、現代版ルターなどは、どちらかといえば、そう読める）、二一節後半から二三節末までの全体にかけて訳すか（我々の訳、またNEBほか）。前者は、内容抜きで純粋形式文法だけを考えるなら、その方が素直。しかし直前の文「誰も人間を（人間の中で）誇ってはならぬ」ということの理由としては、二三節の「一切は神のもの」という趣旨がぴったりであるから、やはりそう解するものだろう。例によって口語訳、新共同訳はこの接続詞を無視。何せこの訳者たちにとっては接続詞なんど存在しないに等しいのだから、何と申しますか。

第四章

1　であるから　これは論理的に通じない。三章末の論旨は、要するに、人間はすべて神に属するのであって、誰も神の前で誇ってはならない、ということである。それ自体としてはまことに立派な宗教心の表現であるのだが、しかしそこから、「であるから私は神の秘密の管財人なのだ」などという結論を論理的に導き出すことはできない。「人は私を……みなすべきである」という言い方をしているが、もちろんパウロはここで一般論を述べようとしているわけではなく、コリントスの信者たちを相手にものを言っている。つまりこの「人」は実質的には「あなた方」を指す（続く二―五節からしてそのことは明瞭）。パウロがここで言いたいことは、「あなた方は神の前では謙虚でないといけない。他方私はといえば、此の世において神の秘義を託された偉い人間なのだ。であるから、あなた方は私に対しては神の前に居るのと同じことなのだから、私のことを批判したりするのは許されないぞ！」というのである。これはパウロの頭の中では立派に論理的に筋が通っている。しかし、そこまで思い上がったんじゃね。この論理が相手に通じたかどうかは別問題である。

神の秘義の管財人　「管財人」と訳した語（oikonomos）は、家計（核家族のささやかな家計なんぞではなく、奴隷なども大勢かかえた大金持の個人経営）の管理責任者を指す。パウロはここでも自分こそは此の世で「神の秘義」を預かって管理する者、此の世における神の代行者だ、と思い上がっている。

2　なお　原語（loipon）の元来の意味は「残りは」といった意味。しかしこの語は非常に軽く用いられ（特にパウロの場合）、補足の議論をつけ足す時などに用いられる。第一テサロニケ四・一の註参照。

信実　一・九、また特に七・二五参照。この語自体についてはガラティア二・一六の「信」の註参照。

3　批判する　二・一三の註参照。

どうでもよろしい　直訳は「最も小さいことにしかならない」。

人間の法廷　直訳は「人間の日」。「日」という語は法廷が定めた裁判日の意味に用いられる。

5　先走りして　直訳は「時より前に」。

裁く　三節、四節で出て来る「批判する」という動詞（anakrinō）から接頭語を除いたもの（krinō）。本来こちらも「批判する」ないし「判断する」という意味の語だが、裁判用語としては「裁く」の意味に用いられる。ここでもパウロは anakrinō と krinō とで語呂合わせをやっている。この節では krinō は anakrinō と同じ意味で用いているので、「批判する」と訳しておけばいいのだが、しかしパウロはここだけわざと接頭語を除いて、やや強い意味（「裁く」）もかねているので（このように無用に議論をせり上げるのもパウロの論法の悪い癖）、こちらだけ「裁く」と訳しておいた。

あなた方は……裁いたりしてはならない　直前の三節で、「あなた方によって批判されようと、どうでもよろしい」と言い切ったくせに、どうでもいいのならほっておけばいいのだが、実際にはどうでもいいどころか、この人、コリントスの信者たちに批判されたことに矢鱈とかりかりきてしまって、その批判の中身について考える以前に、そもそもお前らが俺のことを批判するとは何事か、と怒りまくっているのである。それならそれで、「どうでもいい」などとすねたことは言わなければいいのにね。この手紙のそもそもの目的は、コリントスの信者たちからパウロを批判する手紙が来たので、それに答えるためのものである（五・九以下、七・一以下、ほか参照）。ところがパウロは、問われたことに直接答える前に、まず、事実かどうかもわからない告げ口に基づいて、あなた方が宣教師ごとに派閥を作って分派活動をしているのはけしからん、と文句をつける。人に何か批判された時に、その論点そのものと正面から取り組むことをせず、それとは無関係のところで、何とか相手の欠点を見つけて悪口を言おうとする、まっとうな批判的議論ができない幼稚な人によく見られる図である。そしてその次に、今度は、相変わらずまだその論点そのものに入ることをせず、そもそも相手が自分を批判する（裁く）こと自体がけしからん、と言って息まく。そういう教師、よくいるよな。

6　**形を変えた**　これが直訳。この動詞（metaschēmatizō）、「形」を意味する語（schēma）に変化の意味の接頭語（meta）をつけて、他動詞化したものである。たとえば第二コリントス一一・一三「彼ら偽使徒は自分（の姿）をキリストの使徒に変えた」というように用いられる。この個所の場合は多くの学者が、「これらのことを私とアポロを例にとって語った」というように訳している。それでも一応正しいみたいだが、微妙に話がずれる（それにしても口語訳「当てはめて言って聞かせた」はいささかひどい。原文にはどこにも「言って聞かせた」

などとは書いてない。ともかくこの訳者たちは、パウロ自身に輪をかけて、威張りくさったものの言い方をなさるのがお好き。それに対し新共同訳「当てはめて、このように述べてきました」は冷静な訳文）。すなわち、「～にたとえる」という言い方はこの動詞とは別に存在するし、ふつう metaschematizō という動詞を「～にたとえる」という意味に用いることもない。従ってここはやはり字義通り、形を変えて語った、という意味であろう。つまり本当に言いたかったのは私とアポロの間の関係ではなく、あなた方の姿勢についてである。あなた方がこともあろうに私のことを批判したということが事の焦点なのだ。しかしそれをのっけから正面切ってなじったら、あなた方も理解しないだろうから、とりあえず私とアポロとの関係に形を変えて論じてあげたのだ、と。

書かれてあること以上ではない　これは何だかわからない。すでに諸写本がこのままではわからないと思ったのだろう、「考える」という動詞を補って、「書いてあること以上に考えたりしない」としている。これは数が多いけれども、それ自体としては重要ではないだいぶ後世の諸写本であるが、彼らがこの文をどう読もうとしたかがわかって面白い。ルターは「誰も自分を、現在書かれてあること以上にみなしてはいけない」と訳している。意味の通じない文を通じるように作り変える技術としてはおみごとだが、もちろん原文とは無関係な作文。ここまで勝手に語を補ってはいけない（「自分を……とみなす」が余計）。「書かれてあること」は、旧約聖書に書いてあること、の意味に解する学者が多い。確かにパウロ（だけでなく初期キリスト教全体）の語法として、「書かれてあるように」とか「書かれてあることが成就するため」というような言い方であれば、まず確実に旧約を指すけれども（もっともそうでない例がすぐ前に出て来た、二・九参照）、ここでは「ように」や「成就するため」という語はついていない。単に「書かれてあること」である。とすればこれは旧約聖書に書いてあることだというわけにもいくまい。口語訳の「しるされている定めを越えない」は、確実に誤訳。原文には「定め」などという語は示唆されてもいない。何でもかんでも「おとなしく規則を守りなさい」というちゃちな説教にしたがるのは、日本的キリスト教（こういう点では本来のキリスト教とあまり関係はない）の悪しき特色である。新共同訳の方は、さすがに、ここは比較的直訳（「書かれているもの以上に出ない」）でおさめている。私見では、これは五・九以下に言及されている手紙で書いたことを指す。コリントスの信者たちがその手紙の中身を批判してきた。それに対してパウロが、書かれたことだけをしっかり受け取ればいいので、それ以上つべこべ言うな、と切り返した、ということだろう。そう解すれば、四章のこれ以下の部分とも、五・六以下とも、手紙のそれ以降の全体の色調とも、うまく適合する。

我々において……学ぶ　「我々（パウロ）を例として学ぶ」の意味か、あるいはむしろ「我々に関しては」か。多分後者。

ある者に賛成し他の者に反対したりしてふくれ上がらない　直訳は「ある者がある者のことを他に対してふくれ上がらない」である。多くの訳本は「ある者を持ち上げ他の者に反対するような仕方で、思い上がってはならない」と解している。私も多分そうだろうと思って言葉を補って訳してみた。しかし、自分以外の人を持ち上げることと、自分が思い上がることとは、別のことである。従ってこれまた論理的にはまったく通じないが、パウロのつもりでは、あなた方が私に反対してほかの宣教師に賛成するなど思い上がりもはなはだしいので、あなた方はおとなしく私の言うことを聞いていればいいのだ、ということだろう。まあ、パウロというのはそういう具合に威張りくさる人である。

ふくれ上がる　原語は「吹く」という動詞。風船みたいなものを吹いたら、ふくれ上がる、という感じ。これを口語訳（＝新共同訳）のように「高ぶる」と意訳しても間違いではないが、こういう時にこういう嫌ったらしい表現を使うのがパウロの人柄なのだから、それがそのまま伝わるように直訳するのがよろしい。

7　**というのも**　毎度おなじみの gar（第一テサロニケ一・九の註参照）。

特別視する（diakrinō）　krinō（判断する）に接頭語の dia をつけた。dia は「を通して」の意味だから、AとBの間を通して判断する、というところから、AとBを区別するの意味になる。たとえば使徒行伝一五・九「我々と彼らの間を区別する」参照。しかし、ある者を他と区別するということは、すなわち、特別にすぐれた者とみなす、という意味にもなる。それでここは「特別視する」と訳しておいた。この動詞はこの意味でもよく用いられる（新約ではここだけだが）。ただしここも例によってパウロは語呂あわせをやっている。三節四節の anakrinō（我々は「批判する」と訳した）、五節の接頭語ぬきの krinō（ここでは「裁く」の意味）につづけて、ここが diakrinō。この種の語呂あわせも、パウロのお好きな趣味。下手なだじゃれの部類。

あなた　前後の節では二人称複数なのに、この節だけ突然単数になる理由はよくわからない。まあおそらく、直接呼びかける雰囲気を強調するためか。また、七節の「あなた」と八節の「あなた方」の間にどういうつながりがあるのかも不明。まあ意味の違いはないだろう。

受け取ったもの　もちろんパウロから受け取ったキリスト教の教えを指す。お前らにキリスト教を教えてやったのはこの俺様だぞ、一切合財全部、俺が教えてやったのだ。俺様に対してつべこべ言うんじゃないよ!

8

満腹する　こう日本語で言うとあまり良いイメージではないが、ここは「富む」「王になる」と同じことを指す。つまり宗教的に十分円熟した状態になる、ということ。従って、最初の三文を全部疑問文に訳そう、という意見もある。「あなた方はすでに満腹したというのか。すでに富んでいるとでも言うのか。我々ぬきで王になったとでも」。こう訳す方がいいか。

王になる（basileuō）　厳密に言えば「王である」。ほとんどの場合この動詞は「……に対して王である」、つまり「王として支配する」という意味に用いられる。従って多くの訳本はこの個所を単に「支配する」と訳している。しかしこの動詞そのものに「支配する」という意味があるわけではない。特にこの種の宗教思想においては、もちろん、政治的な王支配を考えているのではなく、宗教者の到達しうる最高の状態を「あらゆるものの上に立つ」という意味で「王になる」と呼んでいるのである。この個所の前後では、上述のように、いわゆるグノーシス主義に帰されるいくつかの文書と共通する発想が見られるが、これもその一つ。トマス福音書第二ロギオンは有名な個所であるが、「求める者には、見いだすまで求めることを止めさせてはならない。そして、彼が見いだすとき、動揺するであろう。そして、彼が動揺するとき、驚くであろう。そして彼は万物を支配するであろう」（荒井献訳）。ここで荒井が「万物を支配する」と訳した表現は、同じロギオンがギリシャ語で伝えられているもの（オクシリンコス・パピルス六五四）では「王になる」という動詞が使われている。こちらの方が元である。同じ言葉はヘブライ人福音書四節（アレクサンドリアのクレメンスの引用によって知られる、Stromata V, 14, 96）にも伝えられている、「求める者は、見出すまでは休むことがない。見出したら、驚くであろう。驚いたら、王になるであろう。王になったら、休むであろう」。

なお「驚く」も宗教的に到達する境地の一つ。そうするとその前の、荒井が「動揺する」と訳した語も同様である。つまり、探すと、まず見つかる。これが宗教的境地の第一段階。それより高い第二段階が荒井が「動揺する」と訳したもの。それよりもっと高い段階が「驚く」。そして最も高い境地が「王になる」である。オクシリンコス・パピルス等では、それよりも更に上の段階として「休む」とある。もはやあらゆる動きを寂滅して、ただただ静かな休みがある、という。こういう段階のつながりの中であるから、第二段階も日本語で「動揺する」と訳したのでは、意味がさかさまになってしまう。それでは何だか自信なげにふらふらしている感じになる。J. M. Robinson ed. の英訳も荒井と同様 become troubled としている。それに対し、W. Till ほかの独訳は erschüttert sein としている。こちらの方が明瞭に意味が通じる。つまり、感動して激しく心が動く状態である。

つまり彼らの最高の宗教的境地は「休む」であるのだが、その一歩手前が「王になる」である。ただしパウロの方がこれらの文書より百年も前だ、ということは注意しておく必要がある。かつ「王たること」をこのように意味づけるのは、いわゆる「グノーシス主義」に帰される諸文書に限ったことではない。プラトン、ストア派、犬儒派などで「賢者」を示す表現として用いられている（コンツェルマン、一〇六頁註二八）。

9　つまり　例の gar（第一テサロニケ一・九の註参照）。ここの gar などまったく意味をなさない。

死に定められた者　口語訳等は「死刑囚」。それではもう一つわからない。ここではローマ帝国の社会における競技場の「文化」が頭にある。すでにストア派の考え方として、哲学者を競技場の競技者にたとえる考え方があった（コンツェルマン、一〇七頁註三八）。パウロは使徒の仕事を、競技場で多くの観客の眼にさらされる者にたとえているのである。そしてローマ時代の競技場では、剣士が競技に負けて殺される場面を観客は楽しんだ（何という文化か！）。パウロは、最後に競技場に引き出されて見せ物になって殺されるこういう剣士に自分たちを譬えたのである。パウロは使徒や信者の活動を競技場の競技者にたとえるのが好きである（九・二四―二七ほか参照）。おまけに同じ比喩をいちいち違う意味に用いている。しかしこの場合はいかにも下手くそな比喩である。言いたいのは単に、自分たち宣教師は神によって一番損な仕事を請け負わされた（苦労して宣教しても、せっかく我々のおかげでクリスチャンになれた相手からいろいろ文句を言われたんじゃ、割に合わない）、と言おうとしているだけである。しかしそれだけのことを「死に定められた見せ物の剣士」に譬えるとは、大袈裟にすぎる。まあそんなにひがみなさんな。

10　なった　この節の文には、一切動詞が欠けている。当然、eimi の活用形（英語の be 動詞にあたる）を補って読むのだが、どういう時制を考えるかで「なった」と訳すか、「である」と訳すかの相違が生じる。口語訳等多くの訳はここを現在形で訳しているが（「わたしたちは弱いが、あなたがたは強い」など）、前節とのつながりからすれば（「見せ物となった」）、ここは過去を意味する形を考えるべきだろう。コリントスにおける宣教師パウロと信者たちの間の今までの関係のことを述べているからである。またそう訳す方が、次節の「今の時にいたるまで」ともうまく対応する。以前からそうだった、今の時にいたるまでそうだったのだ……。

12　自分の手で苦労して働いている　パウロさんがお金持のご子息であることが問わず語りににじみ出ている。ふつうの庶民にとっては、自分の手で苦労して働くことなぞ、生きている以上、日々の日常であって、そもそもそれ以外に生きることができるわけがない。それに対してパウロさんは、宣教師として活動するために時たま働いて自分の生活費を稼いだことを、何かひどく特別に立派なことのように自慢して、信者たちに恩を着せたがる（九章の全体を参照）。

13　呼びかける　第一テサロニケ二・三の註参照。ここでは「慰める」と訳す人が多い。「辱められる」の反対語だから、そうしたくなる気持はわかるが、この語自体にそういう意味はない。ここは原義に忠実に訳す方が意味が通じる。すなわち、自分はあちこちでいろいろひどい目にあってきたけれども、それでも宣教活動をやめることなく、人々に「呼びかけ」つづけてきた、という趣旨。それにしても口語訳（新共同訳は口語訳を少し言い換えただけ）の「優しいことばをかけている」は訳としてひどすぎる。

あらゆるもの　「世界のごみ」と「あらゆるものの塵芥」は同じことをくり返した表現であるから、この「あらゆるもの」は「世界」のこと。従って口語訳の「人間のくず」は間違い。新共同訳「すべてのものの滓」がよい。「ごみ」(perikatharma)と「塵芥」(peripsēma)などと同義語を並べるのもこの人の趣味(というよりも当時のギリシャ語のレトリックの趣味であり、また同義語反復はヘブライ語的文章作法でもある)。パウロさん、ギリシャ語の語彙の豊富なところを見せようとしていらっしゃる。

14　敬意を表する(entrepō)　ふつうは「辱める」などと訳される(口語訳など)。どうして同じ語にこのように正反対の訳がありうるのか不思議に思われるだろうが、詳しくは六・五の註参照。この個所では本来の語義からして、ギリシャ語の常識としては、我々のように訳すのが普通であるし、加えて、その方が文の意味が通じる。すなわち、私が自分のことを「ごみ」などと言って謙遜するのは、別に、あなた方をおだてるためではないよ、という下手な皮肉。

考えを正す　第一テサロニケ五・一二の註参照。

15　無数　この形容詞は、時に「一万」の意味に用いられることもあるが(口語訳等)、それは前後関係からはっきりそういう数値だと考えられる場合のことで、ふつうは単に「非常に多数」の意味である(一四・一九参照)。

父　いつの間にかパウロは三・六のかっこいいせりふを忘れてしまって、ここでは自分がコリントスの信者たちを生み出した「父」だ、などと思い上がっている。もっとも三章でも、すでに一〇節以下では、「土台」を据える権威があるのは私だけだ、と威張っておいでだが。

16　私を真似る者となりなさい　まさにパウロ教教祖の御託宣。おまけにパウロはこのせりふがひどくお好きである(一一・一、また第一テサロニケ一・六参照)。パウロ教信者たる者はパウロ様を批判したりしてはいけないので、すべからく絶対的モデルたるパウロ様をひたすら真似するのでないといけない……。さすがに一部の写本家はこれだけでは露骨にすぎると思ったのだろうか、「私がキリストを真似る者であるのと同様に」とつけ加えている。ごく少数の小文字写本だけであるが(それも一一・一の文を写しただけであるが)。

17　ティモテオス　第一テサロニケ一・一の註参照。

遣わした　これは「手紙のアオリスト」だという説がある。「手紙のアオリスト」というのは、動詞の時制を、自分が今書いている時点を基準にして考えるのではなく、相手がこの手紙を読む時点を基準にして書く、というものである。つまりこの場合なら、ティモテオスはこれから派遣するのであるが、相手がこの手紙を読む頃にはすでに派遣した後だから、ここは過去を意味するアオリスト形で書く、というのである。それで訳としては現在形で「遣わす」と訳す。とすれば、可能性としては、ティモテオスがこの手紙を持参した、という可能性もないわけではない。ただし、この「手紙のアオリスト」なるもの、初歩の参考書にはアオリスト形の当然の用法の一つみたいに書いてあるものが多いが、実際にはそんなにしばしば用いられるものではない。また、用いられる場合も、前後関係からしてはっきりそうとわかる場合に限られる（詳しくはガラティア六・一一の註参照）。従ってこの場合もそうだと断定するには、いささか根拠薄弱である。ここは、この手紙を書いた時点よりも前にすでにティモテオスを派遣している、という意味に読む方が素直だろう。

主にあって　この語を「愛する」と「信実な」の両方にかけて読む読み方のほうが諸訳に普及している（口語訳「主にあって愛する忠実なわたしの子テモテ」）。確かに、ティモテオスはパウロの肉親としての「子」ではなく、キリスト教信仰上の師と弟子の関係にすぎないから、「愛する子」にも「主にあって」をかける方がいいか。しかし一四節の「愛する子（こちらは複数）」には別に「主にあって」という限定をつけてはいない。「愛する子」にもかけるかどうかは別として、「主にあって」は「信実な」を特に強調している。「信実な」と訳した語は、すでに述べたように（一・九。また四・二）、「信（信頼、信仰）」という語の形容詞である。つまり「主にあって信実である」ということは、もしかすると、主イエス・キリストに対して信仰の姿勢をしっかり保っている、という意味かもしれない。とすると口語訳（＝新共同訳）のように「忠実な」と訳すのは、ちょっとまずい。少なくとも、こう訳したら、「パウロに対して忠実な」という意味にとられかねない。しかしもちろんパウロのつもりでは「主に対して忠実、信頼、信仰の態度を保っている」という意味である。あるいは「主にあって」は単に「キリスト教的な」という現代語の形容詞（ないし副詞）と同じであるかもしれない（詳しくは第一テサロニケ二・一四の「キリスト・イエスにある」の註参照）。それなら「主にあって信実な者」とは単に「キリスト教信者」というだけの意味だろう（リーツマン、gläubiges Kind）。

キリスト・イエスにおける私の道　これが直訳。口語訳「……わたしの生活のしかた」。「生活」などとは原文のどこにも書いてない。新共同訳「イエス・キリストに結ばれたわたしの生き方」も同様（加えて、相変わらず原文にない「結ばれた」を入れている。いやね！）。「道」は当時のギリシャ語では多く宗教用語として用いられている。生活の仕方も生き方も含むかもしれないが、基本的には宗教信仰のあり方を指す。だいたい、「道」と言えば日本語でもわかるものを、わざわざ下手にひねくることはない。

それにしてもパウロさん、ここでも「私の」とつけ足している。「キリスト・イエスにおける」はすでに何度もふれたように（直前の「主にあって」参照）、現代語なら広く「キリスト教の」といった程度の意味。従って「キリストにおける道」とは「キリスト教」そのものを指す。従ってふつうはこういうところで「私の」などという語をつけ加えることはしない。誰のキリスト教とか彼のキリスト教とかいうものではなく、言うとしたらそれは「イエス・キリストのキリスト教」である。それをわざわざ「私の」と言い張るのだから、この人の自意識過剰は目に余る（またローマ二・一六の「私の福音」参照）。これではほかの宣教師や信者たちからいろいろ文句が出たのもやむをえまい。

あらゆるところで、あらゆる教会で　口語訳のようにこれをくっつけて「至る所の教会で」と訳すと、やや意味がせばめられてしまう。

18 **私が……行かないので**　新共同訳「わたしがもう一度……行くようなことはない」。「もう一度」とはどこにも書いてない。

19 **ふくれ上がっている者たちの……力を見せていただこうか**　直訳は「ふくれ上がっている者たちの……力を知りたいものだ」。「言葉でなく力を」というのだから、単に考え方の正しさを論証するというようなことではなく、何か実力行使をやってみろ、ということ。しかしこういう時の「力」は広義の「行動」ではなく、何か奇跡的な行為ないし自分が「神の霊」につかれているということを見せてみろ、ということ。パウロさんはこの種の「力」だの「霊」だのをやって見せるのがお好き（二・四、ガラティア三・五、第二コリントス一二・一二、ローマ一五・一九、また第一テサロニケ一・五参照。ほかに第二コリントス四・七と六・七の「神の力」も多分その意味)。新興宗教の教祖はその手の実演がうまくないとつとまらない。

20　何故なら　ここはやや強くこう訳したが、相変わらず例の gar (第一テサロニケ一・九の註参照)。

第五章

1　そもそも　原語の holōs は、日本語の「そもそも」という語が曖昧であるのと同じ程度に曖昧。しかし何らかの意味で強め。口語訳 (=新共同訳) は「現に」。

淫行があると言われている　ここもパウロは伝聞だけにもとづいて相手に文句をつけている (一・一一の「明かされた」の註参照)。

父親の妻 (女) と一緒になった　もちろんこれは「自分の母親と」ではなく、母親はおそらくすでに死んでいて、父親がほかの女と結婚した。後になって息子がその女と一緒になった、ということ。父親自身もその時点ではすでに死んでいる可能性が大きい。そうだとすると、別にパウロが騒ぎ立てるほどけしからん事態というわけでもあるまい。なお「妻 (女)」という語については七・二七の註参照。

一緒になった　こう訳してみたが、単に「持つ」という動詞である。当時の言語であるから、「女を持つ」という表現は「結婚する」と同義。法的に結婚したかどうかは別として (だいたい戸籍も市役所も存在しないんだから、そういうことはそもそも問題にならない。ただしローマ法では父の妻との結婚は禁じられていた。パウロが「異邦人にさえ見られない」と言うのは、そのことか。しかしもちろんヘレニズム社会ではローマ法が厳密に適用されることなどありえない)、あるいは社会的に認知されていたかどうかは別として (婚宴をすれば、当然認知される。パウロは文句をつけているが、コリントスの教会では多くの人が認めていたのだから、婚宴をしたのだろうか?)、少なくとも同棲していただろう。従って口語訳の「父の妻と一緒に住んでいる」は訳として間違いではないが、そこまで細かく解説的に訳すこともあるまい。新共同訳は「父の妻をわがものとしている」と「訳」している。訳者の品性がすけて見えるような訳だが (父親と女を取りあって、わがものにしてしまった!)、原文にはないいやらしい意味あいを無理にこめて訳すことはないだろう。

現代人の常識からすれば、父親の妻と一緒になった、などというと、何かけしからん不倫という印象を受けるかもしれないが、当時の社会のこと、一つにはまだ多少は一夫多妻の名残りもあったし、しかしそれよりも、ともかく若くして死ぬ人が多かったので、男も女も生き残った方は再婚することが多かった。そうすると、当時は初婚の時はかなり早婚だから、父親の再婚相手の女性は初婚でまだ非常に若かった、などというのはよくあることである。父親の妻が長男より若い可能性は十分にある（たとえばエウリピデスの有名な悲劇作品「ヒッポリュトス」も、そういう眼で読むと、理解がちがってくる。あの作品を読んで、主役の女性ファイドラが夫の長男に恋をしたことについて同情をおぼえない読者がいるとしたら、よほど偏屈で鈍感なのか、あるいはエウリピデスの文を理解していないかのどちらかだろう。しかもあの場合はまだ父親は存命中である）。特に父親が死んでしまえば、後に残った若い女性がその息子と仲良くなり、結婚しても（別に私だけがこう想像しているわけではない。たとえばコンツェルマン）、人間として十分に当り前のことであろう。他人がつべこべ言う問題ではない。それをまあ、新共同訳のようにいやらしい眼で眺めて悪口を言おうというのは、まさに品性に欠ける。

だいたいパウロという人は、性道徳に関しては、当時の社会においても群を抜いて、とびきり群を抜いて、やたらと保守的で、かつ性関係については禁欲主義的な主張をする人物であった。加えて、ユダヤ教律法の規定がある（レヴィ記一八・八、二〇・一一。ただしこれはどちらも父親が生存中で、しかも結婚とか同棲とかではなく、「犯してはならない」という規定である。もっとも律法学者たちはここから一般的に父親の妻との結婚の禁止を導きだした）。ともかく伝統的な型にはまった男女の関係以外は、絶対に認めたくないし、伝統的に認められた関係さえもどちらかというと認めたくないのである（七・一以下参照）。性関係については当時の社会においてさえ超保守的なこの人物が、他人の恋愛関係についてつべこべ言ったからとて、それにのって現代の聖書翻訳者までいやらしげに悪口を言うことはないだろう。

異邦人にさえ見られない　パウロは更にこう言って文句をつけている。こういうもの言いに、一方で「キリストにあってはもはやユダヤ人もギリシャ人もいない」（ガラティア三・二八）とかっこよく宣言したパウロではあるが、心の奥ではユダヤ人優越意識を無反省にかかえていることが不用意に現れてしまう。異邦人はユダヤ人よりも倫理的に劣っているのだが、その異邦人にさえ普通はこんなことは見られないのに……。このように言う時、パウロは、この手紙の宛先のコリントス教会の人々が「異邦人」であるという事実をすっかり忘れてしまっているのだろう。

なお「見られない」は原文にない動詞を便宜上補ったもの。まあ何かこういった動詞を補わないと意味をなさない。ただしここには面白い異読がある。つまり𝔓68がここに onomazetai という動詞を補っている。「名指される、呼ばれる」という意味だが、ここはそういう話が聞かれるという趣旨だろうか（この章の一一節でもこの動詞が出て来る、「兄弟と呼ばれる」）。𝔓68というのはちっぽけな断片のパピルスで（レニングラードの図書館にある）、第一コリントス四・一二―一七、四・一九―五・三の部分だけ残っているものである。こういうものだから、正確な年代、位置づけなどは不可能だが（アーラントは疑問符つきで「七世紀」としている。こういう場合の疑問符は誤差一、二世紀はあると思った方がいい）、同じ読みがヴルガータの写本の一部やシリア語訳などにも出て来るから、この読み自体はかなり古い時期にまでさかのぼるものだろう。いわゆるエフェソス書五・三で「あなた方のところでいかなる淫行も聞かれることがあってはならない」と訳したのもこれと同じ動詞。どちらの個所も「淫行」についてだから、もしかするとエフェソス書の著者が第一コリントスのこの個所に onomazetai とあるのを読んで、それを真似したのかもしれない（エフェソス書は擬似パウロ書簡の一つで、意識的にパウロのものの言い方を真似して書いている）。

2　あなた方はふくれ上がってしまっていた　これは疑問文に訳すこともできる。新共同訳「あなたがたは高ぶっているのか」。可能性は五分五分である。ただし新共同訳が現在形に訳しているのは間違い。原文は現在完了。単なる質問ではなく、事実を指摘している。疑問文であるとしても皮肉な反語の意味だから（「あなた方はふくれ上がってしまったというわけか」）、意味は同じことである。なお「ふくれ上がる」という語については四・六参照。

文の後半は、口語訳「そんな行いをしている者が、あなたがたの中から除かれねばならないことを思って、悲しむべきではないか」はまったくの誤訳。「悲しむ」のは、仲間を失うことについてではなく、こんなことをした奴がいるということを悲しんで、その者を追い出すべきだ、というのである。ここもまた口語訳の方がパウロ自身よりもはるかに心やさしいが、翻訳は正確でないといけない。ここは新共同訳が正しい。

3　実際私はといえば　ごまかして「実際」としたが、相変わらず例の gar（第一テサロニケ一・九の註参照）。ここは「つまり」とか「すなわち」とか、まして「何故ならば」と訳したんじゃ、日本語としてはさまにならないから、「実際」にしてみた。ギリシャ語としても、この文にはもう一つ「はといえば」（men）という接続小辞があるのだから、文法的文体的にはそれで十分であって、加えてもう一つ接続小辞を並べる必要などないところ。それにもかかわらず gar をつけたのは、これがともかくこの人の口癖になっている、ということだろう。もっとも、論理的にはここは、「あなた方はこの人に対して本当はやるべきであったことをやらなかった。本当にやるべきこととは、すなわち（gar）、私ならば……」といった文が頭にあるのだろうから、それなら gar でも辻褄はあう。

してかした　ややどぎつい訳語だが、原語（katergazomai）も「働いて作り出す」といった感じの語だから、きつく訳す方がいいだろう。

裁いてしまった　現在完了。パウロはすぐ前の四・五で、終末が来るまではあわてて人を裁いてはならない、と説教する。ところがここではみずから他人を「裁いた」と宣言する。パウロは、自分が批判された時は、裁くのはよくない、と説教し、自分が他人を教会から追い出そうとする時は、平気で人を「裁く」。

4　我らの主イエス　同じ節の中に二つ続けて「我らの主イエス」が出て来るので、いささかくどい。それでいろいろ異読が生じる。最初の方を「主イエス」とする写本、「我らの主イエス・キリスト」とする写本、「我らの」抜きで「主イエス・キリスト」とする写本などいろいろ。これだけ何度も似たような表現が出て来ると、写本も混乱する。どれが元来の読みかも決め難い。二番目の「我らの主イエス」の方も、単に「主イエス」とする写本、単に「主」とのみする写本がある。しかしこちらは𝔓46以外の重要な写本は一致して「我らの主イエス」としている。

我らの主イエスの名において　この句がどこにかかるのか、本当はわからない。これを三節にかけ、「私は、

ある。多分それが正しいか。

我らの主イエスの力も共に　この句のかかり方も不明。例によってパウロはつながりが曖昧な前置詞句をやたらと並べ立てるから、こういうところは正確な翻訳なぞそもそもありえない。これを「……力でもって」と解し、五節にかけるる案もある。「我らの主イエスの力でもってその者を……サタンに引き渡す」。これも良い案である。ほか、いろいろな組み合せの可能性がある。

5　**引き渡したのである**　原文は単に不定詞。目的を表わす不定詞ととってこう訳したが、どのみち曖昧である。

肉体が滅びるようサタンに引き渡した　もちろん実際にそんなことなどありえないから、ここは単に、皆で集ってそういう呪いの決議をするということか、あるいは教会から除名することをそのように表現しているのか。

その者の霊が……救われるためである　ほかではパウロはただの一度もこのように肉体と切り離して霊だけの救済を考えるなどということはしていない。パウロにとっては、救済とはまさにこの死すべき身体が救われることだからである（一五・五三―五四、ローマ八・一一二三、ほか参照）。自分自身の思想としては決して採用することのないこういう「霊」の分離救済を、都合のいい時だけはおためごかしに口にする。まさに宗教的御都合主義というものである。

7　**そしてまさに**　「まさに」と訳した語も例の gar である（第一テサロニケ一・九の註参照）。

過越しの犠牲　すなわち「過越しの子羊」であるから、口語訳＝新共同訳がそう訳すのは正しいし、それがわかり易いだろう。

8　**悪と邪悪**　どうせ同義語を重ねただけだから、さかさまにして「邪悪と悪」と訳したってかまわないが、前者(kakia) を「悪意」と訳すのは（口語訳＝新共同訳）、「意」が余計。もっともたとえばエルサレム聖書やＲＳＶも malice と訳している。これは実はヴルガータの訳語 malitia をそのまま引き継いだものである。フランス語や、フランス語系の単語が圧倒的に多い英語の場合、聖書の翻訳ではしばしば機械的にヴルガータの単語をそのまま現代綴りに置き換える、という現象が生じる。ラテン語の malitia は「悪意」の意味もあるが、基本的には単に「悪」である。それが近代フランス語や英語になると「悪意」という意味のみになる。それを更に日本語に訳したから「意」が入ってしまった。バウアーの辞書もこの単語が「悪しき思い、die boshafte Gesinnung」の意味で用いられる場合もあるとしているが、それはエフェソス四・三一ほかの心理的な悪徳の表の場合で（心の中に持っている悪）、この個所はその意味の用例としてあげてはいない。「邪悪」（ponēria）と並んでいるのだから、単に心の「思い」ではない。

9　ネストレは五章全体を段落を切らずに続けている。しかし長くなりすぎるし、ここで話が少し転換するから、切ることにした（＝口語訳）。それにネストレもここにやや大きな空白を入れて切れ目を示している。

手紙で……書いたが　この個所から、パウロはこの第一コリントス書簡以前にすでに少なくとも一度、しかもあまり時がへだたっていない時点で、コリントス教会に手紙を書いた、という事実がわかる。その書簡は今日残っていない（今日どころか、パウロ書簡集が集められた時点ですでにその中に入れられなかった）。現代の学者たちはこれに「前書簡」（Vorbrief）などとあだ名をつけている。

パウロ自身は直接には言及していないが、多くの学者たちが指摘しているように、前書簡でパウロが書いたことをコリントスの信者たちに批判されたものだから、ここで慌てて訂正しているのであろう（詳しくは『概論』参照）。例によってパウロが舌足らずに、「淫行の者、偶像礼拝者、等々と一切つきあうな」などと書いたものだから、コリントスの信者たちから、それはおかしい、そんなことを言い出したら世間の人々とつきあうことができなくなってしまう、と批判されたのだろう。それで今度はパウロは話を限定して、それは教会の中の人間関係の話だ、と修正したのであろう。

いずれにせよ、ここからようやく、この手紙の本論であるコリントスの信者たちの疑問、批判に答える、という主題にはいっていく。

11　**今度は書く**　多くの翻訳、註解書で「書く」を現在の意味にとらず、過去の意味にとって、「私が（以前の手紙で）実際に書いたのは……ということである」という趣旨に訳している（コンツェルマン、ロバートソン、口語訳、新共同訳ほか）。つまり一一節の内容は以前の手紙に書いたことをくり返しているだけだ、という趣旨である。自分は最初から、以前の手紙においても、正確にものを言っているのだよ、という。しかしこれはパウロの体面を救おうとして、語義を無視して無理に意味を変えて訳していると言われても仕方があるまい。そうまでしてパウロの体面を救う必要はないだろう。パウロ自身はっきりと「今は」（我々は「今度は」と訳した）と言っている。「今は」という語を「前の手紙では」という意味に解そうというのでは、翻訳ではなく改竄である。それにまた、我々のように正直に直訳したとしても（「（前と違って）今回はこう書く」、リーツマンほか）、パウロの体面が損なわれるわけではない。前の手紙と今回の手紙とで違う意見を書いたからとて、人間である以上、当り前のことである。それにここではパウロは、前の手紙で舌足らずに書いたことを誤解されたから、今度はやや細かく丁寧に言葉を補って書くよ、と言っているつもりだろう。それなのに、聖書の聖人が、前の手紙においても誤解されるようなことを書くわけがない、それは誤解した方が悪いのだ、などと思いなして、わざわざ原文の意味を変えてまでパウロ様にはいかなる間違いもありえないという趣旨に書き直すのは、よろしくない。そう訳したくなった神学者たちの根拠は、「書く」という動詞がここはアオリスト形だから、ということなのだが、それは文法の不消化。アオリスト形は過去形ではない。確かにほとんどすべての場合過去に訳されるが（特にヘレニズム期以降のギリシャ語ではそうである）、アオリスト形自体は「過去」ではない。行為の一回性を表現しているだけである。「今」という語とアオリスト形の動詞をつなげて用いれば、「今はこうだ」という意味にしかならない。

細かい訳の問題は別として、以前（と言ってもたいして前ではない）アンティオキアの教会に居た時にパウロは、エルサレムから来たユダヤ人キリスト教徒が、同じクリスチャンでも異邦人と一緒に食事をするのはよくないと主張し、ついにペテロまでもそれに同調してしまった、ということを厳しく批判している（ガラティア二・一一―一四）。その時のパウロと、ここで「偶像礼拝者」等と一緒に食事をしてはならないと言いつのるパウロと、まるで矛盾している。一緒に食事をしない、というのは、「汚れた者」と一緒に食事をするとその汚れが自分たちにも伝染するからだ、といういかにも古代人的（特にユダヤ教律法的）な発想なのだが、同じ問題についてパウロはこのように他を批判する時と自分の主張を言い張る時とでは、まるで矛盾してしまう。「罪人」として非難されている人々と一緒に食事をしてもよいかどうかという問題について、イエスがほとんど憤りを込めてそういう主張をする者たちを批判したのと（マルコ二・一三―一七）、好対照である。イエスは、この社会のあり様に対して憤った。パウロは、自分の教会のパウロ的純粋性を保ちたかっただけである。

12　あなた方は内の者を裁いていないとでもいうのか　論理的には、この文は通じない。この文脈からすれば、パウロの論理は、外の者を裁くのは我々には関係のないことだから神様にまかせておけばよいが、教会内の者についてはきっちり裁かねばならぬ、ということであるはずだ（一三節はその論理）。とすると一二節後半は「我々は教会内の者をきっちり裁くのがよい」とでもいった文にならないと通じない。しかし例によって自己弁護ばかりを考えるパウロの癖を頭に置けば、この文はよく通じる。多分、以前パウロが書いた手紙についてコリントスの教会から「あなたは教会外の一般社会の人々まで全部裁いてしまおうというのですか」という批判がきた。それに対してパウロは居直って、誰も外の人を裁こうなんぞと言ってはいないではないか、あなた方こそ教会の内の者を（つまりパウロを）平気で批判する（裁く）くせに、私が外の者まで裁くのはけしからんなんぞと文句をつけるのか、と切り返した、ということだろうか。ともかくこの人、自分に対するいかなる批判も受けつけず、その批判をよく理解しないうちにすでにかっかときて反論に転じる悪い癖がある（第二コリントス書簡を読むと、コリントスの信者たちがパウロをどのように批判していたか、よくわかる。それと比べて読むと、第一コリントス書簡では、パウロはまだ自分がどういう意味で批判されているかを十分正確に把握できてはいない、ということもわかる。しかもパウロは相手が何を言っているかもよく理解しないままに、この段階ですでにかっかときて反論に転じている。詳しくは『概論』参照）。いずれにせよパウロの文章のわかりにくさは、こういうところで論理の一貫性を欠く点にある。それで口語訳（新共同訳もほぼ同じ）は、パウロにこういう論理的乱れがあるのを認めたくないものだから、「あなたがたのさばくべき者は、内の人たちではないか」と「訳」してくれた。しかしもちろん、そんなことは原文には書いていない（「べき」が余計。しかしその一語でまるで意味が違ってしまう）。口語訳はここでも原文を訳さず、RSV（Is it not those inside the church whom you are to judge?）を直訳したのである。典型的な改竄。

13 **あなた方自身の間から悪人を取り除け**　申命記一七・七の七十人訳の引用。ただし七十人訳では「取り除け」という動詞は二人称単数未来（未来形を命令の意味に用いている）。パウロはそれをこの場合の前後関係にあわせて二人称複数命令に変えている。

どうでもいいことだが、口語訳は「外の者を裁くのは、神である」までを一二節に入れている。単なる不注意（さすがに新共同訳は正しく訂正してくれた）。

第六章

1 **誰かが他の人にもめごとがある**　どちらも「あなた方のうち」。つまり教会員どうしの係争。もっと狭義に「裁判沙汰になる」とでも訳す方が正確か。原語は「事」という意味の語だが（pragma）、「裁判沙汰」「係争」の意味で用いられることがよくある（VGTにパピルス等の用例）。

聖者　当時のキリスト教用語で、クリスチャンを指す。すでに一部では「クリスチャン」という単語も作られ、用いられていたが（行伝一一・二六）、まだ広く普及してはいなかった。パウロはまだ「クリスチャン」という単語を用いていない。従って、今日ならば「クリスチャン」と言うところを、いろいろ違う言い方で工夫している。そのうちかなり普及していたのが、自分たちを「聖者」と呼ぶ言い方。ずい分おこがましい言い方のようだが、日本語の（ないし中世以降のキリスト教の）「聖者」ほどの意味ではなく、単に自分たちは神によって「きよめられた」者である、という自覚。

不義なる者　これもおこがましい言い方で、クリスチャンでない者を十把一からげにして「不義なる者」と呼んでいる（六節では「非信者」と言い換えている）。しかしこれは「聖者」と違って、本当におこがましい。パウロは、自分たち自身神の前では「不義なる者」であって、「義人」など此の世に一人もいないのだが、それにもかかわらず神様によって赦され、義人と認めていただいた、という謙虚な信仰を持っているはずである（ローマ一―三章）。それにもかかわらず、キリスト教的党派心にこりかたまる時には、自分たちは「義人」であり、非キリスト教徒は「不義なる者」である、という色分けをやってしまう。せっかく謙虚な信仰を持ったのだから、自分たちを含む世の中みんなが「不義なる者」なのです、と謙虚に頭を下げればいいのに。

それはともかくとして、ここで言っていることは、民事訴訟を世俗の法廷に訴え出たりせず、自分たち教会内で処理せよ、ということ。

敢えて……裁いてもらったりするだろうか　新共同訳は「……訴え出るようなことを、なぜするのです」。原文にはそうは書いてない。こう訳すと、現にそうしている人が居て、パウロがそれに対して文句をつけている、ということになるが、原文は単に、敢えてそんなことをする人が居るだろうか、と仮定の疑問文で問いかけているだけ。ただし二節以下の文からすれば、事実本当にそういう人が居た、という可能性もあるから、そうだとすればこれは誤訳とまでは言えまい。ただしその場合も、すでに起こった事実を指摘する文ではなく、現在形の文だから、そういうことをしようとしている人がいる、という程度の意味だろう（六節の註参照）。

2　聖者こそが此の世界を裁く　「裁く」という動詞は、アクセント記号をつけないと、現在形と未来形の間の区別がつかない。しかし古代ギリシャ語ではまだアクセント記号は用いられていなかった。おまけに、アクセント記号をつけるようになった中世の写本では、ここを現在にするものと未来にするものの両方が出て来る。もともとどちらであったのかは、わからない。しかしどのみち宗教的に究極的、最終的な審判を考えているのだから、どちらでも同じようなことか。

3　天使　周知のように、原語（angelos）の字義通りの意味は単に「使者」。しかし新約では（ユダヤ教文献においてすでに）、神から人間たちのところに遣わされる天からの使者の意味に用いられるから、まあ「天使」と訳す方がわかりやすかろう。なおここも「裁く」という同じ動詞を、前後関係では裁判的な意味で用いているが、ここでは「天使を判断する」（善い天使か悪い天使かを見分ける）といった程度の意味に用いている（四・五の註参照）。

日常的なこと　新共同訳のように「日常の生活にかかわる事」とするのがわかり易くてよかったか。口語訳は「この世の事件」。実質的には、此の世を超えた事柄（此の世自体に対する究極的な裁き、あるいは天使に対する裁き）と対比して「日常的なこと」と言っているのだから、口語訳でも一応正しいが、直訳する方がきれいに通じるのだから、敢えて直訳を避ける理由はない。すなわちこの語（biōtika）、「生活」を意味する名詞（bios）を形容詞にして、その中性複数形をまた名詞化したもの（ビオス的な事柄）。

4　教会では蔑まれている者　新共同訳は「教会では疎んじられている人たち」。これは「疎んじる」という日本語の意味を正確に知らなかったということか。ともかくここは単に非キリスト教徒を指す。

5　これはあなた方に敬意を表して言っているのである　ほぼまったく同じ表現が一五・三四にも出て来る。かつ、この名詞（entropē）が出て来るのは、新約ではこの二個所だけである。これは伝統的な訳では「あなたがたをはずかしめるため」と訳される（口語訳。新共同訳もほぼ同じ。私の知る限り現代の西洋語のすべての翻訳、註解書も同じ）。ルター（euch zur Schande）、ティンダル（unto your rebuke）以来の伝統。近代以降どの翻訳もそう訳してきたから、この単語に「恥」という意味があるのだと思われ、辞書にもそうのっている。しかしそれは、単に伝統的にそう訳してきた訳語を辞書にのせただけである。ルターが適当に誤魔化して訳したのが伝統となり、辞書にまでのり、その後人々は逆に、辞書にそうのっているのだからルターの訳が正しいのだろうと思い込んだ。聖書のギリシャ語の辞書にはよくある例。単語そのものの意味は「そちらに向くこと」である。ふつうは相手を尊敬する意味で用いられる（ヴルガータでは ad reverentiam と訳している）。古典期のギリシャ語にも、ヘレニズム期のパピルスにも（VGT参照）、「恥」という意味は出て来ない。「恥」という意味が出て来るのは中世ギリシャ語になってからである（VGT）。従ってこの個所を「あなた方を恥じ入らせるため」と訳すのは、かなりきつい。ふつうのギリシャ語通りに「あなた方に敬意を表する」としておく方が無難であろう。パウロは四・一四でこれと同根の動詞を用いて、私がこういうことを言うのはあなた方に敬意を表するからではないよ、と嫌な皮肉を言っている。それで自分でも気がさしたのだろう。ここでは逆に相手にお世辞を言う態度に出た、ということか。もっともここでも、お世辞というよりは、嫌な皮肉であるけれども。

なお四・一四のこれと同根の動詞（entrepō）も新約では「恥じ入らせる」の意味だなんぞと言われてきた。しかしこちらも同様に無理である。福音書では同じ動詞が「尊敬する」の意味に用いられている（マルコ一二・六並行ほか。またヘブライ書一二・九）。その方がこの動詞の普通の使い方。まさか同じ動詞が福音書とパウロで正反対の意味だというわけにもいくまい。パウロでは第一コリントス四・一四のみ。そしてこの個所のみ伝統的に「恥じ入らせる」と訳されてきた。しかしこれは名詞形の使い方と同じだから、名詞形の方をどう理解するかにかかっている。あとは、もしかすると「恥じ入らせる」の意味かもしれないのは、擬似パウロ書簡の第二テサロニケ三・一四、ティトス二・八だけである。もしかすると、この段階あたりでパウロの「あなた方のentropēのため」を誤解して、「恥じ入らせる」の意味で用いはじめているのかもしれないが、この二個所もやはり「恥じ入らせる」ではないとみなすのが穏当だろう。

6　一節から六節まで通じて（七節も）、相変わらず、事実そういうことがあったのをパウロが文句をつけているのか、それとも、もしもそういうことがあるとすれば、それは恥ずかしいことだろ、と仮定の話をしているのか、決め難い。まあ、パウロのものの言い方の癖からして、後者の可能性の方がだいぶ大きい。

7　**係争がある**　口語訳は「互に訴え合う」としているが、この言い方だと、明瞭に教会外の裁判所に係争の両当事者が訴え出た、という意味になる。新共同訳「あなたがたの間に裁判ざたがある」。この方が意味が広くてよい。しかし、狭義の裁判なのか、単にもめごとが生じて、みんなの前に持ち出され、裁判にかけるぞ、と言い立てているだけなのかは、わからない。

損害を受ける　口語訳（＝新共同訳）「不義を受ける」。ここは具体的な係争事件であるから、「損害を受ける」と具体的に訳す方がいい。そういう意味でこの動詞が用いられることは多い。しかし、次の九節で「不義の者」という単語が出て来るから（この動詞と同根の形容詞）、やはり両者をそろえて口語訳のように訳すのがいいか。この動詞については第二コリントス七・二、一二とその訳註、また『概論』参照。

奪われる（＝ほぼ新共同訳）　口語訳「だまされる」はだいぶずれる。口語訳は多分RSVにdefraudとあるのを、英和辞典を引いてその訳語をそのまま借りたものか。

9　**柔弱な者**　この形容詞（malakos）、単に「柔らかい」という意味で、布地が柔らかい、葡萄酒が柔らかい（やや甘口）、などの場合に用いられる。しかし人間については褒めた意味（穏和な）ではなく、「柔弱な」という悪口に用いられるのが普通である。ルター（Weichling）等々の伝統的な訳はそう訳している。ところが今世紀はじめ頃からパピルスのギリシャ語がよく研究されるようになって、この語はホモセクシュアルの男のうち女役割の者を指しているのではないか、と言われるようになった（特に影響があったのは A. Deißmann, *Licht von Osten*, S. 131 Anm. 4, u. S. 269）。次の「男色をなす者」（arsenokoitos）は語義そのものがそういう意味だから、それと対になって、ホモセクシュアルの両側の役割を指すと解されたのである（RSV等はこの二単語をひっくるめて sexual perverts と訳している）。確かにダイスマンがあげている例（エジプトの El-Hibeh というところで見つかったパピルス、前二五四年）では、「柔弱な者」と呼ばれている一人の男がホモセクシュアルである可能性がないわけではないが（もしかするとそうかもしれない、という程度）、そこでも「柔弱な者」という単語そのものが「ホモセクシュアルの女役」の意味に用いられているとまでは言えないだろう。単にその男が「柔弱な者」だと言われているだけのことである。従って我々の個所は、本文の訳としては単に「柔弱な者」としておくのが正しかろう。いずれにせよ、新共同訳の「男娼」は不正確。もしもホモセクシュアルの意味だとしても、それを金銭を得る手段にしているとは限らない。

12　何でも私に許されている　二度くり返されるこの文を引用符に入れている訳がある（新共同訳、岩波訳）。これは翻訳者の態度としてひどく間違っている。彼らがこれをどうして引用符に入れたかというと、パウロが自分の意見としてそういうことを言うはずがなく、これは「反対者」の意見の引用であるはずだ、というのである。岩波訳などわざわざ註を入れて、「パウロの論敵であるコリントの霊的熱狂主義者たちの言葉の引用だろう」なんぞとしている。こんな根拠のない憶測を当然のように言い張るのは許されない。コリントスの教会にパウロの「論敵」なるものが存在したかどうかは別として（コリントスの信者たちがパウロをひどく批判していたのは事実である。しかしそれをパウロの「敵」呼ばわりするのは妥当ではない）、彼らが「霊的熱狂主義者」だ、などというのは現代の神学者が創作した作り話にすぎない。それにどのみちこの個所では、パウロ自身、この文が他人のせりふの引用だなどということは露ほども示唆していない。訳文中に引用符を入れて、著者自身の文でないかのように見せかけるのは、著者が自分でこれは引用だよとはっきり示唆している場合を除き、決してやってはいけない。註に書くのならともかく、訳文でそれをやったら改竄というものである。解釈は読者におまかせするのがよい。

パウロの文の中にあちこち引用符を入れて、これはパウロ自身の文ではありませんよ、と見せかける手法は、二十世紀半ばぐらいから特にドイツ語系の神学者の一部で流行りだしたもので、それがあちこちの亜流にまで伝染したものである。これは現代的パウロ護教論の汚い手法であって、パウロの文章の中に自分たち現代のキリスト教護教論者にとって都合の悪いものが出て来ると、それをいちいち引用符でくるんで、これはパウロ大先生の御意見ではございません、大先生はこういう意見を退けておいでなのです、と宣言するものである。見え透いたちゃちな手法であって、何の根拠もないのだが、けっこう流行っているから、要注意（二・六の註参照）。

13 この節ではパウロは突然論理的に混乱するように見える。いかにも突然「食物」と「腹」の話が出て来る。しかしこれについては『概論』参照。

無効にする　一・二八の註参照。

14 **その力**　「その」が神を指すのかキリストを指すのか不明。パウロにとってはどちらでも同じようなものなのだろうけれども。

15 **私**　この節から主語が一人称単数に変っている。これは結構微妙な意味の推移であるが、諸翻訳者、註解者はこの点をあまり気にしていないようである。口語訳、新共同訳は、そもそも一人称単数を消してしまって、節前半の二人称複数の続きであるかの如く訳している（口語訳「それだのに、キリストの肢体を取って遊女の肢体としてよいのか」）。しかし一人称単数で訳している訳者も、同様な解釈を持ち込んでいる。コンツェルマンほかのSoll ich nun ...? という訳がそうである。つまりこの場合の「私」はパウロ個人の「私」ではなく、一般論的な意味で「そもそも人間は……してもよいのか」という問いかけだというのである。けれども原文には「……してもよい」に対応する語はない。このように一見目立たない単語を持ち込むことによって、原文の意味を大幅に変えるのも改竄のずるい技法の一つである。この文は直訳すれば「果して私がそんなことをするだろうか。まさか」としか訳せない。つまり、「あなた方」を「キリストの肢体」にしたのは、私パウロがしたことである。私がお前らをキリスト信者にしてやったのだ！　せっかく私が「キリスト」の肢体にしたものを、その私がまた

ない。

というこど。そういうパウロのものの言い方が気に入るかどうかは別問題である。翻訳は正確に訳さないといけ

「売春婦の肢体」にしてしまうようなへまをやらかすだろうか。まさか、そんなことをするわけがないだろう、

16 **二人が一つの肉に……**　創世記二・二四の引用。七十人訳とまったく同じ。

この節はパウロとイエスの決定的な違いが現れているところ。パウロは売春婦をそもそも汚れた存在とみなし(つまり人間扱いしていないということだ)、そういう汚れたものに触れるのはよくない、と言っている。イエスは、まさにそういう仕方で売春婦を排除する世論に対して、文句をつけている(マタイ二一・三二)。いつの時代でも、古代社会では特に、何らかの仕方で社会から排除された女がやむをえず売春婦になる。イエスは、そのように排除された者の側の視点に立ってものを言い、パウロはその排除を前提として倫理を考える。また創世記二・二四のせりふの利用の仕方もイエスとパウロではまるで異なる(マルコ一〇・六―八参照)。

17 **いっしょになる**　一六節の「売春婦と」もこの節の「主と」も、同じ「いっしょになる」という動詞が用いられている。パウロのつもりでは、だから論理的な意味のつながりがあるのである。もちろん読者の側としては、またまたパウロは同じ単語をまったく違う意味に用い、見せかけの論理の一貫性を作ろうとしている、下手くそな詭弁だね、と言って批判する権利はある。しかし翻訳としては正確にそのまま訳さないといけない。従って、新共同訳のように、一方を「娼婦と交わる」と訳し、他方を「主に結び付く」と訳したのでは、原文の意図が伝わらない(めずらしく口語訳ではなく新共同訳がRSVに影響された? RSVは前節は joins himself to a prostitute、この節は is united to the Lord と訳し分けている。口語訳はどちらも「つく」)。RSVがこのように訳し分けたくなった気分はわかる。肉体的な合一を意味する動詞を、そのままキリスト信者がキリスト自身と一体化するという意味で用いるのを避けたかったからだろう。しかしパウロ自身がそう書いている以上、そう訳す以外に仕方がないではないか。

18 **内部に対して**　eis(の中へ)という前置詞。ここは「身体の外」か「内部」かが問題になっているのだから、はっきり訳さないといけない。口語訳(=新共同訳)「からだに対して」は不鮮明。

20　神を反映する　「反映する」と訳した動詞（doxazō）はふつうは「栄光を帰する」と訳されるが（ガラティア一・二四ほか）、この場合はそう訳したのでは意味が通じない。それで口語訳（＝新共同訳）は「栄光をあらわす」とした。しかし「神の栄光をあらわす」と言いたければ、はっきりと「神の栄光」という名詞表現に「あらわす」という動詞をつけてわかり易く表現するのが普通である（tēn doxan tou theou phaneroun ないし apo-kalyptein とか）。むしろ、パウロはどうも doxa という名詞を「反映」という意味に用いることが多いようである（一一・七の註参照）。とするとこの動詞も、「（神の姿を）反映する」という意味で用いているのではなかろうか。つまり、あなた方信者は、自分たちの身体を清く保って、自分の身体でもって神の清さ（聖さ）を映し出すようにしなさい、ということ。

第七章

1　あなた方が書いてきたことについて　伝統的には、この句も含めて一―七節を一つの段落としている。しかし以下ずっと（少なくとも七―八章、多分一五章までずっと）、コリントスの信者たちが手紙で質問してきたことに対する返答である。従ってこの句は以下の全体に対する表題みたいなものであろうから、一節後半―七節の段落の中に入れないで、離して書く方がいい。

人間にとっては　「女にふれない方がいい」というのだから、これは男に対して言っている。それを「人間にとっては」と言うのだから、パウロの頭の中では人間＝男という図式が成り立っている。女は人間のうちにはいらない、とまで言うつもりはなかったのだろうけれども、つい無意識のうちにこういう差別的な言葉遣いが出て来るところが、パウロのパウロたるところである。西洋古代世界でも群を抜いて性差別的なパウロさんの特色がはっきり出ている。いくら古代人でも、ふつうはこういう時に「人間」とは言わずに「男」と言うものである。さすがにこういうものを直訳する気にはなれなかったのだろう、新共同訳は書き換えて「男は女に……」としてくれた。しかし、パウロさんの体面を救ってあげたい気持はわかるが、翻訳者は勝手に文章を変えてはいけない。口語訳は古くさく、「男子は婦人にふれないがよい」としてくれた。こういう時だけ「婦人」と書く昔の日本語

(と言ってもついこの間までそうだった)の奇妙さ。それに対する「男子」も奇妙だが、いずれにせよ新共同訳同様、「人間」を「男」と訳してはいけない。

3　妻、夫　以下七節まで「妻」「夫」は原語は「女」「男」という語。古代ギリシャ語に限らず、現代西洋語でも多くは、ふつう「妻」「夫」という単語を使わず、「(私の)女」「(私の)男」と言う(ma femme, mein Mann など)。更に二七節の註参照。

義務を果す　ここではパウロはほかの事柄を考えているわけではなく、単に性行為を夫婦間の義務とみなしているだけである。

7　パウロが言うのは、本当はみんながパウロのように一生独身主義で、性的禁欲を貫くのが望ましい、けれども、「それぞれに神が異なった賜物を与えたので」、パウロの持っているのと同じ禁欲能力の賜物をほかの人が持っているとは限らないから、その賜物を持っていない人は無理に禁欲をしようとしてもかえってサタンに誘惑されるので、結婚して夫婦の性生活を保ちなさい、しかしそれも時々中断して「祈りに専心する」のがよい、ということである。まあね、いかにもパウロらしい禁欲主義の説教である。

10　主が指示する　イエス自身が述べた言葉であるということ。多分マルコ一〇・一一―一二と類似の伝承が頭にあるのであろう。問題は何故パウロがここでわざわざ「主の指示」と「自分の指示」の区別にこだわっているのか、という点である。かなりわざとらしく、不自然に、強調している(更に一二節参照)。以前はパウロは自分の言うことは自動的に即キリストの言うことだと自信満々に思い込んでいて(たいした思い上がりだが)、そのように説教しつづけてきた(第一テサロニケ四・二の註参照)。おそらくそこのところをコリントスの信者に突かれて、批判された(第二コリントス一三・三参照)。あなたの言うことが本当にイエスの言ったことと同じである証拠がどこにある、というのである。多分この時点ではすでにコリントスの信者たちは、パウロ以外の宣教師やよその土地から来た信者たちから、かつて生きていたイエスという男のさまざまな発言について何ほどか耳にすることができたのだろう。そうなれば彼らとしては当然、パウロが自分勝手な主張をこれこそがキリストの命令だと言いつのることに対して疑問を持っただろう。それでここではパウロはとりあえず、イエス自身の言葉と自分個人の主張を区別して切り抜けようとしている。あなた方がうるさく言うから仕方がない、と恩着せがましい調子で。しかしパウロはこの姿勢を第二コリントス書簡では放棄する（五・一六）。自分はもう、かつて生きていたイエスのことなど相手にしないぞ、と開きなおったのである。そして、証拠をみせてくれ、と問いかけたコリントスの信者たちに対して、逆に食ってかかる。お前らはけしからん、お前ら自身が本物である証拠を見せてみろ（第二コリントス一三・五、また第一コリントス一一・一九、二八、第二コリントス八・八ほか参照）、と。こうなったらもはや冷静な議論ではない。

指示する　この動詞（parangellō）を口語訳のように「命じる」と訳すのがよくないことについては、マタイ一〇・五及び第一テサロニケ四・一一の註参照。それに対し六節ははっきりときつい「命令」という名詞（epitagē）を用いている。また一七節、二五節参照。

別れる　どうして妻については「別れる」（chōristhenai）であり、夫については「離縁する」（aphienai、一一節）であるのか。この二つの動詞はまったく同じことを言っているのであるから、当時といえども女の側から離縁する権利もあったのだ、などとここから言おうとする学者もいる（リーツマン）。しかし、まったく同じことを言いたいのなら同じ動詞を使っただろう（ただし一三節では同じ動詞）。「別れた」後で、また夫と和解する（一一節）というのだから、公式の離縁ではなく、実家などに逃げて帰って来た、という程度のことか。

12　ある兄弟（＝口語訳）　新共同訳「信者」。当時のキリスト教用語では（今でもかなり）、クリスチャンどうし「兄弟」と呼びあっていた。従ってこれは「信者」と同義語には違いないが、こういうところは直訳しないといけない。当時の人々の言葉遣いがわかるからである。なお、「兄弟」というのだから、男の信者である。新共同訳が「信者」と訳したのは、ついうっかりではなく、意図的な改竄であろう。すなわち、男の信者を「兄弟」と呼び、女の信者を「姉妹」と呼ばないのは（一三節では単に「ある女」。もっとも他の個所では女の信者を「姉妹」と呼ぶ例は何度も出て来る。このすぐ後の一五節でも）、女性差別だからけしからん、というのである。だから「兄弟」という語を避けて「信者」と訳さないといけません、という（TEVは a Christian としている。新共同訳の「信者」はその真似だろうか。NRSVは新共同訳より後だが、believer と訳している）。しかし、現代の言葉狩り的クリスチャンが自分たち自身の言葉遣いとしてどうおっしゃろうと自由であるが、パウロの原文にそう書いてある以上、それを誤魔化すのはよくない。パウロとはそういう人なのだから。

14 信者は聖く、非信者は汚れている、というこの単純二分法は、ユダヤ人が自分たちは聖く、異邦人は汚れている、としていた排他意識をそのままキリスト教に移行しただけである。従って、本質的には、パウロはユダヤ教を克服したとはとても言えない。五・一一参照。また六・一の「不義なる者」。イエスはそういう二分法的排他意識そのものに抗ったのである。

兄弟によって　口語訳「夫によって」。これまた相変わらずRSVに依存（through her husband）。これは欽定訳（＝ティンダル）がそう訳している（by her husbandd）のをそのまま継承したものだが、欽定訳当時はまだいわゆるtextus receptusの読み（主としていわゆるビザンチン系諸写本。正文批判上は役に立たないずっと後世の写本）によっている。今時ビザンチン系の読みなど採用する人はいないので、ＲＳＶ、口語訳はひどい怠慢。他方、新共同訳は「信者である夫の故に」と二つの読みをくっつけて「訳」している。「兄弟」を「信者」と訳すのも問題だが（一二節の註参照）、新共同訳はアメリカ版の本文（＝ネストレ新版）を訳すと宣言しているのだから、これはよろしくない。

15 **神があなた方を招いたのは平和においてである**　この文は意味のつながりがわからない（コンツェルマン）。特に、「平和において」がどういう趣旨なのか不明。パウロの例の意味不鮮明なenの用法（第一テサロニケ二・二の註参照）。もしも「平和に暮させるために」であるなら、それなりに意味が通じるが（そう訳している訳書は多い。口語訳、新共同訳もそれにならった）、このenという前置詞を「ために」の意味に取るのは、かなり苦しい。おまけに「暮させる」などという語は原文にはない。

あなた方　「我々」としている写本が多い。こちらの方が本来の読みであった可能性も高い。

17 **もしもそうでないなら**　これが直訳（あるいはもう少し軽い意味にとって、単に「ただ」と訳すか＝口語訳）。直訳したのでは意味がはっきりしないというので、いろいろ案があるけれども、別に直訳したとて意味がわからないわけではあるまい。つまり前節ではたとえ夫婦であっても自分が相手を救えるわけはない、と言っている。

もしも他を救うなどというおこがましいことができないのであれば、おとなしく、自分の分を守っているがよい、ということ。神学者たちはこの文をそのように素直に読まないで、パウロともあろう人がそんなつまらないことを言うはずがない、などと考えるから、原文を離れていろいろ「学説」を考えたくなるのだが、そう書いてある以上、そう書いてあるのである。

招き給うた時のまま、そのまま　新共同訳の「身分のまま」は狭すぎる。身分の問題も含まれるが、それだけではない。こういうところは直訳すべし。

命じる　ここは一〇節の「指示する」と違って、パウロ自身はっきり「命令する」という趣旨のきつい語(diatassō)を用いている。この語については一一・三四参照。

21　むしろ用いるがよい　何を用いるかが明記されていないので、一応議論の種になるが、文意は明白である。奴隷であるということをそのまま保っているがよい、という趣旨。この場合の「用いる」は、それを良いこととして保つ、という趣旨。

ここは、パウロが奴隷制を擁護しているというので、有名な個所である。古代人だから仕方がないだろう、などという言い訳は通じない。当時にしても、奴隷が自由になる機会があれば(自分で金をためて身代金を払って自由になる、何らかの功績に対する論功行賞として解放される、その他いろいろ)、喜んで自由になるのは当然であって、それが世の中の常識であった。たとえ解放の機会があっても、それを利用せず、奴隷のままでとどまっていよ、というのは、当時にしてもひどく保守的な姿勢である。

近現代の護教的な神学者にとっては、御本尊のパウロがそのように奴隷制擁護者であっては困るので、この文そのものを意味を逆さまにして「訳」そう、という動きがあった。口語訳がその例である、「もし自由の身になりうるなら、むしろ自由になりなさい」。もっともこの「訳」は最近はじまったものではなく、すでにルター、ティンダルがそういう趣旨に訳している(多分二人ともエラスムスの訳をそのまま真似したのだろうか。ヴルガータはまったくの逐語訳で、どちらとも取れるように訳している)。さすがに現代の聖書学者は、こういうところは正直に訳している。「たとえ自由になることが可能であっても、むしろ奴隷のままでいよ」となる(エルサレム聖書、TOB、ドイツ語共同訳、日本語新共同訳、リーツマン、コンツェルマン、バレット等々大多数)。

ほかに理解のしようもないのだが、一応理由を並べておく。「用いる」という動詞(chraomai)の補語(間接目的語)として何を補うかによって(用いるべき対象物を与格に置くのが普通。しかしここは省略されている)、意味が正反対になる。「奴隷たること」を補えば我々の理解になるし、「自由になること」を補えば口語訳のようになる。と、こう言うと、それなら両者五分五分の可能性ではないか、と思われるかもしれないが、この文そのものの作りからしても、前後関係の脈略からしても、意味ははっきりしている。すなわち第一に ei kai(たとえ……であっても)は、明白に、逆接の意味である(ei kai のこの用法については、たとえば第二コリントス七・八ほか)。「もしも……であったら」ではない。逆接であれば、「たとえ……であっても、そうするな」と続くのが文の流れというものだ。それだけですでに意味鮮明であるが、第二に更にパウロは、念を押して、「むしろ」という語を加えている。「たとえ自由になることが可能であっても、むしろ」ときて、その後に「自由になりなさい」と続けるとしたら、まるで文として意味をなさない。この二つだけであまりに意味鮮明だが、加えて、一七節以降ずっとパウロは、「神によって招かれた時の状態にとどまれ」と言い続けている。この文も、直前の「自分が招かれた時の状態にとどまれ」ということの事例として書かれているのである。従って、クリスチャンになった時に奴隷であったのなら、解放されようなどと思わず、そのまま奴隷であり続けよ、という以外の意味は考えられない。一七―二〇節に対して、二一節だけいきなり正反対のことを述べる、などというのは、いくらパウロでもありえない話である。更に続く二二―二四節でも同じ論理が続いているのだから、二一節だけ例外にしよう、などというのは無理な話である。

なおこの動詞、一応「用いる」と訳しておいたが、実に意味多様な動詞であって、本当のところこれ一語だけで何の補足語もついていなければ、まことに曖昧である。本来の意味はむしろ「欠けている、持っていない」である。欠けているものを手に入れようとするから、「手に入れる」「用いる」の意味にもなる。面白いのは、派生的な意味の一つだが(しかし用例は非常に多い)、何か嫌なもの、困難などを対象として、「蒙る、我慢する」の意味に用いる(嵐に出くわす、困難に直面する、困難を耐える、など)。従ってこの場合も「むしろ我慢しているがよい」と訳して訳せないことはない。そう訳せばこの場合にぴったりあてはまる。ただし、パウロの場合はこの動詞を七回用いているが、いずれも単に「用いる」の意味だから、この場合もそうだろう。この個所のほかに第一コリントス七・三二、九・一二、一五、第二コリントス一・一七、三・一二、一三・一〇。うち一・一七の「軽率な行動だった」と訳したのは直訳は「軽率さを用いた」、三・一二の「鮮明さを得ている」の「得ている」、一三・一〇の「厳しく対処する」の「対処する」。ただしこの最後の個所は、補語なしだし、「厳しく」という副詞からしても、「用いる」ではなく「困難に耐える」の意味かもしれない。とすると我々の個所もやはり「困難に耐える」、つまり「奴隷という身分を我慢する」の意味かもしれない。

以上従って、この個所を「自由人になりなさい」などと訳すのはとても無理だし、今時よほどすっとんきょうな頑固でない限り、そんな説を支持したりしない。それにもかかわらず、今だにじたばたと悪あがきを続けようとしたのが岩波訳である。これはわざわざ言及するだけでも馬鹿らしいような水準のものだが、この種の屁理屈遊びにけりをつけるために、ここで始末しておくことにしよう。これはこの訳者の師匠の荒井献の説をそのまま写したものだが、「用いる」という動詞の目的語として「神の召し」（神によってキリスト信者になるよう招かれたこと）を補う、というのである。つまり、もしも自由人になったとしても、「神の召しは大切にしなさい」（キリスト教信仰を重んじなさい）という意味だ、と。何だろうとかんだろうと、何でもかでも、原文に何と書いてあろうとなかろうと、「聖書」に書いてある以上、その意味はキリスト教信仰を大切にしましょうということに決まっている、というのだから、あきれてものも言えない。それだったら最初から原文を読む努力など放棄した方がいい。だいたいこの動詞に「大切にしなさい」なんぞという意味はない。それだけですでに無茶苦茶である。加えて、この前後関係では、奴隷のままでいるか自由人になるかのあれかこれかが問われているのであって、そのどちらとも関係がないなどというわけにはいかない。文法的にも、省略されている間接目的語を補うとすれば、直前に出て来るいずれかの語を補うものである。「神の召し」（原文は「自分が招かれた時」）などという表現はだいぶさかのぼらないといけない（二〇節）。加えてそこでは単に「神の召し」などと言ってはいないので、「自分が招かれた時の状態」と言っている。従って、どうしてもその句を受けようというのであれば、その「状態」

を受ける以外にない。とすればこれは、自分が信者になった時の状態を信者になった後もそのまま保て、ということ以外を意味しない。その時点で奴隷であった者は、それが神の招きの時の状態なんだから、そのまま奴隷でいよ、と。

もっとひどいのは、当時の奴隷解放についてのこの訳者やその師匠の荒井献の解説である。奴隷の主人が解放することに決めたら、奴隷は主人の意志に逆らうことができないから、「自由になる機会」があってもそれを断念するなど事実上ありえないことであって、パウロが事実上ありえないことを言うわけがない、とおっしゃる。そんな滅茶苦茶な。御本人が嫌だと言うのに、無理矢理奴隷を解放しようとする主人がどこに居る！　もしもここで、主人が単なる善意から奴隷を解放してやろうとした、という場合を想定するとしても（まあ滅多にないことであるが）、その場合でも、いいえ、私は奴隷のままでいますと答えなさい、というのがパウロの趣旨である。そう言われたら、主人の方は、そうか、と言って承諾するだろう。あるいは、主人がこの奴隷を自分のところに置いておくのが嫌だから、というのであれば、売り払えばすむことである。

そもそも奴隷の解放にはさまざまに異なった場合があって、一様ではない。奴隷制度は時期により場所により非常に複雑であったから、簡単に記すわけにはいかないが、どの時期でも大多数の場合は、本人の実力で金を稼いで身代金を支払う場合である（当時の奴隷は自分の働きで貯蓄、私財を貯めることが認められていた）。あるいは直接自分で稼がなくても、誰かが資金援助してくれることもあっただろう。いずれにせよ奴隷の方が自分で身代金を積めば、主人はその解放に反対することはできない。パウロが言っているのは、要するに、奴隷が自分でそれだけの金額を貯めることができた時でも、その権利を行使するのはおやめなさい、というのである。その他、何らかの功績に対して自由が与えられる場合もあれば、あるいは一括恩赦的な解放もある。もう一つ、時期的にいろいろあるが、比較的多かったのが、主人が死ぬ時に遺言で自分の所有する奴隷をすべて解放する、という場合である。これは、主人はすでに死んでいるのだから、当の奴隷が主人の意志に反してどうのこうのと言うということはありえない。もしも奴隷自身が解放されたくないと言うのなら（普通はありえないけれども）、その主人の財産継承者（息子なり誰なり）がその奴隷を継承するだけの話である。その他、細かくはいろいろあるが、その中で最も可能性が低いのは（ほとんどありえない可能性は）、御本人の意志に反して、ほかに何の理由もないのに、主人の側が無理矢理一方的に解放する、という場合だろう。唯一そういう場合しか想定しないで、それ以外は考えない、というのは、いくら何でも常識がなさすぎる。いくら神学者だからとて、もうちょっと社会的常識をもって議論してよ。恥ずかしい。

ついでだからもう一つ。C・H・ドッドがオクシリンコス・パピルスの文を引いて（1865, 4ff, VGTでも引用されている）、パウロの文はやはり「解放される機会があればその機会をつかめ」という意味だ、と主張している。このパピルスではこの語は目的語なしで単に「機会をつかむ」という意味に用いられているから、というのだ（C. H. Dodd, *JThS* 26, 1924, 77f）。このパピルス自体、後六ないし七世紀のもので、時代的にいささか離れすぎているが、その点は別として、この動詞を名詞の与格の補語なしに用いる用例としては貴重である。しかしそこではこの動詞は二度用いられているが、それぞれ不定詞ないし分詞をともなって「敢えて……する」といった程度のひどく軽い意味で用いられている。つまり不定詞ないし分詞が補語の代りをなしているので、まったく補語を用いない用例としてあげるわけにはいかない。第一コリントス書簡のこの個所とは文法的にだいぶ異なる用例である。かつ、万が一この用例を無理に第一コリントスの個所に適用したとしても、「むしろ、敢えて（せよ）」という意味にしかならない。とすればそこで補うべき補語は「むしろ、敢えて奴隷であることにとどまれ」という意味しか考えられないから、とどのつまり同じことである。ドッドの議論も護教論の悪あがきの一例。

22　主において招かれた奴隷　「主において」という表現については第一テサロニケ二・一四の「キリスト・イエスにある」の註参照。ここでは単に「クリスチャンになった時に奴隷であった者」という意味。

主の解放された者　これが直訳。「主の」は例によってパウロの属格の杜撰な用法（第一テサロニケ一・三の註参照）。こういう場合の「の」など、まったく意味不鮮明。もしかすると「主においては」の言い換えかもしれない。それなら単に、「キリスト教信仰の水準では、その者は解放された自由人である」という趣旨になる。多分そういう意味だろう。口語訳（＝新共同訳）の「主によって自由人とされた者」はいささか解釈のしすぎ。単なる「の」を「によって」と解するのは無理。

解放された者　この語（apeleutheros）はふつう「解放奴隷」を指す。以前奴隷であったが、自由人の身分を得た者のことである。しかしこの前後関係で日本語で「解放奴隷」と訳すと、「奴隷」という点に力点がかかるから、わけがわからない文になってしまうので、ややくだいて訳した（その意味で、新共同訳の「自由の身にされた者」は良い訳である）。

パウロがここで言っているのは、此の世の社会秩序と彼岸的宗教的秩序は逆転する、ということである。此の世で奴隷であっても、宗教的秩序においては「自由」であり、此の世で自由人であっても、神に対してはすべての人間は「奴隷」なんだから、思い上がるな、という。このようにして彼岸的宗教的秩序を持ち出すことによって、此の世の社会秩序の問題はどうでもいいことにしてしまい、とどのつまり、此の世の社会秩序をそのまま守るべし、という保守主義の論理になる。新約聖書全体の中で、パウロだけが際立って社会的に保守主義者である理由である（パウロのこの論理を私は宗教意識における「現実と観念の逆転」と呼んだ。『批判的主体の形成』一九七一年、一一〇頁、また『宗教とは何か』六三頁以下＝同新書版上巻九一頁以下）。

23 **人間の奴隷になるな**　ここではもちろん、もはやパウロは現実の社会関係としての奴隷について述べているのではなく、宗教信仰の水準として、信者は信仰においては人間に従属するものではない、と言っているだけのことである。このように、現実の事柄について議論しているような顔をしながら、同じ単語を直ちにそれとはまったく関係のない宗教信仰の話に転化させて（出発点の社会的現実についての話はまったく置き去りにし）、しかも同じ論理の続きみたいな顔をするのも、宗教家の説教によくある手口である。

25 **童貞の者**　男女双方を頭に置いている（しかし、主としてまず男の童貞者を考えていることは、続く文が示している）。従ってこれを「おとめ」（口語訳）と訳すのは不正確。その点では新共同訳の「未婚の人たち」は正確だが、この場合は、社会的制度としての結婚よりも、肉体的に性交を経験していない者の意味だから、「未婚の人たち」と訳すとだいぶ意味がずれる。まあ、新共同訳の訳者たちは、世の中のすべての人間が結婚以前の性交渉など経験することがない、と思っておいでなのだろうけれども。

命令　ここははっきりと「命令」という意味の語（epitagē）。新共同訳のように一方ではもっと穏やかな語を

「命じる」などときつく訳しながら（一〇節、我々は「指示する」と訳した）、こちらの方を「指示」と訳すのは、語のきつさを逆さまにとらえている。

恵まれて　ふつう「憐れみを受けて」と訳す。自分がキリストに対して忠実であることができるのは、自分の実力でかちえたというわけではなく、主が憐れみによって私をそのようにして下さったのだ、ということ。しかし日本語としてはここで「憐れみ」と訳すとだいぶ意味がずれる。つまり「憐れみ」と言うと、劣っている人間を憐れんでほかの人々と同じようにして下さった、という意味に受け取られかねないが、この場合はむしろ、他よりもすぐれた恩恵を特別に与える、ということ。つまり、人間であるにもかかわらずキリストの代行者として振舞えるような特権を与えて下さった、という意味。ではどうしてパウロが「憐れみ」という語を使ったかというと、神が人間に対して何かをしてやるのはすべて、神の眼から見れば「憐れみ」である、ということ。しかし日本語として「憐れみを受けて」と訳すと、そういう意味としては理解されまい。それで「恵まれて」と訳しておいた。

信実である（pistos）　ここも例によってひどく省略した表現だから、どういう語を補って考えるかによって、だいぶ意味あいが違ってくる。ドイツ語の諸訳・註解書（現代版ルター、リーツマン、コンツェルマンなど）は、第一テサロニケ二・四を根拠に、神によって信任を受けた者（Vertrauensmann）と訳している（口語訳＝新共同訳は、それを継承して「主のあわれみにより信任を受けている者」としている）。しかし、第一テサロニケのその個所にはそもそも「信実な」という形容詞ないしそれと同根の語は出て来ないので、そことここが同じ意味というわけにはいくまい。他方現代の英語訳はたいてい単に trustworthy としている。それはそれで一つの直訳だが、こう訳すと、人々によって信頼されるに価する者、という意味になる。それでも正しいのかもしれないが、それだともう一つ「主の恵みを受けて」という強調された句が生きない。ここは、同じ第一コリントス書簡で、パウロ自身が同じ語を用いて同じことを言っている個所を参照すべきだろう。四・二である。そこではパウロは自分のことを「神の秘義の管財人」にたとえ、その特質は「信実であること」だ、としている。パウロにとって「信実である」は神自身の特質である（一・九、一〇・一三、第二コリントス一・一八、第一テサロニケ五・

二四。またローマ四・五参照)。それと四・二をあわせて考えれば、ここは、私は此の世においては神の意思を代表する者なのだから、神と同等の特質(信実である)を持っているのだ、従って私の意見は神の意思を代表していると思え、という自己主張である。何という思い上がりか、と思われるだろうが、すでにここまでのところで読者は大量にパウロのこの種の思い上がりに出くわしてこられたので、それを頭に置いていただければ、こういう個所でパウロが何を言おうとしているかは、すぐにわかろうというものだ。

26　現在の逼迫した状態　この形容詞(enestōs)を「現在の」と訳さずに、「近い将来の」「さしせまっている」と訳すものが多い。しかし単語の意味(「そこにある」という動詞の完了分詞を形容詞として用いたもの)はあくまでも「現在の」であって、パウロの他の個所(ガラティア一・四ほか)でのこの単語の用法もすべてそうである。従って、この個所だけ「近い将来の」という意味に取るわけにはいかない(完了分詞である以上、それは無理である)。それにもかかわらず「近い将来の」という意味に取る意見が圧倒的に強いのは、前後関係からして、その方が意味が通じやすいからである(特に二九節以下は近い将来の終末について述べている)。しかし意味が通じやすくなるからそうしよう、などというのは改作であって、訳ではない。もっともここはどちらにせよ大差ないが。パウロは、終末直前の危機的緊張感が現在すでに存在しているという意味で「現在の逼迫した状態」と言ったのであろう。

逼迫した状態　単に「逼迫」と訳す方がよかったか。口語訳(=新共同訳)は「危機」。この語(anankē)そのものの意味は「必然」だが、確かに人間にとってたいていは「必然」とはあまり有難くない、やむをえないことを指す。おまけにパウロはここでは終末のことを考えている。それで口語訳は、終末とは最後の審判であって、その「必然」は人間にとっては「危機」を意味する、と思ってそのようにお訳しになったのだろう。しかしパウロの場合にはそれはあてはまらない。パウロも終末は世界全体に対する審判の時だと思っているが、自分個人(及びキリスト信者たち)にとってはそれは永遠の救済の時だから、「希望」なのである(ローマ八・二〇、二四参照。また第一テサロニケ一・三)。従ってここで「危機」と訳してしまうと、何かおそろしいことが到来するという雰囲気になってしまうから、不正確である。ここは単に決定的に重要な時を前にした逼迫した状態、といった程度の意味。

これは良いことだと思う　パウロは二度くり返している。口語訳はそれを一度に縮めて単に「(人は現状にとどまっているが) よい」とした。一度に縮めただけでなく、「思う」まで削った。意味は同じようなものだから、どちらでもかまわないようなものだが、それなら直訳する方がいい。最初の「これは」は直前の「童貞の者」を受ける。童貞であるのは良いことだ、というのである。それをパウロはくどくもう一度言い直して、「すなわち、人間にとってそのように (童貞で) あるのは良いことであると思う」と反復したのである。パウロの文章のくどさの特色がよくわかるから、省略しないで訳す方がいい。

そのようにある　これが直訳。口語訳の「現状にとどまっている」(新共同訳も同じ) は、広げすぎ。確かにパウロはこの章全体を通じて一般的に、現状にとどまっているのがよい、と言っているけれども、この個所でははっきりと、童貞であることがよい、と言っているだけ。

27 **女**　よく知られているように、多数のヨーロッパ諸語では「妻」という語と「女」という語を区別しない (「男」「夫」についてもほぼ同じ。三節参照)。従ってこの場合は実質的には「妻」という意味だが、しかし、日本語で「妻」と訳すとどうしても社会制度的ないし法的な婚姻関係を主として想定することになる。ここは露骨に「女に縛られる」等と直訳する方がパウロの文の趣旨が鮮明に現れるだろう。パウロに言わせれば、結婚しているということは「女に縛られている」ということである。そういう考え方は気に入らない、とおっしゃる方も多いだろうが、気に入ろうと入るまいと、パウロはそう言っているのである。同様にパウロにとっては、結婚していないということは、女なんぞに煩わされずに解放されている、ということである。パウロの女嫌いが典型的に表現されている。

28 おそらくはパウロ自身が以前にコリントスに居た時に、あるいは前に出した手紙で、キリスト信者は結婚しない方がいい、という趣旨のことを強く主張したのであろう。パウロがその意見であることはこの章の七節、八節、三八節などからはっきりしている。結婚なぞするのは此の世の誘惑に負けて罪を犯したことになる、というのである。コリントスの信者たちはそれを聞いて、そこまで言うのはひどすぎないか、とパウロに対して反論したのであろう。そこでパウロは、今度は（この個所では）、多少譲歩して、自分は何も結婚そのものが罪だとまでは言ってはいない、と言い訳する気になったものであろう。

童貞者　二五節と同じことで、この個所も男女を問わず童貞の者を意味すると取る方が自然だろう。前後の文はすべて男の立場から「女を持つ」ことの是非を論じているのだから、突如としてこの文だけ処女の女性の結婚問題に一言だけふれるというのは不自然である。もっとも、多くの写本ではこの語に女性定冠詞がついている（それで新共同訳は「未婚の女」とした）。二五節は複数属格だから男性形も女性形も定冠詞は同じだが、ここは単数なので、定冠詞をつけるとしたら、男性か女性かどちらかにしないといけない。それでパウロは、この単語は大多数の場合は女性名詞として用いられるから、女性定冠詞をつけたものか。あるいはむしろ、定冠詞をつけていない写本（西方系）に従う方が正しいか。私は後者だと思うが。

肉体に苦悩を持つ　口語訳「それらの人々（結婚した人）はその身に苦難を受けるであろう」、新共同訳「……その身に苦労を負うことになるでしょう」。こんな風に訳されたら、読者は、結婚したら何で「苦難を受け」たり「苦労を負」ったりすることになるのか、理解に苦しむだろう。新共同訳だと、結婚したら扶養家族が一人増えて苦労するよとか、係累が増えて何かと煩わしいとか、口うるさい奥さんがいると面倒になるよ、とかいったことを想像させるが、さすがのパウロも、そういうことを言い立てるほどにつまらない人間ではない。しかしそれでも新共同訳は理解可能であり、かつ、右のように誤解しないとすれば（まあ、ふつうは誤解するだろうけれど）、正確な訳である。それに対し口語訳の「苦難」となったら、何が何だかわからない。結婚したからとて罪を犯したというわけではない、と言うのなら、何で「苦難を受ける」必要があるのだ！　パウロがここで言っているのは、単純に明白なことで、セックスなど経験しなければ性的欲望はまだ我慢しやすいが、結婚して毎日そういうことをしていると、性的欲望の火が燃え盛って困ることになるよ、というのだ。原文にちゃんと「肉」と書いてあるのだから、ごまかして「身に」などと訳さずに「肉体に」と直訳すればよろしい。典型的に性的禁欲主義者であるパウロにとっては、性的欲望を持つことそのものが「苦悩」なのである。どうやってそういう「苦悩」から解放されるか、ということが彼の関心事であって、別に結婚家庭の家計の心配をしてくれているわけではない。

あなた方に遠慮してあげている　口語訳「あなたがたを、それからのがれさせたいのだ」（新共同訳はその言い換え）。まるで意味が違うではないか、とお思いになるだろうか。口語訳の訳は誰が言い出したものか私は知らないが、二十世紀に流行りだしたものである（たとえばリーツマン ich möchte euch das erspart wissen, ほかに比較的最近ではエルサレム聖書、TOBなど）。口語訳は例によってRSVの英語を訳しただけ（I would spare you that）。しかし原文には「それから」とは書いてない。加えてこの動詞（pheidomai）には「のがれさせる」などという使役の意味はない。要するに原文を無視して勝手な作文をやっただけ。古くはルター、ティンダル以来欽定訳、改訂版ルイ・スゴンなど、みな正確に直訳している（欽定訳 I spare you）。そして最近の学者はもとにもどって、正確に訳している（コンツェルマン Ich möchte euch schonen, など）。この動詞は普通はものを意味する語を属格で伴って「節約する、なしですます」あるいは「（けちけちと）惜しむ」といった趣旨の語である（ローマ一一・二一参照）。しかし新約のギリシャ語では多くの場合人を表わす語を属格に置いている。その場合パウロはこれを「遠慮する」「相手に対して譲歩する」の趣旨で用いている（第二コリントス一・二三、一三・二ほか参照）。つまりここでは、あなた方に遠慮して自説を主張しないでおいてやる、という趣旨。いかにもパウロらしい恩着せがましさ。説教好きの教師によくいるものの言い方。

29　このことを私が言うのは、時が縮まっているからである　「このことを私が言う」という言い方はパウロが時々用いるお好みの表現の一つ（第一テサロニケ四・一五参照）。「このこと」という代名詞は、普通のギリシャ語の文法なら直前に述べたことを指すから、「上記のことを私が言うのは、……」という意味である。しかしその場合、続く「時が縮まっている」は、自分が今このことを述べている理由を示すと考えられるから、「からである」という接続詞が入らないと、文体的にさまにならない。現にこの種の文体にうるさい西方系写本はここに「からである」という接続詞（hoti）をつけ足した。もっとも、接続詞がなくても、文体的にはややぎこちないが、そういう趣旨だろう。もう一つありうる意見は、聖書のギリシャ語の文法は厳密ではないから、「これ」は後に続く句を指すとも解しうる、という意見である。すなわち「時は縮まっている」を指す。その場合は、

「時は縮まっている、と私は言いたい」という文を、「私はこのことを言いたいのだ、つまり時が縮まっているということを」と強調して書いている、ということになる。多くの訳者が（新共同訳など）、後者の見解に従って訳している。けれども他の個所でのパウロのこの言い方からして（右の第一テサロニケの個所参照。また同四・三）、パウロはこの語を文法通りに直前で指摘した事柄を指すのに用いているとみなすのが素直である。とすればここは、結婚や性道徳に関して私が以上のようなことを言うのは、今や終末が近づいて、時が逼迫しているからだ、という意味になる。なお口語訳は「兄弟たちよ。わたしの言うことを聞いてほしい」と訳している。これではどちらの解釈からも離れており、かつ「言うことを聞く」などという意味は原文にはまったくない。ともかく口語訳は何でもかんでも、命令するだの言うことを聞けだのにしてしまう。訳者自身の心の中にある矮小な権威意識がこういうところに現れる。

時が縮まっている　終末までの時がもう短くなっている、ということ。新約の著者たちの中で、おそらくパウロだけが、字義どおり終末がもうじき来ると思い込んでいた。

なお　この語（to loipon）は、単語のもとの意味からすれば、「ついでに他のことについて一言つけ加えると」という感じで、「また」とか「加えて」とでも訳すべき語だが（そういう用例は新約にも多い。第二コリントス一三・一一の「あとは」の註参照）、この時代では更に軽い意味になって、前の文の続きや結論をつけ加えるためだけの意味にも用いられる（VGT参照、また第一テサロニケ四・一）。ところが口語訳（＝新共同訳）は「今からは」と訳してしまった。これはまったく無理。どこをつついてもそんな訳は出て来ない。ここも口語訳はギリシャ語原文を訳さず、RSVの英語を訳している（from now on）。

女を持つ　これが直訳。ここも「妻を持つ」と訳せば角がたつまい。しかしそれでは、「女を持つ」という言い方のある種独得の雰囲気が伝わらない。

持たない者のように　パウロは、自分が五節で言ったばかりのこととこの文がまったく矛盾するという事実に気がついていないようである。

30　話の前後関係は性的関係についてである。ここまでの議論だけでなく、これに続く三二節から七章の終りまでもずっとそうである。何故ここだけほかの例がついでに並べられたのか、よくわからない。まあ、もちろん、パウロは個別の問題からいきなり一般論に跳んだり、また個別の問題にもどったりするのが平気な著者だから、ここでも、終末が近いのだから此の世の生活にこだわるな、という一般論的説教に跳んでいるのであるが、そうだとすると、「泣く者」と「喜ぶ者」は一般論としてまあまあ理解できるとしても、何故突如として「買う者」が登場するのか。やはりヘレニズム的大都市の典型的なブルジョワとしてパウロは、此の世のいとなみの一般的な実例を上げる時に、ものの売り買いをまず思い浮かべた、ということか。それにしても、「泣く者は泣かない者のように」はわかるとしても、「買う者は所有しない者のように」となると、ずい分話がずれてしまう。パウロ的レトリック（違うことについて同じような表現を重ねて、実はそれぞれ論理的にまるで意味が違うのに、単なる語調のよさだけで同じことであるかのような調子を作ってレトリック的効果をねらう。口調ばかりよくて中身が不正確な説教家の典型）の欠点が露骨に出ている。もっとも、レトリックを貫くならば、「買う者は買わない者のように」と書くべきところだろうが、さすがのパウロもそうは書けまい。買ったくせに買わないような顔をして逃げ出されたんじゃ、かなわない。お前、それじゃ万引きだよ、と言われてしまう。いえ、「時が縮まっていますから、金は払いません」なんぞというわけにはいかない。しかし、「買う者は所有しない者のようにせよ」というのも、話としてひどくはないか。しこたま買い込んでおいて、俺は何も持っていないよ、なんぞとごまかしたって、それじゃ、一文なしで何も買えずに困っている者はどうしてくれるんだ。それが終末論というものです、なんぞと言われてもねえ。こういう時に、すぐに「貧しい者」の方に眼が行くイエスと、世の中の一般論を列挙するのに「買える者」の実例しか頭に浮かばないパウロとの違いである。もっともパウロとしては、論理的に話がどうなるかということなぞ考えずに、調子にのって単に言葉を並べてしまっただけだろう。次節の「此の世を利用する者」についても同様。

31　**利用しない者**　この節の「利用する」は接頭語なしの動詞（chraomai）だが、「利用しない」の方は同じ動詞に接頭語がついている（katachraomai）。しかしこれは、おおかたの註解者が言うように、意味は同じことだろう。前者は単に語呂のせいで接頭語なしで言い、後者は意味をはっきりさせるために接頭語をつけたということか。従ってどちらも同じに訳すのがいい。「女を持つ」「泣く」「喜ぶ」についてもそうだし、「買う」は実質的に「買う」ことの結果を意味する「所有する」で結んでいるのだから、ここもそろえて訳すべきだろう。口語訳のように接頭語によって大きく訳し分けて、「世と交渉のある者は、それに深入りしないようにすべき」というのは、解釈しすぎだし、パウロのレトリックをまるで解していない。また「交渉のある」ではなく「利用する」が正しい（二一節の「用いる」とおなじ動詞）。この動詞に「交渉のある」とか「かかわる」（新共同訳）などという意味はない。此の世のさまざまな制度その他を利用して売ったり買ったり等々をしながら生きているのだが、此の世に関係のないような顔をしていろ、という意味。まあね、此の世を越えた気でいる宗教家の主観というのは、そういうものだ。

形　これが直訳。もっとも、この場合は直訳がいいかどうかは、わからない。この語は実質も指す。ほとんど「そのもの」とでもいった意味。「此の世そのものが過ぎ去る」のだから、此の世なんぞ相手にしないがよい、ということ。口語訳（＝新共同訳）の「この世の有様」は誤解される表現である。「有様」が過ぎ去るのではなく、此の世そのものが消滅すると言っている。

32　**主**　この節に二つ「主」が出て来るが、キリストを指すのか神を指すのか定かでない。写本によっては（DFほか）二番目の「主」を「神」と書き換えている。まあ、原本はおそらく二つとも単に「主」であろうが、どのみち、新約の諸文書では、「主」がどちらを指すか、読者にはわからないことが多い。

33　**妻**　ここも「女」と訳した方がいいかもしれないが、以上の数個所と違ってここは定冠詞がついているから、「妻」と訳す方がいいだろうか（次節の「夫」も）。

34　**結婚していない処女**　新共同訳はネストレの採用した本文に従って、これを二人の女に分け、「独身の女や未婚の女」と訳している。しかし、「独身の女」と「未婚の女」がどう違うのだ？　しかし口語訳「未婚の婦人とおとめ」となると、もっと珍妙である。まさか、「処女ではない未婚の婦人」と「処女（おとめ）」とを区別しようなどというのではあるまいね？　もしもネストレに従ってここで二種類の女が考えられているのだとすれば、前者（結婚していない女）は今現在結婚していない女、つまり寡婦のことであり、後者は「未婚」の処女を指す、と区別する以外に仕方がないだろう。しかし、それもずい分と無理がある。「寡婦」を単に「結婚していない女」と呼んで「処女」と区別する、などという語法は存在しない。問題はそもそもネストレのテクストにある。つまり、「結婚していない（女）」と「処女」の両方にそれぞれ定冠詞をつけて「そして」（kai）でつなぐから、二つ別の概念になってしまうのである。しかし、こう読んでいる写本はB写本が含まれるものの、ごく少数であり、他の重要な写本は含まれない。他の多くは「そして」の位置が異なって全体の前に置かれており（だから私の訳では最初に「また」と置いた）、「結婚していない」は「処女」にかかる形容詞となっている（西方系、ビザンチン系）。加えて「気遣う」という動詞は単数形だから、やはり一種類の女が考えられているとみなす方がいいだろう。ここは、ほかにもいろいろな読みがあって、混乱しているところで、おそらくは「結婚していない処女」という表現に写本の途中でいろいろ細工が加えられた結果、現存の諸写本では混乱してしまったものであろう。

35

束縛する（＝口語訳）　直訳は「罠にかける」。しかし、日本語でこう言うと、「騙す」という意味になりかねない。ここはそういう意味ではなく、獣などが首に罠がひっかかってしまった状態。つまり「拘束する」ということ。従って口語訳の「束縛する」を真似させていただいた。

ひたすら　下手な訳ですみません。「何かに煩わされることなく」という趣旨の語（aperispastōs）。この語、古典語ではほとんど用いられることはないが、この時期のパピルス等々では多く用いられる。ただし perispaō という よく用いられる動詞に否定の接頭語をつけて副詞化しただけだから、意味ははっきりしている。

ひたすら、主に対して　口語訳（＝新共同訳）はこの二つの語を「良く思われる」にのみかけて訳している。文法的にはそれも可能であるが（ただし定冠詞の用法が乱雑になったヘレニズム的ギリシャ語では）、一つの定冠詞が「良い姿」と「良く思われる」の二つの形容詞にまとめてかかっているのだから、「ひたすら主に対して」も二つの形容詞にまとめてかかると解する方が普通だろう（リーツマン、コンツェルマンなど）。それがまた、ここでのパウロの論旨にもあう。

なお、口語訳は「正しい生活を送って、余念なく主に奉仕させたいからである」（新共同訳もその真似をして「……ひたすら主に仕えさせるため」）と使役の動詞で訳している。確かにパウロという人の文はあちこちいかにも威張りくさった感じの文であるにはちがいないが、ここまで原文を離れて威張りくさった調子で訳してはパウロがかわいそうである。ここに使役（「させる」）の意味を読み込んではいけない。

なお、三四、三五節ではパウロは終末論と関係なしに、性的禁欲主義者の立場から、キリスト信者は本当は結婚しない方がいい、と言っている。それと、二六、二九節の終末論的根拠づけとは、本当はまるで違う論理だ、ということにパウロ自身気がついていない。

36

この節の理解については少なくとも四つの学説があり、それぞれがずい分異なることを考えている。問題は全体の主語が誰であるかということ（訳文の「自分」が誰を指すか）。第一案、男性が自分の婚約者の女性に対して（コンツェルマン、バレット、TOB、RSV、NRSV）。第二案、父親が自分の娘に対して（ルター、ロバートソン、エルサレム聖書のオスティ。ティンダルはやや曖昧だが多分）、第三案、肉体的関係を結ばない約束で偽装結婚している男性がその相手の女性に対して（リーツマン、ゴゲル、TEV、新共同訳。偽装結婚の制度については後述三〇三頁参照）。第四案、兄（弟）が死んだら、その子孫を残すために、弟（兄）は亡くなった兄弟の妻ないし婚約者をめとらねばならない、というユダヤ教の律法があてはまる場合。このうち第四案は、そういうことまで考えついた見当はずれの「学者」が一人いるというだけの話で、ほかの誰も支持しないし、まったく問題外であるから、ここでは最初の三つだけを考える。しかし第三案もいわば奇をてらった説で、後述のように今時こんなものを採用する学者はいないから無視してもいいのだが、よせばいいのにTEV＝新共同訳がその古証文を引きずり出したから、一応以下でも扱っておく。それぞれの案が出て来る理由は、以下の文章上の難点をどう解決するかということにかかわる。以下それを列挙する。

自分の処女　「処女」という語に「自分の」という所有格をつけるのはいったいどういう意味か。もしもこれが「自分の娘」であれば、第二案がいい。しかし、「処女」という語に「娘」の意味はない。第一案なら通じるが、それなら何故はっきり「婚約者」と言わないか（しかしパウロはこの前後関係で「処女」についていろいろものを言っているのだから、ここもついでに同じ単語で通してしまったということか）。第三案は「自分の偽装結婚の相手の処女」という意味になり、単語上はよく意味が通じるみたいに見える。しかし偽装結婚の相手を単に「私の処女」と呼ぶ類例はない。結局どの案でもしゃきっとしないが、どちらかというと第一案がましだろうか。

自分の処女に対してさまにならないことをしていると思うのなら　第一案なら、すでに婚約していて、かつ彼女が結婚適齢期を過ぎているのに、そのまま結婚せずにいるとしたら、社会の常識に反するので、そう思うのなら結婚すればよろしい、という意味。第二案でも、父親が娘を結婚させずにいるのは「さまにならない」と思うのならば、結婚させればいい、という意味。どちらでも話は通じるが、第三案だとこの文がうまく理解できない。それでたとえば新共同訳は「その誓いにふさわしくないふるまいをしかねないと感じ」などと誤魔化している。原文にない「誓い」などという語を持ち込んだのは、偽装結婚の誓いを頭に置いたせいだが、このように原文とはまったく関係のない語を勝手に補ってはいけない。加えて「しかねない」は単純に文法的な間違い。「と思う」と訳した動詞（nomizō）は、現に存在している事柄を「～とみなす」という意味の動詞であるから、これを仮定的危惧（しかねない）の意味にとるなど、とても考えられない。新共同訳はこういう珍妙な改作をやらかしたものだから、全体の文意までいささかひどすぎることになってしまった。すなわち新共同訳の訳文どおりなら、性的交渉を持たない約束で偽装結婚したのに、男の方がさかりがついて、「その誓いにふさわしくないふるまい」をしたくなったならば、セックスをすればいい、それは「罪を犯すことにはならない」、とパウロが薦めていることになる。それじゃ、彼女に対するひどい約束違反だよ。いくらパウロでも、そういうひどいことを言うわけがないだろう。新共同訳のモデルたるTEVは、同じ偽装結婚説にたちながらも、この句の訳文はもう少し遠慮がちに直訳に近い訳にしている（その分だけ文として意味が通じないが）。他方口語訳は、「相手のおとめに対して、情熱をいだくようになった場合、それは適当でないと思いつつも、やむを得なければ、望みどおりにしてもよい」と訳している。これも誤訳。そもそも「相手の女性に対して情熱をいだく」などと訳すわけにはいかないが（左記の「十分に成熟して」）、構文上、「さまにならない（適当でない）」が「相手の女性に対して情熱をいだく」を受けることはありえない。加えて、原文は「自分の処女に対してさまにならないことをしている」であって、単に「適当でない」ではない。口語訳はおそらく偽装結婚説にたっているわけではなさそうだが、しかし、この句をこのように誤訳したので、それが新共同訳の珍訳を引き出すことになってしまったのだろう。

さまにならない　結論として、ここは第一案、第二案しか考えられないが、「さまにならない」という言葉遣いはいかにもパウロ的に屈折している。それがこの文のわかりにくさを生み、さまざまな仮説を引き起こし、ついには口語訳のような誤訳まで生み出したものであろう。つまり普通ならここは、何せ古代社会の話、娘（ないし婚約者の少女）がすでに適齢期になっているのに、結婚させない（しない）ぞ、と頑張るとしたら、それは正しくない、と言われたはずである。つまりここは素直に、「彼女が十分に成熟しているのに結婚しないでいるのは正しくないと思うのなら、結婚すればいい」と言えばすんだところ。しかしパウロはそれを「正しくない」とは言わずに、「さまにならない」という屈折した動詞で表現した。この動詞は「形、姿、世間で考えられている常識的な形」（schēma）という語に否定の接頭語（a-）をつけて動詞化したものである。まさに「かっこ悪い」といった感じ。つまりパウロ自身としてはこういう場合に「正しくない」などという言い方はしたくはないので（この前後から非常にはっきりしているように、パウロは本当は「人間」は結婚しない、セックスなんぞしないのが正しいと思い込んでいた）、自分としてはそういう考え方に賛成はしないが、もしもその人が世間の常識に追随して、そういう場合に結婚しないでいるのは「かっこ悪い」と思うのならば、しょうがないから結婚すればいいだろう、と譲歩しているだけなのである。だから、それがいい、とは言わずに、「罪を犯すことにはならない」などと嫌な言い方をしている。婚約した相手と結婚することが「罪を犯すことにはならない」などという言い方をすること自体、ひどく屈折している。おそらくはパウロは、この手紙以前に（いわゆる「前書簡」で?）、クリスチャンになったら結婚なんぞしないで、ひたすら宗教信仰に集中して終末を待つのがよろしい、と説教していたのであろう（二八節参照）。それをコリントスの信者たちが疑問に思い、どうして結婚したら罪を犯すことになるのですか、と質問してきた、ないし批判した。それでパウロはここでは「遠慮してさしあげる」などと恩に着せつつ（二八節）、どうしても結婚したいというのなら、我慢してやるよ。それは「罪を犯す」というほどのことではないのだから、と言っている。いかにも極端な性的禁欲主義者パウロらしいものの言い方である。しかしこれは、パウロというのはそういう意見の人なのだと正直に認識すれば、なるほどこの人ならこういうことを言うだろう、と文意鮮明に理解できるけれども、もしも多くの神学者のようにパウロを普通の常識人だと思い込んだら、この文は理解できなくなってしまう。それでいろいろ奇妙な学説に走るのである。

十分に成熟して　この動詞の主語はその男性の方か、女性の方か。単語の意味そのものは？　男性が主語とる学者の多くは「激情的な」「発情している」などとお訳しになる。まあ端的に言えば「さかりのついた」という意味。女性が主語でもこの意味は一応可能。「もしも彼（彼女）がさかりがついて」と訳す（新共同訳「情熱が強くなり」）。しかし、この単語にそういう意味を読み込むのはかなり無理（新共同訳はこの種のかんぐりがお好き）。単語そのもの（hyperakmos）は「頂点に達している」という意味の形容詞（hyper＋akmē）。ギリシャ語の akmē は別に性的な意味はなく、単に一般的に「頂点」というだけの意味。hyper という接頭語は単なる強め。ここは単に「頂点」という語を強めているだけ（「最高点」）。この接頭語そのものは「を越えて」という意味の場合もあるが、その場合でも、すでに頂点に達している、という程度の意味。もちろん、すでに頂点を越えて（盛りを過ぎて）衰えはじめている、などという意味ではない（岩波訳は註に、「女性の盛りをすぎている」とも訳せる、と記している。英語かドイツ語の辞書の訳語を下手に日本語訳したものか、そもそも日本語を知らないだけだろうが、この訳者、この個所に限らずちょっと語学力が欠如しすぎる。この男性の訳者が「女性の盛りをすぎている」のは何歳ぐらいとお考えなのかは知らないが――更年期以後？　そんな言い方をしたら更年期過ぎの女性に叱られるだろう。六十歳以上？　だいたいこの表現自体やめた方がいい――ここはすでに性的に成熟しているというだけの意味だから、今なら一応十八歳以上、古代の話だから十代の半ばか後半ぐらいの話）。

語源的な意味はこのようにはっきりしているが、しかしこの単語は古典文献には多分出て来ていない。新約でもこの個所にしかない。しかし、当時のパピルスにはかなり出て来る。その場合の意味は、思春期を過ぎて性的に十分成熟した年齢になった、ということ（VGT参照）。まあ、この種の俗語はVGTのあげる例の示す意味に従うのが穏当なところだろう（穏当というよりも、ほかには考えられない）。そうすると、第一案なら主語は男性、女性どちらも考えられる（要するに「結婚適齢期になっていたら」ということ）。第二案なら、主語は当然「娘」。第三案だとこの語の説明もうまくいかない。肉体関係を持たない約束で偽装結婚したというのだから、まだ成熟しないうちにそういう偽装結婚をしましたというのは、あまり考えられない。そうするとこの案の場合は「さかりがついた」と訳さざるをえないが、「その約束で同棲したのに、男の方がさかりがついて女に手を出したくなったら、約束なんぞ無視してしたいようにするがよい、それは罪を犯すことではない」とパウロが勧めたことになってしまう。いくらパウロでもちょっとね。ここはやはりふつうの婚約関係を考えるのが一番話が通じる。すなわち、古代のこととてまだ年端もいかない少女が婚約の相手を決められている、という状況を考えれば（ふつうは男の方がずっと年上である）、その少女が十分に成熟して、もう結婚してもいいかな、という年齢になったら、という話である。

そうするべきであるのならば　これで直訳だが、多分、親やまわりの人たちとの関係もあり、今更結婚しないでいるわけにもいかない、といった程度の意味だろうか。口語訳はこれを短く縮めて「やむを得なければ」にしてしまった。しかしこれではすでにだいぶ違う。まして新共同訳の「それ以上自分を抑制できないと思うなら」となると、まるで原文と無関係の想像的作文。「そうするべき」を「自分を抑制できない」とお訳しになるのだから、何という想像力か。ここも第一案、第二案なら十分話が通じるが、第三案はとても無理。

その欲することをなすがよい　第一案なら、その娘と結婚するがよい、第二案なら、娘が結婚したいと思うなら結婚させるがよい、第三案なら、その男は彼女と性交渉を持つがよい、という意味。

結婚するがよい　わざとごまかして訳したが、実は、三人称複数にする写本と三人称単数にする写本がある。単数なら、その男は彼女と結婚するがよい、という意味。ないし第二案なら、娘は結婚するがよい（ないし、娘を結婚させるがよい）。単数の方が意味がすっきりするが、残念ながら、西方系写本だけだから、よほどの理由がない限り、こちらの読みを採用することはできない。複数なら、第二案が最も意味が通じやすい。「父親がそこで娘の結婚に同意しても、罪を犯すことにはならない。彼ら（娘と婚約者）は結婚するがよい」という意味。第一、第三案の場合は、それまで単数の主語だったのが突如として複数の主語に変るのが難点だが（多分西方系の写本家もそのことに気づいて修正したのだろう）、「結婚することにしても、彼が罪を犯すことにはならない。二人は結婚すればいい」という意味だから、極度な難点とは言えない。

以上であるが、第二案（父親）は古くからキリスト教会の伝統になっている解釈で、ルター、ティンダルはまだその古い伝統に立っている（ただしティンダルはなるべく解釈をまじえずに直訳しているが）。現代では、イギリス国教会的にやたらと古くさくあまり水準も高くないロバートソンと、カトリック学者の中でも非常に古くさいオスティのみ。第三案は十九世紀末ごろに提唱され（Grafe という学者が一八九九年に提案したそうな。リーツマンによる）、二十世紀はじめごろに流行ったものだが（だからリーツマンやゴゲル、M. Goguel, *Le Nouveau Testament, traduction nouvelle*, Paris, 1929）、今時この古くさい流行学説を採用する者はめったにいない（リーツマンの註解書の第四版に詳しい補遺をつけて発行したキュンメルも、丁寧に論拠をあげてこれに反対している、同書一七九頁）。ところが新共同訳は上記のように、翻訳というよりは、その案の解説を訳文として導入してしまった。新共同訳がそうしたのは、TEVかNEBをそのまま真似しただけのことだろう。NEB : But if a man has a partner in celibacy and feels that he is not behaving properly towards her, if, that is, his instincts are too strong for him, and something must be done, he may do as he pleases; there is nothing wrong in it; let them marry. これではもはや翻訳ではなく、まったくの改作である。新共同訳はしばしば原文から訳さず、この種の改作的英訳から訳していることがあるから、要注意。なおドイツ語の共同訳もこの説を採用している。主な註解書の著者たちがとっくに見離したこの説を、最近のいくつかの翻訳が採用しているのは、単なる不勉強のせい。NEBやTEVのいわゆる「聖書翻訳者」たちは、若い頃に学校で学んだ古くさい学説しか知らず、最近の学問を知らないことが多い。ドイツ語共同訳にもけっこう不勉強な点が見られる（なおドイツ語共同訳は真の意味の共同訳ではなく、カトリックの学者からなる翻訳委員会にほんの数名プロテスタントの学者が参考委員程度にかかわっただけである）。

この第三案のもとにあるのは、virgines subintroductae という制度である（直訳は「こっそり（妻として）導入された処女」。ドイツ語ではギリシャ語の表現をもじって Syneisaktentum と呼んでいる）。生涯処女で通そうとする女性が、肉体的交渉は持たないという約束のもとに結婚して同棲し、その男の保護を受けようとしたもの。修道院制度がまだ十分発達していなかった時代に、それなりに理解できる制度だが、しかし、一世紀のキリスト教にそういう制度が存在したという証拠はまったく見つからない。リーツマンなどはすでに二世紀のキリスト教にこの制度が見られると主張し、『ヘルマスの牧者』の「譬え」(parabolai) の一・一や「幻視」(horaseis) の一一・一一・一一四をその証拠としてあげているが、お読みになればおわかりのように（講談社版『使徒教父』に訳がのっている)、とてもそういう制度の存在を証拠づけるような文ではない。もっとずっと後世になってやっと出現した制度である（コンツェルマン一六一頁註四五参照)。従ってそれをパウロ書簡に読み込むのは無理な時代錯誤。かつ、もしもそうだとしたら、パウロは一般的な倫理観に反して（肉体的な交渉を持たないという約束で同棲したのに、男の側の欲望だけを重んじて、それを破っても一向に罪にはならない、と勧める)、そういうことをわざわざ主張したことになる。まずはとても無理な仮説である。

従って、第一案か第二案になるが、第二案は上記のようにいろいろ無理であるから（ただし次節参照)、第一案が最も無難ということになる。この個所全体の話の流れとしても、パウロは、結婚せずに独身を貫くのが最も良い、という主張に関連して補足的議論を並べているところだから、やはり第一案をとるのが素直。

38 **結婚する**　三六節の第二案（父親）が支持される理由は、ここで二度出て来る「結婚する」という語 (gamizō) である。「結婚する」という動詞は普通は gameō を用いる。それに対しこの語は新約以外の文献には見つかっていないので、確かな意味は定め難い。しかし福音書にいくつか見られる例では他動詞である。「(娘を）結婚させる」という意味。もしも他動詞であるなら、第二案がよいということになる。確かに、-izō という語尾は他動詞を作る語尾である。しかし、ヘレニズム期のギリシャ語にはこの語尾の動詞が他動詞に用いられない例も多く見られる（リーツマンが説得力のある例を多く上げている)。従ってここは自動詞である可能性も十分にある。

39　こういう時に女の側のことだけを考えるところに、自分ではまったく自覚していないのだろうけれども、男主義者パウロの特色が鮮明に現れる。女は夫が生きている限り夫に拘束される、とは言っても、男は妻が生きている限り妻に拘束される、とは言わないのだ。パウロという人はレトリックを重んじる人なので、こういう文ではほぼ必ず両側をはっきり言う人であるだけに、この場合に片側しか言わないのは顕著な無意識的偏向である（ローマ七・二―三の比喩も同じ意識の表現)。

ただし主にあって　この短い付加語はさまざまに解釈できる。大多数の翻訳や註解では勝手に単語を補って、「ただしその結婚相手の男は主にある者(＝クリスチャン)に限る」と解している。たとえば新共同訳「ただし、相手は主に結ばれている者に限ります」。新共同訳独自の「結ばれている」という無用で安っぽい付加語は別として、一つの解釈としては可能だが、それはあくまでも解釈であって、翻訳でそこまで読み込んではいけない。翻訳はさまざまな解釈の可能性を許容しうるように、たとえばRSVのようにonly in the Lordとそのまま直訳しておけばよろしい。他の可能性としては、彼女が再婚する場合も、彼女自身はクリスチャンとして振舞いなさい、という解釈も成り立つ(バレット)。こちらの可能性の方が高いだろう。少なくとも、こちらならいろいろ余計な単語を補わなくてすむ。なお、パウロの「主(ないしキリスト)にあって」という表現については、第一テサロニケ二・一四の「キリスト・イエスにある」の註参照。この場合はかなり広い意味で、今日流に言えば「クリスチャン的、キリスト教的」という形容詞ないし副詞の意味であろう。

40　**そのままにとどまっている**　直前の、夫に死なれた女性の話を受けて、再婚せずにいるのがよい、というのか、それとも全体の結論として、女性は現在の状態に(結婚していなければいないままに、いればいるままに)とどまっているのがよい、というのか。

恵まれている　英訳ではこの語をよくhappyなどと訳しているが(口語訳＝新共同訳「幸福である」)、これは我々がふつう言う意味の「幸せ」ではなく、宗教的な概念である(独訳selig)。神によって祝福されているということ。

私もまた神の霊を持っている　七章の議論の最後にパウロがどうして突如としてこういうせりふをつけ加えたか。言わんとしているのは、以上述べたことについて私は別にイエスの教えの伝承などに基づいてはおらず、自分の意見を記しているだけだが、しかし自分勝手な判断を述べているのではなく、「神の霊」にかなった意見を述べているのだ、という言い訳である。この件についてパウロは自分の意見がかなり偏った考え方だということを自覚しており、それを言い張ることにある種の後めたさを感じている証拠である。かつ、ここでも、コリントスの信者の側からの、あなたは何の根拠もなしに自分の意見を言い張る、という批判を気にしているのであろう。

第八章

1　偶像に供えられた肉　諸宗教の神殿で神々に犠牲として供えられた獣（牛や羊ほか）の肉。当然、その肉は神殿の裏から下請業者にまわされ、食肉として売られた。神殿にとってはいい収入だったはずである。ユダヤ教は、異教の神殿に供えられた肉を食べることを禁じた。しかし、ふつうのヘレニズム的都市の肉屋で肉を買ってくれば、神殿から卸された肉である可能性は大いにある（一〇・二五参照）。従って市場で売られている肉も食べられないことになる。それに対しキリスト教徒の場合は、異教の神々は本当は存在しないのだから（その点はユダヤ教にとっても同じはずであるが）、存在しない相手にささげたからとて汚れるわけはないので、別にそれを食べたってかまわないではないか、という理屈が成り立つ。「我々誰もが知識を持っている」という表現でパウロはこの理屈を指しているのであろう。

誰もが知識を持っている　これにあたる部分を岩波訳（新共同訳も）は鉤括弧に入れている（この場合に限らずしばしばだが）。おまけに新共同訳は原文にない「ということは確かです」などという譲歩のせりふをつけ足してしまった（これはひどい改竄。ここでも新共同訳は原文を無視してTEVを訳しただけ、it is true of course that ... 少なくとも、原文にない語句をつけ足して言葉の方向を正反対にひっくり返すのだけはやめてよ）。趣旨は、これはパウロ自身の意見ではなく、コリントス教会の人々（ないしそこにいるパウロの反対者）の意見の引用だから、というのである（六・一二の註参照）。しかし、それはひどい改竄である。これがパウロ自身の意見でないなどということを示す証拠はどこにもない。原文にはっきりとこれが引用であるということを示す語がはいっている場合は別として（たとえば「……とあなた方は言っているが」など、一五・一二ほか）、原文にない引用符を勝手に翻訳に挿入するのは間違っている。百歩ゆずっても、これが引用であるかないかは訳註や註解書の議論にゆだねるべきで、訳文そのものにこういう解釈を導入すべきではない。それにこの場合は（この場合もまた）、これは鮮明にパウロ自身の言葉である。その証拠にパウロ自身自分でその「知識」の内容を四節ではっきり自分の意見として記している。確かに同様の「知識」はコリントスの信者も共有しただろう。もっとも彼ら自身が「我々は知識を持っている」というような威張った言い方をしたかどうかはわからない。この言い方は、例によって、コリントスの信者たちに疑問をつきつけられたことに対するパウロのひがみっぽい反撥を表現したものである。あなた方は私を批判することがおできになるほどの立派な知識をお持ちなのでしょうけれども（一・五、三・一八ほか）、まだ「知るべき仕方で知ってはいない」。そういう「知識はふくれ上がらせる」だけだ！　こともあろうに、私が伝えた知識でもってあなた方は私を批判しようとするのか！（また一―三章全体の論調参照）。つまりパウロはここでは、自分が一方で言った宗教的真理の言葉の射程に自分で驚いて、自分で制限を加え、信者たちを押さえつけようとしているのである。

だが知識は……　「だが」を入れている写本は少ない。原本には多分はいっていなかっただろう。しかし論理的にはどのみちここは逆接のところだから、翻訳上補った。「だが」を挿入した写本家も同じ気持で補ったのであろう。

ふくれ上がらせる　原語は「吹く」という動詞。四・六の註参照。

建てる　毎度同じだが、これが直訳。口語訳の「徳を高める」は「徳」が余計（第一テサロニケ五・一の註参照）。新共同訳の「造り上げる」がよい。

2　**知るべき仕方で知る**　口語訳「知らなければならないほどの事すら、まだ知っていない」（新共同訳はこの日本語をもう少しすっきりさせただけ）。これは誤訳。これだと、比喩的に言えば、その者は十のうち五を知っているかもしれないが、残り五が重要なので（知らねばならないほどの事）、それをまだ知っていない、という意味になる。しかし原文の言わんとすることは、一応十の知識を持っているかもしれないが、その十がすべて、しかるべき仕方で認識されていない、ということ。RSV: he does not yet know as he ought to know.

3　**神を、神によって**　この二つとも削除している写本（$\mathfrak{P}^{46}$）がある。論理的にはその方が通りがいい。一節の「愛」は人間どうしの関係を意味するからだ。その場合は「人を愛する者は、自分の知識を相手に押しつけるというのではなく、相手によって知られる、つまり相手をたてる姿勢をとるものだ」ということになる。しかし、

$\mathfrak{P}^{46}$は重要なパピルスだが、他の重要な写本はすべて「神を」と「神によって」を入れているから、多分、その方が元来の読みなのだろう(もっとも、そうだとすると、何故$\mathfrak{P}^{46}$の写本家がこの二つの表現を削ったのか、理由がわからないが)。その場合は、「愛」というのは根本的には人間どうしの関係ではなく、神に対する関係であり、知識のあり方は、神によって知られるようなあり方が本当の知識なのだ、と言っていることになる。それならいかにもパウロらしい。しかしどちらの読みが元来のものか、絶対的にこちら、とまで言い切る根拠はない。

5　**天にであろうと地にであろうと神々と呼ばれるものがあるけれども、現に多くの神々、多くの主が存在してはいるが**　新共同訳は「現に多くの神々、多くの主がいると思われているように、たとえ天や地に神々と呼ばれるものがいても」。日本語としてこれでは意味がわからない。原文にない「思われているように」などを補ったから、かえってわかりづらい文になったのである。口語訳もほぼ同罪。

6　ネストレ新版は六節の文を何らかの既成の詩文(教会で用いられていた讃美歌?・)の引用とみなして、改行字下げして詩の引用であるかの如き体裁で印刷している。この手の割付の仕方はネストレ新版ではしばしば見られるもので、このテクストの編集の最大の欠点の一つ。そういうことは確かな証拠などないので、一つの学説として註解書などに記すのは勝手だが、不確かな学説をテクストそのものの印刷に持ち込むのはよくない。

神は唯一、父のみ　これで直訳。これを「父なる神は唯一」と訳す案もある(リーツマン。口語訳はそれに近い。それに対し我々の訳は新共同訳に近い)。意味の違いは、口語訳のように訳すと、ほかの人々はほかの神を「父なる神」と呼んでいるが、自分たちにとっては「父なる神は唯一」という意味になるのに対し、我々のように訳すと(＝コンツェルマン)、ほかの人々はほかにいろいろ神がいると言っているが、自分たちにとっては神は唯一であって、それはすなわち「父」(天にいます我らの父)のことである、という意味になる。まあ、微妙な差には違いないが。文の後半(唯一の主うんぬん)と対句になっているので、我々の訳の方がいい。またそう解する方がパウロのほかの個所の言葉遣いにも通じる(第一テサロニケ一・三、ガラティア一・四ほか参照)。

その神へとむかって存在している　これが直訳。口語訳「この神に帰する」、新共同訳「この神へ帰って行く」。もしも万物はこの神から出、この神へと帰って行く(もともと存在していなかった万物がこの神から出て来て存在するようになり、最後には全部またこの神へともどって合一する)、というのであれば、そう訳してもいいが、私はそこまで訳す勇気はない。それではあまりにストア派的な神の遍在論になってしまう。確かに、コンツェルマンがこの文はアリストブロス第四断片や使徒行伝一七・二二以下の遍在論的神観と対応すると言うのは正しい。しかしそれは、ストア派的神の遍在論がヘレニズム的ユダヤ教(アリストブロス)の神観の中に変形されて導入され、それが更に初期キリスト教の宣教説教にもはいってきた、という意味であって、ストアの神観が何も変更されずに百%そのままはいって来たというわけではない。万物は神から生じ、というところまではもらい受けているが、またもどって神へと合一する、とは言っていないのである。だからパウロは後半は「万物は」と言わずに、「我々は」と主語を変えた。この場合の「から」と「へとむかって」はそれぞれ存在の根源と目的を表わす、という説明(コンツェルマン)は正しい。英訳では、for whom (= God) we exist (RSV) などと訳される。

キリストによって一切があり　多分創造の際のキリスト(ロゴス)の仲介が考えられている。ただしパウロにはヨハネ序文のような「ロゴス」概念はないけれども。

7　意識(syneidēsis)　日本語訳では通常「良心」と訳されてきた。パウロの場合はこの語を「良識」の意味に用いることがあるから、そう訳してもかまわないが、それはパウロ独得の誤用であって(第一ペテロ二・一九の註参照)、原意はもっと広く、「良」の字ぬきで「意識」の意味である。英語訳でも多くは conscience と訳している。現代ヨーロッパ語では「意識」を意味する語が「良識」の意味にも用いられることが多いが(ドイツ語の Gewissen など)、日本語で「良心」と訳すと、「識」よりも感情(心)に重点が置かれるから、よくない。

8　連れて行ってくれる　この動詞は法廷用語で、裁判官のもとに出頭させるという意味を持つ。従ってそう訳すべきだという意見があるが、法廷用語として用いられることもある、というだけの話で、必ず法廷用語として理解しなければいけないということではない。しかし、もしも法廷用語であれば、続く文の「何かに欠ける」は法廷の弁論で不利に働くということだろうし、「増す」は有利な条件が増えるということだろう。もっとも、そうだとすると、理屈をこねれば、このパウロの文は論理的に逆さまだから動詞を入れ換えた方がいい、と思いたくなる。現に写本によっては(A写本のみだが)「何かに欠ける」と「何かが増す」を入れ替えて、「食べないからといって何かが増すわけではなく、食べたからとて何かに欠けるわけではない」と逆さまにしている。もちろんA写本だけでは原本の読みではありえず、写本家の早とちりだろうが、意見としては面白い。パウロ的教条を守って「食べない」でいれば、宗教的に評価されて神様の前の審判の時に有利に働くだろうし、食べれば不利に働くだろう、という意見に対して留保をつけている。この部分、パウロの主張はまことに屈折して無理な屁理屈をいろいろ重ねているから（毎度のことだが）、写本家としては、多少なりともすっきりさせたくなったということか。

9 **力**（exousia）ないし「権威」と訳す。この単語をルターが「自由」と訳してしまったものだから、それがヨーロッパ諸語でのこの個所の訳の伝統になってしまった（口語訳、新共同訳はその真似）。実質的には、食べ物などに宗教的な意味を付して拘束されたりはしない自由を意味するので、「自由」と訳しても内容上変りはないのだが、やはりパウロ神学にとって「自由」（eleutheria）という語は一つの重要な概念なので、それと混同されないためにも、直訳しておく方がいいだろう。つまり、食べ物などに拘束されない強い（精神的な）力、の意味。続く「弱い」はこの「力」に対する対語となっている。

障害　口語訳「つまずき」。物を人にむかってぶつける、という趣旨の動詞からつくられた名詞（proskomma）だが、実質的には「躓き」という意味の語（skandalon）とまったく同義に用いられるので（ローマ九・三三参照）、そう訳して一向にさしつかえないのだが、skandalon は新約聖書において重要な概念だから（一・二三ほか参照、また動詞形ではこの章の一三節）、一応それと区別するために別の訳語をあてておいた。

10 **あなたが**　この語を省略している写本が相当数ある。かなり有力な写本であるから（$\mathfrak{P}^{46}$ B F G）、省略する方が元来の読みかもしれない。「もしも、知識を持っている人が偶像の宮で座っているのを誰かが見たら」となる。つまり単なる一般論である。こういう時に「あなた」という語を入れると、たとえ、「たとえばあなたが」という仮定の意味ですよ、と言い訳をしてみても、二人称で「あなた」を糾弾するきつい文句のつけ方の雰囲気になってしまう。その方がパウロらしい文句のつけ方だ、と言うべきか（それなら「あなたが」が原本）、あるいは、パウロはそこまでいやらしい文は書かなかったよ、と言うべきか（それなら「あなたが」なしが原本）。しかし次節でははっきり「あなたのその知識」とあるから（また一二節の動詞の主語は「あなた方」）、ここもやはり原文に「あなた」がはいっていたか。

意識　七節の註参照。

作り上げる　他の個所では「建てる」と訳した動詞。口語訳はこの動詞をいつも意味を極端に狭めて「徳を高める」などと訳しているくせに（一節参照）、この場合に限り「それに『教育されて』」と訳している。「教育されて」に鉤括弧をつけたのがそもそも余計だが（何度も言うように、原文に引用を示す語がついていない限り、余計な鉤括弧をつけてはならない）、どうせなら一貫してここでも「徳が高められて肉を食べるようになる」とでもお訳しになったらいかが？　まあ、皮肉は別として、新共同訳の方も「その良心が強められて」は訳としては正しいが、日本語として通じにくい。

いずれにせよ、この節ではパウロの論理はまったく混乱している。ここまでのパウロの論理では、偶像に供えられた肉を食べたとて一向にかまわない、しかし食べたからといって別にどうということはないし、意識の弱い人がおどおどするとかわいそうだから、まあやめときなよ、という論理であった。しかしそれなら、「弱い人」の意識が強くなって、何だ、食べてもいいのか、と思い、自分も食べるようになったからとて、それで一向にかまわないではないか。それを次節のように「そうすると弱い人は滅んでしまう」などと決めつける必要はまったくない。その人はすでに「弱く」はないのだし、どのみち、パウロが四節で言っていることが正しいのなら、そんな肉を食べたからとて、滅ぶのどうのと言う方がおかしいはずである。

加えて、偶像に供えられた肉を食べるというのと（買って帰って、自宅かどこかで食べる）、みずから偶像の神殿に座りこんで、そこで供される肉を食べるというのとでは、だいぶ話が違う。こちらは事実の話をしているのではなく、極端な仮定の話を例にあげて、偶像に供えられた肉を食べることに何が何でも反対しようとしているのである。このようにパウロの論法は、実際に議論になっている事柄はそっちのけにして、実際にはとてもありえないような極端な例をあげ、あなたがたの意見だとこういうひどいことになるよ、と言いつのるという、まことに卑怯な論法である。それに、こうなると、パウロの本音がどこにあるか疑わしくなってくる。実は彼は何が何でも偶像に供えられた肉を食べることに反対で、そのために、わざとこういう極端な例をあげたのではないのか。とすればむしろ、四節や八節の文はパウロとしては本音の部分ではない建前を記しただけで、本音は、何が何でも偶像に供えられた可能性のある肉を食べるのはやめろ、というところにあるのだろう。それならそれで、最初からはっきりそう言っておけばわかり易いのだが、それではごりごりのユダヤ教教条主義と変りないことになってしまうから、パウロとしては見栄をはって格好をつける議論をしてみた、ということか。何とか格好をつけようとして、四節や八節のキリスト教的建前を以前は口にしてみた。しかしその建前を信者たちが本気になって信じて、それなら、偶像に供えられた肉を食べるな、などと禁止するのはおかしいではないか、とパウロに反論した、ということだろう。そう反論されると、もはやパウロは本音を隠しておくことができなくなり、今やむきになって、論理的に通じようと通じまいと、あらゆる屁理屈を並べて本音のユダヤ教的教条を信者たちに押しつけようとする。ここではまだ（九―一三節）、「弱い兄弟を躓かせるといけないから」というおためごかしの論理にとどめているが、一〇章となると、露骨に本音をさらけ出して、そういう肉を食べる者は悪霊と交る者だ、などと言いつのる（二〇節）。

第九章

1　**主にあって**　この表現については第一テサロニケ二・一四の「キリスト・イエスにある」の註参照。よく言えば非常に包括的、悪く言えばだだっぴろくて意味が定まらない表現である。「キリスト教信仰に関わる事柄」といった程度の意味。この句はここでは一応全文にかかる（「あなた方が私の業績である」のは「主にあって」のことである）。口語訳のようにこれを「私の業績」にかけて訳す（「主にある私の働きの実」）のも間違いとは言わないが、意味を狭めすぎている。しかし新共同訳となると、これはもう訳というより改作である。すなわち「あなたがたは、主のためにわたしが働いて得た成果ではないか」。「業績」の一語を「働いて得た成果」と敷衍するのもいささか拡大のしすぎだが（「得た」が余計）、それよりも「主にあって」を「主のために」などと恩着せがましく訳すのはとても無理。ここでも新共同訳は悪名高きＴＥＶの英語を訳している（And aren't you the result of my work for the Lord ?)。

業績　この語（ergon）、律法の行為（業績）による義認か、信仰による義認か、などという場合は「行為」とか「業」とか訳される。

九章から突如として内容も口調も変る（いきなりパウロが使徒であるということの弁明にはいる）。おまけに八章の話（偶像に供えられた肉の件）は九章をとんで一〇章につながっている。従って、九章は八章までの手紙にすぐ続く部分ではなく、他の手紙の一部がここに紛れ込んだか、あるいはこの手紙の一部分には違いないが、もともとは他の位置にあったものが何かの理由でこの位置に移されたか、という学説が出て来る。その学説を認めるかどうかは別として、ここから突如として話が変る、という事実は認めねばならない（コンツェルマン）。従ってこの文の「自由」を八章と関連づけて説明しようとするのは（リーツマン、バレットなど）、無理がある。まあ、パウロという人は、このように話があっちに跳んだりこっちに跳んだり、またもとにもどって来たり、などというのは平気な人だから、いちいち気にしても仕方がない。なお「自由」と訳すか「自由人」と訳すか、西洋語では同じ形容詞一つだが、日本語では区別せざるをえない。意味は同じようなものだが、「自由人」と訳す方がやや意味が狭いか。右に指摘したように、前までの文とのつながりはないから、どうしてここでパウロが突如として「私は自由人ではないのか」などと言い出したのかは、わからない。おそらくそう思った写本家も多かったのだろう。最初の二つの文をくっつけて、「私は自由な使徒ではないのか」としている写本が多数ある。

2　主にあって　一節と同じこと。

印章　これが直訳。新共同訳「生きた証拠」は訳しすぎ。

6　働かずにいる　生活費を得るために働かずに、信者の献金で生活するということ。従って新共同訳の「生活の資を得るための仕事をしなくてもよい」は説明としてはまったく正しいが、あまり解説を訳文に持ち込まない方がいい。

7　兵隊になる　新共同訳は「だれが自費で戦争に行きますか」。どうやら新共同訳の訳者は「兵隊になる」ということは「戦争に行く」ということとまったく同義語であると思っているらしい。よほど自衛隊を海外派兵させたいのかしらん。くわばらくわばら。古代でも、兵隊になること即直ちに戦争に出撃する、ということではなかった。領主の傭兵になって、うさんくさい護衛の仕事をやったり、武器を持った強盗団として行動したり、神殿の衛兵になったり、住民をおどしつけたり……。

羊の群　本当は羊かどうかわからない。「家畜の群」を意味する語。しかし普通は羊を指す。この場合もそうだろう。

8　単に人間的に　直訳は「人間に応じて」。つまり人間的な尺度で。たとえば律法のように神的に権威づけられた根拠によってではなく、ということ。それで原文にはない「単に」を補ってみた。口語訳はこれを疑問文とみなさず、平叙文に訳している、「わたしは、人間の考えでこう言うのではない」。これはちょっと無理。他方、新共同訳の「わたしがこう言うのは、人間の思いからでしょうか」は、「思い」という語がだいぶずれている。

9　引用は申命記二五・四。「口籠をはめる」という動詞（kēmoō）を phimoō と修正している写本がある。意味は同じだが、前者の方がどちらかというと俗語。七十人訳は後者。多分パウロが前者を用いたのを、一部の写本家が気をきかせて七十人訳にあわせたものだろう。

10　一般的に　つまり律法の規定は単なる例示であって、牛だけのことを言っているのではなく、もっと一般的にすべての事例にあてはまるということ。しかしこの語はいろいろ訳しうる。もっと軽く「そもそも」とか。まあ、たいして重大な副詞ではないから、この場合には新共同訳のように単に無視したくなるのも理解できるが、重大でない語は無視する、という方針だと、不正確な翻訳になりやすい。

と書かれているのは　一〇節後半を「そうだ、我々のために書かれているのだ。何故なら、耕す者は……、また脱穀する者は……べきであるからだ」と訳すものが多い（新共同訳など）。そう訳せば、「我々のために書かれている」は前節の引用文を指すことになる。これは「耕す者は……」という句の頭についている hoti という接続詞の訳し方の問題。これを単に名詞句を導入するための接続詞（英語の that にあたる）と解すれば、我々のように「耕す者……、と書かれている」と訳すことになる。それに対しこれを理由を表わす接続詞ととるなら、「耕す者……」は「書かれている」の理由となるから、新共同訳等の訳になる。こう言うと、両者五分五分の可能性と思われるかもしれないが、そういうことはない。この時代のギリシャ語で主語が明示されない「書かれている」に hoti が続いたら、「……と書かれている」と解するものである。この構文で hoti を理由の意味に解するなぞ考えられない。それにもかかわらず神学者たちがこの訳に固執するのは、これまた護教論的な理由。すなわち我々のように訳すと、一〇節の「耕す者はうんぬん」という句も旧約の引用文だということになる。しかしそういう文は旧約には見当たらない。多分、知られている限り、外典偽典にもない。ベンシラの知恵（新共同訳では「シラ書」）六・一九に多少似たような表現があるが、まあ無関係。そうすると、パウロが間違って、引用でないものを引用であるかのように書いたことになる。パウロ大先生が間違っては困るから、ここはひねくって違うように訳そう、というので、新共同訳が準拠しているような訳が提案されたのである。それを支持すべき屁理屈の論証がいろいろ学術論文に書かれている。しかしそうまでして無理な「訳」にしがみつくことはない。ここは素直に引用文として訳さないといけない（コンツェルマン）。

11　**行き過ぎ**（＝口語訳）　直訳は「大きなこと」。

12　**あずかるのであれば**　現に存在する特定の事実を指摘しているのか、単なる一般論的仮定なのか、どちらかわからない。しかし私の知る限り、すべての註解書、訳者がこれを現に存在する事実とみなしている（現にほかの何人かの宣教師がコリントスの教会員から生活費を支援されていた、という趣旨）。しかし、文章だけからすれば、一般論的仮定の意味である可能性も十分にある。むしろ文章としてはそうとる方が普通だろう。つまり、もしも一般に宣教師なるものが信者から献金をもらう権利があるとすれば、私だって……、という意味。この場合「あなた方のこの権利」の「あなた方」は狭くコリントス教会に限定する意味ではなく、一般的に教会の信者たちの意味になる（コンツェルマンは多少この理解に傾斜）。

あなた方のこの権利　表現として奇妙。話の流れからすればこれは「あなた方に対する権利」（あなた方から献金をもらう権利）の意味でないとおかしい。毎度のことながら、パウロの属格の使い方はひどく杜撰だということ。

なお新共同訳はこの節の真ん中（「しかし我々はこの権利を」以降）で段落を区切っている。しかし、ここで段落を大きく区切るべき理由はまったくないし、写本の伝統にも属さない。ここで段落を区切るのはRSV（多分RSVが最初?）以降、いくつかの英語訳に導入されたものである。アメリカ版ギリシャ語新約聖書はRSVを受けて、やはりここで切っている。最近の英語訳聖書はみんなこれに準拠している。新共同訳たるもの、アメリカさんには従わないといけない！　アメリカ版ギリシャ語新約聖書の段落の区切りの問題については、ガラティア書一・一〇の訳註参照。

15　私にとっては死ぬ方が……　ここも文が途中で切れている。口述筆記だとすれば、パウロはこの文を途中まで言いかけてやめて、次の文で言い換えたのが、そのまま残ってしまったということか。口述筆記ならよくある現象。従って口語訳（新共同訳もほぼ同様）が「そうされるよりは、死ぬ方がましである」と補って訳したのは補い過ぎ。原文は「～よりは」の～の部分が敢えて言われていないのだから。確かにもしかするとパウロは、「私にとっては死ぬ方が、そうされるよりはましである」と言いかけて、いくら何でもそれは言い過ぎだと気づいて、途中でやめたのかもしれない。ならばますます、パウロが敢えて口に出さなかった「そうされるよりは」を訳文で補ってはいけない。なお、これでは文章が整わないから、後世の多くの写本は「誰かが私の誇りを無にするくらいなら、死ぬ方がましだ」と書き変えている。そうすれば文法的には整うが、パウロの言いたいことの雰囲気からはややずれる。

パウロは、伝道先の町で信者たちに生活を支えてもらうことをせず、自分の手で生活費を稼いでいたことを鼻にかけて非常に自慢している。それはコリントスの場合に限らない（第一テサロニケ二・九、第二コリントス一一・七以下ほか参照）。自分の生活費を自分で支えるなどというのはあまりに当り前のことなのだが、それをくり返し鼻にかけて自慢するのは、言い換えれば、信者たちにそのことをやたらと恩に着せようとしている、ということである。だからその点について何か批判がましいことを言われると、この章に見られるように、逆上して怒りだすのである。もっとも、コリントスの信者たちが本当にその点そのものについて何かを言ったとも考えられない（第二コリントス一一・七以下?）。多分パウロがエルサレム教会あてに多額の献金を集めようとしたことに対してコリントスの信者たちの間で不満がたまっていたのであろう。中には、パウロがエルサレム教会への献金だと称して金を集め自分のふところに入れようとしている、ぐらいの悪口は言った者も居たかもしれない(同一二・一六)。多分そんなところか。その話をパウロが生半可に不正確に耳にして、何を批判されているのかを正確に確かめることもしないままに、金銭問題について何か批判されたというだけですでにかっかときてしまって、自分は宣教師として本来もらうべき生活費ももらわずに我慢してあなた方のためにつくしてきたのに、ことあろうにそのパウロ様に金銭問題について文句を言うとは何ごとか、と切り返したのだろう。

16 誇りにはならない　とすると、前節の「誇り」は何を指すのか。もしも報酬を得ることなく福音宣教をするのが「私の誇り」であるのだとすれば、パウロが言いたいのは、福音を宣教することそのものは自分としては当然の義務であって誇りにはならないが、そのことによって報酬を得ないという点に自分の誇りがある、ということになる。しかしそれなら、四―一四節であれほどむきになって、自分は福音宣教により報酬を得る権利がある、などと言い張らなくてもいいのに。パウロは、金銭問題について批判されたので逆上してしまい、いろいろ言い立てているうちに、自分でも理屈の筋が通らなくなってしまった、ということか。多分そんなところだろう。コンツェルマン「パウロがここで自分の誇りを主張しているのは、彼の十字架の神学の意味での自己理解(ややこしいが、要するに一六、一七節のこと)と矛盾しない」。そんな、無理に弁護しなさんな。

しかしパウロはここで肝心のエルサレム教会あての多額の献金の問題については何も言っていない。いつもながら、肝心の具体的問題はすっぽかし、神学的美辞麗句を並べるだけで、とどのつまりは自分の絶対的権威だけを主張する例の手口か、それともこの時点ではまだ問題の焦点がそこにあるということをよく理解していなかったか。多分両方だろう。

この節は論理的にはこのようにわかりにくいから、相当数の写本が「誇り」という語を「恵み」に置き換えている。私が福音を宣べ伝えるとしても、別にそのことによって特に神の恵みを得られるわけではない、という意味。かなり重要な写本がいくつかこの読みを採用しているから(ℵDFG)、こちらの方が原本の読みである可能性はある。少なくともその方が意味は通じるが、そうだとするとlectio difficilior の法則からして、やはりこちらが後世の修正か。

17　報酬を受けるであろう　常識的に考えれば、みずから進んでではなく強いられて仕事をするのであれば、報酬を受けるのが当り前で、それに対し、好きで仕事をしているのならば、報酬なぞいらない、ということになるはずである。その意味で、パウロの論理は逆転している。そう思ったある写本家はここに否定辞を挿入した。「私が報酬を受けることはない」となる。一七節だけであれば、もちろん、否定辞がある方が意味が通じる。しかし、全体の流れとしては、パウロは論理を無視して、二つのことを言いたいだけである。一つは、福音宣教は神からゆだねられた勤めであって、自分の意志を越えた神的な事柄である、ということ。もう一つは、自分はそのことによって報酬を受ける気はない、ということ。その二つだけを素直に言えばいいのに、無理に喧嘩の理屈に持って行くから、論理が混乱してしまって、写本家まで惑わしたのである。

摂理　単語そのもの（oikonomia）の原義は、家政の管理ないしそのための仕事。あるいはそのために必要な秩序。家政と言っても、土地不動産を多く持っていて、奴隷、召使も多い大金持の私的経営の管理である。しかしこの語は、宗教用語としては、神による世界全体の秩序の管理という意味で「摂理」と訳される。問題は、この個所でパウロはこの語を、単に主人が召使にゆだねた仕事、というだけの意味に用いているのか、それとも、神の摂理の仕事のために、と言っているのか、どちらであろうか、ということ。それによって、たとえば口語訳のように「わたしにゆだねられた務めなのである」と平板に訳すこともできる。もっとも、どちらに訳そうと、言っていることは同じである。コロサイ一・二五の註参照。

18　……ためには　私の知る限り、他のどの訳もこうは訳していない。つまり諸訳は「ために」（hina）という語をこの場合は「ために」の意味ではないとみなし、直前の語（「報酬」）を説明する説明句を導入する接続詞と取って（Blaß-Debrunner §394, 3,「すなわち……ということである」という意味）、「では私の報酬とは何か。すなわち、福音を無償で……利用しないことである」と訳している。hina という語のこの用法はヨハネ文書に多い。たとえば第一ヨハネ五・三「神の愛とはこういうものである。すなわち、我々が神の戒めを守ることである」。けれども、この場合のように「すなわち」の前の文が平叙文であり、かつ、「すなわち……である」という説明句を後に要求する言い方（hautē estin「以下のようなものである」）が前に置かれているのならば、この hina

は鮮明にその意味であるが、パウロのこの文となると、曖昧である。かつ、パウロがこういうhinaの用い方をする例は、他にはあまりない（確かなのは第一コリントス一六・一二のみ。しかしこの場合は「……ということを勧めた」という構文だから、はっきりしている）。従って、我々の個所ではこの語が通常の「ために」という意味の接続詞である可能性の方がはるかに大きい。もしも私の訳が正しいのならば、これは単なる問いである。読者にむかって、そういうことはそっちでお考えなさい、と突き放しているのか。あるいは、「福音を無償で宣べ伝えるためには、報酬などなくてもいい」という気持を疑問文で表現しているだけか。それに対して通例の訳だと、「報酬をもらわないことこそ、私の報酬なのだ」という、かなりひねくれた精神を積極的に表現していることになる。これをひねくれたと取るか、崇高なと取るかは、読者の自由だが。

19　いかなる人からも　文法的可能性だけからすれば「いかなるものからも」と訳せないことはない。この語（複数属格）は男性も中性も同じ形。しかしこの文の意味からして、やはり「人」と訳すものだろう。

みずから……奴隷となった　単に「私は奴隷となった」という文ではなく、「私は私自身を奴隷にした」。この「私自身を」は強調されている。従ってその点をくめば、口語訳のように「自ら進んで……奴隷になった」と「自ら進んで」を補うのも一法。

より多くの人　口語訳（＝新共同訳）は「できるだけ多くの人」。「できるだけ」は余計。

20　のようになった　「ように」を入れている写本と省いている写本がある。写本の重要さからして、入れている方が明瞭に原本である。省いた写本は、うるさく論理的に理解しようとして、パウロはもともとユダヤ人なのだから、「ユダヤ人のようになる」どころか、どのみちもともとユダヤ人ではないか、と思って省いたのか。

21　神の律法、キリストの律法　ローマ七章の訳文とそろえるために、ここは「律法」と訳さずに単に「法」としておくのがよかったか。そちらの註参照。

22　弱い者となった　ここだけは「弱い者のようになった」ではなく、「ように」がついていない。そうなれば当然、他とそろえてここにも「ように」を入れる写本が多数出て来る。しかし、写本の重要性からして、ここは「ように」なしが原文だろう。しかしパウロは「ように」を入れても入れなくてもまったく同じ意味のつもりであろうか。あるいは、もしかすると、この場合だけ少し意味が違うのか。

ともかく何人かでも　ややぎこちない表現である。「すべて」という形容詞を副詞化して（pantōs）、「いかなる仕方でも」という意味に用いる。それに「何人か」という不定代名詞がついている。それぞれ単語としてはごく初歩の基本語彙であるが、こうつなげて用いられると、多少ぎこちない感じがする。それで西方写本はこれを単に「皆を」（pantas）と書き直した。しかしこの種の仕方で文体的にさまになるように文章に手を加えるのは西方写本の癖だから、ここは原文はやはり「ともかく何人かでも」であろう。

救うためである　一人称単数未来。こういうところで平気で一人称単数形を使うところにこの男の思い上がりがある。パウロもむろん、理論上はほかの誰よりも強く、救ってくれるのは神だ、と信じていた。ところが、他人にむかって説教しはじめるとすぐに、宣教師的思い上がりに陥って、私が人々を救ってやっているのだ、とおこがましくも言いはじめてしまう。

23

している　現在の事実。口語訳は「福音のために、わたしはどんな事でもする」。日本語でこう言うと、「どんなことでもいたしましょう」と意志的未来を意味しかねない（新共同訳はその意味を更に強めた）。もちろん、西洋語の現在形はどちらの意味もありうるから、口語訳の方が正しい可能性がないとは言わないが、一九—二二節でたたみかけてきたこと（これまで私は……なった）の結論として、もう一度全部をひっくるめて言っているのだから、どちらかというと現在の事実として訳す方がいいだろう。

福音の共同者　これが直訳。口語訳のように「わたしも共に福音にあずかるためである」と訳すのが一見直訳のように見えるが、そうではない。二つの点で間違っている（ないし少なくとも誤解を生む）。第一にここで「共にあずかる」と訳すと、この前後関係で指摘されているような世の中の多数の人々と「共に」福音にあずかる、という意味になってしまう。この「共に」という接頭語（syn）はここではそういう意味ではなく、私が福音と共になる、ないし福音の側の存在となる、という意味である。第二に、「あずかる」も誤解を生む。何か良いものの分け前にあずかる、という意味ではなく、この語（koinōnos）は、自分もそちら側（福音の側）の仲間になる、という意味。この語に「あずかる者」「享受する者」といった意味はない。リデル・スコットが的確に訳語を示しているように、これは partner, fellow といった意味の語である。ここから派生する koinōneō という動詞に have a share of とか take part in などという訳語がのっているものだから、「あずかる」などと訳したくなる人もいるのだろうが、これは「参加する」「そちらの側に加わる」という趣旨の動詞である。つまり、福音という有難いものが客観的にあちら側にあって、こちら側にはパウロや多数の信者たちが居て、パウロもその信者たちも「共に」その有難いもののおすそ分けをいただく、などというお話ではないので（RSVはそう訳した、I may share in its（= Gospel's）blessings. 口語訳はその影響？　blessings などという原文にない語をつけ加えたから、まるで意味が変ってしまった）。だいたいパウロ自身はすでにとっくに「福音」の享受者になっているおつもりなので、ここでは、それをまだ信者になっていない人たちに伝えてあげよう、と言っているのだから、私も未信者の人たちと一緒にこれから「福音」の享受者になりましょう、などと言うわけがないではないか。つまりパウロ自身は福音と共にあちら側にある存在なので、そのパウロが「福音の共同者」になって人々に救いをもたらしてあげている、という考え。前節の「何人かでも救うため」参照。要するにここでもパウロは、自分は一般の人間の側に居るのではなく、神の側に居る特別な存在だと思っているのである。毎度おなじみ、パウロの宣教師的思い上がり。

24　ここでもパウロの比喩は失敗している。賞を得るのが一人だけという競争を引き合いに出して、コリントスの信者たちに、そういう競争をしっかり走りなさい、というのであれば、コリントスの信者たちで救われる者は最もよく走った者一人だけだ、ということになってしまう。もちろんパウロが言いたいのはそういうことではあるまい。単に比喩が下手なだけである。この人、ほかの著者よりもはるかに多く比喩でものを言うのが好きである。その割に比喩の使い方が的はずれだから、それで神学的聖書解釈者たちはそれを何とか論理的に通じる立派な比喩だと解説しようとして、無用な長談義をはじめてしまうのである。

27　**的確にパンチをくらわす**　今度は拳闘用語。このあたりパウロはスポーツの競技（イストミア？）が頭にある。単語そのものの意味は、相手の眼の下にパンチをくらわす。つまり顔面に最も効果的なパンチを与えること。しかしここは「身体に」とあるから、字義どおり「眼の下に」ではなく、単に効果的なパンチという程度の意味か。

それで「的確に」と訳しておいた。

パウロはここで、自分とは別の、自分の外に居る何らかの敵対者と自分との間の闘いを考えているわけではない。自分自身の肉体に対する闘いを考えているのである。自分の肉体が救いの妨げになることがないよう、的確にパンチをくらわせて従わせようというのである。ただしこれは霊肉二元論的に霊魂だけの救済を考えているわけではない。パウロは身体も含めて自分自身の全体の救済を考えている（ローマ八・一一、二三ほか参照）。

失格者　dokimos という語に否定の接頭語（a-）をつけた形容詞だが、パウロはこの dokim- という語幹の語が好きである（第一テサロニケ二・四の註参照）。本物であるかどうかを検証するという動詞（dokimazō）、本物であることが検証され、証明された者（dokimos）、など。かなり大袈裟な意味の語だが、パウロはこの語をたびたび振りまわし、お前は「検証された者（合格者）」だとか、いや「失格者」だとか言いつのる（一一・一九参照）。その結果が、逆にコリントスの人々から批判をつきつけられ、パウロ自身の語っているキリストがどこまで本物かどうか証明してみてくれ、と言われることになる（第二コリントス一三・三参照）。

第一〇章

1　**何となれば**　毎度おなじみの gar（第一テサロニケ一・九の註参照）。ともかくパウロには無用の gar が多すぎる。ここなどその典型。論理的にまったく意味をなさない。

雲のもとにあった　出エジプト記（一三・二一など）では、出エジプトのイスラエルの民を「雲の柱」が導いた、とあって、彼らが「雲の下」に居たとは記されていない。しかし詩篇一〇五・三九では「主は雲を広げて覆いとした」とあり、パウロは出エジプト記以外のこの種の伝承によってこれを書いていると思われる。「海を通りぬけた」は出エジプト記一四・二一以下。

2　パウロは出エジプトの物語をアレゴリー化して理解しようとしている。「雲の下で覆われる、海の中にいる」ということを、洗礼の水で覆われることのアレゴリーと解したものである。そして、キリスト教の洗礼が「キリストへと」行なわれることとの類推で、「モーセへと」と記した。もちろん旧約時代ないしパウロ当時のユダヤ教で「モーセへと洗礼をほどこす」などということが実際に行なわれたわけではない。これはあくまでもパウロ流のアレゴリーである。旧約の物語をアレゴリー化して現在の宗教思想にあわせて理解しようとする試みそのものは、当時のユダヤ教においては別にめずらしいことではなく、特にギリシャ語のユダヤ人の間では、アレクサンドリアのフィロンの例を引くまでもなく、その方が普通だったと言っていいくらいである。しかし、出エジプトの雲と海を洗礼のアレゴリーとして解する例はほかでは見当たらない。パウロの独創？

なお「洗礼を受ける」は動詞を中動相にする写本と受動相にする写本があって、どちらの読みを採るか、学者の間でもいろいろ議論がある。微妙にニュアンスが違うが、日本語に訳すと同じことになってしまう。

3　パウロは漠然と出エジプトの物語の主な点を記しているわけではなく、すでに当時のキリスト教において二つの主要な「聖礼典」となっていた洗礼と聖餐にあわせてアレゴリーを記しているのである。すなわち三、四節は聖餐のアレゴリー。「霊の食べ物」は出エジプト記一六・四以下。次節の「霊の飲み物」は同一七・五以下。しかし出エジプト記ではもちろんこれは本当の食べ物、本当の飲み水が奇跡的に与えられたと言われているだけであって、これを「霊の」ものとはしていない。コンツェルマンは、パウロの当時これを「霊の」ものと解する解釈は明らかに広くひろまっていた、などと宣言しているが、パウロ以前・同時期のキリスト教、ユダヤ教の文献にそういう例は見つからない。見つからないからといってパウロの独創とは限らないが、「明らかに広くひろまっていた」などとはとても言えない。

霊の食べ物　この語に「同じ」という形容詞をつけている写本が多い（Bほか。ネストレはこの読みを採用している。それに応じて口語訳、新共同訳も）。つけていないのは$\mathfrak{P}^{46}$とA、及び$\aleph$とCの第一写記。B以外の重要写本はそろってこちらであるから、こちらの方が原文である可能性が大きいだろうか。四節の「霊の飲み物」についても同様に「同じ」がついている写本が相当数あり、こちらもネストレは採用している。まあ、ついていてもいなくても、意味は同じであるが。

4　**飲んだ**　最初の「飲んだ」はアオリスト、次の「飲んでいた」は未完了過去。後者は、「霊の岩」が出エジプトの民の沙漠の放浪の間ずっとついてきてくれた、という話であるから、くり返し飲んだという意味で未完了過

い頃そのように教わったのだろう。去。水を出す岩が放浪の民についてきてくれた、というのは、ラビの律法解釈の中に見られるので、パウロは若い頃そのように教わったのだろう。

この岩はキリスト　「この岩」をアレゴリー的に解する解釈はフィロンにも見られるが、それをキリスト（メシア）にあてはめるのは多分パウロがはじめて。これまた、彼の独創かどうかはわからないが、この場合はパウロの独創である可能性が高いだろうか。

6　型　当時のアレゴリーはたいてい類型論（typologie）によっている。すなわち、旧約の出来事は現在の事柄（キリスト教の場合なら新約の出来事）を予め示す「型」ないし「類型」（typos）である、という考え方。従って「型」という語を口語訳のように「警告」ないし新共同訳のように「（わたしたちを）戒める前例」などと訳すのはよくない。この語は類型論独得の術語であるから、そうとわかるように訳さないといけない。もちろんこの語に「警告」だの「前例」だのという意味はない。

7　たわむれる　単語の原意は「子どもする」、つまり子どもの遊び戯れる様を示す。従って「踊り戯れる」（口語訳）と訳しても間違いとは言わないが、「踊る」とは限らない。ここは出エジプト記三二・六の七十人訳そのままの引用（もっともヘブライ語原典から訳してもまったく同じこと）。どうでもいいことだが、新共同訳は出エジプト記のこの個所を「民は座って飲み食いし、立っては戯れた」と訳し、第一コリントスのこの個所は「民は座って飲み食いし、立って踊り狂った」と訳している。同じ翻訳委員会がまったく同じ文を違う訳文に仕立ててはいけない（もちろん「踊り狂った」は誤訳）。「共同」訳と称するのなら、こっちの文書の訳者とあっちの文書の訳者が本気になって共同作業をすればいいのに、この個所に限らず、新共同訳はちっとも「共同」訳になっていない。共同精神の日本的欠如。なおこの文は「立ってたわむれた」ことそのものがいけない、と言っているのではない。これはモーセの留守の間にイスラエルの民が牛の像を作ってそれを神とみなして祭を行なった、という場面である。一部の引用によって場面の全体を指示するという引用手法。

8　二万三千人　民数記二五・一以下が話の下敷き。ただしそこでは人数は二万四千人（同九節）。それで一部の写本はこの「二万三千人」を「二万四千人」と修正している。これはむろんパウロの記憶違いだろう（民数記にはこれに続く別の話で「二万三千人」が出て来る、二六・六二。それとこれを混同したか）。民数記にはこの種の数字が大量に出て来るから、この程度の記憶違いは仕方がない。むしろ、こんな程度の数字まできっちり調べて訂正した写本家の勤勉さにあきれるべきか。

旧約聖書の新共同訳の民数記のこの部分の訳では、「民はモアブの娘たちに従って背信の行為をし始めた」（一節）としている。しかしここは明瞭に「モアブの娘たちと淫行をなした」と訳さないといけない。また、この話で二万四千人が死んだというのは、これだけの人数が淫行をなしたというのではなく、一部のイスラエル人が異邦人の女と交ったのをイスラエルの神が怒って疫病を下し、そのせいでこれだけの人数が死んだ、というのである。この神さま、一部の人間に復讐するのに、民の全体を爆撃なさる。

なお八節と九節は、七節や一〇節の命令口調（二人称複数命令形）ではなく、呼びかけ（接続法一人称複数）の口調で書かれている。口語訳はこれをすべて命令口調で訳している（「……してはならない」）。パウロがどうしてこの二つの文だけ口調を変えたのか理由はわからないが、そうである以上、そう訳さないといけない（新共同訳はその点正しい）。

9　ここの下敷きは民数記二一・五以下。どういう意味で神を試みたかというと、エジプトを出て沙漠を放浪中のイスラエルの民は、その放浪生活の厳しさに耐えかねて、神を疑った。それに対して神は「炎の蛇」を民にむかって送り、民の多くがその蛇にかまれて死んだ、というのである。多分何らかの疫病を「炎の蛇」と呼んだのであろうが、これまたひどい話である。しかし古代の宗教では多くの場合、何か自然の災害が起こると、自分たちの中に神に逆らった者が居たせいではなかろうか、と考え、その者を罰することによって神の怒りを鎮めようとした。別に、古代ユダヤ教に限らず、世界の多くの宗教に見られる発想である。

キリスト　しかし民数記の話で彼らが「試みた」（疑った）のはもちろん「キリスト」ではなく「神（主）」である。そこで、多数の写本がここを「主」と書き変えている。なお、ネストレ旧版は「主」の読みを採用している。それに応じて口語訳も「主」と訳している。しかし新版では「キリスト」の読みを採用している。「キリスト」の読みは西方系の諸写本と$\mathfrak{P}^{46}$ほかである。それに対し「主」の読みはアレクサンドリア系の写本（「神」と読んでいる写本もいくつかある)。ネストレ新版(アーラント)は、アレクサンドリア系と西方系が異なる場合は、ほとんど自動的にアレクサンドリア系の読みを採用し、西方系を退けているが、この場合は、もともと「主」であったものを写本の過程で「キリスト」と書き変える可能性はまず考えられないから(いわゆる lectio difficilior の法則)、それで「キリスト」の読みを採用したものであろう。私もそれが正しいと思う。しかし、この場合にそうするのであれば、ほかの多くの場合にも、もう少し西方系の読みを尊重すればいいのに(たとえば七・二参照。また七・二八)。

10 **つぶやく**　ここの下敷きは、民数記一四・二ほか。ぶつぶつと文句を言うこと。

滅ぼす者　この概念は出エジプト記一二・二三に出て来る。ユダヤ教ではこれを神が人間に罰を与えるためにつかわす天使の固有名詞とみなした。なお、この節の二人称命令(つぶやいてはならない)を接続法一人称複数に書き変えている写本が相当数ある。どちらが元来の読みであるのか、決め難い。

11 **類型論的なこと**　原語は「類型的に」という副詞(六節の註参照)。口語訳は無理に説明的に訳した結果、かえって意味がずれている(「これらの事が彼らに起こったのは、他に対する警告としてである」)。「警告」などという語は原文にはない。

考えを正す　原語(nouthesia)の意味は、理性(知性)に置くこと、理性的に正しく考えること。第一テサロニケ五・一二、一四に出て来る動詞(noutheteō)の名詞形。その個所の註参照。ここでも口語訳(＝新共同訳)の「警告」はきつすぎる。口語訳は何でもかんでも「警告」にしたがる。

世の終り(＝口語訳)　直訳は「諸時代の終り」。彼らの神話的世界観では、此の世はいくつかの「時代」によって構成される。それらの「時代」が順に到来して、その後で終末になる。従って「諸時代」という語は此の世そのものを指す。これを新共同訳のように「時の終り」と訳しても、結果として指していることは同じだが、多少意味合いがずれる。

13 **人間的でない**　これが直訳。口語訳「世の常でない」、新共同訳「人間として耐えられない」。こういうところを直訳しないで、このようにひねくって「訳す」訳者の気が知れない。パウロが「人間的」という単語で何を考えているのかわからないのだから。しかしここはもちろん「神的」と対照して言っているのだろう。つまり神から下された決定的で逃れられない刑罰と対照的に、人間の世に普通に起こりうること。それならば、「人間的でない」を「耐えられない」と訳しても当たらずと言えども遠からずだが（J. Jeremias, *ThWzNT* I, 367）、しかしその場合でも、パウロはそういうことを「人間的」と呼んでいるのだ、という言語的な事実を読者に伝える必要がある。まして、もう少し違う意味かもしれないのだから（終末の、此の世の尺度を越えた惨劇などではない、とか）、余計な解釈を持ち込まないで、直訳しておかないといけない。

信実　すでに時々出て来た「信」という単語の形容詞（一・九、四・二、一七など参照）。この場合は、信頼に価する、安心して身をゆだねることができる、という程度の意味であろう。

15 **理解力のある者**　口語訳「賢明な（あなたがた）」、新共同訳「分別ある者」。力点を、相手の言うことを正しく理解する能力に置くか（私の訳）、自分で正しく判断する能力に置くか（口語訳）によって、訳が分れる。しかし「分別ある」はどうもね。四・一〇、第二コリントス一一・一九では我々は「賢い人」と訳した。

16 **（杯を）祝福する**　原文にははっきりとそう書いてある。つまり「杯」が「祝福する」の直接目的語（この場合は関係代名詞）。要するに、杯そのものを祝福するのである。ところが新共同訳はこれを「神を賛美する賛美の杯」などと改竄した。もちろん「祝福」と「賛美」ではやや意味が違うが、この改竄の主たる眼目は杯そのものを祝福するという呪術的な色彩を消去する点にある。彼らの絶対的権威である聖パウロにこういうことを言われたのでは格好が悪いからである。もちろんこれまたTEVの真似。TEVはもう少し詳しく解説的に改竄している（The cup we use in the Lord's Supper and for which we give thanks to God）。どうしてこういう改竄をなさったかというと、古代ユダヤ教に関する一応の常識として、食事の際の「祝福」や「讃美」は杯やパンそのものを祝福するわけではなく、それを食べるに際して神に対して感謝して祝福の言葉を述べたものだ、ということになっているからである。とすると、パウロのように「杯を祝福する」という言い方をするとすれば、それはこの宗教的慣習の正確な言い方を知らなかったからだ、ということになる。ほかならぬ聖パウロにそういう間違いを犯されたのでは格好が悪いから、ここは文章を誤魔化してしまえ、ということ。しかし、もしも現代の神学者たちの古代ユダヤ教に関するこの「常識」が正しいと仮定しても、パウロ自身はこう書いているのだから、翻訳者はそれを正確に訳さないといけない。加えてそもそもこの「常識」が正しいかどうか、極めて疑わしい。確かに、ラビ文献に出て来る言い方では、そこのところは「正確」に記されている。しかしギリシャ語のユダヤ教となるとどうであろうか（パウロはユダヤ教に精通していた、ガラティア一・一四ほか）。少なくともパウロのこの個所、マルコ八・七の言い方（マルコも新約聖書の著者たちの中ではユダヤ教の現実を非常によく知っていたが、こういう言い方をしている。その個所の註参照）などからして、一部のうるさい律法学者は別として一般民衆に普及していたユダヤ教においては、食事に際してはパンそのものを、杯そのものを祝福するのだ、と思われていたことになろう。マルコのその個所の註参照。つまり、呪術的に、おまじないの如く、杯を祝福してからその葡萄酒を飲んだ、ということだ。宗教慣習の大衆化というのはそういうものである。いずれにせよ、翻訳は誤魔化してはいけない。

キリストの血との交り　口語訳等は「キリストの血にあずかる」としているが、この「交り」(koinōnia) は、分け前にあずかる、といった趣旨の語ではなく、ほとんど「一体化」というに近い概念である。九・二三の註参照。なお一七節と二一節で「あずかる」と訳したのはこれとは別の語 (metechō)。二一節の註参照。

17 **パンは一つであるから、我々大勢の者が一つの身体なのである。何故なら……**　これを「それは我々大勢の者が一つのパン、すなわち一つの身体であるからである。何故なら……」と訳すこともできる（ティンダル、欽定訳、最近ではコンツェルマンなど。ここではティンダルはルターと異なって訳している）。我々の訳はルター以降、RSV、TOB、リーツマン、バレットなど。

18 **肉によるイスラエル**　パウロは現実のイスラエル民族の全体が本当に神によって嘉せられる「イスラエル」だとは思っていないから、「肉によるイスラエル」などという呼び方をする。

19 **何なのか**　くり返し単純な、しかし鮮明な構文でたたみかけている。これを口語訳が「何か意味があるのか」「ほんとうにあるものか」とそれぞれ解説的に言い変えているのは（新共同訳は両方とも「何か意味を持つということでしょうか」）、間違いとまでは言わないが、不要な言い変えである。意味の強さがだいぶ違う。

20 **彼らが犠牲を捧げているのは**　主語を特定しない三人称複数。いきなりこれではわからないから、「異邦人が犠牲を捧げているのは」と主語を補っている写本が多い。こちらの方が原本である可能性も大きい。

新共同訳は文頭に「いや、わたしが言おうとしているのは……という点なのです」と原文にない言葉を補っている。これは、文頭にある alla という接続詞一単語を引き伸ばしたものだが、しかしこの接続詞は英語ならば … not … but の but にあたるものであって、前節末尾の「何なのか」（何でもありはしない）を受け、そうではなく、悪霊に捧げているだけの話だ、と続けているものである。前節はじめの「では何と言おうか」の方に対応しているわけではない。それを新共同訳は「では何と言おうか」に対応させたから、こう訳してしまった。おまけに、「わたしが言おうとしているのは……という点なのです」と書いたら、私はほかのことではなく、この点を言おうとしているのだ、という意味になってしまう。これは日本語の無知。

悪霊に捧げているのであって、神にではない　口語訳は「悪霊ども、すなわち神ならぬ者に……」としている（リーツマンほかの意見。口語訳はここではめずらしくＲＳＶに従っていない）。その根拠は、「神」という語に定冠詞がついていない、ということである。そう訳す可能性は確かにある。しかしどちらかというと、理屈をこねすぎている感じ。

悪霊と交る者　口語訳（＝新共同訳）は「悪霊の仲間」。口語訳（＝新共同訳）は一六節の「キリストの血（と身体）との交り」を「キリストの血（と身体）にあずかる」と訳している。それならばここも同じに「悪霊にあずかる者」と訳さないといけない。要の概念は（しかも同じ段落の中で）、同じ訳語をあてないといけない。しかしもちろんこの語を「あずかる」と訳すのは不正確（一六節の「キリストの血との交り」の註参照）。次節の「あずかる」とはだいぶ意味の違う語。ここは、神秘主義とまでは言わないが、それに近い宗教概念で、宗教的に合一するというに近いものである。

21 **あずかる**　直訳は「共に持つ」（metechō）。一七節に出て来るのと同じ動詞。こちらは字義通り「分け前にあずかる」といった趣旨の語。口語訳は一六節の「交る」とこの節の「あずかる」を両方とも「あずかる」と訳し、そのくせ一七節の方は「共にいただく」と訳している（新共同訳も似たりよったり）。訳語の統一をはかろうという配慮がまったく欠けている。

23 六・一二に同じ文が出て来る。

建設的である 「建てる」という動詞（他の個所ではそう訳した）。ここは「何でも建てる」では日本語としてさまにならないから、こう訳してみた。

24 **自分のこと、他者のこと** これが直訳。口語訳（=新共同訳）はこれを「自分の（利）益、ほかの人の（利）益」と訳しているが、「こと」を「利益」にしたら意味が狭くなりすぎる。

25 **市場で売られているもの** 当時は「偶像に供えられた肉」が下請けに出されて市場で売られている可能性はいつでもあった。ここではパウロは、市場で売られているものの由来までたずねて、もとは神殿祭儀の肉であるのかないのか、などと仕分けして気にするのはやめておいた方がいい、と言っている。事実上、消費者にとっては、市場の肉の由来を自分でつきとめるのは不可能であろう。この節ではパウロは単に、神殿の場所そのものでこれ見よがしに食べるのだけはやめた方がいい（八・一〇）と、無難な解決を提案しているだけである。ただしパウロの本音がその程度のものではなかったことは、直前の二〇節以下参照。

29 **どうして私の自由が他人の意識によって裁かれることがあろう** 相も変らずこれを、パウロの「敵対者」の意見の引用ととる「解釈」がある（リーツマン。「どうして自分の自由が他人の意識によって裁かれる必要があろうか、とあなた方は言うかもしれない」とする。この場合三〇節も敵対者の意見の続きで、それに対するパウロの答は三一節に記されていることになる、「……とあなた方は言うだろうが、しかし食べるのも飲むのも神の栄光のためにするがよい」）。これは、三〇節の意味が取りにくいことから生じる解釈の一つだが、ここまで読み込むのは無理があろう。原文には、これが敵対者の意見であると示唆する要素はどこにもない。むしろここは、R・ブルトマン（*Theologie des Neuen Testaments*, 215f, 日本語訳二巻四九頁）のように取るのがよかろう。すなわちこれはパウロ自身の意見だとして説明している。偶像に供えられた肉だと言われて食べるのをやめるのは、そういうことを指摘して気にしている他人の意識を配慮してさしあげているだけであって、別に自分の意識にとってはどうという問題ではない。「私の自由が他人の意識によって裁かれることなどありえない」というのである。他人の意識を配慮するからとて、別に自分の自由を放棄したことにはならない、ということ。この説明が最も素直である（バレットも同様。バレットの方がブルトマンよりわかりやすい）。コンツェルマンはブルトマンとほぼまったく同じ説明をほどこしているくせに、わけのわからぬ理由で自分はブルトマンに反対だと言っている。自分は師匠といつも同じではないよ、という言い訳を言いたいだけの見栄。素直でないね。

30 **つべこべ言う**　ふつう「冒瀆する」と訳される動詞（blasphēmeō）。

私が感謝したそのものに関して、どうしてつべこべ言われることがあろうか　いやまったく、おっしゃる通り。自分が神に感謝して食物をいただくのであれば、それが偶像の神殿から卸された肉だからどうのこうのと言われる筋合いはない。しかし口先ではこう格好よく宣言しつつ、実際上はまさにパウロ自身がどうのこうのとやたらとこだわって、とどのつまりは、神殿から卸された肉を食べるのは悪霊と交ることになるよ（二〇節）、それはけしからん偶像礼拝だ（一四節）、などと言いつのり、何が何でもその肉を食べるのをやめさせようとするから、パウロは言行不一致だということになって、コリントスの信者たちに信用されなくなったのだろう。

31 もしも二九、三〇節をリーツマンのように解したいのであれば、三一節から新しい段落をはじめず、前節に続けないといけない。しかしネストレはここに小さい段落の切れ目を入れている。

神の栄光へと　フィリポイ二・一一の註参照。

32 **躓き**（＝口語訳）　新共同訳の「人を惑わす原因」はいささか解説しすぎ。これではやや意味がずれる。

33 **彼らが救われるため**（＝口語訳）　新共同訳は「人々を救うため」。これは決定的な誤訳。新約聖書でこういう誤訳をやらかしてはいけない。いかにパウロが思い上がっているとはいえ（他の個所では現にそういう言い方をしているのである。いかにパウロが思い上がっているとはいえ（他の個所では現にそういう言い方をしているが。九・二二）、ここではきっちりした言い方をしている。新共同訳の人たちは、ふだん牧師として、自分が人々を救ってやっているのだ、と思い上がっているから、ついこういう誤訳をしてしまうのだろうか。

1 ネストレは、一節を一〇章の三三節に続け、その後に大きな段落の切れ目を入れている。ルターやティンダルはまだ節の数字を入れていないが、彼らも一節を一〇章の最後に置き、一一章を今日の二節からはじめている。

それに対し、十六世紀後半に節の数字を入れたエティエンヌが間違ってこの文から一一章をはじめてしまったものだろうか。私はよく知らないが。

私を真似る者となるがよい　こういうことを言うから、一世紀から二世紀にかけてのキリスト教においてパウロの批判が絶えなかったのであろう。ふつうに謙虚なクリスチャンなら、せめて「私がキリストを真似ているように、あなた方もキリストを真似るがよい」といった程度の言い方をしただろう。この句については四・一六参照。

第一一章

2　あらゆる点で　副詞化した不定代名詞 panta（すべて）。「いつも」と時間的な意味で解することもできるが、「あらゆる点で」と解する方がどちらかというと普通だろう。口語訳（＝新共同訳）「何かにつけ」では意味が異なる。こういう言い方をなさりたいのなら、「何ごとにつけても」と言うべきでした。

私を覚えている　パウロのことを気にかけてくれている（新共同訳「何かにつけわたしを思い出し」）という意味ではないので、字義通りに受け取れば、パウロの言ったことを一々すべて覚えている、という意味である。これは皮肉だろう。つまり、パウロが以前コリントスの教会で不用意に発言したことまで一々覚えていて、あなたはこう言ったではありませんか、それなのに今になって意見が違うのですかと批判された、ということ。

誉めておこう　これが直訳。口語訳「わたしは満足に思う」はだいぶずれる。新共同訳「立派だと思います」は言い過ぎ。古代のことだから、自分よりもちょっとでも目下の相手だと思うと、すぐにいばりくさったものの言い方をする、ということだろうが、先生が生徒を、あるいは主人が召使を誉めてやっている、という感じの言い方。二二節を見る限り、ここも明瞭に皮肉である。

伝承を……保つ　これは伝承を暗記して伝え、受け取った伝承を暗記して保つ、という意味の術語。従って口語訳の「言い伝えを守る」は間違い。この動詞に「命令を守る」といった趣旨の意味はない。伝えられた伝承をしっかり暗記して保存している、という意味。まして新共同訳の「伝えられた教えを守る」はちょっといくらなんでも。「伝承」という語に「教え」などという意味はない。内容的には「教え」も含まれようが、ほかにもいろいろな伝承がある。たとえばこの章の二三―二五節。すぐに「言いつけを守りなさい」といった安っぽい説教に変えてしまうのは、この訳の悪い癖。

3　それなら　de という接続小辞をここでは強い意味にとって、こう訳してみた。口語訳（コンツェルマンほかも同じ）は「しかし」と訳している（「しかし、あなたがたに知っていてもらいたい」）。しかしこの場合の de は「しかし」ではない。むしろ新共同訳のように「ここであなたがたに知っておいてほしいのは」と「ここで」ぐらいにしておく方が無難だろう。しかしこの de は「もしもそういうことであるなら、それなら」という趣旨の de である。あなた方がいちいち私の伝えた伝承をこと細かく覚えていて、それを根拠に逆に私に対して文句をつけるのであれば、それなら、次のこともしっかり知っておきなよ、という感じ。

男の頭はキリスト……　三文あるうち、うるさく言えば、最初の文だけ「頭」が主語で、後の二文の「頭」は述語である。しかしここはどちらが主語でどちらが述語でも意味は同じようなものだから、口語訳のように全部「頭」を主語にして訳してもかまうまい。

ところで、ここまで露骨に女性差別を神の名において秩序づけようというのは、いくら古代とて、いささかめずらしい。「キリスト教フェミニズム」なるものが、こういうせりふを読みながらなお、パウロ様のキリスト教はすぐれた男女平等思想でございます、などと言いくるめようというのは、意識的な嘘つき以外の何ものでもあるまい。こういうのは「フェミニズム」の名に価しないが、それよりも、こういう厚顔無恥な嘘を平気で言いつのる姿勢を世の中に流布しようとするのは、限りなくけしからんことである。

4　頭に何かをつける　通常は口語訳のように「かしらに物をかぶる」と訳す。しかしそう訳すと帽子か何かを考えてしまう。直訳は「頭から下に（何かを）持つ」である。おそらくは、長い髪の毛（編んである？）を覆う布が頭から首のうしろまでかぶさっていた、いうことか。顔まで覆ったかどうかは不明。多分そうではないだろう。

5　四節五節はまったくの詭弁。もしも三節の女性差別の宗教的秩序づけを認める立場に立ったとしても、そこから更に四、五節を論理的に導き出すのはとても無理。要するに、女性差別的な風俗を宗教的理屈によって根拠づけようなどという試みはすべて嘘みたいな詭弁に終る、ということの典型。

なお、パウロのこの議論は、女性は外では頭に何かをかぶっていなければならない（今日のイスラム教の一部に見られるように）、という社会慣習が背景にあったかのように思わせるが、聖書学者たちの涙ぐましい努力にもかかわらず、当時のヘレニズム・ローマ社会には、社会全体にそれを押しつけるような風俗の存在は立証されていない。他方オリエント社会では比較的多くひろまっていた風習であって、ユダヤ人の間でもそうだったようである。つまりパウロはユダヤ人の慣習をギリシャの大都会に出て来て押しつけようとした、ということだろう。そんなことをすれば反撥をくらうにきまっている。詳しくは『概論』参照。

7　反映　口語訳のように「栄光」と訳すと、この場合は意味が通じない。確かに、キリスト教の聖書翻訳の伝統では、この語（doxa）はほぼ常にほとんど条件反射的に「栄光」と訳される。「聖書的」ギリシャ語ではこの語は本来のギリシャ語とは違って「栄光」という意味に用いられる、と教えられているからである。しかし聖書とてギリシャ語はギリシャ語なので、この語が完全に「栄光」という意味だけになってしまったわけではない。本来の意味とつながっている。すなわちこの単語のもとにある動詞（dokeō）の本来の意味は「のように思える、見える」である。従って名詞の方は「のように思えること」つまり「意見」「考え」といった意味である。いくら「聖書的」ギリシャ語が風変りであっても、そこからいっぺんにすっとんで「栄光」という意味になるわけにはいかない。間には中間項がある。つまりたとえば「神の doxa」なら、神自身ではなく、「神のように見えるもの」、つまり「神が映った像」「反映」という意味が考えられたのであろう。本体そのものではなく、本体の像がどこかに映っているもの。語義の変遷をこのように考えれば、「栄光」も納得がいく。神の姿の「反映」であれば、当然、光り輝いている。つまり「栄光」である。それが更に神の場合を離れても、聖書的ギリシャ語では、一般に「栄光」の意味に用いられるようになったのではないのか。そう考えると、新約聖書のギリシャ語の場合、その変遷の中間項の意味がまだけっこう残っていて、かなり多くの場合、「反映」という意味に用いられている、と考えれば、多くの個所が納得がいく。この場合などその典型であって、「反映」と訳せばぴったりである（バウアーは Abglanz としている）。

というわけで、この場合には「男は神の栄光である」なんぞと日本語に訳されたんじゃ、何が何だかわからない。これは、男は神の姿を映した反映、鏡なのだ、ということ（ずい分と男的に思い上がったものであるが、パウロさんはそうおっしゃっている）。新共同訳はそこのところを正確に訳して、「神の栄光を映す者」とした。ただしうるさく言えばこれでもまだ不正確。「神の栄光」なるものを「反映して」いるのではなく、神自身を反映しているのである（この語については更にローマ一・二三参照）。

10　天使の故　バロック以後の絵画などで可愛らしい子どもとして描かれている天使を想像すると、このせりふは理解できない。天使は大人の男性であり、堕落した天使が地上に降りてきて、女に子どもを生ませるのである（創世記六・一以下。創世記のこの記事は、創世記の短い文以上に、以後の解釈者たちがいろいろと想像をふくらませるきっかけを作ってきた）。女が、自分は特定の男に従属するという「権威」の印を頭にのせていないと、悪い天使がやってきて誘惑するぞ、というおどし。

あるいはこの「天使」はほかにもいろいろ説明されてきた。たとえばもう少し広い意味にとって、特に性的な誘惑を考えているのではなく、天使というのは超自然的、宇宙的な力なので、何かと悪い影響を与えるから、気をつけた方がいい、という意味に解する。頭に覆いをつけていないと風邪を引くよ、とか。これもありうる説明だが、しかし、それなら男だって天使の超自然的な魔力の危険にさらされる点では同じだから、女だけが頭にかぶりものをかぶらなければならないというのは筋が通らない。もっとも、パウロのここの論理はどのみち筋などまるで通っていないけれども。

天使　単語（angelos）の本来の意味は単に「使者」「伝令」。しかし旧新約聖書のギリシャ語ではほぼ常に天にて神をとり囲み、神の使者として地上に降りてきて、時に神から離れていろいろ悪さもする「天使」の意味に用いられる。日本語としても「天使」という語が定着しているから、語源に忠実に「御使」などと訳すよりは「天使」としておくのがわかりやすくていいだろう。ただしガラティア四・一四参照。

11　主にあっては　これまたいろいろ議論されてきた句だが、常識的にはガラティア三・二六―二八と同じ趣旨だと理解すべきだろう。そこでも「キリスト・イエスにあっては、もはや男と女ということはない」と言われている。つまり、信仰の秩序においては、ということ。現実の社会生活においては差別されるべきだが、宗教信仰という点においては同じである、という趣旨。このように聖俗の論理を区別して現実の社会的支配秩序の保存を呼びかけるのは、すでに七章の奴隷についての議論でも出てきたものである。なお「主にあって」という言い方については第一テサロニケ二・一四の「キリスト・イエスにある」の註参照。

12　別に一一節でパウロが男女平等を主張しているわけではないことは、一二節のこの文が決して男女平等に構成されてはおらず、鮮明に男の立場と女の立場を区別しつつ、その上で相補性を述べている、という点からもわかる。すなわち、もしもここで「女が男から出て来たのと同じように、男も女から出て来たのである」と言うのであれば一応は男女平等の論理であるが、その場合は直前の八節と真っ向から衝突する。従ってまたパウロはそうは言わないのである。

この場合の「から出て来る」というのは、もちろん、女の胎から生れ出るという意味ではなく、創世記二章の人間創造の神話を述べている。男が先に造られた。その男の体内からあばら骨を取って、そこから神は女を造った。だから女は男から出て来たのであって、この神話を頭に置く限りは、男が女から出て来たということにはならない。だからまたパウロは、男が女から出て来たとは絶対に言わない。そしてパウロにとっては（彼だけでなく当時の多数のユダヤ教徒にとって、また後のキリスト教徒の多数にとっては）、これは単なる神話ではなく、創造の秩序である。男の方が根拠であって、そこからはじめて女の存在理由が説明される。

しかしパウロは、それだけではあまりにそっけないと思ったのであろう。一応、男女平等にむけて多少の譲歩はしてくれる。「男が女から出て来たわけではないが、しかし、男女双方が双方のために生きよう」、と。だからパウロは前の文（「から」）と後の文（「のために」）で前置詞を入れ替えて、この二つの文は水準の違う話ですよ、と示す。創造の秩序はあくまでも男優先である。しかし、此の世の実生活においては、男も女もお互いのために生きようではないか、と。

読者は、それでもなお一二節と九節は矛盾するとおっしゃるだろう。九節でははっきりと「男が女のために造られたのではない」と宣言しているのに、一二節になると「男は女のためにある」と言っている、と。確かにそうである。しかしパウロは一二節では慎重に「造られた」という動詞を避けている（「ある」というのは翻訳上補った語で、原文は動詞ぬきで単に「男は女のために」とのみ記されている)。

15 長い髪は覆いの代り　こうなるともうパウロの論理は滅茶苦茶である。もしも本当にそうなら、髪の毛を長くしていれば覆いなど必要ない、ということになるはずである。ところが五―六節では、女は髪の毛を長くのばし、かつその上に覆いまでつけねばいけないという。さもなければその髪の毛を切ってしまえ、なんぞという暴言まではいている。一般に右翼的な差別に固執する人たちは、滅茶苦茶な屁理屈を次から次へとふりまわして自己矛盾など意に介さず、めったやたらなことを言いつのるものである。

17 このことを指示する　「このこと」が何を指すか不明。以上のことを指示するけれども、以下のことについては誉めるわけにはいかない、と言っているのか、それとも、以下のことを指示するのは誉めて言っているわけではないという意味か。パウロ(だけではないが)の「このこと」の曖昧さについては、第一テサロニケ二・一三の「この故に」、また同三・三の「このことのため」の註参照。

指示する(parangellō)　第一テサロニケ四・一一の註参照。

19 合格者　新共同訳の「適格者」を真似させていただいた。どうもうまい日本語が見つからなかったので、すみません。各訳も苦労しておいでである。口語訳は「ほんとうの者」。これはパウロのお好みの概念(dokim- を語幹とする語群)で、神によって検証された結果として本物であることが証明された者のこと。九・二七の「失格者」の対語であるから「合格者」としておいたが、できれば dokim- 語群全体を日本語でも同じ語幹で訳す方がいい。私の日本語の語彙が貧困なせいで、いろいろ訳し分けてしまったけれども。二八節の「検証する」参照。また一〇・一八の註。

分派争い　複数形(haireseis)。口語訳のように直訳して単に「分派」とするのがよいか。後世のキリスト教用語で「異端」を意味するようになったこの語は、この段階ではまだ、単なる「分派」の意味に用いられている。単語そのものの意味は「分れたもの」。これを新共同訳のように「仲間争い」と訳すのは、いささか日本語の無知。

パウロが言っているのは、分派が生じれば、その間の議論を通じて、やがて本物がはっきり見えてくるだろう、ということ。リーツマンはそうは取らずに、分派に加わらないのが本物だ、と説明しているが、そうではあるまい。なおここではパウロは、これはただの噂にすぎない、と断っている。事実かどうか、事実だとすればどういう事実なのか、本当はよく知らないのである。しかしそれなら一一三章であれほど自信ありげに、あなた方の間で分派があるのはけしからん、などと議論しまくるのはやめておけばよかったのに。それだけ言いつのったから、パウロはここでも後に引けなくなって、「その噂は何ほどかは信用に価しよう」などとつけ足している。

20　主の晩餐　後のキリスト教会で「聖餐式」と呼ばれるようになったもの。ただしこの段階ではまだ単なる象徴的な儀式になってしまったわけではなく、本当に一緒に食事をしていた。

21　自分の晩餐をとっている　口語訳「自分の晩餐をかってに先に食べる」。「とっている」と訳した動詞（pro-lambanō）の接頭語の pro- は時間的ないし場所的に「先に」という意味を持つこともある。そうだとすれば口語訳のように、人より先に食べてしまう、という意味に理解しうる。しかし、VGTのあげる詳細な実例によれば、この動詞が食事に関して用いられる時にはヘレニズム・ローマ期のギリシャ語では「先に」の意味はなく、単に「食べる、食事にあずかる」の意味に用いられている（バウアー、コンツェルマン等も同意見）。従ってここは、人より先に食べてしまうかどうか、ということが問題になっているのではなく、それぞれが自分の食事を自分で食べている、ということを問題にしているだけである。いわば、それぞれが自分のお弁当を持って来て食べている、ということか。それをパウロは、それでは共通の食事にならないから、「主の晩餐」にあずかることにはならない、と文句を言っている。ただし三三、三四節を見ると、やはり「後から来る人を待っていないで先に食べる」ということを問題にしているのか。

腹がへっている者　もう少し品のいい訳語にすべきだった？（新共同訳の「空腹の者」が良い訳）。口語訳の「飢えている人」は間違い。一食ぐらいぬけたって、「飢える」わけではない。

22　持っていない者　これが直訳。口語訳（＝新共同訳）は「貧しい人々」。別に、夕食のお弁当を持ってこなくたって、それだけの理由で「貧しい人々」であるわけはあるまい。たまたま忙しくて弁当を持って来れなかったか、礼拝にだけ参加して食事は家に帰ってゆっくり食べようかとか、弁当を持っていない理由はいろいろあるだろう。それをみんな「貧しい人々」にしてしまうんだから、どうも口語訳は大袈裟である。しかしこれは口語訳独自の特色ではなく、英語の教会の解釈の伝統（たとえば Barrett : the poor; NEB : poorer members; TEV : the people who are in need。ただしティンダルや欽定訳は直訳して them that have not)。独仏語の諸訳は真面目に直訳している、die, die nichts haben; ceux qui n'ont rien.

23　**伝えた、受け取った**　どちらも伝承の授受に関する術語。つまり正確に暗記されて伝えられた伝承として私が受け取ったことをあなた方にも伝えた、ということ。「主から受け取った」というのは、この場合はもちろんパウロが直接イエスから聞いたというのではなく、イエスが語ったこととして最初期の教会に伝えられていたことをパウロも伝承として受け取ったということ。

引き渡される　これもイエスの死に関する伝承において術語化した表現。死刑に処せられるために官憲に逮捕されるということをこの一語で表現している。

24　二四、二五節は有名な聖餐式設定の伝承である。共観福音書にも同じものが伝えられている。ただし、これまたよく知られているように、ルカ二二・一七以下はパウロのこの伝承とほぼ一致するのに対し、マルコ一四・二二以下（＝マタイ二六・二六以下）とは細かい点でいろいろ異なっている（ルカ＝パウロは「契約」に「新しい」という語を付加している、ほか）。諸説あるが（何せ教会の最重要の儀式にかかわるだけに、掃いて捨てるほど大量の「論文」がある）、まずはマルコ＝マタイの方が古い伝承を保存していると見るべきだろう。パウロ＝ルカは、「これをなすがよい」と二度反復することにより、イエス死後の教会でこれが儀式として定着したことを強調している。

思い出のために　これが直訳だが、もちろん口語訳のように「記念として」と訳しても一向にさしつかえあるまい。

27　**主のパン、主の杯**　原文では「主の」は「杯」にしかついていない。しかし文の意味上この「主の」は両方にかかると考えられるので、「パン」にも「主の」をつけて訳した（バレットも同じ）。また、「主の」を「ふさわしくない仕方」にかけて、「主にふさわしくない仕方」と読んで読めなくはないが、まあ「杯」にかける方が普通だろう。ただ、そうすると、何にふさわしくないのかはっきりしないから、「ふさわしくない仕方」の後にもう一つ「主」を補っている写本もある。

責任がある（enochos）　普通は「有罪である」を意味する。そして、与格ないし属格でその罪に対する罰をつけ加える。「死に関して有罪である」は「死罪である」の意味。あるいは与格でその罪状をつけ加えることもある（「不敬虔に関して有罪である」等）。すでに古典期のギリシャ語にも相当数の用例があり、ヘレニズム期の通俗ギリシャ語にも多いから、これをヘブライ語的言い方（バレットほか）などと説明する必要はない（VGT）。しかし「主の身体と血に関して」がどういう意味なのかは、はっきりしない。イエスを殺した者たちと同罪である、という説明もあるが（コンツェルマンほか）、ちょっと無理だろう。やはり、聖餐の時に食されるパンと葡萄酒はキリストの身体と血の象徴であるのだから、その聖なる身体と血に対する冒瀆である、と解する方が自然だろうか。

28　**検証する**　口語訳は「吟味する」。この個所だけならそう訳してもよいが（しかし、味を確かめてみる、といった感じになっていささか奇妙）、この語はパウロのお好みの単語で、かつコリントスの信者たちとの紛争のたねになった概念だから（第二コリントス一三・三）、なるべく一貫する訳語をあてるのがよい。もっとも品詞の違い等によって、訳語の一貫性を保つのは難しいけれども。一九節の「合格者」また九・二七の「失格者」の註参照。新共同訳の「よく確かめる」は何だか意味不明。

29　この節の文は、絶望的に混乱している。従って、既存の「聖書訳」は適当に意味を想像して、それなりにわかるように訳しているが、それらの想像が正しいかどうかわからない。さすがに諸註解書は訳としては単に直訳し、その上でさまざまな可能性を解説の中で検討している。特に次の三点が問題。

もしも身体を判別しないとすれば　これは分詞句。このように仮定の意味に取ることもできるし、「身体を判別しないことによって」と原因の意味に取ることもできる。

身体を判別する　これも何を言っているのか不鮮明。多くの写本はここに「主の」を挿入している。そうすると、自分が聖餐に際して食べているパンが「主の身体」であるのかどうかはっきり識別しないと、という意味になる。この場合はこの分詞句は必然的に仮定の意味になる。しかし、「主の」を補う写本の数は多いが、西方写本を除く古い重要な写本はすべてこの語を入れていない。もっとも、この「身体」が「主の身体」でないとすると、どういう意味なのかよくわからない。もしかすると三一節の「自分自身を判別する」と同じ意味？　それならこの「身体」は自分の身体を指す。しかしそもそも「自分自身を判別する」とはどういうことだ？

判別する　この動詞も、何となくすっきりしない。これは「主の身体」だよ、と他の食べ物からはっきり「識別する」ということか、あるいは、単にこれを「主の身体」として「認識する」ということか。

30　パウロの「主の晩餐」に関する考え方は、古代人らしく、まったく呪術的である。つまり、間違ってそれにあずかると、その食事は毒となって病気や死の原因になる、というのだ。もっとも、古代人のすべてがパウロのように宗教的に幼稚な呪術的発想を持っていたわけではない。コンツェルマンは何とかパウロを弁護しようとして、食べたものが毒となって作用するというのではなく、食べるに際しての態度が罰を招くと言っているのだから、決して呪術的ではない、などと説明しているが、同じことではないか。これを称して詭弁という。

31　この文は現在の事実に反する仮定を述べるごく普通の条件法（英文法で言う仮定法）。従って、もしもちゃんと判別していれば、あなた方は病気になったり死んだりしなかっただろうにね、という意味。ずい分と嫌味な、人の死に対して失礼な言い方だが、パウロ自身がそう言っているのだから、正直にそう訳さないといけない。従って、口語訳や新共同訳のように単に未来の可能性として、一般的な教訓として訳すのは、まったく間違っている（新共同訳「わたしたちは、自分をわきまえていれば、裁かれはしません」）。さすがに西洋語の諸訳はすべてこの節は条件法に訳している。

32　つまり、現在このように裁かれているのは、まだ最後の審判での決定的な断罪ではなく、今のうちにこうして「主によって」教育を受けておけば、最後の審判に際して此の世とともに滅亡にさらされずにすむだろう、ということ。

なお、二九節からここまで、パウロの文はすでにそれ自体いい加減わかりにくいのに、おまけに余計な語呂合わせをやってくれるから、ますますわかりにくくなっている。つまり、krinō という動詞（三一、三二節「裁く」）と、それに接頭語をつけた動詞 diakrinō（二九、三一節「判別する」）、katakrinō（三二節「断罪する」）を並べ、それに同根の名詞（krima、二九節「裁き」）を加え、しかも時によってそれぞれをやや違う意味に用いたりして、楽しんでいるのである。パウロはこの種の語呂あわせがお好きである。もっとも、この時代のギリシャ語の文章書き全体に共通する悪癖ではあるが。

34 **命じる**　こちらは七・一〇、一一・一七の「指示する」（parangellō）とは違って、きつい単語で（diatassō）、命令するという趣旨。しばしば軍隊用語として用いられる語であるから（「隊列」を意味する語に接頭語の dia-をつけた。整列せよ、と命じる）、「命令する」といったきつい訳語をあてるのがよい。もっとも、「列を整える」から派生して単に「整える」といった意味にも用いられるから、「整える」「定める」と訳してもいいが、日本語のそれらの語よりはもっとずっときつい感じ。なおパウロは同じ動詞を九・一四と一六・一では能動態、ことと七・一七では中動態で記している。バウアーの辞書などは両者を区別して、能動をきつく「命じる」（befehlen）、中動を穏やかに「整える」「定める」（anordnen, bestimmen）などとしているが、この区別はいただけない。一般のギリシャ語では中動は「自分自身のために命じて整える」の意味で、実際には遺言の場合に用いるのが普通である。パウロのこの二個所の場合はもちろん遺言ではないが、自分が居ない場合にどうするかを定めて命じておいた、という趣旨だから、実質的には大差ない。

第一二章

1 **霊の賜物**（＝口語訳）　単語そのものの意味は「霊的なもの」。口語訳の伝統的な訳語がわかりやすいと思って、これにした。

2　この節は写本の読みも、文法的にも、不確かで、とても定訳などありえない。写本の読みというのは、この場合は、いろいろ異読があるということではなく（全然ないわけではないが、無視していい程度）、単語の切り方の問題である。つまり「連れて行かれるような具合に」と訳したところ、原文は hosanēgesthe であるが、古代の大文字写本では（パウロの原文も無論そうだっただろう）、日本語の表記と同じことで、単語の分かち書きをせず、ずらずらと書き連ねていた。基本的には中世の小文字写本の段階になってようやく単語の分かち書きが導入されたのである（大文字写本でも九世紀ぐらいのものだと分かち書きをしているものもある）。とすると、右の原文は本来 hōs an ēgesthe だったのか、hōsan ēgesthe だったのか、hōs anēgesthe だったのか、わからないことになる。ほとんどすべての小文字写本が hōs an ēgesthe と三単語に切って書いているから、多分それ以前からすでにこの読み方が定着していたのであろうけれども、大文字写本に書き込まれた後の修正などで hōs anēgesthe としているものもあり、ラテン語諸訳は hōsan ēgesthe と読んで訳している（prout ducebamini）。

hōs anēgesthe と読めば、文法的には一応すっきりしているように見える（見えるだけで、ほかの問題が生じるけれども）。hōs は「ように」という接続詞（訳文では「具合に」と訳した）、anēgesthe は「どこそこに連れて行く」という動詞の受身二人称複数。拙訳はこれ。この場合の問題は、hōs anēgesthe を挿入句（副詞句）とみなす結果、主動詞がなくなってしまうことである。すなわち hōsanegēsthe apagomenoi と続くのだが、apagomenoi（「引き寄せる、誘惑する、ないし逮捕する」の受身）は現在分詞であって、主動詞にはなりえない。従ってこの読み方を採用する場合には、apagomenoi に eimi（英語の be 動詞にあたる）の二人称複数未完了過去形（ēte）を補って読むことになる（拙訳「引き寄せられていた」）。パウロならこの程度の主動詞を平気で省略することとぐらいあるだろうか。しかし、このように解してみても、十分納得できるというわけのものではない。

hōsan ēgesthe と読むのも、これと似たり寄ったりの結論になる。hōsan は hōs よりもっと仮定の意味が強いだけで、ほぼ同じ意味。ēgesthe は anēgesthe よりもやや意味が弱いが、ほぼ同じ。ルターは多分ラテン語諸訳に従って、この読みを採用した（wie ihr gefürt wurdet）。それがティンダル（even as ye were ledde）から欽定訳（ティンダルのまま）にはいる。この伝統は現代まで続く（ルイ・スゴン selon que vous êtiez conduits）。RSVはこれではわかりにくいと思ったのだろうか、even as を however に変えてくれた（however you may have been moved「よしんばあなた方は動かされて（感動して?・）いたにせよ」）。しかしこれは無理であるし（hōsan を however と訳すなど論外）、かえって意味が通じない。エルサレム聖書はこれを思い切って一単語で

irrésistiblement（抗い難く）と訳してくれた（vous etiez entraînés irrésistiblement vers les idoles muettes）。だが、TOBのように comme au hasard（偶然に、たまたま）と訳すとなると、意味を変えすぎている。まあいずれにせよ、この読み方を採用しても、主動詞が欠如する問題は解決しない。

hōs an ēgesthe の読みは、今日多数の学者が採用する読みである。この場合は、ēgesthe を主動詞として読む。そうすると続く apagomenoi は主語に対する同格の補語の分詞となるから、訳はひっくりかえって、「あなた方は引き寄せられて連れて行かれた」となる。こう読めば、主動詞の問題は解決するが、そうすると、hōs が宙に浮く。これは上述のように副詞句を作る接続詞だから、これに続く ēgesthe を主文の動詞と解するのは、ちょっときつい。もしも hoti がなければ、hōs（この場合は「いかに、どのように」の意味。英語の how に対応する）が直接「あなた方は……自覚しておいでだろう」を受けて、「あなた方は、どのようにして……ということを、自覚しておいでだろう」と訳すことができる（英語の単語で説明すると、you know how to dumb idols you were led）。けれども hoti（英語の that にあたる）と hōs の両方があると困ってしまう（you know that to dumb idols *how* you were led）。この場合の説明は、パウロはいったん you know that to dumb idols と言いはじめて、that よりも how（「いかにして」）の方が意味が強いからとて、もう一度言い直し、how you were led と述べた、というのである（you know *that* to dumb idols ..., how you were led）。口述筆記であれば、この程度の言い直しは十分ありうる。と、ここまでならこう読むのが最も説得力があるが、この場合に困るのは an という小辞である。これは仮定を意味する。しかし ēgesthe を主動詞とすると、これは単なる事実の指摘であるから、仮定ではなくなってしまう。それで、諸註解書ではこの場合の an は仮定の an ではなく、未完了過去と一緒になって単なる過去の事実の反復を意味する、と説明している。確かに an が例外的にそういう意味になることが絶対にないわけではないが、説明としてはやはりちょっときつい。更にこの場合は最後の apagomenoi の位置がいかにも悪い。口語訳（＝新共同訳）は多分この最後の読み方によって「誘われるまま（＝引き寄せられるまま）……引かれて行った」と訳しているが、これは hōs を apagomenoi にかけているので、文法的にはありえない訳である。

結論。拙訳のように「連れて行かれるような具合に、引き寄せられていた」とするか、第三の読み方をとって「引き寄せられて、連れて行かれた」と訳すか、どちらかだろう。まあしかし、訳はいろいろあり得るとしても、基本的に意味は同じようなものだから、こういう議論は我々訓詁の学者だけがかかずらわっていればいいことかもしれない。

次に単語の意味の問題がある。「引き寄せられる」と訳した動詞は最近のドイツ語の註解書では（英語でもバレット）、「恍惚境におちいった」という意味だ、と解説している。そうかもしれないし、そうでないかもしれない。

もの言わぬ偶像　ユダヤ教が異教の神殿の神々の像に対して悪口を言う時の常套文句。自分たちの本物の神様は自分たちに対して語りかけてくれる神様だが、あなた方が彫刻に刻んで拝んでいる神々は、所詮ただの彫刻だから、ものを言ってくれないではないか、ということ。

3　**だから**　二節から三節を「だから」という語（ここは dio という一単語）でつなぐのは論理的に無理である。多分パウロの頭の中には、その間をつなぐ何らかの論理があって、それを省略していきなり三節の宣言を記したものであろうか。あるいはむしろ、この人は何でもいいからこの種の理屈っぽい接続詞が好きで、意味も考えずに口癖で言ってしまう、ということか。多分後者（第一テサロニケ一・九の gar についての註参照）。

知らしめる　ガラティア一・一一の註参照。また第一コリントス一五・一。

神の霊、聖霊　「神の霊」も「聖霊」も同じものを指す。それなら何故言い換えたか、などと問うのは愚問の類。同じ表現を避ける文体上の変化にすぎまい。

神の霊において、聖霊において　ここはやはり「において」と直訳する方がいい（en という前置詞）。人間が、自分で語るのではなく、神の霊というものの中に身をおいて語る、ということ。「神の霊に基づいて」といった趣旨か。これを口語訳（＝新共同訳）のように「神の霊によって語る」と訳すと、敢えて誤解する気になれば、人間が神の霊という手段を用いて語る、という意味に受け取られかねない。しかしパウロにとっては「神の霊」は単なる手段に解消されるような小さなものではない。それにそもそも「において」を「によって」と訳すのは無理。

4　恵みの賜物　カリスマ（charisma）という語。これは「恵み」という抽象名詞から作られた中性名詞で、「恵み的なもの」を意味する。「恵み」というと神の与える恵みの全体を意味するから、個々の恵みの賜物の方は「恵み的なもの」と呼んで区別している。これは実質的には神が聖霊を通じて人間に与えた特別の能力を意味する。従ってパウロはこの語を「霊的なもの（霊の賜物）」（一節参照）と同義語に用いている。単に「恵み」であれば、原則的には、すべての人間が神の恵みを享受しているはずであるが、カリスマというと、特別に聖霊によって与えられた、いわば例外的な恩恵としての能力を指す。一・七の註参照。

5　奉仕の仕事（diakonia）　基本的には、奴隷、召使の主人に対する仕事、役人の国家に仕える仕事、祭司の神殿での仕事などに使われる単語。しかしそれがキリスト教用語となって、教会でのさまざまな仕事や活動について用いられるようになった。口語訳（＝新共同訳）は「務め」。

主は同一である　新共同訳は余計な解説を導入した結果、文の意味を狭めている。前節でも「霊は同一である」を「それをお与えになるのは同じ霊です」と訳してくれた。これで間違いではないが、すでにやや お節介にすぎる。それがこの節になると、パウロが「主は同一」とずばり一言で言い切っているのに、「それ（務め）をお与えになるのは同じ主です」と「訳」した。しかしパウロが「主は同一」と言っているのは、もっとさまざまな意味を含む。「奉仕の仕事」は、主に対して仕えるための仕事である。つまり、仕事にはいろいろ異なったものがあっても、全部、同一の主に仕えるために為しているのだ、というのが基本の意味であろう。新共同訳のような解釈も不可能とは言わないが、訳文に不確かな解釈を持ち込むのはやめた方がいい。

6　力の作用（energēma）　単語そのものは、前置詞のen（中に）と「仕事」（ergon）をあわせて作られた動詞（energeō、活動的である、操作する、実施する）から派生した中性名詞。「働き、活動によって作られたもの、作用」。単に「作用」と訳してもいいのだが、パウロの場合この語は、神の力が働いて作り出した効果、といった意味だから、「力の」と補っておいた。つまり「恵みの賜物」や「霊の賜物」と実質的には同じ意味に用いられる。現に一〇節ではパウロ自身がこの語を「恵みの賜物」と同義語に用いている。

7 顕れ　それぞれの人が何か長所をもって働くのは、自分の能力というのではなく、「霊」が顕れていることなのだ、という考え。実質的には「霊の賜物」と同じ意味。

役に立つため　ルターは「みんなの役に立つため（zum gemeinen Nutz）」と「みんな」という語を補って訳してくれた。この表現（der gemeine Nutz ないし der gemeine Nutzen）はすでにルター以前から、自由を求める都市市民の標語となっていた。封建支配に対して自治・自由を求めて立ち上がった都市市民は、自分たちの都市社会の理想を、すべての市民がそれぞれ互いにみんなの役に立つように生きる、というところに置いた。これが農民戦争（農民と都市市民が封建支配に対して自治・自由を求めて立ち上がった）の標語にもなる。「公共の福祉」という、現代日本の自民党・官僚支配の社会ではまるで手垢にまみれて奇妙な意味にされてしまった表現は、ずっと遠く大元をたどれば、この der gemeine Nutzen の訳語である。みんながお互いに他のすべての人々のために生きる、という。

さてしかし、パウロ自身はもっとはるかに狭く、「役に立つ」という語をここでは「教会全体の役に立つ」という意味で使っているだけであろうか。だからティンダルはルターのこの訳を to proffit the congregacion と書き直した。ティンダル訳では「教会」は congregation と呼ばれる。ルター、ティンダル訳が伝統となって、たとえば口語訳（＝新共同訳）も「全体の益になる」と「全体の」という語を補って訳している。

9 信　前節の「知恵の言葉」と「知識の言葉」をどう区別するか、などと議論しても、あまり生産的ではないが、この「信」は問題である。これを「信仰」と訳すと（口語訳＝新共同訳）、すべてのクリスチャンが「信仰」を持っていることになっているのだから、この個所のように特定の信者にだけ「信仰」が「霊の賜物」として与えられていると言うのは、奇妙なことになる。それで、この場合の「信」についてはいろいろ議論が生じる。多くは、一三・二に「山をも移すほどの信」とあるのをふまえて、特別に水準の高い信仰、奇跡を起こすほどの信仰、と解している（コンツェルマン、エルサレム聖書、ほか多数）。しかしそうすると、パウロは特別に水準の高い「信仰」とそうではない月並な「信仰」を区別していた、ということになり、これまた奇妙である。要するに、ここでパウロの言わんとすることはよくわからない、というのが正しい結論か。少なくとも「信仰」と訳していいかどうかわからない、というのは確かであろう。

霊において　八節では「霊によって」（前置詞 dia）と言われ、それを続けて「霊に応じて」（前置詞 kata）と言い換え、更に九節では「霊において」（前置詞 en）と言われている。パウロはその三つを微妙な意味の違いを意識して使い分けているのか、それとも単に同じ表現をくり返すのを避けるためだけに前置詞を変えてみたというだけのことか。口語訳（＝新共同訳）は全部「霊によって」に統一して訳しているが、もしかするとパウロが意味を使い分けているかもしれないのだから、一応訳し分けるのが正しかろう。

10　**力の作用**　ここでは「作用」という語にパウロ自身はっきりと「力の」という形容語をつけている（六節の註参照）。意味するところは、奇跡を起こすほどの力ということか。

霊（**複数**）**の判別**　おそらく、いろいろな「霊」の現象があるが、それが神の霊によるものか、悪霊によるものかを判別する力、ということ。何せ古代人であるから、よくわからない現象をすべて「霊」による現象だと思っていた。

さまざまな舌　伝統的な日本語訳では「異言」と訳してきた。つまり、舌を用いてさまざまな種類の、言語以外の音声を発すること。おそらくは、宗教的集会の場において熱狂して恍惚境におちいり、わけのわからない奇声を続けて発する状態をさしている（詳しくは一四章参照）。コリントス教会では集会の時にこういう音声を発することが流行したようである。もっとも、流行したということは、意図的にそれを真似して、自分も「舌で語った」と自慢する者が次々に出て来たということだから、本当に恍惚境におちいったのは最初の一人だけかもしれない。そういう奇声を発する者がいると、わけ知り顔に、自分はこの人の発している「舌の発声」の意味するところを理解できた、としゃしゃり出て解説する者まで現れる（舌の解釈）。

12　**肢体はすべて数は多いが**　「すべて」と「多い」は論理的に整合しない。パウロが言いたいのは単に「肢体は数が多いが」ということだろう。

13　**飲ませてもらった**（＝新共同訳）　口語訳は「飲んだ」だが、「飲ませる」という動詞の受身であるから、新共同訳の方がいい。まあ、同じようなものだが。

23　無価値、価値　口語訳「見劣りがする」「見よくする」、新共同訳「格好が悪い」「格好よく」。この単語(timē)、基本の意味は「価値」である。それが抽象的な意味に転化して、「栄誉」「名誉」という意味に用いられる場合もあるが、いずれにせよ単なる見た目の格好ではない。この場合は特に、基本の語義どおりに訳して極めてぴったり意味が通じるところであるから、こういうところを無理に誤魔化すことはない。

価値を付与する　「付与する」と訳した動詞の本来の意味は「まわりに付ける」「まわりを覆う」である。そこから派生して「着せる」という意味にもなる。それで口語訳は「ものを着せていっそう見よくする」と訳した(新共同訳もその点は同じ)。しかし原文には「ものを」などという語はない。どうしても「着せる」と訳したければ、「価値を着せる」と訳す以外にない。しかしそれでは文になるまい。それで口語訳は一つの動詞を二度訳して、「(ものを)着せて……(見よく)する」としてしまったのである。しかし一つの動詞を二度訳してはいけない(新共同訳も同罪)。そもそもこの動詞は比喩的な意味でもよく用いられ、その場合は「着せる」ではなく単に「付与する」という意味である。従って「価値を付与する」でごく当り前に通じる表現である。口語訳は「価値」という語を単なる「見栄を作ること」だと勘違いしたせいで、このように次々と無理に文を変形せざるをえなくなったのだろう。しかし口語訳がこういう無理をしたのは、多分、パウロの下手な比喩に引きずられてしまったせいもあろうか。つまりパウロは身体と肢体の関係を比喩として用いて、教会の一致を説こうとしているのであるが、比喩の使い方が下手だから(これは多くの聖書学者が指摘なさることである)、無理をして比喩をひっぱりすぎた。眼や足の比喩を語っている間は、その論理は身体そのものにも教会の構成にもあてはまる。けれども、この個所になるとパウロはもはや人間の肉体のことを考えているわけではなく、教会の人々がそれぞれ違う役割を負っていることの意味だけを説こうとしている。そうすると、一見無価値なつまらない仕事をまかせられている人たちにこそ、我々は価値を付与しなければならない、という説教として聞けば、この話はすんなり通じるが、肉体そのものの話だと、これはもう事実に合致しない。口語訳、新共同訳みたいに文を作り変えてしまったら、陰部のまわりにだけ特に美しい飾りをつけて飾り立てる、なんぞという意味になってしまう。そんな人間はいいない。

格好悪い　新共同訳は右の「無価値」という語を「格好が悪い」と訳してしまったものだから、こちらの語の訳に困って、「見苦しい」などとしてしまった。しかし、この語は「姿、形」という名詞の前に否定の接頭語の a- をつけた形容詞であるから（aschêmōn）、こちらこそ「格好が悪い」と訳さないといけない。それに「格好悪い」のと「見苦しい」のとではだいぶ話が違う。

格好悪い部分が実はより良い姿を持っている　これまたこれが直訳（「持っている」）。これを新共同訳（口語訳も同趣旨）のように「見苦しい部分をもっと見栄えよくしようとします」と訳すと、右に指摘したようにそもそも本当に「良い姿」だと言っているものを、単に「見栄え」だけの問題にしてしまっている点でよくないが、加えて更に、これでは主語が「我々」になってしまって、本当は「見苦しい（格好悪い）」部分に我々がものを被せて格好よく見せようとしている、という意味になってしまう。しかし原文の動詞（「持っている」）の主語は「格好悪い部分」だから、パウロが言わんとしているのは、一見「格好悪い」と思えるものこそ、本当はみずから「良い姿」を持っているのだ、ということである。これは、教会の人々のことを考えれば、十分に理解がつく。「格好が悪い」と思われる役割を担っている人々は、本当は格好が悪いのではなく、実は、その人たちこそ一番立派なのだ、と。これを新共同訳のように訳すと、教会の中の、本当は格好の悪い人たちを、そのままではかわいそうだから、我々がその人たちのことも誉めてあげましょう、という、かなりおこがましい意味になってしまう。おためごかしの親切心。

24　**一体化させる**　口語訳「調和を与える」、新共同訳「(体)を組み立てる」。新共同訳が最もずれている。口語訳もややずれる。原語の動詞は「まぜる、こねる」という意味の動詞（kerannymi）に「ともに」を意味する接頭語（syn）をつけたものである（直訳は「まぜあわせるものだ」）。この動詞は、葡萄酒と水をまぜたり（まぜるのなら、分離しないように、全体をまぜあわせるものだ）、パンの粉をこねたり（小麦粉にパン種その他を入れてまぜあわせる時には、それぞれの要素を別々に「組み立て」たりはしない。全体が一つに融合するようにまぜあわせるものだ）、陶器を作る時に粘土をこねたり（ここから現代語の céramique 等が出て来る）する動作を意味する。それを更に、一体化させる意味を強調するために「ともに」という接頭語をつけて強調しているのである。

価値を与え　神は実際に与えているのである。本当は価値がないのに、見栄えだけ飾って上っ面を整えてくれた、などという意味ではない。これを口語訳のように「いっそう見よくして」と訳すと、表面的な見栄を飾る意味に取られかねない。新共同訳の「いっそう引き立たせ」はもっとよくない。

25 **配慮する**（＝新共同訳）　これが直訳。口語訳は「いたわり合う」。「配慮する」ほうが「いたわりあう」よりもずっと積極的。

26 **栄光が与えられる**　この動詞はほかではこう訳す（能動なら「栄光を帰する」）のだから、ここも同じに訳した方がいい。口語訳（＝新共同訳）の「尊ばれる」でもこの個所の訳としては通じるが、それでは他の個所と同じ概念だということがわからない。

28 **まず使徒となし**　原文は「一方ではまず使徒となし……」とある。「一方では」という語（men）は普通は必ず後に「他方では」を意味する語（de）が続く（これは軽い語）。しかしここではその代りにもう少し意味の強い「それから」（epei）を置いた。「一方では使徒、預言者、教師」、「それから力ある業、治癒の賜物……」ということ。多分このように分けているせいで、「使徒、預言者、教師」までは人を指す語を用い、「力ある業」以降は事柄を指す語を用いているのであろう。これを口語訳（新共同訳も同趣旨）のようにすべて「者」をつけて、「力あるわざを行う者」等々と訳すと、微妙な違いが無視される。つまり「使徒」とか「預言者」は職責上定まった人を指すのだが、「力ある業」等々は別に特定の人物に限られるわけではなく、どの信者でも行なう可能性のあることとである。

援助（＝新共同訳）　口語訳のように「補助者」と訳すと、主たる仕事をする人物に対する助手的存在の意味に誤解されるおそれがある。ここは、困っている人を助ける仕事。

舵取り　組織体における管理の仕事を船の舵取りにたとえる語法は、非常に多く見られる。従ってこれを「管理」と訳してもいいのだが、もとの単語の雰囲気を尊重した。

さまざまな舌　一〇節の註参照。

30 **舌で語る**　二八節（及び一〇節）の「さまざまな舌」をよりていねいに言うとこの言い方になる。舌で語るのなら言語ではないか、とお思いになるだろうが、これはこういう場合の特殊な言い方で、ろれつのまわらない舌で、言語にはならない音声を発することを言う（一〇節の註参照）。

31

解釈する　一〇節の註参照。

一二章全体を通じて営々と築いてきた論理が、最後のこの一句でけしとんでしまっている。つまり、身体の比喩を中心にパウロはここまで、それぞれが違う賜物を神様からいただいているので、ちょっと見には格好良いものも格好悪いものもあろうが、それぞれが大切なのであって、神様はそれぞれに「価値」を与えて下さっているのだから、より立派な賜物とか、より劣った賜物などと差別しないで、みんなでそれぞれの力を出しあって協力するがよい、という説教を続けてきた。ところが、この最後の句を字義どおりに読めば、信者はみな「より大きい賜物」つまりよりすぐれた賜物を実現するよう努力せよ、ということになって、より劣った賜物にとどまっていてはいけないよ、という意味になるからである。もちろんパウロ自身はこの矛盾には気がついていないのだろうが、説教好きの陥りやすい自己矛盾である。

第一三章

この章全体（いわゆる愛の讃歌）について　この章はいろいろな意味で異質である。まず、パウロ的でない言葉遣いが多い。単に、他では用いない単語が多く出て来るというだけでなく、文法的にもパウロが他では使わない構文が出て来る。また、個々の理念もあまりパウロ的とは言えないものが多い。加えて、一二章と一四章は同じ「霊の賜物」の問題を論じているのに、間にはさまった一三章はその問題とはまったく関係がない。いかにも強引に一二章と一四章の間に割って入ったように見える。

そこで、一三章はパウロが書いた文ではなく後世の挿入だとか（後世と言っても、現存のすべての写本でこの位置にはいっているから、写本が多く作られる以前の話）、あるいは、パウロが別の時に書いた文章（若かった頃の作文？）が何らかの偶然でここにまぎれこんだとか、あるいは、パウロ自身が自分の昔の作文をここに挿入したのだとか、いろいろ学説が出て来る。もっとも、パウロはこの場合に限らず、毎度おなじみ、突如として話があっちに跳んだかと思うと、また突如としてもどってきたりするから、こういう一貫しない書き方こそまさにパウロ的なのだ、という説明もありうる。ただし、この最後の説の場合は、一二章、一四章とのつながりの悪さは説明できるが、個々の語句、構文、理念が非パウロ的であることの説明はできない。今までのところ、この一三章についての納得のいく説明は提供されていないし、多分無理だろう。詳しくは『概論』参照。

31 ネストレは、三一節を二つに切り離して、後半を一三章の方につけている。従ってここではそれに準じて訳した。まあ、諸写本の状態に応じてネストレの編集者がそう判断したのだろうから、それを尊重するのがよかろう。また論理的にも、三一節後半は一三章の方につけた方がいい。ただし、もしも挿入説を採るのなら、編集者がこの位置に愛の讃歌を挿入するためにつなぎの句として三一節の全体を自分で作文した、ということになろうか。

1 **人間の舌で語る**　もしも一二章とのつながりを頭に置いているのだとすれば、恍惚境の発声。その場合、これは単に人間が語っているのでなく、天使の舌が語っているのだ、と解されたことになる。しかし一三章を一二章と無関係に読むとしたら、どんなにすぐれた人間の言葉や、それどころか天使の言葉を語ろうとも、というだけの意味。

鉢（chalkos）　別に音楽用語ではなく、一般に用いられる鉢。ふつうは青銅。大きな青銅の鉢を神殿などに置いて、それを叩いて音を出していた。

シンバル（kymbalon）　この語がそのまま後世の楽器の名前となった。形態もほぼ同じようなものだっただろうと思われる。現代の楽器でもこれは上手に鳴らさないとただのやかましい雑音にしかならないが、まして古代の神殿などでこれをグヮングヮン鳴らされたら、うるさくてやりきれなかっただろう。

なってしまった　文語訳聖書の「愛なくば鳴る鐘や響く鐃鉢の如し」というせりふで覚えておいでの方が多いだろうが、直訳は「なってしまった」。

2 **預言を持ち**　ふつうは「預言する」という一単語の動詞（prophēteuō）を使う。この個所でパウロがどうしてわざわざ二単語で「預言」を「持つ」という言い方をしたのか、わからない。こういう点が一三章は文体的にもパウロ的でないと言われる理由の一つ。「預言する能力を持つ」の意味だなどと註解書などでは説明しているが、それで正しいのかどうかも、わからない。

山をも移すほどの信仰　ここでパウロが意識的にマルコ一一・二三（＝マタイ一七・二〇）のイエスの言葉の伝承を頭に置いて言っているのかどうか、不明。もしも意識しているのだとすれば、パウロはイエスの言葉の伝承に対してかなりな対抗意識を持っていたことになる。なおたいていの註解者はこの表現を「山を動かす」ほどの奇跡を生ぜしめる信仰という意味に解し、パウロはここで奇跡信仰を批判しているのだ、と結論づける。しかし、「山を動かす」を単なる奇跡の意味に解していいかどうかもわからない。むしろ単に信仰の大きさを比喩的に述べているだけの表現と解する方が素直だろう。いずれにせよこれは人間が持つ宗教心のことであるから、「信（ないし信頼）」と訳すよりは「信仰」と訳す方がいいだろう。

信仰をすべて　ここではパウロは（ないしこの文の著者は）、「信仰」を量化して考えている。一つ二つの信仰ではなく、どの信仰もこの信仰もすべて、という意味（その点でもこれはあまりパウロ的でない）。従って新共同訳の「完全な信仰」という訳はだいぶ意味がずれる。「すべて」と「完全な」は同じではない。

3　財産　「ある、存在する」という意味の動詞の現在分詞中性複数（ta hyparchonta）を「財産」の意味に用いている。これはこの時代のギリシャ語ではごく普通の用法だが、パウロは何故かこの表現をほかでは用いない。一三章がパウロ的でないと言われる理由の一つ。

人に食べさせるために提供し　原語はこれ全部で一語の動詞（psomizō）。psomos という名詞から作られた他動詞である。psomos ないし特にその指小語（psomion）は食べ物の小片、特にパンの小片などに用いられる（これを「パンくず」と訳す人がいるが、「くず」ではなく、食べやすいように一口分にちぎったパンのかたまりである）。そうすると、psomizō はそれを他動詞にしたものだから、理論的には、食べ物を小さくちぎって小児などに食べさす、そこから「誰それに何々を食べさす、提供する」の意味か、あるいは、「小さくちぎる、ちぎって捨てる」のどちらかの意味になると推定される。ただし前者の用例は多く見られるが、後者は理論的にそういう意味もありうるだろうという想像で、実際の用例は見られない。後者ならば、全財産をちぎって捨てる、つまり財産を放棄して禁欲的に生きるの意味になるだろうか。前者ならば拙訳のようになる。まあ、後者は用例が見られないのだから、前者の意味にとるのが無難だろう。口語訳の「全財産を人に施し」はどちらの解釈に立っているのかすっきりしないが、まあ我慢できる程度。新共同訳のように「全財産を貧しい人々のために使い尽くそうとも」はいくらなんでも補いすぎ。「貧しい人々のために」とはどこにも書いてない。「尽くす」と補ったのも無用な強調。翻訳と称してここまで勝手な作文をしてはいけない。

身体を焼かれるためにわたす　殉教の死。

4 **善良である、愛は**　ごく素朴な交叉語法（chiasmus）である（主語＋動詞の語順で書いたら、次は動詞＋主語の語順で書く。それによってレトリック的な色あいをつける）。古代ギリシャ人は（ラテン人も）、交叉語法を好んだ。なお口語訳（＝新共同訳）は「善良である」を「情深い」と訳しているが、そう訳すならむしろ「慈悲深い」にするか。しかし基本の意味は、他に対して善意をもって接すること。

大言壮語せず　今日知られている古代ギリシャ語の文献（断片的な碑文、パピルスまで含めて）でこの動詞（perpereuomai）を用いているのは、第一コリントス書簡のこの個所がはじめてで（後世には時々出て来るが）、新約聖書でもここだけである。従って、本当のところ正確な意味を確定することはできない。まあ、perperos（法螺吹き）から派生した動詞だから、「大言壮語する、針小棒大にふくらませてものを言う」といったような意味にとって間違いではないだろう（エルサレム聖書 ne farfaronne pas）。

ふくれ上がらない　四・六の註参照。

5 **さまにならないことをせず**　七・三六にも同じ動詞が出て来た。一二・二三で「格好悪い」と訳した形容詞の動詞化。

すぐに怒ることをせず　直訳は「怒らされることなく」。「怒らせる」という動詞の受身。つまり人に挑発されて怒らさせられても、それにのって怒ったりしない、ということ。それで「すぐに」と補ってみた。口語訳（＝新共同訳）は「いらだたない」と訳しているが、やや違う。

悪を数え上げない　「数え上げる」という語は、商売用語なら「決算する」という意味。つまり相手が自分に対してなした悪（損害）を数え上げて、その分だけちゃんと返しなよ、という意味。従ってここは、相手が自分に与えた損害をいちいち気にしない、ということ。口語訳（＝新共同訳）の「恨みをいだかない」は意味が狭すぎる。

6　**ともに喜ぶ**　どこかに真実があれば、それが自分自身には直接関係しないことであっても、その真実を持っている人たちと一緒に喜ぶ、ということ。従って口語訳（＝新共同訳）のようにこの「ともに」を省略してはいけない。

7　**ゆずる**　お先にどうぞどうぞ、という態度。人様を先にたてる、ということ。従って口語訳（＝新共同訳）のように「耐える」と訳すとだいぶずれる。

8　**倒れない**　これではちょっと意味が弱いと思ったのか、かなり多数の写本（後世のもの）が「倒れる」という動詞に接頭語をつけて「倒れ去る」としている。それなら新共同訳のように「滅びない」と訳すことができよう（しかしもちろん新共同訳はネストレ新版＝アメリカ版の本文をお訳しになったはずだから、それなら間違い）。もっとも「倒れない」でも意味は同じである。

止む　この節の二個所及び一〇節は同じ動詞（katargeō）。他の個所では我々はこの動詞を一貫して「無効にする」と訳してきたが、ここは自動詞的意味の受身だから、「無効にされる」では日本語としてさまにならないので、「止む」にしておいた（直訳は「働きを停止させられる」、一・二八の註参照）。口語訳の「すたれる」も良い訳。

11　節の前半は一人称複数で、後半が一人称単数。しかしこのように一人称の複数と単数を混在させるのは、パウロの場合毎度おなじみ。この場合はどちらも一般論的意味。

止めた　八節以下の「止む」と同じ動詞だが、こちらは能動。

12　**鏡をとおして**　私は子どもの頃この文を暗記させられて、意味がわからなかった。鏡というのは、像をはっきりとそのまま映し出すものだと思っていたからである。しかし古代の鏡は、おぼろげにしか像を映さない。ここはつまり「よく見えない」の意。

確かに認識されている　ふつうはこの受身形には「神によって」を補って読むことになっている。私もそれがいいと思う。今でも神は我々のことを完璧に認識している。終末になったら、我々もまたそれと同じようにすべてのことを確かに認識するようになるだろう、ということ。

確かに認識する　「認識する」（gignōskō）という動詞に強調の接頭語（epi）がついている。この接頭語はほとんど意味をなさない、という意見もある。それなら、単に「認識する」と訳す。本当に強調の意味だとすれば、「確かに認識する」とか「十分に認識する」とか訳す。

私も確かに認識する　「（神によって）確かに認識される」の方は明瞭に受身形だが、こちらは形だけからすれば受動相か中動相かわからない。ふつう他動詞の意味ならこの動詞は能動相を用いるから、中動相を単なる他動詞の意味にとるのは違和感があるが、しかし、これを受動相ととると意味が通じないから、この場合は他動の意味の中動相と解して、「認識する」と訳した。ほぼすべての訳者がそうしている。

13　残る　これが直訳。消え去らずに残るのであるから、「いつまでも存続する」（口語訳。新共同訳もほぼ同様）と訳しても間違いではないが、やや大袈裟。

ちなみに、岩波訳は一三章の途中に図を挿入し（どうせ入れるのなら九章の終りに入れればいいのに）、「ギリシアの競技場の平面図」なるものを掲載している。この個所に限らず無用な写真、図版がやたらと多い。無用でも飾りみたいなものだから、どうでもいいが、どうでもよろしくないのは、極めてあきれたことに、出典をのせていない（この個所に限らず大部分そうである）。他人の描いた図を黙って借りてくるのは、盗作というものだ。もういい加減に日本の著者たちは図や写真について（文章はもちろんだが）、この種の盗作行為をやめるべきだろう。

第一四章

1　愛を追い求めよ　もしも一三章が何らかの意味で挿入であるのならば、この句もまた、その挿入部分を一四章につなげるためにつけ加えられたものであろうか。

預言する　もちろん未来のことを予言するという意味ではない。旧約聖書以来の伝統的な意味で、神によって預けられた言葉を語るという意味。もっとも旧約では、わけのわからない音声を発することも「預言」のうちに数えられる場合もあるが、この個所では神によって与えられた言葉を理解できるように語る、ということ。

2　聞く人はおらず　舌で異様な発声をすれば、もちろん誰にも聞こえるので、「聞く人はおらず」では間違いだから、「だれにもわからない」と意訳（異訳？）しよう、という訳があるが（口語訳、新共同訳ほか）、それで誤訳ではないだろうけれども、ややピントがずれる。そんなものに耳を傾ける人はいない、ということ。

霊に対して　単なる与格。この与格は「霊によって」と解することもできる（新共同訳）。もしもこの表現だけなら、そう解する方が意味が通じる。その場合は手段道具の与格と解することになる（「霊に」の与格の使い方についてはガラティア五・五の註参照）。しかしここは直前に単なる与格で「人間に対して」「神に対して」ときて、続けて「霊に」と言うのだから、これも「霊に対して」と解する方がいい。しかしいずれにせよパウロおなじみの調子のいいだけの省略表現であるから、厳密な意味を定めようなどというのは無駄な努力である。

3　呼びかけ　この語（paraklēsis）については第一テサロニケ二・三の註参照。

励まし（paramythia）　口語訳（＝新共同訳）は我々が「呼びかけ、励まし」と訳した二つの語を「励まし、慰め」と逆さまに訳している。しかし後者は「慰め」というよりは、はっきりと「励まし」の意味の語。口語訳（＝新共同訳）は paraklēsis（及びその動詞形の parakaleō）に一貫した訳語をあてることをせず、そのつど前後関係にあわせて適当な訳をつけている（口語訳がそうしたというよりも、そのアンチョコであるRSVがそうしているのを真似たもの）。その結果RSV等は、この個所では訳語に困ってしまった。paraklēsis の方を「励まし」と訳したものだから、本来「励まし」を意味する paramythia の訳語に困ったのである。それで、paramythia の方を「慰め」にしてしまった。他の個所では paraklēsis を「慰め」と訳しているくせに。もうちょっとそのつど正確に語義を考えてくれないかしらん。少なくとも訳語を統一する配慮がほしい。paramythia は、この名詞形ではこの個所にしか出て来ないが、動詞では第一テサロニケ二・一二と五・一四に出て来る。そのどちらもRSV＝口語訳は encourage（励ます）と訳している。

4　教会を建てる　もちろん教会堂の建物を建てるの意ではない。この時代ではまだ「教会」の語が建築物を意味することはなかった。「信者たちの集り」の意。それをよりしっかりした信仰へとむかって建てるということ。

7　生命のないもの　口語訳はこの語をぬかしている。省略しても別に意味に変りはないからどうでもいいようなものだが。

10　言語　「声、音声」という意味の語だが（phōnē）、「言語」の意味にも用いる。ギリシャ語では「言語」を意味する語が二つある。一つは「舌」（glōssa）という語（現代フランス語等と同じ）、一つはこの「音声」という語。「言語」の意味では glōssa の方がよく用いられるが、phōnē も結構よく用いられる。ここでは多分、前後関係で「舌」という語を違う意味で用いているから、phōnē の方を「言語」の意味で用いたのであろう。

音韻のないものはない　右の「音声」という語に否定の接頭語をつけて形容詞にしたもの（aphōnos）。従って「言語のないもの」と訳すこともできる。しかしここは主語が「言語」だから、そう訳すと、「言語のない言語はない」という文になって、奇妙である。それでコンツェルマンなどは「言語のない民族は存在しない」という意味だろう、と説明しているが、苦し紛れの説明である。原文には「民族」などという語は出て来ない。むしろこれは読んで字の如く、「音声のない」という意味に解すればすっきりわかるし、この前後関係にもよくあう。すなわち「音声」という語は単なる「音」ではなく、言語的に明晰な音声、つまりいわゆる分節された（articulē）音声を指す。わけのわからぬ音ではなく、言語として一音一音区別される音。つまりここは言語的に分節された音韻のない言語はありえない、ということ。

これを口語訳（＝新共同訳）は「意味のないもの（言語）は一つもない」と「訳」している。しかしこれまた原文を訳したわけではなく、RSVの英語訳（none is without meaning, ないし欽定訳＝ティンダル without signification）を訳したもの。ともかく、ギリシャ語の原文を訳すという看板を出しながら、英語訳からの重訳ばかりおやりになるのはおやめ下さらないかしらん。phōnēという語にはもちろん「意味」などという意味はなく、従ってaphōnosに「意味がない」などという意味はない。

11　言語の意味　こちらは本当に「意味」という意味。直訳は「言語の力」だが、「力」という語（dynamis）は、すでに古典ギリシャ語以来、言語に関しては「意味」という意味で用いる。

私にとっても　直訳は「私において」であるが、「において」（en）は、新約ギリシャ語ではたまに単なる与格の意味に用いられることがある。ほかに第二コリントス二・一五（我々はそこでは「人々の間」と訳したが、この「間」は「人々にとって」の意味に解しうる）、など。バウアーのenの項目のⅣ4参照。

野蛮人（barbaroi）　周知のようにこの語はギリシャ語人間が非ギリシャ人（ないしギリシャ語、ギリシャ文化を生きていない者たち）を軽蔑して呼んだ語であって、「バルバル」は擬声語（わけのわからない音声）。しかしこの場合には軽蔑語というよりは、単語そのものの意味で、わけのわからない言語を語る人々の意味だろう。従って、新共同訳のように「外国人」（口語訳は「異国人」）と訳すのはよくない。そもそも近代国家成立以前のことについて外「国」人という概念を用いるのは無理であるが、当時のヘレニズム社会においては、出身民族が異なってもギリシャ語を話す者は大勢いた。

12　霊に関して　「霊」は複数。ふつう「聖霊」の意味の時は単数であるし、ここは「霊」そのものについてではなく、「霊の賜物」についての話であるから、多分パウロは「霊の賜物について」（pneumatikōn）と言うべきところをうっかり省略して「霊について」（pneumatōn）と言ったのだろう、とふつう説明される。まあ、そうだろう。

教会を建てる目的　多くの西洋語訳（口語訳、新共同訳はそれに順応）ではこれを「より豊かになる」にかけ、その「より豊かになる」を「求めるべき」の目的句ととっている。すなわち「あなた方は教会を建てるためにより豊かになることを求めるべきである」。どちらもありうるし、どちらでも同じことだが、私の訳の方が原文の構文により素直であろうか。

より豊かになる　何の変哲もない自動詞（perisseuō）。ところが口語訳はこれを「豊かにいただく」と訳してしまった（新共同訳も「豊かに受ける」）。原文にはどこにも「受ける」だの「いただく」だのという語はない。どうして口語訳、新共同訳はこういった具合にすぐに原文にない「いただく」だの「受ける」だのという語をつけ足して、安物有難や宗教にしてしまうのだろう。

14　すなわち　毎度おなじみの gar（第一テサロニケ一・九の註参照）。この書簡でもやたらと多い。この章の前半はパウロにしては非常に少ない方だが、それでも一一一九節で四回出て来る（二、八、一四、一七節。しかし二六―三六節だけで更に四回）。写本家の中には、この個所まで gar を用いるのはいささかくどすぎると思った者が多かったのだろう。ここではこの語を削除している写本が多い。

理性（＝新共同訳）　口語訳は「知性」。日本語の「知性」と「理性」の区別も曖昧だが、どちらかというとこは「理性」がよいか。原語は nous。二・一六で「叡知」と訳したのと同じ語。

16　素人（idiōtēs）　この場合何を意味するのかわからない。単語そのものの意味は「私人」だが、ふつうは「公に通じる知識を持っている人、玄人」に対して「素人」を意味する（第二コリントス一一・六は明瞭にその意味）。あるいは「無学な者」（使徒行伝四・一三）の意味にも用いられる。しかし、この個所（及び二三節）での語が何を意味するかは、いろいろ議論があるけれども、とどのつまりよくわからないというのが結論だろう。「舌で語る」ことなどしない大多数の信者たちを意味する、という説もあれば、教会には来ているけれども信者にはなっていない者たちという説もある。確かに二三節では明らかにその意味である。しかしそれなら単に「非信者」と言えばいいので、何故わざわざ「素人」などという言い方をしたのか、という問いは残る。いずれにせよここではあまり厳密な意味ではなく、何となくものをよく知らない者たちというだけの意味で用いているのだろう。偏狭な宗教信者によくある思い上がりで、自分たちの宗教集団に加わらない者を軽蔑して、あいつら、ものがわからない「素人」だ、と言っている。不愉快な言い方である。新共同訳はこれを「教会に来て間もない人」と訳しているが、少なくともそういう意味でないことだけは確かである。

の位置にいる者　直訳は「の場所を満たす者」。この表現自体、意味が定かでない。一応二説ある。一つは「位置（場所）」を物理的な意味にとって、「座席」と訳す（口語訳の「初心者の席にいる者」）。つまり、パウロ的教会では信者になった者と非信者とが座る場所が区別されていて、「舌で語」ったりすると、非信者の座席に座っている者たちには何がなんだかわからないだろう、という意味。しかしこの前後関係ではパウロは、「舌で語」っても、ほかの信者たちには理解できないのだから、「教会を建てる」ことにはならない、と言っている。理解できないのは非信者だけではない。加えて、この時代にすでに教会の中で信者の座席と非信者の座席を区別するなどというおぞましい慣習があったなどということは、他のどこでも証明されていない。加えて、「非信者の座席を満たしている者たち」という意味なら、当然複数形で書かれねばならないところだから、これが単数形である説明がつかなくなる。

第二の説は、これを物理的な座席の意味に取らないで、単に「そういう位置にいる者」と取る。その方が穏当な解釈だから、私も一応そう訳しておいたが、これも多分無理。つまり、その場合には「満たす」という動詞がいかにも奇妙だし、単にそれだけの意味なら、単純に「素人」と言えばよろしいので、「素人の位置を満たす者」などというもってまわった言い方をする必要はまったくない。もっとも、パウロという人は、簡潔に言えることをわざわざもってまわった言い方をする人なのだ、と主張するのなら、この説を採用することになるが、ふつうはパウロは簡潔に言おうとし過ぎて言葉を省略することの方が多く、このように不必要にもってまわった言い方はあまりしない。

というわけで、要するにここは何を意味するのか、当事者以外には理解不能な個所。

19　一万　四・一五の註参照。ここは数字の「五」との対照だから、はっきり「一万」。

20　考えること　もともとこの語（phrēn）は横隔膜を指した。周知のように古代ギリシャ人は人間の頭脳の働きのそれぞれをいろいろな臓腑に割り振って考えていた。横隔膜は心臓を支えるものであるから、ほかの言語では心臓の働きとされることがギリシャ語では phrēn の作用とみなされた。しかし感情的な側面ではなく、思考、感性の働きを指す。従って「思い」「感じ」を意味する。しかしホメロスなど古いギリシャ語ではともかく、後のギリシャ語ではこの単語を単独で「思い、感じ」の意味で用いることは減り、これを語幹とするさまざまな派生語の方が多く用いられるようになった。動詞にしたり（phroneō）、形容詞にしたり(phronimos)、事柄を表わす中性名詞にしたり（phronēma）、接頭語をつけて独得の意味にしたり（sōphrosynē）、ほかいろいろ。それで、新約ではこの語が生の形（phrēn）で出て来るのはこの個所だけである。従って本当のところこの個所の厳密な意味は定め難い（考え？　思い？　感じ？）。

21　引用はイザヤ書二八・一一―一二。イザヤ書は厳密には「律法」ではないが、ここでは「律法」の語で今日我々の言うところの旧約聖書の全体を指しているのであろう。ただしパウロの引用文は七十人訳とは大幅に異なっている。ヘブライ語原文はほぼ七十人訳と同じだから、パウロがヘブライ語原文から直接訳したとも言えない。ここではパウロは他の翻訳か、あるいはどこかのラビの解釈に依存しているのであろうか。あるいはまた、単なる引用ではなく、パウロがそれを自分で作り変えたのかもわからない。いずれにせよ、この引用文はこの前後でパウロが言おうとしていることと論理的にまるで整合しない。引用文は、神がせっかく「異なった舌の者たち」によって語りかけたのに、この民はそれを理解しようとしなかった、と言っているので、それに対しこの前後関係ではパウロは「舌で語る」ことはそもそも理解不可能なことだからあまりやらない方がいい、と言っているだけである。

23　ここでもパウロは単純な自己矛盾を犯している。すなわち二二節では、「舌で語る」などという非理性的な行為はまだ信者になっていない者たちに対しては効果があるだろう。彼らは水準が低いから、わけのわからないことを見て、びっくりして、感心するかもしれない。しかし信者にとってはそれは意味のない行為である、と言う。ところがすぐに続く二三節では逆に、まさにその非信者たちにとって「舌で語る」ことはわけのわからない無意味なことで、あきれてしまうだろう、と言っている。

素人　ここと続く二四節では「非信者」と並べられている。この場合の「ないし」（ē, 英語の or にあたる語）は「あるいは」の意味ではなく、現代西洋諸語でもそうだが、同じことの言い換えであろう（リーツマンほか註解者たちはそう取っている）。「非信者」というのはすなわちキリスト教に関する「素人」のこと、というのである。とすると一六節の「素人」も「非信者」の意味であろう（リーツマンほかは、二三、二四節の「素人」は「非信者」の意味であるが、一六節はそうではない、としている。しかし同じ話の前後関係でこの種の術語を違う意味に使うことは考えられない)。

24 **糾され**　これを口語訳は「良心は責められ」、新共同訳は「非を悟らされ」と訳している。もちろん原文には「良心」だの「非」だのという語はない。どうしてこれらの訳者はすぐに原文にない「良心」だの「非を責める」だのと説教がましい単語を持ち込みたがるのか。ここは続く「批判され」と同義語反復だから、単に「正しい判断を求められ」といった程度の意味。

批判され　二・一四で「判断する」と訳した語(anakrinō)と同じ。本来「批判する」と訳すのが正確(二・一三の註参照)。更に四・三以下参照。ここでは同じ語を「正確な認識を求められ」ぐらいの意味で用いている。ここでも新共同訳は「罪を指摘され」なんぞと「訳」している。いくらなんでもね。原文にはどこにも「罪」なんぞとは書いてない。

33 **平安**　ここではパウロはこの語を「秩序」と同義で用いている。

聖者たちのすべての教会でそうであるように　ネストレはこの句から新しい段落をはじめている。しかし節の数字からわかるように、十六世紀ではまだこの句は前の文につけて読んでいた(ルターやティンダルも)。すなわち「聖者たちのすべての教会でそうであるように、預言の霊は預言者に服従するものである。神は無秩序の神ではなく、平和の神だからである」と読む。それに対しネストレの切り方だと、「女が教会で黙っている」というのはパウロの知っているすべての教会でそうだった、ということになる。今日すべての註解書、翻訳がネストレの読み方を採用している。しかしそうすべき積極的な根拠は何一つないし、そうすべき理由をあげている註解書も一つもない。皆さん、当り前のことであるかのように、何の反省もなしにそうしているだけである。ここまで無反省に暗黙の了解が支配してしまった例もめずらしい。唯一ネストレ旧版が、この句を節の前半につけて読む意見もある、と註記している。十九世紀末に新約のギリシャ語テクストを編集発行したウェストコット・ホートが欄外にそう註記している、というのである(B. F. Westcott and F. J. A. Hort, *The New Testament in the Original Greek*, 1881ff; なおネストレのテクストが支配的になるまでは、ウェストコット・ホートが標準のテクストとみなされていた)。しかしネストレ新版はその註記まで削除してしまった。

しかし、もしもネストレの切り方に従って読むと、どうも奇妙なことになる。女は教会では黙っていなければならない、などという「慣習」（一一・一六参照）が当時のすべてのキリスト教会で通用していた、などという事態はちょっと考えられないからである。確かにパウロという人は自説を主張する時にはやたらと大袈裟な言い方をする人だし、こういう時は自分に都合のいいことだけを「すべての教会でそうだ」などと大袈裟に言い張る人だから、事実がそうであったかどうかという問題と、パウロが書いている文がどういう意味かは、必ずしも対応すまい。しかしこの場合はいくらなんでもどうだろうか。あるいはもしかすると、この時期のキリスト教会はまだまだユダヤ人出身の信者が大半をしめていたから、そういうところではユダヤ人的な男尊女卑が支配していて（パウロもその伝統をやたらと強く継承している一人）、女が教会で公に発言することなどなかったのかもしれないけれども。あるいは一一・一六でも、そちらは女の髪の毛の長さ（及び頭覆い）の問題だが、パウロは「そういう慣習は神の諸教会は持っていない」などと言い切っている。つまりパウロとしては、事実がどうであろうと、女がしゃしゃり出るのは教会的ではない、と言いたかっただけで、それを大袈裟に「すべての教会」だの「神の諸教会」だのと言い立てた、というだけのことか。

しかしいずれにせよ、ここの段落の切り方は全員一致でネストレの切り方を有無を言わさず支持しますなどというわけにはいかない水準の事柄である。少なくとも可能性は五分五分といったところだろう。我々としては、こういう無考えな全員一致に警鐘を鳴らすために、前の段落の方につけて訳しておいた。

34　女は教会では黙っているがよい……　この句を中心に、三三―三四節（ないし三三節後半―三六節）は後世の挿入である、という説がある。基本的な理由は、聖なるパウロ様がここまで露骨に女性差別的な発言をしたんじゃ、現代のキリスト教会にとって都合が悪いから削除してしまえ、ということだが、神学者たちはずるいから、そうとはっきり理由を言うことはしない。

唯一考慮に価する手がかりは、西方系写本（ＤＦＧおよび古ラテン訳の一部）が三四、三五節をこの位置に置かないで、四〇節の後に置いている、という事実である。そこからなされる推論は、もともと三四、三五節は原文にはなく、誰かが欄外に書き込んでいた書き加えが写本の過程で本文の中に紛れ込んだ、というものである。

これ自体はありうる現象である。欄外の註だから、本文のどこに組み込むか定かでない。それで、写本によって異なった個所に入れてしまった、というのである。ただし、この個所でこれが生じたとしたら、かなり早い段階であったはずである。西方系と他の写本の相違が生じたのは、基本的には二世紀のことであったと考えられるからである。

しかし、西方系写本（その元になった西方系の原本）が文章の下手なところに手を加えて修正する癖があるのは、よく知られた事実である。つまりこの写本家は三四、三五節を自分の用いた原本ではこの位置にあるのを読んだのだが、この位置よりも四〇節の後に置く方が論理的に辻つまがあうと思ってそちらに移した、という可能性の方がはるかに大きい。というよりも、この場合はそれ以外の理由は考えられまい。

何故なら、もしも他方でそもそも三四、三五節を含まない写本もいくつか存在するのであれば、欄外の註の闖入という仮説も説得力があるが、すべての写本がこの文を含む以上、やはりその説は説得力がない。これと形式的には似ているのがローマ一六・二五—二七だが、そちらはまさにその部分を含まない写本が一定数（重要な写本を含む）存在する上に、この部分を入れている諸写本の間でも、入れる個所が相互にまるでまちまちである。従って比較的後になって欄外に書き込まれた註が、それより後のいくつかの写本において本文に闖入したと考えられる。それに対し第一コリントスのこの個所の方は、西方系以外の重要な写本はみな一致してここに入れている。

この説の支持者は、この個所の「女は黙っていろ」という文が前後関係とつながらずに、突然挿入されている印象を受けるという。だから、この部分を削除すると、前後話がうまくつながる、と。けれども、その削除すべき個所について、この説の学者どうし一致しない。この説の支持者の多数は（コンツェルマンほか）、三三節後半—三六節を全部削除してしまえば、三三節前半から三七節にはすんなり話がつながる、と言う。三三節までと三七節はどちらも「預言」の問題について述べているからである。その点は確かにおっしゃるとおりである。けれどもこれらの学者は、話の出発点が西方系写本にある、ということを忘れておいでのようだ。西方系写本を手がかりにするのなら、削除すべきは三四節と三五節だけになる。そこで一部の学者（バレットなど）は、三四、三五節だけを削除すれば、三三節後半から三六節にすんなりと話が通じる、とおっしゃる。けれども、今度は、三六節が宙に浮く。三六節は三五節の続きとして読む方が、三三節前半の続きとして読むよりもはるかに意味が通じるからだ。だいたい、削除説を提案する時には、その削除によって、今まで話が通じなかったのが決定的に意味がすんなり通じるようになる、というのでないといけない。削除説を採用する学者どうしの間でどの部分を削除するか意見が一致しないというのでは、削除説として説得力はない。

それにこの二つの節は本当に前後関係と話がうまくつながらないのだろうか。そもそも一見前後関係とまるでつながらないことを突然言い出すのはパウロの癖であるから、それを理由に、この個所は後世の付加だ、などと言い立てるわけにはいかない。有名なのはこの第一コリントス書簡の七章。全体として男女の性的関係、特に結婚関係を論じている脈略の中で（一―一六節、二五節以下）、いきなり割礼の問題にはいり（一八―一九節）、更に奴隷解放の問題に移る（二〇―二四節）。その後また思い出したように結婚問題にもどる（二五節以下）。あるいは九章が八章と一〇章のつながりを乱している、等々。この種の例は他にも大量にあるので、あげだしたら、きりがない。もっとも、それぞれの場合にパウロなりの論理はある。七章の場合もパウロなりに話はつながっている。そして我々の個所の場合はもっとはっきり論理がつながっている。パウロは、教会での集会における発言の秩序について論じているのである。話の出発点は「舌で語る」問題である。話の骨子は、礼拝の秩序を守るために「舌」よりも「預言」を重要視せよ、ということだが（一―二五節）、そこから話を広げて、一般的に礼拝を秩序正しく守るように、と説く（二六―三三節）。そしてそうなればパウロたる者、女が人前で発言するなど秩序を乱す最たる事であるから、どうしても一言、女は教会では黙っていろ、と言いたくなった、ということだろう。その後、最初の件にもどって、「預言」についてもう一言結論を述べる（三九節）。このように、パウロ的には、実にみごとに論理は流れている。もちろん、その論理が読者にとって気に入るかどうかは、まったく別の問題である。

もとにもどって、もしもこの個所が前後のつながりを乱すとみなして、それを理由にこの個所を後世の挿入として削除しようというのであれば、同じ理屈で七・一八―二四も削除しないといけなくなる。ほかにも非常に多い。前述の一三章もその典型的な例の一つである。論理的には、一三章が後の挿入である可能性の方が、一四章のこの個所が挿入である可能性よりも桁違いに大きい。学者というのは、同じ理屈があてはまる個所にはすべて同じ結論を出さないといけない。それが無理なら、そもそもその理屈が無理ということなのだ。

もう一つ、この個所は一一・五と矛盾する、と論者たちは言う。一一・五ではパウロは「女は祈ったり預言したりする時には、頭に覆いをつけろ」と言っている。つまり女も頭に覆いをつけるなら教会で「預言する」ことを認めている。そうだとすれば、他方でそもそも女は発言するな、などと言うわけがない、というのである。しかしこれは屁理屈というものだ。

第一に、一一・五（及びその前後）で言う「祈ったり預言したり」は教会の中とは限らない。自分の家その他でも十分に可能である。これを教会の中の行為と限定的に解することはできない。

そして特に、第二に、もしもこれが教会の中の行為を指すと解しても、そもそももしも自己矛盾の一方を削除しないといけないのなら、パウロ書簡全体の少なくとも三分の一は削除しないといけなくなるだろう。この人はやたらと自己矛盾が多いのだから。その例は、この第一コリントス書簡の訳註を御覧になるだけでも、山ほど見つかるだろう。この個所のごく近くの例を一つだけあげるとしても、二二節と二三節は論理的には真向から反対である。そういう露骨な自己矛盾はすべてほっておいて、この個所だけを削除しろというのは通じない。加えて、それらの多くの自己矛盾とちがって、この個所はとても自己矛盾とは言えない。一一章ではパウロは、現に頭に覆いをつけずに「祈ったり預言したり」する女に対して文句をつけている。その個所でパウロが言いたいのは、頭に覆いをつけるなら、女が教会で発言するのは大いに結構、などということではない。そもそも発言するしないにかかわらず、女が人前に出て来る時には、頭に覆いをつけないといけない（一〇節）、という主張である。パウロとしては、コリントスの信者の女が人前で図々しくも頭に覆いもつけていない、というので腹が立った、というにすぎない。パウロというのは、そういう人なのだ。それで、一四章では更に追いかけて、そもそも女が発言すること自体を禁じよう、というところまで話をせりあげた。このパウロの姿勢は一貫している。これを自己矛盾と言い立てるのは、屁理屈というものである。

要するに、最初に指摘したように、これらの学者たちは、聖パウロがこんなおぞましいことを言ったのでは困るから、そういう厄介なせりふは聖書から削除してしまえ、と主張しているのである。しかし、そういうことをやるのなら、はじめから昔の聖書なんぞやめてしまって、御自分たちに御都合のよろしい現代版「聖書」を御自分たちの手でお書きになる方がましだろう。気に入ろうと気に入るまいと、パウロとはそういう人なのだ。多くの読者たちは、「女は黙っていろ」などとは、ずい分ひどいことを言うね、とあきれられるだろう。まったくね。しかしそれなら、このせりふはなかったことにしよう、などと誤魔化さずに、パウロというのは嫌な奴だ、と正直に認識なさればよろしい。それが事実なんだから。

多数の学者は（リーツマン、キュンメルほか）、まっとうに、この個所はもともとパウロが書いたものだ、と断定している。

37　主の掟　つまりキリスト（ないし神？）が定めた掟。ここのパウロは異様に張り切っている。第一に、「掟」という語（entolē）は新約では普通は旧約律法の個々の個条を指すのに用いる（ローマ一三・九、マタイ五・一九ほか多数）。あるいは旧約律法そのものを指す（ローマ七・八―一三）。パウロがこの語を用いるのはほかに第一コリントス七・一九だけだが、そこでは抽象的に「神の掟（複数）」という言い方で、おそらく旧約律法の精髄的なこと（多分ローマ一三・九と同じこと？）を考えている。それに対して「キリストの掟」という言い方はパウロの言葉遣いとしてはすでに異例である。新約で「キリストの掟」ないしそれに相当する言い方はヨハネ文書の独得なものの言い方（福音書一三・三四、一四・一五ほか、第一書簡二・三ほか）以外には出て来ない。あと新約中では最も後に書かれた文書の一つである第二ペテロ書簡（二世紀半ば近く？）に二度ほど出て来るだけである（二・二一、三・二）。その段階になってはじめてキリスト教の教えを旧約に対抗して「主（キリスト）の掟」と呼ぶようになったことが知られる。従ってこの個所でパウロが突如として一度だけ「主の掟」という言い方をするのはひどく目立つ。

なお口語訳（＝新共同訳）は「主の命令」と訳している。この語もまた強い意味で「命令」を意味する語の一つであるから、この個所だけならそう訳してよろしいのだが、ほかの大多数の個所では「掟」（ないし口語訳等は「戒め」）と訳しているのだから、そろえた方がいい。

第二に、特に、ここはパウロの非常に独自な、ひどく偏向した主張（女は教会では黙っていろ）を言いつのっている個所である。まあ、指しているのはそれだけでなく、一四章全体で記したことが頭にあるのだろうけれども、それもまた、教会に集ったら皆が「舌」でわあわあとわけのわからぬことを叫び続けるのではなく、礼拝の秩序を重んじるがよい、という内容である。内容的にはせいぜいのところ、自分としてはこういう提案をしたいと思いますが、といった程度のことにすぎない。いずれにせよ、これが「イエスの言った掟」であるわけがない。にもかかわらずパウロは何故こういう宣言をやたらと張り切って口にしたのか。

すでに七章で見たように、パウロはコリントスの信者たちから、あなたは自分個人の意見をこれがキリストの命令だなどと言い過ぎる、と批判されていた。だから七章ではパウロはそれに応えていささか慎重に、自分の意見と「主の指示」とを丁寧に区別しようとしたのである（一〇節、一二節、二五節）。しかしそのものの言い方はいかにも、うるさく言われたから仕方がないので区別してやるよ、と嫌々言い訳をしている雰囲気である。だからここまで来ると、そのことをもう忘れてしまったのか、あるいはもう我慢ができなくなって居直ったのか、ともかくここではもはや、自分こそが此の世でキリストを代表しているのだから、何が何でも、このパウロ様の言うことこそが「主の掟」なのだ、と居直ってしまった。多分、内容が教会での女性の発言に及んだから、ともかくひどい女性嫌いのパウロたる者、特にかっかとなって居直ったのだろうけれども、これでは七章での慎重な仕分けの態度もけしとんでしまう。更に第二コリントス五・一六参照。

40　形よく　これが直訳。「形」という語に「良い」という接頭語をつけて副詞にしたもの（euschēmonōs）。

第一五章

1　知らしめる　この語をこう訳すについてはガラティア一・一一の註参照。ここもガラティア書のその個所と同様、パウロがみずから看板にしている「福音」の内容を大上段にふりかぶって宣言しようという趣旨。この個所なら「知らしめる」という大袈裟な訳語でぴったり。

その中にあなた方も立っていた福音　新共同訳は「あなたがたが生活のよりどころとしている福音」。まさかね！　過去の意味の動詞（アオリスト形）を現在に訳すのもよくないが、「生活のよりどころ」なんてどこにも書いてない！　ここで言っているのは、あなた方はその福音信仰をしっかり保っていたということ。

2　前節からこの節にかけては、次々と副文が重なって、理解しにくいように見える。しかし素直に順に頭から読みおろせば、それほど難解な文ではない。私訳はほぼリーツマンやバレットと同じである。また欽定訳ほか古い時代のヨーロッパで伝統となっていた訳もほぼ同じ。すなわち前節の文頭で「あなた方に知らしめる」と宣言する。目的語は「福音」である。ここはパウロは非常に張り切って、大仰に宣言するところであるから、その「福音」という語に関係代名詞をつけて次々と説明的に言い換えていく。それは「すでに私があなた方に福音として伝えたもの」、「あなた方もすでに福音として受け取ったもの」、そして「それによってあなた方が救われることになる福音」。なおここまでは、文頭の「福音」以外は関係代名詞をくり返しているだけだが、日本語では関係代名詞が存在しないから、すべて「福音」とくり返しておいた。

こう並べておいて、パウロは次に文型を疑問文に変え、「いかなる言葉によって私があなた方に福音を伝えたことか」、と書き添える。文型的に変化させたが、頭の中ではずっと文頭の「福音」の説明が続いている。「福音を思い出しなさいよ。……私があなた方にいかなる言葉で福音を伝えたかを」ということ。それでパウロは一言嫌味をつけ加える。「思い出しなさいよ」と言ったけれども、「もしもあなた方が覚えているのならばね」とつけ加えたのだ。この人の性質として、そう一言嫌味を言ったら、更に輪をかけてもっと嫌味に走る、「もしもあなた方が無駄に信じたのでなかったとすれば（思い出せるだろ）」と。この人の文章の嫌味な癖が頭に入っていて、かつ、ごく素直に上から順に読みおろしてくれれば、ここはこのようにはっきりと文意が通じるところである。

なおここで「**覚えている**」と訳した動詞は「保つ」という意味の語だが、パウロは通常はこの語を伝承の記憶、保持の意味に用いている（一一・二参照）。忘れずに保持していること。

口語訳はまったく違って、「もしあなたがたが、いたずらに信じないで、わたしの宣べ伝えたとおりの言葉を固く守っておれば、この福音によって救われるのである」と訳している。しかしこれは露骨な改竄である。まず「覚えている」という動詞（katechō）を「守っている」と訳した。「保つ」だから「守る」と同じことだろうと勘違いしたのだろうが、この動詞に「命令を守る」などという趣旨の意味はない。パウロは八個所で用いているが（第一テサロニケ五・二一、第一コリントス七・三〇の「所有する」、一一・二とこの個所、第二コリントス六・一〇、ローマ一・一八、七・六、フィレモン一三）、いずれも「守る」などという意味ではない。口語訳の訳者は何でもかんでも「命令を遵守しなさい」というおぞましい精神の持ち主であるから、原文にそういうことが書いてないところまで、何でもそういうことにしてしまう。加えて、「もしもあなた方が守っているとすれば、また、もしもあなた方が無駄に信じたのでなかったとすれば」を、「あなた方が救われる」にかけた。これは文法的にまったく無理。文法的にはこの「もしも」は直前の「私がいかなる言葉で福音を伝えたか（を思い出すがよい）」にかかる。そしてそのように素直に訳せば、「もしも覚えているならば、思い出すがよい」というのだから、すんなり通じる。ところが口語訳のように「命令を守る」と訳してしまうと、意味が通じない。そこで口語訳は一つとんでその前の「あなた方が救われる」にかけることにした。このかけ方はそれ自体として無理だが、おまけにこれでは、もしも動詞を正確に訳すとすれば、「伝承をしっかりと暗記していれば救われることになる」という珍妙なことになってしまう。おまけに口語訳は「あなた方が無駄に信じたのでなかったとすれば」の「信じた」という動詞を現在形と勘違いし、「いたずらに信じないで」と訳してしまった。もちろんこれは本当は、「無駄に信じたのでなかったとすれば、ちゃんと覚えているだろ」という趣旨。

新共同訳の方は、さすがに、この動詞が「命令遵守」ではなく、伝承の記憶の意味だということは知っている。ところが、口語訳をその点だけ修正して、「もしも」のかけ方を口語訳どおり真似したものだから、まさに右で指摘した珍妙な意味をはっきり表明してしまった、「どんな言葉でわたしが福音を告げ知らせたか、しっかり覚えていれば、あなたがたはこの福音によって救われます」ですと！　これはもちろん原文を訳したわけではなく、ここでもまた悪名高き改竄訳たるTEVをお訳しになったのである（you are saved by the gospel if you hold firmly to it）。なおTEVは「保つ」を「記憶に保つ」の意味ではなく、口語訳的に「命令を遵守する」の意味にするために、hold の語をうまく誤魔化した。つまり欽定訳等々の英語訳では hold it fast となっているのを、英語では hold が他動詞と自動詞で微妙に意味が違うのを利用して、hold firmly to it としたのである。to の字一つ入れることによって、うまく誤魔化したね、という訳。新共同訳はその点にはひっかからなかったが、しかし、これを「救い」の条件にするという点で、ＴＥＶを真似してしまった。困ったことです。更に新共同訳は続く句を「さもないと、あなたがたが信じたこと自体が、無駄になってしまうでしょう」と「訳」している。これは単純な誤訳。原文は仮定法の結論文ではなく、条件文である（ＴＥＶでさえもここは unless it was for nothing that you believed と正しく訳している。新共同訳は英語の unless の意味のとり方を間違えたのである。ギリシャ語を訳しているはずなのに英語を誤訳したんだから、嫌になってくる）。

3　**第一に**　ほかのことよりもまず第一に、というなら、最も大事なこととして、という意味にもなるから、口語訳（＝ほぼ新共同訳）のように「最も大事なこととして」と訳したって間違いではないが（しかし口語訳はここもＲＳＶに追随、of first importance。ほかにもこう訳す人は多い、Lietzmann : als Hauptstück）、何もそこまで言うこともないだろう。字義通りには「何よりも最初に」という意味なんだから。

受け取った、伝えた　どちらも暗記した伝承の授受に関する術語。

書物に従って　この「書物」は複数形。旧約聖書の特定の個所が頭にあるというよりは、旧約聖書全体の趣旨に従って、という意味であろう。

4　**甦らされた**　これまでの日本語訳ではこれは「甦った」と自動詞に訳されてきた。しかしこれは明瞭に受身である。確かに日本語としてはこの章に一七回も出て来る「甦らされる」をすべてこのように受身に訳していたのでは、いかにも語呂が悪い。それで私も諸訳にならって「甦る」としようかとも思ったが、やはりこれはパウロにとっては要の言葉遣いの一つだから、いかに語呂が悪くても、正確にいく方がいいだろう。なお一七回のうち多くは現在形ないし現在完了形であって、その場合には形の上では受動と中動（自動詞的意味）の区別がつかない。従ってこれは中動だと言いたくなるかもしれないが、五二節の未来形は鮮明に受動であるし、これらすべての表現は一五節にある「神が甦らせる」を受身にしたものであるから、すべて受身であるとしか考えられない。なお、パウロのこの言い方については更に第一テサロニケ四・一四の註参照。

5　**……こと、……ことを**　この言い方で重ねていくのは、五節までである。六節以降は、構文上は別の文になる。

これは三節以降何節までが厳密に暗記された伝承の引用であるかを議論するために重要な事実である。五節までが定まった伝承であるという説が有力な理由の一つはここにある。

8　生れそこない　西洋語諸訳の伝統では（日本語でも）、「月足らずに生れた」と訳すことになっている（ルターの als einer unzeitigen Geburt を以後の諸訳が継承した）。しかしこの語（ektrōma）はふつうは流産、死産の場合を指す単語。「生れそこない」などという「差別語」を使うのはけしからんという御意見の方がいらっしゃるが、それは現代人の価値基準であって、古代人のパウロさんには通じない。

なおここでも、「生れそこない」などというひどい悪口は、パウロの「敵対者」がパウロに対して言ったのをそのままパウロがわざと使っているのだ、などという「学説」があるが、そんな証拠はまったくない。パウロは単に自己卑下して言っているだけである。もっとも表面上の自己卑下とは裏腹に、これはひどい排他的な自己主張である。つまり、復活のイエスが顕れたと言っている他のすべての人たちは、この話の流れからして、皆イエスの生前を知っている人たちである。イエスを直接知らない者で復活のイエスが顕れたのはパウロだけだ、とここでは主張している。そして「最後」というのだから、パウロは、復活のイエスは以後ほかの誰にも顕れていないよ、と宣言していることになる。

12　復活　「復活する」を意味する動詞は新約聖書では二つあり、普通は両者がほぼ同じ意味で用いられている。すなわち「起きる」という動詞（anistēmi）と「目覚めさす」という動詞である（egeirō）。念のため我々は前者を「復活する」、後者を「甦らす」と訳し分けることにしているが。しかしパウロは現存最初の書簡である第一テサロニケ書簡で一度 anistēmi を用いている以外は、一貫して egeirō を用いる。それも能動（神が人を甦らす）か受動（人が甦らされる）で。これは、パウロとしては、anistēmi を用いると自動詞になって、自分で自力で復活するという感じになるから避けたのであろうか（詳しくは第一テサロニケ四・一四の註参照）。ところが面白いことに、名詞形（復活）の場合は egeirō のもとにある名詞である egersis を用いることはせず、この個所でもそうだが、anistēmi の名詞形である anastasis を用いている。これはおそらく単に、egersis だと文字通り「睡眠から目覚める」の意味にしかならないから、それで避けたのだろうか。それに名詞形の場合なら自動、受動の違いを気にしないですむ。

言う人がいる　原文は複数。

19　**此の（世の）生においてキリストに希望を託した**　パウロの「希望」は終末論的救済の希望である。つまりこの句は、此の世の中でより良く生きられるように希望した、という意味（新共同訳）ではなく、滅びるべき此の世の生、死すべき肉体の生命を生きておりながら、それを超えて永遠の生命へといたる希望をキリストに託した、ということ。

20　**初穂**（＝口語訳）「最初のもの」を意味する語だが、普通は「初穂」の意味に用いられる。すなわち、家畜の初子や農作物のはじめの収穫物などを神にささげる。もっとも日本語で「初穂」というと植物だけを考えることになるが、ここは牧畜社会だから主として家畜の初子のことを考えている。

22　**生かされる**　これは未来形。

23　**初穂**　口語訳（＝新共同訳）はこちらを「最初」と訳している。しかし二〇節を「初穂」と訳すのなら、同じ単語なんだからこちらも「初穂」とするべきだろう。

24　**終末**　単語そのものの意味は「最後」。二三節は復活する者の順番を記述している。とすると、この「最後」は「最後の者たち」、つまりクリスチャン以外のすべての者たちを指すのかもしれない。そうするとここでは、クリスチャンだけでなく全人類の復活が考えられているということになる。しかしこの語を単数形定冠詞つきで用いる時は通常は「終末」を意味するので、ここも「終末」の意味に取る方が素直だろう（コンツェルマンほか）。

あらゆる支配、あらゆる権威と力　もちろんこの人間社会の支配者を考えているわけではなく、まことに神話的に、この宇宙全体をさまざまな仕方で支配している霊的諸力を考えている（ガラティア四・三の「諸元素」参照）。終末の時にはキリストがそれらの「力」をすべて征服して、宇宙全体の支配権を確立する、というのである。またローマ八・三八参照。

無効にして　一・二八、また一三・八の註参照。

27 引用は詩篇八・七。七十人訳と多少語形が違うが、ほぼ同じ。それに対し二五節の「すべての敵を彼の足元に置く」は詩篇一一〇・一（七十人訳一〇九・一）がほぼ同じ。もっとも、これだけ似ている表現をパウロがいちいち一方を詩篇一一〇篇の引用、他方を八篇の引用などと意識して使い分けていたとも思えない。つまり頭の中にいっぱいつまっている成句の一つというにすぎまい。

と言う時　「言う」の主語が誰だかわからない。常識的には「（旧約）聖書が言っている場合」、という意味に解される。聖書がこう書いているとすれば、神は例外としてその中にはいらないのは当然だろう、という意味。もしもそうだとすれば、パウロはこの句を意識して詩篇のこの個所の引用と考えていたことになる。それに対しこの「言う」の主語はキリストであって、終末の時にキリストが神のもとに行き、「一切のものが服せしめられました」と報告して言う、という意味だとする説がある（TOBほか）。「服せしめられた」が現在完了形であるから、この説もそれなりに説得力がある。どちらとも決め難い。

30 **危険を冒す**　実質的には、パウロが蒙ってきたさまざまな弾圧の苦労を指しているのだろうか。

31 **兄弟たちよ**　この語のない写本がある。かなり重要な写本である。

32 **エフェソス**　小アジア、イオニア海岸の港町。歴史的にはもともとはカリア（Caria）人の町であるが、すでにヘレニズム時代からアシア（Asia）地方の最重要の町の一つとなった。「アシア」というのは、本来はエフェソスよりももう少し北のあたりの海岸地帯を呼ぶ地域名であったが、それが拡大されて、イオニア海岸地方のほとんど全体がアシアと呼ばれるようになった。そしてローマ時代になると、この町は徹底的にローマの町として作り直され、エーゲ海の東岸では最大の港町となった。この町のところまで入り込んでいた入江が最高の天然の良港を形成したからである。今でこそ、海が後退して、この入江は陸地になってしまったから、港町どころか、古代の遺跡が残っているだけだが（ギリシャ、ローマ時代の都市の遺跡で、最もよく残っている場所である）、当時はエーゲ海北岸のテサロニケ、西岸ギリシャ半島のコリントスと並んで、エーゲ海岸最大の港の一つであり、ローマ帝国の小アジア支配の最大の拠点であった。帝国の属州アシアの中心都市であり、従って地方総督（pro-consul）が常駐した。パウロは第三回伝道旅行の時にはじめてこの町に来た。伝道「旅行」と言っても、第三回の時は実質的にはほとんど旅行はせず、ずっとこの町に滞在している（使徒行伝一九・一―四一）。二年三ヶ月にも及んだ。この書簡はこの滞在期間中に書かれている。

獣と闘った　字義どおりに解せば、囚人が競技場で野獣と闘わせられることを意味するが、註解者たちは、パウロが実際にそういうことを経験したとは考えられない、と言う。まあ、そうだろう。パウロが自分の蒙った弾圧の苦労を事細かに自慢げに列挙する時にも（第二コリントス一一・二三―二八）、そういうことには触れていない。また、ローマ市民権を持っている者にはそういう刑罰はありえなかった。従ってここは比喩的な意味に理解すべきだろう。しかしそうだとすると、これがどの程度の比喩なのか、決めることはできない。つまり、何らかの具体的な弾圧の苦労が頭にあるのか、それともそれは三〇―三一節で話は終りで、三二節では別の苦労を述べているのか（たとえば、パウロの宗教観に強く反対する人たちと激しく議論したとか）、はっきりしない。なお使徒行伝一九・二三―四一の有名な事件はこの手紙が書かれた後で起こったことであるから、これとは関係がない。

人間的なこと　直訳は「人間に応じて」。これもいろいろ解釈の議論があるが、定かなところはわからない。多分、「神的な」ないし「霊的な」に対する反対語として、「人間的な仕方」を考えているのであろう（三・三参照）。口語訳「人間の考えによって」はやや狭めすぎている。「考え」が余計。他方、新共同訳「単に人間的な動機から」は原文と無関係の作文。原文をまるごと無視して、例によってＴＥＶの改作的英語「訳」を直訳している（simply from human motives）。「単に」などという原文にない語を追加するところまでＴＥＶの直訳。「動機」も然り。ここまで忠実にアメリカさんに従わなくてもいいのにね。

引用句はイザヤ二二・一三。七十人訳とぴったり一致する。もっともこの程度の文は、敢えて引用文のつもりでなくても、慣用句として用いられているのであろうけれども。

33　悪しきつきあい……　メナンドロスの喜劇『タイス』からの引用（断片二一一）。ただしこれも直接の引用か、格言的に普及していただけのものか、わからない。エウリピデス、ディオドロスなども似たせりふを格言的に言及している。いずれにせよパウロの古典ギリシャ文学についての学校的教養の現れだろう。

34 **正しく正気であれ**　下手な訳文で恐縮。「正しく」は「正気であれ」にかかる副詞。口語訳「目ざめて身を正し」。「正気である」は、酔っ払ったり、ふざけたりしていないで、しゃきっとしていなさい、という意味だから、「目ざめて」ではやや違うし、「身を正し」もややずれる。しっかりと、正しく、認識せよ、ということ。

これを言うのは、あなた方に敬意を表するためである　六・五とほぼまったく同じ表現。これを通常の訳のように「あなた方を辱めるため」と訳す問題点については、六・五の註参照。

36 **無考えな人**　一四・二〇で「考えること」と訳した語の否定形容詞。パウロがここでこの語を用いる時には、当然一四・二〇が頭にあるだろう。

37 **裸の種**　これが直訳。

39 **家畜**　この単語はふつうは家畜の意味。しかし、この前後関係からして、「獣」と訳す方がいいだろうか。同じようなものだが。

肉　ここではパウロは「肉」という語と「身体」という語をほとんど同義に用いていると考えられる。個所によっては両者をはっきり区別して用いることも多いけれども。

40 **輝き**（＝新共同訳）　一一・七等で「反映」と訳したのと同じ語（doxa, ふつうは「栄光」と訳される）。その個所の註参照。太陽の光は、太陽を反映している姿である、等々。従ってこの場合は太陽の「栄光」（口語訳）と訳すと、意味がずれる。ここも「反映」と訳す方がいいと思うが、すぐに続く四三節の同じ語は「輝き」と訳す方が通じやすいので、そろえることにした。

44 **（自然的）生命の**　二・一四に出て来たのと同じ単語。その個所の註参照。口語訳は二・一四を「生れながらの人」と訳し、この個所を「肉の（からだ）」と訳しているが、こういう不統一はよろしくない。かつ、パウロ神学にとっては「自然生命的」と「肉的」は鮮明に区別された概念であるから（三九節の名詞の場合と違って、形容詞の場合はパウロは非常に鮮明に「肉的」と「自然生命的」を区別している。名詞の場合もはっきり区別することもあるが）、ここを「肉的」と訳したのでは、ひどい誤訳である。さすがに新共同訳はこういうところは正確。

45 引用は創世記二・七。ほぼ七十人訳と同じ（「人は生きる生命となった」）。
写本によっては「人」の語がなく、単に「最初のアダムは……」。その写本の数は少ないが、結構重要である。他方「最後のアダム」の「アダム」のない写本もある（その場合は「最後の人は生かす霊となった」となる）。$\mathfrak{P}^{46}$一つだけだから、多分原文ではないが、まったくその可能性がないとも言えまい。

46 この文でパウロが言いたいことは、よくわからない。いろいろ説があるが、しょせん説にすぎない。まず「霊的なもの」「自然的生命のもの」は中性形容詞の名詞化である。この中性形は単に一般的に「もの」を意味するのか、それとも四四節の「身体」を受けて、「霊的な身体」「自然的な身体」を意味するのか、議論がある。後者の方が意味が通じやすいように見えるが、そうすると、直前の四五節が宙に浮く。四五節をとんで四四節からつなげるのは、ちょっときつい。また、原文は動詞がない。つまり、一般的に「第一はこれ、次はあれ」、と言っているだけである。ここに過去の動詞を補うのは、いささか想像のしすぎである（新共同訳「最初に霊の体があったのではありません……」。口語訳も同様）。もしもパウロがここで神話的な創造の順番を考えているのなら、確かに、最初にあったのはこれ、次に出て来たのがあれ、というように過去の意味に理解できるが（そうだとすればパウロはここでいわゆるグノーシス的な神話を批判しているということになる。つまり、彼らが創造のはじめにまず霊的なものがあった、と言っているのに対し、パウロは、最初に創造されたのは自然的生命だよ、と反論している）、いささか読み込みすぎである。それでは話が唐突にすぎる。しかし、もしもその意見に立つのなら、両方とも過去に訳さないといけない（自然的生命のものがまずあった。それから霊的生命が出て来た）。新共同訳のように一方だけ過去に訳すのでは（「最初に霊の体があったのではありません。自然の命の体があり、次いで霊の体があるのです」、口語訳もほぼ同様）、意味が通じない。彼らのアンチョコのRSVやTEVも、こういうところは解釈をまじえずに（「身体」などという語を補わず）、動詞も全部現在形にしている（RSV : it is not the spiritual which is the first but the physical, and then the spiritual）。まあおそらくパウロが言いたいのは、我々人間は最初から霊的存在として生きているのではなく、最初は自然的生命を生き、復活したら霊的生命を生きるんだよ、ということか。しかし、そうでないかもしれない。

47 **第二の人**　代りに「主」とするもの（マルキオンほか）、「主なる人」とする写本、「霊的な人」とするもの（$\mathfrak{P}^{46}$）などいろいろ。ここはいわゆるキリスト論的に重要な個所であるから、キリストを単に「第二の人」と呼ぶのはちょっとためらいがあった、ということか。しかし重要な写本はほぼそろって「第二の人」としているから、これがおそらく原文であろうが、他の読みの方が原文である可能性がまったくないとは言えまい。

48 下手な訳文ですみません。これで直訳。言わんとしているのは、最初の人間アダムは土的な存在であって、だからそこから出て来た人間はすべて土的であり、その身体は滅びる。キリストは本来は天的存在であり、そのキリストのおかげで我々は復活して、キリストと同様に天的存在になるのだ、ということ。

土的な者、天上の者　口語訳（＝新共同訳）は「土に属する人」「天に属する人」と訳しているが、ここは従属関係ではない。みずからが「土的」ないし「天的」なのである。特に、キリストを「天に属する人」と呼ぶのは、パウロ思想の紹介としては、間違っている。パウロ（に限らず初期キリスト教の人たち）にとって、キリストは神以外のいかなるものにも属さない。口語訳等は何でもすぐに原文にない「属する」という語を補いたがるので、よろしくない。

49 **似姿**（＝新共同訳）eikōn という語（この語が後にいわゆる「イコン」の意味に用いられるようになる）。原形を写した像。口語訳のように「形」と訳すと、ややわかりにくいか。「似姿」でもわかりにくさは同じか。

50 ネストレ（＝口語訳、新共同訳）は前節で段落を閉じ、この節から新しい段落をはじめている。しかし内容的には、どう考えても、この節は四二―四九節の陳述の付加的議論であるから、こちらにつける方がはるかに自然である。加えて、次節からは新しい内容がはじまるので（「秘義を申し上げる」）、次節から新しい段落をはじめるのがよい。

このことを申し上げる　続く句を導入する hoti の意味のとり方によって、訳が変ってくる。もしもこれが単なる名詞節を導入する接続詞（英語の that にあたる）であれば、その前の「このこと」は「hoti 以下のこと」を指す。とすれば、「私は次のことを言う、すなわち、肉と血は神の国を受け継ぐことができない」となる。それに対しもしも hoti が本来の意味で用いられているのなら（理由を述べる接続詞）、我々の訳となる。「私が以上のこと（四二―四九節）を言うのは、肉と血は神の国を受け継ぐことができないからである」となる。「このこと」は本来は直前に述べたことを指すので、我々の訳の方がやや素直であるが、しかし、以下に続くことを指す場合もあるので（第一テサロニケ二・一三の註参照）、この場合はどちらとも言えない。

51 **我々みんなが死ぬわけではない**　終末の時が来るまでに、今生きている我々がみんな死んでしまうわけではない。いや、この文の雰囲気からすれば、大多数の者がその時点まで生きているだろう、という。つまりパウロとしては、自分がまだ生きている近い将来に本当に終末が来ると信じ込んでいるのである。以前は彼はそのことをもっと確信していた（第一テサロニケ四・一五）。ほんの数人死ぬ者があっても、大部分の者が生きているうちに終末が来る、と。それがここではやや後退して、その時まで生き残る者がまだかなりいるだろう、という程度の表現になっている。しかし自分自身は当然その生き残る者の中に入ると思い込んでいるところがいかにもこの人らしい。

52 **最後のラッパ**　終末の時に吹かれるラッパのこと。

53 **この朽ちるものが朽ちぬものを着る**　この一言に、パウロがいかに死ぬのが嫌であったかが、鮮明に現れる。すでに死んだ者たちは、すでに朽ちたのだが、復活してきて、朽ちぬものとなる。それに対し今生きている「我々」は、いったん死んでから不朽のものに変えられるというのではなく、死を味わわないままに、すなわちこの肉体そのままに、この肉体の上に直接不死の質のものをかぶせてもらう、というのだ。まあねえ、死んでも復活したいと願うのならば、弱い人間の願望として理解できないわけではないが、自分は死なずにこのまま不死永遠の存在に変身するなどと言い張るのでは、そこまでこの肉体に固執したいのかしらんねえ、と申し上げたくなる。もっともパウロはこの肉体に固執するというよりはむしろ、死ぬことが嫌だった、というのが本音だろうけれども。そりゃまあ、誰だって嫌だけどね。

54 引用は、五五節の部分はホセア一三・一四。七十人訳とほぼ一致。それに対し五四節の「死は勝利へと呑み込まれた」はイザヤ二五・八の引用だと言われるが、あまり似てもいない。おそらくはパウロは旧約のいろいろなせりふを頭の中でつなげて作文し、いつの間にかそれが旧約のどこかに書いてあると思い込んだものか。

第一六章

1　聖者たち　この場合は九分九厘エルサレム教会の人々を指す。すぐ続く三節、またローマ書一五・二六参照。

募金　新約ではここ（と次節）にしか出て来ない単語（logeia）だが、この時代のギリシャ語では「募金」の意味に用いられる用例が大量に知られている。VGT参照。「集める」という動詞（legō）を抽象名詞にしたものだから、もともとの語義は「集めること」。

命じる　ここではパウロは露骨に「命じる」という動詞（diatassō）を用いている（一一・三四の註参照）。こういうことについて、すぐに威張りくさって頭ごなしに「命じる」などと言うから、コリントスの信者たちが反撥したのだろう（第二コリントス八・八参照）。

3　恵み　ここでは、口語訳（＝新共同訳）が意訳しているように、「贈り物」の意味。

保証する　パウロのお好みのdokimazōという動詞だが（三・一三の註参照）、ここではごく普通に「保証する」という程度の意味だろう。

5　マケドニア　新共同訳は「マケドニア州」。これは間違い。すでにくり返し指摘したように、パウロは地方名をローマ帝国の属州の呼称にあわせて用いているわけではない（第一テサロニケ一・七の註参照）。

6　送り出す（一一節も同じ）　単に「見送る」という程度のことではなく、旅行に必要な準備をしてあげる、ということ。「食糧や金銭を与え、同行者を定め、船便などの機会をとらえる、などによって旅行の準備を整えてやって送り出す」（バウアー）。

11　軽んじる　どうも毎回訳語を変えて申し訳ないが、一・二八で「蔑む」と訳した動詞。そちらの註参照。

彼が私のところにもどって来れるよう　ティモテオスがパウロのもとにもどらず、勝手にどこかに行ってしまうことを心配しているのではなく、ちゃんと路銀その他旅に必要なものを整えて、エフェソスにいるパウロのところにもどれるよう配慮してやってくれ、ということ。

兄弟たちと共に　これが「待っている」の主語（パウロ）にかかるのか（エフェソスでほかの兄弟たちと一緒

にパウロはティモテオスの帰りを待っている)、「彼を」にかかるのか(ティモテオスがほかの兄弟たちと一緒にコリントスからエフェソスにやってくるのをパウロが待っている)、どちらかわからない。文法的にはどちらも可能。両方の可能性があるのだから、口語訳(＝新共同訳)のように一方に決めつけて訳すのはよくない(「彼が兄弟たちと一緒に来るのを待っている」)。

12　**声をかけ**　他の個所では「呼びかけ」と訳した動詞(第一テサロニケ二・三の註参照)。

13　二人称複数命令が四つ並んでいるので、原文に忠実に訳すには、一つ一つ別の文として訳すよりなかった。日本語の語呂としては、文語訳のように「目を覚まし、堅く信仰に立ち、雄々しく、かつ強かれ」とつなげて訳す方がよかったか。しかしそれだと原意とやや微妙にずれるので、やむをえない。口語訳は文語訳をもじっただけだが、新共同訳は相変わらず余計な単語を多く補い(他方不必要に省略し)、その結果、ちゃちな中身になっただけでなく、意味がだいぶずれてしまった。つまり「信仰に基づいてしっかり立ちなさい」としているが、そうすると、信仰と立つこととが別の事柄になってしまう。ここでパウロが言っているのは、信仰そのものをしっかり保て、ということ。また「雄々しく、強く生きなさい」としているが、「生きなさい」が余計。他方、日本語としては「雄々しく」と「男らしくあれ」は同じ意味だが、後者の方が意味がはっきりする。今時でさえ、まだ、男らしくあるのがすぐれた倫理であるかのように思い込んでいるしょうがない男が結構存在するのだから、古代人のパウロが(しかも新約の著者の中で抜きんでて女性差別的なパウロが)こういうことを言ったとしても不思議ではないが、この長い書簡の結論として、こう一言で言われると、やはりいかにも何かである。しかしそれがパウロという人なのだ。

14　**一切のことが愛において生じるように**　原文はこのように「一切のこと」が主語で、「生じる」という自動詞の三人称命令形。これを新共同訳のように「何事も愛をもって行いなさい」と訳しても間違いとは言わないが、何でもかんでもあなた方に対する二人称命令にしたがるこの訳者たちの命令好みは、少なくとも微妙な神経に欠けると言えよう。

15　**ステファナス**　この人物は一・一六ですでに言及されている。

アカヤ　第一テサロニケ一・七の註参照。

聖者たち　これも一節と同様にエルサレムの信者たちを指すのか。とするとこれは、ステファナス家の人々は、いちはやく彼らに対する献金をしてくれた、の意味になる。

聖者たちに仕える仕事を引き受けてくれた　直訳は「みずからを聖者たちのための奉仕へと整えた」。「整える」ないし「……の位置に置く」という意味の動詞（tassō）に再帰代名詞をつけている。つまり「みずからすすんでその位置に身を置いた」ということだから、「引き受けてくれた」と訳しておいた。西洋語のこういう再帰代名詞は日本語ではいちいち訳すものではない。つまり口語訳「身をもって奉仕してくれた」はやや訳しすぎ。まして岩波訳の「自分たち自身を献げた」はまったく駄目（そもそも「献げた」なんぞとはどこにも書いてない）。新共同訳の「労を惜しまず世話をしてくれました」がよいみたいだが、「奉仕」は「世話をする」とは限らない。ここは九分九厘エルサレム教会への献金を指すから（前註参照）、「世話をする」なんぞと「訳」すわけにはいかない。

16　**共に働き、労苦している人**　それぞれ何を指すのか不明。「共に」が誰と共になのかも不明。口語訳（新共同訳も同趣旨）のように「彼ら（ステファナスの家の者たち）と共に働き」と訳すのも一案だが、多分そうではないだろう。おそらくキリスト教の宣教者たち全体をこう呼んでいる（バレット）。第一テサロニケ三・二、また第二コリントス八・二三の「同労者」参照。

17　**居ること**　ややひねくれて解するなら、この人たちがコリントスのあなた方のところに居ること。とすると、従来の訳（この人たちがエフェソスに居るパウロのもとに来てくれたこと）と反対の意味になる。しかしこの語は多くの場合「来ること」とほとんど同義だから、従来の訳の方が正しいだろうか。もっとも、そうすると、書簡の最初では「クロエーの家の者たち」がコリントスからパウロのところにやって来たことになっていて、ステファナスほかが来たことについてはまったくふれられていないのに、一六章では逆に、ステファナスたちが来たことだけにふれて、クロエーの家の者たちのことがまったく忘れられているのは奇妙だ、などと言い出す学者が出て来る。そこから、一章と一六章は本来別の手紙に属するのだ、などという仮説まで唱える。しかし、最初にクロエーの者たちが来て、その話を聞いてこの手紙を書きはじめたのだが、それを書いている最中に（何せこれだけ長い手紙、一週間や十日で書けるわけがない）、今度はステファナスたちが到着した、ということかもしれない。あるいはむしろ話は逆で、クロエーの者たちが来たのは最近で、ステファナスたちはそれよりずっと前に来ていたのかもしれない。しかし他方パウロはコリントスの信者たちに、こういう人たちに仕えるように、と勧めているのだから、現在はステファナスほかはすでにコリントスにもどっているのであろうか。とすると、「居ること」はやはり「コリントスに居ること」の意味かも知れない。あるいは、彼らがやがてコリントスに帰ったら、皆さん彼らに仕えなさい、ということか。

あなた方の欠けたところを満たしてくれた　このせりふでパウロが何を意味しているのか、いろいろ議論はあるが、所詮、具体的な中身はわからない。従って新共同訳のように「あなたがたのいないときに、代わりを務めてくれました」なんぞと「訳」すのは、まるで想像のしすぎである。これでは、「あなた方」つまりコリントスの信者たちが普段はみんなそろって、パウロの行く先についてまわり、パウロさんにお仕え申し上げることになっている、とでも言わんばかりだ。まさかね！　ここは多分、コリントスの信者たちの信仰認識の浅さを彼らは補って説明してくれた、とでもいう意味か。あるいはむしろコリントスの教会についてのやや正確な情報を伝えてくれたというだけのことか。多分そうだろう。

18 **霊を安んじさせてくれた**　これが直訳。新共同訳「元気づけてくれた」ではだいぶ違う。なおこの文は、「私の霊を安んじさせてくれた」という文で、パウロは、その後に、いや、本当は私の霊だけでなく、あなた方の霊をも安んじさせてくれたのだよ、とつけ加えている。こういうところは直訳しないと、味が出ない。言わんとするところは、多分、コリントスの教会の人たちがパウロにいろいろ文句をつけてきて、パウロはかっかときていたのだが、この三人がパウロを慰めて、気を落着かせてくれた、ということか。

評価するがよい　口語訳（＝新共同訳）は「重んじなければならない」。「認識する」という意味の動詞だから、重要な存在として認めるということで「重んじる」と訳すこともできる。しかしここはむしろ、彼らがどういうクリスチャンであるのかをしっかり認識しなさい、という意味であろうから、日本語としてはややこなれないが

「評価するがよい」としておいた。TOB: sachez apprécier, 現代ドイツ語諸訳は anerkennen（リーツマン等）、ルターは erkennen。なお一三・一二で「確かに認識する」と訳したのは同じ動詞。

19 **アシア**　エフェソスとその北方のエーゲ海東岸地帯を呼ぶ地方名。これまた時代によって広狭がある。ここもまたローマ帝国の行政区画たる属州名としてパウロはこの語を用いているわけではないから、「アシア州」と訳すのは（新共同訳）、間違っている。

アキラとプリスカ　使徒行伝一八・二以下に登場する夫婦。アキラ（Akylas）は本来ラテン語名（Aquila）であるから、現代西欧語でも Aquila と書かれるのが普通。従って片仮名でも「アキュラス」とするよりは「アキラ」がよかろう。ただしもちろんギリシャ語の人たちにも Akylas という名の人は多いから、語源的にラテン語であっても、ローマ人であるわけではない。この人物は小アジアのポントス（黒海岸の地方）出身のユダヤ人である（しかし長いことローマに居たようである）。プリスカ（Prisca）も本来ラテン語の名前がギリシャ語に入ってきたもの。使徒行伝では彼女は「プリスキラ」（Priscilla）と呼ばれている（-illa は指小辞）。

21　口述筆記を終って、最後にほんの数行だけ自分の手で挨拶を書くのに、何もいきなり呪いの言葉をあびせることはないだろうに。パウロという人の性格がよく表現されているとは言えるが。

22 **マラナタ**（maranatha）　アラム語。従来の説明によれば、二通りの切り方がある。marana tha ならば、「我らの主よ、来たり給え」と懇願文になり、maran atha ならば「我らの主は来たった」と現在完了の平叙文になる、という。しかし H. P. Rüger, Zum Problem der Sprache Jesu, *ZNW* 59, 1968, 113-122（120f）がアラム語の地域による相違を考慮して、他の地方の方言はともかくパレスチナのアラム語ではこの表現の切り方としては maran atha しか考えられず、しかしその場合の意味は「我らの主よ、来たり給え」である、と論証している。これが一番信用に価するようである。いずれにせよ、早く終末が来て、最後の審判者たる主キリストが来臨するように、と信者たちが声をそろえて祈っていたことがわかる。パウロが何の註釈もつけずにこれを書いているところからすると、ギリシャ語の教会でもこの種の表現はアラム語で唱えていたものであろう。

コリントスにある神の教会へ、第二

註で直接言及している註解書は左記のとおり。

P. W. Schmiedel, *Die Briefe an die Thessalonicher und an die Korinther*, Hand-Commentar zNT, 2. Aufl. 1893, Freiburg i. B.（シュミーデル）

Hans Lietzmann, *An die Korinther I・II*, Handbuch zNT, 4. Aufl., Tübingen, 1949（1. Aufl. 1909）（リーツマン）

Hans Windisch, *Der zweite Korintherbrief*, KEK, Göttingen, 1. Aufl. dieser Bearbeitung, 1924（ヴィンディシュ）

E. Osty（trad. par）, *Les Epîtres de Saint Paul aux Corinthiens*, 1948, Bible de Jérusalem, Cerf, Paris（オスティ、エルサレム聖書）

J.-F. Collange, *Enigmes de la deuxième épître aux* Corinthiens, Cambridge, 1972（コランジュ、二―六章のいくつかの個所の註解書）

Rudolf Bultmann, *Der zweite Brief an die Korinther*, KEK Sonderband, Göttingen, 1976（ブルトマン）

Victor P. Furnish, *II Corinthians*, Anchor Bible, Doubleday, 1984（ファーニシュ）

Margaret E. Thrall, *The Second Epistle to the Corinthians*, ICC, 2 vols., Edingburgh, 1994 and 2000（スラル）

個々の註解書についての評価は『概論』で記すけれども、一言だけふれておくと、スラルの註解書は最高級の水準のものである。従って以下ではなるべく多くスラルを紹介するよう心がけた。

表題　古い主な写本は「コリントス人へ、第二」。ほかに「コリントス人へ、第二、フィリポイから書かれた」とするもの、「コリントス人へ、第二、フィリポイからティトスとルカによって書かれた」とするもの、更に「フィリポイを「マケドニアのフィリポイ」とするもの。もちろん本当は、これがフィリポイで書かれたかどうかはわからない。マケドニアのどこかであるのは確かだろうが、テサロニケである可能性も大いにある。またティトスやルカがこの文書の筆記を手伝ったなどという証拠はどこにもない。

第一章

1　ティモテオス　第一テサロニケ一・一の註参照。

また　第一コリントス一・二の場合と同じで、「共に」（syn）という前置詞。

アカヤ　第一テサロニケ一・七の註参照。

2　恵みがあなた方にあるように、また我らの父なる神と主イエス・キリストから平安が　この語順については第一テサロニケ一・一の註参照。

3　ほむべきかな　これが単語そのものの意味。新共同訳は「ほめたたえられますように」としているが、これは日本語の受身の用法に関する無知。日本語でこう書くと、世の中の人々が神様をほめたたえるということが生じますように、という意味になってしまう。しかしこれは神の属性を言っている。神とはほめらるべき存在だ、というのである。

父でもある神　この訳し方については第一テサロニケ一・三の註参照。

慈悲深き父　直訳は「慈悲（複数）の父」。

呼びかけ　この語については詳しくは第一テサロニケ二・三の註参照。ここでは以下七節まで連続して名詞形と動詞形で十一回も出て来る。そしてここでは「苦難」に際して呼びかけるというのだから、諸訳のように「慰め」と訳す方が通じやすいのだが（「呼びかけに満ちた神」だの「我らの呼びかけも満ちあふれる」では日本語にならないではないか、と叱られそうだが）、語の意味はあくまでも「呼びかけ」であって、どういう趣旨で呼びかけるかは前後関係に応じてまるで異なる。慰めるために呼びかけることもあれば、ものを頼むために呼びかけることもあり、文句を言うために呼びかけることもあれば、ものを教えたり説教したりするために呼びかけることもある。つまりこの語自体に「慰め」だの「頼み」だの「教え」だの「戒め」だのという意味があるわけではない。そうすると、この前後関係では、苦難に際して呼びかけてくれるのだから、「慰め」とか「励まし」とか訳せば通じるけれども、それでは語の趣旨が微妙にずれてしまう（その訳し方に従うとしても、ではここで「慰め」にするか「励まし」にするかは、決め難い）。またここでも、たとえば四節の「我々自身が人々に呼びかける」というのは、決して単に「慰め」の意味ではなく、キリスト教の福音を伝えるために呼びかける、という意味だし、五節の「キリストによって我々の呼びかけも満ちあふれる」はますます「慰め」の意味ではなく、我々は大いにキリストの福音を宣教し続けましょう、という趣旨を強調している。そういったさまざまな趣旨を含む語であるから、日本語としていささかぎこちないとしても、直訳しておくのがよろしい。

5　我々に対して満ちあふれる　新共同訳は「わたしたちにも及んでいる」。「も」と「及んでいる」が間違い。こう書くと、ほかのところに満ちあふれているものが我々のところにも余波として及んでいる、という意味になるが、原文にはそういう意味合いはまったくない。単に「我々のところで満ちあふれている」というだけの意味。新共同訳のようにここに余計な単語をつけ加えて訳しているものは、さすがに他には見当たらない。

6　あなた方への呼びかけと救い　直訳は「あなた方の呼びかけと救い」。日本語でこう書くと「あなた方が呼びかける」という意味になってしまうから、「への」としておいた。しかしそれでは「救い」の方が落着かないが、「あなた方への呼びかけとあなた方の救い」ではくどすぎるから、舌足らずだがこうしておいた。

耐えることにおいて、働くのである　新共同訳は「あなたがたが……耐えることができるのです」（口語訳「耐えさせる力となる」も同趣旨）。パウロが言っているのは、その呼びかけはそういう患難の中で力を発揮する（働く）ものなのだ、という意味であって、単に「耐えることができる」という意味ではない。

8　兄弟たちよ、知らずにいてほしくない　第一コリントス一〇・一と同じ言い方（ただし「ほしい」が第一書簡では一人称単数、こちらは複数)。

患難　四節以降「患難」(thlipsis)と「苦難」(pathēma)の二語がくり返し用いられるが、両者に意味の相違があるようには思えない。しかし一応訳し分けておいた。

アシアで生じた我々の患難　パウロは自分の居た町がその地方の中心都市である場合には、町の名ではなく地方名で言う癖がある。コリントスとは言わずに「アカヤ」と言ったり(第一テサロニケ一・七ほか)、この場合はエフェソスの町の話なのに「アシア」と言っている。エフェソスについては第一コリントス一五・三二の註参照。なお、多少の議論はあるが、ここで言及されているのは使徒行伝一九・二三—四一の事件であろう。そうだとするとあの大きいエフェソスの大劇場に群衆があふれるほどの騒動だったのだから、すさまじかったには違いないが、パウロ自身は事件の処理を他の人々にまかせて、自分はひっこんでいたのだから、「生きる力もないほど消耗しきって」はいささか大袈裟か。よそではパウロはこれよりもっと危険な困難にたびたびでくわしている。

力をこえて　これで直訳だが、諸訳のように「我々が耐える力をこえて」の意味だろう。

生きる力もないほど　新共同訳(=口語訳)「生きる望みさえ失ってしまいました」。「望み」などという語は原文にはない。「望み」を失ったのではなく、あまりに消耗し切って、もはや生きる力もなくなったほど、の意味。

9　**死人を甦らす神**　つまりもう死なざるをえないのだから、いったん死んで、神が復活させて下さるのをあてにしよう、ということ。

10　**また救って下さる**　直前で「救い出して下さった」と過去の形で言いながら、ただちに未来形で言い直している。つまりパウロにとって「救い」とは究極的な未来における救済以外ではありえないので、ここで「救い」という概念を単に此の世における現実的な危機の回避というだけの意味に用いたことに気がさして、あわてて、本当の救いは未来の、彼岸へといたる救いなのだけれども、そのことを我々は確信しているよ、とつけ加えたのだろう。あるいは例によって同じ単語をすぐ続けて違う意味に用いる単なる言葉遊びか。

希望し続けてきた　現在完了。スラルは、この時の経験以降パウロは以後の救いも信じるようになった、と解説しているが、パウロが神による救いを信じるのはこの時にはじまったわけではあるまい。むしろここは、我々は今まで神が究極の救いを与えてくれるであろうと希望し続けてきたのだが、その神が、究極の救いだけでなく、現在の窮境からも救ってくれた、ということ。

11　協力してくれるがよい　原文は現在分詞による分詞構文。従って、「協力してくれている」と平叙文的に訳すこともできるが、続く目的句とのつながりからしても、話の前後関係からしても、命令文的な意味ないし期待の意味にとる方がよいだろうか（新共同訳「祈りで援助してください」、RSV：you must help us）。ただし新共同訳の「援助して」は的確ではない。直訳は「ともに働く」。

恵みの出来事　第一コリントス一二章では複数形で出て来る語で、そこでは「恵みの賜物」と訳しておいた。しかしここは単数形だから（charisma）、単にエフェソスの事件でパウロたちが神によってうまく救われたという出来事を指すと解するのがいいだろう。

多くの人々から　「人々」と訳すかどうか議論がある。原語（prosōpon）は「顔」を意味する。転じて「人」の意味だとすれば、こう訳すことになる。しかしその場合の難点は、同時代のギリシャ語の著者たちの文章にはこの用法は多く出て来るが、新約ではこの語は「顔」の意味でしか用いられず、「人」の意味では出て来ない、という点である。そこから、ほかにいろいろ解釈の提案がなされてきたが、結局いずれも無理にひねくっている感じで、今のところ「人」と訳す以外に名案は出ていない。

多くの祈りによって　直訳は「多くのものによって」。この「もの」を男性複数形（多くの人々）ととるか、中性複数形（多くのもの＝多くの祈り）ととるかで、訳が分れる。男性複数形ととると、最初の「多くの人々から」と重複する。いくらパウロでも、「多くの人々から、多くの人々によって」と同じ意味の表現を反復することはしないだろう？　もっとも、口述筆記であれば、言い直したのがそのまま両方記されてしまった、という可能性もある。他方、中性ととれば、我々の訳のように（＝ブルトマン、RSV：in answer to many prayers）、意味がすんなりと通じる。しかしその場合の難点は、直前では「祈り」という語は女性名詞が用いられているので（「祈り」を意味する語はいろいろある。しかしここでは女性名詞の deēsis）、それを中性形で受けるのは文法的にはひどく杜撰な文ということになる。もっとも、「多くの祈りによって」と訳さないで、「多くの仕方で」と訳せばこの難点は切り抜けられるが。

なお口語訳（新共同訳はそれをもじった）は「多くの人」という解釈を採用しているが、それを「恵みの出来事」（口語訳は単に「恵み」としている）にかかる形容句とみなし（「多くの人々からの恵みの出来事」）、「多くの人々の願いによりわたしたちに賜わった恵み」と訳している。しかしこれはいくらなんでも無理。「願いにより」などと原文にない単語を補うのも無理だが、パウロのものの考え方からして、恵みの賜物は神から与えられるものであって、「多くの人のお陰で与えられる」（新共同訳）なんぞというものではない。加えて、「多くの人々」を形容句として「恵みの出来事」にかけるのも文法的にほとんど無理。

12 良識　五・一一、また第一コリントス八・七、一〇・二五等では「意識」と訳した語（口語訳等では「良心」）。ここは「意識」では日本語として通じないから、「良識」とした。

聖さ　新共同訳は「純真」。これは写本の異読によるもの。口語訳は我々と同じ読みを採用して「神聖」としている。しかし「神の神聖」では重複するから、単に「聖さ」とする方がいい。「聖さ」（hagiotēs）の読みは主としてアレクサンドリア系。ネストレ旧版はこちら（従って口語訳）。それに対し「純真」（haplotēs）は西方系とビザンチン系。ネストレ新版はこちら（従って新共同訳）。しかしネストレ新版は西方系がアレクサンドリア系に反する場合は、ほとんど条件反射的に西方系の読みを排除するくせに、どうしてこの場合に限り西方系を採用する気になったのか、不明。よほどはっきりした理由のない限り、パウロ書簡の場合にアレクサンドリア系に反して西方系・ビザンチン系の読みを採用するなど、ありえない。

いずれにせよ、自分は「神の聖さ（純真さ）」をもって振舞っているのだぞ、など、ずい分と思い上がったせりふである。この一二節は一三節を準備する言葉であるから、言いたいことは単に、我々が手紙で書いていることに嘘はないよ、というだけのことである。それだけのことを言うのに、私は神の聖さをもって振舞っているのだぞ、と宣言するなど、何と大袈裟な。つまりこの手紙ではパウロはすでにこの冒頭から（最後の一三章にいたるまで）、ずい分とかっかと怒って、やたらと筆がはねているのである。

すなわち　何も接続詞なしで、同格で語を並べているから（ネストレ旧版）、説明的同格ととって「すなわち」と補っておいた。ここに「そして」という接続詞を補っている写本も一定数ある（B$\mathfrak{P}^{46}$ほか）。ネストレ新版はこちら。その場合は「神の聖さと純粋さにおいて、そしてまた肉的な知恵でなく神の恵みにおいて」となる。新共同訳はネストレ新版が採用した本文を訳しますという看板をかかげているくせに、この「そしてまた」を抜かしている。自分でそういう看板を出したのだから、その看板ぐらいは守ればいいのに、どうやら新共同訳の訳者はそういう看板を出すのがどういうことであるのか、わかっておいでないらしい。それはともあれ、正文批判としては、Bと$\mathfrak{P}^{46}$以外の大文字写本はすべてこの語を入れていないし、意味からしても、やはりネストレ旧版に従う方がいいだろうか。

13　節の前半が示しているのは、おそらく、パウロが以前の手紙で書いたことについて、コリントスの信者たちは、果してパウロが書いてあるとおりのことを実際に考えているのかどうか疑わしい、と疑問を持ったということだろう。それがどの問題についてなのかは、わからない。いろいろ多くの点についてなのか（多分そうだろう。スラル参照）、あるいは何か一つの点についてか。リーツマンは、一・一六―一七でふれられている旅行日程の問題についてだ、と解説しているが、僅かそれだけの問題でパウロがここまでのことを書くとは思えない。確かに彼は旅行日程を変更している（一六節の註参照）。だからコリントスの人たちはパウロが手紙で書くことは信用できないと思った（一七節「軽率な行動」）、とリーツマンは言うのだが、しかし一七節をそういう意味に読むのが正しいかどうかもわからないし、一四節からしても、一三節の背景にはもっと複雑な問題があるだろう。

最後まで　この語はふつうは一四節の「何ほどか」（＝不十分に）と対照させて、「十分に」の意味だ、と解することになっている。「最後まで理解する」とは「十分に理解する」という意味だ、と。しかし学者によっては「最後」を「終末」の意味にとり、「終末の時までには理解してくれるであろうことを」と訳す（ヴィンディシュほか）。そうかもしれない。しかし普通は「最後」の語を「終末」の意味に用いる時は単数形だから（ここは複数形）、その点に難がある。

最後まで理解してくれることを　「理解する」の目的語がない。常識的には節前半のこと（我々の手紙には嘘がないということ）を理解する、という意味に解すべきものであろう。しかしこれを一四節にかけようという意見もある（スラルほか）。「我らの主イエスの日において……我々はあなた方の誇りなのである（ということ）」を「最後まできちんと理解してほしい」と訳す（新共同訳もこの説に従っている）。しかし、どちらにかけるにせよ、一三節と一四節の内容はあまりに異なっていて、両者を並列すること自体に無理がある感じである。一三節前半は、手紙の文章を書いてあるままに正確に理解する、という問題であるのに、その「理解」が一四節後半では「主イエスの日（終末の裁きの日）における誇り」の問題にすりかわっている。しかし一三節後半の「最後まで」を「終末の時まで」の意味にとれば、一四節と話はうまくつながる。そうすると、一三節前半の「書いていること」も何らかの意味で終末論的な問題に関係するのだろうか。

なお一三節の主語は「我々」である。パウロが書いた手紙のことを言っているのだから、論理的には単数で「私」となるべきところを、何故複数の「我々」にしたのか、というので議論がある。しかし、これは自分のことを言うのに一人称複数を用いるよくある文体、と説明するのが普通だろう。すぐ続く一五節以降は一人称単数に移行している。パウロにおける一人称単数と複数の混在はかなり気まぐれだから、気にしても仕方がない。ちなみにこの問題だけで博士論文を書いた奴がいた。新約学は何でも博士になれる。

14　主イエスの日　最後の審判の日のこと。

我々の誇り　神とキリストの前で我々宣教師が審判の席に立たされた時に、宣教師として信者を多数作ったということが我々にとって有利な条件となって働く（「誇り」）、ということ。同じ考えは第一テサロニケ二・一九およびフィリポイ二・一六にも出て来る。せっかく苦労して獲得したコリントスの信者たちが反抗して離反されたんじゃ、「我々」にとって最後の審判の時に有利に働くはずの証拠を一つ失うことになっちゃうよ、冗談じゃない、逃げるんじゃないよ……。こういう言われ方をしたら、コリントスの信者たちにとって嬉しかったか、腹が立ったか……。他方、あなた方コリントスの信者たちにとっては、最後の審判の時に、パウロのおかげで信者になったということは「誇り」になるんだよ、と。まあね。

第一コリントス三・五ほかの個所では、文面を額面どおりに受け取れば、パウロは建前上はもっと謙虚である。

どの宣教師によって信者になったかということは問題ではなく、ただキリストを信じたことそのものだけが重要であるはずなのだ。ところがここではパウロは自分個人の宣教師としての業績を誇ろうとしている。

15　欲した　けれども行かなかったのか、あるいは、現にそう欲したから行ったのだ、ということか。両方の説がある。更に後述。

まずあなた方のところに行こうと　「まず」を我々のように「行こう」にかけず、「欲した」にかけるという説がある。我々のように訳せば、まずマケドニアに行って、それからあなた方のところ（コリントス）に行く予定にしていたのだが（第一コリントス一六・五以下）、その計画を変更してまずコリントスに行くことにした、ということになる。しかしこの「まず」と訳した語は（proteron）どちらかというと「以前に」という意味合いが強い。その意味だとすればこれは「欲した」にかけて、「あなた方のところに行こうと以前に欲した（のは間違っていたのか）」という風に訳すことになる。しかし、この文には「間違っていたのか」という問いかけの雰囲気はない。それに構文としても、「マケドニアに行く前にまずあなた方のところに」と読むのが素直である。

恵み　重要な写本がいくつか、「喜び」としている。これはどちらが原文であるのか、とても定め難い。こういうところをどちらかわかっているかのように解説するのは、学問の謙虚さを知らないというものだ。

二度目の恵み（喜び）　最も常識的な説明は、自分が訪問することは相手にとって「恵み（喜び）を持つ」ことだとパウロは思っている、という説明である。「喜び」であれば話は簡単で、パウロが訪問することは相手にとって喜びであると思っていた（実際はそうではなかったが）、ということになる。「恵み」であってもそれと同じ意味に解することもできるが、もう少し神学的にひねくって、パウロが「恵み」という時には「神の恵み」を考えているのであって、自分がキリスト教伝道をすることは相手にとって神の恵みを得ることなのだ、という意味も考えられる。多分後者。

二度目　最初の伝道の時（使徒行伝一八・一―一七）に対して二度目ということだろう。この二度目のコリントス訪問を実際に行なったのか、計画をたてただけで行かなかったのか。これをどちらに解するかで、この前後のパウロの動き、パウロとコリントス教会との関係の動きなどの理解の仕方がだいぶ変ってくる。もしも実際には行かなかったというのなら、一二・一四、一三・一と明瞭にくい違う。そこでは、これから「三度目」のコリントス訪問をしようとしている、というのだから、すでに二度目は行った後でなければならない。従ってこの文を計画はしたが行かなかったという意味に解する註解者は、一〇―一三章は一―七章とは別の書簡だという学説に走ることになる（一―七章が二度目の訪問の前。一〇―一三章はそれより後）。一〇―一三章を一章以下と同一の書簡だとみなしつつ、しかもこの文を計画をたてただけで行かなかったと解するのは、算術的に無理である。それにもかかわらず、そう解そうとする学者もいる。その場合、この「二度目」をいろいろひねくって違う意味に解釈する必要にせまられるが、いずれも嘘みたいな屁理屈で、考慮に価するものではない。

他方、この文は事実二度目の訪問を行なったのだという意味に解すると、ほかの個所ともうまく整合する。すなわち一〇―一三章との関係だけでなく、二・一では「再び苦痛（苦悩？）をもってあなた方のもとに行くことはしないと決めた」と記されている。最初の伝道の時は別に「苦痛をもって」コリントスの信者たちに接したわけではないのだから、これは二度目の訪問のことを指すのだろう。すなわち、この次（三度目）に行く時はもう「苦痛をもって」ではなく、喜びをもって行きたいと言っている。従って、ここからも二度目の訪問はすでに実現していることになる（いわゆる中間訪問）。更に一七節参照。

16　パウロは第一書簡一六・五以下の旅行計画（エフェソスを出てからまずマケドニアに行き、そこから南下してコリントスに行って、コリントスで冬を越し、そこから船路でエルサレムへと出発したい）をここで変更した。マケドニアに行く前にエフェソスからまず船でエーゲ海をわたっていきなりコリントスに行き（短い滞在、「あなた方のところを通って」）、そこから北上してマケドニアに行き、その後当初の計画にもどって再びコリントスにもどって来てそこで冬を越そう、と。このようにとりあえずまず一度コリントスを訪問しようと決めたのは、もちろん、コリントスの信者に対する関係がこじれにこじれてしまったから、ともかく一度行こう、ということだっただろうが、特にエルサレムに持って行く計画の多額の献金がコリントスでは相変わらずなかなかうまく集らないから、はっぱをかけようという意図があっただろう。

なお、実際にはこの計画もまた少し変更された。つまりパウロは急遽一度コリントスを訪れた後、そこからすぐにマケドニアには行かず、いったんエフェソスにもどり、その後エフェソスで例の大騒動（八節参照）に出くわして、その直後にエフェソスを離れて陸路北上してトロアスを経てマケドニアに行った（二・一二―一三）。

送り出す　単に「見送る」程度のことではなく、旅行に必要な準備を整えてやり、旅費をカンパし、等々（第一コリントス一六・六、一一参照）。

17　この節の最後の句は写本の読みも錯綜し、かつ文意がとらえ難いので、議論百出している。しかし素直に読めば、結論はおのずと見えてくる。我々の訳で採用した原文（＝ネストレ）は、「然り」（nai）の語が二度くり返され、その前に定冠詞（to）がついている（to nai nai）。続けて「そして」という語の後、同様な仕方で「否」（ou）がくり返される（to ou ou）。その全体に動詞 eimi（英語の be にあたる）の三人称単数形がついている。ギリシャ語の常識としては、こうあったら、最初の to nai（定冠詞のついている語）が主語で、次の nai（定冠詞のついていない語）が述語である。ou についても同様。つまり「nai は nai であり、ou は ou である」ということ。

なるようにした　この語はふつう「ために」と訳される接続詞（hina）であるが、この場合は結果を意味する。「私がそのように計画した結果、私に関しては然りは然り、否は否となった」という意味。現に古代の註解者ヨハンネス・クリュソストモスはそう解している（スラルによる）。文法的にはそれだけの話であり、ほかの訳の可能性はない。

しかし、この従属文が誰の意見を意味するかで、訳し方が分れる。「肉に従って計画した」は、相手がパウロに対してそういう文句をつけた、と一応想像出来る。もしもそうだとすれば、コリントス人にそのように言われて、パウロがむきになって反撥した、ということであろうか。ただし、趣旨としてはそういうことでも、言葉づかいはパウロの言葉づかいである。こういう時に「肉に従う」という言い方をするのは、パウロ好みのものの言い方である。これは直前の文の「軽率な行動」をパウロが自分でこう言い換えて言っているので、事実は、相手が「それは軽率だったんじゃないですか」といった程度の言い方でパウロに文句をつけたのに対し、パウロが言葉を言い換えて、私は「肉に従う行動」をとったとでもいうのか、と反論した、ということであろう。しかし本当のところ、相手が文句をつけたのかどうかもわからない。単に、多少の不満ないし疑問を表現しただけなのに、パウロがむきになって、文句をつけられたと思い込んだだけかもしれない。いや、話はもう少し簡単で、パウロは単に「俺が計画したことが間違っていたとでもいうのか」と啖呵を切っているだけかもしれない。

その場合、文意としては、「然りは然り、否は否」は「私が計画した」にかかるのか、「肉に従って計画した」にかかるのか。前者ならば（我々の訳）、「私が計画したこと、すなわち、然りが然りになり、否が否になるようにしたことは、軽率だったというのか」という意味になる。予定を変更してとりあえずコリントスに直接のりこみ、その地で、「然りが然りとなり、否が否となるように行動した」。それが間違っていたとでもいうのか、という意味。それに対し、後者ならば、「私が計画したことは、あなた方に言わせれば、然りを然りと、否を否と頑固に言い張るような肉に従う行動だった、とでもいうのか」ということになる。多くの解釈者はこう解釈している（クリュソストモスも）。しかし、パウロの日頃の主張からしても、すぐ続く文（一九―二〇節）からしても（キリストは絶対的な「然り」であって、適当に「然り」になったり「否」になったりするわけではない）、この解釈は無理である。パウロ自身の意見としては「然りが然りであり、否が否である」のは正しいことなのだ。従ってやはり我々の訳以外は無理である。

しかし、「然り、否」についてもう一つ考慮すべき問題がある。すなわちユダヤ教のものの言い方としては「然り然り」「否否」と二度くり返すのは誓う場合の基本の言い方である（マタイ五・三七参照）。その場合、上述のように二つの「然り」「否」を主語と述語に分解するのではなく、「然り然り」に定冠詞がつき、「否否」に定冠詞がついている、ととることになる。「私の場合は然り然りと否否がある」と訳すことになる。これはどういう意味か。このままでは意味が通じないから、ふつうは「私の場合は然り然りと否否が混在する」と「混」の語を補って訳すことになる。その場合はこれはパウロ自身の意見ではなく、コリントスの信者からそのように悪口を言われたと解する。つまり肯定しているのか否定しているのかわからない、あっちを言ったかと思うとこっちを言う、つまりパウロは嘘つきだ、というのである。この場合は、この従属文のかかり方は後者になる。すなわち「私が計画したことは、あなた方に言わせれば、然りと否が混在するような不確かなこと、肉による計画、だったというのか」という意味（この場合でも原文にない「あなた方に言わせれば」を補って考える）。この解釈は十七世紀の神学者 Estius にさかのぼるそうである（スラル）。最近のヨーロッパの学者の間ではこの解釈が優勢である（リーツマン、ブルトマン、ＲＳＶ等。それを受けて口語訳、新共同訳）。

しかしこの解釈の最大の弱点は、原文にない「混」の語を補わないといけない点である（「同時に」と補うのも同趣旨、RSV : to say Yes and No at once。新共同訳はこれを「訳」したものである）。無理に「混」の語をおぎなわなくてもそう読める、という意見もあるが、それは屁理屈というものだろう。この問題点はそう解釈する学者たちも意識しているのであるが、彼らが意識していない問題点が更に三つある。

第一は、「然り然り」ないし「否否」と二度くり返せば誓いの言葉になるというのはユダヤ教の話である。パウロもユダヤ人には違いないが、読者のコリントス人にはそういう言葉づかいが通じたかどうかわからない。

第二に、その場合引き合いに出されるマタイ五・三七は定冠詞がついていない。それに対し、それと同じイエスの言葉の伝承を記しているヤコブ書五・一二では定冠詞がついており、かつ動詞も我々の個所と同じ eimi である（ヤコブ書では命令形）。しかも、すべての学者がその個所については「然りは然り、否は否であるべきだ」と訳すことで一致している（つまり二つの「然り」と「否」はそれぞれ主語と述語）。ヤコブ書のこの個所についてはほかの訳の可能性はまったくありえない。とすると、同じ文をパウロのこちらの個所では全然違うように訳せというのは無理であろう。

第三に、「混在」説をとる人たちは、右に指摘したように、to nai nai kai to ou ou は「肉に従った計画」であって、パウロの思惑に反してコリントスの信者たちがパウロに文句をつけた趣旨である、と説明している。しかしまさにその点に無理がある。こう解釈すれば、これは旅行計画の変更を指す。いったん「然り」と決めた計画を「否」としてひっくり返した、と。しかしそれならば、パウロは現に旅行計画を変更したのだから、そのこと自体については、自分は何も変更していない、などと言い張ることはできない。しかしパウロは以下の文で自分の「然り」と「否」はそれぞれ正しかったのだ、と主張している。またこの解釈に従うとすれば、これはコリントスの信者たちに対してもずい分と失礼な想像である。何せ古代の話である。旅行計画をすべて最初に立てた通りに実行するなどということは、そもそもありえない話である。コリントスの信者たちがその程度の常識さえ持たずに、僅かな計画の変更をとらえて、パウロの発言はまるで信用できない、などと滅茶苦茶な文句をつけるだろうか。そうだとすれば、彼らはひどく幼稚にひねくれた、ひどい人たちだ、ということになる。まあ、ありえない話だろう。

そもそも前後関係からして、上述のように、この「然り然り否否」をコリントス人の言葉の引用とみなすべき理由はまったくない。これはパウロの主張である。一八節以下を読めば、パウロは自分の「然り」は「神の然り」であって、だから自分は一貫して神の然りを代表しているのだ、と主張している。まさか、旅行計画の変更ぐらいでパウロがそこまでむきになって言い張るとは考えられない。「私の然りは神の然りなのだ」とまで言う以上、これはもっと重大な問題に関係するだろう。つまりパウロが旅行計画を変更して、とりあえずコリントスに行った。それは福音の根本を理解していないコリントスの信者たち（とパウロは思った）に対して、神の然りをはっきりと神の然りとして認識させるためだった。そういう問題であれば、パウロがここまで大袈裟に言い張るのも、十分に理解できるというものだ。

以上、私はこう解するのがいかにも自然で、素直な理解だと思っている。文法的にもまったく無理がなく、余計な単語を補う必要もない。また、パウロの性質からしても、以下この書簡で示されているコリントス教会のパウロに対する批判の質からしても、いかにもそういうことだろう。

しかしこの個所がもう一つ面倒なのは、重要な異読があることである。$\mathfrak{P}^{46}$は to nai nai kai to ou ou の nai と ou を一つずつ削って、単に to nai kai to ou としている。こうなるとますます訳し難い（RSVはこれを訳したものである。新共同訳はその真似をしながら、「然り」と「否」を二度ずつくり返してしまった）。しかし$\mathfrak{P}^{46}$は重要な写本であるにせよ（ある程度以上まとまっている写本では、パウロ書簡の写本の中で最も古い）、この読みを提供しているのはこのパピルス以外に小文字写本が二、三あるだけだから、よほどの理由がない限りこの読みを採用するわけにはいくまい（しかしもちろん、こちらが原本の読みであった可能性がまったくないとまでは言えない）。このパピルスが発見されてしばらくの間はこの読みを採用する学者が多かったが（キュンメル＝リーツマンの補遺、RSVなど)、最近はまたほぼすべての学者が nai と ou を二つずつ読む読みに回帰している。もしも$\mathfrak{P}^{46}$の読みによるのであれば、「混」を補って、「然りと否が混在する」と訳すのが普通である。ただしその場合でも「混」の字を入れるのはかなりな読み込みであるが。むしろこの場合も、これを単に省略した言い方と解し、「私の場合は然りと否なのだ」、つまりはっきりと然りと言うか否と言うかしかないので、曖昧な中間などありえない、という意味に訳すことも可能である。その方がいいだろう。

18　神は信実であって……　「神は信実である」という短い文に続けて、接続詞 hoti によって次の文「あなた方に対する我々の言葉は然りかつ否ではない」が導入されている。hoti はこの時期のギリシャ語では通常は単なる名詞節(〜ということ)を導入する接続詞(英語の that とほぼ同じ)であるが、理由を表わす従属文(〜であるので)を導入することもある。しかしこの場合はそのどちらでも意味が通じない。そこで皆さん適当にいろいろ勝手に言葉を補って訳しておいでになる。RSV : As surely as God is faithful, our word to you ... 、これはいくら何でも作りすぎ。接続詞 hoti は our word to you ... の頭についているのであって、God is faithful の頭についているわけではない。それに、as surely as なんぞという訳はどこをつついても出て来ない。Lietzmann : Bei Gottes Treue, mein Wort euch gegenüber ... (神の誠実さにおいては、あなた方に対する私の言葉は……)、こちらは逆に「神は信実である」という文を短い名詞句に縮めてしまって、それに「において (bei)」という前置詞を補った。これまた hoti はけしとんで、「神の信実」の前に原文にない前置詞をくっつけたのである。口語訳「神の真実にかけて言うが」となると、もう無茶苦茶。原文がわかりにくいからこういった勝手な想像の「訳」がまかり通るのだが、それにしても口語訳はいささか！　常識的にはこの hoti は主文と従属文が等価であるという意味に解するものだろう。「神が信実である」ということは、すなわち「我々の言葉は……ではないということなのだ」、と。そうすると新共同訳がよい、「神は真実な方です。だから、あなたがたに向けたわたしたちの言葉は……というものではありません」。これが多分一番素直な訳か(ただし「信実」を「真実」としたのはよくない)。

信実　「信」(pistis) という語の形容詞 (pistos)。信用に価する、信じるに足る、ということ。「神(キリスト）はpistos（信実）である」という表現を名詞化したのが「神（キリスト）のpistis（信）」である。ガラティア二・一六の註参照。

我々の　リーツマン等は「私の」と訳しているが、別に「私」という写本の異読があるわけではなく、ここの「我々」は「私」の意味だろうと解釈してそう訳しているだけのことである。事実この場合はそうだろうが、念のために、翻訳としては原文どおりに訳すべきものだろう。

然りかつ否　口語訳（＝新共同訳）は『しかり』と同時に『否』と「同時に」を補って訳している。この場合はそういう意味であろうか（ここの「かつ」はその意味に解しうる）。なお、ここでは「然り」や「否」に定冠詞はついていないし、前節のように「然り然り」「否否」と反復しているわけでもない。

19 **シルワノスとティモテオス**　この名前については第一テサロニケ一・一の註参照。

だった、成立した　同じ動詞（gignomai,「生じる」ないし「である」という意味）だが、前者が単なる過去の事実（アオリスト形）、後者は現在完了形なので、このように訳し分けてみた。パウロがここで動詞の時制を使い分けたのは、多分、キリストにおける「然り」は以後持続する事実として実現したのだ、と言いたかったのだろうか（スラル）。

20 この節は前半も後半も、主文も従属文も、すべて動詞を省略している。しかし意味はほぼ明瞭であるので、我々の訳のような動詞を補うことになる。すなわち「キリストのうちにある」の「ある」、「アメーンも成立しているのである」の「成立している」は翻訳上補ったものである。

神の約束に関する限りすべて　原文はいわゆるcasus pendens（宙に浮いた格）である。すなわち「神の約束である限りのものすべて」という主格であるが、文法的にはこれは文の構造から浮いていて、どこにもかからない。そこで適当に想像して訳すことになる。たとえば「神の約束であるすべてのものにおいて」と「において」などを補って訳すことが多い。それで正しいと思うが、日本語は「宙に浮いた格」に比較的近い語法が多いので、そのままにしておいた。

その然り　これは定冠詞がついている。つまり前節で指摘している「キリストにおいて成立した然り」。

我々が神に対して栄光を帰するために唱えているアメーン　この「唱えている」も翻訳上補った語である。直訳は「我々による、神に対する、栄光のためのアメーン」。なおこの「我々による」は「礼拝の場において我々信者たちが唱えているアメーン」の意味に解するのが普通であるが、一応異説として、「我々パウロ宣教団によってもたらされたアメーン」と訳す意見もある。しかしこれはまあ無理。口語訳（新共同訳も同様）はこの文を「わたしたちは、彼によって『アァメン』と唱えて、神に栄光を帰するのである」と訳しているが、「彼（キリスト）による」を「唱える」にかけるのは無理（そもそも、上述のように、「唱える」という動詞は翻訳上補った語であって、原文には存在しない）。これは「成立する」にかかる（「キリストによってアメーンが成立する」）。

アメーン（amēn）ヘブライ語及びアラム語の単語（āmēn）で「まことに」という意味。相手の言葉に「まことに」と相づちを打つのに用いるから、実質的には「然り」と同義である。ユダヤ教においてすでに宗教儀礼の用語となっており、礼拝の時などに、司式者が唱えたドクソロギア（神に栄光を帰する言葉）や祈りの言葉に対し、参加者一同が賛意を表するために声をそろえて「アメーン」と言う（当時のユダヤ教における「アメーン」について、詳しくは、G. Dalman, *Die Worte Jesu*, I 185f 参照）。そのユダヤ教宗教儀礼をキリスト教がもらい受けて、ギリシャ語に訳さずにそのまま「アメーン」と唱えていた。パウロはここでも掛け言葉で、礼拝で用いる「アメーン」と自分の言う「然り」を重ねている。

21～22　この二節は全体として神が「我々」に与えた救いの確かさをこういう形で表現している。神が「堅く立てた」「油注いだ」「証印を押した」「霊を与えてくれた」のはすべて動かし難い「然り」である、と言っている。だから「然りかつ否」などという曖昧なものではなく、極めて明瞭、確実な「然り」なのだ、と。

21　我々に油注ぎ給うた神　直前の句でパウロは神が「キリストへと堅く立て給うた」のは「我々」だけでなく「あなた方」もそうなのだ、と丁寧に「あなた方」をつけ加えたくせに、「油注ぎ給うた」はわざわざ強調して「我々」だけにしている。この「我々」はもちろんいわゆる「著者の複数」であって、パウロ個人を指す（ないしせいぜい広げてもパウロと同類の宣教師）。私は神によって油注がれた極めつきの特別な存在なのだぞ、と威張って言っている。なお周知のように「メシア＝キリスト」という語の意味は「油注がれた者」であるから、新約聖書では、ほかのいかなる個所でも、イエス・キリスト以外にこの語をあてはめることはしない。ところがパウロはおこがましくも、自分自身を「油注がれた者」にしてしまった！　ちょっと普通では考えられない思い上がり。口語訳はこのあたりの言葉遣いの綾をまったく理解しなかったのか、「あなた方とともに」を「油注がれた」にもかけてしまった。もちろん不注意の誤訳。さすがに新共同訳はこの点は正確に訳しているが、「キリストへと堅く立て」を例によって「キリストに固く結び付ける」などという意味はまったくない。この訳の安っぽい「結ばれ」趣味は、何ともへきえきさせられる。もちろん原文には「結び付け」としてしまった。

22 **霊の手付金**　我々が聖霊を受けているという事実が救いの確かさの証拠、「証印」である。しかしまだ救いそのものは最終的に実現したわけではない。それは終末の時の話である。けれども我々はすでに終末的救済の「手付金」として聖霊を受けているではないか、という。パウロにとって、自分たちが「霊」にとりつかれていることこそが自分たちの宗教信仰の確かさの証拠なのだ、というのである。まさに新興宗教的熱狂のあやうさとでも申し上げるべきか。

23 **その後行かなかった**　パウロは二度目の訪問の後、いったんマケドニアに行ってから、すぐにまたコリントスに行くつもりだった（一六節）。しかしその計画を変更して、とりあえずは行くのをやめた、ということ。ここはその時のことをふりかえって書いている。その時はすぐには再び行かなかったが、今また、今度こそ、三度目の訪問の準備をしているよ（一二・一四、一三・一）、ということ。

遠慮してさしあげた　第一コリントス七・二八に出て来るpheidomaiという動詞。また第二コリントス一三・二参照。この場合は、一三・二からもわかるように、パウロ自身が相手に対して何らかの「罰」を与えることを考えている（第一書簡四・一八、二一参照）。とりあえず今回は遠慮して、そちらに行って罰を与えるのはやめておいてやる、というのである。その意味で口語訳の「寛大でありたい」は良い訳。それに対し新共同訳の「思いやりからです」はまるで見当違い。むしろ、「我慢してやっているんだぞ」と恩に着せている感じ。

第二章

1 文のはじめの接続小辞をネストレ新版は gar としている（前の文の理由を表わす。「何故ならば」とか「すなわち」とか。第一テサロニケ一・九の註参照）。しかし旧版は de と読んでいる（軽い小辞で、単にここから次の文にはいるよ、という程度の記号）。写本の読みは de の方が圧倒的に支持されている（ℵACDFGΨなど）。重要な写本で gar と読むのはBと𝔓46のみ。ネストレ新版がこちらを採用したのは、多分、gar だと意味上かなり無理があるから、いわゆる lectio difficilior の原則に従ったものであろう。しかしこの場合にその原則をあてはめるのがよいかどうか。いずれにせよ、gar では意味をなさない。新共同訳は「そこでわたしは……」などと訳している。もちろん gar を「そこで」と訳すわけにはいかない（de なら「そこで」と訳しても間違いではない）。新共同訳はネストレ新版の本文（＝アメリカ版本文）に従うという看板をかかげておいでなのだから、こういうところはちゃんと gar を訳さないといけない。

苦痛 日本語でこう訳すと、この文ではあまりさまにならない。それで従来の日本語訳は「悲しみ」と訳してきた。しかしこの語（lypē）は「苦痛」を意味する。日本語の「悲しみ」（英訳の sad も同様）は情緒面に力点を置いた語であるが、この語はむしろ現実的な打撃を意味する。口語訳「あなたがたの所に再び悲しみをもって行くことはすまい」では、悲しむのはパウロ自身であると思われる。残念ながら私の訳でもその欠点は免れていない（恐縮）。しかし可能性としては、パウロが彼らのところに苦痛を「持って行く」、つまり彼らに「苦痛を与えに行く」という意味に読むことができる。むしろその方が可能性が高いだろう（続く二節はその意味。しかし三節はパウロの方が苦痛を与えられるの意味）。その点でRSVはどちらともとれるように、うまく訳している（not to make you another painful visit）。

新共同訳が「そちらに行くことで再びあなたがたを悲しませるようなことはすまい」と訳したのは、明瞭に、その問題を意識した訳である。その限りでは、新共同訳の方がいい訳に見える。しかし原文の意味は、「そちらに行くこと」そのものが相手に苦痛を与えるのではなく、そちらに行って、相手に苦痛を与えるようなことをする、という趣旨であるから、これでは誤訳である。

いずれにせよ、ここで「再び」とパウロが言っているのは、前回の訪問ではパウロが彼らから「苦痛」を与えられた（ないしパウロが彼らに「苦痛」を与えた、ないしその両方）、ということを示している。最初の訪問（使徒行伝一八・一―一一）が「苦痛」の訪問だったとはとても考えられないから、これはそれより後の二度目の訪問を指すのであろう。

2　この節で、パウロが「苦痛」という語で自分が相手に与える「罰」を考えていることが明白となる。一・二三の続きである。

3　**このこと**　常識的には直前の一、二節に書いたことを指す。「私がこういうことを書くのは、……ためである」（口語訳はその趣旨）。それに対し新共同訳は「あのようなこと」としている（多分TEVの why I wrote that letter に影響された?）。つまり、パウロはここで以前自分が書いた手紙（いわゆる中間書簡、次節参照）に言及している、という説に従って訳したのである。これは、「このこと」を直前に述べたことの意味ではなく、直後に述べることの意味にとって、次節で言及される手紙を指す、と解釈するものである。どちらもありうる解釈である。この指示代名詞の曖昧さについては、第一テサロニケ二・一三の「この故に」の註参照。

まさに　直前の「このこと」の語をパウロは非常に強調している（「このことそのもの」と「そのもの」を意味する語 auto を付加している）。しかし「そのもの」では日本語として通じにくいから、「まさに」と訳してみた。

4　この個所を根拠として、パウロは第一書簡と第二書簡の間にもう一つ「多くの涙をもって」手紙を書いた（いわゆる中間書簡）、という学説が生れる。しかしこの「涙の書簡」が第一書簡であった可能性も十分にある（『概論』参照）。

5　この節もまた原文が曖昧だから、いろいろ異なった「訳」がなされる。口語訳（新共同訳もほぼ同じ）と比べて御覧になれば、同じ文がどうしてこうまで異なって訳されるのか、驚かれることだろう。口語訳は近ごろの通説に従った訳である。近ごろと言っても、すでに一八四一年に W. M. L. de Wette が提案しているそうである（スラル、一七一頁）。しかしこの意見が優勢になったのは二十世紀になってからである。最近はほぼすべての翻訳（現代版ルター、ドイツ語共同訳、エルサレム聖書、TOB、RSV、NRSVほかいろいろ）がそう訳している（最近ではそもそもネストレのテクストがこの説に応じて句読点を入れているから、ネストレに準拠すれば必ずそう訳すことになる）。その説に従って口語訳よりもう少し直訳的に訳すと、「もしも誰かが苦痛を与えたとすれば、私に苦痛を与えたのではなく、ある程度は、誇張しないように言うなら、あなた方みんなに苦痛を与えたのである」となる。

この訳の問題は、「誇張しないように言うなら」と訳した点にある。この動詞（epibareō）は「重さを加える、圧迫する、負担を与える」といった意味の動詞である。通常は人間を目的語として「誰それに負担を与える」といった意味に用いる（第一テサロニケ二・九参照。当時のパピルスでの用法も同様、VGT参照）。しかし、もしもネストレのようにこの個所でこの動詞の直後に読点を入れてしまうと、この動詞に目的語が欠けることになる。それでは文として意味をなさない。それで、目的語として原文にない「言葉」という単語を頭の中で補って考え、「言葉にあまり負担をかけないようにするなら＝誇張しないように言うなら」と訳すことにしたのである。しかしこれはずい分と無理をした訳である。原文にない「言葉」という語を目的語として補うなど論外だし（前後にも出てこない）、もちろん、この動詞を目的語をつけずに単独でこういう意味に用いる用例など他ではまったく知られていない。おまけに、「言葉に負担をかけない」とは「誇張しない」という意味だ、というのも、おそろしく牽強付会である。最近この訳が一般化したのは、皆さんネストレの顔を立てようとしているからにすぎない（ただしこの種のネストレ絶対主義には、最近徐々に批判が高まってきている）。

この難点を逃れるためには、文の切り方を変える以外に方法はない。なに、この動詞の後にネストレが入れた読点を削除すればそれですむ。その場合は、「あなた方みんな」がこの動詞の目的語になる（「あなた方みんなに負担をかけないためであった」）。なおこの読点はもちろん写本に根拠があるわけではなく、ネストレ（旧版）が自分で判断して入れたものである。ただしネストレ自身はそれが自分の説にすぎないことを知っているから、ちゃんと註をつけて、ここに読点を入れない読み方もある、と指摘している。ところがネストレ新版（K・アーラント）はこの註を削ってしまい、ここに読点を入れるのが当然であるかのような顔をしてしまった。この種のことについては新版の方が旧版よりも程度が低い。

右の通説では、「(その人が苦痛を与えたのは)、私に対してではなく、しかし、あなた方みんなに対してであった」と、「私」と「あなた方」を比較していることになるのだが（この場合の「しかし」は英語なら… not … but の but にあたることになるので、日本語ではわざわざ「しかし」などと訳さないのが普通である)、私のように訳すと、「あなた方みんな」を「負担をかける」の目的語にする結果、「私に対してではなく、しかし」の後が続かないように見える。その点については、日本語に訳してしまえば右の通説の方がよさそうに見える。しかし原文で読むと、「しかし」と「あなた方みんな」の間が離れすぎていて、通説のように訳すのはいかにも不自然である。従ってこの「しかし」(ないし「いや」)に続くのは「ある程度は」ととるのが自然である（現に原文では直接続いている)。「私に対してではない。いや、ある程度はそうだが」。これを砕いて日本語にすれば、私の訳になる。

この方が文法的に無理がないし、意味もすんなり通じる。「コリントスの教会の中に一人、ほかの教会員たちに対してひどい苦痛を与えた者がいた。しかしそれは私パウロに対して与えたわけではない。いや、私もまあ多少は迷惑を蒙ったが、それはあなた方全員に負担をかけたりしないためである」。もしもこの「苦痛を与えた」が実際には何か経済的損失を与えたということであれば（『概論』参照)、これで十分に意味が通じる。パウロもその損害の一部を負担した。それは教会員だけに負担を背負わせないためである……。

あるいは、もしもこれがエルサレム献金のために教会に貯めてあった寄金をこの人物がくすねたことを指すのであれば（『概論』参照)、パウロとしては、「私が直接損害を受けたわけではないからいいではないか。いや、皆さんでその損害を穴埋めするとおっしゃっているが、そこまで無理をしなさんな（あなた方みんなに負担をかけないためには)。多少の損失は、私が迷惑を蒙ったことにしておけばいいだろう」、と言っているのかもしれない。

実はこの私の訳は伝統的な訳である（ヴルガータからルター、ティンダル＝欽定訳まで)。重要なのは、ヴルガータ等はまだ、「負担をかける」という動詞の目的語をごく自然に「あなた方みんな」とみなしている点である。これは古代人のギリシャ語の感覚をよく伝えているものとみなすべきだろう。それに対し現代の学説の「負担をかける」を「言葉を誇張する」という意味に解しようというのは、あまりに無茶な牽強付会である。

6　大多数　口語訳（＝新共同訳）は「多数」。しかしこれは「過半数、大多数」を意味する語である。

7　赦す　単語（charizomai）の本来の意味は「恵みを与える」である。「罪を赦す」（法律的な意味でも宗教ドグマ的な意味でも）という場合の「赦す」は別の動詞（aphiēmi）が用いられる。それとこれとを混同しないためには、charizomaiには違う訳語をあてるのがいいと思われるが、伝統的にはどちらも「赦す」と訳している。その結果微妙なずれが生じる。charizomaiはどちらかというと「罪を赦す」ではなく、「罰を減免する」の趣旨である。いっそのこと「恩赦する」とでも訳そうかと思ったが、それではかたすぎるし、今のところ名案がない。すみません。

呼びかける　この動詞（parakaleō）については一・三の註、また第一テサロニケ二・三の註参照。

あげるがよい　「恵みを与える（赦す）」と「呼びかける」の二つの動詞は原文では単に不定詞を二つ並べただけである。解釈の可能性は二つある。前節の「十分であろう」がここまでかかっているとみなし、「むしろ逆にあなた方は恵みを与え、呼びかけてあげれば、それで十分だろう」と訳すか、あるいは、不定詞そのものに「べき」の意味がこもっているとみなして、「あげるがよい」と訳すか。多くの訳書は後者の訳をとっている。まあどちらにせよ大差ない。

8　発効する　こう訳すと奇妙だが、原語の動詞（kyroō）は法律用語。普通は法律、命令等を発布する、発効する、批准する、といった意味に用いる。従ってここは単に「あなた方はその人を愛してあげなさい」という一般的な教訓の意味ではない。何らかの意味で裁判的な事態を考えているので（多分、「あなた方」が集ってその人に対する私的な裁判を行なった）、パウロが言っているのは、判決としてその人物に対して「愛」（負債を減免する？）を発効するのがいいのではないか、ということである。この動詞は新約全体でたった二個所（こことガラティア三・一五）にしか出て来ない。ガラティア書でもこれは法的な意味（契約の発効）に用いられている（詳しくはそちらの註参照）。従ってたとえば新共同訳のように「ぜひともその人を愛するようにしてください」などと訳したら、まるで原文の意味を理解していないことになる。

9　そのためにこそ　文法的には、新約のギリシャ語、特にパウロのギリシャ語では、「この」ないし「その」という指示代名詞は前の句を指すのか後の句を指すのか、一応どちらの可能性もある（第一テサロニケ二・一三の「この故に」の註参照）。後の句を指すとすれば、「そのため」は「あなた方の従順さを知るため」である。すなわち、パウロがこの前の手紙（いわゆる中間書簡あるいは第一書簡）を書いたのは、あなた方の従順さを確かめるためであった、ということになる。前の句を指すとすれば、「そのため」は「あなた方が愛を発効させてくれるため」である。そのために前の手紙を書いたのだ、ということ。

ルターがこれを後の句を指すと解して訳して以来、その影響で今にいたるまで多数の訳書がそれにならっている（口語訳＝新共同訳も）。しかしそうすると、パウロは、前の手紙ではその者を厳しく罰するようにと書いたのだが、それは単にあなた方がパウロの命令に従順に従うかどうかを試してみたかったからであって、実際に従順に従ってくれた今となっては、もう、厳しく罰するのは終りにして、今度は「愛の発効」に切り替えなさい、と言っていることになる。だとするとこのパウロはずい分と嫌らしい。本当は自分では必要と思っていない罰を、単に相手の従順さを確かめるためだけに、実施するようにせまった、ということになる。パウロという人がそこまで嫌みな人だと思いたかったら、そうお訳しになるがよろしい。

あなた方の証拠　何だかひどく大袈裟な訳語だが、原文がそもそもそういう言い方をしている。この個所だけなら口語訳のように「あなたがたが従順であるかどうかを、ためすためであった」とくだいて訳しておけばよろしい。しかしこの「証拠」という語（dokimē）、パウロがこの書簡全体を通じて（多分その前の第一書簡からずっと）こだわっている単語であって、ここでわざわざこういうどぎつい単語を用いたのもそのせいであろう。つまりことの起こりはパウロ自身が、あなたの伝えるキリストが本物かどうか「証拠」を見せてみろ、とコリントスの信者たちから突きつけられたことにある（一三・三）。それでパウロはやたらと腹を立て、この二つの書簡全体を通じてこの dokimē という語（本物であるかどうかを検証するための証拠、八・二、九・一三）、また「検証する」（これと同根の動詞 dokimazō、八・八、二二、第一コリントス三・一三、一一・二八、一六・三）、「検証された者、合格者、本物」（dokimos、一〇・一八、第一コリントス一一・一九）、「検証されなかった者、失格者」（adokimos, 第一コリントス九・二七）等々の語を使いまくって、その問題にこだわったのである（この語については、第一コリントス一一・一九の「合格者」の註、同二八節の「検証する」の註ほか参照）。以上のほか、この問題に集中して議論している第二コリントス一三章では、以上の四つの単語がすべて、くり返し何度も用いられている。パウロはしかし、信者たちから突きつけられたその問題にはまったく答えようともせず（当の問題を扱っている一三章においてさえも）、論点をはぐらかし、同じ単語をさまざまに異なった仕方で逆にコリントスの信者たちに振り向け、それならお前ら自身は本当に証拠のある人間なのか、検証に耐えうる者なのか、と、逆ねじをくらわす。その問題がすでにここでも頭をしめているから、わざわざこういうきつい言い方で、あなた方の側で、あなた方自身の態度で、あなた方が本物であるかどうか証拠を見せてみろよ、と突きつけている。

10 **私が赦したのだからそれは**　直訳は「私が赦すところのことは」であるが、この「私」は非常に強調されて文頭に置かれている。「ほかの誰でもなくこの私が赦すんだから」という感じ。ここではパウロは自分が最後の審判者たるキリストの代行者のつもりでいる。まあ何という思い上がりか。

13 **ティトス**（Titos）　ラテン語系の名前（Titus）だが、ギリシャ語人間にもよくある名前。このティトスは使徒行伝では言及されていないが、ガラティア二・一、三によれば、いわゆるエルサレム使徒会議の時にパウロが弟子として伴って行っている。その後、この書簡に見られるように、パウロの第三回伝道旅行にパウロの助手としてついて行っている。

マケドニア　ここでも新共同訳は「マケドニア州」と「州」の語を補っている。不用、かつ間違い。

二・一四―七・四について

パウロが（エフェソスから出発して）トロアスからマケドニアに行った話（一三節まで）が突然中断されて、一四節でいきなり神に感謝する言葉がはじまる。その内容も一三節までとまったくつながらない。そしてマケドニアに行った話の方は、ずっと跳んで、七・五で再び続きが語られる。それも、いったん話を中断してほかの件に移り、またもどってきた、という感じではまったくない。いかにも突然無理に文の途中で切られて、その続きが七・五に置かれているようである。ここから、本来の書簡は二・一三からすぐに七・五へと続いていたのに、その間に別の書簡（中間書簡?）の一部である二・一四―七・四が何らかの不注意の結果挿入されてしまった、という学説が生れる。かなり説得力のある学説ではあるが。詳しくは『概論』参照。

14　口語訳は文頭に「しかるに」という接続詞を挿入している。これは de という接続小辞を訳したものだが、この場合は「しかるに」などという強い意味ではなく、普通は訳出しない程度の軽い語。口語訳は一三節と一四節のつながりの悪さを気にして、「しかるに」などと入れてしまったのだろう。しかし翻訳は原文のつながりの悪さもそのまま正確に示さないといけない。さすがに新共同訳はこういうことはしていない。

凱旋行進に引き連れ　一語の動詞（thriambeuō）であるが、この場合の本当の意味は議論のあるところ。というよりも、意味がよくわからない、と正直に言うべきだろう。これは「凱旋行進」を意味する名詞（thriambos）から作られた他動詞である。ギリシャ語文化の方がラテン語文化よりも先に高度に発達したから、ラテン語にはギリシャ語からの借用語が多く見られるが、ローマ帝国の時代になると言語の影響関係も逆転し、ラテン語の概念やローマの風習などをギリシャ語の単語で表現する場合が出て来る。これもその一つで、thriambos というのは元来はバッコスの神様に捧げられる讃歌のことであるが、ローマ時代になると、ラテン語の triumphus の意味に用いられるようになった。triumphus は、遠征に出ていたローマ軍が勝利をおさめて凱旋する時に、その将軍が白馬に引かれた戦車に乗り、歓呼の声を上げる兵士たちと捕虜とを後に従えて、市中をとおってカピトーリウムの丘へと上っていくことを指す。凱旋行進である。歌劇好きの人ならば、ヴェルディのアイーダの有名な場面を思い出されるとよい（あれは、古代ローマの風習をエジプトの話に持ち込んだものだが）。

さてしかし、ラテン語ではこれを動詞にした triumpho は人間の目的語を伴う他動詞として用いることはまずないけれども、それがギリシャ語にはいってくると、人間の目的語をともなって、「その者たちを捕虜として凱旋行進の後に引き連れる」という意味になる。ギリシャ語でこれを他動詞として用いる用例は、知られている限りすべて、この用例である（ただし次のクテシアスの例を除く?･）。新約の中ではこの個所のほかにあと一個所コロサイ二・一五で用いられているが、そこでもその意味である。しかしそうすると、我々の個所の訳はうまくいかない。もしも、神がその凱旋行進に勝利の軍隊の一員として我々を伴って下さる、という意味であるならば（口語訳はその解釈。なおここも口語訳はRSVの直訳、God, who in Christ always leads us in triumph）、十分話が通じるが、その場合「我々」は捕虜ではない。そして残念ながらこの動詞に「（捕虜でなく）部下を凱旋行進に伴う」という用例はない。従ってこの訳は無理である。

これを何とか通じるように訳そうと、さまざまな仮説（というより憶説）が提案されてきた。その諸説はスラルが上手に紹介し、かつしっかりと批判している。たとえばこの動詞は「勝利せしめる」という意味だ、とするもの（ルターからティンダルを通って欽定訳まで。ティンダル、God which alwayes geveth us the victory、欽定訳、God which causeth us to triumpf）。これについてはクテシアス（Ktesias、クニドス出身で主として前四世紀に活躍した人物。ギリシャ人だが一時ペルシャの王廷に仕えたりしたので、ペルシャのことに詳しく、ペルシャの歴史を書いた『ペルシカ』によって著名となった）がこの動詞をそういう意味に用いている、と言われる（Persica 13、バウアーによる。クテシアスのテクストはなかなか手に入れにくいので、私は見ていない。バウアーほかの引用によっている）。しかし、このクテシアスの文そのものが曖昧な文で、この動詞の意味についてもいろいろ議論がある。少なくとも単に「勝利せしめる」ではなさそうである。従って、これはルターのせいで伝統的解釈となったが、根拠がないことになる（もちろんルターはまだクテシアスの個所に気がついていない。近代の学者がルター訳を弁護するために引き合いに出したものである）。

あるいは、これは本来の「凱旋」という意味を離れて、もっと軽く、単に「引き連れる」程度の意味にしておけ、とか（古代末期のキリスト教学者テオドレトスの解釈。バウアーはこの意味もクテシアスに用例があると指摘しているが、これまた定かでない。Persica 58）、単に「人々に示す、見せびらかす、見せ物にする、等々」の意味だとか……。しかしいずれも、そう解すれば話としては通じるだろう、というだけであって、その用例がほかにない以上、説得力がない。

というわけで、ここは解釈を入れずに直訳し（新共同訳の「キリストの勝利の行進に連ならせ」は多分そのつもりの訳?・）、神は我々を捕虜として凱旋行進に引き連れる、という意味だとしておくのがよいだろう。そしてその場合、どうして我々が「神の捕虜」に譬えられるのか、パウロが言わんとしていることはもはやわからない、と言うのが正しい。二・一四以下は別の手紙の一部が切り取られてここに置かれたという学説が正しければ（正しいかどうかわからないが）、文の途中であろうから、この文の前の部分が失われてしまったので、従って、その部分がわからない限りここの正確な意味はわからない、ということになろう。あるいは、かなり大きな可能性は、パウロ自身がこの単語をうろ覚えに覚えていて、自分でも正確な意味をわからず曖昧なまま適当に比喩として用いてしまった、という可能性である。パウロのようなすぐれたギリシャ語の文章家であっても、たまにはその程度の間違いぐらいは犯すだろう。右に指摘したコロサイ書の著者は、擬似パウロ書簡を書こうというぐらいの著者だから、当然パウロ書簡のうちいくつかは読んで知っていただろう。とするとこの著者はもしかすると、パウロのギリシャ語の使い方を訂正してやろう、というぐらいの茶目っけがあって二・一五のような文を書いたのかもしれない。

キリストにあって　新共同訳がこれを「キリストの（勝利の行進）」と訳したのは、明瞭に間違い。「にあって」をこのように「の」の意味にとることはできない。「神が我々を凱旋行進に引き連れるという事は、キリストにあって生じることなのだ」という意味である。

キリストを知る知識　原文は単に「彼の知識」。しかしこの場合の属格は対格的属格であろうという大多数の学者の説に従ってこう訳しておいた。なおこの「彼」は「キリスト」を指すと考えられるが、可能性としては、「神」を指すとも解しうる。

匂い　単に「キリストを知る知識を明らかにする」と言わずに、どうして「匂い」という比喩的な語をパウロが挿入したのか。これまた、もしもこの部分が別の手紙から切り取って入れられたのだとすれば、前後関係が定かでない以上、よくわからない。もっともパウロはすぐに下手な比喩的表現を使いたがるから、ここもそれだけのことか。なおこの語そのものは良い匂いにも悪い匂いにも用いる語だが、パウロがここでこの語を良い香りの意味に用いているのは、次節からも明らか。

15　人々の間でも　この「間」(en)という前置詞は単なる与格の代りとも解しうる（第一コリントス一四・一一、ガラティア一・一六の「私のうちに」参照）。とすれば口語訳（＝新共同訳）のように「にとっても」と訳すことになる。事実、続く一六節では単なる与格で「滅びる人々にとっては（に対しては）……」となっている。この節では「神に対して」が与格だから、それとの重複を避けて「の間で」と書いたのだろうか。

神に対しては　この与格はいろいろ解しうる。リーツマンのように「神のため」とするか（für Gott, リーツマンはこう訳しておいて、それを註解において「神の栄誉のため」と言い直している）、あるいはRSVのように「神に対しては」(to God)とするか（我々もこちら）。この「神に対して」をRSVのように副詞句ととらないで（我々がキリストの香りであるのは神に対して、ないし神のため、である）、「香り」にかける形容詞句ととれば（それは語順からしてとても無理だが）、新共同訳の「神に献げられる良い香り」と訳すことになる（これは相変わらずNEB＝TEVの真似、the incense offered by Christ to God。原文を訳さずに、NEBのような改竄的悪訳をそのまま直訳するとは何ごとだ！）。

香り　直訳は「良い香り」だが、この「良い」はたいして強い意味ではなく、かつ、日本語の「香り」にはおのずと「良い」が含まれるから、単に「香り」とした。なお口語訳（＝新共同訳）は一四節、一六節も全部「かおり」と訳しているが、パウロ自身が一四節、一六節では一般的に「匂い」を意味する語、一五節では「(良い)香り」を意味する語を使って、使い分けている以上、訳文でも一応区別する方がいいだろうと思う。私には両者に意味の違いがあるとも思えないが。

キリストの香り　この「の」を行為者の属格（キリストが人間たちに提供する香り）の意味に解するのは（右記NEB＝TEVとその真似の新共同訳）、とても無理。論理的には対格的属格（キリストのことを人々に伝える、知らしめる香り）、ないしは、所有の属格（キリスト自身が持っている香り）のどちらか。しかし実際にはここは前節で「キリストの知識の匂い」と言っているのを縮めただけの表現だから、対格的属格の意味しか考えられない。

16　このことにふさわしいのは誰か　「このこと」が前後関係からして「キリストの知識」を人々に伝える仕事を指すのは明瞭であるが、議論の対象となるのは、この疑問文が肯定の答を期待するものか（然り、それは私パウロないし我々パウロ伝道団だ）、否定の答を期待するものか（そんな人は一人もいない）、という点である。西洋語ならば、そのどちらにもあてはまるように中立的な疑問文を書くことができるが、日本語は意味合いを明示してしまう言語であるから、中立的な文は書きにくい。口語訳「だれが耐え得ようか」は否定の答を期待し、新共同訳は上手に中立的に訳しているが、続く一七節からおのずと肯定の答を期待する意味がわかるようにしている。表現に一七節はその内容からしても、はじめに置かれた接続詞（gar）からしても、一六節の問いに対して、それは「我々」なのだ、という答をはっきり示唆している。従ってここはやはり新共同訳が正しかろう。否定的な答を期待している、という文体上の理由である（ローマ八・二四、三一ほか、第一コリントス四・七、九・七ほか、等々多数）。しかし肯定の答を期待する場合も少数ながらある（ローマ七・二四、第一テサロニケ二・一九）。少数でもこういう例がある以上、前後関係がはっきり肯定の答を示唆している場合は、やはりそう読むべきだろう。つまりパウロは、「キリストの知識」を「良い香り」として世の中の人々に広める仕事ができるのは「我々」であって、その我々はほかの「大勢（のキリスト教宣教者）」とは違うのだぞ（一七節）と言っている。何という排他的姿勢！

ふさわしい（＝新共同訳）　この語は（hikanos という形容詞。「～するのに十分である」が原義）、三・五でもくり返し出て来る。三・五ではパウロはやたらとこの単語にこだわっていて、この仕事に「ふさわしい」のは我々だけだ、という自意識がはっきり伝わってくる。これを口語訳のように「耐え得る」などと訳すのは誤訳の部類。

17　神から　口語訳「神につかわされた者として」は「つかわされた者」が原文にない余計な付加、新共同訳「神に属する者として」は「属する者として」が余計な付加。どちらも原文の意味を大幅に、かつ間違って、変更している。ここは、我々は神から発して語っているのだ、ということ（「神から」は「語る」にかかる副詞句。たとえばリーツマンの解説、「パウロの言葉は神に由来する」）。

第三章

1　我々はまた自己推薦をはじめているのだろうか　いきなりこういう言い方をするからには、パウロはコリントスの信者たちから、あなたは自分で自分を推薦しているだけではないのか、と批判されていたということだろう。私は復活のキリストに会ったのだ、キリストから直接使徒としての権威を与えられたのだ、というパウロの自己主張に対する批判である。一三章三節で、コリントスの信者たちが、パウロのキリストが本物であるかどうか証拠を見せろ、と言っていることと同じ問題である。

自己推薦　縮めて訳したが、原文は「自分自身を推薦すること」。この動詞（synistēmi ないし synistanō）は、本来は「共に置く」「結びつける」という意味であるが、そこから転じてきわめて多様な意味を持つ動詞である。そのうちの一つが「その人の側にたつ」というので「推薦する」の意味にもなる。また四・二、六・四の註参照。その二個所は「推薦する」と訳すのがふさわしいかどうかわからないが、この個所については、続く二節の「推薦状」が同根の形容詞（systatikos）であって、そちらは「推薦状」と訳す以外にないから、同じ概念だということが分るように、動詞の方も「推薦する」に統一しておいた。

あなた方からか　いささか直訳にすぎるが、このように曖昧な文は直訳しておく方がいい。つまりこの句は受け取り方によって、ほとんど正反対の意味になりうる。もしもこの句が最初の二つの句と並列して反語の疑問文であるなら、これもまた「我々はまたあなた方からの推薦状を必要とするのか、いやそんなことはない」という意味にとって訳すことになる（多数派の意見）。しかし最初の二つの句は明瞭に反語の疑問文として文章が整っているが、最後の句は単に「それともあなた方からか」とあるだけである。とするとこれは、むしろ、二つ目の句の「あなた方への」に対して「それともあなた方からの」と言っていると解する方が素直であろう。つまり反語の疑問は二つ目の句で終り、それに対して、そうではなく、推薦状がどうのこうのと言うのであれば、「我々はあなた方からの推薦状をもらうべきではないか」と言っていることになる。この方が文脈に対して素直である。

2　我々の心　「あなた方の心」としている写本がある。数は少ないが、א も含まれるから、無視できない（ブルトマン、ファーニシュなどはこちらの読みを採る）。もしも「あなた方の」と読むのであれば、パウロが言いたいのは、形式的に書かれた推薦状なんぞよりも、あなた方の存在そのものが我々の使徒としての活動を証する立派な推薦状ではないか、そのことはあなた方の心の中にしっかり刻まれているだろ、それを思い出してみろよ、ということであろうか。それに対し「我々の」と読むなら、あなた方が忘れていようとそのことは我々の心の中にしっかりと刻まれていて、おまけに、我々がその事実をあちこちで証しして歩いているのだから、すべての人に知られていることだ、という意味になる。どちらの読みが原文であるか、可能性は五分五分と言えよう。なお、こういう場合に、どちらの読みが前後関係にしっくりあうかという観点から、うまくあう方を原文とみなす、という判断をしてはならない。まさに、原文を修正した写本家が、こう直す方が前後関係にうまくあうではないか、と思って修正した可能性も大きいからである。他方もちろん、単なる不注意の書き間違いである可能性も十分にある。

知られ、読まれ　訳すと何でもないが、原文はここも語呂合せ。「読む」(anaginōskō) は「知る」(ginōs-kō) に接頭語をつけただけ。

3　明らかに　直訳は、以下のこと（あなた方が……であること）について「あなた方は明らかになっている」。しかしこれは軽い表現であるから、縮めて「明らかに」ぐらいにしておくのが適当だろうか。従ってまた新共同訳のように「あなたがたは、……手紙として公にされています」は、いささか言い過ぎ。それに、うるさく言えば、「あなた方は手紙として明らかになっている」のではなく、「あなた方が手紙であることが明らかになっている」である。

我々がたずさわったキリストの手紙　「たずさわった（その仕事に仕えた）」の意味の取り方についていろいろ意見がある。一つは、あなた方はキリストの手紙であるが、それを書いたのは我々だ、という意味に解する。すなわち、パウロたちのコリントスでの最初の伝道活動を指す。我々があなた方にキリストを書き込んだ、ということ。第二の解釈は、あなた方はキリストが書いた手紙であって、我々はその配達の仕事をした、とするもの

(NEB：given us to deliver)。つまりその「手紙」を我々はあちこちに配って歩いている（あちこちであなた方がクリスチャンになったということを語って歩いている）、ということ。どちらも一応それなりに可能性があるようだが、「たずさわった」はアオリスト分詞であるから、過去の一つの行為を意味すると解する方がいい。とすれば、やはりここは第一の解釈をとるべきだろう。新共同訳の「あなたがたは、キリストがわたしたちを用いてお書きになった手紙」は一見第一の解釈と似ているが、そうではない。第一の解釈なら単に「我々がその手紙を書いた」と言っているだけだが、新共同訳は「キリストが我々を用いて書いた」などとひねっている。「たずさわった」にそこまでの意味はない（diakoneō、仕える、奉仕する）。ひねれば、そう解して解せないわけではないが、もっと素朴に、あなた方は我々が書いた手紙であって、そこにはキリストのことが書いてあるのだぞ、と解する方が素直だろう。

肉体の心　直訳は「肉の心」。つまり現実世界を超えた心ではなく、現実の人間の心という意味。「肉」という語の形容詞は二つあるが（第一コリントス三・一の註参照）、この個所は sarkinos。この場合は否定的な意味合いはなく、ほとんど「人間の」というに等しい。

石の板、肉体の心の板　この二つを対照させる発想はエゼキエル書一一・一九、三六・二六に出て来る。「石の心」と「肉の心」を対照させている。多分パウロはエゼキエルのこの個所に影響されたものだろうか。あるいはむしろ、直接この個所の真似をしたというよりも、一つのものの言い方として学んで知っていた、ということだろう。もっともエゼキエルの場合は、モーセの十戒は石版に書かれたということを頭に置いているのだから、この比喩は成り立つが、パウロの当時の手紙はふつうパピルスに書いたから、この比喩は成り立たない。パウロとしては多分ちょっとエゼキエル的にしゃれてみた、というだけの話だろう。

4　**神に対して**（＝口語訳）　新共同訳の「神の前で」は意味が違う。この前置詞（pros）に「の前で」の意味はない。

5　**あたかもみずから発したかのように、何かを考察する**　ここも訳し方が二つある。一つは我々の訳のように、「何か」を「考察する」の目的語とみなし、「あたかもみずから発したかのように」を「何かを考察する」にかかる副詞句とみなす。もう一つの訳の可能性は、「何か」を「考察する」の目的語とみなす点では同じだが、「みずから発する」を英文法用語で言えば目的補語とみなす。「何かを我々自身から発したことであるとみなす」、となる。後者は英語の学者の間でだけ普及している解釈である（たとえばRSV：Not that we are sufficient of ourselves to claim anything as coming from us）。後者の方が「考察する」という語の意味を軽くとっている（単に「みなす」）。文法的には（またパウロの文体としても）、どちらの可能性も五分五分にある。いずれにせよ口語訳「自分自身で事を定める力が自分にある」（新共同訳「独りで何かできるなどと思う資格が、自分にある」）は、「考察する」という動詞の意味をとりまちがっている。口語訳の「事を定める」はまだありうる訳だが、新共同訳の「できる」（＝「実行する」の意味）は問題外。

ふさわしい　二・一六に出て来るのと同じ形容詞。続く「我々のふさわしさ」は同じ語幹の名詞。更に続く六節では、同じ語を今度は他動詞（ふさわしくさせる）として用いている。このすべてが二・一六の疑問文に対応している。従って口語訳、新共同訳のように三・五、六（口語訳は「力がある」、新共同訳は「資格がある」）と二・一六をまったく違う訳語にしてしまっては、話のつながりがわからない。

6　**新しい契約**　日本語キリスト教用語ではこれを省略して「新約」と言う。キリスト教をユダヤ教に対して「新しい契約」と呼ぶ言い方は、パウロとルカが伝える聖餐式設定の伝承（第一コリントス一一・二五＝ルカ二二・二〇）にすでに出て来るから、パウロの発明ではなく、パウロ以前のキリスト教ですでに用いられていた概念であろう、と言われている。しかしマルコ＝マタイの聖餐式設定の伝承にはこの概念は出て来ないから、パウロがはじめて考えついたという可能性がまったくないとは言えない。

文字　これが直訳。話の前後関係からしてこれは実際には旧約律法を指す。

7　**死の務め**　新共同訳は「死に仕える務め」とくだいて訳しているが、そうかもしれないし、そうでないかもしれない。パウロの属格の使い方はもう少し曖昧である（第一テサロニケ一・三の註参照）。単に現代語の形容詞にあたる程度の表現かもしれないし（「死的な仕事」）、行為者の属格「死が働く仕事」かもしれない。このように意味の広い表現はそのまま訳しておくものだ。しかしパウロが言わんとしていることは明白。モーセの律法

（ないし律法のための仕事）は、律法違反者が滅び（＝死）に定められることになるのだから、「死をもたらす務め」である。

イスラエルの子ら……　出エジプト記三四・三〇参照。なお新共同訳はこの節のはじめに「ところで」という語を挿入しているが、これは余計であるばかりでなく、誤訳。原文にそのような語はないし、七節は六節の説明的延長であるから、「ところで」では意味が違う。

栄光　むしろ「神の反映」と訳す方がわかりやすかったか。一八節の註参照。ここではモーセは直接神に会った結果として、神の光り輝く姿を反映してみずからも光を発するようになった、ということ。

消滅する　他では「無効にする」と訳した動詞（第一コリントス一・二八の註参照）の受身形。ここでは「無効にされる」では日本語としてさまにならないから、こう訳しておいた。受身を自動詞的に用いている。「働きを停止される」が原意だが、光り輝くものの働きが停止されれば、光が消えることになる。一一、一三、一四節も同じ。

8　**霊の務め**　この属格についても七節の「死の」と同様。

9　**断罪の務め、義の務め**　これを口語訳（新共同訳も同様）は「罪を宣告する」「義を宣言する」とくだいて訳しているが、この場合はそういうことであろうか。

10　**この場合**　単語の意味は「この部分において」。しかしパウロがこの表現を「この場合」の意味に用いていることは、九・三の同じ表現（そこでは「この点に関して」と訳した）からして明白。言わんとしているのは、「死の務め」はモーセにおいて栄光を与えられたものであるけれども、この場合には（「義の務め」と比べる場合には）、義の務めの栄光があまりに大きいので、モーセの方は栄光がないのと同じようなことになる、ということ。

11　**栄光によっていた、栄光の中にある**　原文はどちらも動詞を省略した表現。従ってどういう動詞を補うかで議論が別れる。まあ、常識的には、前者はモーセの栄光を考えているのだから、過去の動詞を補い、後者は現在の「新約」が頭にあるのだから現在動詞を補うものだろう。次に、前置詞が「によって」、「の中に」と異なっているが、パウロは同じ意味の表現を続ける場合に単調さを避けるためだけの目的で前置詞を取り替える癖がある（ローマ三・三〇ほか参照）という理由を上げて、ここも両者同じ意味だ、と解説する註解者が多い（リーツマンほか。両者とも in Herrlichkeit と訳す）。そうかもしれないし、そうでないかもしれない。しかしローマ三・三〇は ek（から）と dia（とおって）だから交替可能かもしれないが、我々の個所は dia と en（の中に）だから、両者同じ意味というのはちょっと無理。もしも字義どおりに受け取るとすれば、モーセの律法の場合は「栄光によって栄光化された」（神の「栄光」を反映した）、つまり一時的に「栄光」を与えられただけだけれども、新約の方は永続するのであるから常に「栄光の中にある」という意味になろうか。RSVは何とか両者を訳し分けようとして、前者を come with splendour、後者を have much more splendour とした（much more は無用な持ち込み。口語訳は相変わらず原文の訳ではなく、RSVの直訳）。新共同訳は「栄光を帯びる」、「栄光に包まれる」と訳し分けている。しかし、訳し分けるのであれば、勝手な作文をしないでそれぞれの前置詞の意味を直訳すべきだし、そうでないのならリーツマンのように両者そろえて訳すのがよかろう。

13　**モーセのように**　出エジプト記三四・三三、三五参照。もっとも出エジプト記では、栄光が消え去ってゆくのを見られないために、などとは書いてない。むしろ、イスラエル人がモーセの顔に現れた神の栄光を直視することがないように、という趣旨のことが書いてある。それをこのように解釈したのは、パウロ独自の読み込みであろう。

14　**硬くされた**　口語訳（＝新共同訳）は「鈍くなっていた」。頭が硬ければ、鈍いのと同じことかもしれないが、こういう語はなるべく直訳する方がいい。

読む（＝新共同訳）　口語訳は「朗読する」。古代においては「読む」のはほぼ常に「朗読する」ことであったから、どちらでもいいようなものだが、声を出さずに読むことだってなかったとは言えまい。

からである　口語訳はこの語を省略している。多分単なる不注意？

16　出エジプト記三四・三四参照。まったくの引用というわけではないが、多くの単語が一致しているから、ここでパウロがこの個所を頭において（ないし目の前に置いて？）書いているのは明瞭である。昔の学者は（ヴィンディシュ)、いくつかの単語が一致しているだけだから、こういう引用は「考えようもなく恣意的である」なんぞと決めつけている。しかし著者は別にこれを引用として書いているわけではないのだから、ぴったり原文と同じでなければいけない、などという規則はない。

主の方に向く　「向く」という三人称単数の動詞の主語は明瞭にモーセである。前文の三人称単数を受けるから、ほかの可能性はありえない。確かに学者たちの議論としては(学者というのは、一応あらゆる可能性を考えて議論してみるものだ)、これは何となく「人は」の意味だとか、いや、「イスラエル人が」と主語を補うべきだとか、いろいろ意見がある。しかし現に出エジプト記にモーセはそうしたと書いてあると言っているのだから、モーセを主語とみなす以外にあるまい(スラルは全部で六つの説を並べて批判的に紹介した後、やはり主語はモーセと取るのが一番いい、としている。説得力があり、かつわかり易い)。少なくとも「イスラエル人」を主語とみなすわけにはいくまい。それならパウロは複数形で書いたはずである。

口語訳は主語を明示せずに訳している。しかし口語訳の前後関係からすれば、主語は嫌でも「イスラエル人(彼ら)」になってしまう。新共同訳はそれに輪をかけて、「しかし、主の方に向き直れば……」とした。原文にない「直る」を挿入することで、今までそっぽを向いていたイスラエル人が悔い改めてキリストの方を向けば、という意味になる。この解釈はブルトマンが主張したものである(もちろんもっと古くからある。十六世紀からある見解だが、近くはヴィンディシュほか)。

18

この節全体として文意が定かでないことで有名な個所。

鏡で見るようにして見て　この動詞は「鏡」という語を他動詞にして(鏡によって見せる、katoptrizō)、それを中動相ないし受身に用いている。受身なら「自分が鏡に映される」、中動なら「鏡に映っている自分を見る」というのが普通の意味。しかし中動の場合でも他動詞として用いられることもある。他にも用例が知られている(我々にとって重要なのは、アレクサンドリアのフィロン、Legum Allegoriae, III, 101, モーセが神に「あなたの姿を鏡に映されているようにしてほかの何かに映っているのを見るのではなく、あなた御自身において見ることができるようにして下さい」、と願う)。我々の個所も普通は他動詞の意味に解する(口語訳「鏡に映すように見つつ」)。これが一番素直な解釈だろう。しかしそうすると、せっかく顔覆いなしで直接に神に対面しようというのに(一六節のモーセの例はそういう意味)、直接見ないで鏡に映った像だけを見るというのは矛盾しないか、ということになる。

私の意見では、矛盾しようとすまいと、原文にそう書いてある以上そう訳す以外に仕方がないではないか、と思うのだが、そのように素直になれない学者たちは(ただし少数)、仮説を弄することになる。つまりこれは「鏡がものを映すように、我々がみずから主の反映を映し出す」という意味だというのである。これはすでに古代にある解釈である(ただし古代でも少数意見。スラル二九〇頁以下参照)。もっとも古代の教父は、パウロのギリシャ語はこういう意味だと言っているのではなく(語学的な理解ではなく)、パウロの言っていることについて自分はこう考えたい、と言うだけだから、語学的な理解の助けにはならない。しかしこの意見が近代において復活する(何人か支持者がいるが、特に熱心なのがジャック・デュポン J. Dupont, Le chrétien, miroir de la gloire divine d'après II Cor. III, 18, *RB* 56, 1949, 392-411)。もちろんこの動詞をそういう意味に用いる用例は他に存在しないから、これはまったくの想像による仮説にすぎない(そのことはデュポン自身認めている)。ただしこの説の一つの根拠は、節の後半ではパウロが、我々自身が神の反映である、と言っている点である。だから前半も同じ意味だ、と。しかし節の前半が節の後半とまったく同じことを言っているはずだという前提そのものに無理がある。この解釈がまわりまわって新共同訳のアンチョコの一つたるNEB(We all reflect as in a mirror the splendour of the Lord)にはいりこんだ。新共同訳の「鏡のように主の栄光を映し出しながら」はNEBの英語の直訳である。しかし新共同訳にとって悲劇的だったのは、その二年後にNEBが改訂されてしまったことである。NEBの訳はあまりに悲惨にひどかったから、それを大幅に改訂したREBが一九八九年に出されたのである。むろんREBがこの種の奇をてらった「訳」をそのまま残すわけがない。ちゃんと we all see as in a mirror the glory of the Lord と直してくれた。アンチョコは改訂版を使った方がいいという教訓である。

従ってここは「鏡で見るようにして見る」と訳すのが正しいのだが、もう一つありうる可能性は、この動詞の語源的な意味はそうであっても、実際にはもっと軽い意味になって、元来の「鏡」という意味は消え、単に「見る」「のぞき見る」というだけの意味になっている、という可能性である（ブルトマン）。しかしこれも実はそういう用例はない（ずっと後に、パウロのこの個所に関連してそういう軽い意味で用いられる例があるけれども。cf. N. Hugedé, *La métaphore du miroir*, Neuchâtel, 1957, p. 23）。

ではパウロがこの比喩で何を言いたいかというと、これはもう訳註よりは註解書の領域だから深入りしないが、これまた多くの説がある。しかし一番まっとうなのは、同じパウロが第一コリントス書簡で同じ鏡の比喩を、直接実物を見るのではなく、間接的に見るという意味で用いている以上（一三・一二）、ここもそういう意味だと思う以外にあるまい。そうするとパウロは、我々クリスチャンはイスラエル人と違って顔覆いなしで（まっとうに）神を見ているのだけれども、しかし、神は神だから直接見ることはできないので、鏡に映っている「反映」を見るだけだ、と言っていることになる。

栄光　この語はここでも「反映」と訳す方がわかり易い（第一コリントス一一・七の註参照）。ただ、この章では七—一三節でくり返し出て来るものをすべて「栄光」と訳したので、訳語の一貫性の故にここも「栄光」にしておいた。言っていることは、神自身は光り輝いているので人間には見ることができないが、その光の反映で鏡に映っているものなら見ることができる、ということ。

変えられる　この動詞は形は現在形だが、意味的には未来を意味すると解するのがよい。未来を意味するのに現在形を用いるのは、よくあることである。かつ、内容的にはこれは我々人間が神の「反映」と同じ姿（つまり永遠の存在）になるというのだから、当然、終末の未来のことである。

全体をまとめると、今のところ我々はいかに顔覆いなしにまっとうに見ているとしても、神を直接に見ることはできない。間接的に、鏡に映った像のように見ているだけである。けれども終末の時には我々自身が神と同じ姿（つまり朽ちることのない永遠の姿）に、すなわち神を直接反映した姿に（「反映から反映へと」）変えられていく、という意味になる。

主と同じ姿に……変えられる　「変えられる」という受身の動詞に「同じ姿」という対格がつけられている。受動の動詞に対格を補うのは、意味的には無理があるが、結構出て来る（Blaß-Debrunner, §159, 4）。この場合は「……へと」の意味であろう。これはまずすべての学者の一致する意見である。

主の霊　「霊の主」とも訳せる。語順からすれば後者の訳の方が普通である。しかし「霊の主」という概念はパウロではほかには出て来ない。かつ奇妙な表現である。それでこの属格を同格的属格ととったり（霊という主、霊なる主）、逆に「主」を軽くとって「主たる霊」と解したりする。しかし、この二つの単語はどちらも属格であるから、ギリシャ語であれば語順をそれほど気にすることはないだろう（スラル）。どちらでも大差ないけれども。意味はいずれにせよ、我々が神の反映たる永遠の姿に変えられていくのは、あたかも主の霊から生じる出来事みたいだ、というのである。

第四章

1　**さぼる**　この種の俗語で訳すのは前後の訳文の文体とうまく適合しないが、ほかにぴったりする訳語が見つからなかったものだから、恐縮。怠慢でいる、ということ。口語訳（＝新共同訳）は「落胆する」と訳しているが、これはＲＳＶの lose heart、ないしバウアーの辞書の verzagen を直訳したもの。しかし、果してこの語にそういう意味があるかどうか、定かでない。古典ギリシャ語（古典期以後も）では「怠慢である、さぼる、さぼって実行しない」といった趣旨の意味である（リデル・スコット参照）。新約聖書のギリシャ語にだけこれと違う意味を考えるべき特別な理由は何もない。おそらくルターが müde（倦む）と訳した影響が以後の諸訳に及び、更に、それをもじって verzagen（落胆する）にする方がいいのではないかという説が現代の学者の間にひろまったものであろう（リーツマン、ブルトマン、バウアーほか）。しかし、古代ギリシャ語の普通の意味に訳して十分に意味が通じるものを、無理にひねくる必要はない（スラル参照）。

2　**恥の隠れ**　口語訳「恥ずべき隠れたこと」（新共同訳「卑劣な隠れた行い」）は数ある解釈のうちの一つ（それもあまり支持されないもの）にすぎない。口語訳はＲＳＶの直訳ではないが、その解釈に従っている。ブルトマンも同じ解釈、wir verzichten auf alle feige Heimlichtuerei. 新共同訳はここもまたTEV : all secret and shameful deeds の直訳。しかし原文に「行ない」などという語はない。こういう改竄をやってはいけない。

しかし原文の意味はまことに曖昧である。問題は「恥」の語の属格。パウロの属格はあらゆる意味に取れる（第一テサロニケ一・三の註参照）。それが具体的な名詞であれば前後関係から意味がわかるが、このように抽象的な概念だとまるでわからなくなる。ここにヘブライ語的な文体を見るのなら（パウロは文体的にはかなりな程度旧約聖書のヘブライ語、ないしそのギリシャ語訳＝極めて逐語訳的に訳した七十人訳、に影響されている）、抽象名詞の属格は現代語の形容詞と同じである。つまり「恥の隠れ」とは「恥ずかしい隠れ（隠れるのは恥ずかしいこと）」のこと。口語訳はそう解した。あるいはこれを主格的属格ととれば「恥がこっそりと隠れること」となり、同格的属格ととれば「恥、すなわち隠れたこと」の意味。更に「恥」の語も、「恥ずべき、卑劣なこと」の意味かどうかわからない。単に「恥ずかしいから隠していること」というだけのことかもしれない。つまり、「私は恥ずかしがって隠したりすることはしない」という意味になる。ローマ書一・一六でパウロはそういう趣旨のことを鮮明に言っている、「私は福音を恥じない」。キリスト教というのは何だかちゃちな新興宗教だねえ、などという世評、伝統宗教や伝統的思想、哲学の立場からなされる世評を前にして、パウロは、私は自分の信じていることを恥ずかしがってこそこそ隠したりしないよ、と胸をはっている。ローマ書一・一六はパウロの基本的姿勢の宣言だから、そうだとすると第二コリントスのこの個所もその意味に解するのがいいだろうか。こう解せば、すぐ続く「真理を明らかにする」がこれと対応した表現であるし、その直後の三節の「もしも我々の福音が隠されていたのなら……」ともうまく対応する。更に三・一二の「はっきりした鮮明さ」とも対応する。また、こう解せば「隠れ」の意味もすっきり通じるが、口語訳のように「恥ずべき隠れたこと」とすると、「隠れたこと」が何を指すのかわからない。

避け　単語の意味は、自分はそういうことをしないとはっきりさせること。「恥の隠れ」を我々のように解すれば、単に「避け」と訳して十分だが、口語訳のように「恥ずべきこと」と訳してしまうと、こちらの動詞も「捨て去り」などときつく訳すことになる。しかしこの動詞に「捨てる」という意味はない。

真理を明らかにすることによって　口語訳は「真理を明らかにし、」といったん文を切っているが、これは名詞句であり、かつ与格であるから「真理の明らかさによって」の意味であって、ここで読点を入れたりせずに後に続けないといけない。ここは新共同訳が正しい。

意識　通常「良心」と訳す。「意識」の方が直訳調（第一コリントス八・七の訳註参照）。あるいはここは「良識」と訳す方が通じやすかったか？

みずからを推薦する　「推薦する」と訳した動詞は、この時代のギリシャ語では、法律用語の場合が多い（法廷などで、誰かを自分のための証人として指定する。VGT参照）。つまりここは、自分が自分を神の前で証人として指定する、ということ。しかし三・一ほかで「推薦する」と訳したので、ここもそうしておいた。三・一及び六・四の註参照。ここでもパウロは多分、あなたは自分ではキリストによって推薦されて宣教活動をやっているなどと主張しているが、本当にそうなのか、自分で自分を宣伝しているだけではないのか、という批判を気にして言い訳しているのであろう。

3　滅びる者たちのところで　「のところで」は en（のうちで）という前置詞だが、「のところで」と訳して十分に無理なく意味が通じる。この en も二・一五のように単に与格の意味だ（「滅びる者たちにとって」）、という意見もあるが、どちらにしても同じようなものだろう。

4　此の世の神　パウロに二元論があるというので有名なところ。つまり、此の世を超えた真の神（キリストの父なる神）と、此の世の不信者を操る悪しき神と、二つの神の存在を考えている。唯一神を標榜する後世の正統主義の神学では二元論は異端として退けられたから、もちろん、パウロにこういう考えが見られるなどということも認めない。従って、この文にもかかわらずパウロは二元論者ではない、と言い立てることになる（たとえばリーツマン。まったく理由を上げずに、一言、「二元論はここでは退けられる」と宣言）。あるいはこの文をごまかして訳すか（「此の世の」を「神」にかけず、「不信者」にかけて「此の世の不信者」と読む。しかしこれは文法的にとても無理）。確かに、パウロ思想の全体は決して二元論に貫かれているわけではない。しかしこのようにところどころ二元論的な神観が顔を出すのも事実である。

キリストの栄光の福音の輝き　四つの名詞を属格でつなげて並べる悪文の典型だが、多くの解釈者はほとんど当然のように「キリストの栄光」をまとまった概念ととらえ、それについての「福音」と読んでいる（たとえば新共同訳「キリストの栄光に関する福音の光」）。しかし前節にも出て来たが、今日の西洋語なら形容詞で言うところを属格の名詞で言う例はパウロに多い。従ってこの場合は「栄光の」は「福音」の形容語であって、「キリストの福音は栄光あるものなのだが、その輝きを」と読むべきものだろう。

5 **主なるイエス・キリスト**　これはネストレ新版が採用している読み。旧版は「主なるキリスト・イエス」。それぞれ重要な大文字写本が支持しているのでどちらとも決め難いが、ここは対格であるから、パウロの言葉遣いの癖として、どちらかというと「イエス・キリスト」の読みを採用すべきだろうか（第一テサロニケ二・一四の註参照）。

イエスによる　口語訳「イエスのために働く（僕）」は明瞭に間違い。多分ＲＳＶの for Jesus's sake を誤解して、余計な「働く」という語をつけ加えたということか。新共同訳の「イエスのためにあなたがたに仕える僕なのです」は多分正しいが、日本語の「ために」は目的と理由・原因の両方を意味しうるから、曖昧。ここは、もしその読みをとるのなら、理由の意味であるから、「イエスの故に」とする方がわかり易い（諸仏訳は à cause de Jésus、諸独訳は um Jesu willen）。写本にはこの「イエス」を対格にしているものも多く（ネストレは対格を採用。口語訳、新共同訳はそれに従った）、その場合は前置詞 dia＋対格だと「の故に」の意味になる。それに対し「イエス」を属格にする写本もある（ℵ $\mathfrak{P}^{46}$ ほか。我々はこちらを採用）。この場合は「を通して、によって」の意味。けれども、新約のギリシャ語になると、こういう場合は両者の間の意味の区別は曖昧で、ほとんど同じ。

あなた方の僕として　文法的には、文のはじめの「宣べ伝えている」がここまでかかっている（「我々自身のことを……あなた方の僕であるとして宣べ伝えている」）。なお口語訳の「わたしたち自身は……あなたがたの僕にすぎない」は、「にすぎない」が余計。

6 **闇から光が照るように**　もちろん創世記一・三が頭にあるが、そのままの引用ではない。

我々の心の中を照らし　「照らす」という動詞（lampō）がこの節で二度出て来るが、最初の「闇から光が照る」は自動詞で用いられている。とすると、続く「我々の心の中を照らし」も自動詞にとって「我々の心の内に輝いて」（新共同訳）のように訳すのがいい、ということになるかもしれない。もっともそうすると主語は「神」であるから、神が我々の心の中に居て輝いている、という奇妙なことになってしまう。従ってやはり後者は「照る」ではなく「光を輝かす」の意味にとるのがいい。

イエス・キリストの顔において神の栄光の知識が輝くように　直訳は「イエス・キリストの顔における神の栄光の知識の輝きへと」である。ここもまた「神の……輝き」と四つの名詞を属格でつなげているだけでなく、それに付けられた「イエス・キリストの顔における」がどこにどうかかるのかも定かでない。悪文の典型（第一テサロニケ一・三の註参照）。多数の訳者は、「イエス・キリストの顔における」を「神の栄光の知識」にかけて訳す。「神の栄光の知識」とは「イエス・キリストの顔の中」にあるものである。それが輝く、というのである。しかし「イエス・キリストの顔において」を「輝き」にかけることもできる（我々の訳）。更に、「イエス・キリストの顔において」と「我々の心の中」がどう関係するかもはっきりしない。多分、我々が心の中でイエス・キリストの顔に輝く栄光を認識する、という趣旨？　また「栄光の」は四節と同じ用い方だとすれば、ほとんど形容詞であって、「神の知識は栄光あるものであるが」という意味。あるいは諸訳が解しているように、「神の栄光」についての「知識」とするか。それにしても新共同訳の「神の栄光を悟る光を与えてくださいました」は余計な単語を補いすぎている。「悟る」は何としても余計。また「光を与えて下さる」なんぞとは原文のどこにも書いてない。

なお六節は事実上はパウロのダマスコス途上でのキリスト幻視の体験（ガラティア一・一六、行伝九・一以下）を指すと解するむきが多い。形式的には「我々」という言い方は一般論を意味するが、実際には「私」のことを語っているのだ、と。確かにパウロが自分個人のことを言うのに「我々」と一人称複数で書くことは多いから、この場合もそうである可能性は大きい。そして、そう解すると、この文はかなり納得がいく。ダマスコス途上で神はパウロの心の中に光り輝くキリストの顔を示して下さった、そのキリストの顔においてパウロは「神の栄光の知識」を認識した……。加えて、六節は「**何故なら**」という接続詞ではじまっている。五節でいう「我々はイエス・キリストを宣べ伝えている」のは、ダマスコス途上の体験の故である、という意味になる（なお口語訳、新共同訳がこの接続詞を省略して訳しているのはよろしくない)。

7 **陶器**　伝統的な日本語訳では「土器」。しかし、先史時代の遺跡じゃあるまいし、ヘレニズム・ローマ時代の陶器を「土器」などと呼ぶ歴史学者、美術史学者はいない。すでに驚くほど発達した陶器が生産されていた。パウロがこの比喩で何を言いたいかは、いろいろ議論があるところだが、いずれにせよ壊れやすいことの比喩であろう。滅びるべき人間のことを譬えている。

力のあふれ　器の比喩を用いたから、「あふれ」という語が出て来たのだろうか。いずれにせよ口語訳の「測り知れない力」、新共同訳の「並はずれて偉大な」は張り切って訳しすぎ。神様のこととなるとこの訳者たちは大袈裟に張り切りすぎる。

口語訳、新共同訳は六節のはじめの重要な接続詞を省略してくれたくせに、七節のはじめには余計な接続詞を入れている(口語訳「しかし」、新共同訳「ところで」)。接続小辞 de は、ここでは(他の大部分の場合と同様)、単に前の文に対して主語が交替するよ、ということを示す小辞であって、それ以上の意味はない。従ってその場合は日本語には訳さないものであるが、どうしても訳したければ「ところで」の方がよい(しかし、そう訳したら、まるで意味を強めすぎて、原文からずれてしまうが)。いずれにせよ「しかし」はまったくの誤訳。

(ということがわかる)　原文のままでは「ためである」の意味がはっきりしないから、普通は何かこういった表現を補って訳すことになっている。まあ、それ以外に仕方がないだろう。

8 **あらゆる仕方で**　口語訳(＝新共同訳)は「四方から」。別に方向を意味する単語ではないのだから、「四方から」なんぞと訳すと誤訳になる。そう訳したら、いろいろ異なった方面から患難を蒙ったの意味になるが、ここは単に「あらゆる仕方で」の意味(六・四－五、特に一一・二三－二八参照。これを読んで「四方から」と思う人はいないだろう)。

困憊しきる　原文の動詞は直前の「困憊する」に強調の接頭語(ek)をつけただけだから、両者同じ動詞だということがわかるように訳した方がいい。新共同訳の「失望する」はまるで見当はずれ。

9 **迫害される**(＝口語訳)「追う」という動詞の受身だが、新約聖書ではふつう「迫害」「弾圧」の意味に用いる。これを「虐げられる」（新共同訳）と訳すのは珍訳。「迫害」と限定した意味に訳すのが嫌なら、せいぜいのところ直訳して「追われる」（TOB : pourchassés）とするものだろう。

倒されても、滅びない（＝口語訳）　新共同訳は「打ち倒されても滅ぼされない」と二つの動詞をどちらも受身に訳している。「滅びる」という動詞を受動にとっているからだが、これは新約ではふつう中動相で用いて、自動詞的な意味である。万が一受動の意味に解するとしても（まあ無理）、このように受動を二つ並べると行為者が同一人物（我々を倒した者が、我々を滅ぼそうとする）の意味になるから、やめた方がいい。

10　**イエスの死**　ふつう死という語は thanatos を用いる。それに対しこの個所は nekrōsis を用いている。こちらは基本的には他動詞的な意味で「死なしめること」であるが、自動詞的に「死ぬこと」を意味することもある。解釈者たちは、続く「イエスの生」と対照されていることもあり、この場合は単に「死」の意味である、とする。私もそう思う。けれども、そうだとすると、どうしてパウロは通常の thanatos という語をここでは避けたか、という問題が生じる。正直のところ私にはわからない。また、納得のいく説明も見たことがない。

なお新共同訳の「イエスの死を体にまとっています」は珍妙。「負う」という動詞に接頭語の peri（まわりに）がついているのを誤解したのであろう。この「まわりに」はむろん、世界中あちこちにキリストの死を宣教師として伝えてまわっている、という意味である（ブルトマンのように何でも実存主義的に解する神学者は、ここも、クリスチャンはイエスの死を常に実存的に生きているのだ、といった具合に解しているが、それでもなお、そういう死を負う生き方を「あらゆるところでなしている」と、peri の意味を解している）。それを新共同訳は「身体のまわりにまとっている」の意味に解してしまった。ちょっとまずかったですね。

11　**イエスの故に**　dia＋対格。五節の註参照。

12　一一節まではクリスチャンの宗教的実存（イエスの死を身に負うことによって、永遠の生命にあずかる）を語っているようであるが、同時にそれに重ねて、それを伝える宣教師の苦労を描こうとする。しかし一二節からは後者の方に力点が移る。我々宣教師が苦労して、死にかねないような多くの患難をしのんでキリスト教を宣教して歩いているおかげで、あなた方信者たちは永遠の生命にあずかっているのだぞ、と恩に着せている。パウロという人は、このように一つのことについて（特に信仰一般について）語っているかと思うと、同じ単語にひっかけて、別のこと（たとえば具体的な宣教師の活動）を突然言い出したりする人なのである。恩着せがましいとるか、聖者の有難い御言葉ととるかは、読む者の自由だが。

13　引用は七十人訳詩篇一一五・一（ヘブライ語テクストでは一一六・一）とまったく同じ。ただしこの詩の七十人訳はヘブライ語原文とまったく異なる。

14　**甦らせる**　この語については第一テサロニケ四・一四の註、また第一コリントス一五・一二の註参照。

15　この節は全体として文意不鮮明で、正確なところは何を言っているのかよくわからない。それで、意味が通じないのは承知の上で、なるべく直訳しておいた。

一切はあなた方のため　動詞が欠けている。従ってどういう動詞を補うかで、ずい分意味が違ってくる。たとえばリーツマンは、「私は一切のことをあなた方のためになすのである」としているし、ＴＯＢになると「我々が生きているのはすべて（tout ce que nous vivons）あなた方のためである」と思い切って言葉を補っている。さかのぼってルター（およびそれに影響されて他のいくつもの訳）は「一切はあなた方のために生じる（alles geschieht um euretwillen）」と「生じる」という動詞を補っている。しかし、註解でならともかく翻訳では、あらゆる解釈の余地を残すために、なるべく原文のまま訳しておくのがよい。

一切　これが何を指すかも議論がある。新共同訳は「すべてこれらのこと」と「これら」を補って訳している。定冠詞がついているから、そうとってとれないことはない。その場合は、直前にパウロが述べた事柄はすべて、の意味。ブルトマンはそれを更に細かく、一三節及び八―一一節に述べられていることを指す、と解説している。しかしこの定冠詞は特定の事柄を指す意味ではなく、「一切」という語にはつきものの一般論的定冠詞だろうから、そこまで厳密に考えることはない。何となく漠然と「あらゆること」の意味。

恵みが増えていき　実質的に考えられていることは、キリスト信者になって「恵み」を受ける者の人数が増える、ということであろう。つまり「より多くの人々」が信者になればその分だけ「恵み」が増えるという考え。そして「恵み（を受ける信者の数）」が増えれば増えるほど、神に「感謝」する者の人数も増える。それは神の

「恵み」そのものがみずから働いてそういう「感謝」を増やして下さっているのである。と、これだけのことを言うのにいろいろ単語を省略して短い文の中に詰め込んでしまったから、直訳したのでは何が何だかわからないことになってしまう（もっともここは、パウロ思想にある程度慣れていれば、原文はそんなにわかり難いものではないし、ほかに解釈の余地はない）。

増えていき、増やす　この二つのほぼ同義語の動詞、我々は前者（pleonazō）を自動詞に、後者（perisseuō）を他動詞に訳したが、どちらも自動詞にも他動詞にもなる動詞だから、逆に前者を他動詞、後者を自動詞に訳すこともできる。そうすると、「感謝を」は前者の目的語になる（恵みがより多くの人々によって感謝を増やすにつれて、恵みそのものが増える）。どちらかというと、それぞれの動詞の特色からすれば、この方が素直であるが、しかし、「感謝」という語の文中の位置からすると、我々の訳の方が素直である。まあ、どちらの可能性もほぼ五分五分であろう。もう一つ、「より多くの人々によって」を前者の動詞にかけるか、後者の動詞にかけるかでも訳が異なる。たとえば、「恵みが増えていくにつれて、その恵みは、多くの人々によって、感謝を増やしていく」。このように、細かくはいろいろあるが、どう訳しても上述の趣旨に変りはないだろう。

感謝を増やし　右の二つの動詞をどう解するにせよ、この「感謝」は動詞の目的語であって、「恵み」が「感謝」を増して下さるのである。それを口語訳のように「感謝」を主語にして「感謝が満ちあふれて」などと訳すと（そもそも文法的に不可能だが）、その方が日本語としては通じ易いが、だいぶ意味が異なってしまう。パウロの考え方は非常に徹底して神中心的であって、基本的にはすべて人間が自分で自立して獲得するのではなく、神がなして下さるのである。「感謝」もおのずと「増える」のではなく、神（の恵み）が「感謝」が増えるようにして下さる。この場合の「恵み」はほとんど「神」の同義語である。そしてこの主語と述語の関係はパウロ思想を理解する上で基本的に重要な点であって（カール・バルトが非常に深くパウロ的である理由がここにある）、そういう思想が気に入るかどうかは別として、パウロの文章を翻訳する時はそのことがわかるように訳さないといけない。

新共同訳になるともっとひどい。つまり「すべてこれらのことは、……多くの人々が豊かに恵みを受け、感謝の念に満ちて神に栄光を帰すようになるためです」としている。まず全体としてここまで文章を作り変えるのはよろしくないが、「感謝」に関して主語を「多くの人」にしてしまっている。これでは「恵み」が主語であるという話の根本が伝わらない。おまけに「恵み」を目的語（「受ける」の）にしてしまった（新共同訳は「恵み」というのは個々の信者が神様から貰う有難い贈り物ぐらいにしか思っていないのである）。加えて、文末の「ため」もおかしい。新共同訳の文脈ではこれは文頭の「すべてこれらのこと」から続く。「すべてこれらのことは……多くの人が神に栄光を帰するため」となってしまう。しかし原文では「すべてのこと（一切）」は「あなた方のため」にしかかかっていない。「神に栄光を帰するため」と訳すかどうかもかなり問題だが（次項）、もしも敢えてそう訳すとしても、その主語は「恵み」である。それなら「恵みが神に栄光を帰するために感謝を増やす」となる。どうも新共同訳は、原文に何と書いてあろうとそんなことは無視して、ともかく「私たちはみんなそろって神様に栄光を帰しましょう、ハレルヤ、アーメン」と唱え続けたいということであるらしい。しかし、翻訳というのは、原文を訳すものであって、御自分たちが「信仰」とお考えになっているものを呪文のように唱え続けることではない。パウロの原文がひどくわかりにくい、舌足らずの文章だからとて、それに便乗して、その原文と無関係の作文を原文の訳であるかのように見せかけてはいけない。

神の栄光へといたる　ないし「神の栄光へといたらせる」と訳すか。「へといたる」というのは前置詞（eis）を新共同訳のように「ために」と訳すのは無理。万が一そう訳すとしても、それは「神の栄光のため」であって、「私たちが神様に栄光を帰するため」ではありえない。「栄光」という一語の名詞に「栄光を帰する」などという意味はない。またどこにも「私たち」とは書いてない。これで「訳」だというのだから、ひどいものです。「（神の）栄光へといたる」というのはパウロのお好みの表現の一つで、究極の救済の時に、神が人間（信者）をその栄光が光り輝くところへといたらせてくれる、というのである。たとえば「あなた方を御自身の国と栄光の中へと招いて下さる神」（第一テサロニケ二・一二）、「キリストもあなた方を神の栄光の中へと（いたるように）受け入れてくださった」（ローマ一五・七。ここは口語訳、新共同訳ともにまるでひどい訳をつけている。その個所の註参照）、等々。なおここも「栄光」と訳すか「反映」と訳すか（神から発する光が広大な広がりへと反映している)、迷うところ。この語の訳については第一コリントス一一・七の註参照。

16　**さぼる**　一節と同じ単語。四章全体を通して同じ問題意識が続いていることがわかる。

朽ちる　口語訳は「滅びる」。口語訳は何でもかんでも「滅びる」と訳す悪い癖がある。通常「滅びる」と訳される apollymi（三節参照）だけでなく、我々が「無効にする」と訳した katargeō（第一コリントス一五・二四、二六、ほか多数）や、この個所の diaphtheirō まで何でも「滅びる、滅ぼす」である。そこで新共同訳は変えて「衰えていく」とした。努力はわかるが、これは日本語の無知。パウロが言っているのは、人間の肉体は死ねば朽ちてしまう、ということ。年を取ってだいぶ衰えてきましたねえ、などという話ではない。この動詞、接頭語のつかない形容詞の形では第一コリントス一五・五三、五四に「朽ちる」という意味で出て来る。この個所の場合の接頭語は単なる強め。

17　**現在の**　口語訳「しばらくの」、新共同訳「一時（いっとき）の」。口語訳の方が我々よりも直訳的である。しかし、特に新共同訳のように書かれると、この患難はそう長い間は続かないのだから、という意味に読めてしまう。ちょっと数ヶ月我慢すれば、あとは楽になるさ、とか。ここはそうではなく、此の世というのは永遠と比べればほんの一時のようなものだ、という意味。つまり来世に対する現世（次節参照）。

満ちあふれるばかりに圧倒的に　「満ちあふれるばかりに」という強調表現（kath' hyperbolēn）を更に前置詞を変えてもう一度くり返しているので（eis hyperbolēn）、くどいけれどもこう訳してみた。

第五章

1　**地上の天幕の家**　続く文から明らかなように、これまた滅びるべき肉体の比喩。この肉体は滅びても、それに代る永遠のものが与えられるだろう、という。

神からの建物　「神から贈られてくる」といった趣旨だろう。

2　**うめく**　「ため息をつく」という意味の単語であるが、これも二通りの理解が可能である。よくない状態を表現しているとすれば、こう訳す。現在のこわれやすい「天幕の家」の中に居るということは「ため息をつく」ような事態である、ということ。あるいは単に未来に対する切望を表現していると解する。とすると「今はこの天幕の家の中で未来を切望している」という意味。しかしこう訳すと、「……切望しつつ、……切望する」という文になって、重複する（訳文の後者の「切望する」は普通に「切望する」という意味の動詞）。従って、まあ「うめく」と訳す方がいいだろう。四節でも同じ動詞が出て来る。

上に着る　パウロは一節の建物の比喩を二節でも一応続けつつ、同時に「身体の上に着る」という比喩を導入している。後者は三節以下の中心になる比喩であるが、二節では建物の比喩と「着る」比喩をくっつけた結果、「住居を（身体の上に）着る」という奇妙な比喩になってしまった。この種の比喩の論理の乱れも、パウロの場合毎度おなじみの部類である。――ただ、内容的にはこの「着る」は三節以下と同趣旨であるから、終末の時に自分はまだ生きていて、この朽ちるべき肉体の上に永遠のものを着るという意味になる（第一コリントス一五・五二―五四参照）。すなわち、肉体は死んで、自分は純粋に霊的な存在となって永遠に生きる、というのではなく、この肉体を持ったまま、終末の瞬間にそれが永遠の姿に変えられる、という趣旨である。これを「上に着る」と言うのは比喩としてあまりうまいとは言えないが、その趣旨は三節以下でもう少し明らかになるとして、ともかく終末の時まで自分はこの肉体をもって生きていて、その時に永遠の存在に変えられる、と考えているのは確かである。とすると、一節の「神からの建物を我々は持っている」は動詞は現在形だが、実質的に考えているのは未来のことであろう。しかしその点はまあいいとしても、一節では「地上の天幕の家」はこわれるのであるから、この肉体は死んで朽ち、その後で自分は復活する、という意味に受け取れる。一節と二節の間に微妙な意味の違いがある。パウロは自分が考えた下手くそな比喩にこだわるから、こういう論理の乱れをおこしてしまう。

3　この節は、本当のところ、ほとんど翻訳不可能。

着る　「脱ぐ」という異読がある。「着る」と「脱ぐ」では意味がさかさまだから、どちらの読みを採るかで文意がまるで違ってくる。圧倒的多数かつ重要な写本はみな「着る」と記している。従ってまあこちらの読みを採るべきものだろう（ネストレ旧版。従って口語訳はこちら）。それに対しネストレ新版は「脱ぐ」を採用した（従って新共同訳）。この読みは一応西方系の読みである。しかし西方系というのは少なくともD写本と古ラテン訳の諸写本が一致して示す読みのことであるが、この場合はD写本そのものが不確かで、その第一写記は「脱ぐ」だが、そこに修正して「着る」という読みが書き込まれている。古ラテン訳もa写本とf写本だけが「脱ぐ」で、他は「着る」。従って「脱ぐ」の読みがはっきり西方系と言えるかどうかさえわからない。従ってふつうならば「脱ぐ」の読みを採用することはありえない。それにもかかわらずネストレ新版が「着る」の読みを捨てて「脱ぐ」に転向した理由は定かでないが、多分、「脱ぐ」の読みはほかにマルキオン、テルトゥリアヌスによって支持されているからであろう。とすると、西方ではかなり古い段階からこの読みがある程度は普及していたことになる。しかしそれでも、アレクサンドリア系の重要諸写本に加えて𝔓[46]ほかも「着る」の読みだから、ふつうはこちらを採用するものだろう。それにもかかわらず「着る」の読みを捨てる学者たち(たとえばブルトマン)の理屈は、「着る」の読みを採るとすると文意があまりに平凡になりすぎる、ということである。「もしも着るのであれば、裸ではいない」となって、そんなことは当り前ではないか、ということになる。わざわざそんな当り前のことをパウロ大先生がおっしゃるはずがないから、これは原文ではないだろと推理したのである。それに対し「たとえ脱いでも、裸ではいない」なら、屈折している分だけ奥深く見える……。しかしブルトマンのこの論理は珍妙である。パウロはあちこちでいかにも月並、平凡なことを大量に書きなぐっているではないか。それに、正文批判というのは、どっちの読みが現代の神学者のお気に召すかという尺度でやってはいけないことである。結論としては、ここはやはりネストレ旧版の読みに従うのがよい(非常にしばしば、ネストレ旧版の方が新版よりも説得力がある)。「脱ぐ」の読みは写本の支持がいかにも弱すぎる。なお、四節からしても、ここは「着る」の読みを採る方が話が通じる。

実際もしも　これがまた難物である。ei ge kai という三つの接続詞を並べたものだが、ei ge は「もしも」の強調である。順接的に訳すのなら「実際にもしも」といったことになる。逆接的に訳すなら「たとえ……であっても」となる。「着る」の読みを採るか「脱ぐ」の読みを採るかで、ここの訳も違ってくる。kai は次の「着る」ないし「脱ぐ」の強めである。「実際にもしも着さえすれば」と訳すか、「たとえ脱いだとしても」と訳すか。なおこの ei ge はガラティア三・四にも出て来る。そこでは意味がはっきりしているのであれば、こちらもそれに準じて訳せばいい、ということになるが、そちらもまたいろいろ解しうるところで（訳註参照）、確かな意味は定め難い。口語訳、新共同訳はどちらもこの面倒な接続詞を無視して、訳さずにすませている（彼らの訳は、ちょっと面倒な接続詞が出て来ると、無視して通りすぎることにしているようである）。

「もしも着るのであれば」であれば、我々は本当に「天から来る住居」を上に着るのであるから、終末の時になっても、「裸」でいることはない、つまり終末の審判の時にも永遠の存在に覆われているのだから、以後永遠でいられる、ということになる。「たとえ脱いでも」であれば、もしも死んでこの肉体が朽ちても（「地上の天幕」を脱いでも）、その後になって「天から来る住居」に覆われるのだから、裸でいるわけではない、という意味。この場合は限りなく霊肉二元論に近い。肉体が死んで朽ちれば、霊魂は肉体の覆いを失って裸でいることになる。しかし、神様が今度は永遠の覆いを着せて下さる、というのである。

おおざっぱに紹介しただけだが、この個所は死後の問題を扱っているので、その種のことにこだわる神学者たちの間で百花繚乱の意見が並べられている。しかしパウロ自身の意見としては、上記のどちらかであろう。

5　そのこと　これが何を指すかもいろいろ議論がある。四節の「うめく」を受けるか、「着る」か、「死すべきものが生命によって呑み込まれる」ことか、何となく上に述べたことと全体を指すのか。まあ、パウロのもの言いの傾向として、何となく上に述べたことを指すというのが正解か。もちろん確かなところはわからない。

手付金　口語訳（＝新共同訳）は「保証」。これは経済用語だから、直訳して「手付金」とする方がいい。パウロはいろいろ比喩的表現を好む。ここでも「建物」「天幕」「着る」「脱ぐ」等。そういう比喩の一つとして経済用語を用いているのだから、なるべく直訳する方が原文の趣旨にかなう。

霊の手付金　この属格は明瞭に同格的属格。「霊という手付金」の意味、つまり「霊を手付金として与えた」ということ。なお、ここでも（他の非常に多くの個所と同様）、新共同訳は「霊」の語を変な引用符で囲んでいるが、これは無用であるばかりか、誤解を生む。原文には「いわゆる霊」とかいった引用的な意味はまったくない。パウロにとっては「霊」というのははっきりわかった概念である。

6　安心している　「自信、勇気」といった意味の名詞（tharsos）を自動詞にしたもの（tharseō）。大丈夫だから安心し、しっかりする、という趣旨の場合と（この場合は日本語の「勇気」とは対応しない。むしろ「安心」）、敢えて強気に出る、勇気をふるう、という意味の両方ある。パウロにはその両方が出て来る。ここと八節、また七・一六では前者の意味だから「安心する」と訳し、一〇・一、二は後者だから「強気になる」と訳しておいた。福音書では（マルコ六・五〇ほか）前者の意味で「しっかりする」といった意味でしか出て来ない。なおパウロはsの字をrに融合させたtharreō という形を好む。

なおこの動詞は次の文と順接の接続詞（「そして」）でつながっている。従ってこれは「……おり」と連用形でつなげるか、口語訳のように「そして」を入れるのが正しい。新共同訳のように「心強いのですが……」と「が」でつなぐのは間違い。意味的には確かに、「主から離れて旅に出ている状態」ならば「心強く」ない、と思えるから、新共同訳のように「が」でつなげたくなる気持もわかるが、それならパウロは順を逆にして、「主から離れて旅に出ている状態であるが、しかし常に安心しており」と書いただろう。むしろパウロはここでは二つの句の間の論理的な関係を考えずに、単に現状の描写として二つ並べてしまった、ということか。

また、この二つの句は、文ではなく分詞句である。つまり、次に主文が来るはずのものである。従って口語訳（＝RSV）や新共同訳のようにこれを独立した文として訳してしまってはまずい（ただし八・二〇、九・一一、一三ほかの場合のように独立分詞句と解すれば、この訳も成り立つが）。パウロは自分たち信者の現状を表現する句をこう二つ並べてから、「旅に出ている状態」なるものを解説する気になって、続く七節で挿入句的に、「つまり我々はまだ主キリストを直接見ているわけではなく、単に信じているだけなのだから」と述べ、そこで六節の分詞句を完結する主文を書くのをやめて、八節でもう一度論理的な関係をつけ直して文を書き直す。「確かに我々はまだキリストを直接見てはいないが、信があるのだから、だから我々は安心しているのだ……」。こう読んではじめてこの文のつながりが理解できる（リーツマン、ブルトマン等。エルサレム聖書もそう読んでうまく訳している）。

身体の中に住所がある　口語訳（新共同訳も同様）は単に「肉体を宿としている」。せっかくパウロが「現住所を置く」という趣旨の動詞を使っているのだから、それを尊重して訳した方がいい。すなわちパウロはここでもう一つ別の比喩（住所を置く、あるいは本籍地を離れて寄留者状態になる）を導入している。相変わらず下手な比喩だが、いずれにせよ「（精神が）肉体を宿とする」というのとはいささか違うことを言っている。まだ自分の現住所が天にあるわけではなく、此の世の朽ちる世界にある、というのである。同様に、「主から離れて寄留状態である」も口語訳（＝新共同訳）は単に「主から離れている」としているが、こちらは「本籍地を離れて、他の土地に寄留者として生きている」という趣旨の動詞である。

主　多分「神」を指す。あるいは「キリスト」？　次節以降からしてまあ「神」だろう。

7　直接見える仕方　dia eidous を訳したのであるが、eidos という語の訳にはかなりな議論がある。「信」が「信じる仕方」の意味なら、それと対応する eidos は「見る仕方」であろう。つまり、今のところは我々は「主（キリスト）」を、ないし主とともにある永遠の世界を、直接見る仕方で生きているのではなく、単にそれを「信じて」生きているのである、という意味。こう訳すことができればすっきりするのだが（従って、比較的古い註解書はその訳を採用している。リーツマン、ヴィンディシュ、キュンメル＝リーツマンにつけた補遺、ブルトマン、エルサレム聖書のオスティ、ほか）、しかしどうも eidos の語には「見ること（schauen）」という能動的な意味は存在しないようである。知られている唯一の実例は民数記一二・八の七十人訳（バウアー）。しかもこの個所についても議論がある。従ってやはり「見ること」と訳すのは無理。ふつうは eidos は「見られたもの、見える形」という受動的名詞ないし対象物を意味する（リデル・スコットにはその意味しかのっていない）。一番多い用例は、「見える形」「姿」の意味。そうするとここは「直接見える姿（天にいるキリストの？　永遠の天的有様の？）」を意味することになる。つまり我々は現在の此の世ではまだキリスト（ないし永遠の世界）を直接見えるものとして見ていないので、単に「信」によっているだけだ、ということになる（スラル、また G. K. Kittel, *ThWzNT* II 372. スラルによれば古くは C. F. G. Heinrici, 1883)。もっとも、「見る仕方」と訳そうと、「見える姿」と訳そうと、基本的な意味は大差ない。この種のことは我々訓詁の学者だけが議論していればすむことだろうか。

なおパウロのこの考え方は第一コリントス一三・一二にはっきり出て来る。

英独仏語の主な註解書や独仏語の主な聖書訳は右のような理解を示しているが、最近の英語訳聖書（及びそれを「解説」しているだけの英語の註解書、たとえばファーニシュ）だけは、この「見える姿、形」を「目に見える此の世の現実」の意味に解し、自分たち信者は「信仰によって生きているので、此の世の現実に頼って生きているわけではない」という趣旨で「訳」している（TEV：our life is a matter of faith, not of sight. 例によってTEVは原文にない life の語を持ち込んでいる）。それに対し英語訳でも伝統的翻訳は単に直訳しているだけで（Tyndale：we walke in fayth and se not; 欽定訳＝RSV we walk by faith, not by sight)、余計な解釈を持ち込んでいない。しかしTEV的解釈は以前から英語の教会ではひろまっていたらしい。その結果が口語訳「わたしたちは、見えるものによらないで、信仰によって歩いている」、新共同訳「目に見えるものによらず、信仰によって歩んでいる」。いかにも英語的教会のお好みにあいそうな解釈だが、この解釈の根拠は、前章の四・一八である（「見えるものではなく、見えないものを目指す」）。けれども、この節の直接の前後関係（六、八節）は、「主」とともに居る、すなわち直接「主」と向かいあう将来の時を待望しているのだから、七節もまたそれと同趣旨に解する以外にないだろう。すなわち、今はまだ「直接主を見る仕方」では生きていないので、ただ「信」によってのみ、つまりいずれ本当に「主」を直接見る時が来ると信じつつ歩むのだ、ということ。ローマ八・二四―二五もその意味である。だいたい「見えるもの」という単語を見たら、「すばらしい」信仰の世界とは反対の「此の世的にちゃちな」現実、ということしか考えないのだから、困ったことである。そういう発想の方がはるかにちゃちだよ。そんなつまらぬ説教を次々と翻訳に持ち込みなさるな。話はまったく逆で、パウロは永遠の生命の世界を、そこに居る「主」を、直接「見たい」と願っているのだが、まだ見ることができないから、せめて「信じて」いるだけだ、と言っているのだ。

仕方　dia eidous の dia という前置詞も議論の種になる。「によって」という受動の動作者の意味（「主によって与えられた」などの場合）に解することもできるが（この場合は「そのおかげで歩むことができている」の意味）、ここはやはり「様態、仕方」の意味に解する方がふつうだろう（コランジュ、ブルトマンほか多数）。「信によって」の方は日本語としては「よって」が語呂がいいからそう訳したが、こちらも「信という仕方で」

の意味。

信　まだ見ていないものを「信じる」という意味。あるいは「神（ないしキリスト）の信」（神が我々を信頼してくれたこと）と解するのも不可能ではないが、まあここは「我々が信じる」ととる方が普通だろう。

8　翻訳上の問題はないが、内容的には、ここでもまたパウロの言辞は揺れ動く。四節でははっきりと、「それ（身体）を脱ごうとは願わない」と宣言しているくせに、ここでは「むしろ身体を離れて、主のもとに行きたい」と言う。死の問題であるから、論理的にすっきりせよ、と言っても無理だろうとは思うが、コリントスの信者たちがいったいどっちがパウロの本音なのだと疑念をいだいたとしても、仕方がないだろう。しかも、どう考えていいのか揺れ動いて迷っている、というのではなく、あっちを言う時には百パーセント自信があるかのように断乎断言し、その唇がまだ乾かないうちに、今度はこっちをまた断乎断言する。コリントスの信者たちがパウロの言う信者の復活なるものがどうも納得がいかないと質問したのに対し、第一書簡一五章でパウロはむきになって自己弁護をした。それが十分に説得力がなかったから、第二書簡になってもまだその議論が継続していたのだろう。そしてパウロがむきになって自分の立場をあっち向きにもこっち向きにも弁護しようとすればするほど、わけがわからなくなっていく。

9　**名誉なのである**　これが直訳。口語訳は「心からの願いである」。こういうところは直訳がいい。新共同訳「ひたすら……ありたい」は、原文を訳したのではなく、口語訳の日本語を言い換えただけ。

10　**顕わにされ**　終末の審判に際して、主の前に出頭し、そこで自分のすべてがあらわにされる、ということ。これを一語で「顕わにされ」と直訳しても（口語訳は「あらわれ」としているが、ここは受身）、日本語としては通じにくいから、新共同訳のように「裁きの座の前に立ち」とする方が訳としてはわかり易かろう。しかし「顕わにされ」は単に出頭するだけでなく、我々の実態が神によってあばかれるということである。同じことは第一コリントス四・五で同じ動詞を能動で用いて表現されている（「主は人々の心の企てを顕わにし」）。なお次節に同じ動詞がもう一度出て来る。

身体によってなしたこと　「なした」は原文にない語を補った。何かの語を補わないと意味が通じない。ほぼすべての註解者が同種の動詞を補っている。「身体によって」は、「身体という実在において」、つまり「此の世の生において」ということ。口語訳はこの句をまるごと省略して訳している。単なる不注意？　それとも、よく理解できなかったから省略した？　新共同訳は「めいめい体を住みかとしていたときに行ったことに応じて」とくだいて訳している。日本語でくだいた訳にするのなら、これが正しい。

良いことであれ悪いことであれ　これは「なしたこと」にかかる。口語訳（＝新共同訳）は「善であれ悪であれ」の後に読点を入れることによって、この句が「報い」にかかるように訳している（「善であれ悪であれ、……報いを受ける」）。これまたRSVの直訳（each one may receive good or evil）。しかし原文の語順からして「良いことであれ悪いことであれ」は「なしたこと」にしかかかりようがない。私の知る限り、RSV以外のいかなる訳もこれを「報い」にかけたりはしていない（NRSVも正しく修正している。NEB＝REBはやや曖昧だが、TEVははっきり正確に訳している。新共同訳は、たまにTEVが正しく訳しているところは真似をしないで、珍妙なところばかりを真似している）。

悪いこと　ふつう「善」と並べて「悪」と言う時はkakosという形容詞を用いる。しかしここではphaulos。この語は「悪」というよりはどちらかというと「軽率な」「ちゃちな」「不注意な」といった程度のことを意味する。つまり積極的に善でないこと。パウロはここで、積極的に善をなそうとするのでなければ、それは悪である、と言おうとしているのか。しかしパウロの場合はphaulosとkakosをほとんど区別しないで同義語として用いている（ローマ九・一一、なおパウロではこの語はこの二個所だけである）。従ってここは単純に「良いことであれ悪いことであれ」と訳しておいていいだろう。

なお、翻訳よりは註解に属する問題だが、パウロはここで、人は最後の審判の時に、生きている間になした善悪に応じて裁かれ、それに応じて報われる（救われるか滅びるか）、と述べている。これはパウロ自身のキリスト教信仰の根本であるはずのいわゆる信仰義認のドグマと明瞭に矛盾する。人間は生きている間にどれだけ律法を正しく実践したかどうかによって神の前で義とされるかされないか（救われるか否か）が決まる、というのは当時のユダヤ教信仰の基本であった。パウロのキリスト教はそれを真っ向から否定した。人間が義とされるのは律法の実践によってではなく、神の側が罪人たる人間を救おうと決めて下さったからだ（神の信）、人間はそれを信じるのみ（信者の信）、という。これは救済信仰の立場に立つならば、非常に深い信仰で、おそらくこの姿勢が生れたてのキリスト教をして一挙に地中海世界最大の宗教にならしめた基本的な要因の一つであっただろう。

しかし、その同じパウロが、人は最後の審判の時に、生前に行なった善悪によって裁かれ、報われる、と言い出すのでは、自分が否定したユダヤ教の考えをくり返しているだけではないか。裁かれる「行為」の基準が「律法」から単なる倫理的基準に変っただけで、宗教思想としての本質構造は同じである。むしろ、ユダヤ教の律法ならば、長年の歴史によってつちかわれ、はっきりと正典の書物にも書かれた伝統であるが、パウロの倫理的基準となったら、第一コリントス書簡でも明白なように、単に彼個人の倫理的好み（倫理というか古くさい通念というか）を押しつけているだけである。その分だけちゃちであるが、しかし基本構造としてはユダヤ教の律法遵守と同じではないか。どうしてあれだけ強くいわゆる信仰義認を説いてきたパウロが一方ではこういうことを平気で言えるのか。

そこから先は詳しくは『概論』にゆずるが、ひとことで言えば、あまりに当り前なことではあるが、人間は救済信仰を信じたとて、それだけで生きることはできず、此の世の現実を生きることから逃げ出すわけにはいかない、ということだ。逃げ出せないから、何らかの仕方で此の世の現実の中での生き方を考えざるをえない。しかし、自分では此の世の現実を超越した気でいるから、逆に、まともに此の世の現実と向かい合うこともできない。その結果、自分がこれまで無自覚的に信じ込んできた月並みにちゃちな因襲にしがみつくのである。

それにしても、人間はどんな罪人であってもイエス・キリストによって救われるのですよ、と説教して信者を集めておきながら、いったん信者になった人々に対しては、私の説教する倫理基準に従っておとなしく善行を積まないと最後の審判で裁かれることになるよ、と脅かすのは、詐欺とまでは言わないが、それに近いだろう。

11　主の恐れ　一応「主」が主格的属格である可能性と対格的属格である可能性がある。前者であれば、「主の恐れるべきこと」の意味になる（口語訳）。後者であれば、「（人間が）主を恐れる恐れ」の意味（新共同訳「主に対する畏れ」）。しかし、この表現は七十人訳に非常に多く（詩篇三三・一二＝ヘブライ語テクストでは三四・一

二、ほか多数)、その場合はすべて「主を恐れる恐れ」であるから、ここは新共同訳が正しい。つまり我々が伝道活動を行なって人々を説得しようとしているのは、主を恐れる恐れを知っているからである、という意味。

人間たちを　これは次節の「神に対しては」との対照であるから、何となく「人々」(口語訳=新共同訳)ではなく、人間一般を指す。なお「人間たちを説得する」については、ガラティア一・一〇参照。

神に対しては我々ははっきり顕わされている　この「我々」は毎度おなじみ、実質的にはパウロ自身の「私」。パウロは人々を(キリスト教信仰へと向って)説得しようとしているのであるが、そのパウロさん自身は(終末を待つ前にすでに今から)、神に対してはっきりと証明された存在なのだ、つまり、前節で「身体によってなしたこと」が終末において裁かれると言ったが、それはほかの人たちの話で、「我々」自身はすでに神様から保証をいただいている存在なのだぞ、ということ。この節の続く句と次節からすれば、こうとしか理解できない。とすれば、何という思い上がりか!

あなた方の意識の中でも……　神様の前でさえ私ははっきりと保証つきなのだから、あなた方も私をそういう者として意識してくれなければ困るよ、ということ。この文が何らかの意味で自己推薦の趣旨に受け取られてはいけないと思ったから、パウロは次節で「私はまた自己推薦しているわけではありませんよ」と突然つけ足したのだろう。従ってやはりこれは、あなた方は私の権威を認めるべきだよ、という意味にとるべきである。

意識　この語については第一コリントス八・七の註参照。ここを「あなたがたの良心」と訳したのでは(口語訳=新共同訳)、意味が通じない。また一・一二参照。

12 **推薦する**　三・一、四・二参照。

心を　これが直訳だが、「表面(外面)を」の対句だから、新共同訳のように「内面を」と訳すのがわかりやすかったか。

表面を誇って心を誇らない者　正確なところ誰を頭に置いて言っているのか、よくわからない。神学者たちは、パウロの「敵対者」なるものが存在していて、その者たちがコリントスの教会に入り込み、反パウロの宣伝をやったのだ、などと解説したがる。しかしこの僅かな句からそこまで想像するわけにはいくまい。確かにここではパウロは「あなた方」（信者の全体）と「表面を誇って心を誇らない者」（パウロ批判者）を区別し、あなた方は批判者に同調してはいけないよ、と呼びかけているみたいである。けれども、二つのコリントス書簡全体を通じて、あらゆる個所からして、パウロに対して批判をぶつけているのが「あなた方」（信者の全体ないし少なくとも大多数）であることは明白である。最も鮮明なのは一三・三だが、その他全体を通じてそうである。とするとパウロはどうやら、多くの信者たちが直接パウロを批判しているのに、その批判を正直に受けとめようとせず、ごく一部の（ないし外から侵入して来た？）しょうがない煽動者が一般の信者たちを攪乱していると思い込んだ、ということであろうか。もっとも、一貫してひたすらそう思っている、というわけでもなく、たいていの場合は「あなた方」の全体がパウロを批判するのに対して対応する、という色調で書いているから、本当のところはそれが実情だということはわかっているのだろうけれども、しかしそれでも、自分が手なづけたはずの信者たちが自分を真っ向から批判するという事態を心理的にはなかなか受け入れることができないものだから、それで時々、一部の「表面を誇って心を誇らない者」が悪いのであって、「あなた方」はそういう者たちにたぶらかされてはいけないよ、と説教したくなる、ということだろう。これは、権威主義的に思い上がった人物によく見かける現象である。人に批判されると、謙虚にその批判に耳を傾け、反省することをせず、誰か悪い奴が居て、そいつがほかの人々をたぶらかしてそういう批判を言わせているのだ、だからそいつを追い出してしまえばよろしい、と思い込む。つまりこういった場合には、「表面を誇って心を誇らない者」などという悪口は、パウロの心の中に生じた「敵対者」の幻影にすぎないから、こういうせりふをとらえて、現実にパウロの「敵対者」なるものが存在し、そういう者がコリントスの教会に入り込んで蠢動していたのだ、などと想像するのは、まるで間違っている。パウロのような人物の疑心暗鬼から生じた幻影の鬼を、現実の存在とみなして歴史を描こうなどとするのは、滑稽な茶番にしかならない。

（言い分を）　これは私の付加。ここは何か言葉を補わないと、意味が通じないところである。パウロは駄目だよと言って批判する「敵対者」に対して、いやパウロさんこそ立派な権威なんです、と「あなた方」が主張することができるような「言い分」を持つ、ということ。「言い分」でなく「機会」（直前の文の単語）と補っても、意味は同じである。註解者たちは皆さんだいたいこの趣旨で単語を補って訳している。

13 **正気でない**　「自分自身の外に出る」という意味の動詞（existēmi）。ふつうは「驚く」の意味に用いるが、時に「気がふれる」「精神的に異常な状態になる」という意味にも用いる（マルコ三・二一）。

もしも我々が正気でなかったのなら　パウロの書く文をいちいち裏返して、これは「敵対者」がパウロに対して言った悪口を逆手にとった反論なのだ、と解説する註解者たちの手法は多くの場合行き過ぎであるが（行き過ぎどころか、しばしば無茶苦茶。前後関係でまったく「敵対者」のことなど臭わせてもいない文まで、何でもかでも「敵対者」の言葉の引用にしてしまう。『概論』参照。特に岩波訳の第二コリントス書簡は百％その方針で余計な解釈を大量に混入している。あまりに無茶苦茶なので、馬鹿らしいから相手にしないことにする）、しかしこの個所は、直前の文でパウロ自身が自分に対して向けられた批判を気にしてものを言っているのだから（「表面を誇って心を誇らない者」）、また「もしも……だとすれば」という言い方からしても、パウロは正気ではなかったのだ、という悪口を言う者が現に存在したということだろう（もちろんこの「我々」も実質的にはパウロ個人の「私」である）。こういう時にパウロは正面から「冗談でしょう、自分は正気でしたよ」という答え方はせず、一つひねくれて、どうせ私は正気ではありませんでしたよ、しかしそれは神に対してなのだ、と居直った答え方をする。

ここでいったいパウロのどういう点が批判されていたのか。まったくの想像だが（もっともほかの学者たちがこの点について言っていることは、もっとはるかに根拠のない想像にすぎないが）、「正気でなかった」と過去の事実を指摘する時制で書いていることからして、何らかの過去の出来事に関して言っているのは確かである。しかもパウロがこれだけむきになっており、かつ一六節以下を読んでも、これはパウロのキリスト幻視体験（ダマスコス途上における）を指すと解するのが最もあたっていよう。パウロは二言目にはこの「体験」を持ち出す。自分のキリスト教の根拠づけにも、自分のキリスト教がエルサレムの使徒たちの権威に服するものではないということを言う場合にも、自分はダマスコス途上で復活したキリストに直接出会い、直接キリストによって召命されたのだ、と言いつのる。これは、パウロの批判者から見れば、キリストが死んで何年も後になって、もはやほかの誰も復活のキリストに会ったなどと言う者はいないのに、パウロだけが自分は会ったのだ、キリストの声を聞いたのだ、などと主張しても、多分パウロは正気を失って幻覚でも見たのだろう、と悪口を言いたくもなったということだろう。現にコリントスの信者たちがパウロに対して、あなたが会ったという「キリスト」は果して本物なのかどうか、証拠を見せてくれ、と言っているのだから（一三・三）、ここもこのように解するのが素直というものだろう。

パウロ絶対主義の神学者たちは、この批判者を何とかして異端的キリスト教の悪者どもに仕立てあげようとしているが、右の批判だけならば、しごくありそうな批判であって、当時の多くのキリスト教徒が共有していたものであろう。パウロを批判したぐらいで異端にされたんじゃたまらない。むしろ、一世紀後半から二世紀前半のキリスト教の主流においては、まだまだパウロはこういう仕方でかなり批判の対象であったのだ。

それに対してパウロは答える。あなた方の眼には私が正気を失ったと見えるだろう。しかしそれは、神様に対してのことであって（神様が私をつかまえて、引き離さないということだ）、あなた方に対しては至極冷静に理性をもって語っているではないか、と。まあね、これじゃ水掛け論にしかならない。

14 **キリストの愛**　単純文法的には「キリストの」は主格的属格とも対格的属格ともとれる。すなわち「キリストが私を愛してくれた愛」か、「私がキリストを愛する愛」か。しかしパウロの思想からしても、パウロのこの種の言葉づかいからしても、これはまず確実に「キリストが私を愛してくれた愛」の意味である。おおかたの註解者もその意味にとっている。

しっかりとつかまえている　これが直訳。そこから control（RSV）とか、beherrschen（リーツマン）といった訳語が出て来る。これを更に、「追い立てる、駆り立てる」などと訳そうという意見も一部にはあるが（ヴィンディシュ、新共同訳）、この動詞（synechō）にそういう意味はない（ブルトマン参照）。口語訳の「強く迫っている」はその「追い立てる」をちょっとかっこよくひねくっただけ（文語訳の「キリストの愛われらに迫れり」をもじった）。

15 **死んで甦らされた方（＝キリスト）にて生きる**　「にて」は単なる与格。しかし直前の「自分で」にそろえて単なる与格にしただけで、多分「キリストにおいて」のつもり？　ローマ六・一一の註参照。

16　パウロがかつて生きていたイエスを知ることを拒絶している、というので、あまりにも有名な個所。パウロのキリスト教の本質を露骨に暴露している。かつては私は「肉によって」、つまり此の世の現実の中に生きていたイエスのことを多少は知ることもしたけれども（イエスに関する伝承を話として聞いたということ）、もはやそういうイエスのことなどどうでもよろしい（福音書に書かれることになるようなイエスの話なぞ）。自分は、自分に直接現れた復活者キリストのことだけを考える、という宣言。これでは、福音書記者マルコがパウロと喧嘩別れしたのも無理はない（使徒行伝一五・三七―三九）。彼がパウロと別れた後しばらくたって福音書を書こうとした気持はよくわかる。もちろんパウロがここでわざわざここまで露骨に居直ってみせたのは、あなたは本当にイエスのことを（ないしイエスについての伝承を）知っているのか、その証拠を見せてくれ、と突きつけられて（一三・三）、逆に、誰が「肉によるイエス」のことなんぞ知ってやるものか、と居直ったものであろう。いわゆる尻をまくったというか。

17　**キリストにあるならば**　新共同訳は相変わらず「キリストと結ばれる人は誰でも」と訳している。いやね。第一テサロニケ二・一四の註参照。

18　**我々に和解の務めをを与えた**　この前後でもパウロは同じ「我々」という語を次々とまるで違う意味に換えて用いて、論理的にまったくつながらないことをあたかも当然の論理の筋書きであるかのように見せかけている。毎度おなじみの詭弁。すなわち節前半の「神は我々を神御自身と和解せしめ」の「我々」は次節で言い換えられているように、此の世の全体のこと。しかし後半の「和解の務め」はパウロたちキリスト教宣教師のこと。次節も多分然り。更に次の二〇節ではパウロ個人を指す。そうすると、出発点は、神は神の側からキリストを通して我々と和解してくれた（最後の審判の裁きを逃れさせて、救ってくれた）と謙虚な救済信仰を表現しているのに、「我々」という言葉の芸当で、いつのまにか上手に（こういうのを上手と言うべきかどうかは知らないが）、「我々」＝パウロはキリストの和解を此の世で代行する権威者なのだ、だからあなた方はおとなしく私の言うことを聞け（二〇節）、とまるで違う結論に話を持って行ってしまう。それにしてもこの人の思い上がりは大変なものですね。

19 ということなのだ　明瞭にごまかしの訳。どうも恐縮。この文は、hōs hoti という二つの接続詞ではじまる。この二つの接続詞の結合は、パウロではほかにこの書簡の一一・二一にしか出て来ない。新約全体でもあと一個所、擬似パウロ書簡の第二テサロニケ二・二に出て来るだけである。このうち第二テサロニケの個所は我々の個所の参考にはならない。一一・二一も我々の個所と同様、ないしそれ以上に、何だかわからない。というわけで、これは本当のところどう訳していいか不明。いろいろ勝手な想像から「訳」の案が並べられてきたが、勝手な想像という以上に出ない。単語そのものの意味からすれば、hoti は間接文（名詞節）を導入する接続詞で、hōs は「のように」であるから、「……と（言われている）ように」とでも訳すことになる。あるいは、「以下のように」とするか。前者なら引用文になるが、この個所が引用文であるとはあまり考えられない。とすると、軽く考えて「以下のように」ととるか（スラル参照）。前節の「神はキリストによって我々をみずからと和解せしめた」というのは、すなわち（以下のように）、「神はキリストにおいて世をみずからと和解せしめた」というのと同じことなのだ、という意味。しかしそれだと、「我々」を「世」と言い換えただけだから、何もわざわざ「と同じことなのだ」などと言う必要もないだろうけれども。なお、古いギリシャ語では hōs は hoti と同様に単なる名詞節を導入するのに用いられることも多い。VGTによれば、ヘレニズム期以降のギリシャ語でも結構この用法は多く見出される。しかしそれなら hōs hoti は無駄な重複であって、どちらか一方でよいはずである。しかし、この種の無駄な重複表現をする人は時々いるものだ。とすればやはりまとめて我々のように「ということなのだ」と訳してかまうまい。さらに一一・二一の訳註参照。

和解の言葉（＝新共同訳）　これが直訳。口語訳は「和解の福音」。しかし原文に「福音」とは書いてない。確かにパウロという人は「福音」という名詞を好んで用いる人ではあるが、彼自身がそう言ってもいない個所にまで「福音」という用語を導入してはいけない。これはパウロにとっては厳密に重要な単語なのだから。

我々の中に和解の言葉を置き給うた　どうも日本語としてさまにならず、恐縮。まったくの直訳。これまた難解で、いろいろ解しうる。「我々」は一般的に人類か、それともクリスチャンのことか。また、「和解の言葉」を神は人類（ないしクリスチャン）の中に置いた（人類がそれを聞くことができるように）、ということか(Lietzmann: Gott aufrichtete unter uns das Wort von der Versöhnung)。あるいは「我々」は「使徒」ないしパウロ個人を指すか。それなら、神は我々使徒たちに和解の言葉を宣教するようにゆだねた、という意味になる（口語訳＝新共同訳「わたしたちに和解の福音（言葉）をゆだねた」）。続く二〇節を頭におけば（また前節の「我々に和解の務めを与えた」）、こちらの訳の方がよいようである。

20　呼びかける　この動詞については、二・七の註参照。口語訳（新共同訳もほぼ同じ）は「勧めをなさる」としているが、それではいささか奇妙。こういう動詞はなるべく直訳するのがよい。

キリストの代り　直訳は「キリストのため」。西洋語の「のため」は「の代り」の意味も持つ。この個所だけなら「キリストのため」と訳すのがよいが、すぐ続いて節の後半でもう一度同じ表現が出て来るのは「キリストに代って」と訳さざるをえないから、両方そろえておいた。口語訳（新共同訳もほぼ同じ）は「わたしたちはキリストの使者なのである」と、単に「の」にしている。事実としては同じことだろうが、「のために」（ないし「の代りに」）というのと、単に「の」というのとは、だいぶ意味合いが違う。こういうところも直訳すべし。

使者として働いている　一語の動詞（presbeuō）。「使者してる」といった感じ。

だからキリストに代って　口語訳（＝新共同訳）もこう訳している。それなら、節の前半と同じ表現だということがわかるように、そちらもそう訳せばいいのに。

あなた方は神と和解しなさい　まず訳の問題として、これは「（誰それと）和解する」という動詞の命令形である。形としては受動アオリスト命令だが、このアオリスト受動形は「（誰かによって）和解させられる」という使役の受動ではなく、ほとんど中動的に「みずからを誰それと和解する」ないし自動詞的に「和解する」の意味である。従ってこれを単純な受身（「和解される」）ないし使役の受身（「和解してもらう」）に訳すなどということはありえない。西洋語の主な訳も、諸独訳はルター以来現在までずっと lasst euch mit Gott versöhnen だし、仏訳も réconsiliez-vous avec Dieu（エルサレム聖書）ないし laissez-vous réconcilier avec Dieu（ＴＯＢ）、英訳も（ＴＥＶの珍妙な訳を除き）ＲＳＶ等々は be reconciled to God である。ほかに訳しようがない。これに対しブルトマン、スラル等が、こう直訳したのでは神と人間とがお互いに対して和解の行動を取るという意味になって、神と人間とが対等の関係になるからよろしくない、訳はそうであっても、本当は人間の神に対する従属的な関係を考えねばならぬ、と主張するのは、神学者の神学的配慮であって、語学的な翻訳上の配慮ではない。それを、口語訳、新共同訳は訳文そのものに導入してしまった。口語訳「神の和解を受けなさい」(しかし原文には「受ける」などという語はどこにもないし、「神に対し」を「神の」と変えたのはひどい改竄)、新共同訳「神と和解させていただきなさい」(敬語の使い方がやにさがって気分が悪いのは別としても、ここには使役の意味はない)。

確かに、神学的な配慮からすれば、人間の方から神に対して和解するというのは、すぐ前の一八―一九節で神の和解について語られていることとも反する。そこでは、神がキリストにおいて我々(あなた方コリントスの信者たちを含めた我々)を神と和解せしめた、と言っている。神と人間との間の和解は、神の側からの一方的な働きかけなのである。かつ、この「和解」はすでに生じた出来事である。あなた方信者たちはすでに神と「和解」した存在なのだ。従って、それにすぐ続けて、あなた方もあなた方のほうから神と和解しなさい、と命令形で命じるのは、明瞭に矛盾する。そう考えれば、口語訳、新共同訳の配慮も理解できる。けれども残念ながら原文には口語訳等のようには書いてないので、原文に論理矛盾があるのなら、それをそのまま訳さないといけない。論理矛盾を除くために原文を改竄してはいけない。

ではパウロは何故わざわざここで、あなた方は神と和解しなさい、と言ったのか。神学的には意味をなさないことを。――ここは、パウロは言葉の上では神との和解を語りつつも、実際には自分との和解を考えている、という説明が説得力を持つ(コランジュ二七五頁「使徒(パウロ)は……読者に対し、神と、また彼自身と、和解するようにと願っている」。ファーニシュ三三五頁もこれを受け入れている)。あなた方は、私の使徒的権威を疑ったりしないで、私とちゃんと和解しなさい！　パウロの論理は、「私はキリストに代って神の和解の言葉を伝える使徒である。だから、私の使徒的権威を疑うことは、すべからく神との和解を拒絶することになる。そうではなく、ちゃんと私の権威を認め、私に対する批判なんぞしないで、私と和解しなさい。それが神と和解することなんですよ……」、ということになろうか。それにしてもここまで自分を神と同一視するんだから、何と申しますか。

スラルはこの解釈に反対している。一八、一九節はそういうことは言っていない、という理由で。しかし、説明せねばならないのは、パウロはどうして一八、一九節と神学的に矛盾することを二〇節で平気で命令したりするのか、という問題である。一八、一九節は違うことを言っている、というのは二〇節の説明にならない。

21　神の義となるためである　新共同訳「神の義を得ることができたのです」。そんなことは書いてない。「得る」などという動詞は原文にはない。我々自身が「神の義」となることができる、というのであって、「義」というものを入手する、というのではない。またここの接続法アオリストは未来の可能性の意味であって、過去の事実の意味ではない。あのTEVでさえも、in order that we might ... としている。ましてやほかの諸訳は！　このあたり、新共同訳はいささかひどすぎる。

第六章

1　共に働く者　誰と共に働くのか、ということが一応議論の対象になるが、前章の二〇節で「神が我々をとおして呼びかける」と言っており、それを受けてここで、「我々は（神と）共に働く者なのだから、我々自身が呼びかけるのは神が呼びかけるのと同じことだ」というのである。相変わらず自分を神と同一視するこの男の思い上がり。だからここは「神と」を補う以外に考えられない。「あなた方と」と補う説も一応以前に提案されたこともあったが、まず無理。「神の同労者」という概念については、第一コリントス三・九、また第一テサロニケ三・二の註参照。

我々は……また　神が我々をとおして呼びかける、というだけでなく、我々もまた我々自身としてあなた方に呼びかける、ということ。この「呼びかける」も五・二〇同様、口語訳（＝新共同訳）のように「勧める」と訳すとややずれる。

2　神は言っているのだ　「のだ」としたのは例の gar。第一テサロニケ一・九の註参照。

引用はイザヤ四九・八。七十人訳とぴったり一致。まあこのぐらいは、パウロならば、いちいちテクストを開けて見なくても、正確に暗記していただろうけれども。

ふさわしい時　今流に言えば、ちょうどいいタイミングに。口語訳（＝新共同訳）は「恵みの時」としているが、「恵み」などという意味はない。イザヤ書のこの個所のヘブライ語原文ならばそう訳せるけれども、ここはギリシャ語を訳さないといけない。西洋語諸訳は favorable, willkommen, acceptable.

良くふさわしい時　右の「ふさわしい（dektos）」という語に「良く、ちょうど」という意味の接頭語をつけた（euprosdektos）。つまりパウロは引用文の dektos は「ちょうど良い時」という意味なのですよ、と解説してくれたのである。

3　**躓き**（＝口語訳）　新共同訳は「罪の機会を与えず」。これはまるで違う。さすがのNEB、TEVでさえもこういう無茶な言い換えはしない。宣教活動（「呼びかける」）に際して、人がその福音の言葉に躓くことがないようにする、ということ。言い換えなら、RSVの we put no obstacle in any one's way がぴったり。

馬鹿にする　これが直訳。新共同訳は「非難する」（口語訳も同様）。そう訳す訳書も多いが、この語は「非難する」よりは「軽蔑する」の意味である。単語そのものが擬声語的であって（mōmaomai）、非常に馬鹿にする響きがある。

（我々の）務め　西方系写本は「我々の」を付加している。おそらく原文には「我々の」はついていなかっただろう（ネストレ）。しかし、意味上はほかに考えられないから、西方系写本家の解釈をお借りすることにした。

務め（＝口語訳）　新共同訳は同じ単語を二度訳して「奉仕の務め」。「奉仕」か「務め」かどちらかでいい。神に対する奉仕、神に仕える仕事、の意味。

三節―四節の構文。三節の「与えない」、四節の「推薦している」はどちらも分詞であって、独立した文ではない。二節の引用文とその解説は挿入句であるから、三、四節の分詞はそれをとびこして一節の「呼びかける」という主文に対する分詞構文である。しかしそれをそのまま直訳すると日本語としてはあまりにこんがらがるから、独立させた。

4 **神に仕える者**（＝新共同訳）　口語訳は「神の僕」としている。確かに「仕える者」は「僕」にちがいないのだから、そう言い換えてもかまわないではないか、と言われるかもしれないが、「仕える者」が常に下僕であるとは限らないし、どのみち多少意味合いが異なる。加えて「神の僕」というのはイザヤ五三章の有名な概念（そこでは「主の僕」）であって、それがどの程度初期キリスト教に影響を及ぼしているかは（たとえば使徒行伝三・一三）神学史上重要な問題であるから、その概念が用いられていないところまでそう訳すのはよろしくない。

推薦している　すでに三・一、四・二、五・一二に出て来た単語。また一〇・一二、一八、一二・一一。ここは「提示する」とでも訳す方がわかりよいかと思うが（三・一の註参照）、この語はこの書簡では三・一の「推薦状」との関連で要の単語の一つとなっているので、全部「推薦する」に統一した。つまりおそらく、パウロが「自己推薦」をやりすぎる、ということがコリントスの信者たちの側からの批判であった。それに対してパウロはむきになって、いや自分は自己推薦しているわけではないとか（五・一二）、正しく自己推薦をするのなら、やったってかまわないではないかとか（四・二ほか）、言い訳をしたり居直ったり、ともかくやたらと気にしている。痛いところをつかれたから、逆にやたらとこだわった、ということか。ともかく、そういう単語であるから、この書簡でこの動詞が出て来る個所はすべて同じに訳さないといけない（特に「自分を推薦する」の場合）。口語訳は「自分をあらわしている」としているが、他の個所を「推薦する」と訳すのなら、ここも「神に仕える者として自己推薦している」と訳さないといけない。新共同訳の「その実を示している」となると誤訳。「その実」などとはどこにも書いてない。ご自分が他の個所をすべて「自己推薦」とお訳しになったのをお忘れになったか。この単語の意味については、三・一の訳註参照。

患難、困窮、行き詰まり　パウロは単に思いつく限りの同義語を並べただけだから、この三つはそれぞれどのように意味が違うか、などと議論する意味はない。エルサレム聖書は「困窮」を détresse と訳し、TOBは「患難」を détresse と訳している、等々。

5 **不眠**（＝新共同訳）　口語訳は「徹夜」。不眠に悩まされたからとて、徹夜するとは限るまい。もっともここは不眠に悩まされるというよりは、忙しくて、ないしは何らかの危機に襲われて、眠ることもできなかった、ということだから、「不眠」でも誤解を生むか。

空腹　口語訳（＝新共同訳）は「飢餓」。別に食べ物がなくて腹が減ったからとて、「飢餓」ではない。忙しくて、ないし危機に襲われて、二、三日食べることができなかったとしても、「飢餓」とは言わない。

6　善良　これが直訳。口語訳「寛容」、新共同訳「親切」。単語そのものの意味は、親切等々を生み出すような良き資質を意味する。

7　左右の武器　右手の武器は攻撃用、左手の武器は守備用だからというので、エルサレム聖書は「攻撃用と守備用の武器」と訳してくれた。

義の武器　相変わらずパウロの属格の使い方は不鮮明。同格的属格で「義という武器」の意味か、形容詞の言い換えで「義しい武器」か、主格的属格で「義（＝神）」が与える武器か、等々。まあ、いずれにしても同じようなものか。

8　栄光と不名誉によって　口語訳「ほめられても、そしられても」、新共同訳「栄誉を受けるときも、辱めを受けるときも」。「栄光」という語を他の個所ではすべて「栄光」と訳すのなら、ここもそうしておいた方がいい。それにどのみちこの語に「ほめられる」などという意味はない。また、七節後半から八節前半はすべて「によって」という前置詞の反復であるから、このくり返しの文体を尊重するためにも、いちいち訳し変えない方がいい。また「ても」や「時も」では微妙に話が異なってくる。「によって」は、「をとおして」と訳す方がいいかもしれない。つまり、栄光も不名誉も不評も好評もいろいろ通りながら宣教を続けてきた、ということ。

嘘つきとして、かつ真実な者として　以下一〇節まで、今度は「として」の連続である。ここは文語訳聖書の名調子で有名な個所である。「我らは人を惑はす者の如くなれども真（まこと）、人に知られぬ者の如くなれども人に知られ、死なんとする者の如くなれども、視よ、生ける者……」。もっとも、名調子というのなら、皆さんが悪口をおっしゃる口語訳聖書の方が名調子である。「わたしたちは、人を惑わしているようであるが、しかも真実であり、人に知られていないようであるが、認められ、死にかかっているようであるが、見よ、生きており……」。「しかも」をうまく入れ、文語訳の「者」を削り、等々、文体上の配慮が小気味よい。口語訳聖書の文体は決して多くの人々が悪口を言うような下手なものではない。もう少し尊敬する方がいい。文体という点だけなら、少なくとも新共同訳よりは桁違いにすぐれている。——それはともかく、文語訳、口語訳（新共同訳はここではその真似）は「なれども（ようであるが）」を挿入することによって名調子を作っているけれども、残念ながら原文にはそういう対照の意味はない。特に口語訳のように「ようであるが」と訳すと、一見そのように見えるかもしれないが、本当はそうではない、の意味に受け取られる。しかしここは単なる並列であって、両方とも事実。特に「死にかかっているようであるが」とか「悲しんでいるようであるが」とか訳すと、本当は死にかかってはいませんよ、悲しんではいませんよ、という意味に誤解される。この誤解が実は右の名調子をカッコよくしているのであるが、カッコよく訳せばいいというものではない。現に我々は死ぬべきものである、現に我々は多く悲しんできた、等々。「現に嘘つきとみなされたこともある。だが我々は真実な者としてふるまっている。現にあちこちで人に知られていないけれども、またあちこちで正しく認められている、……」

9　死ぬ者として　口語訳（＝新共同訳）「死にかかっているようであるが」は誤訳。単に、人間は本来死に定められている、ということ。しかし我々は永遠の生命を与えられているのだぞ、と。ここまでパウロはずっと「において」「によって」「として」と前置詞句を列挙してきたが、ここだけ、定動詞で「我々は生きている」と強調して書いている。

11　我々の心　「あなた方の心」としている写本がある。数は少ないが、ℵとBがはいっているから、重要。しかしここは「あなた方の」では意味が通じないから、おそらくは単なる書き間違い。しかし一考の余地はあろう。

12　あなた方は我々のところで狭くなっているのではない　下手な表現だから、口語訳が誤解して「あなたがたは、わたしたちに心をせばめられていた」と訳した。前置詞の en（の中で、のところで）を「によって」の意味にとったのである（ここもRSVの直訳、you are not restricted by us)。しかし en が受身の行為者の指示（「によって」）になることはない。実際、RSVとその真似をしたファーニシュ以外には、そういう訳をつけているものはない。やはりこの en は「我々のところでは」の意味である。従ってわかり易く訳せば新共同訳のように「わたしたちはあなたがたを広い心で受け入れています」と訳すのがいいみたいに見える。しかしそう言い換えたら、パウロ独得の嫌ったらしい言い方が伝わらない。ここは「わたしたちの心が広い」などと言っているわけではなく、「我々が勝手にあなた方は狭いなどと思い込んでいるのではなく、事実としてあなた方は自分で狭くなって閉じこもっておいでなのだ」と言っているだけ。

13 **同じ対応を**　文法的には完結していないが、言わんとしていることは明瞭。我々があなた方に対して取っている態度と同じ対応をあなた方も我々に対して取ってほしい、ということ。

子どもに対するように　この「子ども」はどちらかというと親に対する子というよりは、大人に対する子ども。従って、こう言われたら、相手は楽しくなかっただろう。パウロもせっかく和解を呼びかけているのだから、「ものわかりの悪い子どもに言うように、くどく言ってあげるけれども」なんぞと相手を見下す言い方をしたら、せっかくの和解の気分が壊れてしまうではないか。

六・一四—七・一について

この部分はパウロ自身の文章ではないものが、何らかの事情でここに紛れ込んだのではないか、という学説が強い。詳しくは『概論』参照。簡単に記しておくと、一四節以下は一三節までの議論と突然まったく違う主題にはいりこむ。そして七・二—四は六・一三にすんなりつながる。また、内容的にも、あまりパウロ的とは言えないものの考え方、言葉遣いが多い。この短い部分にしては、そういう要素が多すぎるのである。また、クムラン文書その他同時期のユダヤ教文書に似たような言葉遣いや発想が多く見られる。かといってまったくパウロ的でないと言うのも言い過ぎであるが。

確実な結論は出しようがないが、前後関係を乱して挿入されていることだけは確かである。パウロが何かほかの機会に書いたメモ（必ずしもパウロ自身の思想を直接表現しているとは言えないかもしれない。人はいろいろなメモを書くものだ）の断片が、第二コリントス書簡の写し（あるいは原稿？　下書き？）のパピルスが乱れて保存されていた中に紛れ込んだ、という程度の可能性は大いにある。しかしもちろんこの種のことに確かな結論は出せない。

15 **ベリアル**　悪魔のこと。死海写本（1QM一・一、一三ほか）や『十二族長の遺言』（レヴィの遺言一四・一ほか）などで多く見かける。しかし新約ではここだけ。Belial, Beliar 両方綴りがある。この個所は Beliar だが、ラテン語訳写本の一部は Belial としている。死海写本等では Belial が多い。まあ、LとRを間違えるのは我々だけではない。

16 引用は、エゼキエル三七・二七とレヴィ記二六・一二の混成。

17 引用はまずイザヤ五二・一一の後半の一部（彼らの中から出て行き、彼らから離れよ）。前節の「彼ら」はイスラエル民族、ここでは異邦人を指す。

次いでイザヤ五二・一一の前半の句（汚れたものに触れるな）。更にエゼキエル二〇・三四の一部（私もまたあなた方を受け入れるであろう）。

18 引用はサムエル記下七・八のかなり自由な引用。

以上一六—一八節の引用は、実にさまざまな個所からの混成である。こういう引用の技術は、当時のユダヤ教の学者の間ではかなり発達していた（クムラン文書に多く見られるが、別にクムランだけの特色ではない）。旧約全体をよく学んでいて、そこから断片的にあっちの句、こっちの句を引き出して自分たちの言いたいことを表現する技術である。そしてそれは個々人が自分の思いつきでやるというよりは、そういう組み合せ引用が記憶されて伝承となって伝わるものである。福音書や使徒行伝前半の宣教説教などでも出て来る手法だが、せいぜい多くて二つ三つの個所を組み合せるだけで、この個所のように多数の個所を組み合せるのは新約の中ではめずらしい。パウロもこういう組み合せ引用をけっこう好むが、しかしせいぜい二個所か三個所ぐらいの組み合わせである。そこでこの引用の仕方も非パウロ的だと言われる。

1 七章一節は六・一四以下の段落の一部であるから、ここで区切らずに、七章を二節からはじめることにする。

神の恐れ　五・一一の「主の恐れ」参照。神を恐れる（畏れる）こと。

聖性を完成する　これが直訳。新共同訳の「完全に聖なる者となろう」でも同じではないか、と言われるかもしれないが、だいぶ意味がずれる。

第七章

2　もっと広く受け入れる　下手な訳で恐縮。原語は一語の動詞で（chōreō）、「空間、広さ」を意味する名詞（chora）を他動詞に転化したもの。誰それ（何々）に対して空間を広げる、という意味。口語訳（＝新共同訳）は相変わらずRSV（open your hearts）の真似で「心を開く」。趣旨としてはそういうことだろうが、原文に「心」という語はない。それに「心」をつけると意味が限定されすぎる。リーツマン（gebet uns Raum）のように直訳すればよかったか。

損害を与える　一二節参照。

むさぼり取る　口語訳（＝新共同訳）は「だまし取る」。この語そのものに「だます」という意味はない。正当なもの以上にむさぼり取ること。まあ、そのためには相手をだまさないといけないから、同じようなものか。一二・一六でははっきりと「騙し取る」という言い方をしている。

3　前にも言ったが　どの個所を指すか。六・一一—一二とか、五・一四とか、いや三・二だとか、いろいろ意見がある。しかし、「前にも言った」は「この手紙の前の方で」という意味とは限るまい。前に会った時に言ったのかもしれないし、ほかの手紙で言ったのかもしれない。従って、この個所は六・一一—一二（ないしほかの個所）と同趣旨に理解さるべきだ、という議論は成り立たない。従ってまた、続く「共に死に共に生きる」がそれらのいずれかの個所と同じことを言っているというわけにもいかない。

共に死に共に生きる　多くの解釈者は、これは単に密接な関係を意味するだけの言い方であって（生きるも死ぬも私たちは一緒）、特にそれ以上の意味はない、としている。そこから、口語訳（＝新共同訳）「あなたがたは……わたしたちと生死を共にしている」の訳が出て来る。広く普及している解釈だから、口語訳が特にどの学者ないし訳本の影響を受けたということではあるまい。しかし原文は単に「共に」であって、「我々と共に」とは書いてない。それに口語訳がいみじくも示しているように、そういう場合は、「生きるも死ぬも」と「生きる」方を先に言うのが普通である。それに対しここはまず「死に」、それから「生きる」となっている。「死ぬ」を先に言うのは、クリスチャンは人間として死すべき存在でも、キリストにおいて（永遠に）生きるのである、というような言い方の場合である。

ここで重要なのはローマ六・八である。パウロが洗礼の解説をしているところだが、洗礼において信者は「キリストとともに死に、キリストとともに生きる」と言われている。そちらは「キリストとともに」であって、我々の個所では「キリスト」は出て来ないではないか、と言われるかもしれないが、パウロという人は省略したものの言い方が多い人である。パウロはここで単に「キリスト」の語をあまりにわかりきっているから省略しただけかもしれない。「我々の心の中では（我々が信じるところでは）、あなた方はちゃんとした信仰の持ち主なのであって、だから、キリストと共に死に共に生きる、ということを共有しているのである」といった趣旨。こういうこともあるから、この種の個所はなるべく直訳しておくのがよろしい。

4

私の率直　口語訳＝新共同訳は「信頼」。しかしこの語はよく出て来る「信」という語（pistis）ではなく、「公明正大さ」「おおっぴらなこと」「大胆さ」等を意味し、特に新約ではこの語の与格は単独で、ないし en という前置詞を伴って、「おおっぴらに堂々と」といった意味でしばしば用いられる。つまりここでは、私の心はあなた方に対して開けていて、裏の思いだの屈折した思いなどはないよ、という意味で、「率直」と言っている。それなら当然「信頼」の大きさも伴うだろうから、「信頼が大きい」とか意訳したっていいではないか、とおっしゃるかもしれないが、それとこれとではだいぶ話が違う。確かに普通の日本語では（西洋現代諸語でも）、「あなた方に対する私の率直さは大きい」などという言い方はしない。しかしそのように直訳して十分に話が通じるのだから、いいではないか。

私　五・一から—七・三まで、パウロは自分個人のことを語るのに、ずっと一人称複数で通している。それ自体は西洋語ではよくあるものの言い方であるから、どうということはないのだが、この四節で突如として一人称単数になる。まあ、この種の一人称複数単数の混在はパウロの場合毎度おなじみ。

呼びかけ　通常我々はこの語を「呼びかけ」「呼びかける」と訳してきた。原則的にその方が正しいからだが

（第一テサロニケ二・三の註参照）。この章でこの語が数回用いられている場合は（この節、六節に二度、七節に二度、一三節に二度）、口語訳ほか諸訳に従って「慰め」と訳す方が通じやすいように思われる（困難にある者ないし憂慮している者に対して呼びかけることは、すなわち「慰め」である）。しかし、他の個所との訳語の一貫性を保つために、ここも「呼びかけ」にしておいた。この節ではもちろん、単に「慰めに満ち」ではなく（そういう趣旨も含むだろうが）、私はあらゆる場合にあなた方に対して必要な呼びかけ（慰めたり、励ましたり、いさめたり、説教したり、文句をつけたり、命令したり……）をなすのだ、と言っている。以下各節の註参照。

5　もしも二・一四―七・四が別のパウロ書簡の一部であって、後世になってここに挿入されたものであるなら（四一一頁参照）、本来は七・五は二・一三に直接続く。

そしてまさに　問題の一つはこの「まさに」（gar）の語（ないし「何故なら」と訳す）。これは二・一三の続きとしてしか意味をなさない。諸訳は、七・五を七・四の続きであるとみなして訳すことにしているから、このgar を無視して省略するか（新共同訳）、あるいは gar を省略した上で「さて」などという原文にない接続詞を入れて訳すか（口語訳）、といったことになる。しかし翻訳というものは、原文のつながりの悪さも正確に紹介すべきものだろう。もちろん、つながりの悪いのはこの接続詞だけでなく、内容の全体が七・四には続かないが。なおこの接続詞そのものについては第一テサロニケ一・九の註参照。

6　**低き者に呼びかけ給う方**　ここはもちろん単に「慰め」ではない（四節参照）。人間の中で「低い」位置にいる者に神は呼びかけてくれる、ということ。

ティトスの到着によって我々に呼びかけて下さった　人間に対する神の呼びかけは具体的な出来事を通じて起こる、という考え方。

7　**彼があなた方に関して呼びかけられたその呼びかけによって**　口語訳ほかのようにこの「呼びかけ」をこの章で一貫して「慰め」と訳してしまうと、この個所を「あなたがたから受けた慰め」などと曲げて訳すことになってしまう。しかし原文には「あなた方から受けた」などとは書いてない。「あなた方に関して」としか書いてないのである。つまりこれも、彼が「あなた方」から「慰め」られたのではなく、あなた方のことについて彼も神によって呼びかけられたのである。

熱き思い　これは口語訳（＝ほぼ新共同訳）の「わたしを慕っていること」の方がよかったか。原語は「憧れ」といった趣旨の単語（あなた方が我々のことを暖かい思いをもって考えていてくれること）。

8 **というのは**　口語訳は「そこで」。しかし「そこで」という意味はこの接続小辞（hoti）にはない。新共同訳は単に省略した。まあ、小さい点だからどうでもいいようなものだが、小さいことはどうでもいいから適当に省略する、ということをやっていると、正確な翻訳はできない。

苦痛を与えた　二・一の訳註参照。

気にしない　これが直訳。口語訳「悔いていない」や新共同訳「後悔しません」は大袈裟。「悔いる」というと、「反省する」の意味合いが含まれるが、ここは単に、そんなことは気にしない、ということ。パウロはずい分冷たいねえ、と思われるかもしれないが、そう書いてあるのだから、仕方がない。

——事実あの手紙が……確かに知っている——　これは挿入句であろうという説（TOBほか）に従って訳した。しかしここはいろいろ解釈があるところである。加えて、細かい点でいろいろ異読があるので、それに応じて微妙に意味合いが異なってくる。「確かに知っている」の「確かに」と訳した接続小辞（gar、ここは単なる強めの意味）を省略している写本、「知っている」は定動詞の現在一人称単数であるが、これを現在分詞にしている写本、等々。つまりこの節から次節はじめにかけての三つの定動詞（「私は気にしない」「確かに知っている」「今は喜んでいる」）と、二つの譲歩条件文（「もしも苦痛を与えたとしても」と「もしも気になったとしても」）の関係が定かでないから、写本家が細かいところをいろいろ工夫して何とか文のつながりをつけようとしたのである。しかし、こういう具合に文法構造を途中で乱して挿入句を入れるのはパウロにはよくあることだから（パウロに限らず、口述筆記なら当然である）、挿入句と解すれば何の問題もない。

もう一つの解釈は、これを挿入句ととらないで、直前の「もしも気になったとしても」をその前の文にかける、という案である。「というのは、もしもあの手紙であなた方に苦痛を与えたとしても、私は、もしも（以前は）

気になったとしても、(今では) 気にしていない。何故なら (gar)、あの手紙が一時的にせよあなた方に苦痛を与えたことを私は知っているが、今は喜んでいるからだ」と訳す (スラルほか)。この方が gar の落着きはいい。しかし、最初の文に二つの譲歩条件文がくっつくことになり、やや落着かないし、( ) に入れて補った「以前は」と「今では」のうち少なくとも一つが原文に実際に書かれているのでないと、ちょっと無理だろう。

口語訳は「確かに知っている」を定動詞ではなく、現在分詞とする読みに従って訳している。しかしこれを現在分詞にするのは𝔓46の第一写記とヴルガータだけであるから、この読みを採用するのはとても無理であろう。新共同訳は我々と同様に挿入句とみなした。ただし、――をつけると煩瑣になると思ったのだろう。文の順番を入れ替えてごまかしている (まあもちろん、どう訳すにせよ、何らかの仕方でごまかさざるをえない)。

9　神の御旨による　直訳は「神に応じて」。しかし直訳したのでは意味が通じにくいから、口語訳の「神のみこころに添う」の真似をさせていただいた。

損失をこうむる　第一コリントス三・一五の註参照。

10　神の御旨による　前節と同じ。

後悔することなどありえない　これは八節に出て来た「気にする」という語に「後」という接頭語をつけて形容詞にしたもの (その否定形)。従って「後になって、あれはまずかったかな、と気にする」の意味だから、「後悔する」と訳しておいた。問題は、この形容詞がどこにかかるか、という点である。「救い」にかかるか、「悔改め」にかかるか。語順からすれば、「救い」にかかる方が普通である。「救い」という語にすぐ続いているからである (口語訳はそう解している)。しかしパウロ (に限らず新約の全体) が「救い」と言えば、神によって与えられる決定的な救済を意味するから、意味上は、この語に「後悔することなどありえない」という形容詞がつくわけがない。従って「悔改め」にかけることになる (「後悔することなどありえない悔改め」となる。リーツマン、ヴィンディシュ、ブルトマン、エルサレム聖書、TOB、等々)。そうすると一種の言葉遊びになる。「悔改め」とは「後悔すること」なのだから。ただし、日本語に訳すとどちらも「悔」という漢字をあてるから矛盾する表現になるが、原語では「後悔することなどありえない」と訳したのは ametamelētos で、「悔改め」は

metanoia（meta は「後」の意味）であるから語幹は異なる。それに、「悔改め」とふつう訳される語は、よく指摘されるように、単に後悔するではなく、「思いを改める、思いの方向を変える（この場合 meta は「変化」の意）という積極的な意味をはらむ。従って、「思いを改めて福音に従って生きることにしたのは、後悔することなどありえない決断である」というので、十分に意味が通じる。

新共同訳がこれを「取り消されることのない」と訳したのは、訳ではなく、訳者たちの勝手な神学の読み込みである。この形容詞にはまるでそんな意味はない。

11　しかしまた　原語は単に「しかし」。「また」は翻訳上私が補った語であるが、「しかし」という語は単独でも「しかしまた」の意味を含む。そしてパウロはこの「しかし」を以下のすべての語の前にくどく反復している。つまり単なる並列ではなく、「ほらこれも、ほらまたあれも」といった感じの文である。新共同訳のように（口語訳もどっちこっち）、最初の「熱意」（新共同訳は「熱心」）を後に続く語と単に並列して、「熱心、弁明、憤り、……」と平板に並べたのでは、この文の趣旨は生きない。「熱意」という良いことだけでなく、他方では「また弁明を、また不快を……」ということ。

不快　新共同訳は「憤り」、口語訳は「義憤」。口語訳は明瞭に誤り。「義」が余計。不愉快な気分になれば憤ることもあるだろうから、新共同訳は一応正しいが、それくらいなら直訳する方がよろしい。

その事件　次節参照。

自己推薦　同じ表現がパウロ自身について三・一、四・二、五・一二、六・四、また一〇・一二、一八、一二・一一と合計七個所用いられている。そのすべてを（六・四以外）、口語訳（＝新共同訳）は「自己推薦する」と訳している。これらの個所を見れば、パウロがコリントスの信者たちから、あなたは自己推薦しすぎだよ、と批判されていたのは明白である。パウロはそれに対しやっきになって自己弁明している。この手紙の一つの要の問題がここにある。とすれば、この個所でまったく同じ表現をパウロがコリントスの信者たちに対して用いる時に、その件が頭にないわけがないではないか。あなたたちは私に対して、自己推薦をしている、と言って文句を言うが、あなたたちだって、この件に関して自己推薦しているだろ、というのである。

そういうことであってみれば、口語訳（＝新共同訳）がこの個所を「あなたがたは……すべての点において潔白であることを証明したのである」と訳したのは、ほとんど誤訳である。少なくともこの動詞に「証明する」という意味はない（やや広義にとっても、自らを提示する、といった程度）。パウロが言っているのは、その件に関してはあなた方の言い分が正しかったかもしれないが、それならあなた方だってそういう仕方で自己推薦しているだろ、という反論。そして、私が前に書いた手紙は確かにその件も扱っているかもしれないが、手紙の主旨はその点にあったわけではないよ（次節）、という。

12　損害を与えた人　この語については、第一コリントス六・七参照。多分そこで言及されている人物を指す（詳しくは『概論』参照）。

彼らを怒らせることになったその手紙をパウロが書いたのは「損害を与えた人、損害をこうむった人」のためではない、とここでは書いているが、逆に言えばその手紙は何らかの仕方でその問題を扱っていたことになる。彼らの間の係争事件にパウロが口をさしはさみ、それによって彼らの間に紛糾をもたらした。しかしパウロは、その係争事件そのものを扱うのが目的だったわけではない、と言い訳をしている。

我々に対するあなた方の熱意　「あなた方」と「我々」が錯綜している結果、写本の読みも錯綜する。「あなた方に対するあなた方の熱意」とするもの（ℵDFほか）、逆に「我々に対する我々の熱意」とするもの（G、Dの第一修正ほか）等々。しかし、意味からすればネストレが採用している読み（我々の訳はそれに従った、Bほか）が一番通じやすい。もっとも、意味が通じやすいからそれが原文だ、という理屈も通らないけれども。

13　この故に我々は呼びかけられた　四節の註参照。これは「神の前で明らかになる」を言い換えているのだから、神の側からその点について我々に呼びかけて下さった、という意味以外に考えられない。もちろん、こういうことについて神から呼びかけてくれるのであれば、それは「慰め」に通じるから、ここも「慰め」と訳しても実質的には問題はないだろうが、しかしそれでは、パウロはこの語によってあくまでも神との関係を述べているのであって、あなた方とパウロの直接の関係を述べているわけではない、ということが伝わらない。

ネストレ新版は、一三節の半ばに長めの空白を入れている。五節から一六節の段落はいささか長すぎるから、この空白の趣旨を重んじて、我々もここで段落を区切ってみた。しかし話はつながっている。

ティトスの霊　日本語ではこういう時は「心」という。こんなところで「霊」というと、すでにティトスは亡くなっているのではないかと勘違いされる。しかし、パウロはこういう時に「心」と言わずに「霊」と言うので、ここは誤解をおそれず直訳した。

安らぎを与えられた　口語訳「安心させられた」、新共同訳「元気づけられた」。いずれも少し違う感じだが、まあ同じようなものか。本来「休息する」という意味の動詞（anapauomai）。この動詞は第一コリントス一六・一八でも用いられている。そこでも「安らぎを与えられる」のは「霊」である。

15 **畏れ、おののき**　日本語でこのように直訳すると大袈裟だが、言っていることは、彼を尊敬して迎え入れてくれた、ということ。もっとも、これを字義どおりの意味にとって、コリントス人はティトスの背後に使徒パウロの絶大な権威を認めて畏れ、おののいたのだ、と解釈する学者もいる。そうかしらんねえ？

16 **安心できる**　この動詞については五・六、八参照。口語訳（＝新共同訳）は「信頼する」。しかしこの動詞に「信頼する」という意味はない。かつ五・六、八でこの動詞が同じ意味で用いられているのに、口語訳、新共同訳はまったく違う訳語（「心強い」）をあてている。この不統一、よくない。

第八章

1 **あなた方に知らしめる**　この威張りくさった言い方についてはガラティア一・一一参照。

マケドニア　すでに何度も指摘したように、新共同訳が「マケドニア州」と「州」を補っているのは間違い。第一テサロニケ一・七の「アカヤ」の註参照。

マケドニアの諸教会　使徒行伝から知られているだけでも、マケドニアの三つの都市、フィリポイ（一六・一二―一五）、テサロニケ（一七・一―四）、ベロイア（一七・一〇―一二）には、パウロの第二回伝道旅行以来、相当数のクリスチャンが存在した。

神の恵み　口語訳も新共同訳もここはそう訳している。しかし彼らは、この段落で以後くり返し出て来る「恵み」という語を「慈善」とか「募金」と訳してしまった。それでは話のつながりがわからない。パウロはここで「恵み」という語を両義的に用いている。それは語義としては「神の恵み」であるが、この場合は実質的には「献金」を指している。だから「マケドニアの諸教会で与えられた神の恵み」とは、具体的には、マケドニアの教会の信者たちがエルサレムに贈る献金を熱心に集めた、ということを指す。そのことをあなた方コリントス人に「知らしめる」というのである。従って全部一貫して「恵み」と訳すのが嫌なら、全部一貫して「献金」ないし「募金」とお訳しになるのがよろしい（しかしパウロが敢えて金銭を意味する語を避けているのだから、これを「献金」とか「募金」とか訳すのは、少なくとも無粋である。しかし更に次節の「豊かな純真」の註参照）。なお念のため、もちろん「恵み」という単語そのものに「献金」という語義があるわけではない。単にパウロがこの募金活動を「神の恵み」と呼んでいるだけである。

2　患難という大いなる検証　これじゃ日本語になっていないではないか、と叱られそうだが、もっと直訳すれば「患難の大いなる検証」。「検証」ではなく「試練」と訳せば日本語としては通じるが（口語訳＝新共同訳）、それでは意味が違ってしまう。単なる試練ではなく、本物であるかどうかが検証される、その結果本物であることがわかる、という意味の語。この語（dokimē）、すでに二・九の同じ語（そこでは「証拠」と訳した）の註で詳しく記したように、二つのコリントス書簡の鍵になる単語である。コリントスの信者たちがパウロに、あなたの言うキリストが本物であるかどうかの「検証」（証拠）を見せてくれ、とせまった。この二つの書簡（特に第二書簡）のパウロの議論はすべてその件をめぐっていると言ってもよい。だから同じ dokim- という語幹の語をいろいろに使ってパウロはその批判に答えようとしているのである。答えるというよりも、その批判をはぐらかして、逆に相手に逆ねじをくらわすというか。

ここでも、マケドニアの信者たちはパウロの言うことに従順に従って、パウロの教えを素直に受け入れただけでなく、パウロが主宰するエルサレム教会のための献金集めにも積極的に参加してくれた。その彼らは、患難（キリスト教徒に対する迫害）に耐えることによって、自分たちの信仰が本物であることを明らかにした。その迫害は、彼らを「検証」する大きな手がかりだったのだ、とパウロは言っている。それに対して、喜んで献金集めに協力しないばかりか、パウロのキリスト体験までも「検証」しようとするあなた方コリントス人はいったいどういうことだ。私に向って本物である「証拠」を見せろと言うのなら、あなた方自身が本物である証拠をまず見せてみろ（二・九）。あなた方と違ってマケドニアの信者たちは、ちゃんと本物であることが「検証」されているのだぞ、と。マケドニアの信者たちを誉めると同時に、それを、同じことをしないコリントスの信者たちに対する嫌味として突きつけているのである。

ここで言うマケドニアの信者たちの「患難」は、パウロ自身が第二回伝道旅行の最中にすでにこれらのマケドニアの町々でディアスポラのユダヤ人の側からかなり強烈な弾圧をこうむっているので（右記の使徒行伝の各個所の続き参照）、おそらくパウロがその地を離れた後でも、信者たちはユダヤ人からのさまざまな嫌がらせを受けて、キリスト教会の維持にかなりな苦労を重ねたことだろうと推測される。

深刻な貧困　この文を字義どおりに読めば、「満ちあふれる喜び」と「深刻な貧困」の両方が原因となって、彼らはエルサレム教会への募金活動に参加した、という意味になる。しかし「深刻な貧困」と「満ちあふれる喜び」を同列に置くわけにもいくまい。通じやすく言おうとすれば、「深刻な貧困」の方は原因ではなく、「深刻な貧困にもかかわらず」と言わないといけない。というわけで、口語訳は「にもかかわらず」を補った。原文からは大きくずれるが、この方が意味は通じる。それに対し新共同訳はこの点は直訳した。そうすると読者には、「深刻な貧困」があふれ出るとどうしてエルサレムへの献金活動に参加することになるのか、まったく意味が通じない。結局、口語訳が正しいのか（その場合はパウロは、例によって、ひどく言葉を省略するものの言い方をしている、ということになる）、あるいは、字義どおりに受け取って、彼らは貧困だからこそ純真になれた、という意味か。とすると、コリントスの信者たちに対するかなりな嫌味である。マケドニアの信者たちは「深刻な貧困」だから、かえって純真にエルサレムへの募金活動に応じたが、コリントスの人たちは余裕があるくせに、なかなか積極的に応じようとしない、という。字義どおりに取れば、こういうひねくれた解釈をしなければならなくなる。しかし口語訳みたいに「にもかかわらず」を補ったら、原文と意味がさかさまになる。どちらにしましょうか。

豊かな純真　口語訳はこれを「あふれ出て惜しみなく施す富」と「訳」してしまった（新共同訳はややましだが、ほぼ同じ）。まさか、貧困があふれ出て富になるわけがない！「純真」を「施す富」なんぞと「訳」されたんじゃね。原意は、「豊かな純真」の故に彼らは積極的に募金活動に参加した、というのである。つまりパウロは、少なくとも言葉の上では、募金そのものよりも、それにいたった彼らの純真さを誉めている。

口語訳、新共同訳のこの変な訳はどこから出て来たか。「純真」という語（haplotēs）をルターやティンダルはまだ字義どおり「純真」と訳している（Einfeltigkeit, singleness）。ところがたとえば英語訳だと、すでにジュネーヴ聖書が「気前のよさ」（liberality）と訳している。これは英語訳以前にすでにジュネーヴの宗教改革者の間でこういう訳し方がひろまっていたのだろう。ルイ・スゴンも libéralité としている。これが以後の仏語訳英語訳の伝統となってしまった（現代ではエルサレム聖書、TOB、また英語諸訳）。それでも最初のうちはまだせいぜいのところ「豊かな気前のよさ」（rich liberality）などとしていたのが（ジュネーヴ聖書）、欽定訳がそれを更にひねって、the riches of their liberality としてしまった（彼らの気前のよさの富）。それが現代語になるともう少し露骨にRSVで a wealth of liberality となる。それを口語訳が更にせりあげて、「惜しみなく施す富」とした。まるで「伝言ゲーム」みたいに、次に伝わる度に少しずつずれていって、ついに口語訳のとんでもない訳になってしまったのである。そしてこれは仏訳英訳だけでなく、独訳でも、現代版ルターはさすがにもともとの表現を保っているが（Einfalt）、やや安直に現代語化をはかったドイツ語共同訳などは仏英訳の流行を真似して der Reichtum ihres selbstlosen Gebens（彼らの献身的な施しの富）なんぞと訳している。

もとにもどって、どうして「純真」という語を「気前のよさ」などと「訳」してしまったか。例によって、出発点では単に、「純真」と直訳したのでは文としてさまにならないから、この文脈なら「気前のよさ」と「訳」しておけばうまく話が通じるだろう、という程度のことだったのが、皆さんが真似しているうちに、このギリシャ語の単語そのものにそういう意味があると思われてしまったのである。そして例によって（たとえば九・四の「この事柄に関して」の註参照）、ついにこれが辞書にまでのってしまう。バウアーはさすがに丁寧に解説的に、この個所の場合は die schlichte Güte, die sich ohne Hintergedanken entäußert（裏の思惑などなしに表現される率直な善性）と記しているが、バウアーの英語訳（この「訳」の水準については九・四の「この事柄に関して」の註参照）では generosity という「訳語」があてられているそうな（スラルによる）。そうなれば、辞書の「訳語」を右から左に写すことしか知らない近頃の「聖書翻訳者」はそれがこの語の語義だと思って、そのまま記すことになる。

しかしもちろん、ある程度以上の水準の聖書学者であれば、この語に普通そんな意味はない、ということぐらいは知っている。しかし彼らは例によって一所懸命努力して、この語がそういう「意味」に用いられる類例を探す。大変な時間と労力の末に、ヨセフス『ユダヤ戦記』五・三一九、『古代史』七・三三二と、『十二族長の遺言』のうち「イッサカルの遺言」三・八で似たような場合にこの語が用いられているのを見つけてくる。バウアーにもこれらの個所が指摘されているが、さすがにバウアーは、こういう場合にも「純真」という語が用いられるという適用範囲の例としてのせているだけである。しかしほかの人たちはこれらの個所をあげてこのギリシャ語の単語には generosity（気前のよさ）という「意味」があるのだ、と言い立てた。相変らず、語義とその適用範囲の区別がついていないのである。確かに人は「純真」であれば、気前よく他の人につくしたり、振る舞ったりすることもある。そうするとまわりの人たちは、あの人は「純真」な人だ、と誉めるのである。だからとてこの語そのものに「気前がいい」だの「振る舞い」だのという意味があるわけではない。それにそもそも『ユダヤ戦記』の個所は、そういう例にもならない。第一次ユダヤ戦争の時にエルサレムを包囲したローマ側の将軍ティトゥスについて、人の言葉を信じやすい質だった、ということを「純真」と呼んでいるだけである。『古代史』の例も、これはサムエル記下二四・一八以下に記されているダヴィデ王とエジプト人アラウナのやりとりをほとんどそのまま焼き直しただけの記事だが、強大な権力を持ったダヴィデ王に、祭壇を築いて神に捧げ物を捧げるためにお前の土地を貸せ、と脅されて、アラウナがびっくりし、どうぞ無料で土地をお使い下さい、捧げ物にする牛や薪も無料でおわたしします、と答えたという話である。ヨセフスはこれを焼き直すのに、ダヴィデ王はアラウナの「純真さ」を誉めたが、ちゃんと代金を払った、と記している。これも、「気前がいい」と「訳」して訳せないわけではないが、恐ろしげな王に命令されたものだから、どうぞどうぞ何でも持って行って下さいと申し出ただけの話である。「気前がいい」というわけにもいくまい。それにどのみちこの場合も語義は「純真さ」である。

「イッサカルの遺言」にしたところで同様。三・八の個所だけ見れば、「私イッサカルは私の心の純真さから、貧しい人や困っている人に地の収穫物をすべて分け与えた」とあるから、この「純真さ」は「気前よく施す」の「意味」かと思うかもしれないが、この三章全体を読まずに八節だけを見るからいけないので、三章は全体として、はじめから、イッサカルの「純真さ」を誉める文が並んでいる章である。仕事で行き過ぎることなく（無理をして人に迷惑をかけるの意？）、隣人をねたんだりせず、他人の悪口を言わず、三十五歳になってようやく結婚し（真面目に働いていたから結婚が遅れた）、といったことをすべて「純真さ」の例としてあげている。その一つとして八節の「施し」の例も並んでいるにすぎない。M・フィロネンコはこの文書の仏訳で、これらの個所すべてでこの語を simplicité と訳しているが、むろんそれで正しい。八節だけ générosité などと訳すわけにはいかない。

つまり「純真」という単語に「気前がいい」という語義があるわけではない。気前よく人に施す行為も、彼らの言語感覚では、純真さの発露と思えた、ということだ。註解書の著者たちの中でもたとえばスラルは慎重な学者だから、以上の個所すべてについて我々と同様に判断し、話の前後関係からして「純真」という語が気前よく施す場合にも用いられるというだけであって、この語そのものに「気前がいい」という語義があるわけではない、とぴしっと指摘している。

なおこの語は第二コリントス書簡の一・一二の異読に「神の純真」という言い方で出て来る。新共同訳はそこでその読みを採用してそう訳している。新共同訳の訳者は、一・一二とここが同じ単語だということがおわかりになっていないのだろうか。

そもそも事の起こりは、我々の個所でこの語を「純真」と字義どおりに訳したら意味が通じない、と思い込んだ訳者たちの感性にある。しかし、正確に読めば、ここはまさにパウロは「気前よく金を施す」などという単語ではなく、「純真」という単語を使いたかった、ということが十分に理解できるはずである。

実はこの段落ではパウロはこれが募金であるということを言葉としてはまったく明言していない。上手に婉曲に、これが募金の問題だということを読者にわからせているだけである。何故パウロは、正直にないし露骨に、彼らは積極的に募金活動をしてくれた、と表現しないのか。もしかすると我々日本人と同じことで、金銭にまつわることは明言しないのが美徳であると思っていたのか。それとも、これが話の前提だということは手紙の受取人であるコリントスの信者にはよくわかっていたから、敢えて明言しなかったのか。あるいは、パウロ的嫌味で（嫌味ととるか神学的高みととるかは、読む人の自由だが）、募金活動そのものはどうでもいいので（本当はむきになってコリントスの信者から募金を集めようとしていたくせに）、それを支える「純真さ」が大切なのだよ、という説教調なのか。あるいは、パウロはこの募金に関してコリントスの信者たちから何らかの仕方で文句をつけられていたから（九・五と一二・一六の註参照）、この手紙ではパウロは、これは単なる金銭問題ではなく「神の恵み」なのだよ、だから我々はそれに「純真さ」をもって応えないといけない、と言葉の上でごまかすことに決めたのか。まあそんなところだろうが、いずれにせよ、金銭の話を明言しないこの思わせぶりな書き方こそこの個所の特色なのだから、その特色がわかるように正確に、字義どおりに訳さないといけない。

なおこの章と次章でパウロが意図的にそういう言葉遣いをしていることは、同じ問題を扱っている第一コリントス一六・一、二ではまだはっきりと「募金」（logeia）という単語を用いていることからわかる。その個所の註参照。その段階では素直に「募金」と言っていたのに、その後いろいろもめたものだから、「募金」という単語を使わなくなったのである。

3　おまけに、特に三節以降、文法的な構文もすっかり乱れている。乱れているというよりも、非常に省略した構文である。「みずから進んでのことであった」の「ことであった」は翻訳上私が補ったので、実は三節には主語も動詞もない（「私は証言する」は挿入句）。まあ、前後関係からして（また明言されない背景からして）、「彼らは力以上に募金してくれた」という意味であるのは確かであるが。しかし、「みずから進んで」はこの省略された「彼らは募金してくれた」にかかるのか。ネストレはこれを四節にかけて読んでいる（「みずから進んで我々に声をかけた」、口語訳はこの読み方）。あるいは新共同訳のように、「力に応じて、いや力以上に」も「みずから進んで」も、まとめて四節の「我々に声をかけた」にかけるか。

4　何度も声をかけ　他の個所では「呼びかける」と訳した語だが（一・四、六ほか、また七章に多数。第一テサロニケ二・三の註参照）、ここは日本語として「声をかける」の方が通じやすいだろうか（第一コリントス一六・一二でもそう訳した）。口語訳はこれを単に「熱心に」、新共同訳は「しきりに」と縮めてしまった。

聖者たち　これがエルサレム教会の信者たちを指すという点については、第一コリントス一六・一、また『概論』参照。

恵み　また出て来た。一節の註参照。新共同訳「(聖なる者たちを) 助けるための慈善の業」。そこまで勝手に単語を補って訳してはいけない。そうじゃなくって、エルサレムの信者たちへの献金は、彼らに対する神の恵みに参加する行為なのである。しかし新共同訳はまだともかく、口語訳の「奉仕に加わる恵みにあずかりたいと」は、パウロがここで「恵み」という語を「募金」の同義語に用いているということを理解しなかったらしい。

5　期待したのと違っていた　この表現を「期待以上のことであった」という趣旨に解する人が多い（たとえば新共同訳。口語訳もその趣旨で訳しているけれども、だいぶ改竄している）。しかし、期待したのはエルサレム教会への献金を集めることだから、それ以上というと、何を意味するか。我々が期待したよりもよほど大金を集めてくれた？　しかし原文ではその「期待」と違っていたことを「自らを主と我々に捧げた」ことだと説明している。それがどうして「期待以上」なのか。むしろここは字義通りに、彼らは我々が期待していたのとは違うことをまずやってくれて、その後で、期待していたこともやってくれた、と読むのが素直だろう。

まず自らを主と我々に捧げた　この「まず」を、「まず自らを主に捧げ、次いで我々に捧げた」と解する学者が多い（リーツマン、ヴィンディシュ、エルサレム聖書、TOBなど。口語訳、新共同訳も）。しかし語順からしても（スラル）、「主」と「我々」を単に「そして (kai)」でつないでいることからしても、この解釈は無理である。もしも「まず……次いで」であるなら、何らかの仕方で「次いで」を意味する単語がはいっていないといけない。この場合の kai は「まず……そして」の kai ではない。「主」と「我々」をつなげて一つに扱うだけの接続詞である。つまり、彼らはエルサレム教会に対する献金を積極的にやってくれたのだが、それだけでなく、それ以前にまず「主と我々」に対して「自らを捧げた」、という意味である（スラル参照）。文の流れと単語の意味からすれば、これ以外に読みようがないのだが、どうして神学者の多くはそう読むのを嫌がるのか。これではパウロは自分自身（我々）を神と同列に置いていることになってしまうからである。いくらなんでもそれは思い上がりではないのか……。しかし、パウロがそう書いている以上、しょうがないではないか。それに、この思い上がりはいかにもパウロらしい。我々はすでにあふれかえるほど大量にパウロのこの種の思い上がりを確認してきた。

では「自らを主と我々に捧げた」とは具体的に何を指すか。多くの神学者はこれを、エルサレム教会に対する献金を積極的に受け入れてくれたのは、パウロの使徒としての権威を認めてくれたことであり、ひいてはそれは神に従うことである、と解説してくれる。しかしこの解説はまるで見当はずれである。まず、パウロの権威を認めるとか、それはすなわち神に従うことだとかいうことを、「自らを捧げる」という短い句で表現するのは、とても無理である。次に、もしもその解釈が正しいのなら、それは、エルサレム教会への献金そのものを意味する。その献金は単にエルサレム教会への奉仕であるだけでなく、パウロに対する献身でもあるのだよ、と。しかし、原文は明瞭に「我々が期待したのと違っていた」、つまり単にエルサレム教会への献金だけではなかった、と言っている。従ってこれは、加えてもう一つ何かパウロに対してなしてくれた、それもパウロが予想していなかったことをやってくれた、という意味以外ではありえない。ではそれは、彼らが熱心なクリスチャンになった、ということを指すのか。それも無理だろう。ここは、クリスチャンになった後で、何か特別に献身的なことをしてくれたという意味である。それに、単にクリスチャンになるということを、まさか、「パウロに対して自らを捧げた」などと言うことはありえない。

とすると、これはパウロがみずから語っているマケドニアの信者のもう一つの行動を指す、と解するのが素直だろう。つまり彼らは、パウロがコリントスで資金に困っているのを知って、生活費の援助をしてくれた（一一・九）。パウロにとっては、自分の生活費を支えてくれることは、単にパウロ個人のためではなく、パウロのなしている宣教活動を支えることになるのだから、それはまさに「我々」に対してだけでなく「主」に対して

「自らを捧げる行為」であると思えたことだろう。と、こう解すれば、この文にぴったりあてはまる。彼らは、エルサレム教会に対する募金に積極的に応じてくれた。しかし、我々は彼らがそうしてくれるのを期待したのであるが、彼らの行為は我々の期待とは違っていた。彼らは、まず、我々のところに生活費の援助を送ってくれ、その上でエルサレム教会への募金にも参加してくれたのである。これでぴったり話があう。おまけに、パウロの生活費を信者が献金で支えるかどうかという問題は、エルサレム教会への募金の問題と重なって、コリントス教会に対してパウロが議論の種にしていたことである（第一コリントス九章参照）。パウロとしては、あなた方と違って、マケドニアの教会の人々は両方ともこころよく応じてくれたんだよ、と言いたくなったとしても不思議ではあるまい。それをコリントスの信者たちに対してこういう仕方で言うのは、かなり嫌味な皮肉であるが。

そんなことははっきり書いてあるわけではない、ただの推量にすぎないではないか、とおっしゃるだろうか。しかし、口語訳や新共同訳をお読みになるから誤解なさるので、原文をそのまま読めば、上述のように、ここではそもそもどこにもエルサレム教会への献金という具体的な金銭の問題は明言されていないのである。パウロが金銭の問題をある種の日本的（？）礼儀から明言しないのであれば、エルサレム教会への献金どころか自分のもらった資金援助であれば、ますます単語としては明言しないだろう。

どうして神学者たちは、この素直な説明を避けて通るのか。それじゃパウロがいかにも図々しいと思えるからだろう。しかし、パウロというのはそういう人なんだから、しょうがないじゃないか。そして、もしもパウロが、自分に対する資金援助を「彼らは主と我々に自らを捧げた」と表現しているのなら、ますます自分と神を同列に置いていることになってしまう。まあ、神学者なら避けたい解釈だろうが、そういう文章なんだから、そうと読むしかない。

6　ティトス　二・一三の註参照。

すでにこのようにはじめた　主語はティトス。通常はこれは、ティトスがすでに前に一度コリントスに行って、エルサレムへの献金の活動を開始した、という意味に解する。従って、せっかく開始したのだから、最後までちゃんと完成しようよ、と。しかし、「このようにはじめた」はもう少し漠然とした意味かもしれない。つまり、パウロの主宰するエルサレム教会への献金の実務を担っていたのはティトスであって、彼はそれを「このように（マケドニアで）はじめた」、という意味かもしれない。せっかくマケドニアではじめたのだから、コリントスで完成しよう、と。どちらの意味であるかは、決め難い。

恵み　一、四節の註参照。

7　あらゆることについて満ちあふれている　いやな皮肉。マケドニア人は「貧困」にもかかわらず、エルサレムへの募金に熱心に協力した。それに対しあなた方は、ほかのことすべてに満ちあふれているくせに、なかなか募金に協力してくれない。ちっとは協力しなさいよ……。「あらゆることに満ちあふれている」という言い方自体も皮肉である。彼らはパウロのキリスト教を批判した。ほう、あなた方はそんな批判がおできになるほどに「信仰においても言葉においても知識においても」満ちあふれておいでになるのですか。それだったら、エルサレム教会のための献金ぐらいけちけちしないで払いなさいよ……。私はこの種の嫌ったらしい皮肉に接するとむずむずしてくる。コリントスの信者たちにまったく責任のない募金を、しかも大金を、集めてもらおうというのだから、パウロももう少し謙虚に頭を下げればいいのに、これでは紛争になったのもやむをえまい。

信仰　この場合は信者の持つ信仰の意味だろうと解してこう訳したが、確かなところはわからない。この語(pistis)についてはガラティア二・一六の「信」の註参照。

言葉、知識　「言葉」と訳したのは「ロゴス」。周知のようにギリシャ語のロゴスは日本語の「言葉」よりも意味が非常に広い。特に形容句をつけない場合はそうである。「理性」といった意味その他いろいろ含む。この場合の意味は定かでないが、パウロは第一コリントス一・五でコリントスの信者を「すべての言葉とすべての知識において豊かにされている」と言って誉めている（ここもむろん半ば皮肉である）。そこでも「言葉」と「知識」が並んでいる。同一二・八では「知識の言葉」を信者の能力の一つとしてあげている。他方第二コリントス一一・六では自分自身について「言葉では素人だが、知識においてはそうではない」と、ここでも「言葉」と「知識」を並べている（自分については両者を使い分けている）。また第一コリントス四・二〇で「神の国は言葉にあるのではない」と言う。「知識」については、パウロは一方ではこのように「知識」の重要性を認めつつ、他方では「知識はふくれ上がらせる」と文句を言う（第一コリントス八・一）。また「知恵」に関する第一コリントス一、二章の議論参照。

以上すべてからして、パウロはコリントスの信者たちが「言葉と知識」において豊かであることを気にしているのがわかる。彼らは、パウロの言うことがどうも理屈にあわないのではないか、といろいろ批判してきた。それに対してパウロは、一応形式的に「あなた方は言葉と知識において豊かである」と誉めつつも（第一コリントス一・五）、彼らの「言葉と知識」についていろいろ皮肉を並べる（第一コリントス八・一、ほか。また「知識」という語は用いていないが、同一一章の議論などその典型）。

さまざまな熱意　なぜここだけ「さまざまな」がついているか。「熱意」にもいろいろあるよ、という皮肉？・

8　ほかの人たち　マケドニアの信者たちを指す。マケドニアの信者たちの熱意を引き合いにだして、それと比べればあなた方の「愛」が本物かどうかわかるだろう、ということ。――そういう嫌味な皮肉を言うくらいなら、単純率直に、エルサレム教会に献納金を送らないといけないので、あなた方も協力して下さい、と頭を下げてお願いする方がずっとすっきりするだろうに。

命令としてではなく　何故この個所で突然こういう言い訳がましいことを言う必要があったのか。直接的には、パウロがこの献金集めを頭ごなしに命令したことに対してコリントスの信者たちが反撥したので、今度は「命令」という言い方だけは撤回した、ということだろう。最初の段階ではパウロがこの件について「命じる」という言い方をしていたことは、第一コリントス一六・一にもはっきり出て来る。パウロはこの二つの書簡の間に一度直接コリントスを訪問しているから、その時にこの反撥に気づいたのであろう。しかしパウロのこういう態度に対する批判はエルサレム献金の件にとどまるまい。自分の意見を穏やかに、私としてはこう考えますが、と言えばいいのに、すぐに頭ごなしに「命令」する。その種のパウロの「命令」癖に彼ら信者たちが辟易していたことが、ここから見て取れる。この書簡の一〇・一、一〇の二個所で非常にはっきりと、パウロが手紙を書く時にやたらと威張りくさった書き方をする、ということに対する批判が渦巻いていたことが指摘されているし、第一コリントス七章の主題そのものが、それ以前の手紙（いわゆる「前書簡」）でパウロが、単なる自分の倫理的嗜好にすぎないことをやたらと命令口調で、自分は「主イエス」になり代って命じるなどと言いつのったことに対する反撥、疑問に対応する点にある。だからそこでは「命じる」という動詞を避けて、やや穏やかに「指示する」という動詞を使い、事柄一つ一つに応じて、「指示する」のが「主イエス」なのかそれともパウロ個人なのかを仕分けして相手を納得させようとしている（六節「譲歩しているので、命じているわけではない」、一〇節「主が指示する」、一二節「私が言う」、等）。ところがその同じ七章でもすぐに、パウロはつい、強く疑問を突きつけられていた問題（クリスチャンになったら結婚するな、と「前書簡」でパウロは言いつのった）になると、かっかとなってその自説に固執しようとするから、ついまた馬脚をあらわして「命じる」という言い方をしてしまうのである（一七節）。そういったすべてが尾を引いて、この個所の言い訳に連なる。

9　ではないか　文頭の gar は前節の理由を説明する。それをこういう形で訳してみた（この語については第一テサロニケ一・九の註参照）。口語訳（＝新共同訳）はこの接続小辞が存在しないかの如く、無視して訳している。それではパウロが何故九節の文をここで言う必要があったのかが、やや通じにくくなる。すなわちパウロはここで、あなた方は主の恵みを知っているのだから、今度はあなた方自身が他に恵みをほどこすべき時だよ、と言っている。

10　実行するだけでなく、それを願うこともすでに……はじめていた　奇妙な語順だというので議論のあるところ。普通なら、それを願うだけでなく、現に実行した、という語順になるはず。それにこういう事柄は、心で思うよりも実際に実行することの方が大切なはずである。何故パウロはこういうさかさまの語順で書いたか。この種の語順は言語によって違うものだ、我々が日本語で「左右」と言う時に彼らが「右左」と言うのと同じさ、というのはここでは通らない。パウロ自身たとえばフィリポイ二・一三では「欲し、実行する」という順で書いている。いくら言語が違うといえ、こういうことについては自然の順で書くものだろう。とすると、この場合は何故さかさまか。

それを説明するために、巧妙（？）な学説が発明された。ここでもパウロはコリントス人の募金活動をマケドニアの人々の活動と比べている、というのである。「あなた方は、マケドニア人より先に募金活動を実施しはじめただけでなく、そもそもそういうことをやろうと思いついたのも彼らより先だった」と。これなら話が通る。しかしこの文のどこにもマケドニア人との比較は出て来ないし（マケドニア人の話は五節ですでに終っている）、そもそも「すでにはじめていた」と訳した動詞（proenarchomai）に「（他人より）先にやる」という意味はない。単に「以前にはじめる」というだけの意味の動詞である。従ってこの案は放棄される。

この案が流行したのは十九世紀である。マイヤー（例のマイヤーの註解書の叢書＝KEKをはじめたH. A. W. Meyer, 1840）がすでに書いているそうである（スラルによる）。それを引き継いでハインリチ（C. F. D. Heinrici, 1883, リーツマンによる）、シュミーデルなど。しかし二十世紀になると、以上のような批判の結果、この説を採用する学者はいなくなる（すでにリーツマン、ヴィンディシュが反対）。今日ではましてほとんどいない。しかし何故だか知らないが、フランス語訳聖書にはルイ・スゴン以来この説がはいりこんで、エルサレム聖書、TOBにもそのまま残っている（vous qui avez été les premiers non seulement à faire ...）。しかしこれは単にフランス語の学者の怠慢のせいだろう。英語訳では、ティンダルから現在のNRSVやREBにいたるまで、主な訳にはまったくはいりこんでいない。唯一、TEVだけが時代遅れにこれを採用している（You were the first, not only to act ...）。TEVに時々見られる現象なのだが、昔の学説をほじくり返して（ないし若い頃に少し学校で勉強したのを思い出して?）ちょっと学のあるところを見せようとしているのである。それにしては現代の学説に関しては不勉強だが。さて、これが口語訳（新共同訳はその真似）にはいりこむ、「あなたがたは……他に先んじて実行した」。TEVは口語訳よりずっと後だから、口語訳がどこからこの古証文を引きずり出したのかは知らない。

結論。ここは単に、パウロのこの問題に関する価値観として、人に言われていやいや実行するだけでなく、みずから進んでその意志を持つことが重要だ、と言いたいだけのことか。

12 **神に受け入れられる**　原文に「神に」はない。単語の意味は単に「（喜んで）受け入れられる」。しかし、ここは神に対する捧げものの趣旨であるから、当然、神に受け入れられるという意味（＝口語訳）。

13 **苦労**　ふつうこの語（thlipsis）はもっと大きな患難、特に終末時の患難を意味するが、ここはさすがに「患難」と訳すわけにはいくまい。

平等のため　口語訳「持ち物を等しくするため」。たぶん実際にはそういうことだろうが、「持ち物」と補ったら、いささか物質主義にすぎよう。原文には「持ち物」などという語はない。新共同訳の「釣り合いがとれる（ようにする）」がよい。しかし「平等」という立派な日本語があり、かつ原語もそれに対応する単語なのだから、正直にそう訳せばいい。

15　引用は出エジプト記一六・一八（七十人訳）。

16　**同じ熱意**　多分パウロがコリントス人に対して持っているのと同じ熱意という意味だろう、と大多数の学者が解している。まあそうだろう。

17　**呼びかけ**　第一テサロニケ二・三の註参照。

赴いた、及び次節の**送り出した**　口語訳は前者を過去に、後者を現在に訳している。新共同訳はどちらも現在。もしもどうしても現在に訳したければ、新共同訳のように両方現在にすべきものだろう。しかしこの動詞の時制はアオリストだし、当然過去の事実を意味する。前後関係からしても、そうとしか読めまい。直前の「呼びかけを受け入れてくれた」もアオリストであって、しかもこれは過去の事実しか意味しない。従ってすぐ続く二つのアオリストも、単に過去の事実である。

どうしてこれを現在に訳すのか。「手紙のアオリスト」という学説があって、手紙の時には現在形の代りにアオリスト形を用いる、というのである（この個所に関してその説を採るのはヴィンディシュ、スラルほか。ただしスラルは訳としては原文どおり過去に訳しておいて、解説でこれは手紙のアオリストの可能性もある、とつけ加えている程度）。「手紙のアオリスト」なるものについては、ガラティア六・一一の詳しい註参照。そこに記したように、前後関係等から有無を言わさぬ仕方ではっきりとこれは「手紙のアオリスト」だとわかる場合以外は（そんな場合は新約聖書にはない！）、そういう説を弄ばない方がいい。

この個所の場合に「手紙のアオリスト」だと解釈する学者たちの根拠は、ティトスの推薦状をパウロが書くのに、すでに前もってティトスがコリントスに行ったのなら、後から推薦状を書くのは奇妙だ、というのである。

しかし、この第二書簡がコリントス人に対するティトスの推薦状であるとは言えないし、すでにティトスはコリントスの教会でよく知られた人物なのだから、わざわざ推薦状が必要だったとも言えない。事実は、ティトスを先に送り出しておいて（従って単なる過去を意味するアオリスト）、その後でこの手紙を書いたのだが、手紙のついでにティトスを遣わしたことの趣旨をここでもう一度一言述べた、ということだろう。そうだとすれば、この手紙はティトスの派遣の直後ぐらいに書かれたことになる。いずれにせよ、このティトスの二度目の派遣、第二書簡、パウロ自身の三度目の訪問の三つはごく短い期間に続けておこったことである（『概論』参照）。

18　一人の兄弟　もしもパウロがこの手紙をマケドニアのどこかで書いているのだとすれば、この人物は使徒行伝二〇・四がエルサレム献金護送団の名前を列挙しているうちのマケドニア人、すなわちベロイア人のソーパトロス、テサロニケ人のアリスタルコス、セクンドスの三人のうちの一人だろう。とすれば二二節の「我らの一人の兄弟」もこのうちのもう一人ということになる。しかし、こういう場合にパウロがはっきりと名前を記さないのは違和感がある、と註解者たちは言う。そこで、元来のこの書簡にはこの二人の人物の名前も記されていた、という学説が生れる（リーツマン、ヴィンディシュ）。ところが、この書簡の写本を作って発行しようとした人物によって（ないしパウロ書簡集の編集に際して）削られた、というのである。しかし、この仮説、何の根拠もない。もしも名前が記されていたのなら、それを写本家がわざわざ削る理由もない。では何故パウロは名前をあげなかったか。しかし、そんなことは議論してもはじまるまい。パウロに何らかの思惑があったのかもしれないし、何の理由もないのかもしれない。

19　主御自身の栄光と我々の意欲のために我々が務めたこの恵み　要するにエルサレム教会への募金のこと。どうしてこんなややこしい言い方をせねばならぬ？　一節以下ずっと募金の話をしていながら、はっきり募金だと言わない文章のスタイルがここまで続いている。パウロは意地になってこの言い方を続けているのである。

この恵みを持って我々とともに出かける旅行　すなわち諸地方の教会で集めた多額の献金をエルサレムまで運ぶ使節。

20　我々が　原文は単に分詞の男性複数形。直前には「我々」の主格（ないし「我々」を主語にする一人称複数形の定動詞）は出て来ないけれども、ほかの意味は考えられないから、ここは伝統的にこう訳すことになっている。おそらく一八節の「（我々は）送り出した」が頭にあって、ここも「我々」が主語なのに単に複数分詞ですませた？　あるいは直前の一九節末にある「我々の」を頭に置いている？　しかし後者の場合だと、文法的には本当は複数属格にしないといけないところだが。まあ「コイネー」のギリシャ語だから、我慢すべきだ？（ただしこの構文については更に二四節参照）

準備をする　この動詞の意味については、議論がある。バウアーの辞書の「避ける」（meiden, zu vermeiden suchen）は、単に、ルター以来こう訳すことになっているという伝統の訳語を記載しただけ（ルターは verhüten、ティンダルは eschue。ルターはヴルガータの deviantes を訳しただけである）。以後西洋語の主な訳は全部その意味で訳している（口語訳もそれにならった。新共同訳は曖昧だが、多分同じ趣旨）。しかしこの動詞（stellō の中動相。自分を据える、位置する）にそういう意味がある保証はまったくない。これも古代からルターまでのごまかし訳語が現代までそのまま残り、辞書にまで記されてしまった例。全員一致は恐ろしい。もしも apo（から）という前置詞でもついていれば、「～から離れて位置する」ということで「避ける」とも訳しうるが、それはその前置詞にそういう意味があるので、動詞自体に「避ける」という意味があるわけではない。それにここではそういう前置詞は用いられていない。さすがに二十世紀前半の学者たちは気にして、「恐れる、心配する」という訳が提案された（リーツマン、ヴィンディシュほか）。旧約のマラキ書二・五でこの動詞が「恐れる」と並んで用いられているから、という理由である。しかしたったそれだけの理由でこの意味を採用するわけにもいくまい。ほかにはまったく根拠はない。それに、並んでいるから同義語とも限らないし。とすると、古典ギリシャ語以来の普通の意味（準備する、備える）がいい、ということになる（スラル）。ただし、古典語ではこれは能動なのに、我々の個所では中動であるところがひっかかるけれども、この時代のギリシャ語では、能動で書けばいいのに中動にしてしまう例は山ほどあるから、まあそんなところだろう。

この豊富なもの　ここでもまだ、「募金」とか、金銭を直接表現することを避けている。しかし諸教会でかなりな期間にわたって集めた金額だから、「この豊富なもの」と言うに価しただろう。従って、古代の交通事情を考慮すれば、それをエルサレムまで運ぶには、一人二人では危険だっただろう。それにまた、各地域の教会の代表がそろってエルサレムに行く意味もあっただろうし。

馬鹿にする　この訳語については、六・三参照。何らかの意味で悪口を言う、という意味だろう。従って口語訳の「かれこれ言う」は意訳としては正確である。新共同訳の「非難する」は少しずれる。

22　**送り出した**　このアオリストの訳は一七、一八節と同じ。

多くのことについて、しばしば　これを「検証した」にかける意見が強い、「彼が熱心であったことを、我々は多くのことについてしばしば認めた」（リーツマン、TOB、スラル、新共同訳ほか）。また「多くのことについて」だけを「彼は熱心であった」にかけ、「しばしば」を「認めた」にかける訳もある（RSV、従って口語訳）。我々はこれを両方とも「彼は熱心であった」にかけた（＝エルサレム聖書）。もしも「認めた」にかけるのなら、リーツマンほかのように両方ともかけるべきであって、「しばしば」だけをかけるのは語順からして不可能である。しかしいずれにせよ同じような意味である。

検証した　毎度おなじみ、dokimazō という動詞で、きっちり検証して本物であることを認証する、という趣旨だが、ここではそれほどきつい意味ではなく、パウロは単にこの動詞がもはや口癖になってしまっているからここでも用いたにすぎないということだろう。そうだとすればここでは諸訳が訳しているように「認める」といった程度に軽く訳すのがいい。あるいはむしろ、パウロはこの献金に関してコリントスの信者たちから疑われていたから（大金を集めて自分のふところにねじこむのじゃなかろうね）、むきになって、この人物は実際に検証された確かな人物だよ、と言い張ったのか。やはり後者の可能性の方が強いか。

23　**同労者**　口語訳は「わたしの協力者」と「私の」を補っている。直前の「私の仲間」の「私の」がこちらにもかかっているとみなせば、こう訳すのが正しい。この前後関係だけ見れば、それで正しいように思える。しかしパウロは宣教師のことを「神の同労者」という意味で単に「同労者」と呼ぶ癖がある（第一テサロニケ三・二の註参照。また第一コリントス三・九）。そして同じ語幹の動詞の現在分詞（「共に働く者」）もその意味で用いている（第一コリントス一六・一六、第二コリントス六・一）。従ってこの場合もその意味かもしれないから、敢えて「私の」を補わない方が正しかろう。なおパウロは「私（我々）の同労者」という場合は常にはっきりと「私（我々）の」という語をつけている（ローマ一六・三、フィレモン一節、等々）。

使徒　この場合は最初期の教会の権威ある指導者という意味ではなく、この単語（apostoloi）の普通の意味で単に「派遣された者たち」という趣旨だろう。それぞれの教会を代表して派遣された者。ただし、パウロが権威ある自分の称号として用いる「使徒」とこの場合の「使徒」がどの程度重なる概念なのか、議論のあるところ。一応の定説は、パウロが自分を権威ある「使徒」と考えるのは、自分はキリストから直接派遣された使徒であるとみなすせいで（「キリストの使徒」、この書簡の一・一、第一書簡の一・一ほか多数）、それに対してここで言及されている「使徒」は「キリストの使徒」とは呼ばれず、「教会の使徒」と呼ばれる。つまり、キリストから直接にではなく、個々の教会からその時々の使命に従って派遣された者、というだけの意味。従って口語訳（＝新共同訳）がこれを「使者」と訳したのはそれなりに正しいが、やはり単語としては同じだということが読者に伝わるために、訳語も同じにしておくべきだろう。

キリストの反映　ここは口語訳のように「栄光」と訳すよりも「反映」と訳す方がいいだろう（この語については第一コリントス一一・七の註参照）。すなわち、宣教師というのはキリストの姿を映し出している者だ、という意識。

24　**示してほしい**　この語の訳も定かでない。ネストレが採用している読みは、「示す」という語の現在分詞男性複数形。そうだとすると、定動詞なしに現在分詞だけですましているので、この構文は破格である。そういう場合たいていは、前の文の複数の主語を受けるとか、何かつながりを示唆するものがあるのだが、この場合は前の文の複数男性名詞は「兄弟たち」であるから、この分詞の主語にはならない。そこで、多くの重要な写本（ℵCほか）がこれを二人称命令に置き換えている。もしかするとこちらが原文であったかもしれない。我々の訳はこれを訳したもの。しかし、分詞の読みを採用する学者たちも、この分詞は命令法的な意味の分詞だ、と言って解説している。しかしこの解説は根拠があるわけではなく、ℵCほかの写本の命令法の意味を分詞にも持ち込んでいるだけである。かといって、意味内容からすれば、主語はコリントスの人々（あなた方）以外に考えられないから、まあこう訳す以外に訳としては考えられまい。しかし、分詞の読みを採る場合は、やはり、どうしてこういう破格な構文なのかを説明する必要が生じる。従来の手法は、この種のわからないことが出て来ると、これはヘブライ語の構文の影響だ、という説明に逃げ込むのであるが、それもここでは無理である。

とすると、一つの可能性は、これは完結した文ではなく、この後に二人称複数の定動詞を持つ主文が続いていたのだろう、という想像である。第二書簡はいくつかの手紙の部分が切り取られ、組み合わされた、という仮説が有力である（『概論』参照）。その場合、意図的に編集されたのではなく、いくつかの手紙の下書きが整理されずに残っていたのが、頁がばらばらになり、多くの頁が失われ、そうすると頁の切れ目は一つの文の中途であったりするから、このように突如として文が途中で切れるという現象も起こりうる。ただしこれも一つの仮説にすぎない。加えて、同種の独立分詞構文はこの前後関係に多い。二〇節にすでに出て来たし、また九・一一、一三参照。従ってここでこういう仮説に走る必要はあるまい。

第九章

1

聖者たち　八・四参照。

まさに　毎度おなじみの gar（第一テサロニケ一・九の註参照）。まさにこんなところでこの語を使うのだから、パウロの文体はいかにも大袈裟である。

これであなた方には十分に書いたことになる　直訳は「あなた方に対して書くのは、私にとって十分である」。実はここもいろいろ意味のとり方がある。問題は「十分」という語（perissos）の意味である。字義どおりに理解すれば、「この件についてあなた方に書くのは、もうこれで十分だろう」という意味になる（我々の訳。新共同訳も同趣旨）。とすれば、八章ですでに十分に書いたから、それ以上言う必要はない、という意味。もっともパウロはそう言いながら、九章でまた長々とこの募金の件について書くのであるが（しかし九章は、あなた方はすでに十分この募金に対して意欲を示しているのだから、それで十分だろう、という趣旨のことを、くどく長々と書いているだけだが）。もしもこの意味であれば、九章は当然八章の続きである。パズルごっこのお好きな一部の聖書学者たちがここでも、九章と八章のつながりが悪いから、九章は八章とは本来別の書簡だったなどという仮説を言い立てているが、まったく無用の仮説遊びにすぎない（『概論』参照）。パウロさんの文章がいささかくどすぎるだけの話である。

しかし、この「十分である」を「そもそも必要がない」という意味にとる学者が多い（口語訳も。これは相変わらずRSVの直訳、Now it is superfluous for me to write to you ...）。ヴィンディシュは、第一テサロニケ四・九、五・一でパウロは「あなた方に書く必要はない」という言い方をしているのだから、ここでもそうだ、と言う。けれども第一テサロニケの方でははっきり「必要でない」という言い方をしているので、それと「十分である」が同じだというわけにはいかない。なお、この「十分である」という形容詞（perissos）は新約全体でも六回、パウロではあとローマ三・一だけだし、このように不定詞とともに用いる用法はほかでは出て来ないから、参考にならない。しかし、VGTは一個所だけだがパピルスの用例として、「これ以上書くのは十分である」という言い方で「これ以上書く必要はない」という意味になる文をあげている（*Grundzüge und Chrestomathie der Papyruskunde*, I, 238, ii, 4 にのっている例）。けれどもその場合は「これ以上」という語がついているから、意味がはっきりしているが、我々の個所の場合、もう一つ曖昧である。

2　アカヤ　第一テサロニケ一・七の註参照。パウロがこの地方名を実質的にはコリントスの町のことだけを考えて用いていることは、この個所からして明かである。

3　送った　ここもまた「手紙のアオリスト」ではないかという説がある（八・一七の註参照）。口語訳（＝新共同訳）はその説を受け入れて現在形に訳している。しかしはっきりした根拠がない限り、この種の学説遊びはやめた方がいい。この個所なぞ、字義通り素直に単なる過去の事実と解して何のさしさわりもなくきれいに通じるのだから。

この点に関して　三・一〇の註参照（そこでは「この場合」と訳した。訳語を統一すべきであったか）。

4　この事柄に関して　「事柄」と訳した語（hypostasis）は難しい。口語訳はまったく違って「かように信じきっていただけに」（新共同訳もほぼ同様）。これは文語訳「我らも確信せしによりて」を書き直しただけ。つまり

「確信」と訳すのは昔からの伝統（欽定訳 in this same confident boasting. なお昔の訳はまだいわゆる「テクストゥス・レセプトゥス」にのっとっていたから、ここに「誇り」という語を補って読んでいた（「誇りの hypostasis」となる）。これはビザンティン系写本等にかなり後世になってはいりこんだ読みであるから、原文にはむろん「誇り」という語はついていなかった。しかし、欽定訳が hypostasis について何故この訳語（confident）を採用したのか、理由はわからない。欽定訳のアンチョコであるジュネーヴ聖書は constant boasting としている。ルター自身はこの語がよくわからなかったらしく、単に省略している（mit solchem rhümen、「誇り」という語だけを訳した）。ティンダルは面白いことに「誇り」という語を削り、hypostasis を単に in this matter と訳した。この訳が現代において復活する。

しかし欽定訳風に「確信」と訳すのが以後のヨーロッパで普及し（欽定訳の影響というよりは、ヨーロッパのどこかで言われていた説が普及したのだろう）、その後の聖書翻訳はみなこう訳すようになってしまった（諸仏訳、現代版ルターやドイツ語諸註解書、諸英訳）。しかし、この訳はまるで根拠がない。

hypostasis という語の基本の意味は「下に置く（置かれる）こと、もの」である。瓶の底に残った液体や、建物の土台などを考えるとよい、あるいは不動産としての土地。そこから更にあらゆる意味に用いられるようになる。リデル・スコットを御覧になれば、一つの単語にどうしてこれだけ多様な意味があるのか、驚かれることだろう。しかし、一応の慣用語法があるから、こういう場合はこういう意味、というのがある程度見当がつくものである。けれどもパウロのこの語の用法については（この個所のほかに一一・一七のみ、あと新約全体でヘブライ書に三個所一・三、三・一四、一一・一のみ）、そういう慣用にもあてはまらないから、結局意味を定め難い。なお、辞書（リデル・スコット、またスラルによればバウアーの四版の英語訳＝一九五七年）にもこの個所について「確信」という意味がのっているのは、研究の結果この単語にそういう意味があるということがわかったというわけではなく、単に従来から普及している訳語をのせただけである。

リデル・スコットは極めてすぐれた辞書であるが、新約聖書の語彙についてだけは例外で、単に英国のキリスト教会で受け入れられている伝統的な訳語をのせているだけのことが多いから、要注意。他方バウアーの四版（一九五二年）の英語「訳」（W. F. Arndt and F. W. Gingrich, *A Greek-English Lexicon of the New Testament*, 1957, 通称 Arndt-Gingrich）はかなりひどいもので、原著を正確に訳さず、「訳者」の勝手な考えを大量に盛り込んでいるから、本当にバウアーの四版にそう書いてあるかどうかはわからない。五版、六版には、後述のように、そのようなことは書いてない。私はバウアーは五版と六版しか手元にないので、四版までは調べていないが、五版は四版の改訂版ではなく、単なる増補版だから、四版にも多分そんなことは書いてないのだろう。この場合に限らずアメリカ人の翻訳は、訳というのは原著を正確に翻訳するべきものだという意識さえなく、「訳」にことづけて「訳者」の自分勝手な意見を勝手に盛り込むための機会だと思い込んでいることが多いから要注意。特にこの Arndt-Gingrich というのは評判が悪い。もっともバウアーの第六版に基づいた最近の英訳（by R. W. Danker）はそれよりはかなりましになっているそうだが。いずれにせよ、バウアーの辞書を英語訳なんぞで利用してはいけない。

しかし多くの聖書学者たちは先にまずこれは「確信」という意味だ、と決めておいて、その上でそれを支持することのできる根拠を何とか探そうと努力した。これでは本末転倒している。そしてその努力の末にようやく見つけてきたのが旧約のルツ記一・一二である。七十人訳のこの個所の hypostasis に対応するヘブライ語原文の語は「希望」という意味である（もしもまだ私が男に嫁ぎ、子どもを産む希望があるとしても）。「希望」なら何とかひねくれば「確信」に近づける。従ってパウロもまたこの語を「確信」という意味に用いているのだ、と結論づけた。しかしこれではちょっとあまりに強引すぎて、お話にならない。そもそも七十人訳の訳者が hypostasis という語をヘブライ語原典にあわせて「希望」という意味に用いているということ自体が、あてにならない。七十人訳はしばしば今日伝えられているヘブライ語のテクストとは大幅に乖離する。それも、hypostasis という語に元来「希望」ないし「確信」という意味があるのなら話はわかるが、もしかするとそういう意味かもしれないという事例がたったこれ一つでは、まるで説得力がない。万が一パウロが自分でルツ記のこの個所をへブライ語テクストと比べてみて、自分でhypostasisという語を「希望」ないし「確信」という意味に使ってみようと考えたと仮定しても（まあありえない話だが）、この語がもしかするとそういう意味であるかもしれないのはルツ記のこの個所だけだから、それでは相手には通じない。この語自体はギリシャ語で大量に用いられているけれども、ユダヤ教ギリシャ語文献を含めて、いかなるギリシャ語文献でもほかにはそんな意味で用いられている例は見出されないのだから。ほかにポリュビオスの用例なども議論されたが、問題にならない（スラル、また左記のケスター参照）。ユダヤ人出身ではないコリントスの読者がそういう風変わりな単語の使い方を知っていて理解してくれるとパウロが期待するなど、とても考えられない話である。

　というわけで、この語に「確信、希望」という意味を見出そうとする試みは挫折する。バウアーの辞書もドイツ語原版は少なくとも第五版（一九五八年）、現在の第六版（一九八八年）ではその説を退けている（第二コリントスのこの個所はLage, Zustand「状態」の意味で、ヘブライ書一一・一の場合にはルターが「確信」と訳しているが、それも退けられる、としている）。そこで、我々のこの個所については、この語がギリシャ語で持つ普通の意味のうちどれか一つをあてはめる以外にない。ケスター（H. Köster, *ThWzNT* VIII, 583）とスラルは「計画（Plan, Vorhaben）」とする。英訳聖書でもNRSVが「確信（confidence）」というRSVの訳語を捨ててundertakingとしている（REBは一九八九年なのに怠慢にもまだ伝統的な訳をそのまま残している。ケスターの論文は一九六九年、バウアーの第五版は一九五八年。新共同訳は、この種のややこしい単語については、せめてバウアーとThWzNTぐらいは見ておかないといけませんでしたね）。「下に置かれたもの」なら十分「計画」の意味になりうるし、似たような用例もある。

　しかし、もう一つありうる意味は、ぐんと古くさかのぼって、ヴルガータはin hac substantiaとしている。これは十分ありうる訳である（事柄、現実）。ティンダルがin this matterとしたのは、ルターに従わずにヴルガータに従って訳したからだろう。バウアーの「状態」もこの流れ。実はルツ記の問題の個所を別とすると、この語は七十人訳ではすべて「現実、根拠」といった意味で用いられている（特に七十人訳詩篇三八・六、八八・四八等々）。そこでケスターは、ルツ記のこの個所も同様に「現実、根拠」の意味だろう、と推定する（もしもまだ私が男に嫁ぎ、子どもを産むという現実があるとしても）。ルツ記についてその説が正しいかどうかはとりあえず別としても、ユダヤ人のギリシャ語ではこの語が「事柄、現実」といった意味で用いられていたのは、七十人訳の諸用例からしてまず確かだろう。そうすると我々の個所も「この事柄に関して」と訳す方が自然である（ただしケスターは我々の個所についてはその訳を採用せず、「計画」としている）。なお、一一・一七にもう一度同じ単語が出て来る。そこでは明瞭に「事柄」という意味であろう（その個所の「この種の誇り」の註参照）。

あなた方が恥をかくかどうかは敢えて言わぬことにする　これが直訳（原文では「恥をかく」という動詞は重複するから記されていないが）。これを口語訳（＝新共同訳）は「あなたがたはもちろん、わたしたちも……恥をかくことになろう」と「訳」している。「敢えて言わぬことにする」という句を「もちろん」と「訳」したのである。そりゃまあ、敢えて言う必要もないほど当然であれば、縮めれば「もちろん」になるには違いないが、それをわざわざ「敢えて申しませんけれどもね」と嫌味な仕方で言うのがパウロのものの言い方であるのだから、そのまま訳さないといけない。口語訳がそういう皮肉な言い方を避けたかった気持はわかるが、原文を改竄してはいけない。パウロの文章はしばしばこのように嫌ったらしいのだから。

5　**祝福**　ここでもパウロは相変わらず、募金、金銭を意味する単語を露骨に口にすることはせず、「祝福」と言い換えている（八・一以下の註参照）。

なお口語訳は二度出て来るこの「祝福」の語を、最初は「贈り物」と訳し、二度目は「心をこめて」と訳した。それでは、パウロの言葉のあやが伝わらない（敢えて「贈り物」といった趣旨の単語を避けた点、これはエルサレム教会に対する祝福の行為だよ、という点、そして、どうせやるのなら「祝福」としておやりなさい、と言っている点）。新共同訳は「惜しまず差し出したもの」ですと。「祝福」の一語がこういう「訳」に化けるんだから、何と申しますか。

祝福として準備され、貪欲などとみなされることがないように　直訳は「祝福として準備され、貪欲としてでなく」。形式文法的には「貪欲としてでなく」も「準備され」にかかる。しかし意味上はきつい。他人を援助する募金を「貪欲として」準備する者はいない。そうすると、自然な理解は、「あなた方はこの募金に関して、これはパウロが自分の貪欲のために集めているのだ、などと悪口を言っているが、そのような悪口を言わないで、エルサレム教会に対する祝福として行ないなさい」ということだろう。現にパウロはこの募金に関してコリントス人からそういう悪口を言われていた（一二・一六―一八）。それで「みなされることがないように」と補っておいた。

しかし、この理解に反対する学者も多い。「祝福」は募金をする側が持つ態度である。とすると、それと並ぶ「貪欲」も募金をする側の態度でないと、意味の並行が失われる、というのだ。しかし自分の貪欲を満たすために他人に献金を送る、というのは意味をなさない。それで口語訳（＝新共同訳）のように単語の意味をごまかして「しぶりながらではなく」などと訳す（これもＲＳＶに影響された訳、not as an exaction）。しかしこの語に「しぶりながら」とか exaction とかいう意味はない。

6　祝福して　これも直訳しないと、前節からのつながりがわからない。口語訳は「豊かに」としてくれた。新共同訳の「惜しまず豊かに」は原意から離れすぎて、とても訳とは言えない。

7　神は、喜んで与える者を愛し給う　一応箴言二二・八（七十人訳。ヘブライ語テクストにはこの句はない）の引用だが、ぴったり一致するわけではない。むしろパウロは一種の格言としてこういう言い方を覚えていたというだけのことだろう。

8　あらゆる良き業へと向って　これが直訳。口語訳「（神はあなた方を）すべての良いわざに富ませる」はやや曖昧。

9　困窮する者　困窮したら貧しくもなるだろうが、どうせみんな同じようなものだから、何でもかんでも「貧しい」と訳してしまえ（口語訳＝新共同訳）、というのは、言語表現の幅というものを理解しない態度である。

引用は詩篇一一一・九（ヘブライ語テクストは一一二・九）。七十人訳とぴったり同じ。

10　種蒔く者に種と、食べるためのパンを提供する　イザヤ五五・一〇に同じ句が出て来る（動詞が違うがほかは同じ）。これはパウロとしては引用のつもりなのか、単に知っているものの言い方を用いただけなのか、わからない。

提供する　もう少し何とかいう訳語がないかと思ったが、うまい語を思いつかなかった。すみません。chorēgeō という動詞（この節に二度出て来るが、最初の方は接頭語がついて epichorēgeō）。本来は choros（ギリシャ劇の合唱隊）を「導く」（hēgeomai）ということから、劇の上演のための合唱隊の費用をまかなう者、ひいては上演そのものの費用を負担する者の意味（chorēgos）。そこから転じて、動詞の方は「上演の費用を負担する」、興行のパトロンとなる、等々の意味に用いられるが、パウロはその語をもはや興行とは関係なしに、単に「供給する」「提供する」といった意味に用いている。しかしこの語をここまで転用して一般的な意味に用いるのはめずらしい。パウロがここでどうしてこういう語を用いる気になったのかわからないが、多分学校教養の一種で、生半可に知っていた単語をかっこよく用いてみたかった、という程度のことだろう。なお接頭語（epi＝その上に）つきの方は、本当の意味は、その上に加えて支出する、追加支出分を負担する、という趣旨であるが、パウロがイザヤ書のせりふを中途半端に引用（?）するのに、何故動詞だけこの動詞に変えたのかもわからない。

11　**あなた方は……豊かになり**　ここも八・二四（及び九・一三）と同様に、定動詞のない独立した分詞構文である。従って男性複数分詞の主語が何であるかが一応問題となるが、この場合は前後関係からして、「あなた方」を主語と考える以外の可能性はない。ただし文法的には、直前（一〇節）の「あなた方」は複数属格だし、「あなた方」を主語とする定動詞は八節までさかのぼらないと出て来ないから、破格の構文。

純真　八・二でこの語を「惜しみなく施す富」と訳してしまった口語訳は、ここでも「惜しみなく施し」と「意訳」してくれた（新共同訳も同様）。八・二の註参照。それにパウロはここでは「あらゆる純真さ」と書いているから、単に募金だけを考えているわけではない。

我々が働いて　いくらなんでも、そこまで言うのは図々しいよ。彼らの純真さが「あらゆる良き業」「義の果実」を生み出すのは、それ自体、神への感謝の行為になるのだ、というのはわかる。しかし、それが「神への感謝」となるのは「我々のおかげ」である、とまで言うのでは、いくらなんでもね。パウロは、自分こそがあなた方信者と神様とをつなぐ仲介者なのだ、と頑張ってしゃしゃり出る。本当のところパウロがここで言う必要があった唯一の事柄は、募金は我々が仲介してちゃんとエルサレムに届けますから御安心を、というだけのことである。それなら素直にそれだけを言えばいいのに、パウロという人はすぐに、偉いのは俺だぞ、と言いたがる。

というわけで、口語訳は、こういうせりふをそのまま訳すのは格好悪いと思ったのか、話を作り変えた。「その施しはわたしたちの手によって行われ」と。そうではない。パウロは、我々のおかげであなた方の慈善行為は神様への感謝となるのだよ、と言っている。

12　**この奉仕**　口語訳は「この援助」。「援助」ではだいぶ見当違い。
神への多くの感謝　現代の諸訳ではこう訳すことになっているが、古い訳では（ルター、ティンダル）「多くの」を形容詞ととらないで、「多くの人々の」ととっている（多くの人々の神への感謝）。それはそれで意味が通じるし、文法的にも可能である。また、ここをどう訳すかによって、次節の主語も違ってくる。ただし、一一節の「神への感謝」は「あなた方コリントスの信者」のなすことであるから、とすれば一二節の「神への感謝」もコリントスの信者たちによる感謝であろう。それならば「多くの人々の」という訳は成り立たない。

13　**この務めの検証**　「検証」と訳した語については八・二の註参照。ここもひどく語を省略した言い方だから、このまま直訳したのでは意味が通じないが、この個所だけなら「この務めの証し」とでも訳す方がわかり易かっただろうか。しかしここで敢えてこの語を用いることによって、パウロは、あなた方はこの務めを果すことによってあなた方が本物のキリスト信者であることの証拠を提示することができる、と言いたいのであろう。これを新共同訳は「この奉仕の業が実際に行われた結果として」と「訳」している。dokimē などというややこしい単語は無視してしまえ、という態度だが、その代りに原文にない「実際に行われた結果」などという語句をつけ足してしまった。もちろんこの募金はコリントスではまだ実現するかどうかわからないからこそ、パウロはあの手この手の議論を費やして何とか募金に応じさせようとしているので、「実際に行われた結果」などというわけにはいかない。せめて「もしも実際に行なわれるならば」とすればよかっただろうが、いずれにせよ「検証」という語はこの書簡全体の議論の要の語なのだから、それを消してしまってはいけない。
彼らは……神に栄光を帰す　ここも一一節と同じく独立分詞構文。一一節の分詞の主語を「あなた方」ととるなら、ここも同じく「あなた方」を主語ととる方が素直だろうか（RSV）。しかし、大多数の註解書や翻訳は「彼ら（＝一二節の聖者たち）」を主語としている。つまり、あなた方コリントス人がなしてくれた慈善の募金の故に、彼らエルサレムの信者たちが神に感謝する、というのである。そして、それは単に募金の故だけでなく、その募金（務め）によってあなた方は「キリストの福音を告白するという従順さ」を証明しているのであり、かつ「彼らエルサレムのキリスト教徒や他の多くの人々に対する交りの純真さ」をも証明しているのであって、そのことの故に彼らエルサレムの信者たち（キリスト教発祥の地の人たち）は、異邦人のキリスト教を認めて神に感謝することになる、というのである。

けれども、一一節、一二節で二度出て来る「神への感謝」はどちらもコリントスの信者たちがなすものであるから、とすれば一三節もまた「あなた方コリントスの信者が感謝して神に栄光を帰する」という意味にとる方が、つながりがいいように思える。かつまた、一一節の独立分詞も主語は「あなた方」であるから、ここもそうだろう、と考えられる。このように形式的なつながりからすれば、主語は「あなた方」とする方がよいが、しかし内容を考えると、やはり「彼ら」を主語と考える方がいいだろうか。つまり、「あなた方の従順さや純真さの故に」あなた方自身が神に感謝する、というよりは、あなた方が従順であり純真であることを示してくれた（良いクリスチャンであることを示してくれた）から、そのことをほかの人たちが喜んで神に感謝する、という方が話がわかりやすい。

もう一つ、もしも一二節の「多くの」を「多くの人々の」ととれば、一三節の独立分詞の主語はこの「多くの人々」かもしれない。つまり不特定多数の人々（各地の信者たち）。それはそれで十分に話が通じる。要するにここは結論を出すのが不可能なところ。

あなた方がキリストの福音を告白した従順さ　直訳は「キリストの福音に対するあなた方の告白の従順さ」。これを口語訳は「キリストの福音の告白に対して従順であること」と訳した。「に対して」の位置を間違えてくれたのである（新共同訳はその言い換え）。自分たち「キリスト教団」が好き勝手に作文した「信仰告白」なるものにすべての信者は「従順」でなければいけない、などという安っぽくおごった精神にしがみつくから、こういう誤訳をやらかす。

交りの純真さ　口語訳（＝新共同訳）はここでもこの表現を「惜しみなく施しをしていること」なんぞと「訳」してくれた。そこまで変えなさんな。

14　あなた方のための彼らの祈りによって　この句はこのように前節にかける方が素直であろうか。この場合は、前節の独立分詞の主語は必然的に「彼ら」である。ただしこの「彼ら」が「（エルサレムの）聖者たち」であるのか単に「多くの人々」であるのかは、相変わらず決め難い。

第一〇章

1　私、パウロ自身が　直訳は「私自身、すなわちパウロが」だが、それではあまり日本語にならないから、多少変えた。この強調の仕方は、ここからパウロが口述筆記をやめて自筆で書きはじめた可能性を十分に示唆する。『概論』参照。あるいは、ここも口述筆記の続きであるなら、非常にもったいをつけて権威者ぶっている、ということだろう。それにしても、ほかでもしばしばそうであるが、パウロさんはここではもうまったく自分自身がキリストの代役をつとめている気分ですっかり舞い上がっていらっしゃる。

おだやかさ、まっとうさ　西洋の諸訳では、この二つの語を同義語ととって、meekness and gentleness（RSV）などと訳すのが普通である（口語訳「優しさ、寛大さ」はその真似。新共同訳も似たり寄ったり）。しかし「まっとうさ」と訳した単語（epieikēs）は eikos という形容詞に接頭語の epi をつけて、語尾を名詞化したものである。eikos は「真実らしい、真実の」。epieikēs というと、従って、「（真実に）ふさわしい、それらしい、まっとうな」という意味になる。古典語では、これが人間に関して用いられる時は、「それらしく行動する能力がある」「まっとうな」「公正な」（capable, reasonable, fair）といった意味である（リデル・スコット）。確かに、そこから更に派生して「おだやかな」「親切な」という意味にも用いられるが、それは何となく情緒的にやさしいという意味でなく、あるべき当然の姿勢をとる（reasonable）という意味で（不当に荒っぽくしたりしない）「おだやか」なのである。いわゆるコイネー的ギリシャ語のパピルスの用法でも、ＶＧＴがあげている諸例はすべて reasonable の意味である。従ってここも、日本的情緒的な意味に誤解されないように「まっとうさ」と訳しておいた。

2 原文は二節全体で一文。それをそのまま訳したのでは日本語としてはこんがらがるから、文をいくつかに分解して訳した。口語訳（それに従って新共同訳）は、「確信」という語を省略してくれた。そうすると訳しやすくなるが、それでは文意が伝わらない（彼らのアンチョコたるＲＳＶはちゃんと省略しないで訳している、with such confidence）。パウロは、「確信」があるから自分は批判者に対して強気に出るのだ、と言っている。

そちらに行っても（＝ほぼ新共同訳）　口語訳は「あなたがたの所では」。そちらに行けば「あなた方のところ」に居ることになるのだから、話は同じではないか、とお思いになるかもしれないが、口語訳ははっきり間違っている。「は」の字が余計。日本語の「は」は時として正反対の意味になりうるから要注意。つまり口語訳のように訳すと、私パウロはほかの連中に対しては「強気になって」やっつけるけれども、「あなた方に対しては」そうしたくない、と言っていることになる。しかしこの文はまるでそれとは正反対の意味である。今私はあなた方に対して手紙ではやたらと強気に、ばりばりとやっつけているけれども、そちらに行って直接お目にかかったら、そういうことはしなくてすみますように、と言っているだけ。

強気になる　五・六で「安心している」と訳したのと同じ動詞。その個所の註参照。口語訳の「思いきったことを（する）」は訳し過ぎ。新共同訳の「強硬な態度をとる」も同様。まあしかし、この前後関係からすれば、そう訳したくなった気分もわかるが。

敢えて強気になろうと　前節とこの節の前半で「強気になる」（tharreō）という動詞が二度出て来るが、それに対してここは tolmaō という動詞。この動詞は後に不定詞を伴って「敢えて……する」という意味。それでここは tharreō の不定詞が省略されているとみなして、このように訳しておいた。短い範囲でこの動詞が何度もくり返されるから、くどくなるので省略したのであろう。また文章のつながり具合からしても、ほかの意味は考えられない。多くの註解書はそうはとらずに、tolmaō はそれ自体として tharreō の同義語だから、どちらも同じに訳せばいい、としているが、それよりはむしろ、単純に、tharreō の不定詞を省略したととる方が素直だろう。

新共同訳はこれを「勇敢に立ち向かうつもりです」としているが、それではいささか漫画的にすぎる。確かにtharreō は強い敵に対してひるまずに勇敢に立ち向うという意味にもなりうるが、この個所の場合は別に相手を自分より強いゴジラか何かだと思っているわけではなく、単に、「お前ら、言うことをきかないと、ただじゃすまねえぞ」と脅しているだけだから、そんなに張り切って訳すことはない。

なお、文の後半はやや意味不鮮明である（パウロ自身、意図的にそう書いたのだろう）。つまり、もしも我々に対してそういう悪口を言う者が居れば容赦しないけれども、という仮定の意味なのか（その場合は、もはやそういう者があなた方のところには存在しないことを祈る、という意味）、それとも、現に存在しているそういう者に対しては私は容赦しないけれども、「あなた方」に対してはそういう態度を取らなくてもすむようにと祈る、と言っているのか。

多数の註解者たちは、後者の意味にとる。そしてここでも「敵対者」と「あなた方」を区別したがる（五・一二—一三の註参照）。しかしその場合も、「敵対者」はあなた方の一部なのか（ヴィンディシュは多分そう解している）、それともコリントスに外からやって来たパウロに反対する宣教師のことなのか（スラル。ただし彼女はこういう判断については慎重である。事実かどうかは別として、パウロのつもりでは、と註をつけている）、判断が分れる。しかしこの文だけからこれを外からやって来た宣教師という意味に解するのは無理だろう。何の根拠もない。もしも「あなた方」とその人々を区別したいのであれば、むしろ、両者ともコリントス教会の信者たちと考える方が前後関係にあう。しかしここは右に指摘した仮定の意味に解する方が正しかろう。神学的註解者たちは、まっとうなキリスト信者の中に聖パウロを批判したり反対したりする者がいる、という事態を考えたくないものだから、何とか文章を誤魔化して、パウロに反対しているのは「外から闖入して来た敵対者」だ、ということにしておきたいのである。

4　神による……力のある武器　これは議論がある。かつ、定かな結論を出すことはできない。つまり「神」という語は前置詞も何もつけずに単に与格に置かれているだけである。相変わらずパウロのやたらと省略する悪い文体のせいだが、この与格はどう理解すべきものか定かでない。

たいていの学者は、与格の基本の意味の一つである「ために」という意味に解する（ルター以来、mächtig für Gott）。それで口語訳は「神のためには」と訳した。けれども、ヨーロッパ語の「ために」は意味が多様である。「に関しては」の意味もある。「神（的な事柄）に関しては」と解することができる。für の意味に取るのなら、それが普通。人間社会の戦闘ならともかく、神にかかわるような問題については、これは力ある武器なのだ、という意味。西洋語の für (for) なら、敢えて説明をつけなくても、こう解しうる。しかしそれではわかりにくいから、多くの訳はそれをもう少しもじって、直訳は「神に関してなら力強い」となるべきところを「神が持つ力強さ」と言い換えた（そこまでいくと、解釈しすぎだが。たとえば Bultmann : Gott kann mit diesen Waffen ...）。それを更にわかりやすく縮めれば、「神の力」になる（RSV : divine power）。しかし「力」はここでは名詞ではなく、「武器」にかかる形容詞であるから、RSVのように縮めるのは縮め過ぎ。むしろNEB (the weapons are ... divinely potent) とか、TEV (God's powerful weapons) とかの方がまし。しかしこれはすでに解釈を更に解釈し、というのだから、かなり行き過ぎている（与格の語を主語にしたり、属格であるかの如く訳したり）。新共同訳は更にこれらの英語訳をもう一まわり解釈してくれた、「神に由来する力」（TOBも新共同訳と同じ）。こうなると、もはや訳ではなく、勝手な作文である。単なる与格に「由来する」などという意味はない。

もう一つありうるのは、この与格を「神にとって」の意味にとる。これまた与格の基本の意味の一つである。「神にとっては（神の視点から見れば）力強い武器」。この訳は文法的にはしっくりするが、前後の意味からすれば、ちょっと通じにくい。

もう一つありうるのが（我々の解釈）、これを受身の行為者を意味する与格と解するものである。こう解する学者は、私の知る限り、ほかにはいない（その可能性を示唆しても、やはり受け入れられない、とする学者はいる、スラルほか）。何故かというと、単なる与格を受身の行為者の意味に用いるのは、ふつうは、はっきりした受身の動詞とともに用いる場合に限られるからである（特に完了受動）。しかし、ここはどのみちかなり省略された語法なのだから、パウロの頭の中で「与えられた」といった程度の動詞（の完了受動分詞）が省略されていたとすれば、それで文法的にも十分に成立しうる。「神によって与えられた力強い武器」。意味からすれば、この解釈が一番素直に通じやすい。かつ、基本的にはすべて神が人間に与え給うのであって、人間が神に何かをしてあげるわけではない、ということを徹底して主張するのがパウロの神信仰なのだから、こう解するのが一番パウロらしい。

5 キリストに聞き従わせ　直訳は「キリストに聞き従うことへと」。この言い方についてはローマ一・五参照。

6 あなた方の服従が十分になった時には　「十分になった」は直訳すれば「十分に満ちた」。理屈を言えば、「服従」が十分に満ちたのであれば、不服従の余地など残っていないのだから、「あらゆる不服従を罰する」必要もなくなるはずであるが、それはまあ理屈というものだろう。パウロは、コリントスの信者の多数がパウロの言うことに十分に服従したら、その時には、残っている不服従の連中をとことんまでやっつけるぞ、と言っている。逆に言えば、今のところはかなり多数の、多分大多数の信者がパウロを批判している、ということだ。それにしても、自分がキリストの審判の代行者であると頑強に信じこんでいる思い上がり、そして、コリントスの信者に対して居丈高に言いつのるこの姿勢。まあ、コリントスの信者たちは、これでは納得しなかっただろう。

7 正面からものを見るがよい　はっきりしていることを直視せよ、ということ。口語訳（新共同訳もほぼ同じ）は「あなたがたは、うわべの事だけを見ている」とまったく違う訳をつけている。どうしてこうなるのか。「正面から」と訳した表現は直訳すれば「顔に対して」である。「顔」を「表面的なこと」の意味にとって、「見る」という動詞を平叙文だと解すれば、口語訳のようになる。それに対し、「顔に対し」を「正面から」の意味にとって、動詞を命令の意味にとれば、我々の訳になる。文法的にはどちらの訳もほぼ同等の権利があるが、実際には、諸註解書、諸訳は、ほぼすべて我々の訳と同じ。口語訳と同じ訳を採用するのは唯一欽定訳（及びＴＥＶ。ただし欽定訳は疑問文にして、「あなた方は表面的なことを見ているのか」。なお欽定訳はここは英訳ジュネーヴ聖書を写した）のみ。それ以外の諸英語訳（ＲＶ、ＲＳＶ以降）はだいたい我々と同じ訳をつけている。ティンダルも同じ。

欽定訳のように訳す根拠は、おそらく、「顔」という単語を「表面的なこと」の意味に用いる例として、「神は人間の顔を採用することはしない」（ガラティア二・六、これが直訳。ふつうは「神は人間を顔によって区別しない」などと訳される）という文の印象が頭にあるからだろう。しかしこれがそういう意味になるのは、「採用する」という動詞があるからである。かつ、この場合の「顔」は世間的な地位の高さを意味している。我々の個所の場合は、世間的な地位の高さに応じて人を見てはいけない、という趣旨のことはまったく言われていない。それにパウロは「顔」という単語を二〇回用いているが、そのように否定的に用いるのはガラティア二・六の例だけである。かつ、たとえば第一コリントス一三・一二では「顔と顔をあわせて見る」（我々は「直接」という語をおぎなって「顔と顔を直接あわす仕方で見る」と訳した）という表現は、曖昧でなくはっきり見るという意味に用いられている。かつ、我々の個所では「顔」に kata という前置詞がついているが、その用例は意外と少ない。しかし直前（一〇・一）に出て来る。そしてそこでも、直接面とむかって会う、の意味である。以上からして、この場合の意味は明白であろう。今時口語訳（＝新共同訳）のように訳そうなぞ、怠慢の部類（それとも相変わらず原文を読まずに英語から訳してしまったか）。

他方「見る」の現在二人称複数（blepete）は直説法と命令法が同じ形であるから、どちらとも解しうる。そして確かに「見る」という動詞を命令形に用いる場合は、この動詞を文頭に置くことが多い。それに対し、ここでは文末に置かれている。それでジュネーヴ聖書や欽定訳はこれが命令文ではなく平叙文だと思ったのだろうか。しかしパウロがこの形を用いる時には他はすべて（九回）命令形である。従ってここもそう解する方が素直だろう（スラル）。

確信している　新共同訳の「信じきっている」は「きって」が余計。余計な語を補うと、だいぶ意味合いが違ってしまう。パウロの文章自体がすでにかなりな嫌味に満ちているが、訳者がそれに輪をかけて強調することもなかろう。

我々もまた（キリストの者）なのだ　このせりふも、コリントスの信者たちのパウロ批判を頭に置けば、十分に理解がつく。もちろんこれまた、「自分はキリストの者であるが、パウロはそうではない」などと言い立てている者が本当に存在したのかどうかはわからない。多分そうではないだろう。パウロが例によってひがんで、ひとまわり屈折した言い方をしているのであろう。確かな事実として我々にわかっているのは、コリントス人が、パウロはかつて生きていたイエスのことをちっとも語らない、イエスのことを継承しようとしない、と批判していたこと（五・一六のパウロの裏返った居直りからしてそう判断できる）、また、パウロが自分こそキリストを此の世で代表する者だと言いつのるのに対して、その「キリスト」は本物なのかどうか証拠を見せてくれ、とつきつけたことである（一三・三）。そうするとパウロはひがんで、あなた方は私に対してそういう批判をおっしゃっておいでだが、それでどうやらあなた方は御自分こそが立派に「キリストの者」だと確信しておいでなのでしょうね。しかし、あんたらがそうだと言うのなら、私はあんたらよりもはるかに強く「キリストの者」なのだ！　このパウロ様に対して、そういうつけあがった態度をとると、ただじゃすまねえぞ……。もしもここでパウロがこのように屈折して居直ったりしないで、おとなしく、確かにあなた方と私とでは違う「キリスト」を考えているのだろうけれども、あなた方も私も「キリストの者」である点に変りはないのだから、仲良くしようじゃないですか、と穏和に対応したのならば、広く寛容なキリスト教理解にとどまりえただろうが、以下に続くようにパウロは、自分以外の仕方でキリスト信仰を考える者はクリスチャンではない、という主張にこりかたまっているのだから、偏狭な排他主義と言われても仕方があるまい。

10　**身体は見たところ弱く**　これがほぼ直訳。これについては、二つの理解の仕方がある。つまり、文字通り身体的な外観についてだけ言っている（身体つき等々がいかにも弱そうである）、と解するものと、直接会った時の人格的印象を示す、と解する意見とである。どちらの可能性もあるが（口語訳と新共同訳は後者の意見で意訳している）、もしも人格的印象の全体を示すのであれば、更に「言葉は無に等しい」と補う必要はないだろうから、多分前者の意味であろう。見たところ、身体的にはいかにも弱そうだし、言葉にも力がない、ということ。ないし文字通り、パウロは病弱だ、という意味かもしれない。現にパウロは病弱だった。

言葉は無に等しい　これが直訳。口語訳（＝新共同訳）は「話はつまらない」。しかし、言葉に説得力があるかどうかということと、面白いかどうかは、まったく別問題である。客をうまく笑わせる漫才師の言葉に必ずしも重みのある説得力があるとは限るまい。この動詞（exoutheneō）、語の意味はあくまでも「無とみなす、無とする」である。「無」(outhen) という語を他動詞化したもの。相手を無に等しい者とみなすとすれば「蔑む」ことにもなる(第一コリントス一・二八ほか)。しかしここは完了受動分詞がすでにほとんど形容詞化されているから(自動詞的意味)、「無に等しい」と直訳しておくのがよろしかろう (Lietzmann : nichts wert; RSV : of no account, 等々)。

と言う者がいる　こうパウロが言っているのだから、現にそういう悪口を言っている者がコリントス教会に居た(ないし少なくともパウロはそう思った)ということだろう。新共同訳は「と言う者たちがいる」と複数に訳しているが、原文は単数。ただしこういう場合の単数は事実上は複数を意味することが多いから、そう訳すのもよろしかろう。もちろんこれが単なる悪口であったかどうかは、定かでない。手紙について「**重々しく力がある**」というのは、一応誉め言葉である。もしかするとその人は、パウロの外見は弱々しいが、手紙で書くことは立派だよ、と誉めたつもりだったのを、パウロが誤解して、悪口を言われたように思ったのかもしれない。パウロという人は、自分の一切を誉めてもらわないと気がすまない人だったのだろう(しかし逆に、「重々しく力がある」は、威張ってるねえ、という悪口である可能性もあろう)。なお、時々、この個所を根拠に、パウロは話すのが下手で訥弁だった、などと解説してくれる神学者がおいでになるが(いわゆる「巧言令色、すくなし仁」というやつで、こう言えばパウロを誉めることになるというおつもり)、この文からそういうことを読み取るのはまったく無理である。これはそもそも他人がパウロに対して言っている(ないしパウロがそう言われたと思い込んだ)悪口にすぎないし、訥弁であると言っているわけではなく、説得力がない、中身がない、と言っている。それにそもそも、この書簡の文章からも露骨にわかるけれども、パウロはむしろ格好よく次から次へとおしゃべりにまくしたてるような人だっただろう。この人の、よく考える以前に次から次へと言葉がぽんぽん出て来るような文章の書き方からして、訥弁だったなぞ、まずありえないことである。むしろ、いい気になってしゃべりすぎて、次から次へと平気で自己矛盾を犯し、まるで正反対のことをどちらも自信満々で言い切るような人なのだから、説得力がないと思われても仕方があるまい。いずれにせよ、説得力がないことと、訥弁とは、まったく違うことである。他人の眼から見ればこの人は、訥弁どころか、ともかくおしゃべりで、やたらとまくしたてる人であった（使徒行伝一四・一二参照）。この種のことについては、他人の眼で見た証言の方が信用できよう（更に一一・六の「言葉においては素人」の註参照）。

12 **自己推薦するような人たち**　直訳は「自己推薦をするような人々のうちのある者たち」。しかしこれは多くの註解者が言っているように、自己推薦をする人の「一部」だけをここで批判しているというのではないだろう。単に言葉のあやで、「うちのある人たち」は実質的には無駄な贅語。口語訳、新共同訳も我々と同じ。

敢えて……するようなことはしない　これが直訳（tolmaō という動詞の否定）。口語訳はこの動詞を無視して訳しているが、きつい語だから、無視するのはよくない。新共同訳は「……とは思いません」と穏やかに訳しているが、この語にそんな穏やかな意味はない。

13 一二節末から一三節はじめにかけて、西方系写本は四単語省略している（「愚かなことである。我々は」を）。そうすると、一二節後半の「そういう者たちは」と訳した語は三人称ではなくなり、一人称複数の強調になる。それに応じて全部を訳すと「というのは我々は、自己推薦するような人たちと自分を同列に置いたり、比較したりしないのである。我々は自分たちの中で自分たちを測り、自分たちどうしで互いに比較するのであって、測りを越えたところまで誇ったりはしない」となる。この方がわかり易い。訳文で採用した方の読み（西方系以外はすべて）では、自分たちどうしで比較しあう（相互批判）ことが悪いことであるかのように言われていることになるが、西方系写本の読みであれば、それはむしろ良いことである。しかし、西方系写本だけだから、よほどの強力な理由でもない限り採用し難いし、意味が通じ易い読みの方が後世の修正という原則からしても、やはり西方系以外の読みを採るべきであろうか。

測りの尺度　「測り」（kanōn）は、長さを測る物差し（後世の教会ギリシャ語ではこの語は「正典」を意味するようになったが、この時期ではまだ原義通り「物差し」の意味）。尺度（metron）は、その測りで計測した結果の長さ。しかしこの二つの単語の意味は互換性がある。加えて、私訳では「尺度」を一つ省略させていただいたが、直訳すると（ただしいろいろ訳の可能性がある）、「神が我々を測って下さった測り、尺度の尺度に応じて」となって、「尺度」が一つ余計である。「測り、尺度」の並列を同格的に解するべきか（測りすなわち尺度）、あるいは「神が我々を測って下さった測りの尺度、その尺度に応じて」と訳すか。しかし、ついうっかりパウロが単語を一つ余計にくり返してしまった、というところだろうから、完全に逐語訳する必要もあるまい。

口語訳は「神が割り当てて下さった地域の限度内で誇るにすぎない」としている（新共同訳はもっと慎重に直訳している）。これまた訳ではなく、勝手な作文。「にすぎない」が余計。かつ「地域」も原文にない単語を補った。「測る」と「割り当てる」ではだいぶ意味が違うし、「測りの尺度」という表現からまるで離れてしまった。確かにここは、伝道領域の地理的分割（ヴィンディシュ「地図上に線を引いたようなもの」）を意味するという解釈が優勢である。しかし、解釈はあくまでも解釈であるから、翻訳にまで持ち込んではならない。

だから我々はあなた方のところまで到達したのだ　この句の故に、直前の「尺度」は伝道領域の地理的分割の意味だとする解釈が生れる。神が、パウロの伝道領域はここからここまで、と縄で測るように測って定めて下さったのだ、だからコリントスは私の縄ばりであって、ほかの伝道者がここまでしゃしゃり出て来て伝道の成果を誇ったりしてはならない、という意味になる。主な註解者はみなこう解することで一致している。けれども、この「尺度」は、神がその尺度によって我々自身をも測って下さるものである、とパウロは言う。従って、最後の審判の時にどういう信仰を持っていたかを神が測る、その同じ尺度を持って我々はあなた方のところに行ったのだ、という意味に解することもできる。我々はほかの尺度は持ち合わせないよ、と。まあ、伝道地域の縄張りなんぞというやくざの喧嘩みたいな発想を持込むよりは、このように解する方が素直だろう。だいたい「神の尺度」をそのようにけちくさい意味に解するなど間違っている。

パウロのものの言い方の特色として、何か具体的なことについて話をしている時に、そこで出て来た単語にひっかけて、その単語を別の意味（神信仰にかかわる意味）に用いて突然違うことを言い出すくせがある。この場合で言えば、最初の「我々は測りを越えたところまで誇ったりしない」は、単に、彼らは「限度（測り）を越えて」誇り過ぎたりしているが、我々はそういうことはしない、という意味。しかしそこで「測り」という単語を用いたので、それにひっかけて「神の定め給うたこと（神の与えた尺度）」という点に話を移してしまう。そして、我々は神の尺度に従って行動しているのだ、と言い張る。従ってこの場合の「尺度」はかなり一般的に神の定めた尺度という意味であって、伝道活動の地理的縄張り争いなどという限定した意味には解し難い。パウロにとって神が与え給うた尺度とは、異邦人への福音宣教の活動である。自分は異邦人伝道の課題を負っている、だからコリントスに来たのだ、と。

もっとも、それではパウロに縄張り意識が全然ないかというと、それどころか一五、一六節は縄張り意識を鮮明に示している。少なくともコリントスは私が最初に伝道した場所だから、ほかの宣教師がここに来て誇ったりすることはさせないぞ、というのだ。その意味では一三節もその趣旨かもしれない。しかしその「縄張り」は、地図上に線を引いて分けた縄張りというよりは、最初の伝道者の面子を立てろ、といった程度のことだろう（ただしこの「最初」については次節の「あなた方のところまでも来た」の註参照）。

新共同訳は「あなたがたのところまで行ったということで誇るのです」と「誇る」を「あなた方のところまで行った」にまでかけてしまった。これは文法的にまったく無理。

14 **到達してもいないくせに**　現在分詞であって、完了分詞ではないから、厳密には、「到達することをしないくせに」の意味。現在形には可能性の意味が含まれることもあるから、口語訳は「行けない者であるかのように」と訳した。しかしこの場合は可能の意味を読み込むのは無理だろう。新共同訳は「行かなかったかのように、限度を超えようとしている」。これでは何を言っているのかわからない。日本語が下手なだけ？　それとも何かを誤解した？　原意は、「まだ到達していないくせに、到達したかの如く手だけをのばして、自分の業績であるかのように誇る」ということ。これは他の宣教師に対する皮肉な悪口であろう。彼らはそういうことをするかもしれないが、私は自分がまだ行っていないところにまで自分の影響力を広めたりしないよ、という趣旨。パウロがここでむきになって対抗意識を燃やしている他の宣教師たちは、コリントスには来ていない、単に影響が及んだだけ、ということになろうか。

キリストの福音をもって　直訳は「キリストの福音において」であるが、「において来た」は「携えて行った」（口語訳）の意味だろう。

あなた方のところまでも来た　この動詞（phthanō）は古典語では「先に来る、先にする」の意味で用いられる。その意味は第一テサロニケ四・一五「我々生き残っている者たちが、すでに亡くなった者たちより先になることはない」にはっきり出て来る。しかしヘレニズム期以降のギリシャ語ではこの動詞は単に「到着する」の意味に用いられることの方が多くなる。新約でも、有名な例はマタイ一二・二八並行「神の国はあなた方のところに来た」。パウロの場合も、右の第一テサロニケ四章の個所以外はすべて単に「来た」である（第一テサロニケ二・一六、ローマ九・三一、フィリポイ三・一六）。従ってどちらかというと、ここも単に「来る」と訳す方が普通だろう（オスティ、リーツマン、ブルトマン）。それに対し口語訳は「最初に……行った」（相変わらずRSVの真似、we were the first to come）。ほかにその説をとるのはスラル、TOBなど。しかし、その説をとるにしても、新共同訳の「だれよりも先に……訪れた」はいくらなんでも訳し過ぎ。「だれよりも」とはどこにも書いてない。この説をとる人たちが暗黙の前提にしているのは、ほかの宣教師たちはパウロより後にここに来たのだ、ということである。しかしこの節の前半が示しているように、そもそもほかの宣教師たち（パウロが対抗意識を燃やしている相手）がここに来たのかどうかも定かでないのだから（アポロが来たのは確かだが、第一コリントス三・六ほか、しかしアポロはここではパウロが対抗意識を燃やしている相手ではない）、その前提自体あてにならない。

15　あなた方のところで　これを「我々が広がって行く」にかけようという案もある（スラル、オスティ、TOB、RSV）。しかしその場合は、「広がって行く（大きくなる）」と訳すのではなく、この動詞の意味を受身に訳して、「あなた方によって大きいとみなされる、あなた方によって誉められる」とするものだろう。なお、この動詞は「大きい」という形容詞を他動詞化して（大きくする）、それを受身にしたものである。けれどもこの種の受身は自動詞の意味で用いられることが多いから、その場合は「大きくなる」と訳すことになる。しかしいずれにせよ、「あなた方のところで」は語順からして「あなた方の信仰が成長する」にかかる方が素直である（リーツマン、ブルトマン）。かつ、文全体の意味も、その方がわかり易い。特に次節ではコリントスを越えた先の地域での伝道活動の計画に言及しているのだから、「より広いところにまで広がって行く」は、コリントスにとどまらずにもっと先まで、という意味だろう。もしもあなた方の信仰が、あなた方のところで（コリントスで）成長してくれるなら（あなた方の信仰がもっとしっかりしたものになってくれれば、の意？　それとも、コリントスの地でもっとクリスチャンが増えてくれれば、の意？　「あなた方のところで」という句からすれば、多分後者）、私は安心して、もっと先の伝道地に行くことができる、ということ。なお、パウロの頭の中では、これまでパウロが伝道してきた土地の中でコリントスが最も先（西方）の地であった。それより先に行きたいというのだから、多分このせりふでローマを考えているのだろうか（ローマ書一五・二二以下参照）。

もしも「あなた方のところで」を口語訳のように「より広いところにまで広がって行く」にかけるとすると、そもそも文として意味をなさないことになる（あなた方のところにとどまっていながら、同時により広いところに広がるというのは不可能）。そこで口語訳はこれを「わたしたちの働きの範囲があなたがたの中でますます大きくなる」と訳してくれた（新共同訳はそれをもじっただけ）。しかし、そう訳しても意味が通じない点は変りはないし、加えて、「働きの範囲」などとは原文のどこにも書いてない。単に「（我々が）大きくなる」と言っているだけである。まあ、極端な意訳としてなら、ありえないとは言わないが（要するに口語訳はここもまた原文を訳さず、ＲＳＶを直訳しただけである、our field among you may be greatly enlarged）。

我々の尺度に応じて　新共同訳は「定められた範囲内で」と訳した。これだと、消極的に限定する意味になる。しかしコリントスはともかく、それよりももっと西方（ローマまで！）に伝道範囲を拡大しようというのだから、これは「協定の範囲内です」と消極的に自己弁護するようなことではあるまい。むしろ、我々は神の定め（尺度）に従って、異邦人伝道をどんどんと拡大していくのだ、という積極的な意味。

16　**他の者の尺度**　他の者に与えられた縄張りの意味。すでに他の者が仕上げた仕事を横取りして誇ったりはしない、ということ。これまた、自分はそういうことはしないよ、というのは、パウロとしては、他の宣教師たちがパウロの縄張りを犯した（事実かどうかは別として、パウロはそう考えた）ことに対する対抗意識の表明である。それにしても、けちくさいねえ。同じクリスチャンどうしなんだから、もっと協力しあえばいいではないか。

17　**のだ**　多分パウロとしては引用文のつもりであろうから、文末に「のだ」を加えておいた。パウロはこのせりふが好きである。第一コリントス一・三一ですでに一度引用している。そちらでは「書かれてあるように」と言っているのだから、明瞭に引用である。ただしこの文は、一応エレミヤ書九・二二—二三を頭に置いた文であるが、正確な引用ではない。パウロの頭の中でこのように短い句に縮められて暗記されていたものだろう。

18 **合格者**　すでに何度も出て来たパウロお好みの dokim- という語幹の語（dokimos）。きびしい検討に耐えて合格する者、本物であることが証明された者。できれば dokim- という語幹の語は一貫して同じ訳語をあてるのが望ましいが（パウロはこの語を非常に気にして意識的に用いているので。一三・三の「証拠」参照）、日本語の都合でなかなかそうもいかなかった。この場合は一三・五—七の「失格者」（adokimos）と対になっている語なので（また第一コリントス九・二七。その個所の註参照）、「合格者」としておいた。

第一一章

1 **我慢しなさい**　これは直説法にも命令法にも解しうる。直説法に解するなら、現にあなた方は我慢してくれている、という意味（新共同訳。口語訳も多分）。リーツマン、ヴィンディシュ、ブルトマン、オスティなど。命令法ととるのはスラル、TOB、RSVなど。直説法ととる意見は、「いや」と反語でつないでいるのだから、前半と後半は違う意味でなければならない、というのが根拠であるが、しかし、命令法の場合でも、「してくれた方がいいんだけれども。いや、しなさい」ということで十分に意味が通じる。それにこの方が話の全体の流れからすればよく通じるから、やはり命令法ととるべきだろう。ずい分と嫌味な命令口調であるが、パウロという人はそういう人なんだから、仕方がない。

2 **嫉妬**　単語そのものとしては「熱情」「熱心」を意味する語であるが（zēlos）、特定の対象に対する zēlos は嫉妬を意味する。この個所については、西洋語のほぼすべての翻訳、註解書がそう訳している（jalousie, jealousy、ドイツ語はどちらとも取れるように Eifer と訳すことが多いが）。ところが口語訳、新共同訳のみ「熱情」「熱愛」「熱い思い」などと訳している。神様が嫉妬するなどという変なことを聖書の翻訳に書くのははばかられると思ったのか。しかしそういうつまらない配慮をしてはいけない。読者に対してそのような余計な配慮をしたがるTEVでさえも、ここははっきり I am jealous for you just as God is と訳している。

つまりここは、イスラエルの神は「嫉妬の神」であるという旧約聖書の基本観念が下敷きにある。イスラエルの民が異教の神々を拝んだりしたら、ヤハウェの神様は嫉妬深いから、おそろしいことになるぞ、という話。これが旧約の基本観念であることは、モーセの十戒がこの神観によって支えられていることからもわかる（出エジプト記二〇・五「我ヤハウェ、汝の神は、嫉む神なり」）。また「シェマの祈り」（申命記六・四以下の引用）の基本も同じ発想である（「汝の神ヤハウェは嫉む神なり」）。現代人の倫理感覚からすれば、嫉妬などというのは何だか水準の低いしょうがない感情と思えるが、彼らにとってはむしろ当然の権利の部類であった。特に神関係については、異なった神に走ったりしたら、嫉妬の神様に叱られて大変なことになる、というのは当然の感覚である。旧約聖書のこれらの個所については、口語訳（文語訳を継承）はちゃんと訳しているが、新共同訳はここさえもごまかした（「熱情の神」）。旧約の要のせりふまでごまかして訳したんじゃいけないよ。岩波訳の出エジプト記の巻もその真似をした（「熱愛する神」）。こういうちゃちな訳し方をすると、嫉妬の神様にねたまれるぜ。

加えてここは婚姻の比喩に続いている。女は一度婚約したらほかの男に対して心を動かしてはならない、そんなことをすると嫉妬を招くよ、というのである。従ってますますここは「嫉妬」と訳さないといけない。

結婚とは、処女の乙女を唯一の男に提供することだ、といういかにも古くさい結婚観に楽しくない思いをする現代の読者は大勢いらっしゃるだろうが、神と人間との関係をこういう古い結婚観にたとえ、だから唯一の夫たる神を裏切ってはいけませんよ、と説教するのは、これまた旧約以来の伝統である（すでにホセア書がその発想で貫かれている。ほか多数）。もっとも、古代人だから必ずこういう男中心の結婚観を持っていた、とまで解説していいかどうかはわからない。同じ古代人でもそういうものの言い方が好きな人もいれば、そうでない人もいる。やはり、こういうものの言い方を好むところにも、パウロの特色が現れる。しかしその点は別としても、ここでもパウロは自分の行為は神の行為そのものであると宣言して、相手を脅そうとしている。毎度おなじみ、パウロの思い上がり。

婚約させた　この動詞（harmozō）はよく使う動詞だが、ここは中動相。「婚約させる」という他動の意味の時は、普通は能動相で言う。そもそもこの個所以外のいかなる文献でも、この動詞の中動相を他動の意味で用いる例は見られない。中動相なら「自分が婚約する」という意味になる。それにもかかわらず諸訳はそろってこれを単なる他動詞に訳している。私も一応その真似をした。一応の説明としては、ヘレニズム期以降のギリシャ語は不必要に能動相の代りに中動相を用いる傾向がある、パウロには特にその傾向が強い、ということである。しかしもしかするとここはもう少し思い入れがあるのかもしれない。すなわち中動相であれば、普通は、自分が誰それと婚約する、という意味である。私は処女であるあなた方コリントスの信者を婚約の相手としたのだよ！と言いかけて、それじゃあまりに露骨だと思ったのか、最後に「キリストへと」とつけ加えた結果、中動だか能動だかわからない奇妙な文になってしまったということか。ともかく、コリントスの信者たちがパウロ以外の宣教師に耳を傾けることに対してパウロはやたらと嫉妬し、それを正直にここで告白しているのだから（一節「私の愚かさを我慢してほしい」）、このように解説してもうがちすぎとは言えまい。いずれにせよ、中動相である以上、何らかの意味で自分自身の関与が頭にあるのは確かである。本当はもちろん、嫉妬しているのは神でもなくキリストでもなく、パウロである。

3　口語訳（＝新共同訳）は、最初に「ただ」をつけて、「ただ恐れるのは……」と訳している。この「ただ」はまったく余計。こういう語をつけ加えると、本論は別の点にあるが、「ただ、つけ加えると」という意味になってしまう。しかしここでは、これが本論。

エヴァ　言わずもがなだがギリシャ語もラテン語も「エヴァ」。これを「イヴ」と書くのはアメリカかぶれ。

4　四節五節については、いろいろ議論があるところだし、パウロとコリントス教会との間の紛争を理解する要となる個所であるから、詳しくは『概論』で解説する。ここは要点のみ記す。

もしも来る者が　ちょっと日本語としてさまにならないが、これが直訳。「もしも誰かが来て」と訳す方が日本語としてはさまになるが（口語訳、新共同訳はその趣旨）、それだと微妙に意味が異なる。すなわちその場合には、何となく誰かある人（々）が来て、という意味になる。しかし「来る者」は現在分詞男性単数形でおまけに定冠詞つきであるから、特定の者が頭にある。おそらく三節で言及されている「蛇」を指すのだろう。

もしも……すれば　長い仮定文だが、これは仮定。もしも「蛇」がやって来て、私が語っているのとは異なるキリスト教を伝えると仮定して、その場合には、の意味。これを仮定の意味ではなく、既定の事実（現にそういう者がすでにやって来た）であると解そうとする意見が学界では大多数であるが（口語訳新共同訳も）、文法的にも（単なる仮定法を既定の事実の意味に解することはできない）、前後のつながりからも、とても無理。その多数意見は、ここでもまた相変わらず、パウロの「敵対者」がすでにコリントスの教会にはいりこんできて、反パウロの宣伝活動をやったのだ、という前提に立っている。しかし、その前提そのものが証明されなければいけないので、当然のように前提してはいけない。そういった「パウロの敵対者」など、現代の神学者たちがパウロ護教論の精神から創作した存在しないお化けの影である。

あなた方はそれを平気で我慢するのだろうか　文の前半の長い仮定文を仮定でなく既定の事実であると解釈する学者たちは、この文末の結びの句も、疑問文ではなく、現にあなた方はそうしているではないか、と事実を指し示す意味に解そうとしている。しかしそれは文法的にも、前後の論理からしても、とても無理（R. Reitzenstein, *Die hellenistischen Mysterienreligionen*, Stuttgart, 1927, 366参照）。ここは、もしもそういうことが起こったら、あなた方はそれを平気で認めるのだろうか、という危惧を表わしている。三節の「私はおそれている」の続きである。なお、「我慢する」は未完了過去にする写本と現在形にする写本がある。ネストレ旧版は未完了過去形を採用し、新版は現在形を採用した。写本の重要性からすれば、ここは五分五分。意味からしても大差ないが、未完了過去形であれば、仮定の意味がもっと強くなる。もしもどうしても平叙文に訳したければ、「（もしも来る者が異なったキリストを宣べ伝えるとして、その場合）あなた方はそれを平気で我慢するんでしょうね」、という推量の意味に訳すべきだろう。

5　ネストレ旧版はここで段落を切らずに、五節を四節につなげている。事実、五節の「何故なら……」は四節の理由を述べているのだから、ここで切る理由はない。何故だか知らないが、ネストレ新版は五節から新しい段落をはじめているが、それでは論理的にまったくさまにならない。

お偉い使徒たち　日本語訳の伝統では「大使徒」と訳されてきた。しかしそれでは誤解を生む。日本語で「大」というと誉める意味にもなりうるが、ここは明瞭に嫌味な皮肉。原文には「大」という意味の単語は用いられていない。直訳は super-apôtres（TOB）、superlative apostles（RSV）。近頃の英語片仮名語なら「スーパー使徒」とでもするか。その使徒たちが自分で自分を「スーパー使徒」と呼んでいたとか、コリントスの信者たちがパウロと比較してあちらの方が偉いというのでこう呼んだとかいう説もあるが、それはありえない。明瞭に嫌味で皮肉なものの言い方だから、自分で自分のことをこういう仕方で呼ぶことはありえないし、まして、他人を尊敬してこう呼ぶことなどありえない。パウロが彼らと自分を比較されたのに腹を立てて、こういう嫌味な呼び方をしたのである。

6　言葉においては素人　こちらは一〇・一〇のように他人に言われた悪口ではなく、自分で謙虚ぶって言っているせりふである。もちろんこの種の謙虚さは事実の客観的な証拠にはならない。誰しも自分に自信のあることは、大声で謙遜してみせるものだ。本当に自信のないことについては、このように言い立てたりせず、黙っているのが普通である。またここの「言葉」という語（logos）、また「素人」という語は厳密に理解しないといけない。口語訳の「たとい弁舌はつたなくても」、あるいは新共同訳の「たとえ、話し振りは素人でも」などというのは、ほとんど誤訳に近い（一〇・一〇の註で記したような「巧言令色、すくなし仁」の理念を持ち込んでパウロを持ち上げようとした読み込み）。「言葉」という語は狭義の「弁舌」を意味しないし、「話し振り」などという意味はない。またここの「素人」は文字通り「素人」の意味（その事柄の専門家ではない）であって（この語については第一コリントス一四・一六の註参照）、「つたない」かどうかを意味しない。世の中のどんな事柄であろうと、「素人」がつたないとは限らない。よく知られているように、この時代のギリシャ語文化では、「言葉」の専門家が居た。つまり弁論術の専門家である。ギリシャ・ローマ文化において弁論術（修辞）が重要な専門領域として発達していたのはよく知られている事実である。そしてこの場合の弁論術とは、おしゃべりの上手下手ではなく、文章を本当に説得力のある仕方で展開する能力を意味し、その専門家とはすなわち、今日で言えば、批評家、評論家を意味する（もっとも今日の評論家には文章のやたらと下手な奴も大勢おいでだが）。これは、説得力のある論理的な文章の組立て（文法の学習も含めて）を訓練し、すぐれた演説（実際にしゃべらなくても、書いて発行される）を作るものである。イソクラテス、キケロといった名前をあげればおわかりいただけようか。そしてパウロがその意味での「弁論」を自分の主たる仕事としていたわけではないことは、明白である。キリスト教の宣教師になってからはもちろん、それ以前も、そういう作品を書いたり、ないしその教師をしていたというような痕跡はまったくない。その意味でパウロは、ギリシャ語文化の視点から見れば明瞭に「言葉においては素人」なのである。もちろんある程度は学校で勉強ぐらいしただろうし、従って普通の知識人程度の教養は十分に持っていただろうが（たとえば、もしも第一コリントス一三章の例の「愛の讃歌」がパウロの若かった頃の弁論術の手習いの作文だったとすれば、そういった教養の修練の過程を見ることができる。その個所の註参照）、その程度の教養では専門家の中には入らない。

あらゆる点において、あらゆる人のところで、あなた方に対し　本当は意味不明。「あらゆる」という形容詞を名詞化して、まずその単数形で「あらゆる（点？）において」と言い、次いで複数形で「あらゆる（人々？）において」と言っている。後者を我々（＝リーツマン、ヴィンディシュ等）は男性複数ととったが、中性複数ととる学者もいる（「あらゆる仕方で」、スラルほか）。しかし中性単数で「あらゆる（こと）において」と言っておいて、すぐ続けてまた中性複数で「あらゆる（こと）において」と言うのでは、意味が通じないし、もしも後者を「あらゆる仕方で」と訳せというのなら前者もまた「あらゆる仕方で」と訳すことになろう（四・八の同じ単数形の表現はふつうその意味に解されている）。要するに両方中性に取れば、表現の無駄な重複という以外にない。しかしまた、「あらゆる（人々）のところで」と訳してみても、それと「あなた方に対し」とどう関わるのか、説明できない。つまり結論は、ここは理解不可能ということ。ごく初期の写本の段階で原文が崩れてしまって、復元不可能になった、というリーツマンの意見が正しいだろう。

明らかにしてきた　何を明らかにしたのかも記されていない。ふつうは「そのことを」と目的語を補って訳すが（口語訳ほか）、そう補うのが正しいかどうかもわからない。

7　多くの註解者の想像によれば、コリントスの信者たちは、パウロが宣教活動によって収入を得ようとしない（そのためにコリントスの信者たちから献金を集めようとしない）のはそれだけの権威がないからだ、と悪口を言っていた、という。パウロはここでそれに対する反論を述べているのだ、と。しかしそれは勘ぐりすぎだろう。

この文からそんなことはとても想像できない。パウロが言っているのは、自分がこんなに苦労してあなた方に福音を伝えたことそのものが間違っていたとでもいうのか、ということ。詳しくは『概論』参照。

自分を罪ある者と定めた　直訳は「自分を罪と定めた」。この言い方については第一ペテロ二・二一の註参照。ここでは単なる皮肉。更に一二・一三参照。

8　ほかの教会を強奪して　新共同訳が「他の諸教会からかすめ取るようにしてまでも」と訳しているのは「ようにしてまでも」が余計。口語訳は「他の諸教会をかすめたと言われながら得た」。どこにも「言われながら」とは書いていない。これはよくない。パウロが自分でそう言っているのである。つまり、私のコリントスでの滞在費はあなた方のために使う費用なのだから、本当はあなた方から出してもらわないといけないのに、ほかの教会から金銭を貰いでもらって、あなた方からは一文ももらっていない。それはいわばほかの教会から強奪したことになる、と言っている。「強奪する」など、例によってパウロらしい度ぎつい言葉遣いだが、言わんとするところははっきりしている。それを口語訳のように勝手に単語を補ったのでは、まるで違う意味になってしまう。そうなったらこれはパウロ自身の意見ではなく、パウロに反対する者たちが言いはやした悪口だ、ということになる。口語訳等はこういう仕方で文章を反対の意味に改竄しながら、実際には存在しない架空の「パウロの敵対者」の姿を勝手に創作して「訳文」の中に書き込んでいく。しかしさすがに西洋語の諸訳は、私の知る限り、この個所ではそこまで露骨な改竄はやっていない。それでも、口語訳はまだしもおずおずと改竄しているだけだが、岩波訳となると滅茶苦茶である。この個所に限らず、非常に多くの個所でこの「訳」は、どこにも何の手がかりもないのに、パウロの書いている文の多数をパウロ自身の意見ではなく、パウロに対して「敵対者」なる者が言った悪口の「引用」とみなして「訳」している。その意味でも、岩波訳はひどく水準が低い。この個所を解説的に敷衍するのなら、TEVが正しい（While I was working among you, I was paid by other churches. I was robbing them, so to speak, in order to help you)。悪名高きTEVにしたところで、結構まともなところはあるのである。

強奪する、俸給　この二つの語は軍隊用語だと言われる。古代の軍隊は（今でもそうだが）、略奪行為を主たる仕事にしていた。この表現（lambanein opsōnion）は、強盗が強奪するという意味ではなく、軍隊の略奪について用いられる（従って、新共同訳のように「かすめ取る」と訳すのは正確さに欠ける。ちょこっとかすめとるのではなく、正面から堂々と搾取すること）。「俸給」と訳した語は、兵隊が兵役によって得られる賃金。パウロはこのように時々自分の福音宣教の活動を軍隊の活動に譬える。まあ、古代人だから仕方がないか。

9　迷惑をかける　一二・一三参照。

10　キリストの真理は私のうちにある、だから……　これは、「だから」以下のことは「キリストの真理にかけて」嘘ではないよ、という意味。従ってこのように直訳せず、口語訳のように「キリストの真実にかけて言う、……」と訳すのもまあ理解できないわけではない。

八節と関連して、パウロが自分に対する何らかの批判をここで頭に置いているのは確かであろう（「封殺される」という受身。それにしても言葉遣いが大袈裟だが）。一番可能性が高いのは、エルサレム教会に対する高額な貢納金をパウロが募金したことに対して、コリントスの信者から不満が出た、ということだろう（八章九章の全体の論調）。実はあれはパウロが自分の儲けのために我々からむさぼり取っているのだ、という悪口が流された可能性が高い（一二・一六―一八）。可能性というよりも、その個所からして、明白である。そして、金銭問題でパウロがコリントスの信者から批判されていたことがはっきりわかるのは、この献金の問題だけである。ほかの金銭問題でパウロが何らかの文句をつけられたという形跡はない。

そうすると、パウロとしては、せっかくコリントスの信者たちに経済的な負担をかけないように、自分の生活費に関しては彼らにかぶせることがないようにと努力してきただけに、面白くない。伝道地の信者たちに自分の生活費のために経済的に負担をかけないようにしてきたということは、パウロにとってはどうやら大きな誇りであった（第一テサロニケ二・九、第一コリントス九・一五、また使徒行伝二〇・三三―三四参照）。それに対してあらぬ嫌疑をかけられたら、パウロとしては誇りを傷つけられたと思っただろう。今まで自分はその誇りをもってやってきた、それが「アカヤ地方」（その中心都会がコリントス）でのみあらぬ嫌疑をかけられる理由はないだろう、というのがパウロの気持。しかしまた、コリントスの信者の側にも言い分があっただろう。エルサレム教会に対する多額の献金なぞ、彼らとしてはわけのわからないものである。ユダヤ人パウロにとっては、エルサレムを重んじる気持は当然のものかもしれないが、キリスト教はユダヤ教ではないと教えられてきたコリントスの信者にとっては、これはまったく理由のない募金の強要であっただろう。キリスト教は本拠地の神殿なんぞに金を貢ぐ必要のない宗教だ、あなた方は「キリストによって無料で」救われたのだ（ローマ三・三四参照）、などとパウロはさんざん言ってきたではないか。それなのに何故そんな金を集めるのか。実はそれは名目にすぎず、本当はパウロ自身がむさぼっているのではないのか……。

アカヤ地方　パウロにしてはめずらしくここでは「地方」（klimata）という語をつけている。ただしこれはほぼ日本語の「地方」にあたるやや曖昧な語で、行政用語としての「州」（ローマ帝国の provinicia）と同じではない。第一テサロニケ一・七の註参照。

12　ここはいろいろ解釈のありうるところである。大きな違いは、「……切り捨てるためである。そしてまた、……同じようになるためである」という二つの「ためである」をこのように並列にとらないで、後者の「ためである」を前の「機会」という語にかけるものである（「……同じようになるための機会を……切り捨てるためである」。口語訳、新共同訳はその意見。新共同訳はずいぶん分縮めてごまかしているが）。西洋語諸訳、諸註解書の多くもこの意見である。しかしそうすると、文の構造が複雑になりすぎるだけでなく（「ために」という副文章の中の一つの単語にもう一つ別の「ために」という副文章をかける）、「ために」という副詞句をつくる接続詞を「ための」という形容詞句の意味に解するのは無理がある。それにそもそもそれでは意味が奇妙になる。

つまりこう訳すと、「彼らが我々と同じようになる機会を切り捨てる」ことをパウロが望んでいる、ということになってしまう。「同じようになる」ことの内容をどう解釈するにせよ、それはいささかえげつない主張であろう。特に、多くの註解者はこれを、パウロがコリントスの信者たちから生活費のために献金をもらわずにいるということを指す、と解釈している（八節の註参照）。そうすると、この解釈ではパウロは、自分がコリントスの信者から献金をもらわないでいるのは正しいこと、誇らしいことであるのだが、ほかの宣教師たちは今のところ彼らから献金を受け取っている（これはまったくの根拠のない想像）、そういう宣教師たちが私パウロと同じように献金を受け取らないようになることとは、絶対に阻止してやる、と言っていることになる。これは、まったく根拠のない想像であるばかりか、パウロという人物がそこまでひねくれて屈折した人間であると想像するのは、いくらなんでも私には受けつけられない。この解釈は「自分のなしていること」を、献金をもらわずにいること、と解するからいけないのである。だいたい、まったく根拠のない想像をあまりにふくらませすぎている。どうしても「ために」を「機会」にかけたければ、「彼らが誇っている点において彼らが我々と同じようになる機会を切り捨てる」とは、彼らがキリスト教宣教師として尊敬されるようになる機会を妨げてやるぞ、という意味に解するものだろう。しかしそこまで無理な解釈に固執することもあるまい。

これはやはり素直に二つの「ために」を並列ととるものである（ただし二つ目の「ために」句の前に入れた「そしてまた」は私の付加。二つを並列ととれば、自動的にそういう意味になる。あるいは「すなわち」と補うか）。とすれば意味鮮明。日頃のパウロの主張からしても、四─六節からしても、パウロ的「福音」（パウロ個人に顕現したという「復活者キリスト」にのみ根拠を置こうとする「福音」）を妥協せずに宣べ伝え続けるぞ、という決意表明。それは、パウロとは違うキリスト教を浸透させようと「機会を欲している者たち」の機会を切り捨てるためである。そして、彼らが誇っている点（宣教師であるという点、ないしキリスト教信者であるという点）において、彼らが我々と同じようになる（パウロ教の信者になる）ためである、ということ。

13 **そういう者は偽使徒**　そういう機会を欲している者たち、つまりパウロのキリスト教とは違うキリスト教を宣べ伝えようとしている者たちのこと。

偽装している　直訳は「形を変える」。第一コリントス四・六の註参照。

15 **サタンに仕える者、義に仕える者**　口語訳は「（サタンの）手下ども」「（義の）奉仕者」と訳し分けているが、どちらも「仕える者」という単語（新共同訳）。

16 **思ってはならない**　口語訳（＝新共同訳）は「……思わないでほしい」。原文はそういうお願い口調ではなく、もっときつい（最初に「もう一度言う」と宣言して言っているのだから、かなりきつい言い方である）。

17 **この種の誇りに関して**　直訳は「誇りということの事柄において」。ここも例の hypostasis という単語（九・四の註参照)。従って古い訳は「確信」などと訳しているが (RSV : in this boastful confidence, 口語訳「自分の誇りとするところを信じきって言う」、新共同訳もどっちこっち)、すでに述べたようにこの語にそういう意味を読み込むのは無理である。ここは明瞭に「事柄」の意味 (最近の註解書は皆さんそういう意味に解するようになっている、ブルトマン、スラル等)。

19 **あなた方は賢い人なんだから**　かなり嫌味な皮肉 (ブルトマン)。彼ら自身が本当にそう思っていたかどうかは別として、パウロはコリントスの信者たちが自分たちは賢い者なのだと自慢している、と思い込んでいた。それですでに第一書簡で二度も、かなり嫌味な皮肉を言っている (四・一〇、一〇・一五)。ここでもまだそれが後を引いているのである。

20 ここの仮定文 (「……しても」) も、四節の仮定文と同様に理解すべきである。構文も同じ。従って、既定の事実というよりは、もしもそういうことが起こったとしたら、という仮定の意味。従って、「我慢なさる」も四節にそろえて、「我慢するだろうか」と疑問文に訳すのがいいかもしれない。あるいは、平叙文とみなすとしても、その場合は、もしもそういうことが起こっても、あなた方はそれを平気で我慢するような人たちなんでしょうから、ましてや私がちょっとぐらい愚かなことを言っても当然我慢なさるでしょうね、という皮肉。

21 この文はあまりに単語が省略されすぎていて、ほとんど翻訳不可能。議論になるのは三点。「恥ずかしいが」、「のだ」、「弱かった」。

恥ずかしいが　「あなた方にとって恥ずかしいことだが」の意味か、それとも「私としては恥ずかしいことだが」の意味か。口語訳、新共同訳は後者の意味にとっている。しかし第一書簡六・五、一五・三四などの言い方を考えると (こととまったく同じわけではないが)、パウロの「私は言う」は「あなた方に関して言う」の感じだから、そうすると、「あなた方を辱めるために言う」の意味かもしれない。どちらとも決め難い。

我々は弱かったのだ　この句は前の文 (「言う」) と hōs hoti でつながっている。この二つの接続詞をくっつけて使う使い方は、すでに五・一九でお目にかかったものであるが、そこと同じに、ここもまた意味不明である。hōs は一応英語の as に対応し、hoti は名詞節を導入する that に対応する (もちろん、一応は、というだけのこと)。ふつうはこのように二つの接続詞を並べることはありえないから、一方を無視して訳すことになっている。つまりこれを単に hōs と同じ意味に解するのなら、hōs を理由の意味にとって、「我々は弱かったので」と訳すことになる。「我々は弱かったので、私は恥ずかしいけれども言う」となる。あるいは hōs を「あたかも……のように」の意味にとると、「我々があたかも弱かったかのように、恥ずかしいが、私は言う」となる。しかしこのどちらも、「恥ずかしいが」とうまく対応しない。加えて、hōs hoti は単に hōs と同じだというのも苦しい。一番説得力があるのが、VGTの hōs の項目で説明されているように、hōs hoti は単に hoti と同じという理解。これは、当時のパピルスなどにもかなり類例があるのだから、納得がいく。とするとこの hoti は、単に「ということ」という意味の接続詞。「私は、我々は弱かった、と言う」になる(なおこの文は、「私」と「我々」が重なってわかり難いが、こういう時の「我々」はパウロの場合は確実に単数の「私」と同義)。私訳は、一応その意味で、「のだ」をつけて訳してみた(しかし他の説にも通じるように、多少曖昧にしたが)。口語訳や新共同訳もそれに近い。

もう一つありうるのは、hōs(のように)と hoti(ということ)の間に「あなた方が言う」が省略されているとみなす訳。「我々は弱かったのだとあなた方が言っているように」と訳す(スラル、As you say: we have been weak, ヴィンディシュもこれに近い)。しかし、このように勝手に単語を補っていいのなら、もはや翻訳ではあるまい。

弱かった　上述のように、これはもちろんパウロ個人のことを言っているのだが、本当に「弱い」の意味か、「弱い態度をとった、弱虫だった」の意味かで議論がある。口語訳「わたしたちは弱すぎたのだ」は後者の解釈。しかし原文に「すぎた」とは書いてない。まして新共同訳のように「わたしたちの態度は弱すぎた」となると、「態度」と「すぎた」と二つ原文にない単語を補うことになり、解釈のしすぎ。そもそもこの動詞(astheneō)には、「態度が弱い、弱虫である」という意味はない。単に「弱かった」というだけの意味。どういう意味で弱かったのかは、パウロが解説していない以上、わからない。しかし一〇・一〇を受けているのは確かだろう。私は病弱だったから、あなた方のところでそんなに強くものを言うことができなかった?

いずれにせよ、これだけ問題があるのだから、この文は何を言いたいのかわからない、というのが最も正しい結論だろう。そういう時は直訳すべし。

敢えてなす　何か動詞の不定形を補うべきところ。「敢えて言う」とか「敢えて誇る」とか。まあしかし、はっきり口に出して言ってはいないのだから、口語訳（＝新共同訳）のように「あえて誇る」と訳文ではっきり言うのは言い過ぎか。

愚かにも言うが　口語訳「愚か者になって言うが」はまあまあだが、新共同訳「愚か者になったつもりで言いますが」は、「つもり」が余計。現にこういうことを言うのは愚かなことである、という意味。

22 **ヘブライ人、イスラエル人、アブラハムの裔**　三つとも同じことを意味するが、パウロがここでこの三つをどう使い分けているのか、などと議論するのは衒学趣味でしかあるまい。同義語を三回重ねて強調しているだけである。

23 **打たれた**　多分鞭打ちだろうけれども、棒で打たれることもある。

24 **四十に一つ足りない鞭打ち**　本当は「鞭打ち」とは書いてない。直訳は単に「四十に一つ足りないのが五回」。しかしこれはユダヤ人の刑罰だから、申命記二五・二―三にのっとっているので、明瞭に鞭打ちのこと。

25 **棒で打たれた**　これも本当は鞭打ちかもしれない。棒かもしれない。単に「打たれた」とあるだけ。私はこういうことを知ったかぶりして調べる衒学趣味はない。

それにしても二七節まで、まあ大変な災難の連続であった。古代においてこれだけ旅行してまわれば、当然、かなりな程度の苦労は覚悟しなければならないが、それに加えて各地のユダヤ人からのいやがらせ、弾圧、それに関連して各地の政治権力からの弾圧もある。これらの苦労のうち、使徒行伝にはほんの僅かしか報告されていない。まあ本当に御苦労様でした。もっとも、自分は大量に苦労したのだから自分の言うことは全部正しいのだ、というのは、論理的に通用しない。それとこれとはまったく関係のない話である。そういう言い方で無理な主張を言い張る奴って、よく居るよな。

28 **ほかにもいろいろあったが**　多数の学者に従ってそう訳したが（口語訳、新共同訳も同意見）、一応学説として（ティンダル以来の一部の英語訳）、「これら外面的なこと以外に（以下の内面的なこともあった）」と訳そうという意見もある。この語（parektos）の語幹（ektos）は「外」という意味だから、続く「憂慮、心配」に対してこちらは「外面的なこと」の意味だと解したものだろう。しかし日本語の「外」（ほか）と同じで、ギリシャ語のこの単語は「その他」の意味に用いられるのが普通である。たいして多くの用例が知られているわけではないが、知られている用例はすべてその意味（VGT参照）。

憂慮　内面的な心配事。今時の片仮名日本語なら「ストレス」と訳すところだろうか。単語（epistasis）の意味は「上に置く（置かれた）もの」という意味で、「圧力」「圧迫」を意味するが、監視という意味もあることから、日々監視下に置かれた、という説もある。しかし「私には」というのだから、この訳はまあ無理だろう。

30　弱い点を　直訳は「弱さの事柄（複数）」。さまざまな弱点を、ということ。もっとも以下では実例が一つあがっているだけ。多分以上に述べたさまざまな苦難も指すつもり？　なおこの「弱い」は我々の感覚では「弱い」とは言わない。御本人に責任のない苦労を多く経験したことを「弱い」と言っている。

31　主イエスの父でもある神　この訳し方については第一テサロニケ一・三の註参照。

32　アレタス（Aretas）　ナバタイ人（Nabatai）の王アレタス四世。当時はナバタイ人の王朝がアラビアを支配していた。ナバタイ人はペトラの町（死海東側のやや南に下がったところ）を拠点として、今日の国家ヨルダンの全域に近いくらいの地域を支配し、更にアラビア半島にも支配を広げていた。北は、この記事が示しているように、この時点ではダマスコスもその支配下にあった。本当はダマスコスはローマ帝国直轄の「自由」都市であったので、どうしてナバタイの王朝がここを支配できたのか、よくわからないが、多分、ローマ帝国は実質的な支配、管理権をナバタイの王朝に託していたのであろうか。アレタス四世は前九年よりほとんど半世紀にわたって（後四〇年近くまで）王の地位にあった。

族長　ナバタイの王朝は古くは氏族連合（氏族の族長が集って支配する）であって、その頂点に王がいたと考えられる。しかし、それは昔の話で、この時点ではすでに制度的には変化し、単に王の高官の役職名として「族長」（ethnarchēs）という古い名称が残っていただけなのだろう。従って口語訳（＝新共同訳）の「代官」でも間違いではないかもしれないが、不正確。

私をとらえようとして　使徒行伝九・二三―二五にも同じ出来事が記されている。しかしそちらでは、ユダヤ人がパウロを滅ぼそうとした、とある。それに対しこちらではユダヤ人の動きについてはふれられていない。いろいろ説明の可能性があるが、一番穏当な説明は、ユダヤ人がパウロに反対して暴動状態になったので、支配管理権を持っていたナバタイ王の族長が彼を逮捕しようとした、ということだろう。ローマ帝国の官憲がパウロ（のみならず二世紀前半ぐらいまではほぼすべてのキリスト教徒弾圧の場合）を逮捕しようとするきっかけは、その町のユダヤ人がパウロに対して暴動を起こした場合が多い（使徒行伝ではパウロの伝道旅行に関して多くこの手の話が伝えられている、一三・五〇、一四・五、一七・六以下、一八・一二。エルサレムでのパウロの逮捕そのものもそういう事件の一つである、二一・二七以下）。この場合もそれと類似の事件だろう。

第一二章

1　**誇らざるをえない**　原文は文法的に無理。何か接続詞が入らないと、次の文につながらない。そこで後世のいくつかの写本は「もしも」という接続詞を補っている。「もしも誇らざるをえないとすれば」となる。まあ実質的にはそういう趣旨だろうが、パウロさん、この日は御機嫌が悪かったから、ぶっきら棒に言い切った、ということか。口語訳は「わたしは誇らざるを得ないので」と「ので」を補った。それも一法。

2　**或る人物**　圧倒的多数の註解者、訳者の支持する仮説によれば、この「人物」の「幻視」は実はパウロ自身の体験を語ったものである。とすれば、ここではパウロは「あまり自分のことを誇ってもしょうがないのだが、議論のついでに誇ることにいたしましょうか」と言い訳をしながら、本音は、自分の幻視の体験を誇らしげに語っている、ということになる。これは文字通り圧倒的多数の学者の説であって、それに反対するのはほんの例外的に二、三、それも荒唐無稽の珍妙な想像をめぐらす説（これはパウロの体験ではなくアポロの体験である、とか、実話ではなく「敵対者」をからかうために作った作り話である、とか）以外には見当たらない。従って我々としてもこの通説に従うのが無難だが（それにパウロという人はこの種の幻視幻想を好む人である。また七節「啓示の過剰」参照）、通説の最大の欠点は、それならパウロは何故一人称で語らないで、あたかも他人の体験を語るかのように三人称で語っているのか、という点について満足する説明を提供できない、という点にある。その点になると、各学者まるでまちまちな説明に走る。無難な説明は、パウロとしてはあまり誇りたくもないから、遠慮がちに他人の体験のような文体で語った、というのだが、それなら、この前後関係で何のためにこの話を書くのか、その目的もわからなくなってしまう。誇りたくはないが、私だってこういう体験があるのだよ、と言いたいのならば、やはり、私自身の体験として述べないと、読者に趣旨が伝わらないだろう。

なお、これが本当に実話か作り話か、などというつまらぬ議論をしてもはじまらない。確かなことは、パウロ自身はこれを実話だと思い込んでいる、ということである。

キリストにおける或る人物　「キリストにおける」は、今日流に言えば「キリスト教の」という形容詞に相当するから（この表現については第一テサロニケ二・一四の註参照）、これは単に「あるクリスチャンを私は知っている」というのと同じ。この「キリストにおける」にもったいぶった深刻な意味を読み込もうという説もあるが、まずは無理である。ただし単純文法的には「キリストにある」を「知っている」にかかる副詞句と解することもできる。「私はある人物をキリストにあって知った」、つまり、クリスチャンどうしのつきあいの中で知った、ということ。しかしどちらにせよ結果において同じことである。

十四年前　この句を「知っている」にかけずに、最後の「連れ去られた」にかける説がある。ふつうはこちらの説をとる。もしもパウロが自分自身の体験を語っているのであれば、その人物を知ったのが十四年前だ、という言い方は不自然だというのである。しかし、原文では「十四年前」と「連れ去られた」ははるかに離れているので、ちょっと無理。

身体の外に出て　つまり霊魂がしばしの間身体を離れて天まで上って行った、ということ。

このような人物　ふつうの言葉遣いなら「この人物」と言うところ。どうして「このような」という語を用いているのか、語法として不自然である。多分言いたかったのは三節のような文であって、二節でそれを中途半端な文で言いかけて、もう一度三節で文を整えて言い直した、ということか。とすると、文の基本は、「私は、第三の天にまで連れ去られたような人物を知っている」ということになる。ここで「このような」という曖昧な語を用いている、という点も、これがパウロ自身の体験なのか他人の体験なのか、という問題に関して、かなり微妙である。

第三の天　当時のユダヤ教では（だけではないが）、天は一層ではなく何層にもわたっている、という考え方がかなり普及していた。この個所との関連でよく引き合いに出されるのがスラヴ語ヘノク書である（英語訳では「第二ヘノク」と呼ばれることが多い。あるいは「ヘノクの秘義の書」）。有名なヘノク書とは別の文書で、スラヴ語訳でしか知られていないから、通常は「スラヴ語ヘノク」と呼ぶ（私は仏訳 A. Vaillant, trad. par, Livre des Secrets d'Hénoch, dans: A. Dupont-Sommer et M. Philonenko, éd. par, *La Bible, Ecrits intertestamentaires*, nrf, 1987, 及び英訳 R. H. Charles, ed., *The Apocrypha and Pseudepigrapha of the Old Testament in English*, Vol. II を用いた）。この三―二二章でヘノクが天に上った話が記されているが、そこでは七つの天が想定され、うち第六天までヘノクは上ったという。この文書はキリスト教発生とほぼ同時期のもの。もっとも、七層の天を考える考え方そのものはそれ以前から普及していただろう。もっと重要なのは、『十二族長の遺言』のうちの「レヴィの遺言」の二―三章。ここでは天は三層からなり、レヴィはその第三天まで見たという（原文はギリシャ語。多分そのもとにヘブライ語の原典があったと言われている。テクストは R. H. Charles, *The Greek Versions of the Testaments of the Twelve Patriarchs*, Oxford, 1908、日本語訳は日本聖書学研究所編『聖書外典偽典』第五巻、旧約偽典３）。ただしこれも複雑で、いろいろ大幅に異なった写本がある。天を三層とみなしているのはα系統と呼ばれる写本群で、他は七層とみなしている。まあともかく、パウロがここでは天を三層ないし七層とみなしていることは確かである。

連れ去られた　これが直訳。口語訳（＝新共同訳）は「引き上げられた」。この人物は天まで行ってもどってきたのだから、日本語で「連れ去られた」というと、もどって来なかったという意味になりかねないから、口語訳のように訳すのがいいかもしれない。

3　**そして**　文頭にこの接続詞がついている。マルコ、ヨハネその他なら、別に意味なく文を「そして」ではじめることが多いが、パウロのこの接続詞の使い方は厳密である。従ってここは「そういう人物のことも私は知っているが」という感じ。

身体のままなのか……　二節と同じ文をもう一度くり返している（すべての写本がそうである。Ｂ写本だけは「私は知らない」という句だけ削っているが）。多分、口述筆記による混乱か。あるいは最も最初の時期の写本で誤って同じ文を二度書いてしまったものか。

4　パラダイス　本来古ペルシャ語の単語。それがそのまま古代の諸言語に輸入されて用いられるようになった。ヘブライ語パルデース、ギリシャ語パラデイソス、等。ギリシャ語からラテン語にはいり（paradisus）、そこから更に近代西欧諸語にはいりこんだ。従って英語片仮名語で「パラダイス」と書くのも奇妙なものだが、日本語ではこの言い方で普及しているから、そうしておいた。聖書用語としては、天上の楽園。

6　実際に私を見たり聞いたり　口語訳「わたしについて見たり聞いたりして」は、「について」が余計。これだと、「見たり」はともかく「聞いたり」は、誰かほかの人が私について話しているのを聞く、の意味になってしまう。ここはもちろん私が話しているのを直接聞くの意味。従って新共同訳のように律義に「わたしのことを見たり、わたしから話を聞いたりする」と書けば、口語訳の誤解は除かれる。

高く見積もる　商売用語として多く用いられる語。

7　啓示の過剰の故に　この句はいろいろ問題がある。まずネストレはすでにだいぶ以前の版から現在の版までずっと、この句を六節の方につなげている。これはネストレ以前の新約テクストの編集者の一部（H. von Sodenなど）にも見られる現象である。理由は、ℵやＢなど最重要の写本では、この句の後に小さな区切りを入れて、この句を六節の方にくっつけているからである（リーツマン参照）。しかし他の大部分の写本はそうしていないし、これでは文章上まったく理解困難になってしまう。もっとも、この句を七節の方にくっつけても、やはり説明は難しい。そこでリーツマンやヴィンディシュなどは理解する努力を放棄し、ごく初期の写本の段階で文が崩れてしまったのであろうから、ここはそもそも理解不可能、と結論づけている。

翻訳の伝統では、ルター、ティンダル以来、現在でも主な訳は大部分、この句を七節にかけている。六節にかけているのは、ネストレに忠実になろうとしたNRSVと現代改訂版ルイ・スゴンぐらいである。ところが口語訳とそれに影響されて新共同訳は少数派に殉じてこれを六節にかけて訳してしまった（口語訳など、かけるどころか、六節に入れてしまった、「わたしがすぐれた啓示を受けているので、わたしについて見たり聞いたりしている以上に、人に買いかぶられるかも知れないから」）。しかし周知のように、このかけ方では本当は翻訳不可能である。口語訳はそれを意味が通じるように「訳」した。ということは、つまり、訳をごまかしたということである。すなわち、原文には「啓示の過剰の故に」の前に「そして」（ないし「また」）という語がついている。この句を六節にかけて訳す人たちは、この語を無視して訳す。さもないとうまくつながらないからである。しかしここでこの鮮明な接続詞を無視するのはとても無理である。文法的論理的には、もしもこの句を前にかけるのであれば、「人が高く見積もったりするといけないから」と「啓示の過剰の故に」の二つを並列させて「そして」でつなぎ、「敢えて誇るまい」にかける以外にない。しかしそれは文体的に極端にぎこちない。とても無理。そこで口語訳は「そして」を無視して「啓示の過剰の故に」を「人が私を高く見積もったりするといけないから」にかけた。しかしこのように原文を改竄してよいのなら、どんな作文でもできる。おまけに、「啓示の過剰の故に」は実は単なる与格の名詞句であるが、単なる与格を理由を表わす意味に解するのは（「……の故に」）、主文の動詞が受身であるとか、かなり限定された場合にしかありえないことであって、これを六節にかけておいて、しかもこの与格を「故に」の意味に解するのは、極めてきつい。

新共同訳は口語訳のこの欠点を何とか是正しようと、六節に続けて「また、あの啓示された事があまりにもすばらしいからです」とつけ加えてくれた。「また」を入れてくれた点は原文に忠実だが、「あまりにもすばらしい」はほとんど誤訳（これまた原文の訳ではなくTEVの wonderful を訳したもの。まことにワンダフルな訳ですね）。「過剰」という一語を「あまりにもすばらしい」とお訳しになるのだから、恐れ入る。それに「あの啓示があまりにすばらしいから、敢えて誇るまい」では話が通じない。「過剰」という語は単に数量的な多さを表現しているだけ。

また続く「その故に（dio）」という語も、「啓示の過剰の故に」を六節に持って行くと、論理的なつながりがわからなくなる。

要するに、ネストレのように読むのであれば、ここは話が通じないから翻訳不可能、という結論は避け難い。しかし、ルター、ティンダル以降の大多数の翻訳のようにこの句を七節につなげれば十分に話が通じるのだから、無理にネストレの顔をたてる必要もあるまい。「啓示の過剰の故に私の肉体に刺が与えられた」のである。この場合は主文の動詞が受身だから（「与えられた」）、「啓示の過剰に」という与格を「啓示の過剰の故に」と理由を表わす意味にとっても、それほど違和感はない。しかし無理に「故に」と訳すこともあるまい。「啓示の過剰によって私の肉体に棘が与えられた」と訳す方が素直か。続く dio は、「啓示の過剰の故に」の「故に」をもう一度くり返して強調する意味である（「啓示の過剰の故に、その故に」）。

なお、せっかく七節にかけても、TEVのようにこの句を「私が思い上がらないために」にかけるのは、文法的に無理である（But to keep me from being puffed up with pride because of the many wonderful things I saw, ...）。直訳は「啓示の過剰の故に私の肉体に刺が与えられた」である。

以上について、スラルは簡潔かつ説得力がある。

刺　本来、何かとがったものを指す語。棒くいとか、木片とか。小さなものでは刺とか。まあ、肉体の中にあるのだから、刺と解するのがよかろう。しかし「痛めつける」と訳した語は、本来、ぶんなぐる、打つを意味するから、そうすると、身体の中で何か棒くいでぶんなぐられているような感じ、ということなのかもしれない。あるいは刺でちくちくつつかれる？

これだけの記述から、パウロの病気が何病であったのか正確に推定しようというのは、どのみち不可能である。従って、ここを根拠にパウロは何病であったとか、かに病であったとか、憶説を並べ立てるのは、学問以前というものだろう。ただし、これは病気ではなく、何か心にひっかかることがあったという意味だ、という解釈だけは通用しない。中世に流行していた解釈で、これは性欲を指すのだ、とか、現代の一部の偏向したパウロ崇拝者にはやっている意見で、コリントスに居たパウロの「敵対者」の存在を「刺」と呼んだのだ、とか。自分の肉体の中に刺があって、それが自分を痛めつける、というのだから、病気以外に考えられない。有力なのは眼病（ガラティア四・一五参照。この句は単に比喩的な表現だ、と主張して、ここからパウロが眼病だったという結論を出すことはできないという説もあるが、説得力はない)。ただし、おそらくは眼病そのものではなく、ほかの病気の発作で一時的に目が見えなくなる、ないし視力が衰える、ないし見えなくなる気がする、ということか。ダマスコス途上の体験からしても(使徒行伝九・八)、そういうことだろう。これは癲癇の発作だった、という説が有力だが、そこまで病名が限定できるものでもあるまい。単なる虚弱体質で、日射病でひっくりかえることがよくあったとか、その他いろいろ想像はできるが、どういう病気なのかまではわかるものではない。

ともかくパウロ自身はこの個所で、自分の病気を「啓示」と結びつけている。それはまたダマスコス途上の体験とも対応する。

すなわち「啓示の過剰の故に」は、何らかの身体的な発作が起こって、その時にパウロ自身の主観からすれば、朦朧とした中で神ないしキリストの啓示を受けたと思い込む、ということだろう。それを、発作のせいで幻覚を見たとは思わず、逆に、強烈な啓示を受けたのだからそのショックで発作が起きるのだ、と自分では思ったのだろう。ここの「啓示」は複数であることに注意。西洋語は複数表示をしやすいから、ここは必ず複数に訳している。従って新共同訳の「あの啓示された事」という訳は間違い。普通の日本語の感覚なら、これでは単数だと思うだろう。新共同訳は多分、ダマスコス途上の出来事か、あるいはこの直前に記された第三の天に上った幻想のどちらかを考えているのだろうが、特定の「啓示」の出来事だけを指すわけではない。それらも含めた多数の「啓示」の体験。まして「過剰」というのだから、かなり多く繰り返して「啓示」を体験した、ということだろう。御本人はその都度これは神の啓示なのだと思い、それもちょっと心の中でそのように感じました、などという程度のことではなく、神の啓示なのだから肉体的にも雷にでも打たれたような強烈な打撃を受けるのは当然だ、と思ったのだろう。

結論。御本人のつもりでは、パウロはあまりにしばしば神からの啓示を受けた。それは強烈な事柄であるので、肉体的に激しい痛み(ないし障害)を感じざるをえなかった、ということ。もちろん実際にはさかさまで、何らかの病的な発作がしばしば起こったにすぎないのに、それをパウロは神からの啓示だと思ったということだろう。

サタンの使　パウロにとってそれは神の啓示ではあっても、肉体をひどく痛めつける以上（頭が割れるように痛むとか）、有難いものではなかっただろう。またサタンの使がやってきた、と言いたくなる気分はよく理解できる。従ってこれを、一方で神の啓示と言いながら、他方でサタンの使と呼ぶのは矛盾ではないか、などと言い立てるのは、ましてや、これはパウロにとっては神の啓示だが、パウロの悪口を言う人にとってはサタンの使なのだ、などと区別立てをするのは、パウロのそういう気持を理解しないものである。パウロにとってはこれは超人間的な力の出現であったので、従って神的な「啓示」の結果であり、同時にこの痛みはサタンの使でもあったのだ。

8　**これについて、これが**　この二つの指示代名詞は男性だか中性だか決め難い。男性だとすれば、サタンもしくはその使を指す（新共同訳）。中性なら、単に「このこと」。しかし訳すなら両方同じに訳さないといけないので、口語訳のように前者を「このこと」としながら後者を「彼」と訳すのは間違い。

9　**力**　後世の多数の写本では「我が力」と「我が」がついている。口語訳はそれを訳したもの。もちろんこれは後世の解釈の挿入だが、実質的にはこれは「主の力」以外に考えられないので、どちらにせよ同じことだろう。もっとも、もしかするとこれは一種の格言的な言い方の引用かもしれない。とすれば一般的に「力というものは」と言っているのであるから、「我が」をつけるのは間違いということになる。まあこういうところは直訳するのが無難だろう。

私に　新共同訳は「わたしの内に」。うるさく言えば「内に」ではなく「上に」である。「内に」というと、単なる内面性を意味すると受け取られる可能性もあるから、こういうところは直訳する方がいい。

大いに喜んで（＝新共同訳）　口語訳は単に「喜んで」。ここは「喜んで」の語の最上級だから、「大いに」か何かをつける方がいい。

私の弱さ　節の前半の「力は弱さにおいて……」の「弱さ」は単数だが（その点でもこれは一種の格言）、「私の弱さ」の方は複数。パウロがこの語で主として度重なる自分の病気の発作を考えている証拠である。

10　**窮乏**（＝新共同訳）　口語訳は「危機」と訳している。本来「欠乏」「困窮」という意味の語だが、困窮すれば危機にもなるから、「危機」という意味にも用いられる（第一コリントス七・二六など）。しかしここは前後のほかの単語との類似からして、新共同訳の方が正しかろう。

キリストのために　これを「喜ぼう」にかけず、「キリストのための弱さ、侮辱……」とかける案もある。文法的には一応両方の可能性があるが、多数の学者は「喜ぼう」にかけているし、前後の論理からすれば、またパウロ神学の基本的な発想からしても（キリストが我々のために苦難を蒙ったのであって、我々の方がキリストのために苦難を蒙るというのでは話が逆である）、その方がいいだろう。とするとこれは、キリスト教が世の中に広く伝わるためには私は自分の苦難を喜ぼう、という宣教者意識の表現である。なお口語訳が「キリストのためならば」と「ならば」をつけたのは余計。

喜ぼう　口語訳は「甘んじよう」。この動詞は「喜ぶ」という積極的な意味であって、その喜ぶ対象を前置詞 en で表わす（マルコ一・一一のキリストの洗礼の場面で天からの神の声がキリストに呼びかける、「我、汝を喜ぶ」）。しょうがないから甘んじる、などという消極的な意味ではない。まさかマルコのこの句を、できの悪い息子だが、まあ生んじゃったのだからしょうがないとて、「神はこの息子に甘んじた」、などと訳すわけにはいくまい。「喜ぶ」と訳すのでなければ、新共同訳の「満足しています」がいい。

11　**本当は**　毎度おなじみの gar（第一テサロニケ一・九の註参照）をここではこう訳してみた。ここはずい分と単語を省略している。gar は「何故なら」という意味だが、「私は愚か者になった。何故なら（本当は）あなた方から推薦さるべきだった（のに、推薦されなかったからだ）」という文を縮めている。

お偉い使徒たち　一一・五参照。

12　**使徒たることの徴**　口語訳は「使徒たるの実（じつ）」。日本語には「実を示す」という言い方があるから、こう訳して一向に間違いではないが、同じ単語（しかもどちらも複数形）がこの節で二度続けて用いられていることが読者に伝わるためには、「徴」と直訳する方がいい。

実現されたではないか　受身。誰によって実行されたかは明示されていない。当然パウロ自身の行為が考えられているが、敢えて受身の表現を用いることによって、多少遠慮がちな表現になっている。現にここは、「神によって（パウロを通して）実現された」という解釈もある（パウロの受身の用法からして、多分そう解するのが正しかろう）。従って口語訳（「わたしは、使徒たるの実を……あらわしてきた」）、まして新共同訳「わたしは使徒であることを……実証しています」は、よろしくない。パウロ自身はここは上手に「私」の語を避けている。かつ、原文の動詞は単に「実現された」の意味の動詞で、それを「私は実証した」などと訳したら改竄の部類である。そうではなく、神が私の使徒たることを奇跡を働くことによって示して下さったのである。

あらゆる持続において　この訳はいろいろ議論があるところ。まずこの句を「徴と奇跡と力」と並ぶ一要素ととるか（我々の訳。リーツマン、オスティ、TOBほか）、それともこの三つから切り離して別に「実現された」という動詞にかけるか（RSVなどの英語訳、従って口語訳、新共同訳）。文法的には一応両方の可能性がある。しかし、「において」という前置詞は「持続、徴、奇跡、力」の四単語をまとめてその前についている。従って、「持続において」だけを切り離し、「徴と奇跡と力」を別にまとめて動詞にかけるとすれば、後者には前置詞がつかず、単に与格だけで動詞を修飾することになる。その場合はその与格を「によって」の意味にとることになるが（口語訳等）、それだとどうもつながり方がだいぶ不自然な感じである。

それにもかかわらず口語訳等の訳が一部で支持されるのは、この語は通常は「持続」というよりは「忍耐」という意味に用いられるからである。そうすると、私はあなた方の間で忍耐強く活動して、いろいろ奇跡をやってあげたではないか、という意味に取りたくなる。けれどもこの語は常に「忍耐、我慢」という消極的な意味に用いられるとは限らず、良いことの持続の意味にも用いられる（ローマ二・七、ヴィンディシュ参照。ローマ二・七は口語訳のように「耐え忍んで善を行って」と訳してはいけない。「良き業を持続して行なって」と訳す）。おそらくパウロとしては、「使徒たることの徴」を単に奇跡にだけ見るのではあきたらないから、その前に、使徒としてのあらゆる活動の持続をあげたくなったのではないのか。

徴と奇跡と力（＝口語訳）　これは旧約聖書以来非常に多く用いられる定型句で（特に七十人訳で多い）、まとめて「奇跡」を意味する。時には「力」をつけないで単に「徴と奇跡」とのみ言うこともある。奇跡は神の力の顕れ（＝徴）であり、神の「力」の顕現である。従ってこういう定型句を新共同訳のように「しるしや、不思議な業や、奇跡」などと訳すのは、何でもいいから伝統的な訳語を変えてみたいという新参翻訳者の無意味な自己顕示欲と思われても仕方がない。必要もないのに伝統的な訳語を変えるのはよくないし、少なくとも「力」という概念をここから消してはいけない。

この句では、多少遠慮がちではあるけれども、パウロは自分が奇跡を実行したことを誇っている（「誇る」という行為は思い上がりであるが、とくり返し述べた後で）。この場合の「奇跡」の内容は、おそらくは奇跡的な病気の治癒や悪霊払いが主として考えられているのだろう。これはまた使徒行伝にも伝えられている（一四・三ほか）。それに対し現代風神学者の一部が、奇跡的病気治癒などといういかにも新興宗教的な信仰をパウロが持っているはずがない、などと護教論的に思いなして、使徒行伝の記述は事実に反するとか（しかしパウロ自身がここで言っているのだから、それは無理だ）、パウロはコリントスの信者たちに強いられたからやむをえず奇跡をやったので、本当はやりたくなかったのだ、などと言い立てている。しかしこの文にそのようなことを示唆する要素は一つもない。もし多数の学者の説を信奉するなら、この直前でパウロは、自分は第三の天にまで上ったのだ、などということを、本当は誇りたくないのだがと言い訳しつつ、自慢している。パウロの屈折したものの言い方はそういうものである（まあパウロに限らず、人間誰しも、やたらと自慢する時には、本当は自慢したくはないのですけれども、などと言い訳しながら言い立てるものだ）。まさか、コリントスの信者たちに強いられたから第三の天まで上ってみせた、などというわけではあるまい。

ここでももちろん、本当にパウロは奇跡を行なったのかどうか、などと議論してもはじまらない。パウロ自身もまわりの信者たちもそう思っていた、という点は事実である。

13　迷惑をかける　原義は「相手を麻痺させる」。麻痺させるには打撃や圧力を加えるので、単に「打撃、圧力を与える」の意味にもなる。しかしこの種の単語は何語においても意味がインフレを起こし、強い意味を失って、かなり軽い意味に用いられるようになる傾向がある。従ってここでは「迷惑をかける」と軽く訳してみた。口語訳（＝新共同訳）「負担をかける」も同趣旨。しかしこの単語はここでも強い意味であって、パウロは皮肉を言うためにこういう強い意味の動詞を用いているのだ、という意見もある（スラル）。とすれば「打撃を与える」

とでも訳すか。次節でもう一度同じ動詞を用いており、それをパウロは自分で「あなた方のものを求める」と言い換えているので、実際にこの動詞で指していることは、伝道地であるコリントスで宣教師たるパウロが信者から金銭の援助を受けることであろう。

不義　ないし「不正」と訳すか。これまたここで用いるにはいささかきつすぎる。とすると「迷惑をかける」もスラルの指摘が正しいか。同じことについてパウロは一一・七では「罪を犯す」という言い方をしている。そうなるとこれはもう度の過ぎた皮肉という以外にない。

一一・七と同様にここでも、近頃の一部の学者の間では、コリントス教会の信者たちは、パウロが滞在中の生活費をコリントスの信者たちに負担させなかったのはけしからんと文句を言っていた、と解する珍妙な学説がはやっている。パウロの「敵対者」は、正しい使徒というのは信者の献金で生活するべきものであって、パウロがコリントスで信者から生活費をもらわなかったのは本物の使徒ではない証拠だ、と宣伝した。コリントスの信者たちの一部もそれに同調して、だからパウロは本物の使徒ではないと言い立てた、というのである。彼らが、パウロは本物の使徒かどうかわからない、と疑問を呈したという点だけは紛れもない事実であるが、それはまったく別の件についてであって、それをこのように解説するのはまるで滅茶苦茶な想像である。もしもこの説が正しいのならば、本物の使徒というものは信者の献金によって生活すべきものだという考え方が当時のパウロ以外のキリスト教では普及していた、というのでなければならない。しかし、そのような考え方はどこを探しても見つからない。せいぜいのところこの個所と一一・七についてのこれらの学者たちの無理な解釈以外には、そういう考え方は見当たらないのである。そういう考え方が流布していたのでなければ、パウロはそれと違うと言って文句をつけることもありえない。

だいたい、パウロが度を越えたいやらしい皮肉を言っているせりふを、その皮肉が向けられた相手の人々の実態をそのまま正確に表現していると解するなぞ、文章の意味というものをまるで理解しない態度である。加えて、もしもこの説が正しいのなら、コリントスの信者たちは滅茶苦茶に屈折して不可思議に嫌らしい人たちだったということになる。自分たちに余計な金銭的負担をかけたから不満に思った、というのなら話としてはわかるが、逆に、自分たちにまったく金銭的負担をかけなかったのはけしからんことだと怒るなぞ、常識的に考えられない。それも、原文に何かはっきりした手がかりがあってそのように解釈するのならともかく、文章上まったくそのように解する手がかりがないのに、そういう解説をでっちあげるのだから、神学者というのは珍妙な種族である。

16 **ともかく**　原語は eimi（英語の be 動詞にあたる）の三人称命令形（estō）。英語に直訳するなら let it be so（現に仏訳は単に soit! としている。ルイ・スゴンほか）。これはいろいろ解しうる。前の文にかけるのなら、「あなた方を愛すれば愛するほど、私の方は愛されなくなる」ということに関して、「それはそれでいい」という意味になる。その場合は、「しょうがない」とでも訳すか。後の文にかけるなら、私があなた方に重荷を負わせなかったということについては、「それでいいとしよう（ないし、それでいいとせよ）」、という意味になる。拙訳の「ともかく」はそのつもり。

私は狡猾であって、あなた方から騙し取った　口語訳は右の estō という語を訳さず、その代りに一六節全体の最後に「……と、人は言う」とつけ足している。しかし原文にはどこにも「人は言う」などと書いてない。確かに、パウロが自分で自分のことを「私は狡猾であって、あなた方から騙し取った」などと主張するわけがないから、これは他人の意見の引用であろう。その解釈を口語訳は訳文にまで持ち込んだものである。これまたRSVの真似だが（But granting that I myself did not burden you, I was crafty, *you say*, and got the better of you by guile）、RSVはちゃんと estō を訳し（granting that）、you say（イタリックにしたのは私）は後半にだけかかるようにしている。口語訳はその点曖昧である（新共同訳はその欠点を是正している）。

つまり、パウロがコリントスの信者を騙して金銭を奪った、という悪評を誰が言い立てたのか、この文からははっきりしないのである。従ってRSVのようにはっきりと「あなた方は言う」と補うのは、やや行き過ぎである。しかし続く一七節以下からして、事実上は「あなた方」の一部にそういう意見が語られていた、と考えても間違いではあるまい。もっともそれは、パウロはそういうけしからん奴だ、と文句を言ったのか、それとも、エルサレムに対する献金と称してパウロが非常に高額の金を集めようとしているので、どうもすっきりせず、あれはどういうことなんだ、パウロが私腹を肥やそうとしているのではなかろうね、という僅かな危惧を口にしたところ（本当にそうだと思っているわけではないが、一応言ってみた、という程度）、それがパウロの耳にはいって、パウロが激怒した、ということかもしれない。ともかく、この程度の記述からでは、当事者以外には正確なことはわからないし、当事者の間でも、パウロの思い込みとコリントスの信者たちの事実の間には相当な距離があっただろう。従って訳としては、なるべく解釈を入れないで、我々のように疑問文に訳しておくのがよろしかろう。

18　ティトスともう一人の兄弟の派遣については、八・一六―二四参照。

同じ霊において　口語訳「同じ心で」。日本語の「心」と彼らの言うところの「霊」はずい分違う概念だから、ふつうは「霊」を「心」と訳してはまずい。他方新共同訳は「同じ霊に導かれ」。これはほとんど誤訳。「霊において」は単なる与格だが、単なる与格を受身の行為者（～によって）の意味に用いるのは、普通は、動詞が受身でないといけない。しかしここの「歩く」は自動詞。まして「導かれ」などという原文にない語を補ってはいけない。日本語としては「同じ霊によって」と訳してもかまわないが、それは「同じ霊的な仕方で」という意味であって（様態の与格）、受身の行為者ではない。新共同訳はファンダメンタリスト的に、「霊が私たちをお導き下さるのです」とかいうのがお好きなようだが、自分たちがそういうことをお信じになるのは御自由だけれども、原文を無視してその種のやにさがった「信仰」を訳文に盛り込んではいけない。新共同訳はここも相変らず原文を訳したのではなく、悪名高きＮＥＢを直訳しただけだが（guided by the same Spirit）。まして次の句を「同じ模範に倣って歩んだ」と訳したとなると、これはもう訳ではなく改竄である。パウロが言っているのは単に、今まで我々は同じ信仰の道を一緒に歩んで来たではないか、というだけのこと。「模範」などとはどこにも書いてない。なおこの「霊」の与格の使い方についてはガラティア五・五の註参照。

我々　幸いにして新共同訳は真似していないが、ＴＥＶはこの「我々」をパウロとティトスの二人だけの意味に解している。しかし前後関係からして、パウロたち（ティトスほかも含む）とコリントスの信者たちの両方をあわせて「我々」と言っている。ほかに考えようもない。

19　**以前から**　ここは本当は翻訳不可能の個所である。「以前から」と訳した語（palai）は、単に「以前は、かつて」といった意味の語（「から」を含まない）。従って動詞は過去を指す形でないといけない（それなら「以前は……思っていた」と訳せる）。ところがここでは現在形になっている。それで、伝統的な訳に従って私も一応「以前から……思っている」と訳しておいた。しかしこれはごまかしの訳である。バウアーの辞書までこの個所の訳語として seit langem, schon längst（以前からずっと、今までずっと）と記している。しかしこの語にそういう意味はない。単に過去の時点を指し示すだけの語である。それに、この個所以外に「以前からずっと」という意味を示唆する用例などまったく存在しない。つまり、この個所は「以前から今までずっと」という意味に訳さないと意味が通じないから、伝統的にごまかしてそう訳してきただけの話である。バウアーはこの語にそういう意味があるからそういう訳語を記したのではなく、この個所の伝統的な訳語をそのまま「意味」として記してしまっただけである。「新約聖書ギリシャ語辞典」によくあるごまかし。

この個所が意味不明であることは、やや後世の写本家の動向を見ればわかる。「かつて（palai）」の語を「再び（palin）」と書き直しているもの、否定辞をつけて「かつてではなく（ou palai）」つまり「今では」としているものなど。このように写本家が書き直したのは、palai のままでは意味が通じないと思ったからである。現代の学者の辞書よりは、古代にギリシャ語を用いて生きていた写本家の言語感覚を尊重すべきだろう。

とするとここはパウロ（ないし口述筆記者）が単に書き間違えたか（palin と書くつもりで palai と書いてしまった）、あるいは、「以前からずっと」とていねいに言うべきところを、単語を省略して「以前は」と一語ですましてしまったか。ともかく動詞は現在形なのだから、あなた方は今そう思っているのでしょう、という意味であるのは確かであるが。

キリストにあって　新共同訳は相変らず「キリストに結ばれて」。もうやめてよ！（第一テサロニケ二・一四の註参照）。

20　悪徳の表。この手の悪徳を列挙するのはパウロの癖だから（ガラティア五・一九以下、ほか）、その一つ一つの概念を正確に規定しようと努力するのは無駄である。従ってまた、コリントスの人々の具体的状況を頭に置いて言っているわけでもなく（ましてここから、コリントスの教会にはこういう悪徳が満ちていたのだ、などと想像するのは暴論の類)、単に、自分の頭の中で常套句となっている悪徳の一覧表を並べているにすぎない。もしもコリントスの具体的状況に対応するものがあるとすれば、「ふくれ上がり」だけだろう。この語はほかの悪徳の表には出て来ないだけでなく、そもそも新約全体でもこの個所だけである。しかし第一コリントス書簡ではこの語と同根の動詞をくり返し多く用いて、コリントス人は「ふくれ上がっている」と文句をつけている(四・六、一八、一九、五・二、八・一、一三・四)。パウロは失礼にもコリントス人に対してこういういやらしい単語で文句をつけたのである。

従って一語一語の訳について正確を期する努力をするのは無駄だが、一応記しておくと、**利己心**(eritheia)を口語訳は「党派心」としているが、これは明瞭に間違い訳(ガラティア五・二〇の註参照)。**ささやき**は耳元でささやくことだが、普通は悪い意味で用いられる。従って新共同訳は「陰口」と訳した(しかし口語訳の「ざんげん」は言い過ぎ)。**不穏**は口語訳は「騒乱」、新共同訳は「騒動」。後者はともかく「騒乱」は大袈裟(六・五の「騒乱」とこの個所の「不穏」はまったく別の単語である)。

21　この節ではパウロは明瞭に第一コリントス書簡で扱った問題を頭に置いている。**汚れ**はおそらく八章、一〇章で扱われている偶像に供えられた肉を食べるかどうかという件、**淫行**は五・一以下の自分の父親の妻と一緒になった男の件、**放蕩**は何を指すかわからないが。いずれにせよパウロは、彼らの側からの疑問にもかかわらず、これらの点について断乎ゆずらないつもりである。

蛇足だが、新共同訳は一二・一一―二一に「コリントの教会に対するパウロの心遣い」という表題をつけた。いくらなんでもね！　「心遣い」という日本語を知らないのだろうか。これはTEVの真似だろうが、TEVはPaul's Concern ... としている。concern と「心遣い」ではだいぶ違う。

第一三章

1　**すべての事柄は……確定される**　申命記一九・一五の引用。七十人訳のまま(七十人訳では「二人の証人の口、三人の証人の口」とくり返しているのをパウロがやや省略しただけ)。裁判における証言について、一人の証言だけでは駄目だ、という規定。

2　遠慮しない　一・二三参照。この語については第一コリントス七・二八の註参照。口語訳（＝新共同訳）の「容赦しない」はちょっときつすぎる。

3　証拠（dokimē）　この書簡の要の概念。本当はこの語幹（dokim-）の語はすべて同じ訳語にそろえないといけないのだが、dokimē は dokimazō（検証する）ために必要な証拠を指すので、日本語としては同じ語には訳し難い。パウロがこの書簡全体を通じて（及び第一書簡でも）この概念にこだわっていること、またこの語の正確な意味については、二・九の註、また第一コリントス三・一三の註参照。そのすべての個所のいささかどぎついこの語群の用い方は、この個所で指摘されている問題を頭に置かないと理解できない。コリントスの信者たちは、「パウロの中でキリストが語っている」ということが本当かどうか疑った。それはまあ、パウロの宣教を聞いてキリスト信者になったにしても、その後ほかの宣教師たちからかつて生きていたあのイエスのことをいろいろ聞いたとすれば、パウロが自分の幻覚の中で出会っただけだという「キリスト」、おまけにイエスが何を言っていたかなどまったく無視して自分の個人的な、かなり偏向した倫理観をこれがキリストの命令だと言いつのり、自分の言うことをきかないとキリストの権威をもって裁いてやるぞ、と脅すのだから、彼ら信者の側にしてみれば、あなたの言うキリストがどこまで本物なのか証拠を見せてくれ、と言いたくもなっただろう。

4　弱さから　この「から」という前置詞（ek）は理由ないし根拠を意味することもあるが（口語訳＝新共同訳「弱さのゆえに」）、キリストは弱かったから十字架につけられたのだ、というのはパウロ思想からしてありえない。この場合の「弱さ」（複数形）は単に人間と同じ状態になったこと（ピリピ二・七）を意味する。神ならば不死であるが、キリストはいったん人間と等しい存在となったから、死ぬということがありえた、という意味。それでも「から」ではわかりにくいが（だいたいパウロの前置詞の使い方はかなり言葉を省略し、かつ曖昧なことが多い）、おそらくは、キリストが生きた（復活した）のは神の力から（に基づいて）である、というのと並列させて書いたから、「弱さ」の方も「から」にしてしまったのであろう（ブルトマン）。いずれにせよ、弱い人間だったから強い人間につかまって殺された、というのではなく、神の子が人間になったのだから、「死ぬ」ということが生じえた、という理屈。

弱さ　ここでもまたパウロはこの単語について、一二章からずっと続けて言葉遊びをやっている。一二章で扱った「弱さ」(肉体的な病気の問題)とはまるで違う宗教教義の水準の話に持って行き、しかも同じ「弱さ」という語を用いているから、話がつながっているかの如きみせかけを作っている。パウロお好みの言葉遊び。

すなわち　パウロがキリストと自分を同一視して思い上がる言い方はすでに嫌というほど出て来たが、それにしてもこの個所のように、「キリストは……、すなわち我々(＝パウロ)も……」と「すなわち」で言い換えるのだから、たいした度胸である。

キリストにあって弱い　「キリストとともに弱い」としている写本がある。これは続く「キリストとともに生きる」に前置詞をそろえたものか。しかしどちらの読みも有力な写本が並んでいるから、本当のところどちらの読みが元来のものか、決め難い。

あなた方に対しては　これを削除している写本がある。D写本の第二修正(D写本そのものではなく、写本に後から加えられた書き込み。従って証言力は薄い)以外は、Bだけだが、たとえ一つでもB写本の証言は重い。削除の理由は、「生きるであろう」という未来形を、信者が復活して(ないし終末の時まで生きていて、その時に)永遠の生命を生きるであろう、という意味に解したのであろうか。そうだとすればこの「あなた方(コリントスの信者たち)に対しては」は意味をなさないことになるから、削った方がいい。逆に$\mathfrak{P}^{46}$は「生きる」を現在形にして、「あなた方に対しては」を保っている。その場合は「に対しては」という前置詞(eis)を「のために」と訳す方がいいか(「あなた方のためには我々はキリストとともに神の力をもって生きている」とする)。しかしそれでは「キリストとともに神の力をもって」が落着かない。ここはやはりネストレ新版とともに「生きる」の未来形の読みを採用して(ℵADFGほか)、「あなた方に対しては……生きるだろう」と訳すものだろう。つまりこの「生きる」に終末時に与えられる永遠の生命なんぞを読み込むからいけないので、単に、我々はあなた方のところに行ったら、こういう態度で生きるだろう、という意味に読めばよろしい。ここでもパウロは言葉遊びをしているから、それでわかりにくくなる。直前の「キリストは……生きている」は「復活して生きている」の意味。ここではパウロが「キリストとともに生きる」というのは宣教師パウロの信者に対する姿勢を意味する。

キリストとともに、神の力をもって　すなわち、私パウロは、次にあなた方のところに行くのは「キリスト」の権威を持って行くのだぞ、「神の力」を持って行くのだぞ、と脅しをかけている。だから私の言うことをきかないと、ただじゃすまねえぞ、と。この種のせりふは毎度おなじみのパウロの思い上がりの姿勢が頭に入っていれば、すぐに理解できる。それにしても、じぶんは「神の力を持っている」と言うのだから、何と申しますか。

5　**信仰の中にある**　この場合も「信仰」とも「信頼」とも「(神、キリストに対する)忠実」とも訳せる。それらすべてを含んだ概念であろうか。「中にある」はパウロがこういう場合に好む前置詞。いかにもパウロ的な概念だから(続く「キリストはあなた方の中におられる」参照)、なるべく直訳しないといけない。「信仰」というのは、パウロにとっては、個々人が所有するだけのものではなく、個々の信者を超えた巨大な事柄であって、だから個々の信者はその「中にある」のである。従って、こういう含蓄のある表現を口語訳のように「あなたがたは……信仰があるかどうか」と訳しては、台なしになってしまう。en という前置詞をそこまで無視して文を改竄してはいけない。日本キリスト教団公認の「信仰」なるものをあなた方はちゃんと持っておいでですか、などというけちな発想とはだいぶ水準が違う話である。新共同訳の「信仰を持って生きているかどうか」となると、ひどい改竄としか言えない。

検査し……検証する　口語訳(=新共同訳)は「反省し、吟味する」。しかし最初の動詞(peirazō)に「反省する」という意味はない。自分がどうであろうかと自分で検査するのは、必ずしも反省するのと同義ではない。なお、二番目の動詞(dokimazō)は三節で「証拠」と訳した名詞(dokimē)と同根の動詞である。これはこの書簡の要の概念(三節の註参照)。コリントスの信者たちがパウロに、あなたの「キリスト」は本物なのかどうか証拠(検証の結果本物であることが証明される)がほしい、と言ったのに対して、パウロはひどく腹を立てた。それで、そういうことを言うのなら、あなた方自身が自分のことを検査し、検証してみろよ、と切り返したのである。自分の弱みを鋭く突かれた時に、その批判そのものにまっとうに答えようとせず、相手に対して「自分自身の欠点を反省してみろよ」と切り返すのは、自分の欠点を反省することなく威張りたがる奴によくあること。

あなた方は自分自身のことがわからないのか　口語訳はこの「自分自身のことが」を省略して訳した。しかしここは新共同訳の訳がよい。私訳は基本的には新共同訳の真似。

キリストはあなた方の中におられる　一人一人の信者の中にキリストが生きている、ということ。ブルトマンほかはこれをそのように素直に解さず、教会という場所において、信者たちの間にまざってキリストが目に見えない仕方で臨在するのだ、と主張している。これまた奇妙に屈折した正統主義的「解釈」で、コリントスの信者たちが「異端的」（グノーシス的）な考えに走って、「キリストは我々一人一人の中に内在している」と言い出した（個々人の霊的体験をそのように表現した）のをパウロが訂正して、内在ではなく教会における臨在だ、と言ったというのである。しかしこういう仕方で何でもかんでもコリントスの信者たちは間違った異端的「グノーシス的」な霊魂内在主義を主張しようとしていたと想像し、パウロ先生はいつもその種の異端的信仰を戒めておいでになる、と解説するのは、現代の教会的正統主義者のドグマの押しつけというものである。傑作なことに、この種のブルトマン流の教会的正統主義の影響を日本で最も強く受けているのは「アンチ・ブルトマン」を気取る日本的神学校の先生方である。彼らはどうやらブルトマン自身の主張を読まずにブルトマンの名前にだけ反対し、内容的には間接的にブルトマンの影響を大量にこうむっておいでなのである。それはともかくとして、ここでブルトマンのように解するのは言語的にはとても無理である。ローマ八・一〇にまったく同じ表現が出て来る。そしてその個所は誰がどう読んでも、キリストがあなた方一人一人の中に内在するという意味である。その個所をそれ以外の意味に読む神学者はおいでにならない。とすれば、こちらの個所もそれ以外の意味に読みようがないではないか。同じパウロがまったく同じ表現を、しかも彼にとって重要なキリスト信仰に関して用いている場合は、同じに理解しないといけない。パウロ自身が、キリストが一人一人の信者の中に内在する、と言っているのである。

ただし……別である　第一コリントス七・五参照。

失格者（＝新共同訳）　前述の dokim- という語幹の形容詞に否定の接頭語 a- をつけたもの。第一コリントス九・二七の註参照。口語訳は「にせものとして見捨てられる」とした。「にせもの」もいささかずれるが、原文のどこにも「見捨てられる」とは書いてない。すぐに「見捨てる」だの何だの言いたがるのは、日本的教会主義者の悪い癖。

7　神があなた方をいかなる悪にも定めないようにと　原文は単に「なす」（我々は「定める」と訳した。後述）という不定詞に二つの対格（「あなた方」と「いかなる悪」）がついているだけである。それで、この不定詞の主語が何であるか、またこの二重対格をどう解するかが問題となる。

第一の可能性。構文上自然な理解は、「神に祈る」の後に不定詞句が続いたら、その神が……してくれるようにと祈る、となるものである。つまり不定詞の主語は「神」である。その点までは我々の訳も同じである。しかしこの説を採る学者たちは、この文を「あなた方に対して神がいかなる悪をもなさないようにと、我々は祈る」と訳している。この訳の難点は、対格の「あなた方」を「あなた方に対して」と訳す点にある。これは普通無理である。「なす」という動詞が二重対格を取る場合に、一方を与格（～に対して）の意味にみなすという例はほかでは知られていない。またこの場合は、「悪をなす」という表現を神が人間に与える罰の意味に解することになるが、この表現をそういう意味に用いる類例はほかには見当たらない。

第二の可能性。不定詞の主語を「我々」と取る。「我々は神に祈る、我々があなた方にいかなる悪をもなすことがないように、と」となる。不定詞の主語は、特にほかに定められない限りは、主文の主語と同じである。その意味ではこの訳がいいようだが、しかし、「神に祈る」の後に不定詞句が来る場合には、神が不定詞の主語になる方が普通である。おまけにこの訳でも「あなた方」の対格を無理に与格に解するという欠点、及び「悪をなす」を神（の代行者たるパウロ）の与える罰の意味に解するという欠点は除かれない。

第三の可能性。不定詞の主語が主文の主語と同じでない場合は、それを対格に置く。つまりこの場合ならば「あなた方」という対格を「悪をなす」の主語とみなす。「我々は神に祈る、あなた方がいかなる悪をもなさないように、と」となる。この訳の長所は、上記の二つの欠点を免れていることである。けれども、「神に祈る」の後にすぐ不定詞が続いたら、常識的には、神がなしてくれるようにと祈る、という意味になるので、敢えて不定詞の主語を他の語に求めるのは不自然である。加えて、もしも「あなた方がいかなる悪もなさないように」という一般論的な忠告であれば、パウロのものの言い方の癖としては、直接あなた方に対する命令文で言うのが普通である。特に手紙の最後の部分で一般的な倫理的教訓を並べる時にはそうである。それを、「あなた方がいかなる悪をもなさないように神がなして下さるように」というのでは、いささかもってまわっている。もう一つ、この段落ではパウロの頭の中は三節以来ずっと dokim-（検証）の概念が続いている。この節の後半でもパウロはやたらとその概念にこだわっている。その前後関係の中で、この節の前半のみそれと無関係に一般論的な説教として「あなた方がいかなる悪もなさないように」と言うのは不自然である。

以上、三つの解釈いずれも満足がいかない。第一の可能性はリーツマン（ただしリーツマンの註解書に補遺を付け足したキュンメルは反対）、第二の可能性は最近ではNEB（ただしREBは第三）、第三の可能性は現代の大部分の翻訳、註解。しかしいずれももっと古くから存在している解釈である。

私にとって不思議なのは、以上の三つの可能性についてはこれまでやたらと議論が続けられてきたくせに、「なす」という動詞に二重の対格がつく場合の最も普通の読み方をこれまで誰も採用しなかったことである。つまり、第四の可能性として、「なす」の二重対格を「AをBとなす」という意味に解する。これは英語の make ほか現代西欧諸語のどの言語にもあるごく普通の構文である。「我々は神に祈る、神があなた方をいかなる悪ともなさないように、と」となる。まあ「いかなる悪ともなさない」では日本語にならないから、「いかなる悪にも定めない」と訳しておこう。

パウロ書簡で「なす」に二重対格がつく例はほかに二つ出て来る。第一コリントス六・一五（キリストの肢体を売春婦の肢体となす）、第二コリントス五・二一（神は罪を知らないキリストを罪となした）である。後者の場合「罪に定めた」と訳すとわかりやすい（私訳）。従ってわれわれの個所の「なす」もそう解するのが素直である。加えてこの解釈の長所は、上記第一の可能性に見られる二つの欠点を免れている点である。

それに対し第三の可能性を主張する人たちは、この句にすぐ続いて「あなた方が善をなす」という表現が出て来るのだから、その対句とすればここも「あなた方が悪をなす」ととるのが自然だ、と言う。しかし、「あなた方が善をなす」の方は「善」が単数で定冠詞つきである。つまり一般論的な「善」を意味する。それに対しこちらの「悪」は「いかなる悪」と否定辞がついているから単純に比較はできないが、もしも並列的に書くのなら、こちらも定冠詞をつけるのが普通だろう（ou poiein to kakon と書けばすむ）。それに対し我々の解釈なら、「悪」は英文法で言う目的補語だから、定冠詞がつかないのが普通である。

以上からして、我々の訳が最も難点が少ないだけでなく、最も素直である。その場合、「神があなた方を悪に定める」というのは、あなた方は愚かにも私がキリストの使徒であることを疑ってしまったが、どうかそういうあなた方を神が悪い者であるとみなすことがありませんように（あなた方が悔い改めてその意見を撤回すれば、神様があなた方を悪に定めないだろう）、と祈っていることになる。これなら、話の全体の筋ともすんなりつながる。いかにもパウロ的なおためごかしの恩着せだが。

たとえ我々が失格者となろうとも　「あなた方にとって」を補って読む。もしもあなた方が我々を本物の使徒ではない（＝失格者）と思おうと、それは本質的な問題ではないので（我々自身のことはどうでもいいので）、重要なのはあなた方が救われることである！　これまたまさにパウロ的なおためごかしの言い方。これを、自分のことを省みず、他者の救いを配慮する、すぐれて謙虚な宣教師の精神と解して誉めちぎるか、それとも、ひどくひねくれたすね方だ、と率直に認めるかは、それぞれの読者の自由というものであろうが、しかしもしもこの「謙虚」さが本当にパウロの本音なら、この書簡全体を通じて、そして特に一〇章以下で、そして特にこの段落で dokim- という概念にここまでくどくこだわって、自分は本物の使徒だぞ、それを認めないあなた方はけしからん、とこれほどまでに言いつのったことの説明がつかなくなるのは確かである。

8　**何もできない**　原文には「何も」とは書いてないが、日本語として単に「できない」ではさまにならないから、こう補ってみた。

真理のため　口語訳「真理にしたがえば」。これは誤訳。「のため」と「に従う」では全然異なる。さすがに新共同訳はちゃんと訂正してくれている。この節の私訳は、ほぼ全文、新共同訳の真似。口語訳のように「訳」しているのは、主な諸訳では一つもない。「のために」を「に従う」にしてしまって当然だと思ったのは、多分、上の命令に従うのが正しい倫理だ、という日本的体制秩序の感覚が口語訳を無意識に支配しているせいだろう。しかし戦前の文語訳でさえもちゃんと「真理のために」と訳している。

9 **回復**　しかるべき、きちんとした状態にまでもっていくこと、ないし、駄目になっていたのがきちんとした状態にもどること。「回復」ないし「修復」と訳したのではやや弱いが、「完成」と訳すと強過ぎる。パウロがここで言わんとしているのは、パウロの権威を疑ったりしないで、もとのちゃんとした（パウロの眼から見て）信仰の状態にもどりなさい、ということ。これを口語訳は「完全に良くなってくれること」と訳した。ちょっと長いが、意味は正確（「完全に」は余計だが）。ところが新共同訳はこれを単に「完全な者になる」とした。一見似ているが、まるで異なる。日本語でこう訳すと第一コリントス二・六、一三・一〇、一四・二〇、マタイ五・四八などの「完全な者」（teleios）と同じ単語かと思われてしまう。しかしこちら（katartisis）は、そもそも「者」ではなく抽象名詞であるが、もともとのきちんとした姿、というだけの意味の語である。確かにこれを「完全」と訳す意見がないわけではないが（註解書ではヴィンディシュ、翻訳では例によってTEV。ほかにはまず見当たらない）、その場合は、ヴィンディシュの言うように、キリスト再臨の時に実現される宗教的・倫理的に完全な状態、という意味になろう。しかし単語そのものの語義、他の文献での用法（新約ではここだけ。一般のギリシャ語でもこの名詞は少ないが、動詞、形容詞では多く見られる。リデル・スコット参照。パウロ自身すぐ続く一一節で動詞を用いている）からして、そう訳すのはまあ無理である。この語の動詞形については更に第一コリントス一・一〇の註参照。

10 **厳しく対処する**　第一コリントス七・二一の註参照。

破壊（＝ほぼ新共同訳）　口語訳は「倒す」。引き倒して破壊する、という意味だから、どちらに訳しても大差ない。

11 **あとは**　これが直訳（ないし「なお」）。口語訳は「最後に」（新共同訳「終わりに」）。口語訳がこう訳すのは、これは手紙の最後の挨拶を導入する単語である、という英語の人たちの学説に従ったものである（たいていの英語訳は finally と訳している）。最近ではスラル（「最後に、兄弟たちよ」と「兄弟たちよ」をつけて言う場合は特にそうだという)。しかし実際にはこの語(loipon)を手紙の最後にそのように用いるのは、ここととガラティア六・一七だけである(ガラティア書の方は属格、ここは対格。こういう単語は、副詞化して用いる時は属格でも対格でも意味は同じである)。フィリポイ三・一にも同じ語が出て来るが、三・一ではとても手紙の最後とは言えない。フィリポイ書にはほかに四・八にも出て来るが、こちらは最後にやや近いとはいえ、最後とは言えない。フィリポイ書のこの二つの用例からわかるように(ほかに第一コリントス七・二九参照)、パウロは、重要な話を一つ終えて、ついでに軽く教訓的なことを列挙する時に、この語を用いるのである。手紙の最後か否かには関係がない。他方、「兄弟たちよ」という呼びかけも、同様に、話の切れ目で違う話に移る時に、一息入れる感じでよく用いる。従ってこれまた手紙の最後の定型句というわけではない。単に、手紙の最後にも同じ言い方を用いることがある、というにすぎない。従って「最後に」と訳すのは明瞭に誤訳である。英語以外の西洋語の翻訳では、あまりこういう訳語はみかけない。ふつうは im übrigen とか au reste などと訳している。

兄弟たちよ　蛇足だが、パウロという人はいささか幼稚に自分の感情をすぐに文章に露出する。ほかではこの人はちょっとした文にすぐに「兄弟たちよ」という呼びかけの句をつけるのが大好きである。かなり短い第一テサロニケでさえも一四回、けっこう相手を軽蔑して書いているガラティア書でも一〇回、第一コリントスでさえ一九回(ないし写本の読みによっては一八回)。ところがこの書簡では僅か三回。それも一・八は最初の挨拶で、ここは最後の挨拶だから、形式的につけざるをえないところ。あとは八・一だけ!　いかにこの書簡をかりかりしながら書いているかがよくわかる。

健康である　単語の意味は「良き状態である」ということ(健康、生活状態などについて)。通常はこの不定詞(chairein)一つを単独で挨拶のせりふとして用いる。「祈る、願う」といった動詞を省略した言い方で、「(あなたが)健康である(ようにと祈る)」という趣旨。出会った時、別れる時のどちらも、相手に「御健康を祈ります」と呼びかける。それでスラルは farewell と訳している。日本語で対応する表現を探せば、出会った時なら「今日は」、別れる時なら「さようなら」だが、「さようなら」には語義としては相手の健康を祈る意味は含まれない。ここは手紙の最後だから、むしろ「では、お元気で」とでもしておくか。

回復され　九節の「回復」参照。九節では口語訳の訳語に一応賛成したが、多分口語訳はこの概念を正確には押さえていない。その結果、こちらでは「全き者となりなさい」などと訳してしまった。そうなったら誤訳。九節の新共同訳はこの節の口語訳に影響されたのだろう。なおこの動詞は形だけからすれば受動（回復されてあれ）とも中動（互いに回復しあえ）ともとれる。しかし九節とのつながりからすれば、ここは明瞭に受動。

呼びかけられ　第一テサロニケ二・三の註参照。なお口語訳はこの動詞を「励ます」と訳し、そこに「互いに」をつけて「互いに励まし合い」としている（新共同訳は「互いに」をつけてはいないが、「励まし合い」だから意味は同じ）。これはこの動詞が受動にも中動にも受け取れるところから来る相違である。口語訳のように中動に解しているのはリーツマン、ブルトマンほか。単語の形だけからすれば、どちらも可能。しかし実際にはパウロは、「互いに呼びかけあう」と言う時には、はっきりと「互いに」という語（allēlous）をつけ足すのが普通である（第一テサロニケ四・一八、五・一一）。ここは allēlous がついていないから、まあ受身に解するものだろう（ヴィンディシュ、スラルほか）。かつ、直前の「回復されてあれ」が明瞭に受動なので、こちらも受動ととるべきである。そうするとこれは、パウロの呼びかけを受け入れよ、といった意味であろうか。

解説、凡例等

一　解説

この巻に収録した四つの文書について、簡単に解説しておく（詳しくは『概論』を見られたし）。いずれも、パウロが書いた手紙であることがまず確実な文書である。真正なパウロ書簡については、それぞれの執筆時期がほぼ確実に知られているので、本書に掲載する順番は、執筆時期の順に並べてある。従って後の三書簡（ローマ書、フィリポイ書、フィレモン書）は次の第四巻にのせる。

第一テサロニケ書簡　パウロはいわゆる第二回伝道旅行（四八ないし四九年から、五一ないし五二年まで）においてはじめてギリシャ半島に足を踏み入れる。キリスト教伝道者としてだけでなく、そもそも生れてはじめてギリシャに行ったのである。それまでは自分の出身地のキリキア地方、またそこに近いシリア地方と小アジアでしか活動していなかったのに、この時はじめて、思い切って、エーゲ海をわたってギリシャ半島での伝道活動に踏み切る。当時にしてみれば、ギリシャ語文化の誇り高き中心地、ギリシャ語人間のパウロとしては、子どもの頃からある種の憧憬の地でもあっただろうし、その地に新興宗教キリスト教の宣伝に赴こうというのだから、相当な覚悟と緊張を必要としただろう。その間の様子は、まことに聖者伝説的な描写ながら、使徒行伝がよく伝えている（一六・六―一〇）。

しかしパウロはさすがにいきなりギリシャの中心地のアテーナイやコリントスに踏み込む勇気はなかった。やや遠まわりに、まずマケドニア地方に上陸し、そこの三大都市フィリポイ（ピリピ）、テサロニケ、ベロイアで伝道活動を行ない、かなりな成果を得る。しかしその都度その町在住のユダヤ人がパウロに反対して騒ぎ出したので、ゆっくり居ることもできずに、その町を離れる（同一六・一一―一七・一五）。そしてその後、一気に南下してアテーナイに行くが、ここではさすがに相手にもされず、ほとんど信者を得ることができなかった（同一七・一六―三四）。次に当時のローマ帝国によるギリシャ支配の中心都市コリントスに行き、ここでは長期滞在する（一年半）。

しかしマケドニア地方を離れた後、パウロはその地の新しい信者たちのことが気になっていたのだろう。多分コリントスに腰を落ち着けるとすぐ（あるいはまだアテーナイに居る間に？）、テサロニケの信者たちに手紙を書いた。それがこの第一テサロニケ書簡である（四九年末から五〇年はじめ頃。あるいは五一年？）。現存の他のパウロ書簡はすべて第三回伝道旅行ないしそれより後に書かれたものだから、この書簡のみやや時期が早い。そして、比べて御覧になればすぐおわかりいただけるように、この時期ではまだ「パウロ思想」は十分にかたまっていなかった。いろいろな点で、比較的初期のパウロのことがわかって面白い。なお、第二テサロニケ書簡はパウロが書いたものではなく、第四巻で紹介するように、この第一書簡を頭に置いて書かれた擬似パウロ文書である。

ガラティア書簡　右の第二回伝道旅行でマケドニアにわたる前に、パウロは小アジアの高原のガラティア地方でしばらく伝道活動を行なっている。使徒行伝の著者は文字通り一言ふれているだけだが（一六・六）、ガラティア書本文中でもふれられているように（四・一三）、多分パウロはこの時体調が悪く、しばらくこの高原で静養したのであろうか。その間にこの地方の人々に何ほどか伝道活動も行なった、ということであろう。

しかしこの書簡に記されていることからすれば、そのガラティアの信者たちは、パウロが去った後、非常にユダヤ主義的なキリスト教、ないしユダヤ教そのものにふれて、どうやらパウロのキリスト教とユダヤ教（ないしユダヤ主義）との区別がつかなかったのか、割礼を受けないといけないのではないか、と思いはじめたらしい。そのことに気がついてパウロはひどく憤り、キリスト教はユダヤ教の律法に基づくものではなく、そこから解放されたものなのだ、ということを力説する手紙を書いた。それがこのガラティア書簡である。

パウロは第三回伝道旅行（五三年から、五五ないし五六年まで）の時にもこの地方を通りぬけている（使徒行伝一八・二三）。その時にガラティアの信者たちの右のような事情を直接知ったのであろう。しかしおそらくパウロとしてはガラティア地方にゆっくり滞在する気はなかったから、すぐに第三回伝道旅行の目的地たるイオニア海岸都市エフェソスにまで下ってくる。多分エフェソスに落着いて間もない頃にこの手紙を書いたものだろうか。従って執筆時期は五三ないし五四年。

一章二節の註にも記したように、ガラティア人は小アジアでは新参者のケルト人移民の子孫、まだ十分にギリシャ文化化していなかったから、パウロはかなり見くびった調子でものを言っている。この書簡はローマ書と並んでパウロの救済論の基本である「信による義」の主張が展開されているので、その意味では重要な文書であるが、他方、パウロがガラティア人をみくびって傲岸に見下ろしている雰囲気がそこここに漂っていて、その意味ではいかにも不愉快な文書である。この手紙の後、ガラティアの信者たちがどうなったか、キリスト信者でありつづけたかどうかも、残念ながらまったくわからない。

第一コリントス書簡　第二回伝道旅行の中心地であったコリントスの教会の人たちとパウロの間に紛争が生じた。この手紙および第二書簡の中身からうかがい知ることができるだけだが、パウロがけっこう詳しく書いているので、かなり正確なところを把握できる。この手紙はエフェソスで書いている（一六・一九参照）。従って、第三回伝道旅行でガラティアの高原から下りてきてエフェソスの町に長期間（二年三ヶ月？）滞在した、その間に書いたものである。手紙の末尾でパウロはすでにエフェソスを最終的に離れる予定を記している（一六・五—八）。従って手紙の執筆時期はエフェソス滞在の最後に近い時期であろうから、五五ないし五六年。エフェソスとコリントスはエーゲ海をはさんでかなり交流があったはずだから、この町に着いてからパウロはコリントスの教会の人々の意見をさまざまな仕方で知ることができたのだろう。直接の手紙のやりとり、コリントスから来たさまざまな人々がもたらした情報、など。そういった情報を通じてパウロは自分がコリントスの信者たちに批判されていることを知り、それでだいぶかりかりきて、この書簡でそれらの問題に対して対応しようとする。

中身は、パウロがキリスト教倫理の問題についてあまりに偏狭で因習的な個人的嗜好（加えて「異邦人」から見れば非常にユダヤ人的）を押しつけるものだから、コリントスの信者たちがそれに反撥した。パウロはそれに対して、多少は譲歩しつつも、結局自説を強引に主張しつづける。信者になったら結婚するなとか（この点は第一書簡では譲歩しているが、それでも基本姿勢は変えていない）、偶像礼拝者とつきあうなとか（異教徒とつきあうなということ。この点も第一書簡では一応譲歩しているが、やはり基本姿勢は変えない）、異教の神殿にささげられた犠牲の獣の肉を食うなとか（とすると、肉屋はそこから卸された肉を売っているのだから、通常の肉屋で肉を買って食べることができなくなる。第一書簡では、本当はそういう肉を食べてもかまわないはずだが、と言い訳をしつつも、結論としては相変らず、そういう肉を食べる者は悪霊と交る者だ、などと決めつけて、断乎反対しようとする）、女は外出する時は髪の毛を布で覆わないといけないとか（この点については第一書簡でもごりごりの姿勢を保って、一歩たりとも譲歩しようとしない）、等々。その根本には、パウロがそういったことを、自分の言うことこそキリストの命令だと思え、と居丈高に言いつのったものだから、パウロ以外のほかのキリスト教を知るにいたった信者たちの眼からすれば、本当にイエスがそんなことを言ったのか、という疑問が嫌でも湧いてきたのであろう。

第二書簡の中心問題である二つの問題、そもそもパウロの伝える「キリスト」は本物であるのかどうかという疑問（パウロは、かつて生きていたイエスのことをほぼまったく知らず、知ろうともしないのだから、当然そういう疑問は出て来ただろう）、そして、エルサレム教会のための献金として非常に多額の募金を集めることを強制しようとしたことであるが、この二つの問題が第一書簡の段階でもすでに基本にはくすぶっていたことだろう。ただしパウロ自身はそこに根本問題があるということをこの段階でどこまで正確に自覚していたかはわからないが。

第二コリントス書簡　第一書簡の後、パウロは結局、みずからコリントスに出向いて、信者たちと直接議論しないとどうにもならない、と思ったのであろう。急遽海をわたってコリントスを訪れる（二・一以下参照。このいわゆる「中間訪問」については使徒行伝は何も記していない）。多分その時にパウロは右に指摘した二つの根本問題を正確に自覚するにいたったのであろう。自覚したというか、彼らに突きつけられたというか。そしてその場での議論では問題は解決するどころか、ますます紛糾してしまったようである。だから彼はコリントスを離れ、いったんエフェソスにもどって、この手紙を書こうとしたのだが、エフェソスにもどってから例の「エフェソス人のアルテミス」事件が起こったので（使徒行伝一九・二三―四一）、ほうほうの体でエフェソスを去り、陸路北上してトロアスからマケドニアにいたる。マケドニアに着いてから最終的に仕上げて送ったのがこの書簡である。従って執筆時期は早くて五五年、ないし多分五六年。

この書簡の構成については学者の間で議論がある。二・一四―七・四、あるいは一〇―一三章のどちらか（あるいは両方？・）は本来この書簡に含まれてはおらず、これ以前に書かれた別の手紙（第一書簡と第二書簡の間に書かれたというので通常「中間書簡」とあだ名される。二・四で言及されている「涙をもって書いた手紙」である）の一部ではなかろうか、というのである。考慮に価する仮説だが、私見では、そういうことについては確かな証拠などないのだから、無理をして仮説を弄さない方がいいと思う。特に一〇―一三章はどう見ても本来この第二書簡の末尾であろう。

内容をお読みいただければおわかりいただけるように（特に一〇―一三章）、右に指摘した二つの問題（特にパウロのキリストは本物であるのかどうか、という問題）は根本問題であって、パウロとしては最も弱みを突かれているのであるから、納得のいく説明などできるわけがない。従って逆にパウロは居直って、ともかくこのパウロ様のことを絶対的に信奉しないのであれば神に逆らうことになるぞ、と脅すだけだから、両者の間で納得のいく結論などとても得られなかっただろう。残念ながら我々は、この後パウロとコリントスの信者たちの間の関係がどうなったか、知ることができない。彼らはキリスト信者であり続けたとしても、パウロ教信者であることはやめた可能性が高いだろうと私には思われる。

以上であるが、従って、パウロという人物の特徴を知るためには、やはり二つのコリントス書簡をお読みいただくと最もよくわかる、ということになろうか。

この、ただただ率直にできる限り原文を直訳した私の訳文をお読み下さったら、パウロというのは何と思い上がり、威張りくさった、嫌味な人物であることか、とお思いになるだろうか。あるいは、そんなことは読む前からすでにわかっていた、とおっしゃる読者も多いだろうけれども。いずれにせよ、事実そうなのだから、そうとしか言えない。まあ、新興宗教の教祖的宣教師というのは、所詮そういうものである。ただし他方では、この人物が人類の宗教思想の歴史に残した足跡は非常に大きいものがあるのも、明かな事実である。十六世紀宗教改革だけを見ても、パウロ思想の影響なしには考えられない。もっとも、他方では十六世紀以降プロテスタント諸派が分裂に次ぐ分裂をくり返し、互いに衝突し、足を引っ張りあってきた美しくない歴史は、主として御本人たちに責任があるには違いないが、一つの要因として、彼らがパウロを絶対的な看板としてかついだ結果、その極度に排他的で自己絶対化する狭隘な精神までも真似をして、同じプロテスタントの中でも自分と少しでも違う者たちを互いに依怙地に排除しあってきたからにほかならない。

まあ、そういうこともあるが、話を宗教思想に限れば、パウロの宗教思想は人類の歴史上記憶にとどめるに価する存在であるには違いない。人間が宗教的に救われるのは自分が積み上げた善行の業績によるのではなく、神の側から差し出された恵みによるのだ、という神信仰を徹底しようとした点である（及びそれに付随していろいろ）。それは主として次巻所載のローマ書の前半（一―八章）で展開されているが、本巻に収録したものでも、ガラティア書簡にはすでにその骨子がまとめて記されているし、直接そのドグマを扱っていない他の書簡でも、随所に、この宗教思想から生じる姿勢、発想の方向などを見てとることができる。ただし、あと一言、人間は宗教思想のみで生きることはできない、とつけ足しておかねばならないが。なお、この叢書全六巻を第一巻から発行せず、この第三巻から発行するのは、序文で言及した講座の進行状況のせいでたまたまこの部分が最初に仕上がったというだけの理由である。他意はない。

二　凡例、等

以下で言及する文献については、註の文章の中では、原則として括弧内の省略表示を用いている。

ギリシャ語本文

Novum Testamentum Graece, ed. Erwin Nestle et Kurt Aland, 25. Aufl. 1963, Stuttgart（ネストレ旧版）

Nestle-Aland, Novum Testamentum Graece, ed. Barbara et Kurt Aland, 27. Aufl. 1993, Stuttgart（ネストレ新版）

The Greek New Testament, ed. by B. M. Metzger et al., 3rd ed., 1975, United Bible Societies（アメリカ版）

ネストレ旧版はその最後になる二五版をあげておいたが、基本的には一九二七年の第一三版を持続している。ただし、その後に発見されたパピルスの読みを加えたり、編者の意見が変って本文として採用する読みが変った場合に、それをそのつど註に記してある。

ネストレ新版は名前は「ネストレ」を継承したが、もはやネストレではなく、K・アーラントを中心とした学者たちの仕事である。二七版をあげておいたが、本文は二六版とまったく同じである。しかし二七版の方が註が飛躍的に豊富になっている。全体としては、当然、新版の方がすぐれているが、こと正文批判に関してはかなりしばしば旧版が採用した読みの方が説得力があるから、要注意。

アメリカ版というのは、私が勝手につけたあだ名で、通常はその出版機関の名前をとって、UBS版などと呼ばれている（世界聖書協会連合）。まあ、この場合の世界連合は、ちょうど政治の世界でしばしば「国際社会」と言えば実はアメリカのことを指す、というのと同等であるから、私のあだ名が実態をうがっている。なおアメリカ版はその後第四版が出ている（一九九三年）。本文はまったく同じ、註が多少変えられた。

アメリカ版とネストレ新版は、採用された本文はまったく同じであるはずである。両者が協定して同じになるようにしたからである。しかし、ガラティア一・一〇の註ほかにも記したように、段落の切り方、句読点のつけ方などは双方でずい分と異なる。句読点一つでまるで意味が異なる場合もあるし、段落の切り方によってその文の意味や方向がまるで異なってくる場合もある。

この種の印刷本で重要なのは、註である。写本の異読が大量に指摘してある。しばしば、その編集者が本文として採用した読みよりも、他の写本の異読の方が原文である可能性がある。たとえそうではなくても、可能性が五分五分に近い場合はかなり多いし、たとえ原文の読みである可能性が少ない場合でも、写本の異読はさまざまなことを教えてくれる。アメリカ版の註は、ネストレと比べて、非常に少ない。いわば専門家でない人に、写本の異読にはこういうものがありますよ、と例示的に少しだけ示してくれているだけである。従って、本気になって新約聖書をギリシャ語で読もうとする人は、アメリカ版を使うのはよした方がいい。

ただし、ある特定の読みを支持する写本を列挙する場合に、ネストレが重要なものだけを列挙して、それ以外は「その他」としているところを、アメリカ版はその「その他」をやや丁寧に列挙してくれている場合があるから、その点では役に立つ。

なお、ギリシャ語の単語はすべてラテン文字に音写して記載した。ギリシャ文字を御存じない方にとってはそのほうが多少は発音の見当がつくし、わかり易いだろうと思ったからである。加えて、日本の印刷屋さんで発行する場合にギリシャ文字を使うのはかなり面倒で手間がかかるし、また私の側としても、パソコンに入力する時にラテン文字で入力する方がはるかに早いし。

音写は、基本的にギリシャ文字をラテン文字に音写する普通の方法に従った。多少の個人的趣味もあるが（κはkにするが、χはchにするとか）。長母音は字母として長母音がある場合のみ（ηとω）、長母音記号をつけた（ēとō）。υは通常の音写どおり、ふつうはy、二重母音の時はu（eu au など）、γはgだが、発音がn音になる時はn（angelosなど）、等々。

本文の訳

訳文中に（ ）内に入れた語句は、説明の都合上私が補ったものである。

他方、〔 〕内に入れた語句は、写本によってその語句が入っているものがあるが、正文批判上、それを採用すべきかどうか不確かであるもの。

正文批判

正文批判について概括的なことは拙著『書物としての新約聖書』を参照されたし。ここでは正文批判上の有名な術語 lectio difficilior（より難しい読み）の説明だけをしておく。

写本に異読がある場合に、どちらの読みを本文として採用するかについて、大ざっぱに言って、三つの手掛かりがある。基本は写本そのものの系統と価値である。重要な系統の重要な写本の示す読みであれば、当然、原文の読みである可能性が高い。と、そうには違いないのだが、新約聖書のように写本の数がうなるほど大量にあると、話はそう簡単ではない。パウロ書簡の場合には、最も重要な系統は二つ、アレクサンドリア系と西方系であるが、そのそれぞれ（特にアレクサンドリア系）に重要な写本だけでも沢山あって、そのすべてが一致すれば話は簡単だが、実際にはなかなかそうもいかない。加えて、最も古い時期の写本（いわゆる「パピルス」）の場合は、パウロ書簡全体を含む重要なパピルスは$\mathfrak{P}^{46}$（Papyrus Chster Beatty II）であるが（ほかにも小さな断片などで重要なものはいくつかある）、これは基本的にはアレクサンドリア系であるけれども、その中でも独自の個性があるから判断が難しい、とか、その他いろいろ。

そうすると、多くの場合、重要な諸写本の間で読みが割れているので、そのどちらを採用すべきかは別の判断が必要になる。正文批判の第二、第三の手掛かりである。写本の異読が生じる理由は基本的には二つある（もちろんほかにもいろいろ細かいことはあるが、最も重要なものは二つ）。一つは誰にでもすぐに想像がつくことだが、単なる不注意による書き間違い。もう一つは写本家が意図的に修正するもの。何故写本家が原文を修正するかというと、一つにはドグマ的な理由で、後世の正統主義の視点にあわせて原文に手を加える。しかしこういう修正は実際にはごく僅かしかない。非常に多いのは、原文がわかり難いと思われる場合に、それに手を加えてわかり易い文に書き直す場合である。そしてこれが更に二つに分れる。一つは内容的により良い文にしようとする場合。もう一つが、文体的な修正を加える場合。つまり原文のギリシャ語が下手であったり、意味不鮮明であったり、前後関係と矛盾したりしている場合に、それをすんなり通じるように書き変える。その場合、比較してみれば、すんなり意味が通じる方が写本家の書き変えであって、意味が通じ難い方が原文だ、ということになる。これを lectio difficilior の法則と呼ぶ。つまり、異読を比べてみて、「より難しい読み」、意味が通じ難い、文章として下手な、ないし前後関係と矛盾したりする読みの方が原文だ、と考えるのである。この法則を一つ知っているだけで、正文批判のやり方がだいぶわかってくる。

ただしこれは両刃の剣である。単純な誤記の場合には、もちろん、文章がよりすんなり通じる方が原文である。それに対し、写本家の手による修正の場合には、文章がすんなり通じない方が原文である。そのどちらであるかの判断は意外と難しい。そしてもちろんこの両極の間にもいろいろあるけれども。

古代訳

Septuaginta, id est Vetus Testamentum Graece juxta LXX interpretes, ed. A. Rahlfs, 5. Aufl. 1952, Stuttgart（七十人訳）

Biblia Sacra juxta Vulgatam Versionem, ed. Roger Gryson, 4. Aufl. 1994, Stuttgart（Vulgata, ヴルガータ）

古代訳はそれ自体として大変な領域だから、ここでは最小限にとどめる。新約の著者たちが利用している旧約聖書は、ごく少数の個所を例外として、ギリシャ語訳のものである。それもいわゆる七十人訳。すなわち伝説的に七十人（ないし七十二人）が神の霊を受けて前三世紀になしたと言われているものだが、実際にはアレクサンドリアで前二世紀（多少前一世紀？）になされたもの。

新約聖書のラテン語訳は、ヴルガータ以前にすでに多くなされていた。ヴルガータ以前のものをひっくるめて古ラテン訳と言う（略称は itala ないし it）。これは写本によって相互にかなり異なる。ヴルガータの新約聖書はそれを相互に比較して改訂し、いわば決定版となしたもの。

註解書

註で直接言及した註解書は、それぞれの文書の註の冒頭に列挙してある。もちろん、新約聖書の各文書の註解書は掃いて捨てるほど（掃いても捨てきれないほど）大量に存在しているので、それをいちいち列挙するような愚かなことはしていられないが、ここでは註の中でたまたま言及したものだけを列挙した。もちろんそれ以外にもすぐれたものも多少はある（詳しくは『概論』参照。個々の註解書についての批評もそちらで記すことにする）。

十九世紀末頃の新約聖書学は学問の歴史からしても、それ自体の水準からしても、非常に重要であるから、なるべく各文書につき一つは参照することにしている。

全体として特にすぐれたものはそれほど多くはないので、そういうものにはなるべくふれるようにしたが、非常にすぐれたものしか言及しないという方針にすると、英語の註解書にはまったく言及しない、ということにもなりかねない（もちろん英語の註解書の中にも、第二コリントス書簡のスラルのもの、ローマ書簡のクランフィールドのもの、マルコ福音書のV・テイラーのものなど、非常にすぐれたものも何ほどかは存在するけれども)。しかし日本語のキリスト教は何せ英語支配下にあるから、英語の註解書にも多少は言及した方がいいだろうか。それで原則として、各文書で少なくとも一つは、たとえその水準がどうであれ、英語の註解書にもふれるようにしてある。

原文を訳す訳し方で最も参考になるのは、すぐれた註解書にのっている訳文である。それぞれの註解書の著者の手になるもの。専門家ならば誰でも知っている事実であるが、掃いて捨てるほどある説教調の「註解書」は別として(牧師さんが説教するための手引きまで書いてあるものもある。まあね)、本格的な註解書の場合は非常にすぐれた学者が書いているものであるから、「聖書訳」とはだいぶ水準が異なる。「聖書訳」の場合、特に現代の英語訳の場合は、あまり実力があるとは申し上げ難い方々が訳者として多く加わっていでになる。

註の冒頭で列挙していない註解書が一つある。新約聖書全体にかかわるものであるから、ここであげておく。

H. L. Strack u. P. Billerbeck, *Kommentar zum Neuen Testament aus Talmud und Midrasch*, 6 Bde, München, 1926 (ビラーベック)

これは新約聖書の各個所について、一言一句ずつ、ラビ文献で同種のことが記されている場合を、全部集めてきてドイツ語に訳して並べてくれたものである。膨大な註解書だが、まことに便利である。ラビ文献の訳もかなり直訳的に緻密に訳してくれているから、有難い。

近現代語訳聖書

Martin Luther, *Das Neue Testament in der deutschen Übersetzung nach dem Bibeldruck von 1545*, 2 Bd., Reclam, Stuttgart, 1989（ルター訳）

Die Bibel, nach der Übersetzung Martin Luthers, 1984, Stuttgart（現代版ルター）

Die heilige Schrift des A. u. N. Testaments（Zürcher Bibel）, 1942, Zürich（現代版チューリッヒ聖書）

Die Bibel, A. u. N. Testament, Einheitsübersetzung, 1980, Herder, Freibrg etc（ドイツ語共同訳）

La Sainte Bible, Nouvelle Version Segond Révisée, Société Biblique Française, 1978（改訂版ルイ・スゴン）

Traduction Oecuménique de la Bible, Nouveau Testament, 1973, Cerf, Paris（ＴＯＢ）

W. Tyndale, *The New Testament 1526, Original Spelling Edition*, The British Library, 2000（ティンダル）

The Geneva Bible. The Annotated New Testament 1602 Edition, Pilgrim Press, Cleveland, 1989（英語ジュネーヴ聖書）

The Holy Bible（the Authorized King James Version）, Reprinted 1993, Oxford（欽定訳）

The Holy Bible, the Revised Version, 1880, Oxford（ＲＶ）

The Holy Bible, Revised Standard Version, New Testament, 2nd ed., 1971（ＲＳＶ）

The Holy Bible, New Revised Standard Version, London, 1989（ＮＲＳＶ）

The New English Bible, 1961（ＮＥＢ）

The Revised English Bible, 1989（ＲＥＢ）

Good News Bible, Today's English Version, 1966, revised 1971, American Bible Society（ＴＥＶ）

口語訳聖書、一九五四年、日本聖書協会（口語訳）
新共同訳聖書、一九八七年、日本聖書協会（新共同訳）
岩波書店発行、新約聖書、全六巻、一九九五、九六年（岩波訳）

新約聖書の近現代語諸訳の歴史については、詳しくは拙著『書物としての新約聖書』を参照されたし。ルター訳は一五四五年、つまりルターの生前の最後の版のものだが、本当は原綴りで引用する方が雰囲気が出るけれども、現代綴りの方がわかり易いので、そちらで引用した。現代版ルターは、ルター訳を基にし、そこからなるべく離れないようにしつつも、現代の研究成果等々を大幅に取り入れた文字通りの現代版である。

フランス語訳は以上に加えてエルサレム聖書が重要である。これは本当は改訂を重ねた後の増補新版を用いるべきなのだが（*La Bible de Jérusalem, Nouvelle édition entièrement revue et augmentée*, Paris, Cerf, 1973）、エルサレム聖書というのはどちらかというと訳文そのものよりも註が重要なので、最初に分冊で発行された版の方がはるかに註が豊富だから（それに個々の著者の責任で書いているから、それぞれ個性がある）、そちらで引用した。従って各文書のはじめにあげた註解書の表の中に入れてある。

英語訳聖書は、ティンダルは本当はティンダル自身が改訂した一五三四年の版から引用する方がよろしいのだが（欽定訳のアンチョコになったのはこちらである）、ここでは我々の目的は英語訳聖書の歴史ではなく、ギリシャ語原文を正確に日本語に訳すことであり、そのために主な日本語訳に影響を与えた英語訳も一応チェックしておいた方がいい、という程度のことであるから、ティンダルについて細かくこだわることもあるまい。それに現在手に入るティンダルの一五三四年の版は現代綴りにされているから、原文の雰囲気を伝えるために一五二五年版の原綴りで引用しておいた。ただし他との比較上現代綴りにした場合もある。逆に、方針が定まらなくて申し訳ないが、欽定訳の方は現代綴りに直したもので引用してある。欽定訳は一六一一年の初版の復刻版が日本の出版社からも発行されているが、高価で私なんぞには手が出ないし、現代の日本語訳に直接影響を与えたのは一六一一年版ではなく、その後さまざまな改訂を経た現代綴り版だからである。

現代の英語訳聖書は、原文の正確な意味を知るためには、たいして重要な参考文献ではないから、このように多くあげる必要はないのだが、日本語訳聖書にこれまで与えてきた影響が大きいから、そのことを明らかにするために、丁寧にふれることにした。すなわち、註で一つ一つくどいほど多く確認してきたように、口語訳聖書は非常に多くの個所で原文の訳というよりはＲＳＶの英語からの訳、新共同訳は同じくＮＥＢないしＴＥＶの英語からの訳である。これらの英語訳（特に後二者）はそれ自体としてはまったく価値がない、というよりは、困った代物であって、こんなところで言及する必要は全然ないのだが、新共同訳の個々の訳文の由来を明らかにするために、多く言及せざるをえなかった。次に日本聖書協会が新しく新約聖書の翻訳をお作りになる時には、これらの改竄的悪訳の影響からすっかり足を洗って下さることを祈る。それに対してＲＳＶはそれ自体としてはすぐれた翻訳だが、それでも何せ英語キリスト教会の伝統のもとにあるから、いろいろ問題は多い。なお、これらの英語訳に言及したのは、口語訳、新共同訳の訳文の由来を明らかにする目的のためだけだから、ＲＳＶについてはその後大幅な改訂版であるＮＲＳＶが、ＮＥＢについても同じくＲＥＢが出版されているけれども、それらはこれらの日本語訳聖書よりも後であるから、ここでは必要のない限りまったく言及することはしなかった。それに、ＮＲＳＶは明瞭にＲＳＶの改悪であるから参考にならないし、ＲＥＢの方はＮＥＢをずい分と改善してはくれているけれども、元のＮＥＢそのものが箸にも棒にもかからない悪訳だから、改訂した程度では所詮どうにもならない。

なお現代英語諸訳は同じものがさまざまな出版社ないし場所で発行されているから、いちいち面倒なので、出版社等は記してない。その版の最初の発行年だけを記してある。またどれもイギリス語綴りとアメリカ語綴りの両種が発行されている。ここでは欽定訳等との比較の都合もあるので、原則としてイギリス語綴りによった。

口語訳、新共同訳については、さまざまな判型で出版されているが、中身はいずれもまったく同じである。新共同訳の前身である旧共同訳（『新約聖書、共同訳』日本聖書協会一九七八年）は、新共同訳が発行されたから、市場から消えてなくなった。ちょっと頁を開けて見るだけでも恥ずかしくてうつむきたくなるような代物だが、そういう悲惨な「訳」を新共同訳は努力して改訂し、よくもまああれだけの立派な水準にまで高めて下さったと思う。

岩波訳については、拙著『書物としての新約聖書』を書いた時にはちょうどほぼ同時期の出版だったので、そこではほとんどふれていない。それで、多くの方々からあちこちでこれについての感想を求められる。しかし本質的には本書の「全体への序文」で一言記しておいたことで十分であろう。ただしこれは、巻ごとに別の担当者が翻訳しているものであるから、文字通り巻ごとに非常に水準が異なる。パウロの巻はまあまあだが、良く言って、拙速、手抜きというところか。

なお岩波訳もさまざまな版でくり返し発行されているが、そのそれぞれの版の間の関係が定かでない。異なる版を発行する場合には、読者に、前のものと同じか違うのか、違うとしたら何が違うのかを序文か後書きではっきり記すべきなのだが、その点については何も記されていない。これは出版倫理として好ましいことではない。実際には、最初にまず五巻本で出版されはじめ、その途中からいつの間にか五巻が六巻になり、その後、福音書だけが一つに集められて再発行され、その後更に比較的最近全体を一冊にした版が出ている。そのそれぞれがけっこう高価なものであるから、いくら私が本職でもいちいち全部買うわけにはいかない。高い金を払ってもう一つ違う版を買ってみたら中身がまったく同じだった、などというのでは、詐欺とは言わないが、まったく無駄な支出になってしまう。私にはそんな金はない。十年足らずのうちに次々と版を変えて発行するのなら、もしも後の版で相当な改善がなされるのであれば、そもそもそんな短期間で改訂を必要とするようなものは、最初からあと十年待って、すぐに改訂を必要としないような水準まで高めてから発行すべきだし、逆に、まったく同じものであるのならば、読者が間違って両方買わないように、これはまったく同じだよ、と序文かどこかに記しておくべきである。いずれにせよ、出版倫理としてかんばしいことではない。というわけで、私はすべて、最初に発行された六巻本だけを相手にすることにする。

辞書

H. G. Liddell and R. Scott, *A Greek-English Lexicon*, New Edition 1940, with a Supplement 1968, Oxford, Clarendon Press（リデル・スコット）
W. Bauer, *Griechisch-deutsches Wörterbuch zu den Schriften des Neuen Testaments und der frühchristlichen Literatur*, 6. völlig neu bearbeitete Aufl. hrsg. von K. u. B. Aland, Berlin, 1988（バウアー）
J. H. Moulton and G. Milligan, *Vocabulary of the Greek Testament*, 1930, London（VGT）

G. Kittel u. G. Friedrich, hrsg. von, *Theologisches Wörterbuch zum Neuen Testament*, 10 Bde., 1933-1979, Stuttgart（ThWzNT）

新約聖書のギリシャ語の辞書としては、学問的に意味があるのは、バウアーだけである。まことにすぐれた辞書である。しかし新約聖書のギリシャ語と言っても、その時代の地中海世界に広く流布していたギリシャ語なのだから、そしてそれは当然のことながら古代ギリシャ語であるのだから、古代ギリシャ語の通常の意味を考えるべきである。新約聖書にしか通用しないギリシャ語なんぞ、あるわけがない。同じ時代の同じ社会に生きている人間が同じ言語を書いているのだから。従って新約聖書を読む場合も、基本的にはまずリデル・スコットを用いるべきである。これは、周知のように、古代ギリシャ語全般についての最高の辞書である。古代ギリシャ語に限らず、古今東西辞書として作られたものの中でも最高のものの一つであると言ってよい。ただし、そのすぐれたリデル・スコットも、こと新約聖書に出て来る語彙については、まったく手を抜いて、イギリスの伝統的なキリスト教会において用いられていた英語訳聖書の訳語をそのまま記載している。この編集者たちは賢い人であるから、新約聖書の語彙なんぞであの保守的にうるさいイギリスの教会当局につべこべ言われるのを避けたかったのであろう。従って、同じ語が新約聖書以外でも多用されている場合は（当然ながら、ほぼすべての場合がそうである）、リデル・スコットを用いる場合には、新約聖書の語彙の項目ではなく、他の項目で指摘されている語義を頭に置く方がよろしい。

この二つに加えて、ＶＧＴは新約聖書のギリシャ語を扱う場合に必須である。新約聖書に出て来る単語で当時のパピルスや碑文に出て来るものを集めて、それらの語がそういうところでどのように用いられているかを辞書にしたもの。パピルスや碑文に最も日常的な言語が現れるものであるから、この辞書は重要である。

まことに水準の高い、新約聖書を扱う者にとっては存在価値の極めて高い辞書である。

ThWzNT（通称「キッテル」）は表題は「新約聖書神学辞典」であるが、その表題にもかかわらず語学的にも非常にすぐれた論文が多い（中にはただの神学論文にすぎないものもあるが）。それぞれの語がユダヤ教キリスト教以外の文献で、またユダヤ教ギリシャ語文献で、そして新約聖書およびその後のキリスト教文献で、どのように用いられているかを詳細に検討したものである。一つの語だけで数十頁に及ぶものなど、ざらである。全十巻、これだけで大きな百科事典であり、半世紀近くをかけてようやく完成したもの。学問とはこれだけ息の長い努力を必要とするものだ、ということの見本みたいな辞書である。一つの項目を一人の学者が担当しているから、引用する時は、その学者の名前と巻数頁数をあげて引用してある。

文法書

F. Blaß u. A. Debrunner, *Grammatik des neutestamentlichen Griechisch*, 17. Aufl. bearb. von F. Rehkopf, 1990, Göttingen（Blaß-Debrunner, ブラス・デブルンナー）

新約のギリシャ語の文法書で学問的に価値があるのは、これだけである。ほかに、個々の問題点に関しては J. H. Moulton and W. F. Howard のものがすぐれているが、言及する場合には、そのつど註で書名をあげて言及している。

以上でふれたもの以外は、言及する場合には、それぞれその個所で書名等を細かく記してある。なお、

『概論』とあるのは、申し訳ないけれども、いずれ発行する予定の私の『新約聖書概論』のことである（『事実としての新約聖書』という書名で発行の予定）。

以上

二〇〇七年四月二日

第二刷での修正について

単純な誤記誤植以外に（不注意でどうもすみません）、内容的な矛盾のあるところ、また特に、続く第一巻、第四巻の作業に際して気がついた点を、そちらにあわせてこの巻でも修正してあります。

なお、第一刷をお持ちの方で、増刷時修正の一覧表を御希望の方は、私のホームページを御覧になるか、あるいは、インターネットを御利用にならない方は、郵便にて御請求下さい。

田川建三（たがわ・けんぞう）

新約聖書学者
1935年東京にて生

・主な著作（現在入手可能なもの）
『原始キリスト教史の一断面』（1968年、勁草書房）
『マルコ福音書（註解）』上巻
（1971年、改訂増補版1997年、新教出版社）
『批判的主体の形成』（1971年、増補改訂新書版2009年、洋泉社）
『立ちつくす思想』（1972年、勁草書房）
『歴史的類比の思想』（1976年、勁草書房）
『イエスという男』（1980年、増補改訂版2004年、作品社）
『宗教とは何か』（1984年、増補改訂新書版2006年、洋泉社）
『思想の危険について』（1987年、インパクト出版会）
『書物としての新約聖書』（1997年、勁草書房）
『キリスト教思想への招待』（2004年、勁草書房）
『新約聖書　訳と註』全7巻8冊
（2007～2017、作品社）
『新約聖書　本文の訳』上製本・携帯版
（2018、作品社）
・編集
『聖書』（日本の名随筆、別巻100、1999年、作品社）
・共著
インタヴュー『はじめて読む聖書』（新潮新書、2014年、新潮社）

・連絡先
377-1411 群馬県吾妻郡長野原町応桑郵便局私書箱3
http://www6.ocn.ne.jp/~tagawakn

新約聖書　訳と註　第三巻

2007年８月10日　第１刷発行
2019年４月20日　第４刷発行

著訳者　　田川建三
発行者　　和田　肇
発行所　　株式会社作品社
〒102-0072　東京都千代田区飯田橋2-7-4
電話　03-3262-9753
FAX　03-3262-9757
振替口座　00160-3-27183

ISBN978-4-86182-134-9　C0016
http://www.sakuhinsha.com

印刷・製本　中央精版印刷株式会社

田川建三訳著

新約聖書 訳と註

全7巻［全8冊］

【第一巻】マルコ福音書／マタイ福音書

【第二巻】㊤ルカ福音書

㊦使徒行伝

【第三巻】パウロ書簡 その一

【第四巻】パウロ書簡 その二／擬似パウロ書簡

【第五巻】ヨハネ福音書

【第六巻】公同書簡／ヘブライ書

【第七巻】ヨハネの黙示録